中国企业改革发展
2021 蓝皮书

THE BLUE BOOK OF CHINA ENTERPRISE
REFORM AND DEVELOPMENT

中国企业改革与发展研究会 ◎ 编

中国商务出版社
CHINA COMMERCE AND TRADE PRESS

图书在版编目（CIP）数据

中国企业改革发展2021蓝皮书 / 中国企业改革与发展研究会编. -- 北京：中国商务出版社, 2021.12
　　ISBN 978-7-5103-4153-3

　　Ⅰ. ①中… Ⅱ. ①中… Ⅲ. ①企业改革—研究报告—中国—2021 Ⅳ. ①F279.21

中国版本图书馆CIP数据核字(2021)第241512号

中国企业改革发展2021蓝皮书
ZHONGGUO QIYE GAIGE FAZHAN 2021 LANPISHU
中国企业改革与发展研究会　编

出版发行：中国商务出版社

社　　址：北京市东城区安定门外大街东后巷28号　　　　邮　　编：100710

网　　址：http://www.cctpress.com

责任编辑：云天

电　　话：010-64212247（总编室）　010-64515163（事业部）
　　　　　010-64208388（发行部）　010-64515150（直　销）

印　　刷：北京蓝图印刷有限公司

开　　本：787毫米×1092毫米　1/16

印　　张：32.5

版　　次：2021年12月第1版　　　印　　次：2021年12月第1次印刷

字　　数：700千字　　　　　　　定　　价：260.00元

中国企业改革发展2021蓝皮书编委会

序　言

2021年是"十四五"开局之年，也是全面建设社会主义现代化国家新征程的起步之年。当前，百年变局和世纪疫情交织叠加，我国经济发展面对巨大挑战和复杂局面。在以习近平同志为核心的党中央坚强领导下，全国上下统筹疫情防控和经济社会发展，有力应对复杂严峻国际环境和疫情、洪涝灾害等多重挑战，不断深化改革开放，增强发展动力，使我国经济持续发展，呈现出强劲的韧性和巨大的潜力。正如党的十九届六中全会指出：在经济建设上，我国经济发展平衡性、协调性、可持续性明显增强，国家经济实力、科技实力、综合国力跃上新台阶，我国经济迈上更高质量、更有效率、更加公平、更可持续、更为安全的发展之路。

我国企业是引领经济发展的主力军，立足新发展阶段、贯彻新发展理念、构建新发展格局，推动高质量发展是我国不同体制类型企业共同努力的方向。

今年以来，我国国有企业在习近平新时代中国特色社会主义思想指导下，积极组织实施提质增效专项行动，加强科技创新，深入推进国企改革三年行动，塑造创新驱动发展新优势，加快打造原创技术"策源地"，推动强链补链，加快提质升级，在我国经济高质量发展中的引领作用进一步显现。同时，国有企业全面履行经济、政治、社会责任，践行双碳目标，加大环保投入，加快绿色转型；千方百计、多措并举，全力以赴做好能源保供工作，更好满足人民群众生活需要，为促进经济社会稳定运行提供有力支撑。

广大民营企业，特别是中小微企业作为市场的重要主体，在保就业、稳增长方面发挥了重要作用，更是在创新创业方面体现了天然优势，创新能力与专业化水平持续提升，成为科技创新的生力军，我国已培育4万多家"专精特新"企业、4700多家"小巨人"企业、近600家制造业单项冠军企业。世界知识产权组织发布的《2021年全球创新指数报告》显示，中国排名第12位，较2020年上升2位，位居中等收入经济体首位。广大民营企业同样勇担社会责任，在脱贫攻坚、乡村振兴、新冠疫情、局地汛情等面前，积极作为，充分展现了我国民营企业担当。

政策的东风推动了我国企业的改革发展，"十四五"规划纲要为推动高质量发展擘画蓝图，"放管服"改革加速营商环境优化，加快数字经济创新发展的政策体系不断完善等，从顶层设计到具体措施的政策体系建设为我国企业营造了更广阔的成长空间。国有企业紧盯自主创新深化改革，着力促进高水平科技自立自强；聚焦主责主业，积极推进布局优化和结构调整；积极稳妥推进混合所有制改革，转机制、增活力；破解三项制度改革难题，加快构建业绩导向鲜明的激励约束机制等，呈现出积极向上的改革新气象。2019年，中共中央、国务院印发《关于营造更好发展环境支持民营企业改革发展的意见》后，各地区围绕经济社会发展大局，聚焦民营企业面临的突出问题，出台了一系列高含金量的政策和举措，取得了显著进展和成效。国家发展改革委近期印发了《关于推广地方支持民营企业改革发展典型做法的通知》（发改办体改〔2021〕763号），又将充分优化民营和中小企业发展环境、激发民营和中小企业的创新活力、推动民营和中小企业高质量发展。今年北京证券交易所的设立与开市，为服务创新型中小企业，聚焦"专精特新"，探索出一条资本市场支持中小企业科技创新的普惠金融之路。我国企业应充分把握新时代发展机遇，立足国际国内两个大市场，在转型升级、创新发展方面走向前列。

《中国企业改革发展2021蓝皮书》是中国企业改革与发展研究会聚集多方优秀资源编纂的史料性文献，围绕我国企业改革发展的重点、热点、难点问题形成系列报告，展示了典型案例，呈现了数据统计与分析，梳理了企业改革发展大事记与相关政策性文件等。作为按年度连续出版的文献，蓝皮书在遵循往届框架设计与编纂思路的同时，不断丰富内容与内涵，逐步成为了企业改革发展领域权威性与影响力并重的学术参考文献。面向"十四五"，中国企业改革与发展研究会将以蓝皮书为载体积极宣传推广全面深化改革的理论创新与实践探索，为我国企业改革发展鼓与呼。

2021年是中国共产党成立100周年，全面建成小康社会、实现第一个百年奋斗目标之后，我们要乘势而上开启全面建设社会主义现代化国家新征程、向第二个百年奋斗目标进军。作为企业，更要深刻把握新发展阶段、新发展理念、新发展格局的精神实质和实践要求，把新发展理念贯穿企业改革发展全过程，增强创新动力，厚植发展优势，不断朝着更高质量、更有效率、更可持续的方向前进。

宋志平

中国企业改革与发展研究会会长

2021年12月

目 录

Ⅰ 总报告

Ⅱ 分报告

Ⅲ 企业案例

Ⅳ　数据统计与分析

Ⅴ　大事记

Ⅵ　领导讲话及指导性文件

总报告

Ⅰ

中国企业改革发展现状、问题与对策研究总报告（2021）

一、中国企业改革发展总体情况

2020年，在以习近平同志为核心的党中央正确领导下，我国不仅率先实现经济正增长，更是取得了脱贫攻坚的全面胜利和全面建成小康社会的决定性成就，创造了经济发展的奇迹，其中充当市场经济主体的企业发挥了不可替代的作用，呈现出从快速复苏到繁荣的景象。2021年是继往开来的一年，是中国经济发展十四五规划开局之年，更是中国共产党第二个百年目标开启之年。面对国际国内复杂的政治经济形势，党中央、国务院坚定不移地高举中国特色社会主义伟大旗帜，坚持以马克思列宁主义、毛泽东思想、邓小平理论、"三个代表"重要思想、科学发展观、习近平新时代中国特色社会主义思想为指导，全面贯彻党的十九大和十九届四中、五中、六中全会精神，准确把握国内国际两个大局，着力抓好发展和安全两件大事，加强战略谋划，增强战略定力，坚持稳中求进工作总基调，继续统筹推进"五位一体"总体布局和协调推进"四个全面"战略布局，认真做好"六稳"、充分落实"六保"，基于新发展理念，努力构建国际国内双循环新发展格局，夯实"十三五"规划期间取得的成果，努力取得十四五规划全国经济工作新成就，续写中国奇迹。各类市场主体要牢固树立"四个意识"，坚定"四个自信"，积极主动融入国家十四五规划和重大发展战略，着力攻关"卡脖子"技术，加速微观经济主体数字化转型，践行绿色低碳发展模式。

（一）营商环境持续改善，2021年全国市场主体数量突破1.5亿户，个体工商户突破1亿户

2021年全国营商环境持续改善。据全国工商联发布2021年度"万家民营企业评营商环境"调查结果显示，我国营商环境百分制评价总分2019年为68.71分，2020年为74.46分，2021年为77.18分，呈逐渐上升态势。在所调查企业中，有76.86%认为所在城市总体营商环境较去年有所改善，其中法治环境认可度最高，其次是政务环境，要素环境和创新环境分列第三、第四位，市场环境位列第五。应该特别指出的是，民营企业获得银行贷款政策落实持续向好，政商常态化沟通和政府诚信履约效果良好，涉企法规立改废工作进步明显，"双减"、反垄断和防止资本无序扩张政策获企业认可，党委政府对民营企业的表彰和宣传受企业普遍关注的五个方面获得感比较突出。

2013年以来，国家"放管服"商事制度改革和社会信用体系建设，加上国有经济在"有进有退"和"有所为有所不为"方针政策的作用下，市场空间不断放大，微观主体的市场活力不断显现。从市场主体存量看：截至2020年末，全国市场主体存量约为1.44亿户，其中企业4457.2万家，个体工商户9604.6万家[a]。2021年，市场主体依然保持强劲增长势头，据国家市场监督管理总局发布信息显示，截

---

[a] 数据来源：中国社会科学院《2020中国企业发展数据年报》。

至2021年7月末，全国在册市场主体总量约为1.46亿户ᵇ，到2021年10月底，全国市场主体总量已突破1.5亿户，其中近10年就新增了1亿户。个体工商户数量也已突破1亿户ᶜ。

根据《中国市场主体发展活力研究报告（2011—2020）》显示，长三角、珠三角、京津冀、长江中游和成渝五大城市群新增市场主体数量总计占全国的35.61%，超三成新增市场主体集中于五大城市群。在各类市场主体中，小微市场主体和民营企业整体活跃度较高，个体工商户和有限责任公司涨幅最高。从市场主体注册资金规模分布情况看，2011—2020年，注册资金规模在0~100万元的新注册主体数量占到全部新注册主体数量的95.78%。放管服改革等系列改革措施极大地促进了小微市场主体的发展，这些新增的经济活动参与者释放出强大活力，为推动经济高质量发展奠定了基础支撑作用。

从新增注册市场主体看，新增注册市场主体2735.4万家，同比增长12.8%ᵈ，小微市场主体占全部新注册市场主体数量95.78%ᵉ。从2020年我国企业注册量的地区分布（不包含港澳台）来看，增速位居第一的江苏省总注册量达到376.36万家，同比增长104.4%，成为唯一一个增长超过一倍的省份，遥遥领先于其他地区。广西、福建分别同比增长47.4%、44.3%，排名第二、三位。值得关注的是，得益于海南自贸港政策的落地，吸引了大批投资与创业者，海南省注册量以31.7%的增长率高居全国第四ᶠ。

在新增市场主体中，外卖、直播、在线教育、宠物经济、跨境电商等市场主体点燃发展新引擎。企业天眼查数据显示，外卖相关企业在2020年的注册量达到77.6万家，同比大涨1548%；直播相关企业注册量达到7.5万家，同比增长879%，并且超过以往历年注册量的总和；宠物相关企业新注册37.6万家，同比增长90%；在线教育、远程办公相关企业注册量分别同比增长97%、303%；跨境电商相关企业注册量同比增长62%ᵍ。

表1　2016—2020年全国市场主体情况　　　　　　　单位：万户

年份	期末实有数				新增市场主体数量			
	总计	企业	个体工商户	农民专业合作社	总计	企业	个体工商户	农民专业合作社
2016	8705.4	2596.1	5930.0	179.4	1068.9	552.8	1068.9	29.6
2017	9814.8	3033.7	6579.4	201.7	1289.8	607.4	1289.8	27.8
2018	11020.0	3474.2	7328.6	217.3	2149.6	670.0	1456.4	23.1
2019	12339.5	3858.3	8261	220.1	2377.4	739.1	1261.8	16.5
2020	13840.7	4331.4	9287.2	222.1	2502.1	803.5	1681.5	17.1

数据来源：国家市场监督管理局。

*2020年农民专业合作社数量=全国市场主体总数-企业数-个体工商户数量。

市场监管总局有关负责人表示，我国市场主体持续快速增长，得益于四个方面：一是得益于我国

---

b 数据来源：国家市场监督管理总局2021年11月2日举行的国务院新闻办公室新闻发布会。

c 深入推进"放管服"改革，培育壮大市场主体[N].中国政府网http://www.gov.cn/xinwen /2021–11/12/content_5650402. html.

d 数据来源：中国社会科学院《2020中国企业发展数据年报》。

e 数据来源：商务部研究院信用研究所《中国市场主体发展活力研究报告（2011—2020）》。

f 数据来源：中国社会科学院《2020中国企业发展数据年报》。

g 数据来源：中国社会科学院《2020中国企业发展数据年报》。

经济长期健康稳定的发展，全社会对国家长期向好发展的大势有信心，持续增强了市场主体的信心。二是得益于党和国家推动经济发展的大政方针，持续激发了各类市场主体的发展活力。三是得益于我们拥有巨大潜力的超大规模市场，持续孕育着发展商机和市场需求。四是得益于我们拥有亿万勤劳智慧的劳动者和一大批锐意进取的企业家群体，持续支撑着我国市场发展的内生动力。特别是"六稳""六保"政策取向，把保市场主体提升到更加突出的位置，有力支持了市场主体健康发展。我国市场主体"顺市而为"的强大开拓创新能力和自适应能力，广大群众追求美好生活、积极参与创新创业，不断丰富生产要素的组合方式，为各类市场主体的成长壮大提供了不竭动力。

（二）全国固定资产投资持续复苏，民间固定资产投资增速超过国有部门

2020年，全国固定资产投资总额为518907亿元，同比增长2.9%，增速较2019年低2.5个百分点，其中国有控股企业固定资产投资为229643亿元，同比增长5.3%，较2019年低1.5个百分点，民间固定资产投资为289264亿元，同比增长1%，较2019年低3.7个百分点。从结构上看，民间投资依然占绝对比重，但增速明显弱于国有控股企业固定资产投资，面对复杂的国际环境、疫情、数字经济高速发展和双碳目标的硬约束，民间投资表现出缺乏主动转型动力，相比较而言，国有控股企业投资则与整体经济发展方向一致。

表2　2012—2020年国有控股企业固定资产投资情况　　　　　　　　单位：亿元

年份	全国		国有企业		民间		
	实际数据	同比增长	实际数值	同比增长	实际数值	同比增长	占比
2012	364835	20.6%	123694	14.7%	223982	24.8%	61.4%
2013	436528	19.6%	144056	16.3%	274794	23.1%	62.9%
2014	502005	15.7%	161629	13%	321576	18.1%	64.1%
2015	551590	10%	178933	10.9%	534007	10.1%	64.2%
2016	596501	8.1%	213096	18.7%	365219	3.2%	61.2%
2017	631684	7.2%	232887	10.1%	381510	6%	60.4%
2018	635636*	5.9%*	241585*	1.9%	394051*	8.7%*	62%
2019	551478*	5.4%*	240319*	6.8%	311159*	4.7%*	56.4%
2020	518907	2.9%*	229643*	5.3%	289264*	1.0%	55.7%

数据来源：国家统计局网站。

*表示统计口径调整之后的数值。

从2020年全年的固定资产投资情况看：受疫情和国际经济环境影响，全年大部分时间同比均呈现负增长状态，但从9月份开始，全年累计固定资产投资同比由负转正，但民间投资依然处在负增长状态，因此，此时全国固定资产投资由负转正主要得益于国有控股企业固定资产投资持续高速增长，并且是加速增长，到11月份时，国有控股企业固定资产累计投资增速同比达到5.6%，同期民间固定资产累计投资增长速度年内实现由负转正。进入12月份，民间固定资产投资增长速度持续增加，相比之下，国有控股企业固定资产累计增长速度开始收窄，为5.3%，这一方面表明国有经济对民间经济的带动作用；另一方面表明国有经济的稳定器作用，当经济处于下滑期时，国有经济增加投资，当经济处于复苏阶段时，国有经济投资逐渐收窄。

表3 2020年不同类型企业固定资产投资增长情况　　　　　　单位：%

累计月份	固定资产投资（不含农户）	国有控股	民间投资	内资企业固定资产投资	港澳台商投资企业固定资产投资	外商投资企业固定资产投资
2020年1—2月	−24.5	−23.1	−26.4	−24.8	−23.4	−16
2020年1—3月	−16.1	−12.8	−18.8	−16.3	−13	−9
2020年1—4月	−10.3	−6.9	−13.3	−10.6	−6.6	−1.3
2020年1—5月	−6.3	−1.9	−9.6	−6.5	−4.4	−0.2
2020年1—6月	−3.1	2.1	−7.3	−3.4	0.6	3.9
2020年1—7月	−1.6	−3.8	−5.7	−1.8	1.5	3.5
2020年1—8月	−0.3	3.2	−2.8	−0.5	4.5	3.8
2020年1—9月	0.8	4	−1.5	0.7	4.9	5.3
2020年1—10月	1.8	4.9	−0.7	1.5	4.2	11.2
2020年1—11月	2.6	5.6	0.2	2.3	4.5	11.2
2020年1—12月	2.9	5.3	1	2.8	4.2	10.6

数据来源：国家统计局。

值得一提的是，外资企业固定资产投资从6月份呈现加速增长态势，特别是外商投资企业，增长速度远高于港澳台商企业，表明外商对中国经济信心十足。

从2021年全国固定资产投资情况看：全年固定资产投资增长速度同比逐渐收窄，主要技术原因在于2020年同期呈现逐渐复苏状态，年初固定资产投资差距较大，随着经济的复苏，差距越来越小，但总体同比依然呈现增长态势，表明2021年固定资产投资具有明显的增量效应。从国有控股企业固定资产投资增速与民间固定资产投资增速对比情况看，国有部门固定资产投资增速弱于民间部门，这是自2020年12月份以来一直呈现的状态，一方面表明民间投资已经被带动起来；另一方面，表明国有经济部门并没有对民间部门产生挤占效应，而是给民间部门保留了足够的市场空间。

表4 2021年不同类型企业固定资产投资增长情况　　　　　　单位：%

累计月份	固定资产投资（不含农户）	国有控股	民间投资	内资企业固定资产投资	港澳台商投资企业固定资产投资	外商投资企业固定资产投资
2021年1—2月	35.0	32.9	36.4	34.8	50	22.9
2021年1—3月	25.6	25.3	26	25.8	32.3	11.9
2021年1—4月	19.9	18.6	21	19.9	29.4	10.4
2021年1—5月	15.4	11.8	18.1	15.3	24.6	10
2021年1—6月	12.6	9.6	15.4	12.4	19.9	9.3
2021年1—7月	10.3	7.1	13.4	10.2	17.2	8.4
2021年1—8月	8.9	6.2	11.5	8.7	15.7	8.1
2021年1—9月	7.3	5.0	9.8	7.1	14.6	6.6

（三）受疫情影响，全国及各类型规模以上工业企业增加值增长速度急剧下降

从2012年到2016年，全国规模以上工业企业增加值下降速度较快，但是，在国家宏观经济政策的有效调控下，从2016年开始呈现出增长速度恢复迹象，但是2018年的中美贸易摩擦阻碍了这一势头，从下图中可以看出，从2017年开始，全国规模以上工业企业增加值增长速度再次呈现阶段性下降态势，但是在国家"六稳六保"的政策指导下，整体下去速度相对缓慢，从2017年到2019年仅下降0.9个百分点，2019年，全国规模以上工业企业增加值增长5.7%，同比2018年下降0.5个百分点。受疫情影响，2020年规模以上工业企业增加值增长速度为2.8%，较2019年下降2.9个百分点，表明疫情对规模以上工业企业产生巨大冲击。

在经济增长进入新常态的大环境下，从2012年开始，全国规模以上工业企业增加值增速总体上呈现放缓趋势，而疫情加剧了这一趋势。

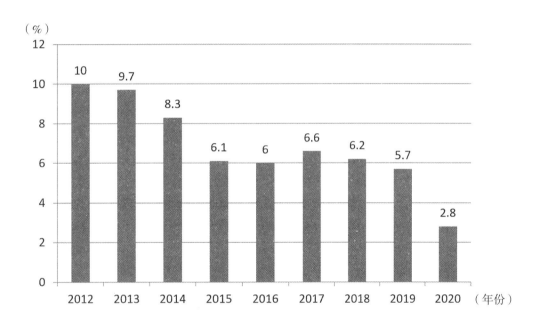

图1　2012—2020年全国规模以上工业企业增加值增长速度情况

数据来源：国家统计局。

从企业类型看：2020年，规模以上国有及国有控股企业增加值增长速度由2019年的4.8%下降至2.2%，下降2.6个百分点；规模以上私营工业企业增加值增长速度由2019年的7.7%下降至3.7%，下降4个百分点；规模以上股份制工业企业增加值增长速度由2019年的6.8%下降至3.0%，下降3.8个百分点；规模以上外商及港澳台投资工业企业增加值增长速度由2019年的2.0%增长为3.4%，增加了1.4个百分点。2020年疫情对规模以上工业企业产生了不同程度的影响，其中对规模以上私人工业企业和股份制工业企业影响较大，对规模以上国有工业企业影响较小，表明国有企业具有一定抗风险性。规模以上港澳台及外商工业企业不仅抵消了特朗普政府时期对中国经济的产生的负向作用，呈现同比增长趋势，并且较2019年同比增长多1.4个百分点，说明港澳台及外商投资工业企业得益于中国政府对疫情的控制，得以正常生产经营。

表5　2012—2020年各类型规模以上工业企业增加值增长情况　　　　单位：%

年份	企业类型			
	国有及国有控股企业	私营企业	股份制企业	外商及港澳台投资企业
2012	6.4	14.6	11.8	6.3
2013	8.3	12.4	10.8	8.3
2014	4.9	10.2	9.7	6.3
2015	1.4	8.6	7.3	3.7
2016	2	7.5	6.9	4.5
2017	6.5	5.9	6.6	6.9
2018	6.2	6.2	6.6	4.8
2019	4.8	7.7	6.8	2.0
2020	2.2	3.7	3.0	3.4

数据来源：国家统计局。

　　2020年1—7月，受疫情影响，规模以上工业企业增加值全国累计呈现负增长状态，但回暖迹象明显，8月份全国累计实现疫情以来首次正增长。2020年8月，各类型规模以上工业企业增长幅度同比均超过5%。在随后的各月中，全国累计增加值同比增长幅度逐渐增加，呈现加速恢复态势，各类型规模以上工业企业增加值各月的同比也呈现加速增长态势。2020年最后一个月，各类型规模以上工业企业增加值同比分别为6.4%（国有控股）、7.0%（股份制）、8.5%（外商及港澳台）、7.6%（私营），其中规模以上私营工业企业和外商及港澳台工业企业增长幅度超过全国平均水平。

表6　2020年规模以上工业企业增加值增长情况　　　　单位：%

2020年	全国累计	当月				
		全国	国有及国有控股	股份制	外商及港澳台	私营
1—2月	−13.50	—	—	—	—	—
1—3月	−8.40	1.10	—	—	—	—
1—4月	−4.90	3.90	0.50	4.00	3.90	7.00
1—5月	−2.80	4.40	2.10	4.80	3.40	7.10
1—6月	−1.30	4.80	—	—	—	—
1—7月	−0.40	4.80	4.10	4.20	7.60	4.20
1—8月	0.40	5.60	5.20	5.80	5.30	5.70
1—9月	1.20	6.90	—	—	—	—
1—10月	1.8	6.9	5.4	6.9	7.0	8.2
1—11月	2.3	7.0	5.9	6.8	8.3	6.8
1—12月	2.8	7.3	6.4	7.0	8.5	7.6

数据来源：国家统计局。

　　进入2021年，全国经济已经呈现全面复苏状态，得益于疫情控制效果，各类型规模以上个工业企业增加值呈现加速增长态势。对比表6，表7中数据前五个月呈现下滑态势，主要原因在于在计算同比数据时，2020年的同期数据呈现加速复苏态势，而2021年同期数据逐渐趋于稳定。而各项同比数值较大，主要是由于2020年当期数值过小所致。同时，由于国际市场需求萎缩，国内市场没有完全释放，加之双碳政策的约束,规模以上工业企业国际市场上的增加值增长疲软,从而导致8月份以来各类型规模以上工业企业增加值增长速度呈现下滑趋势。但有理由相信,随着国际国内双循环的逐渐畅通,新格局的逐渐形成,规模以上工业企业增加值增长情况会逐渐回暖。

表7 2021年规模以上工业企业增加值增长情况 单位:%

2021年	全国累计	当月				
		全国	国有及国有控股	股份制	外商及港澳台	私营
1—2月*	35.1	—	—	—	—	—
1—3月	24.5	14.1	10.9	13.4	17.4	16.8
1—4月	20.3	9.8	8.6	10.4	8.4	11.2
1—5月	17.5	8.8	7.7	8.9	8.5	9.1
1—6月	15.9	8.3	5.4	9.0	6.4	10.2
1—7月	14.4	6.4	7.2	7.1	3.8	6.1
1—8月	13.1	5.3	4.6	6.1	3.4	5.2
1—9月	11.8	3.1	4.5	4.0	0.4	

数据来源:国家统计局。

*当月数据为1-2月累计数据,国家统计局不单独公布1月和2月规模以上工业企业增加值数据。

(四)全国规模以上工业企业盈利能力得到有效恢复,但国有企业盈利能力出现下滑

2020年,全国规模以上工业企业并没有因为疫情而出现盈利能力显著不足问题,反而逆势高于2019年的整体盈利情况。2019年,全国规模以上工业企业实现利润总额61995.5亿元,2020年,这一指标为64516.1亿元,同比增长4.1%。在新冠肺炎疫情期间,逆势上涨2520.6亿元,得益于国家疫情防控复工复产、"六稳""六保"政策和相关税收优惠政策。

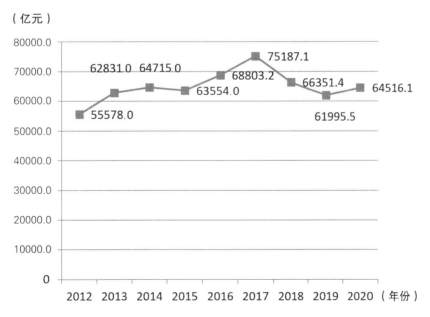

（亿元）

图2 2012—2020年全国规模以上工业企业利润

数据来源:国家统计局。

从企业类型看：规模以上工业企业中，国有控股企业实现利润总额14860.8亿元，比上年下降2.9%；股份制企业实现利润总额45445.3亿元，增长3.4%；外商及港澳台商投资企业实现利润总额18234.1亿元，增长7.0%；私营企业实现利润总额20261.8亿元，增长3.1%。从表8可以看出，2020年规模以上国有控股工业企业利润增长出现下滑，这主要是由于疫情期间国有企业担负特殊使命，充分发挥了中国特色国有企业功能，在保民生、强稳定、促发展等方面起到了顶梁柱和压舱石的作用，从而导致疫情期间很多国有企业在充分保证安全的情况下，一直开工生产，保障整个国民经济平稳运行，为此也付出了巨大的成本。

表8　2012—2020年各类型规模以上工业企业实现利润情况　　　　单位：亿元

年份　　企业类别	全国	国有控股	股份制	外资企业	私营企业
2012	55578	14163	32867	12688	18172
2013	62831	15194.1	37285.3	14599.2	20876.2
2014	64715	14006.7	42962.8	15971.8	22322.6
2015	63554	10944	42981.4	15726.1	23221.6
2016	68803.2	11751.1	47196.8	17351.9	24325.3
2017	75187.1	16651.2	52404.4	18752.9	23753.1
2018	66351.4	18583.1	46975.1	16775.5	17137
2019	61995.5	16355.5	45283.9	15580	18181.9
2020	64516.1	14860.8	45445.3	18234.1	20261.8

数据来源：国家统计局。

2021年1—9月，全国规模以上工业企业累计实现利润63440.8亿元，其中规模以上国有控股工业企业实现利润19850.5亿元，股份制工业企业实现利润45209.0亿元，外商及港澳台工业企业实现利润16978.0亿元，私营工业企业实现利润18606.3亿元。从增长速度上看，2021年1—9月，各类型规模以上工业企业利润呈现出超高速增长状态，但增速逐渐放缓，主要原因有两个方面：一是2020年同期数据较低所致，可以看出，随着2020年全国经济的逐渐复苏，2021年规模以上工业企业实现利润增长情况逐渐向合理区间回归；二是2021年国家落实双碳目标政策，对各类耗能工业企业产生了硬约束，抑制了工业企业实现利润能力。

表9　2021年各类型规模以上工业企业实现利润情况　　　　单位：亿元

累计月份	全国	国有控股	股份制	外商及港澳台	私营
2021年1—2月	11140.1（179%）	3752.2（182%）	7762.5（169%）	3145.2（219%）	3316.9（137%）
2021年1—3月	18253.8（137%）	6165.4（199%）	12792.7（129%）	5128.1（161%）	5163.3（91.9%）
2021年1—4月	25943.5（106%）	8380.7（187%）	18253.5（108%）	7250.2（107%）	7672.7（69.2%）
2021年1—5月	34247.4（83.4%）	11049.9（150%）	24133.0（86.5%）	9394.4（80.8%）	10198.0（56.3%）
2021年1—6月	42183.3（66.9%）	13774.2（112%）	29858.5（70.4%）	11433.6（60.7%）	12164.0（47.1%）
2021年1—7月	49239.5（57.3%）	15837.1（102%）	34871.1（62.4%）	13330.5（46%）	14267.6（40.2%）
2021年1—8月	56051.4（49.5%）	17748.5（86.8%）	39792.4（54.9%）	15139.3（37.5%）	16429.6（34.4%）
2021年1—9月	63440.8（44.7%）	19850.5（77.9%）	45209.0（50.5%）	16978.0（31.7%）	18606.3（30.7%）

数据来源：国家统计局。

（五）进出口总额程下降态势，民营企业进出口比重持续上升，第一次超过外资企业，成为我国第一大进出口主体

2020年，我国实现货物进出口总额321557亿元，比上年增长1.9%。其中，出口179326亿元，增长4.0%；进口142231亿元，下降0.7%。货物进出口顺差37096亿元，比上年增加7976亿元。对"一带一路"沿线国家进出口总额93696亿元，比上年增长1.0%。其中，出口54263亿元，增长3.2%；进口39433亿元，下降1.8%。

表10　2012—2020年中国外贸进出口总情况　　　　　单位：亿美元

年份	金额
2012	38671.2
2013	41589.9
2014	43015.3
2015	39530.6
2016	36855.6
2017	41071.4
2018	46224.2
2019	45778.9
2020	49169.2*

数据来源：海关总署。

*根据人民币兑美元2020年12月31日即期汇率为6.5398计算。

2020年，世界经济增长和全球贸易遭受严重冲击，我国外贸发展外部环境复杂严峻，在这样困难的情况下，我国外贸进出口实现了快速回稳、持续向好，展现了强大的韧性和综合竞争力。我国外贸进出口从2020年6月份起连续7个月实现正增长，全年进出口、出口总值双双创历史新高，国际市场份额也创历史最高纪录，成为全球唯一实现货物贸易正增长的主要经济体，货物贸易第一大国地位进一步巩固。根据WTO和各国已公布的数据，2020年前10个月，我国进出口、出口、进口国际市场份额分别达12.8%、14.2%、11.5%，均创历史新高。

从有进出活动企业的类型看，国有外贸企业进出口总额出现下滑，民营外贸企业进出口总额持续上升，外资企业保持相对稳定。2020年，有进出口实绩企业53.1万家，增加6.2%。其中，民营企业进出口14.98万亿元，增长11.1%，占我国外贸总值的46.6%，比2019年提升3.9个百分点，第一大外贸主体地位更加巩固，成为稳外贸的重要力量。外商投资企业进出口12.44万亿元，占38.7%。国有企业进出口4.61万亿元，占14.3%。

表11　2012—2020年各类型对外贸易各类企业出口情况　　　　　单位：万亿元

年份	国有企业	民营企业		外资企业
		进出口	进口	
2012	4.71*	7.67*	4.84*	11.88*
2013	4.54*	9.02*	5.55*	11.62*
2014	4.58**	9.12**	6.61**	12.13**
2015	4.03**（−12.1%）	9.1（−0.2***）	6.4（3.1***）	11.34**（−6.5%***）

2016	3.8（−5.6%***）	9.28	6.35	11.1（−2.1%***）
2017	4.54 **	10.7	7.13	12.45 **
2018	5.3（16.8%***）	12.1	7.87	12.99（4.3%***）
2019	5.32	13.84	8.9	12.57
2020	4.61	14.98	11.1	12.44

注：数据来源于海关总署。

*2012年、2013年数据根据同期年末人民币兑美元汇率折算所得，2012年12月31日、2013年12月31日美元兑人民币汇率分别为6.2855、6.0533。

**2014年国有企业、外资企业、民营企业进出口总额、民营企业进口总额根据2015年商务部公布进出口增长比例计算所得；2015年国有企业、外资企业进出口总额根据2016年商务部公布进出口增长比例计算所得；2017年国有企业、外资企业进出口总额根据2018年商务部公布进出口增长比例计算所得。

***括号中为本年比上一年增长率。

截至2021年6月，进出口贸易已经实现连续第13个月同比正增长。据海关总数公布数据现实，2021年上半年，我国货物贸易进出口总值18.07万亿元人民币，比去年同期增长27.1%。其中，出口9.85万亿元，增长28.1%；进口8.22万亿元，增长25.9%。与2019年同期相比，进出口、出口、进口分别增长22.8%、23.8%、21.7%。进出口连续13个月同比正增长。从有进出口活动企业类型看：民营企业进出口8.64万亿元，增长35.1%，占我国外贸总值的47.8%，较去年同期提升2.8个百分点，持续位居我国第一大外贸经营主体。同期，外商投资企业进出口6.61万亿元，增长19%；国有企业进出口2.75万亿元，增长23.8%[h]。

（六）全国规模以上工业企业科技创新能力进一步增强，创新产出进一步提升

2018年，全国规模以上工业企业有研发机构72706户，有R&D活动的工业达104820户，R&D经费内部投入达129548264万元，R&D经费外部投入8699801万元，专利申请数957298件，发明专利371569件，有效专利达1094200件。截至2019年年末，上述各指标分别变化为85274户、129198户、139710989万元、8930340万元、1059808件、398802件、1218074件。2019年各指标分别较2018年增长了17.29%、23.26%、7.8%、2.65%、10.7%、7.33%、11.32%。

从企业类型看：截至2019年年末，规模以上工业企业中，国有企业、国有独资公司、股份有限公司、私营企业中有研发机构的企业数不断增加，分别为147户、763户、4782户和52384户，其中私营企业设立研发机构的数量呈现大幅上升态势；上述类型规模以上工业企业有研发活动的企业数也呈现增长态势，分别为277户、1238户、6733户、81501户，其中国有独资公司和私营企业研发较为活跃。国有企业和国有独资公司内部研发经费投入呈现收缩态势，分别为831846万元、6233484万元，其中国有独资公司收缩幅度较大；股份制有限公司和私营企业研发经费外部支出呈现增长态势，其中私营企业增幅较大。除国有独资公司外，其余类型规模以上工业企业外部研发投入均呈现增长态势，分别为146813万元、804073万元、1462920万元、2110962万元，其中国有企业和私营企业增幅较大。国有企业和私营企业专利申请书呈现增长态势，国有独资公司和股份有限公司基本保持稳定，其中私营企业增幅较大。在专利申请中，发明专利均有较大幅度增长，其中国有企业增幅较大。

---

h　国务院新闻办就2021年上半年进出口情况举行发布会.http://www.gov.cn/xinwen/2021%2D07/13/content%5F5624624.html.

表12　2017—2019年全国规模以上工业企业科技创新情况

企业类型	年份	有研发机构企业数（个）	有R&D活动企业数（个）	内部R&D支出（万元）	R&D外部支出（万元）	专利申请数（件）	发明专利数（件）
国有企业	2017	271	419	2134367	251193	17360	8782
	2018	143	227	834378	104865	10004	4771
	2019	147	277	831846	146813	11750	6391
国有独资公司	2017	718	1094	6341613	650021	35665	17581
	2018	735	1129	7107416	882782	50873	23494
	2019	763	1238	6233484	804073	50486	25683
股份有限公司	2017	4731	6665	18472440	1182624	144682	63069
	2018	4623	6652	20251745	1401865	150680	67621
	2019	4782	6733	21391117	1462920	150246	68666
私营企业	2017	36034	53668	31880597	1479841	270129	84468
	2018	41241	60914	38516119	1984371	380281	122242
	2019	52384	81501	45167494	2110962	447064	127651

数据来源：《中国科技统计年鉴2020》（数据截至2019年年末）。

（七）入围世界500强的中国企业数量迈上新台阶，经济效益得到显著改善

受新冠肺炎疫情影响，2021年《财富》世界500强排行榜企业的营业收入约为31.7万亿美元，比去年下降5%。进入排行榜的门槛（最低销售收入）也从254亿美元下降到240亿美元。同时，企业利润则有大幅跌落。今年所有上榜公司的净利润总和为1.6万亿美元，同比大幅下降20%，是2009年以来最大跌幅。这些企业的营业收入和利润下降的直接原因，显然与2020年新冠疫情在全球蔓延有关。新冠疫情的蔓延导致全球供应链中断，西欧、北美、东亚这些地区的经济活动发展停滞。世界500强的经营收缩，导致收益下降。

2021年《财富》世界500强排行榜一共有143家中国企业上榜，45家新上榜和重新上榜公司，其中新上榜和重新上榜的中国公司有18家，它们是：中国船舶集团、浙江荣盛控股集团、浙江恒逸集团、融创中国控股有限公司、敬业集团、新希望控股集团、新华人寿保险、潍柴动力、北京建龙重工集团、浙江省交通投资集团、龙湖集团、广州市建筑集团、广州医药集团、华润置地、云南省投资控股集团、万洲国际、紫金矿业集团、中国再保险（集团）股份有限公司。

在143家上榜的中国企业中，中国大陆（包括香港）企业共有135家，中国台湾地区企业有8家。中国大陆（含香港）上榜企业平均利润约35.4亿美元，高于500家公司的平均利润（33亿美元）。同时，美国企业的平均利润下降到51亿美元。上榜中国大陆（含香港）公司销售收益率与去年持平，约为5.4%；净资产收益率比去年下降，约为8.7%——均超过世界500强的平均数，低于美国企业的6.5%和11.8%。但是，这两项指标上中国和美国公司的差距在缩小，2019年，美国企业的销售收益率是中国大陆公司的1.6倍；净资产收益率是中国大陆公司的近两倍。2020年，这两项指标上的差距分别缩小到了1.2倍和1.4倍。

表13　2012—2021年世界500强企业中央企业情况　　　　　　单位：家

年份	中央企业	中国企业
2012	43	79
2013	44	95
2014	47	100
2015	47	106
2016	50	110
2017	48	120
2018	48	129
2019	48	133
2020	48	134
2021	49	143

数据来源：历年《财富》世界500强排行榜。

二、"十三五"期间，中国国有企业改革发展[i]

"十三五"期间，中国经济进入新常态，经济增长面临下行压力，产能过剩推动供给侧结构改革，中美贸易摩擦不断加剧，以美国为首的一些国家推崇单边主义、保护主义和霸权主义，从而触发了世界经济格局的新一轮大发展、大变革、大调整，2020年暴发的全球性新冠肺炎疫情又加剧了上述进程。以习近平同志为核心的党和国家领导集体，通过正确分析和研判世界经济形势和国内经济发展核心问题，指出世界正经历"百年未有之大变局"，党的十九届五中全会指出，这种变局"绝不是一时一事、一域一国之变，而是世界之变、时代之变、历史之变"。在这一背景下，任何国家、任何组织都难以独善其身，中国国有企业改革与发展也面临着巨大挑战。但是，凭借中国共产党的正确领导和制度的优越性，在百年未有之大变局中，中国国有企业对中国经济转型、升级与发展发挥了"稳定器"和"压舱石"的作用。

（一）"十三五"期间，国有企业改革目标与任务

2015年8月，中共中央、国务院印发了新时期指导和推进中国国有企业改革的纲领性文件——《关于深化国有企业改革的指导意见》（下称《指导意见》），对未来国有企业改革提出了总的要求。《指导意见》的总体要求可以概括为"一二三四五六"，即一条中国特色国有企业改革发展道路、两个毫不动摇、三个"有利于"、四项建设、五项原则、六项任务。根据这一要求，十八届五中全会审议并通过的《中共中央关于制定国民经济和社会发展第十三个五年规划的建议》（下称《建议》），明确了"十三五"时期国有企业改革的目标和五项具体的任务。

所谓"一条中国特色国有企业改革发展道路"是指国有企业改革要突出中国特色，并且要把中国特色落足到国有企业改革上面来。"两个毫不动摇"是指毫不动摇地坚持国有经济的重要地位，毫不动摇地坚持把国有企业搞好，把国有企业做强、做优、做大。三个"有利于"是习近平总书记对国有企业

---

[i]本章数据如无特殊说明，均来自于统计年鉴、财政部网站和国务院国资委网站。

的深化改革提出的三条标准，即要有利于国有资本的增值保值、有利于提高国有经济的竞争力和效率、有利于放大国有资本功能。"十三五"规划根据上述要求提出"坚定不移把国有企业做强做优做大，培育一批具有自主创新能力和国际竞争力的国有骨干企业，增强国有经济活力、控制力、影响力、抗风险能力，更好服务于国家战略目标"的国有企业改革目标。

《指导意见》提出了国有企业深化改革的六项具体任务，分别是分类推进改革、完善现代企业制度、完善国有资产管理体制、发展混合所有制经济、强化监管防止国有资产流失、加强和改进党对国有企业的领导。这是今后国有企业深化改革重要内容。"十三五"规划根据《指导意见》和国有企业改革所处阶段，提出了五项具体任务：商业类国有企业以增强国有经济活力、放大国有资本功能、实现国有资产保值增值为主要目标，依法独立自主开展生产经营活动，实现优胜劣汰、有序进退；公益类国有企业以保障民生、服务社会、提供公共产品和服务为主要目标，引入市场机制，加强成本控制、产品服务质量、运营效率和保障能力考核；加快国有企业公司制股份制改革，完善现代企业制度、公司法人治理结构；建立国有企业职业经理人制度，完善差异化薪酬制度和创新激励；加快剥离企业办社会职能和解决历史遗留问题。

根据上述顶层设计，国务院国资委公布了"十三五"时期国企国资改革发展的工作思路和目标要求。时任国务院国资委主任张毅在2016年1月15日召开的中央企业、地方国资委负责人会议上指出，"十三五"时期，国资监管系统及中央企业应努力实现以下目标和要求：国有资本配置效率显著提高、国有经济持续稳定增长；培育一大批具有创新能力和国际竞争力的国有骨干企业；造就一大批德才兼备、善于经营、充满活力的优秀企业家；符合中国基本经济制度和社会主义市场经济发展要求的国有资产管理体制、现代企业制度更加成熟定型。张毅认为，实现"十三五"时期国企国资改革发展目标，必须做好六篇"大文章"，即通过创新驱动增强发展动力、通过结构调整提高发展质量、通过开放合作扩大发展空间、通过深化改革增强发展活力、通过提质增效提升发展水平、通过加强党建为发展提供保障。在结构调整中，需优化国有资本重点投资方向和领域，其中包括推动同业或产业链上下游中央企业在集团层面的重组整合，推动以龙头企业为依托开展行业板块专业化重组等。

（二）"十三五"时期，国有企业改革重要举措

1.配套政策

围绕《关于深化国有企业改革的指导意见》，国务院、国务院办公厅、财政部、国资委等多部门先后出台了一系列配套政策，形成"1+N"的国有企业深化改革政策体系。这些配套政策包括《国务院关于国有企业发展混合所有制经济的意见》（国发〔2015〕54号）、《国务院关于改革和完善国有资产管理体制的若干意见》（国发〔2015〕63号）、《关于国有企业功能界定与分类的指导意见》（国资发研究〔2015〕170号）、《国有科技型企业股权和分红激励暂行办法》（财资〔2016〕4号）、《关于国有企业职工家属区"三供一业"分离移交工作指导意见的通知》（国办发〔2016〕45号）、《企业国有资产交易监督管理办法》（国务院国有资产监督管理委员会、财政部令32号令）、《关于国有控股混合所有制企业开展员工持股试点的意见》（国资发改革〔2016〕133号）、《关于建立国有企业违规经营投资责任追究制度的意见》（国办发〔2016〕63号）、《关于进一步完善国有企业法人治理结构的指导意见》（国务院国有资产监督管理委员会、财政部令、中国证券监督管理委员会36号令）、《关于印发改革国有资本授权经营体制方案的通知》（国发〔2019〕9号）。

国务院国资委针对中央企业的改革工作也出台了一系列专项政策，包括《关于全面推进法治

央企建设的意见》（国资发法规〔2015〕166号）、《关于推动中央企业结构调整与重组的指导意见》（国办发〔2016〕56号）、《关于完善中央企业功能分类考核的实施方案》（国资委、财政部）、《关于做好中央科技型企业股权和分红激励工作的通知》（国资发分配〔2016〕274号）、《中央企业负责人经营业绩考核办法》（国务院国有资产监督管理委员会令第33号）、《中央企业投资监督管理办法》（国务院国有资产监督管理委员会令第34号）、《中央企业境外投资监督管理办法》（国务院国有资产监督管理委员会令第35号）、《中央企业构建"不能腐"体制机制的指导意见》（中央纪委驻国资委纪检组印发）、《中央企业主要负责人履行推进法治建设第一责任人职责规定》（国资党发法规〔2017〕8号）、《关于做好中央企业国有资本经营预算费用性资金使用情况季度报告工作的通知》（国资厅资本〔2017〕487号）、《关于加强中央企业境外廉洁风险防控的指导意见》（中央纪委驻国资委纪检组印发）、《中央企业违规经营投资责任追究实施办法（试行）》（国务院国有资产监督管理委员会令第37号）、《中央企业合规管理指引（试行）》（国资发法规〔2018〕106号）、《关于做好中央企业违规经营投资责任追究报告工作有关事项的通知》（国资发监督二〔2018〕116号）、《中央企业工资总额管理办法》（国务院国有资产监督管理委员会令第39号）、《关于做好中央企业违规经营投资责任追究工作体系建设有关事项的通知》（国务院国有资产监督管理委员会令第43号）、《中央企业国有资本经营预算支出执行监督管理暂行办法》（国资发资本规〔2019〕92号）、《中央企业混合所有制改革操作指引》（国资产权〔2019〕653号）、《关于加强中央企业内部控制体系建设与监督工作的实施意见》（国资发监督规〔2019〕101号）、《中央企业控股上市公司实施股权激励工作指引》（国资委）。

2. "十项改革试点"和"双百行动"

为平稳推进国有企业深化改革各项工作，国务院国资委在出台上述配套政策的同时，还组织开展了"十项改革试点"和"双百行动"。

2016年2月25日，国务院国资委召开了媒体通气会，会议对"以点带面、以点串线，形成经验、复制推广"的"十项改革试点"工作进行了介绍，主要内容包括：第一，在完善原有试点基础上，扩大试点范围，落实董事会职权试点，同时指导推动各地开展这项试点。第二，在各级履行出资人职责机构直接监管的国有独资、控股的一级企业进行市场化选聘经营管理者试点。第三，从市场化选聘经营管理者试点的单位中，优先选择2~3户处于充分竞争领域的商业类企业，以及经营困难、重组改制、发展混合所有制经济等企业，推行职业经理人制度试点，同时鼓励中央企业选择部分条件成熟的二三级公司开展试点，支持各地开展这项试点工作。第四，选择处于竞争性行业或领域、公司治理机制建立健全、董事会建设和运作比较规范、已实行或正在试点职业经理人制度的中央企业，开展企业薪酬分配差异化改革试点。第五，选取几户中央企业开展国有资本投资、运营公司试点。第六，本着成熟一户推进一户的原则，不断探索更多、更有效的途径和方式，对中央企业兼并重组进行试点。第七，在电力、石油、天然气、铁路、民航、电信、军工等领域实施混合所有制改革试点。第八，在中央和地方两个层面分别选取10户混合所有制企业进行员工持股试点。第九，在中央企业围绕董事会信息披露、财务信息公开等方面开展试点，指导地方国资委选择若干重点企业试点。第十，选择几户中央企业推进所办教育机构深化改革试点，选择几座城市开展国有企业退休人员社会化管理试点。

"双百行动"发起于2018年，是国务院国有企业改革领导小组统一部署并组织开展的综合性国企改革示范行动。根据2018年3月国资委发布的《关于开展"国企改革双百行动"企业遴选工作的通知》，国务院国有企业改革领导小组办公室决定选取百家中央企业子企业和百家地方国有骨干企业，在2018—2020年期间实施"国企改革双百行动"，即双百行动，深入推进改革。时任国务院国资委主任肖亚庆表示，组织开展"双百行动"，不是要再搞一批单项试点，而是要以"1+N"政策体系为指导，以前期各个单项试点成果为支撑，全面拓展和应用改革政策和试点经验，进而形成从"1+N"顶层设计到"十项改革试点"再到"双百行动"梯次展开、纵深推进、全面落地的国企改革新局面，切实促进"双百企业"加快转换经营机制，放大国有资本功能，提高国有资本配置和运行效率。目前，已有超过400户央企所属企业和地方国有骨干企业入围"双百企业"名单，"双百企业"在完成国企改革重点工作任务方面的进展和成效普遍好于其他子企业，改革尖兵的引领示范作用初显。据统计，截至2019年末，"双百企业"累计改革任务完成率达到55.14%。在混合所有制改革方面，41.55%的央企所属"双百企业"在本级层面开展了混改，其中非国有资本持股比例超过1/3的占53.49%；62.65%的央企所属"双百企业"在子企业层面开展了混改。在完善企业法人治理结构方面，超过八成的央企所属"双百企业"在本级层面设立了董事会。在激发国有企业内生活力，完善市场化经营机制方面，央企所属"双百企业"中，在本级和子企业层面推行经理层成员任期制和契约化管理的比例分别达到45.91%和45.14%。统计显示，央企所属"双百企业"中已有19%实施了国有控股上市公司股权激励，18%实施了国有科技型企业股权和分红激励，27%实施了国有控股混合所有制企业员工持股。管理人员能上能下退出比例达到9.3%；近三年有效控制了管理人员规模，管理人员占比保持在10%以下，且近一半的企业在开展"双百行动"后进一步降低。八成以上的"双百企业"实现绩效考核100%全覆盖，整体平均浮动工资占比达到60%，经理层成员之间收入差距倍数差距达到1.65倍，且呈现出逐渐加大趋势；员工市场化公开招聘的比例接近95%，市场化退出率近三年均达10%以上，远高于中央企业整体平均水平，企业内生活力有效激发。国务院国资委党委委员、秘书长彭华岗2020年12月9日在《改革样本：国企改革"双百行动"案例集》新书发布会介绍了两年来"双百行动"的进展情况，截至2019年"双百企业"全员劳动生产率达到85.3万元/人，大幅超出中央企业整体平均水平；人工成本利润率整体平均水平达到100.5%，近三年平均年增长率达5%；2019年营业收入、净资产增长率分别达到9.3%、11.4%，利润总额持续正向增长，以改革创新带动企业高质量发展。

（三）"十三五"期间，国有企业改革取得的成效

1.全国国有及国有控股企业整体效益情况

2015年，受国际经济形势、供给侧结构调整和需求不足影响，全国经济下行压力巨大，国有企业运行也表现出下行状态，营业收入和利润指标出现双降情况。经过对国际国内经济发展形势的正确分析和判断，国有企业自身发展做出了精准调整，从2016年开始，国有企业经济效益指标逐渐呈现改善局面。截至2019年年末，全国国有及国有控股企业实现营业总收入625520.5亿元，较2015年增长了37.6%；实现利润总额35961.0亿元，较2015年增长了56.2%；应交税费为46096.3亿元，较2015年增长了19.4%；资产总额为233.9万亿元，较2015年增长了96.2%；总负债为149.8万亿元，较2015年增长了89.5%；资产负债率为63.9%，较2015年增长2.4个百分点。

表14　2015—2019年全国国有及国有控股企业经济效益情况　　　　单位：亿元

年份	营业收入	实现利润	应交税费	资产总额	负债总额
2015	454704.1（-5.4%）	23027.5（-6.7%）	38598.7（2.9%）	1192048.8（16.4%）	790670.6（18.5%）
2016	458978（2.6%）	23157.8（1.7%）	38076.1（-0.7%）	1317174.5（9.7%）	870377.3（10%）

续表

2017	522014.9（13.6%）	28985.9（23.5%）	42345.5（9.5%）	1517115.4（10%）	997157.4（9.5%）
2018	587500.7（14.1%）	33877.7（13.8%）	46089.7（12.1%）	1787482.9（8.4%）	1156474.8（6.3%）
2019	625520.5（6.9%）	35961（4.7%）	46096.3（0.7%）	2339000*（－）	1498000*（－）

数据来源：财政部公布各年全国国有及国有控股企业经济效益运行情况报告，括号中的数据为同比增长情况。

*根据《国务院关于2019年度国有资产管理情况的综合报告》，中国人大网，2020年10月15日数据估算。

2020年初，全球性新冠肺炎疫情暴发，中国政府果断采取了封城政策，使得疫情迅速得到控制，但由于封城所带来的经济成本十分巨大，全国各行各业都受到了不同程度的冲击，全国经济整体呈现严重衰退，国有企业也遭受着跟非国有企业一样的命运，但是国有企业从管理层到一线员工，在疫情面前没有退缩，及时尽早安全有序地复工复产，使得国有企业率先从疫情中实现复苏，不仅如此，也保证了全国经济系统供应链的稳定，为其他经济成分快速复苏提供了坚实后盾。据统计，全国国有及国有控股企业营业收入、营业成本、利润总额、应交税费、净利润等指标均呈现显著下滑态势。但是，从2020年6月份开始，这五项指标开始强势反弹，单月同比表现为积极的正向增长，并且实现连续五个月单月同比正增长。这一结果与国有企业有序组织复产复工直接相关。截至2020年年末，全国国有及国有控股企业各项指标单月均呈现较大幅度增长，其中营业收入呈现单月同比持续增长态势，利润总额和净利润指标呈现单月同比井喷式增长态势，而后逐渐向合理区间回落。

表15　2020年1—12月全国国有及国有控股企业各指标同比增长情况

2020年	营业收入	营业成本	利润总额	净利润	应交税费
5月	−1.40%	−0.01%*	−5.50%	−4.37%*	−0.42%*
6月	7.10%	6.20%	6.00%	7.50%	4.70%
7月	2.70%	2.30%	14.00%	14.30%	5.70%
8月	6.00%	4.80%	23.20%	25.80%	2.10%
9月	9.20%	7.60%	52.50%	60.90%	10.50%
10月	7%	5.7%	52.5%	62.7%	5.4%
11月	6.0%	3.8%	38.9%	47.2%	6.9%
12月	14.1%	8.9%	13.8%	14.2%	12.1%

数据来源：财政部网站关于2020年全国国有及国有控股企业各月份累计经济运行情况。

*根据2020年累计指标和2019年累计指标估计所得

公式为：指标值=（2020年当月累计−本年度上月累计）/（2019年当月累计−当年上月累计）−1。

从累计情况：由于各项指标单月持续反弹，有效缓解了全年累计运行情况持续恶化的局面，营业成本支出一项率先实现了0.5%的增长，截至2020年年末，营业收入和应交税费也实现累计正增长。利润指标受到前期下滑拖累依然处于累计负增长状态，但总体趋势呈现明显逐渐收窄态势，进入2021年，扣除低基因素，前两个月份累计实现8.2%的增长。表明整个国有企业实现了完全复苏。

表16　2020年1—12月全国国有及国有控股企业各指标累计运行及增长情况　　　　单位：亿元

2020年	营业收入	营业成本	利润总额	净利润	应交税费
1—3月	123388.6（−11.7%）	122546.3（−8.9%）	3291.6（−59.7%）	—	10671.4（−13.0%）
1—4月	170271.2（−9.2%）	169238.6（−6.2%）	4120.1（63.0%）	2105.6（−73.4%）	13976.0（−9.3%）

1—5月	218388.1（−7.7%）	216126.2（−4.9%）	6630.9（−52.7%）	3981.6（−61.6%）	17464.7（−8.3%）
1—6月	279537.3（−4.9%）	274594.1（−2.7%）	11225.3（−38.8%）	7546.6（−44.6%）	21630.6（−6.0%）
1—7月	330158.4（−3.5%）	323238.8（−1.7%）	14763.1（−30.4%）	10316.0（−34.7%）	25969.0（−4.0%）
1—8月	382568.6（−2.1%）	373413.4（−0.6%）	18169.8（−24.2%）	13086.4（−27.3%）	28984.9（−3.5%）
1—9月	440846.4（−0.7%）	429352.4（0.5%）	22833.0（−16.0%）	16533.8（−18.5%）	33947.3（−2.3%）
1—10月	496812.9（0.2%）	483305.1（1.2%）	26300.5（−10%）	19261.1（−11.4%）	37565.4（−1%）
1—11月	556124.8（0.8%）	540211.3（1.7%）	29863.1（−6.1%）	22065.9（−7.1%）	40575.1（−1.2%）
1—12月	632867.7（2.1%）	614685.2（2.8%）	34222.7（−4.5%）	24761.7（−5.6%）	46111.3（0.2%）

数据来源：财政部关于2020年全国国有及国有控股企业各月累计经济运行情况，括号中的数据为同比增长情况。

2.中央企业经济效益情况

"十三五"期间，中央企业各项经济指标总体呈现良好态势，特别是经过2015年的经济效益短暂下滑后，迅速从低谷中走出，表现出了较好的经济灵活性。截至2019年年末，中央企业营业收入、实现利润、应交税金、资产总额、负债总额分别增长为358993.8亿元、22652.7亿元、32317.1亿元、870000亿元、584000亿元，较2015年分别增长了32.1%、40.27%、8.7%、35.4%、33.7%。但是各项指标与全国国有企业同期相比表现相对较弱，2015年营业收入和利润指标收窄幅度大于全国平均水平，在随后的复苏阶段，两项指标的增幅也弱于全国平均水平。这也说明，地方国有企业表现出了较好的发展韧性。

表17　2015—2019年中央企业经济运行效益　　　　　　　　　单位：亿元

年份	营业收入	实现利润	应交税费	资产总额	负债总额
2015	271694（−7.5）	16148.9（−5.6%）	29731.4（3.1%）	642491.8（19.9%）	436702.3（23.8%）
2016	276783.6（2%）	15259.1（4.7%）	29153（2.5%）	694788.7（7.7%）	476526（8.2%）
2017	308178.6（12.5%）	17757.2（16%）	30812.9（5%）	751283.5（8.2%）	511213（7.3%）
2018	338781.8（9.8%）	20399.1（12.7%）	32409.3（3.5%）	803391.7（6.7%）	543908.6（6.3%）
2019	358993.8（6%）	22652.7（8.7%）	32317.1（−0.7%）	870000*	584000*

数据来源：财政部公布各年全国国有及国有控股企业经济运行情况报告，括号中的数据为同比增长情况。

*根据《国务院关于2019年度国有资产管理情况的综合报告》，中国人大网，2020年10月15日数据估算。

2020年，受全球性新冠肺炎疫情影响，中央企业各项指标都呈现显著下滑状态。据财政部公布的2020年全国国有及国有企业经济效益情况现实，2020年1—4月，中央企业营业收入、营业成本、利润总额、净利润和应交税费累计完成情况分别为99477.6亿元、96701.3亿元、3628亿元、2342.5亿元和10286.4亿元，同比分别下降9.2%、6.4%、53.1%、59.5%和8.7%。但是各指标累计完成情况呈现逐渐收窄的局面，这表明单月各指标呈现强劲复苏态势。尽管如此，截至2020年年底，中央企业整体经济效益指标累计完成情况，除营业成本一项外，都没有恢复到2019年的水平。值得注意的是中央企业与地方企业相比，各项指标累计完成情况相对波动幅度较小，表明中央企业抗风险能力要好于地方国有企业。

表18　2020年1—12月中央企业各指标累计运行及增长情况　　　　　　单位：亿元

2020年	营业收入	营业成本	利润总额	净利润	应交税费
1—3月	73990.0（-10.0%）	71618.1（-7.6%）	2972.3（-49.1%）	—	8003.2（-11.1%）
1—4月	99477.6（-9.2%）	96701.3（-6.4%）	3628.0（-53.1%）	2342.5（-59.5%）	10286.4（-8.7%）
1—5月	125827.5（-8.6%）	121927.1（-6.2%）	5285.4（-44.7%）	3585.2（-49.6%）	12788.4（-7.5%）
1—6月	158965.9（-6.8%）	153008.5（-4.9%）	7820.6（-35.6%）	5509.1（-39.4%）	15526.4（-6.2%）
1—7月	186879.7（-5.9%）	179411.9（-4.2%）	9808.1（-30.3%）	7006.1（-33.6%）	18733.6（-4.6%）
1—8月	216612.6（-4.8%）	207284.0（-3.5）	12052.3（-24.4）	8809.7（-26.7%）	20776.5（-3.8%）
1—9月	249472.7（-3.9%）	238165.3（-2.9%）	15366.1（-14.4%）	11317.3（-15.9%）	24509.0（-2.5%）
1—10月	279714.6（-3.3%）	266858.5（-2.6%）	17607.8（-9.4%）	13076.9（-10.1%）	26219.8（-2.8%）
1—11月	311788.2（-2.7%）	297158.9（-2.2%）	19798.7（-5.2%）	14762.3（-5.3%）	28745.9（-2.1%）
1—12月	353285.6（-1.9%）	336920.8（1.3%）	21557.3（-5.0%）	15718.0（-5.6%）	2088.5（-0.8%）

数据来源：财政部公布2020年全国国有及国有控股企业各月累计经济运行情况，括号中的数据为同比增长情况。

3.地方国有及国有控股企业经济效益情况

"十三五"期间，地方国有及国有控股企业发展势头强劲，特别是2016年、2017年和2018年，各项指标均有较大幅度增长。截至2019年年末，地方国有及国有控股企业实现营业收入、利润、应交税费、资产总额和负债总额分别为266526.7亿元、13308.3亿元、13779.2亿元、1469000亿元和914000亿元，较2015年分别增长了45.6%、93.4%、55.4%、167.3%和1.58%，增幅均高于中央企业。但是受到日趋严峻的国际经济环境，2019年地方国有及国有控股企业实现利润指标增长速度严重下滑，表明地方国有及国有控股企业抗风险能力相对较弱。

表19　2015—2019年地方国有及国有控股企业经济运行效益　　　　　　单位：亿元

年份	营业收入	实现利润	应交税费	资产总额	负债总额
2015	183010.1（-2.3）	6878.6（-9.1%）	8867.3（2.1%）	549557（12.7）	353968.3（12.5%）
2016	182194.4（3.5%）	7898.7（16.9%）	8923.1（6%）	622385.8（12%）	393851.3（12.1%）
2017	213836.3（15.2%）	11228.7（37.6%）	11532.6（23.6%）	765831.9（11.8%）	485944.4（11.9%）
2018	248718.9（10.4%）	13478.6（13.2%）	13680.4（2.8%）	984091.2（9.8%）	612566.2（9.6%）
2019	266526.7（8.2%）	13308.3（1.5%）	13779.2（-0.6%）	1469000（-）	914000（-）

数据来源：财政部公布各年全国国有及国有控股企业经济运行情况，括号中的数据为同比增长情况。

*根据《国务院关于2019年度国有资产管理情况的综合报告》，中国人大网，2020年10月15日数据估算。2019年，全国地方国有及国有控股企业资产总额和负债总额数据来源于《国务院关于2019年度国有资产管理情况综合报告》。

进入2020年，地方国有及国有控股企业也无一例外地受到新冠疫情波及，整体经济效益出现严重下滑，相对于中央企业，地方国有及国有控股企业整体经济效益下滑更为严重，2020年一季度，各项指标累计完成情况均以超过10%的幅度萎缩。但是在随后的发展中，地方国有及国有控股企业表现出了较大弹性，到2020年8月份，实现累计营业收入和累计营业成本正增长，其余各项指标累计完成情况收窄速度也快于中央企业。

表20　2020年1—12月地方国有及国有控股企业各指标累计运行及增长情况　单位：亿元

2020年	营业收入	营业成本	利润总额	净利润	应交税费
1—3月	49398.6（−14.1%）	50928.2（−10.7%）	319.3（−86.3%）	—	2668.2（−18.5%）
1—4月	70793.6（−9.2%）	72537.3（−5.9%）	492.1（−85.5%）	−236.9（−109.8%）	368（−10.9%）
1—5月	92560.6（−6.3%）	94199.1（−3.3%）	1345.5（−69.8%）	396.4（−87.8%）	4676.3（10.5%）
1—6月	120571.4（−2.4%）	121585.6（0.2%）	3404.7（−44.9%）	2037.5（−55.1%）	6104.2（−5.5%）
1—7月	143278.7（−0.3%）*	143826.9（1.7%）	4955.0（−30.5%）	3309.9（−37.1%）	7235.4（−2.5%）
1—8月	165956.0（1.7%）	166129.4（3.4）	6117.5（−23.8%）	4276.7（−28.4）	8208.4（−2.7%）
1—9月	191373.7（3.7%）	191187.1（5.2%）	7466.9（−19%）	5216.5（−23.5%）	9438.3（−1.7%）
1—10月	217098.3（5.1%）	216446.6（6.3%）	8692.7（−11.3%）	6184.2（−14%）	11345.6（3.5%）
1—11月	244336.6（5.8%）	243052.0（6.9%）	10064.4（−7.8%）	7303.6（−10.6%）	11829.2（1.3%）
1—12月	279582.1（7.5%）	277764.4（8.3%）	12665.4（−3.6%）	9043.7（−5.5%）	14022.8（2.4%）

数据来源：财政部关于2020年全国国有及国有控股企业各月累计经济运行情况，括号中的数据为同比增长情况。

三、2021年中国国有企业改革发展情况

（一）改革举措

2021年，在党中央、国务院的正确领导下，为完成国企改革三年行动方案目标，国务院国资委出台了一系列政策，持续推进国资企业深化改革，完善和规范董事会成员行为，完善激励约束机制，强化国有企业负责人考核，加强境外投资监管，强化风险控制，构建国资监管大格局，不断夯实已经取得改革成果，着力破解改革中存在的难点和堵点。具体政策包括：

第一，完善公司治理结构，规范董事会成员行为。根据《国有企业公司章程制定管理办法》的通知，贯彻落实《国务院批转证监会关于提高上市公司质量意见的通知》《董事会试点企业董事会年度工作报告制度实施意见（试行）》《董事会试点中央企业外部董事履职行为规范》《关于建立国有控股上市公司运行情况信息报告制度的通知》《关于加强上市公司国有股东内幕信息管理有关问题的通知》《关于进一步深化法治央企建设的意见》。

第二，完善激励约束机制。包括《"双百企业"和"科改示范企业"超额利润分享机制操作指引》《国资委履行出资人职责的多元投资主体公司利润分配管理暂行办法》《中央企业负责人经营业绩考核办法》《中央企业违规经营投资责任追究实施办法（试行）》《关于整体上市中央企业董事及高管人员薪酬管理的意见、关于整体上市中央企业董事及高管人员薪酬管理的意见、董事会试点中央企业高级管理人员薪酬管理指导意见》《董事会试点中央企业高级管理人员经营业绩考核工作指导意见》《中央企业专职外部董事薪酬管理暂行办法》《关于完善中央企业功能分类考核的实施方案》《关于印发〈中央科技型企业实施分红激励工作指引〉的通知》。

第三，加快推进厂办大集体、"三供一业"、解决历史遗漏问题、处置僵尸企业等工作。关于进一步推进国有企业独立工矿区剥离办社会职能有关事项的通知、关于印发《中央企业职工家属区"三供

一业"分离移交工作有关问题解答》的通知、关于加快推进国有企业棚户区改造工作的指导意见、关于推动中央企业规范做好厂办大集体改革工作有关事项的通知、关于进一步做好剥离国有企业办社会职能和解决历史遗留问题工作的通知、关于在去产能和处置"僵尸企业"过程中做好职工安置维护稳定工作的通知、关于加快推进厂办大集体改革工作的指导意见。

第四，强化风险控制。包括《关于进一步加强地方国资委所监管融资平台公司风险防范的通知》《关于进一步做好中央企业资金保障防范经营风险有关事项的紧急通知》《关于加快构建中央企业内部控制体系有关事项的通知》《关于进一步加强中央企业网络安全工作的通知》《关于全面加强中央企业环境污染风险防控工作有关事项的通知》《中央企业境外投资监督管理办法》《中央企业投资监督管理办法》。

第五，构建合理的收入分配制度。包括《关于进一步规范中央企业职工收入分配管理的指导意见》《关于进一步深化中央企业劳动用工和收入分配制度改革的指导意见》《中央企业工资总额管理办法》。

第六，落实"双碳"目标。包括《关于进一步加强中央企业节能减排工作的通知》《中央企业节能减排监督管理暂行办法》。

第七，构建国资监管大格局。包括《关于在国资委系统推动构建国资监管大格局的指导意见》《国资监管责任约谈工作规则》《关于调整中央企业安全生产监管分类的通知》。

（二）经营状况

从全国国有及国有控股企业看：2021年1—9月，全国国有及国有控股企业累计实现营业收入539981.9亿元，两年同比平均增长率超过9%；累计实现利润总额350000亿元，年均增长10%以上；应交税费数额保持两位数增长水平；全部国有及国有控股企业资产负债率始终保持64.3%的水平。

表21　2021年1—9月份全国国有及国有控股企业各指标累计运行及增长情况　　单位：亿元

2021年	营业收入	利润总额	应交税费	资产负债率
1—2月	101929.2（33.7%；8.2%*）	5489.4（150%；10.2%*）	9273.5（24.0%）	64.3%
1—3月	163719.1（33.3%；8.2%**）	9614.5（190%；8.3%**）	13452.6（24.6）	64.3%
1—4月	222153.7（32.2%；8.4%**）	13617.8（240%；10.0%**）	17476.7（25.9%）	64.3%
1—5月	282164.4（30.5%；8.9%**）	17939.3（170%；13.5%**）	21908.1（24.1%）	64.3%
1—6月	354143.1（27.7%；9.6%**）	23883.1（110%；14.6%**）	26529.3（22.5%）	64.3%
1—7月	414373.7（26.6%；9.6%**）	27852.3（92.1%；14.2%**）	31028.9（21.9%）	64.3%
1—8月	474191.2（24.9%；9.6%**）	31249.4（75.0%；13.9%**）	34848.3（21.0%）	64.3%
1—9月	539981.9（23.0%；9.7%**）	35000.0（55.4%；13.5%**）	39516.7（19.4%）	64.2%

*扣除低基因素后的同比增长率
**以2019年为基期的几何平均数。

从中央企业看：2021年1—9月，中央企业主要经济指标走势良好，其中利润总额超过全国平均水平，营业收入增长较慢，销售利润率较高，表明企业盈利能力有所提升。但资产负债率依然维持较高水平，接近67%。

表22　2021年1—9月份中央企业各指标累计运行及增长情况　　　　单位：亿元

2021年	营业收入	利润总额	应交税费	资产负债率
1—2月	59987.3（25.5%；7.4%*）	4077.0（96.9%；10.7%*）	6959.0（22.6%）	67.0%
1—3月	93924.1（27.3%；6.8%**）	6965.7（950%；9.5%**）	9767.2（21.5%）	66.9%
1—4月	126370.9（27.6%；7.3%**）	9610.8（160%；11.4%）	12489.2（21.6%）	66.9%
1—5月	159649.9（27.4%；7.5%**）	12480.0（130%；14.2%**）	15347.7（20.3%）	66.9%
1—6月	199311.2（25.4%；8%**）	15865.8（100%；14.2%**）	18375.9（18.7%）	67.0%
1—7月	232755.9（24.9%；8%**）	18542.2（88.8；14.6%**）	21479.1（18.6%）	66.9%
1—8月	266244.7（23.3%；7.9%**）	20790.5（72.9%；14.0%**）	24378.4（17.8%）	66.9%
1—9月	303080.1（22.0%；7.9%**）	23402.3（52.0%；14.2%**）	27564.3（16.7%）	66.8%

*扣除低基因素后的同比增长率。
**以2019年为基期的几何平均数。

从地方国有及国有控股企业看：2021年1—9月，地方国有企业各主要指标发展趋势较好，实现营收能力超过中央企业水平，资产负债率也相对较低，应交税费增长情况也好于中央企业。

表23　2021年1—9月份地方国有及国有控股企业各指标累计运行及增长情况　　　单位：亿元

2021年	营业收入	利润总额	应交税费	资产负债率
1—2月	41941.9（47.5%；9.5%*）	1412.4（960%；8.8%*）	2314.5（28.5%）	62.5%
1—3月	69795.0（42.3%；10.1%**）	2648.8（650；5.4%**）	3685.4（33.7%）	62.7%
1—4月	95782.8（38.9%；9.9%**）	4007.0（960%；7.1%**）	4987.5（38.2%）	62.7%
1—5月	122514.5（34.8%；10.9%**）	5459.3（330%；11.9%**）	6560.4（35.2%）	62.6
1—6月	154831.9（30.7%；11.8%**）	8017.3（150%；15.4%**）	8153.4（32%）	62.6%
1—7月	181617.8（28.9%；11.8%**）	9310.1（100%；13.3%**）	9，549.8（29.9%）	62.6%
1—8月	207946.5（27.0%；11.8%**）	10458.9（79.5%；13.6%**）	10469.9（29．2%）	62．7%
1—9月	236901.8（24.4%；12.0%**）	11597.7（63.0%；12.1%**）	11952.4（26.2%）	62.6%

*扣除低基因素后的同比增长率。
**以2019年为基期的几何平均数。

四、民营企业发展

（一）2021年民营企业500强发展情况j

中国民营企业五百强经营能力和技术创新能力不断增强，社会贡献不断提升。2021年9月，全国工商联发布了《2021中国民营企业500强报告》（下称《报告》），《报告》显示：2021年各行业民营企

---

j 本节数据主要来自于《2021中国民营企业500强报告》。

业500强入围门槛较2020年均有所提升。其中全行业民营企业500强入围门槛达235.01亿元，比上年增加32.97亿元；制造业民营企业500强入围门槛达100.51亿元，比上年增加11.33亿元；服务业民营企业100强入围门槛达322.76亿元，比上年增加33.25亿元。在全部入围的民营企业中，有13家企业营业收入超3000亿元，其中，华为投资控股有限公司（8913.68亿元）、京东集团（7686.24亿元）、恒力集团有限公司（6953.36亿元）、正威国际集团有限公司（6919.37亿元）、阿里巴巴（中国）有限公司（6442.08亿元）等5家企业营业收入超过6000亿元。华为投资控股有限公司以8913.68亿元的营业收入规模，连续六年位居民营企业500强榜首、制造业民营企业500强榜首。京东集团位居服务业民营企业100强首位。资产总额超过千亿规模的企业有98家，比上年增加18家。中国民生银行股份有限公司以6.95万亿元的规模位居民营企业500强资产总额榜首。共有31家内地民营企业500强入围世界500强。

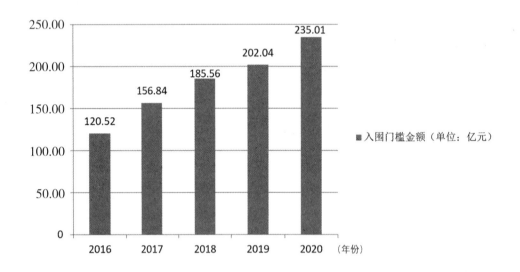

图3　2016-2020年中国民营企业500强入围门槛

1.经营情况不断改善

民营企业500强的营业收入总额35.12万亿元，增长16.39%。资产总额50.73万亿元，增长37.25%。税后净利润1.97万亿元，增长41.40%。民营企业500强销售净利率、资产净利率、净资产收益率分别比上年（末）增加0.99、0.45、1.71个百分点，人均营业收入和人均净利润增速较上年分别增加2.31、23.60个百分点，总资产周转率较上年末下降7.47个百分点。

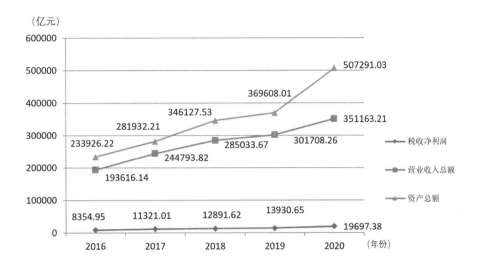

图4　2016-2020年中国民营企业500强经营状况

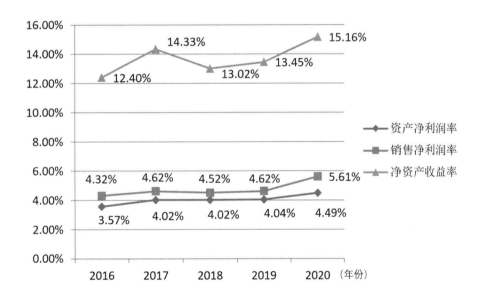

图5　2016-2020年中国民营企业500强绩效指标

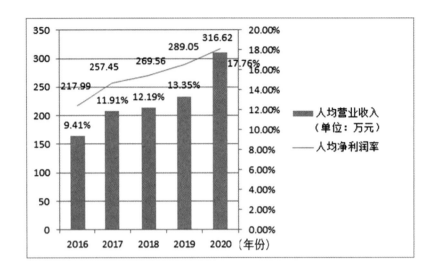

图6　2016-2020年中国民营企业500强人均效益指标

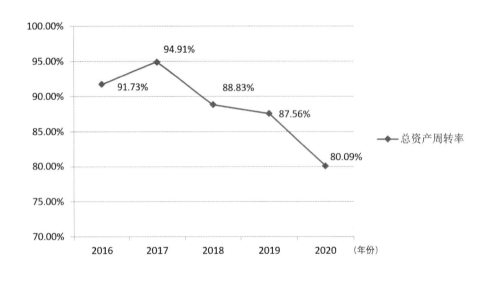

图7　2016-2020年中国民营企业500强总资产周转率

2.社会贡献不断提高

民营企业500强纳税总额达1.36万亿元，占全国税收总额的8.84%。纳税额超过500亿元的企业共4家，分别是：华为投资控股有限公司（903.00亿元）、万科企业股份有限公司（867.29亿元）、碧桂园控股有限公司（653.00亿元）、阿里巴巴（中国）有限公司（507.50亿元）。民营企业500强员工总数1109.11万人，增长6.26%，占全国就业人员的1.48%，较上年增长0.09个百分点。其中，京东集团员工人数最多，达36.91万人。269家500强企业通过公益扶贫、产业扶贫、就业扶贫等方式，参与精准脱贫攻坚战。

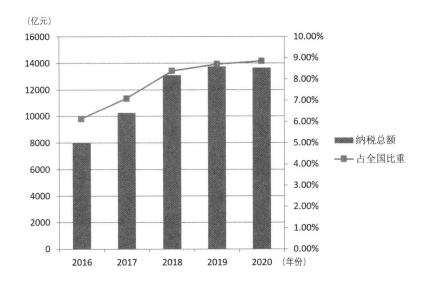

图8　2016-2020年中国民营企业500强税收贡献

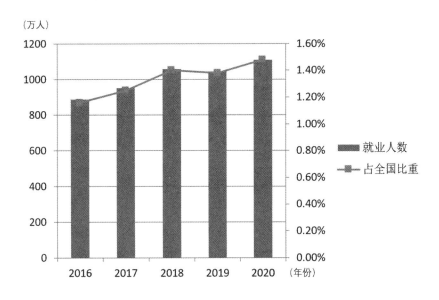

图9　2016-2020年中国民营企业500强就业贡献

3.产业分布不断优化

第二产业入围企业319家，其中，制造业企业277家，继续保持主导地位。第三产业入围企业177家，比上年增加13家，资产总额和营业收入总额分别占500强的66.35%和38.89%。民营企业500强前十大行业共包含315家企业，比上年减少5家，黑色金属冶炼和压延加工业、房地产业、综合、建筑业继续位居前四位。

4.技术创新情况

民营企业500强中，研发人员占员工总数超过3%的企业229家，超过10%的企业120家。研发经费投入强度超过3%的企业62家，超过10%的企业7家。华为投资控股有限公司以1419.00亿元的研发投入，继续位居首位。民营企业500强中，有394家企业的关键技术主要来源于自主开发与研制，409家企业通过自筹资金完成科技成果转化。九成左右的民营企业500强已实施或计划实施数字化转型。民营企业500强有效专利数量较上年增长3.64%，国内有效商标注册量较上年增长36.06%。

5.积极参与国家重大决策部署

500强企业中有354家企业参与乡村振兴战略，246家企业参与"两新一重"建设，183家参与混合所有制改革。350家500强企业参与了区域协调发展战略，其中，参与长三角区域一体化发展、长江经济带发展、西部大开发、粤港澳大湾区建设的企业数量最多，分别为170家、159家、122家和122家。471家500强企业采取优化资产结构、专注实体经济、降低财务杠杆等措施，参与防范化解重大风险攻坚战。409家500强企业采取加强资源节约与利用、引进先进环保技术和装备、加强绿色产品创新等措施，参与污染防治攻坚战。

6.积极融入"走出去"和参与"一带一路"建设

民营企业500强出口总额1323.22亿美元，比上年增加110.81亿美元，增幅为9.14%，占我国出口总额的5.11%，比上年增加0.26个百分点。191家500强企业参与"一带一路"建设，与上年基本持平。民营企业500强海外投资小幅下滑，开展海外投资的企业有229家，海外投资项目（企业）1815项（家），降幅分别为5.76%、2.31%；实现海外收入（不含出口）8305.49亿美元。

7.社会征信情况不断好转

457家500强企业已建立健全法律风险控制体系和预警防范机制，448家企业已形成讲法治、讲规则、讲诚信的企业法治文化，423家已推进厂务公开和民主管理。民营企业500强持续深化企业信用建设，建立企业诚信文化、建立企业信用制度体系的企业数量分别为472家、436家，占500强的94.40%、87.20%。已建立守法合规经营制度、预防财务违规制度、遵守商业道德制度的500强企业数量分别为450家、422家、395家，占500强的90.00%、84.40%、79.00%。

（二）"十四五"期间，民营企业发展挑战与机遇

2021年是"十四五"的开局之年，全国正在加快构建以国内大循环为主体、国内国际双循环相互促进的新发展格局，经济将向更高质量和更加可持续发展。与此同时，全球新冠肺炎疫情仍在肆虐、国际政治经济形势在悄然发生新的变化，诸多不确定性因素导致经济复苏的基础仍不牢固，疫情冲击导致的各类衍生风险不容忽视。在这种复杂的宏观大环境下，经历2020年多重考验之后的中国民营企业，依然是"挑战"与"机遇"并存。

1.科技与创新方面

挑战：无论是中央经济工作会议对2021年的布局，还是"十四五"规划建议擘画的发展蓝图，都强调要加大创新力度，增强我们的产业链、供应链自主可控能力。这要求民营要在两个方面破题：一是要加快形成突破"卡脖子"技术的产业；二是正在蓬勃兴起和发展的战略性新兴产业，这包括量子通信、大数据、人工智能、区块链、工业互联网等前沿技术主导的产业。但是在科技创新的过程中，民营企业难免会遇到很多困难和挑战，例如研发需要大量的资金投入、研发任务的艰巨、研发人才的缺乏、创新失败带来的巨额损失等等，都将是企业在科技研发和创新方面必须直面的问题。

机遇：国家有关部门不断出台政策支持民因企业科技创新。工信部中小企业局局长梁志峰不久前强调，要进一步推动创新发展，支持民营企业在5G、工业物联网、人工智能、新材料、高端装备等领

域参与关键核心技术攻关，助推产业基础高级化、产业链现代化。

2.内循环构建与布局

挑战：2020年5月14日，中共中央政治局常务委员会召开会议，研究提升产业链供应链稳定性和竞争力，强调要深化供给侧结构性改革，充分发挥我国超大规模市场优势和内需潜力，构建国内国际"双循环"相互促进的新发展格局。同年7月，中共中央政治局会议指出，要"加快形成以国内大循环为主体、国内国际双循环相互促进的新发展格局"。同年12月召开的中央经济工作会议强调，加快构建以国内大循环为主体、国内国际双循环相互促进的新发展格局。内循环意味着，国内市场竞争程度将加剧，民营企业能否实现协同共生是个巨大考验。

机遇：福耀玻璃集团董事长曹德旺认为，在内循环的形势下，企业有很多事情可以做。企业以市场为导向，可以寻找和生产适销对路的产品。中国政策科学研究会经济政策委员会副主任徐洪才表示，在推动经济内循环发展的过程中，城镇化建设、老年经济、制造业升级、高端人才市场等应是企业家重点关注的方向，有很多机遇可以深度挖掘。中泰策略研究员徐驰认为，从内循环的上游供给端看，军工、芯片、国产软件、材料等细分领域国产替代存在中长期投资机会。从内循环的下游需求侧而言，至少两类企业或将迎来较好的发展机遇：一是新潮国货消费品企业；二是"一带一路"市场广阔，大有可为。

3.数字经济赋能

挑战："十四五"规划对数字经济发展提出了更高的要求。首先要发展数字产业。要实现数字产业的有效整合，在数字产业领域实现关键技术的突破以及产业化供给。其次，要实现产业数字化转型。但转型需要成本，这对资本不充足的民营企业而言势必会产生形成增长潜力的巨大约束。

机遇：涉及数字经济、新基建、企业设备更新和技术改造等新投资领域的项目，以及涉及基础设施、市政工程、农业农村、公共安全、生态环保等领域的补短板项目，都将迎来比较好的布局和投资机会。这些将给有实力、有理想的民营企业，带来无限的发展空间。

4.绿色低碳发展模式

挑战："十四五"期间，对全部经济体一个巨大压力来自于"双碳"目标，即二氧化碳排放力争2030年前达到峰值，力争2060年前实现碳中和。"双碳"目标的提出，将倒逼数百家以煤炭、油气为主要业务的化石能源企业加快转型步伐，进行深度变革，否则将会被市场所淘汰。与此同时，我国的产业结构、能源结构将加快调整优化。尤其是钢铁、化工和石化、水泥和石灰以及电解铝等4个能源密集、碳排放相对较高的产业，不仅新增产能会受到严格的控制，存量产能也面临优化的任务，这就要求企业加大节能改造力度，调整产品和产业结构，这对企业来说都是不得不面临的压力。

机遇：碳中和商机。完成碳中和目标，将推动中国能源系统发生颠覆性改变。可再生能源替代化石能源是碳中和目标实现的主导方向。目前，国家正在大力推动风能、太阳能等零碳新能源发电进入规模化发展，力争2030年风能、太阳能要达到12亿千瓦以上。这对相关产业链的企业则是实实在在的机会。西门子（中国）有限公司执行副总裁的贝拓明（Thomas Brenner）表示，中国政府提出的碳中和目标有很大机会。风能、太阳能、氢能等清洁能源将跨越式增长，一个关键问题是如何去管理这些能源。西门子在能源管理、智能电网、中低压配电、楼宇系统、解决方案和服务等方面都与中国的碳中和目标很契合。

5.新能源汽车领域

挑战：我国的新能源车产销在急剧增长。2001—2020年，我国新能源汽车累计产销量超过500万辆。而2020年全年，新能源汽车产销分别完成136.6万辆和136.7万辆，同比增长7.5%和10.9%，增速同比实现了由负转正，创下历史新高。未来新能源企业需要在五个方面攻坚克难：一是实施强链补链行动；二是加快核心技术攻关；三是加大推广应用力度；四是优化产业发展环境，推动提升产业集中度；五是深化高水平开放合作。

机遇：政府对新能源车的支持力度和期待目标却没有丝毫的减少。2020年11月2日，国务院办公厅印发的《新能源汽车产业发展规划（2021—2035年）》中提出目标，到2025年，我国新能源汽车市场竞争力明显增强，新能源汽车新车销售量达到汽车新车销售总量的20%左右。到2035年，纯电动汽车成为新销售车辆的主流。可以说，新能源车的发展空间和潜力，已成为未来诸多行业中最具有确定的行业之一。

（三）新时期民营企业发展展望

2021年1月13日，全国工商联召开经济形势分析企业家视频座谈会。全国政协副主席、全国工商联主席高云龙在讲话中对民营企业提出的四点希望：

一要认清机遇和挑战。世界虽然正经历百年未有之大变局，但总体上我们的机遇要大于挑战。民营企业要更加坚定信心，坚持用全面、辩证、长远的眼光看问题，善于发现新机，在新发展阶段、构建新发展格局中再开新局、再立新功。

二要统筹发展和安全。民营企业家思考谋划企业发展，在经济形势好的时候要保持清醒，在经济困难的时候要沉着冷静。要从忧患意识把握新发展理念，随时准备应对更加复杂困难的局面。

三要兼顾利益和道义。要正确处理利益和道义的关系，准确把握共同富裕的科学内涵。民营企业家要从社会发展的大局角度去考虑问题，把企业发展放到促进社会和谐、改善人民生活水平的层次去谋划。

四要坚持守正创新。要把握好创新边界，坚持"三个有利于"原则，将资本投向"有利于发展社会生产力、有利于增强国家综合实力、有利于满足人民美好生活需要"的方向，实现有效投资，积极促进经济社会发展。

分报告

II

完善资本市场建设 提高上市公司质量

宋志平

一、资本市场的力量

在上交所和深交所成立之前，我们的资本市场起起伏伏经历了很长时间的摸索。改革开放后上交所和深交所设立，我们的资本市场也高速发展、突飞猛进。在历史的回响中，重要的是我们要能理解资本市场的意义。资本市场的意义是什么呢？我想主要就两点：一是汇集各方资本，用于支持企业和经济的发展；二是通过资本市场让大家都有机会分享企业和经济发展的红利。无论是像我党历史上最初安源路矿工人消费合作社发行的股票，闽浙赣省苏维埃政府发行的股票，还是后来的第五次反"围剿"决战公债，直到今天，资本市场始终在践行这两大使命。

我国的资本市场只有30余年的历史，而美国的纽交所已经成立200多年了，相比较之下，我国资本市场的成绩是巨大的。截至目前我国境内发行股票的上市公司有4496家，总市值达到90万亿元；上市公司IPO获得的资金已攀升至17万亿元，达到了相当规模的资金体量；与此同时，30多年来，我国上市公司累计分红9.62万亿元，超过了累计募集资金的56%；近3年现金分红额更是连续突破万亿元，2020年再创新高，达到1.52万亿元；去年我国上市公司创造的销售收入占全国GDP的53%，利润占到企业利润的50%，可以讲上市公司是我国经济的半壁江山。我国公司制企业有4300多万家，上市公司在这个基数面前就是"万里挑一"，上市公司这些"优等生"真正为中国的经济发展做出了巨大的贡献。没有资本市场很难想象今天企业的发展，也很难想象今天中国的经济情况，可以说资本市场功不可没。

（一）资本市场有力地支持了国企的改革与发展

我做了40年国企，期间做过17年的上市公司董事长，既做过A股上市公司董事长，也做过H股上市公司董事长。我最早做北新建材，1997年在深交所上市；后来做中国建材，2006年在香港H股上市；2009年到2014年又兼任国药集团董事长，2009年国药控股在香港H股上市。中国建材集团在A股和H股市场的股票加起来有14只，国药集团加起来有6只，我管理的两家公司一共有20只股票。所以我切身感受到是资本市场有力地支持了国企的改革与发展。

目前央企70%的资本在上市公司里，88%的利润是由上市公司创造的。我常常会想中国的国有企业竞争力究竟来源于哪里？其实中国的国有企业竞争力绝非来自于传统意义上的实力，而是来自于市场化改革、上市化改造，是市场的力量驱动中国的国企获得这样快速的发展。国企经历市场化改革后上市，通过资本市场把市场的机制引入到企业内部，使企业有了全新的生命力和竞争力。所以我们今天的国企是被市场化改革、上市化改造后的国企，此国企非彼国企，所以具有了现在的竞争力。

（二）资本市场促进了民企的发展

现在A股市场4496家上市公司里，民企的家数约占四分之三，民企的IPO规模占总数的80%左右。民企的发展其实也得益于我们的资本市场，像宁德时代、恒瑞医药、迈瑞医疗等高市值的上市公司，如果没有资本市场就不可能有今天这样的发展状态。

对于民营企业来说，如果没有资本市场助力，做几个亿可以，要做到千亿、万亿级别是不可能的。曾有民企让我谈谈上市的重要性，我说"不上市就好像在地上跑，高铁跑得再快400多公里就是上限了；而上市则相当于飞机在天上飞，飞得最慢时速也有500公里，企业发展的速度和看到的风光都不一样"。

（三）资本市场支持了我国的科创事业

2019年7月22日，科创板挂牌，截至2021年9月24日，科创板上市341家公司，IPO累计融资超4200亿元，超过同期A股IPO融资总额的40%。科创板这两年来取得了很好的业绩。一大批信息技术、高端装备制造、生物医药、新材料等科创产业链已经形成，科创板为企业的科技创新提供了肥沃的资本土壤。

2021年8月14日是创业板注册制改革一周年。一年来，有184家企业在创业板注册发行上市，总市值约1.9万亿元。注册制改革成功向存量市场"深水区"迈进，为全市场注册制改革探索路径、积累经验。

现在资本市场又开始深化"新三板"改革、设立北京证券交易所，大力支持中小企业，特别是"专精特新"小巨人企业创新发展。

一些年轻创业者经常跟我说，企业发展过程中资金很困难。确实，中小企业融资难、融资贵一直是个大问题，怎么解决呢？其实围绕着如何把资金集聚起来支持企业和经济，有两种融资方式，一是通过银行把钱存起来，再由银行贷款给企业，这叫间接融资。二是通过证券交易所，投资者直接购买企业发行的股票，这叫直接融资。如果能对接资本市场加大直接融资，这就解决了很多企业资金的问题。

我们国家是储蓄大国，存款总额约192万亿人民币，折合美金大概27.8万亿美元；而美国的存款总额约13.3万亿美元，不到我国的一半。截至2020年末，我国私募投资基金有96818只，管理基金规模16.96万亿；而美国只有3000多家基金公司，资金规模超100万亿人民币。美国上市公司的市值约50万亿美元，将近我们市值的4倍。所以要从间接融资向直接融资转化，我们资本市场的潜力巨大。根据中国证券业协会数据，截至2020年末，我国直接融资比重持续提升，达12.6%。相反美国直接融资占比接近90%。看这个比例，我们还是要加大直接融资力度，还是要拥抱多层次资本市场。

二、资本市场与创新的关系

1912年，熊彼特在《经济发展理论》中第一次提出了创新的概念和逻辑，他认为创新是建立一种新的生产函数，也就是生产要素和生产条件的"新组合"。比如电动车就是电池、电机、电控组合在一起的新组合，拼多多就是把互联网平台、商家、消费者、在线支付、物流这些要素组合在一起形成了新的商业模式，这就是新的组合。

这种新组合是创新的过程，是实质性的变化，不是量的增加，而是质的提升。一万辆马车还是马车，只有马车变成蒸汽机车才是革命性的变化。是谁在创新呢？企业是创新的主体。在企业里面谁是创新的领导人呢？企业家。企业家是创新的灵魂。但企业家光有想法也不行，要把这些想法变成技术，把技术变成产品和服务。这个过程是怎么做到的呢？靠资本。所以熊彼特提出来"资本的主要功能是用于创新"。

《经济发展理论》这本书虽然很薄，但是讲清楚了什么叫创新、什么是企业、什么是企业家、资本的作用是什么。资本是企业家创新的杠杆。我们一讲到创新就会想到体制创新、制度创新、文化创新等等，这些都非常重要，都是基础性的创新工作，但如果没有资本的支持，创新就得不到发展。

美国为什么创新做得好？就是靠资本市场支持，市值排在前列的公司中，很多是纳斯达克培养出来的。而在我们国家，科创企业的研发周期过长，前期利润薄弱，又无法承受高额的银行利息，怎么办呢？只有通过资本市场，资本市场是解决创新和创业、新经济、中小企业融资的最好方式，也就是熊比特所讲的"杠杆"。

资本市场的创新每迈出一小步，我们企业、经济的发展就跟着迈出一大步。30年前两个交易所的成立，催生了将近4500家上市公司和90万亿元的市值；两年前科创板的设立，催生了300多家科创板公司，IPO累计融资4200亿元，这就是资本所发挥的作用。今后我们的资本将更多地用于支持创新。

2020年胡润全球独角兽排行榜评选出了586家成立10年内估值超过10亿美元的独角兽企业，美国有233家，中国有227家，中美之间只差6家。中美两国加起来占总数的近80%，也就是说中美是两个创新大国。中国这227家都位于哪呢？北京、上海、深圳、杭州这4个城市占82%。这说明4个城市的创新和资本市场密切结合。杭州有一个基金小镇，有四五百家基金公司聚集在那里从事投资，这些极大地支持了我们民营企业、科技企业、中小企业的早期发展。

在资本市场中，我也很关注千亿级的上市公司，现在国内A股的千亿级上市公司150多家，如果加上香港的H股和中概股大概250家，而2018年A股千亿级上市公司只有60家。两年过去了，我们千亿级市值公司的数量翻了一番还多。这些千亿级上市公司有3个特点：一是多处在高科技、新经济、创新的赛道上，比如新能源、生物制药；二是一个行业或细分领域的头部企业；三是经营和治理结构长期来看比较稳定。这些企业都得到了市场的青睐。

但是我们还要看到另一方面，在我国接近4500家上市公司里，市值低过100亿元的有近3000家，市值低过30亿元的上千家。所以要做好资本市场，不仅是要效益，还要提升我们企业的技术含量，增加它的市场价值。

科创板公司和普通公司的区别在什么地方？就是市场更看好科创板公司的价值。企业的利润和效益是价值的基础，但是资本市场有它自身的规律，价值可以被提前发现，价值可以被提前应用。所以对创新企业来讲，不仅要创造效益，更要创造价值，资本市场会敏锐地发现企业的效益和价值，这也是资本市场的一大特点。

有些地方的企业认为发展创新经济主要缺两个东西，一是缺技术；二是缺资金。但我认为一是缺创新创业的文化和环境；二是缺资本，而不是资金。资金借了要还，所以真正缺的是资本。我们可以发现资本发达的城市或者省份都是经济发展快的地方，如广东有700多家上市公司，浙江500多家，江苏500多家，上海、深圳、北京各有约400家上市公司。我去年调研到了粤海街道办，看到与一般街道办主要管居民不同的是，粤海街道办管辖着超过100家上市公司，所以这个区域的经济发展得又快又好。要想做好经济、要想发展好企业，我们一定要和资本市场高度融合，把资本市场发展好。

三、推动资本市场健康稳定发展

我认为资本市场的健康稳定发展，有四个方面尤为重要。

（一）经济基本面

相对于世界的其他主要经济体，疫情两年来，我们的经济基本面总体来说是不错的，稳中有进、稳中向好。今年是"十四五规划"的开局之年，现在按照这些新的政策，我们的经济发展前景很好。

（二）监管政策制度

这几年证监会紧密围绕"打造一个规范、透明、开放、有活力、有韧性的资本市场"的总目标，坚持"建制度，不干预，零容忍"的总体方针，推进市场化、法治化、国际化进程。建制度是把规则做好，不干预是让它市场化运作，零容忍是要维持好的制度。证监会做了大量的细致工作，稳步提高监管水平。

（三）上市公司质量

上市公司是我们资本市场的主体，这4500家上市公司的质量怎么样关系到我国资本市场的未来。2020年3月新的《证券法》出台，在证券发行、证券交易、上市公司收购、信息披露、投资者保护、法律责任等方面做出调整更新；2020年10月国务院印发了《关于进一步提高上市公司质量的意见》，即"国发14号文"，一共17条，非常具体，切中要害；2020年12月证监会推出了为期两年的公司治理专项行动；2021年中国上市公司协会开展了5次大规模的培训，培训了上万名上市公司董监高等"关键少数"。所有的这些工作都是围绕着提高上市公司治理水平、提升上市公司质量展开的。

提高上市公司质量到底都有哪些内容？上市公司的质量包含很多方面，按照"国发14号文"，一是要做优做强上市公司，"优"就是业绩、效益和价值，强就是核心竞争力和创新能力。二是提高治理水平，包括信息披露、董事会运营等，都在规范治理范畴。

对上市公司质量的衡量标准有经济指标，比如财务报表，还有质量指标，我们叫ESG（环境、社会责任和公司治理）。根据这些年我做上市公司董事长的个人体会和我这两年中国上市公司协会会长的工作经验，我认为一个好的上市公司标准应该有以下几个方面：

第一，突出主业好的上市公司要突出主业，要有核心业务、核心专长、核心市场和核心客户。那些出了问题的上市公司除了违法违纪外，大部分问题都是出在偏离主业、盲目扩张。这就提醒了我们做企业首先要有清晰的战略，要立足于主业的快速发展，不要偏离主业盲目扩张。这虽然是老生常谈，但大多数人真正面临决策的时候常常会产生投资冲动，做不到坚守主业。

第二，规范治理上市公司和普通公司不一样，因为是公众公司，所以治理要更加规范，要公开透明，要做好信息披露。在证监会的要求下，2020年3700多家上市公司召开了业绩说明会，许多公司的董事长、总经理都出席了这个业绩说明会，两个交易所和中国上市公司协会表扬了业绩说明会做得好的单位并颁发了奖状，就是要鼓励大家公开透明。

上市公司不是普通的国有企业，也不是普通的家族公司，所以在治理方面要下大功夫。我到美的调研的时候曾问过他们的董事长，美的发展得这么好最重要的是什么？他认为最重要的就是现代公司治理，美的的第一大股东是家族企业，但是他们家族在2012年就退出了公司的管理，并签署家族宪章，明确不干预公司经营，把公司交给了从社会精英中聘请的职业经理人，现在美的这家公司发展得很好。

良好的治理是公司长治久安的基础。就像盖房子，公司治理是基础的设计图纸，管理相当于垒墙、安装门窗、装修等工作，如果治理不好企业必然坍塌。有些公司治理文化荡然无存，董事会形同虚设，独立董事沦为花瓶，难免出现大股东掏空公司等各种乱象。所以规范治理非常重要。

第三，良好的效益和价值 要有良好的效益和价值，最重要的就是公司做优做强，要体现出上市公司"优等生"的价值。

第四，具备核心竞争力和高质量创新我们常讲"不创新等死、盲目创新找死"。创新是一个风险巨大的活动。但企业家的创新和科学家的创新不一样，科学家的创新是发现；而企业家的创新是发明、制造，要接受市场的检验，要有效益和价值，否则这个创新就没有意义。所以这两者是根本的不同。

企业都有自己的主业，创新还是要紧紧围绕主业、围绕效益和价值、围绕核心竞争力来进行，以减少创新的盲目性。我们就是要追求高质量的创新，推动高质量发展。

第五，承担社会责任一个好的上市公司要有社会责任感。上市公司的社会责任感首先体现在要保护、爱护中小股东的利益。公司治理理论中有一个重点被称为"防止内部人控制"，西方的内部控制是经理层控制，因为公司股东高度分散，容易被CEO等管理层控制。我们的内部人控制往往是大股东控制，我国第一控股股东平均占有整个公司股本的40%，美国是3%到5%或者更低，两个国家情况完全不同。所以在我国要特别保护中小股东的利益。

其次是要关心员工和利益相关者的利益。美国商业圆桌会议过去一直宣称："企业唯一目的就是为股东创造价值。"但是2019年他们重新诠释了企业目的，宣告"企业不光要关心股东的利益，还要关心员工和利益相关者的利益。企业的目的是让社会更美好"。

我们现在讲共同富裕，要建立橄榄型的收入结构。其实在一次分配里面也应该体现这一点，要考虑到干部员工、人力资本在企业财富分配里的比重。比如华为是"财散人聚"的机制，全员持股，带动企业高速发展。国企万华2020年上半年税后利润135亿元，发展得非常好，也是依靠员工持股加科技分红。再一点就是关心环境，企业要坚决贯彻落实"双碳"政策，实践绿色低碳发展。此外，企业还可以在乡村振兴、支持教育、关心弱势群体等方面做社会贡献。上市公司是最能创造财富的一个群体，所以要为社会、为大家承担更多的责任。

（四）投资者生态

要想做好资本市场，投资者生态至关重要。我国和欧美的资本市场在投资者结构上有很大区别，我们现在发出了1.89亿个股东卡，但机构投资者只有41万户，其余都是散户，这是我们的特色。推动资本市场高质量发展，我们一方面要积极发展机构投资者；另一方面也希望能够归集更多资金，资金向机构投资者集中，让专家来管理这些资金。同时我们还要保护中小投资者，让他们有获得感。

这几年上市公司的分红总额逐年增加，每年现金分红都在一万亿人民币以上，和国际上发达国家市场的股息基本相当。中国上市公司协会和两个交易所也设立榜单，对多分红的企业给予表扬，鼓励大家多分红，让我们的中小投资者更有获得感。

资本市场是我们国家经济发展的底气和力量所在，我们要用合力做好资本市场，尽全力提高上市质量，抵御压力和风险，为股东、社会提供更好的回报。

1933年9月，针对国民党对苏维埃的第五次"围剿"和经济封锁政策，闽浙赣省苏维埃政府决定发行10万股银行股票，用以扩大银行基金，稳定币值，发展苏区经济，巩固苏维埃政权，在同年9—11月实行招股。广大苏区军民为了保卫苏维埃政权，积极认购股票，不到3个月，股票便全部推销完毕。而且许多军民在购买股票后，又全部将股票退还苏维埃政府，真正体现了苏区军民与苏维埃政府鱼水情深的关系。

国资国企改革发展专题报告（2021）

吉林大学中国国有经济研究中心

2021年是中国共产党成立100周年，也是"十四五"规划开局之年，我国开启了全面建设社会主义现代化国家的新征程。面向"十四五"，围绕推动国资国企不断聚焦高质量发展迈上新台阶、科技自立自强展现新作为、国有经济布局实现新优化、国资国企改革取得新突破、党的领导党的建设得到新加强等五方面的任务目标，2021年国资国企工作的重点任务是：发挥优势带动构建新发展格局；力推科技创新、抓好人才机制两个关键点；抓紧抓实国企改革三年行动，确保在重要领域、关键环节取得实质性突破和进展；着力打造提质增效升级版；加快国有资本布局优化和产业结构调整；加强金融业务管理；提高国资监管效能、加大国资监督工作力度；主动服务和支撑国家重大战略，积极服务区域协调发展。

2021年，国资国企改革主要体现在：加强金融业务管理，提高国资监管效能；坚持创新驱动发展，努力实现科技自立自强；抓实国企改革三年行动，提升国企改革综合成效；完善中国特色现代企业制度，推动国有企业高质量发展；加快国有资本布局优化，推动产业结构调整；全面从严治党，以高质量党建引领高质量发展等六个方面。

一、加强金融业务管理，提高国资监管效能

2021年，政府工作报告明确要求，要保持宏观政策连续性稳定性可持续性，促进经济运行在合理区间，要优化和落实减税政策，继续执行制度性减税政策。积极的财政政策要提质增效、更可持续，稳健的货币政策要灵活精准、合理适度。在继续坚持以管资本为主的国有资产监管体制下，国资委在定调央企2021年重点工作时将加强金融业务管理作为今年的一项重点工作。

（一）两次提出加强金融衍生业务管理

1.首次提出加强金融衍生业务管理

近年来，中央企业按照监管要求，审慎开展金融衍生业务，强化业务监督管理，有效利用金融衍生工具的套期保值功能，对冲大宗商品价格和利率汇率波动风险，对稳定生产经营发挥了积极作用。但监管中发现，部分企业存在集团管控不到位、业务审批不严格、操作程序不规范、激励趋向投机以及业务报告不及时、不准确、不全面等问题。为督促中央企业切实加强金融衍生业务管理，2020年1月国资委印发了《关于切实加强金融衍生业务管理有关事项的通知》（国资发财评规【2020】8号，以下简称8号文件），对原有金融衍生业务监管制度进行了整合、修订，建立了"严格管控、规范操作、风险可控"的金融衍生业务监管体系。

8号文件包括六个部分内容，覆盖事前、事中和事后的关键环节。较原有制度的变化主要体现在以下几个方面：一是落实各主体管控责任。进一步明确集团董事会、集团管理层及集团职能部门、操作主体的职责，建立健全三级管理体系，严格业务管控。二是强化套期保值原则。在坚持交易品种与主业相关、交易时间、规模、方向与实货匹配等要求的基础上，进一步强调套期保值的实质和原则，即以降低

实货风险敞口为目的，禁止投机交易；通过增加总量和时点规模双管控，严防超规模交易；通过要求建立科学的激励约束和业务效果综合评判机制，防止片面追求金融衍生业务单边盈利导致投机行为。三是实施分类管控。针对货币类、商品类衍生业务的不同特点和风险程度，在业务规模、岗位设置、信息系统等方面区别对待，既体现从严监管，又贴合企业实际。四是细化风险管控要求。在监控手段上，增加有关建立信息系统的要求，实现在线监测，固化制度规定；在风险预警上，提出采用定量及定性方法及时识别各类风险的要求；在应急处理上，明确处理要求，妥善做好应对。五是严控操作关键节点。坚持前中后台分离原则，严格合规管理；强调授权审批要求，严防越权违规操作；增加保证金管控要求，规范资金使用，防范资金风险；建立风险管理日报告、部门月核对、管理层级沟通机制，加强业务动态管理。六是强化监督检查。对审计监督的原则性要求进行细化，明确集团归口管理部门和内审部门的监督检查责任和侧重点，严防违规事项，确保制度落实。

2.进一步提出加强金融衍生业务管理

8号文件印发以来，多数中央企业认真贯彻执行，完善管理制度，加强集团管控，严守套保原则，金融衍生业务运行总体平稳。但部分企业存在资质审核把关不严、信息化监测水平不高、业务报告不及时等问题。为推动中央企业进一步加强金融衍生业务管理，2021年4月，国资委印发了《关于进一步加强金融衍生业务管理有关事项的通知》（国资厅发财评【2021】17号，以下简称17号文件），从强化业务准入审批、加强年度计划管理、加快信息系统建设、严格备案报告制度四个方面进一步细化金融衍生业务管理办法。

17号文件明确指出，国资委将不定期开展专项检查，与有关监管部门探索建立交易数据共享机制，加强日常监测和风险预警，对于发现的问题，将进行提示、通报、约谈、问责等。其中：对于业务可行性论证不充分的，将提示董事会重新核准业务资质；对于信息系统未按时建成上线的，将要求企业增加报告频率或提示董事会缩减业务规模；对于开展投机业务，存在超规模、超品种、超限额以及未经资质核准开展业务等违规交易问题的，将按照有关规定严肃问责。

（二）加强地方国有企业债务风险管控

为贯彻落实国务院金融委会议精神，督促各地方国资委加强债务风险防控，妥善防范化解地方国有企业债务风险，维护金融市场稳定和经济稳定发展大局，2021年3月，国资委印发《关于加强地方国有企业债务风险管控工作的指导意见》（以下简称《指导意见》），为切实加强地方国有企业债务风险管控取得了较好的效果。

1.重点把握三个原则

《指导意见》重点把握了三个原则：一是落实地方主体责任。按照国有资产"统一所有、分级监管"原则，强调地方国资委要在地方政府统一领导下，切实履行属地责任。二是突出"问题风险"导向。主要针对近期地方国有企业发生债务违约反映的问题，提出了明确的监管要求。三是借鉴央企监管经验。近年来，国务院国资委在中央企业债务风险管控方面积累了一些有效经验和做法，如债券发行的比例限制、债券期限的匹配管理、高负债企业的分类管控等，要求地方国资委参照。

2.重点强调四方面要求

《指导意见》重点强调了四方面要求：一是建立债务风险监测识别机制。综合债务水平、负债结构、盈利能力、现金保障、资产质量和隐性债务等，精准识别债务风险突出企业并纳入重点管控范围。二是建立债务风险管控机制。从负债规模和资产负债率双约束、严格投资源头管理、严控隐性债务规模、规范对外担保等方面提出了相关要求。三是建立债券全生命周期管理机制。从债券发行、资金使用、到期兑付、违约风险处置等债券管理全流程提出了指导意见，强调要按照市场化、法治化、国际化原则，妥善化解债券违约风险。四是建立债务风险管理的长效机制。通过全面深化改革破解风险难题，有效增强企业抗风险能力。

（三）加强央企所属融资租赁公司健康可持续发展

近年来，中央企业所属融资租赁公司在服务集团主业、实现降本增效、支持科技创新等方面发挥了积极作用，但也存在一些风险和问题。为加强中央企业融资租赁业务管理和风险防范，推动中央企业所属融资租赁公司健康持续发展，2021年6月，国务院国资委印发了《关于进一步促进中央企业所属融资租赁公司健康发展和加强风险防范的通知》（以下简称《通知》）。《通知》重点聚焦以下七个方面：一是准确把握融资租赁公司功能定位，中央企业要围绕加快构建新发展格局，服务深化供给侧结构性改革，聚焦主责主业发展实体经济，增强国有经济战略支撑作用。二是严格规范融资租赁公司业务开展，中央企业所属融资租赁公司应当严格执行国家宏观调控政策，模范遵守行业监管要求，规范开展售后回租，不得变相发放贷款。三是着力推动融资租赁公司优化整合，中央企业要坚持有进有退、有所为有所不为，开展融资租赁公司优化整合，不断提高资源配置效率。四是持续加强融资租赁公司管理管控，中央企业是融资租赁公司的管理主体，要配备具有相应专业能力的管理人员，厘清管理职责，压实工作责任，科学制定融资租赁公司发展战略，完善融资租赁公司治理结构，提升规范治理水平。五是不断强化融资租赁公司风险防范，中央企业应当正确处理业务发展与风险防范的关系，防止因盲目追求规模利润提升风险偏好。要将融资租赁公司管理纳入集团公司全面风险管理体系，有效防范法律风险、合规风险、信用风险、流动性风险等。六是加大融资租赁公司风险处置力度，中央企业所属融资租赁公司要切实提升化解风险的能力，稳妥有序处置风险项目。七是建立健全融资租赁公司问责机制，国资委加强对融资租赁公司管理和风险防范工作的监督指导，对融资租赁公司存在的突出问题和重大风险隐患等，依据有关规定开展责任约谈工作。中央企业未按照规定和工作职责要求组织开展责任追究工作的，国资委依据有关规定，对相关负责人进行责任追究。

《通知》的出台进一步完善了中央企业金融业务监管制度体系，对推动中央企业金融业务以融促产、有效防范化解重大风险具有十分重要意义。

二、坚持创新驱动发展，努力实现科技自立自强

2021年，政府工作报告明确指出，要坚持创新在我国现代化建设全局中的核心地位，把科技自立自强作为国家发展的战略支撑。要完善国家创新体系，打好关键核心技术攻坚战，提升企业技术创新能力，激发人才创新活力，完善科技创新体制机制，打造数字经济新优势，加快数字社会建设步伐，提高数字政府建设水平，营造良好数字生态，建设数字中国。

（一）国资委出台《中央企业科技创新成果推荐目录》

2021年5月30日，国务院国资委向全社会发布《中央企业科技创新成果推荐目录（2020年版）》（以下简称《目录》），这是国资央企践行创新驱动发展战略，努力实现科技自立自强的重要举措，是中央企业坚持在"用"上下功夫的标志性成果，是加快构建新发展格局、维护产业链供应链安全稳定的具体实践。

2020年以来，为促进中央企业科技成果向现实生产力转化，加快成果应用推广，国资委组织开展

中央企业科技创新成果征集工作，通过征集遴选、专家评估、专利审核等环节形成《目录》，包括核心电子元器件、关键零部件、分析测试仪器、基础软件、关键材料、先进工艺、高端装备以及其他8个领域共178项技术产品。其中，在核心电子元器件领域有魂芯系列DSP、高速安全芯片、高速高精度ADC、高压IGBT等，在基础软件领域有"九天"人工智能平台、麒麟操作系统、BIMBase建模软件等，在关键零部件领域有特高压直流换流变压器、核级温度传感器、重载车轮、轨道交通驱动齿轮装置等，在关键材料领域有纳米气凝胶复合材料、对位芳纶、超细高纯锗粉、钽靶材、T800级高性能碳纤维等，在先进工艺领域有芳烃成套技术、集成电路制造BCD工艺、飞机内饰件3D打印技术、电子束处理工业废水技术等，在高端装备领域有高动态宽频带五轴飞行仿真转台、重型H型钢精轧机组、氢燃料电池发动机、特种型钢万能轧机等。

国资委围绕建立促进科技创新成果应用推广相关工作机制，还组织开展各类成果推介活动，促进供需深度对接，推动科技创新成果在中央企业及产业链上下游广泛应用，加快迭代更新，不断提升技术产品可靠性和市场竞争力，为在我国科技自立自强中更好发挥国资央企的战略支撑作用贡献了重要力量。

（二）加快推进国有企业数字化转型工作

为深入贯彻落实习近平总书记关于推动数字经济和实体经济融合发展的重要指示精神，总结提炼数字化转型经验做法，发挥国有企业示范引领作用，国务院国资委组织开展了2020年国有企业数字化转型典型案例征集工作等系列活动。

一方面，国资委组织专家评审，遴选出产品和服务创新、生产运营智能化、数字化营销服务、数字生态、新一代信息技术、工控安全、两化融合管理体系、综合等8类100个国有企业数字化转型典型案例。包括以"中国航发—基于大数据的产品全生命周期性能管理平台""中国石化—国家危险化学品安全生产风险监测预警系统""中国石油—基于数字孪生的设备智能化管理"等为代表的优秀案例30个和以"国家电网—人工智能配网带电作业机器人关键技术及成套装备研究与应用""航天科技—大型航天制造企业面向'三高'发展目标的数字化管理转型""中国钢研—材料产业链创新云服务平台"等为代表的典型案例70个，深入推动了国有企业数字化转型工作。

另一方面，多家国有企业围绕《关于加快推进国有企业数字化转型工作的通知》，从总体、基础、技术、行业等多维度解读文件，分享各自领域数字化转型的思考和建议。

中国大唐集团指出，从电力行业来看数字化技术的应用与数字经济的发展正在影响甚至颠覆行业的传统格局，推动产业升级。人工智能、区块链、云计算、大数据、物联网等新技术的应用带动了行业对智慧电厂、智慧能源供应、智能电网、集团管控、运营优化与数字化营销等方面的探索与应用，为电力企业带来全新的领悟、能力与商业模式，同时也带来巨大的发展机遇。根据国务院国资委《关于加快推进国有企业数字化转型工作的通知》精神，结合电力行业趋势和现状，发电企业集团数字化转型的着力点可以通过提升集团管控能力、运营生产能力、筑基创新发展能力，成为广泛数字感知、多元信息集成、开放运营协同、智慧资源配置的智慧能源生产商。

中国电力建设集团指出，世界正处在从工业经济向数字经济加速转型过渡的大变革时代，国内经济正处于新旧动能转换的关键时期。当下，我国建筑企业工程业务条块划分的方式，加大了各专业间的壁垒，严重影响了工程的整体策划和资源协同，对工程管理整体效果的影响越来越明显。建筑行业项目制为主的管理方式，强调纵向管控，缺乏横向沟通，标准化程度低，管理难度大。同时，建筑行业存在用工难问题，施工现场的一线工人已经老去，愿意去工地的年轻人越来越少，随着对建造水平要求的提高，需要吸纳更多掌握新工艺工法的工人。这些建筑行业发展中固有的痛点难点，在数字经济浪潮下更为凸显。随着建筑业进入稳定增长阶段，传统模式已无法满足行业高质量发展需求。面对着力推动互联网和实体经济深度融合的机遇，我国大型企业发展在数字化转型的潮流中进入新阶段，建筑类企业数字化转型升级应运而生。企业数字化转型的推进是一项系统工程，企业要结合自身特点，重点从规划牵引、管理机制、组织保障、人才培养、资金投入等五个方面提供保障措施，持续夯实企业数字化转型基础，为企业数字化转型的持续推进与落地实施保驾护航。同时，国资委还组织召开国资央企加强数据安全共享、利用推进重点监管业务数字化智能化提升会议，深入学习贯彻习近平总书记关于网络强国的重要思想和发展国有经济的重要论述，贯彻落实党中央、国务院决策部署，加强国资监管数据安全管理和共享利用，推进重点监管业务数字化智能化提升，全面落实国资监管数字化智能化提升专项行动。

（三）组织开展央企创新创意大赛

为落实党中央、国务院关于加快实施创新驱动发展战略、深入推进大众创业万众创新的决策部署，加快推动中央企业创新创业高质量发展，2020年9月，国资委组织开展了第三届中央企业熠星创新创意大赛。

各中央企业积极组织参加，社会创新团体踊跃参与，共3340个项目，2.3万余人报名参赛。通过项目初选和复选，共有516个项目面向社会进行了投资路演和对接，吸引众多投资机构和知名企业参与，达成一批合作意向。经总决赛评选，"光刻机等精密光学设备高精度控制用压电微马达"等20个项目获第三届中央企业熠星创新创意大赛一等奖，"原子钟产业化"等30个项目获二等奖，"随位重组调姿定位系统"等50个项目获三等奖，"支撑装备产品研发的仿真优化云平台"等100个项目获优秀奖。此项活动极大地鼓舞了中央企业要打好关键核心技术攻坚战，提升企业技术创新能力，激发人才创新活力，完善科技创新体制机制的信心和动力。

（四）推进央企能源节约与生态环保工作

党的十八大以来，以习近平同志为核心的党中央推动了一系列根本性、长远性、开创性工作，国家生态文明体制机制建设取得突破性进展。党的十九届五中全会明确提出"十四五"时期"生态文明建设实现新进步"的新目标，将绿色发展和生态环境保护要求体现到经济社会发展的各领域各方面，并从加快推动绿色低碳发展、持续改善环境质量、全面提高资源能源利用效率等方面进行专门部署。为贯彻落实党中央、国务院有关决策部署，推进中央企业能源节约与生态环境保护工作，国资委研究修订了《中央企业能源节约与生态环境保护监督管理办法（征求意见稿）》，并向社会公开征求意见。

本次修订是在2010年国资委出台的《中央企业节能减排监督管理暂行办法》基础上进行的，以落实企业主体责任为主线，根据生态文明建设的新形势和新要求增加了相应的内容，由原来的6章32条修改为8章50条。主要修订有六个方面：一是明确以能源节约与生态环境保护为主要工作内容。明确修订的主要目的是指导督促中央企业落实能源节约与生态环境保护主体责任，全面落实国家生态文明建设的新理念新思想新战略，推动中央企业全面可持续发展。二是明确中央企业能源节约与生态环境保护工作的四项原则：坚持绿色发展、坚持节约优先和保护优先、坚持依法合规、坚持企业责任主体。三是调整分类管理标准。对中央企业继续实施分类监督管理的同时，也根据近年来各企业能源消耗与污染物排放水平大幅变动的情况，对企业的分类进行了调整。四是进一步完善三大基础管理体系：组织管理体系、统计监测体系、考核奖惩体系。进一步完善能源节约与生态环境保护领导机构，建立重大违法违规事项上报工作机制，进一步明确国资委对中央企业能源节约与生态环境保护工作开展年度和任期考核的有关要求。五是强化对生态环境风险的管控。明确中央企业要加大生态环境风险管控力度，开展环境影响因素识别、风险点排查和隐患治理，加强监督检查。对事前预防、事中处置和报告、事后调查和环境修复、舆情应对等都提出了要求。六是强化过程管理。要求企业把能源节约与生态环境保护工作纳入企业发展战略规划，对企业生产经营、项目建设全过程能源节约与生态环境保护工作提出要求，推动企业由末端治理向源头控制、过程管理转变。

三、抓实国企改革三年行动，提升国企改革综合成效

国有企业改革三年行动是落实国有企业改革"1+N"政策体系和顶层设计的具体施工图，做好这项工作对做强做优做大国有经济，增强国有企业活力、提高效率，加快构建新发展格局，都具有重要意义。2021年政府工作报告明确要求，深入实施国企改革三年行动，做强做优做大国有资本和国有企业。一年来，国资委坚定不移狠抓国企改革的责任落实、重点举措、典型示范，切实提升了国企改革的综合成效，增强了国有经济的竞争力、创新力、控制力、影响力和抗风险能力。

（一）国企改革三年行动整体取得显著成效

2021年是国企改革三年行动的攻坚之年、关键之年，《国企改革三年行动方案（2020—2022年）》明确提出要在2021年底前完成70%的改革目标任务。截至今年8月，中央企业累计实现营业收入23万亿元，同比增长25.6%，累计实现净利润13540.8亿元，同比增长91%，较2019年同期增长43.6%。目前，国企改革三年行动时间已经过半，国企改革新高潮逐渐形成。国资委发布的数据显示，92%的央企和74%的地方一级企业建立了子企业经理层成员任期制和契约化管理制，中央和地方国有企业公开招聘人数占比总体超过95%，地方经营性国有资产集中统一监管比例达94.2%，国有资本优化到重要行业、关键领域及前瞻性、战略性、新兴产业。

国企改革三年行动的实施，有力破除了一批长期制约国有企业高质量发展的体制机制障碍，有力提升了国有企业服务国家战略、履行社会责任的能力。国有企业的经济效益、服务国家战略能力、社会贡献、职工获得感都得到了提升。国企改革三年行动取得了明显的阶段性成效，主要体现在"两个基本完成"和"六个明显"。"两个基本完成"指的是公司制改制基本完成，剥离国有企业办社会职能和解决历史遗留问题工作基本完成。"六个明显"指的是公司治理效能明显加强，活力效率明显提升，布局结构明显优化，科技创新力度明显加大，混改企业机制转换明显加快，国资监管针对性有效性明显增强。

虽然三年行动已取得积极进展，但仍要看到，与党中央、国务院的要求对标对表，任务依然艰巨繁重。国资委将认真贯彻落实党中央、国务院决策部署，层层落实"军令状"，坚决打好打赢国企改革三年行动攻坚战，确保今年年底前完成三年改革任务的70%以上、2022年"七一"前基本完成。

（二）国企改革三年行动优秀典型案例

2021年11月9日，国务院国资委召开强化考核评估、狠抓改革实效专题推进会暨国企改革三年行动2021年第九次例会，从相关媒体报道情况来看，绝大部分中央企业和地方国企都有把握实现这一目标，以下介绍部分典型案例

1.南方电网

南方电网国企改革三年行动总体任务完成率已超过70%，提前完成国务院国资委要求的年度进度目

标，公司正进一步提速加力、全面推进国企改革三年行动，以确保年底完成85%以上的改革任务。

一是以改革落实国家重大战略部署。南方电网公司全面落实国家重大战略部署，在新型电力系统建设"新阵地"加快攻关，在数字化转型"新赛道"加速发力，致力于把公司打造成为国家战略科技力量。由南方电网广东广州供电局研发的"动力电池赋能电网零售业务"项目荣获第三届中央企业熠星创新创意大赛一等奖。该项目瞄准"碳达峰、碳中和"目标，通过物联网、人工智能技术，将海量、分散的电力用户存量可调节储能资源聚合起来，参与电力平衡调节，助力解决新型电力系统控制力短缺的问题，切实提高新能源消纳能力。

二是推进中国特色现代企业制度更加成熟定型。南方电网率先在深圳供电局试点探索，全力打造商业二类企业综合改革范例。近年来，该局将党的领导更好融入公司治理，明确和巩固党组织在法人治理中法定地位，率先在全网落实"党建进章程"、建立外部董事占多数的规范董事会，构建"指引、联系、服务"三位一体的外部董事履职保障体系，有效提升董事会运行的独立性、科学性、有效性。把"试点"做成"示范"，把探索变成标杆。南方电网做实做深"两个一以贯之"，推动中国特色现代企业制度更加成熟定型。

三是以市场化经营机制激发内生活力动力。劳动、人事、分配等三项制度改革涉及面广、参与度高，直接关系每一位员工的切身利益，历来都是国企改革难啃的"硬骨头"。南方电网牢牢牵住经理层成员任期制和契约化管理这个"牛鼻子"，深入推进管理人员竞争上岗、末等调整和不胜任退出等制度，强化业绩考核，经理层由"行政管理"向"契约管理"转变。目前，南方电网下属174家子公司、692家分公司已全面完成经理层成员任期制和契约化管理；2020年以来公司系统4176人通过竞争上岗走上管理岗位，占新聘任管理人员总数的81.3%；各级管理人员共退出929人，占比达9.7%，干部队伍主动作为、奋进奋发的干事创业氛围愈发浓厚。

2.中国移动

中国移动已将国企改革三年行动任务要求纳入各单位经营业绩考核、党建责任考核和领导人员综合测评，其中重大改革专项在各责任单位经营业绩考核占比超20%。截至9月底，国企改革三年行动台账任务完结率达64%，总体进度达86%。2021年前三季度，中国移动营业收入同比增长12.9%，十年来首次重回两位数增长。

一是党建统领，构建企业改革顶层设计。中国移动为全面贯彻落实中央精神，加快破除体制机制难点，充分释放企业发展活力，实现创世界一流示范企业目标，制定了《中国移动深化企业改革三年行动实施方案（2020—2022年）》，并成立了改革领导小组。在全面推动国企改革三年行动进程中，中国移动始终坚持和加强党对国有企业的全面领导，把深入学习贯彻关于国有企业改革发展和党的建设的重要论述作为落实国企改革三年行动的首要任务，切实推动党的领导融入企业治理，实现制度化、规范化、程序化。

二是机制创新，激发企业改革动能活力。中国移动按照党组把方向、管大局、促落实，董事会定战略、作决策、防风险，经理层谋经营、抓落实、强管理的总体要求，健全子企业董事会的管理体系、运行体系、制度体系和监督体系，推动制度优势更好转化为治理效能。中国移动牵住经理层成员任期制和契约化管理这个"牛鼻子"，有效带动"三能"机制——"干部能上能下、员工能进能出、薪酬能高能低"深化改革。例如，中国移动设计院深入学习、弄懂吃透包括"股权和分红激励"在内的一系列激励政策，实现科技型企业"项目分红"等中长期激励政策的落地应用，针对人才和团队进行激励，累计发放分红激励奖金400余万元，研发团队人均受奖超过10万元。

三是网格运营，催化企业改革落地生根。中国移动江苏公司在全省开展网格化运营线上问卷、线下调研，细化梳理调研反馈问题和建议，制定了网格化运营"七张清单"，对于网格考核体系进行规范，强化网格支撑体系建设，优化网格支撑流程，深入推进网格一线减负增效，着重破除"下面一根针，上面千条线"、网格指标繁复等痛点。目前，全集团已有1.88万个网格，实现全国区域全覆盖（除西藏非城区外），20万营销、装维经理等下沉到网格一线。网格化运营已成为将改革穿透到基层一线的重要抓手，也成为有效激发企业内生动力和改革活力、实现CHBN（个人市场、家庭市场、政企市场、新兴市场）全向发力和基于规模价值经营的重要载体。

四是科技创新，打造企业改革第一动力。中国移动深入实施创新驱动工程，已组建起一支1.8万人的专职科研队伍，研发投入年均增长43%；在国际标准化组织中牵头超过100个5G关键项目，申请5G专利超过3300件，高价值专利申请同比增长70%，成为能够向美日欧等国家收取专利费的极少数央企之一；通过搭建开放创新合作平台和联合创新中心、开放实验室，已聚合海内外超1400家合作伙伴，促进"产学研用"融合创新，还依托九大"和创空间"、八大能力平台，实施"星辰计划"，搭建"万物互联创客马拉松"等创新平台，不断完善开放创新的产业生态体系。

3.中国建筑

2020年，中国建筑新签合同额3.2万亿元，完成营业收入1.62万亿元，是全球建筑行业唯一新签合同额、营业收入达到"双万亿"的企业。2021年1月至4月，中国建筑实现营业收入5449.9亿元，同比增长49.2%；利润总额231亿元，同比增长36.5%；全员劳动生产率人均50.8万元，同比增长14.4%。

在国企改革三年行动任务清单中，中国建筑的105项改革任务已完成56项，占比为53.3%，385项改革举措已完成277项，占比为71.9%；中国建筑将改革创新考核指标与企业领导班子的年度综合考核评价、薪酬等建立关联，已把改革重点任务作为考核总得分的加减分事项，明确分值幅度为±5分，相当于考核净利润±10亿元；中国建筑还采用了改革事项"清单式"管理，把任务逐项细化分解至具体改革动作、重点标志性成果等，其中集团105项任务分拆节点385个，子企业3706项任务分拆节点10915个；在推进市场化用工机制上，中国建筑坚持"一把尺子"，建立全集团校园招聘毕业生高校目录，搭建统一的高校毕业生笔试和测评系统，严把人才入口关，实现高校毕业生100%公开招聘。

（三）国资委出台超额利润分享机制操作指引

为深入贯彻落实党中央、国务院关于健全国有企业市场化经营机制、提高国有企业活力的决策部署，按照国企改革三年行动方案有关工作要求，2021年1月，国务院国有企业改革领导小组办公室印发《"双百企业"和"科改示范企业"超额利润分享机制操作指引》（以下简称《操作指引》），指导"双百企业""科改示范企业"率先推进相关工作，发挥引领示范带动作用。

《操作指引》共分为八个部分：一是基本概念和应用原则，明确了超额利润分享机制的基本概念，提出应把握战略引领、市场导向、增量激励的原则。二是适用条件和工作职责，一般在符合条件的商业一类企业开展，明确了"双百企业"和"科改示范企业"及其控股股东、集团公司等不同主体在相关工作中的职责。三是基本操作流程，包括制定方案、制定实施细则、制定兑现方案和实施兑现。四是确定激励对象相关环节操作要点，重点激励在关键岗位工作并对企业经营业绩和持续发展有直接重要影响的核心骨干人才。五是设定目标利润相关环节操作要点，明确了设定目标利润"四个不低于"的标准。六是确定超额利润分享额相关环节操作要点，明确了确定超额利润时一般应考虑剔除的影响因素以及分享比例，重点向做出突出贡献的科技人才和关键科研岗位倾斜。七是实施兑现相关环节操作要点，超额利润分享额在工资总额中列支，一般采用递延方式予以兑现，明确了不得继续参与超额利润分享兑现的6种情形以及企业应终止实施的5种情形。八是监督管理相关环节操作要点，对建立健全超额利润分享机制监督体系提出了具体工作要求。

《操作指引》的出台，进一步丰富了国有企业中长期激励的"政策包"和"工具箱"，有利于指导推动国有企业强化正向激励、健全市场化经营机制，有利于鼓励引导国有企业通过做大"蛋糕"、创造增量价值，完善内部分配、实现有效激励，有利于将激励资源向企业关键岗位、核心人才，特别是科技研发人员倾斜，充分调动其积极性、主动性和创造性，进一步提升国有企业活力和效率，更好实现高质量发展。

四、完善中国特色现代企业制度，推动国有企业高质量发展

（一）规范国有企业公司章程制定管理

为深入贯彻习近平总书记在全国国有企业党的建设工作会议上提出的"公司章程是企业内部的根本法，要把党建工作要求写入公司章程"的重要指示精神，落实党的十九届四中、五中全会加快完善中国特色现代企业制度的重大决策部署，根据《国务院办公厅关于进一步完善国有企业法人治理结构的指导意见》的明确要求，2021年2月，国资委与财政部联合印发《国有企业公司章程制定管理办法》（以下简称《办法》），为国有企业进一步完善公司治理结构、提升公司治理能力，提供了制度保障。

《办法》按照中国特色现代企业制度建设要求，坚持党的全面领导、依法治企、权责对等原则，结合企业实际，围绕国有企业公司章程制定管理形成40条具体要求。主要提出了国有企业公司章程的基本框架，规定了公司党组织、董事会、经理层等重点章节必须载明的内容，明确了国有独资公司章程制定、修改的审批流程，强调出资人机构要依法依规通过股东会制定修改国有全资、控股公司章程，细化参与章程制定的出资人机构、董事会、董事、股东代表等有关机构和人员的责任与义务，进一步强化出资人机构对章程执行情况的监督责任。

制定出台《办法》是国资委贯彻习近平总书记重要指示批示精神的实际行动，是落实"两个一以贯之"要求的具体举措，有利于促进国有企业全面实现以章程治企、按章程办事，有利于完善国有企业公司治理，有利于推进国资国企治理体系和治理能力建设。国资委认真贯彻落实国企改革三年行动部署要求，指导中央企业和地方国资委落实《国有企业公司章程制定管理办法》，进一步规范章程内容、强化章程约束，逐步建立健全以公司章程为基础的企业内部制度体系，加快完善中国特色现代企业制度，持续推动制度优势转化为治理效能。

（二）深化劳动、人事、分配三项制度改革

加快完善中国特色现代企业制度是激发国有企业活力的重要基础。习近平总书记强调："着力创新体制机制，加快建立现代企业制度，发挥国有企业各类人才积极性、主动性、创造性，激发各类要素活力。"这要求国有企业健全市场化经营机制，围绕激发活力、提高效率，着力深化劳动、人事、分配三项制度改革。完善国有企业治理结构，持续推进董事会建设，探索经理层成员任期制契约化管理。加快健全市场化经营机制，优先支持商业类子企业加快推行职业经理人制度。进一步完善薪酬激励机制，全面推进用工市场化，推进市场化薪酬体制改革和分配机制改革，优化工资总额管控，探索员工持股、超额利润分成，进一步激发干事活力。进一步完善绩效考核和考核结果运用机制，灵活开展多种方式的中长期激励。不断健全完善有利于市场化转型的体制机制，处理好改革发展稳定的关系，以高效治理保

障企业高质量发展。

完善中国特色现代企业制度，必须坚持"两个一以贯之"——坚持党对国有企业的领导是重大政治原则，必须一以贯之；建立现代企业制度是国有企业改革的方向，也必须一以贯之。三项制度改革涉及面广、影响面大，必须坚定不移加强党的全面领导，充分发挥党组织把方向、管大局、保落实的领导作用和企业党组织在公司治理结构中的地位和作用，确保改革工作在党的领导下稳妥有序推进。把三项制度改革与鼓励担当作为结合起来，需要各级党组织为担当者担当、为干事者撑腰，建立健全改革创新容错机制；加大通过改革创新识别选拔干部的力度，为崇尚改革、鼓励创新提供坚强保障。把三项制度改革与企业生产经营结合起来，需要围绕企业经营管理中存在的问题，采取有针对性的改革举措，不断完善企业经营管理制度，推动企业高质量发展。

（三）国资委印发《中央企业董事会工作规则（试行）》

2021年9月，国务院国资委印发《中央企业董事会工作规则（试行）》（以下简称《规则》），围绕把加强党的领导和完善公司治理统一起来，对进一步加强中央企业董事会建设提出要求、做出规定。《规则》与《关于中央企业在完善公司治理中加强党的领导的意见》相配套，是全面落实习近平总书记关于坚持党对国有企业的领导必须一以贯之、建立现代企业制度必须一以贯之的重要指示要求的基本制度规范，对于加快完善中国特色现代企业制度、促进制度优势更好转化为治理效能，具有十分重要的意义。

《规则》坚持以习近平新时代中国特色社会主义思想为指导，深入贯彻落实党中央、国务院决策部署，紧紧围绕加快完善中国特色现代企业制度，立足于强化董事会运行的规范性和有效性，巩固国有企业独立市场主体地位，既对以往有效做法进行总结提炼，又结合实践中的新情况新问题进行探索创新，对中央企业董事会的组建组成、功能定位、职责权限、运行机制、决策程序、支撑保障、管理监督以及董事会成员的职责、权利和义务等做出了规范指引。

《规则》提出，董事会是企业的经营决策主体，定战略、作决策、防风险，依照法定程序和公司章程决策企业重大经营管理事项。《规则》明确了董事会定战略、防风险的具体内容和决策事项范围，规定了董事会决策程序，并对董事会授权决策进行了规范。《规则》提出，董事长是董事会规范运行的第一责任人。同时，强化了外部董事作决策、强监督的职责，对外部董事在决策中维护国有资本权益、贯彻出资人意志、督促董事会规范有效运行，发挥外部董事召集人沟通桥梁作用等提出明确要求。在此基础上，对董事会向出资人报告企业重要情况、外部董事向出资人报告异常情况等做出了制度性安排。《规则》强调，中央企业和地方国资委可以参照规则精神，区别不同情形、加强分类指导，推动所属或者所监管企业健全完善董事会制度，确保董事会应建尽建、配齐建强、规范有效运行。

五、加快国有资本布局优化，推动产业结构调整

"十四五"时期，国资委将大力推动国有资本更多投向关系国计民生的重要领域和关系国家经济命脉、科技、国防、安全等领域，大力发展实体经济，使国有经济在战略安全、公共服务领域的主体作用更加突出，在战略性前瞻性新兴领域的发展动能更加强劲，在基本民生领域的有效供给更加充足，不断提升国有资本配置效率和整体功能。

具体来说，在战略安全方面，重点关注经济安全风险预警、防控机制和能力建设，加大对重要行业领域的投入力度，为实现关键领域的安全可控发挥重大作用。在产业引领方面，要加大在关键核心技

术"卡脖子"领域和产业薄弱环节的攻关力度，在战略性新兴技术和产业前沿领域加快布局。在国计民生方面，要着力在关系国民经济命脉的重要行业和关键领域承担起基础性、保障性功能。在公共服务方面，要坚持以人民为中心，加大对生态环保、防灾减灾救灾、公共应急物资保障等公共服务领域的有效供给。

（一）向服务国家战略、引领发展趋势的产业集中

国有企业布局优化和结构调整要紧密围绕创新驱动发展战略，坚持把科技自立自强作为国家发展的战略支撑，加快建设科技强国，实现高水平科技自立自强。推进重点领域大数据高效采集、有效整合、公开共享和应用扩展，着力培育建立应用牵引、开放兼容的核心技术自主生态体系，加快构建高速、移动、安全的新一代信息基础设施。积极构建航天、航空、船舶、兵器、电子等领域开放式军民融合平台，推动军民技术双向转化，推进军民融合重要能力、关键技术、重大工程建设。按照源头防治、产业调整、技术创新、新兴培育、绿色生活的路径，加快实现生产生活方式绿色变革，推动如期实现"双碳"目标。积极响应"一带一路"倡议，加快培育在国际资源配置中占据主要地位、引领全球行业发展的标杆企业和拥有产业充分话语权和影响力的代表企业的步伐。以优势企业为核心，通过市场化运作方式，搭建优势产业上下游携手"走出去"平台、高效产能国际合作平台、商产融结合平台和跨国并购平台，提升企业国际市场竞争力。

（二）向关系国家安全、国民经济命脉的领域集中

国有资本向关系国家安全、国民经济命脉、民生保障的重要行业和关键领域集中，是我国基本经济制度的内在要求，有利于更好地发挥国有经济的主导作用和战略支撑作用。涉及国家安全的核心产业主要包括防务装备行业、国防设施与安全保障行业、生态环保等行业。这些产业关系着我国的政治安全、经济安全和国防安全，必须牢牢地掌握在国有资本手里，同时要不断加强对涉及国家安全的行业和领域的资本投资和科技投入，提升科研水平；涉及国民经济命脉的产业主要包括重大基础设施、重要矿产资源和高新技术产业。这些产业关系到我国经济发展基础和产业链安全，国有企业必须保持绝对的控制力和影响力，让国有企业真正起到抵御宏观风险的托底作用。涉及民生保障的产业主要包括能源、交通、信息通讯、住房、医疗卫生、文化教育、旅游养老等产业。国有企业要发挥引领作用，加大资本投资和科技投入，降低国民生活成本，提升国民的幸福感和归属感。

（三）提高国有企业在前瞻性战略性产业支撑引领作用

战略性新兴产业代表新一轮科技革命和产业革命的方向，是培育发展新动能、获取未来竞争新优势的关键领域。聚焦量子信息、光子与微纳电子、网络通信、人工智能、生物医药、现代能源系统等重大创新领域；瞄准新一代人工智能、量子信息、集成电路、生命健康、脑科学、生物育种、空天科技、深地深海等前沿领域；集中优势资源攻关新发突发传染病和生物安全风险防控、医药和医疗设备、关键元器件零部件和基础材料、油气勘探开发等领域关键核心技术。国有企业在前瞻性战略性产业领域，要发挥战略支撑作用和产业引领作用，一是要积极探索有效的国有资本投资模式，通过改组组建国有资本投资、运营公司，开展投资融资、产业培育、资本整合；二是要大力推动混合所有制改革，扩大国有资本的影响力和控制力；三是要积极布局集成电路芯片、军工、人工智能、军民融合、清洁能源等前瞻性战略性领域。

（四）数字化转型实现国有企业数字化赋能

数字经济作为数据驱动、适应信息社会的经济模式，近些年在政府重视下蓬勃发展。做大做强数字经济、培育经济发展新动能早已成为各界共识。国有企业作为国民经济的重要支柱，其数字化转型和数字产业布局显得更为迫切和必要。在推进数字产业化方面，主要聚焦培育壮大人工智能、大数据、区块链、云计算、网络安全等新兴数字产业，构建基于5G的应用场景和产业生态，发展第三方大数据服务产业。在推进产业数字化方面，利用数字技术赋能国有企业重点行业，并在区域建设若干国际水准的数字化转型示范项目，深化生产制造、经营管理、市场服务等环节的数字化应用。引领数字产业集群建设。积极参与智联体系建立与健全，推进数据跨层级、跨地区汇聚融合和深度利用。健全数据资源目录和责任清单制度，推动数据开发共享利用，尤其是深化基础信息资源共享利用，做实数字化基础设施，提升数字产业集群建设的引领性、先导性价值。

六、全面从严治党，以高质量党建引领高质量发展

（一）落实国有企业全面从严治党要求

习近平总书记强调："充分发挥全面从严治党引领保障作用，坚定政治方向，保持政治定力，做到态度不能变、决心不能减、尺度不能松，确保'十四五'时期我国发展的目标任务落到实处。"国有企业是中国特色社会主义的重要物质基础和政治基础，是我们党执政兴国的重要支柱和依靠力量，更应充分发挥全面从严治党的引领保障作用，保障国有企业高质量发展。党的十八大以来，习近平总书记对国资央企十分关心、寄予厚望，多次做出重要指示批示。国有企业应该提高政治站位、提升政治能力，站在"两个一百年"奋斗目标的历史交汇点、全面建设社会主义现代化国家新征程的战略全局高度来认识和把握国资央企的重要性，要强化政治责任、突出政治标准、强化政治功能、把准政治方向、保持政治定力，充分认识到国资央企是落实"十四五"规划的国家队和主力军，必须当先锋打头阵，实现更大作为、做出更大贡献。

（二）大力推进党风廉政建设和反腐败斗争

习近平总书记在十九届中央纪委三次全会上明确提出，"反腐败斗争取得压倒性胜利。"这个重大判断，是我们党在以习近平同志为核心的党中央坚强领导下，历经重重挑战，克服种种艰险，取得的重大胜利。国资委党委坚持把纪律和规矩挺在前面，持之以恒正风肃纪、坚定不移反腐惩贪，中央企业实现巡视巡察全覆盖，严肃查处一批违反中央八项规定精神问题，严厉惩治一批"一把手"重大腐败案件，严格追究一批"两个责任"不落实问题，坚决斩断政治腐败和经济腐败相互交织利益链条，纠正过去许多被认为不可能消除的痼瘴顽疾，党风企风为之一新。

2021年2月，国资委召开行业协会党风廉政建设和反腐败工作会议暨警示教育大会，总结过去一年行业协会认真学习贯彻习近平新时代中国特色社会主义思想，坚决贯彻落实国资委党委工作要求，坚定不移全面从严治党，大力推进党风廉政建设和反腐败斗争，管党治党工作取得积极成效。对2021年党风廉政建设和反腐败工作提出明确要求：一是持续加强政治建设，坚决做到"两个维护"；二是紧盯"关键少数"，加强领导班子成员监督管理；三是发挥巡视利剑作用，持续抓好巡视整改；四是坚持正风肃纪反腐，营造风清气正的良好环境；五是强化责任落实，提升全面从严治党能力水平；六是勇于担当作为，抓好党建重点任务落实。

（三）开展庆祝建党百年系列活动

在庆祝中国共产党成立100周年之际，国资委组织开展系列活动：一是召开行业协会党史学习教育推进会暨指导组工作会议，深入学习领会习近平总书记关于党史学习教育的重要讲话精神，学习贯彻党

史学习教育中央指导组培训会议精神，传达学习和贯彻落实国资委党史学习教育指导组工作会议精神，总结行业协会系统党史学习教育进展，研究部署党史学习教育指导工作。二是国资委命名首批100个中央企业爱国主义教育基地，命名工作紧紧围绕中央企业党史学习教育、"四史"宣传教育，突出展示中央企业红色基因、红色血脉，深挖红色资源的思想内涵和时代价值，突出展现在中国共产党领导下中央企业百年发展中涌现的先进精神、先进典型和铸就的大国重器。三是国资委启动第四届中央企业优秀故事创作展示活动，2021年4月，国资委宣传局、人民网联合启动了"百年铸辉煌 央企谱华章"第四届中央企业优秀故事创作展示活动，活动共收到各中央企业推荐报送的图文及视频作品1800余件，经过审核筛选，在人民网专题网页上展示作品1400余件。经有关专家初评、复评，最终评选出一等奖30件、二等奖50件，三等奖80件，优秀奖120件，优秀组织单位10个。展示了中央企业在中国共产党百年征程中坚定听党话跟党走的责任担当，营造了共庆百年华诞、共创历史伟业的浓厚氛围。四是召开中央企业"我为群众办实事"实践活动，2021年9月，国资委党委党史学习教育领导小组办公室在京召开中央企业"我为群众办实事"实践活动调研交流会。会议强调，各中央企业要深入学习贯彻习近平总书记"七一"重要讲话精神，把"我为群众办实事"作为践行为人民服务宗旨的重要举措，项目清单再聚焦、工作方法再创新、组织动员再发力，不断总结实践经验，逐步探索建立长效机制，扎实解决群众身边各类"急难愁盼"问题，以更加丰硕的实践活动成果推动党史学习教育不断走深走实。

（四）加强基层党组织建设

基层党组织是团结带领群众贯彻党的理论和路线方针政策、推动企业做强做优做大的组织资源和优势，也是发挥党的领导核心作用的坚实力量支撑。习近平总书记指出，中国特色现代国有企业制度，"特"就特在把党的领导融入公司治理各环节，把企业党组织内嵌到公司治理结构之中，明确和落实党组织在公司法人治理结构中的法定地位，做到组织落实、干部到位、职责明确、监督严格。创新完善基层党建坚持建强基层党组织不放松，确保企业发展到哪里、党的建设就跟进到哪里、党支部的战斗堡垒作用就体现在哪里。做好基层党组织标准建设工作，就是使党组织成为完善的公司治理结构的基本组成部分，成为促进企业改革发展稳定的关键推动力量。通过企业标准化建设把企业党组织的机构设置、职责分工、工作任务纳入企业管理体制、管理制度、工作规范之中。运用现代企业管理的思想、方法和手段，使党组织在工作中发挥企业发展的领导核心和政治核心作用。

中国国有企业创新驱动发展研究与调研报告

吉林大学

一、国有企业创新驱动发展现状

国有企业大多处于关系国家安全和国民经济命脉的重要行业和关键领域，必须承担起构建国家创新体系的主力军责任，必须在科技领域担当攻坚克难的排头兵，在战略前沿技术、重大基础技术和产业共性技术等领域取得重大突破。近年来，我国国有企业在创新驱动发展方面取得了突出成就，其概况如下。

（一）国有企业科技创新整体实力不断增强

1.研发投入规模不断提升

近年来，国有企业以高质量发展为纽带，坚决贯彻落实创新驱动发展战略，不断强化自主创新能力。2018年，以中央企业为核心的国有企业，研究与试验发展经费支出近5000亿元，同比增长13.4%，超过全国研发经费的四分之一，国家级研发机构、重点实验室都占全国总量的50%左右，研发人员、工程院院士均占全国的20%以上。根据2018年欧洲创新记分牌数据整理显示，在全球2500家创新领先企业中，我国有438家入围，其中国有企业44家，中兴通讯以17.98亿欧元、中国建筑15.86亿欧元、中国石油15.78亿欧元、中国铁路总公司14.22亿欧元分别位列全球第76、86、88、99名。全国第6、9、10、11名。

2.开放式创新网络体系逐步形成

全球创新网络是在经济全球化背景下，企业从封闭式创新向开放式创新转变的一种创新模式，以产学研用融合的集群式协同创新推动创新主体获取创新资源的范围拓展到全世界，这为拥有后发优势国家或地区的追赶发展提供了可能。全球创新网络正在深刻改变着全球创新格局、产业分工和经济格局。我国国有企业也在积极地融入其中，虽然相较于欧美等发达国家还有一定的差距，但国有企业的全球创新网络也已初具规模。中国电科、中国航天科技、东风汽车、中国兵装、国家电网等中央企业，以及海尔集团、广汽、格力、京东方、万华化学等地方国有企业作为全球创新网络体系建设先行者，已经围绕核心业务展开全球布局。如中国航天科技集团拥有50余个产学研合作创新平台、36个国际研发中心，与清华大学等20所知名高校、科研院所建立了广泛的合作创新平台。海尔集团在美国、日本、德国、韩国、印度、新西兰、墨西哥等建立10大研发中心，每个研发中心都是一个研发总部，由此形成了一张遍布全球的网络，触角深及每位用户，以便快速研发出全球领先的产品。中国中车围绕轨道交通制造业核心技术突破和重大项目研发，构建"开放、协同、一体化、全球布局"的科技创新体系，整合国内外40多家高校和科研院所、70多家产业链单位、60多个国家级技术平台、多家国家级企业技术创新中心以及15家海外研发中心，形成集群协同的优势，不但成功研制出以"复兴号"动车组为代表的先进轨道交通装备全系列谱系化产品系列，将中国轨道交通制造业推进至全面标准化、自主化阶段，也联合科技部、青岛市共建中国首个国家级技术创新中心——国家高速列车技术创新中心，在政产学研协同创新方面正在稳步迈向国际化、专业化的新阶段。

3.重点领域实现引领性突破

近年来，随着创新驱动战略和制造强国战略的持续推进，我国国有企业自主创新能力显著增强，我国国有企业在战略性产业取得卓著成效，部分领域行业实现从后发到先发、从跟跑到并跑领跑的重要转变。在载人航天、探月工程、深海探测、高速铁路、第三代核能发电技术、C919大型客机、特高压输变电、移动通信等领域取得了一批具有世界先进水平、标志性的重大科技创新成果，彰显了国之重器的实力与担当。根据工业和信息化部2016—2018年三批单项冠军统计显示，我国国有企业在92个制造业细分领域处于全球领先位置，主要集中在采矿/冶金/建筑专用设备、物料搬运设备、金属加工机械、化学化工等传统优势领域，以及电子信息、船舶/海工装备、核电装备、航空装备等战略性行业领域。在接触网检修作业车、工程（工作）船、岸边集装箱起重机、汽轮机叶片、船舶压载水管理系统、自动柜员机等细分产品领域全球市场份额占比超过30%。中国一重是国内少数具备向国内外钢铁企业提供具有自主知识产权成套轧制设备能力的制造商之一，在重型石化容器市场中保持领先，锻焊结构加氢反应器占国内市场份额达80%以上。福晶科技LBO晶体器、上海振华重工集团岸边集装箱起重机、江南造船集团双燃料液化乙烯气体运输船等全球市场份额占比分别达到80%、70%、67%。京东方显示面板、五大主流产品全面达成全球第一，显示器件整体出货面积由全球第四升至第二，电子标牌、拼接、电子标签、穿戴及VR/AR等5个细分市场占有率突破20%，电视、显示器整机出货量约1800万台，分别居全球第三、四位。

4.前瞻性布局战略性新兴产业

我国国有企业在人工智能、云计算、大数据、物联网、卫星导航等战略性新兴产业领域已经形成了一定的布局。如在人工智能领域，国有企业围绕指纹识别、指纹芯片，应用程序、图像处理，语音识别、人脸图像识别，数字计算设备、数据处理方法等控制系统等领域进行了前瞻布局。科大讯飞已经是中国智能语音与人工智能产业领导者，在语音合成、语音识别、口语评测、自然语言处理等多项技术上拥有国际领先的成果。根据"2018年中国企业人工智能技术发明专利排行榜"显示，国家电网、京东方、格力电器、中兴通讯、海康威视、浪潮集团、同方威视、东软集团、四川长虹等国有企业进入排行榜前50位。在工业互联网领域，我国国有企业已经形成了全球竞争优势，与亚马逊、谷歌、ARM、高通等国际领先企业差距不断缩小。在工业互联网领域，根据2018年世界物联网大会发布的世界500强物联网企业名单，中国联通、中国电信、中国移动、中国航天科工集团、中国航天科技集团、青岛海尔智能家电科技有限公司、浪潮集团、中国电子科技集团、中国船舶重工集团、中铁快运股份有限公司、东软集团股份有限公司、中国移动通信集团公司政企客户分公司、中兴通讯股份有限公司、中软国际有限公司、航天云网科技发展有限责任公司、中国外运长航集团有限公司、中国远洋海运集团有限公司、四川长虹电器股份有限公司等18家国有企业进入世界500强物联网排行榜前100名，其中，中国联通、中国电信位列第6位、第10位。

（二）中央企业创新驱动发展成效显著

国务院国资委主任郝鹏指出，科技自立自强是国家发展的战略支撑，国有企业要发挥好国家队的作用，当好技术创新"主力军""排头兵"，真正在解决"卡脖子"技术，在关键核心技术方面发挥好重要作用。国务院国资委高度重视中央企业技术创新和自主创新，全力支持中央企业当好科技创新的主力军、排头兵。

1.进一步强化中央企业创新主体地位

2018年，科技部、国务院国资委联合印发《关于进一步推进中央企业创新发展的意见》指出，中央企业作为国民经济发展的重要支柱，是践行创新发展新理念、实施国家重大科技创新部署的骨干力量和国家队。推动中央企业提高科技创新能力，走创新发展道路，是实现科技创新面向世界科技前沿、面向经济主战场、面向国家重大需求的必然要求。

2.加大对中央企业科技创新投入的引导与激励支持力度

如国资委对中央企业经营业绩考核更加突出创新驱动发展导向，将技术进步要求高的中央企业研发投入占销售收入的比例纳入经营业绩考核，明确研发投入视同利润，加大国有资本经营预算支持，鼓励科技型企业实施股权和分红激励，引导和鼓励中央企业加大对基础研究和应用基础研究的投入。

3.支持中央企业打造协同创新平台

国资委指导推动中央企业组建创新联盟，与各类主体共同承担国家重大任务，深化产学研用协同创新；支持中央企业设立或联合组建研究院所、实验室、新型研发机构、技术创新联盟等各类研发机构和组织，加强跨领域创新合作，打造产业技术协同创新平台。

4.在中央企业实施科技创新专项工程与行动

国资委鼓励有条件的中央企业加强中央企业与世界一流企业对标，在204家企业大力实施科改示范行动，提升前沿科技研发能力，培育一批"独角兽""瞪羚"企业，打造一批专精特新的隐形冠军。

5.鼓励和支持中央企业参与国家重大科技项目

国资委和科技部等有关部门在集中度较高、中央企业具有明显优势的产业领域，将中央企业的重大创新需求纳入相关科技计划项目指南，支持中央企业牵头承担国家科技重大专项、重点研发计划重点专项和"科技创新2030——重大项目"。

6.在人才激励上持续发力，推动中央企业科技人才队伍建设

国资委强化正向激励，明确实施技术攻关团队工资总额单列管理政策，提高科研人员待遇，赋予领军人才更多自主权。支持中央企业加大创新型科技人才的培养、引进力度，共同支持在中央企业建立高层次人才创新创业基地。

此外，国资委还通过建立容错机制，营造鼓励创新、宽容失败的良好氛围；会同科技部等有关部门指导和推动中央企业深入开展双创工作，支持中央企业参与北京、上海科技创新中心建设，加强国家科技成果转化引导基金与中央企业创新类投资基金的合作，推动中央企业科技成果的转移转化和产业化，支持中央企业开展国际科技合作。2020年起，中央企业经营业绩考核新增研发经费投入强度指标，力争到2022年，中央企业重点企业平均研发投入强度达到5%以上；在工资总额等方面予以支持国资委的一系列政策措施有效地推动了中央企业创新驱动发展。2016—2019年"十三五"时期，中央企业研发经费投入1.97万亿元，占全国研发经费的26.5%，牵头承担了5个"科技创新2030——重大项目"，拥有733个国家级研发平台，91个国家重点实验室，227名两院院士，其中2019年，中央企业研发投入6405.6亿元，同比增长28.2%，占全国研发投入的29.5%，研发投入强度达2.07；2019年，中央企业拥有研发人员97.6万人，同比增长11.2%；2019年，中央企业获得国家技术发明奖和科技进步奖104项，占同类奖项的41.6%。中央企业在载人航天、探月工程、北斗导航、移动通信等领域取得了一批具有世界先进水平的重大成果。例如，2020年12月22日，由中国航天科技集团有限公司所属中国运载火箭技术研究院抓

总研制的我国新一代中型运载火箭——"长征八号"首飞成功，填补了我国太阳同步轨道运载能力的空白，也为未来中低轨高密度发射任务创造了条件。

二、国有企业创新驱动发展模式总结

国有企业在创新驱动发展过程中形成多样化的模式，走出一条中国特色国有企业创新驱动发展道路，形成了较为成熟的创新驱动发展模式，对这些模式进行总结与梳理，有利于国有企业在未来巩固创新驱动发展成效的同时，开拓新的创新驱动发展模式。

（一）新兴产业培育成长生态圈模式

这一模式的特点：国有企业在实体资源和品牌辐射力的基础上，以物业资产、区位影响、行业优势为依托，组建企业孵化器和加速器，为新创企业的形成与发展提供全方位支持，通过引领和促进新的企业集群发展壮大，促进国民经济的转型升级。这一模式的亮点：中央企业以自己的影响力和品牌信誉为依托，充分发挥市场机制在资源配置中的基础作用，借助民营企业的活力推动资源要素的创新利用，以此强化对于经济社会发展的引领力与控制力。

这一模式的典型代表是招商局集团的蛇口网谷。2009年，在国家发展战略新兴产业、珠三角实施腾笼换鸟战略的大背景下，招商局集团根据深圳的整体发展规划和自身的资源条件，明确了产业转型和持续发展的方向，将蛇口工业区定位为新经济增长开发区。按此规划，有步骤地迁出了原有的出口加工工业企业，对腾出来的空间和物业进行更新改造，腾笼换鸟，大力引进新兴产业。2010年与深圳南山区政府合作，正式组建蛇口网谷作为新兴产业孵化基地。蛇口网谷以促进移动互联网、电子商务、物联网等产业发展为重点，通过"资本+科研+产业"三位一体的孵化模式，强化资源整合、提升产业服务、完善运营管理、推进资本运作，吸引和集聚了全国乃至全球的企业、人才和资金，将稀缺资源汇聚在网谷，形成了集高端产业、人才和要素于一体的企业孵化器与加速器，通过资源、人才、制度、环境的融合，成为具有强大吸引力和生命力的新型产业培育成长生态圈。截至2015年底，蛇口网谷核心区域聚集企业达406家，每平方米产值由原先每平方米1200元跨越增长到每平方米5万元，同时带动片区就业人数3万人以上。

（二）优势资源共享互联网+平台模式

这一模式的特点：国有企业以自身资源和信息为基础，以互联网+为技术实现路径，建立面向社会开放的资源共享平台，通过平台运行规则的制定与实施，盘活企业内外的存量资源，通过资源配置方式创新促进产业结构升级。这一模式的亮点：国有企业依托自身拥有的资源要素，利用互联网+技术促进企业内外资源的优化配置，从供给侧改革角度盘活存量资产，适应了知识经济条件下的产业发展需要。

这一模式的典型代表是军工企业航天科工的航天云网。在我国经济结构中，军工企业掌握着重要的经济与技术资源，长期处于封闭状态。如何把军工与民用结合起来，促进整个经济的转型升级，具有战略意义。在中央政策的推动下，航天科工结合企业实际，对企业集团的信息网络进行整合，组建了面向企业内外开放的航天云网。在云网平台上，航天科工展示了自身的先进生产制造和科技研发能力，介绍了这些能力的运行状况和场地布局，以及产业发展基金等专项资源投资能力与方式，以信息交流为切入口，促进集团内部各企业之间、集团与外部企业和整个社会的开放合作。目前航天云网正在连接国内外相关领域的高、中、低端产业要素资源，努力把产业互联网平台、开放式创新创业平台和生产性服务业平台融为一体，构建生产经营创新的社会化网络大平台，引领和促进"互联网+智能制造"发展。目前航天云网已经为很多行业内外的企业服务，以提供专门服务为日常盈利来源，以选择项目投资为长期增值模式。截至2016年2月，航天云网线上合同签订量达到2.8万余笔，相比2015年底增长5012笔；合同总额16.14亿元，相比2015年底增长约1亿元。

（三）主业拓展投资孵化平台模式

这一模式的特点：居于行业高地的国有企业依托其行业地位、技术积累和投资能力，建立专业化的项目开发与企业孵化平台，吸引与识别有价值的创新创业项目，以项目支持、团队建设、市场开发的方式，强化企业核心能力，拓展主业经营范围，延伸企业价值链，促进行业整合发展。这一模式的亮点：国有企业利用自身的行业优势和资源条件，以项目孵化与投资管理的方式促进企业内外资源重组，不仅做强做优国有企业本身，而且引领整个行业的创新发展。

这一模式的典型代表是中国电信的天翼创业投资平台。在通信行业中，中国电信拥有大量资源，具有特殊地位。随着互联网和移动通讯的发展，中国电信受到了严重挑战；如何应对行业变化，在行业转型的竞争中胜出，是中国电信面临的严峻情境。天翼创投平台的建立与发展，是中国电信主动应对行业竞争的战略措施。平台围绕中国电信的主业开展工作，关注移动通信、互联网和物联网等战略性新兴产业，以此为创业投资与项目孵化的主要领域。为此建立了闭环制的项目孵化和投资管理流程，通过选拔创新项目，确认具备投资价值的项目，为主业拓展提供活力与源泉。在创业孵化方式上，采取了员工持股、管理人员跟投的方式。具体做法是：天翼创投代表中国电信与创业团队以1∶1现金投入方式设立创业公司，公司治理结构为创业团队控股、天翼创投参股。创业公司运营创业项目，对项目运营负主要责任，天翼创投发挥电信资源和投资能力双重优势，为创业公司提供指导、支持与帮助，以主业发展推动行业重组。这种以创业拓展主业的方式已经取得显著成效。据不完全统计，天翼创投目前已经征集2000个项目，成功孵化了175个，成功投资了19个，其中5个顺利完成下轮投融资。

（四）产业链整合优化服务平台模式

这一模式的特点：位于产业龙头地位的国有企业，利用产业链结构、自身优势地位和信息资源，从战略高度识别和选择产业链重组整合节点，通过有偿提供专门服务的方式，在提升企业竞争能力的同时拉动产业链的优化组合。在此过程中，建立产业性电商平台是行之有效的方式，能够通过"互联网+"的平台运作和项目管理，发现企业和产业的发展空间，促进资源配置方式的优化改进，以企业行为推动产业链重组。这一模式的亮点：国有企业依靠对于产业链的影响力，通过电子商务平台的构建与运行，有计划地引导和促进整个产业链的重组，使第三产业发展成为产业结构转型升级的直接动力。

这一模式的典型代表是宝钢集团的欧冶云商。宝钢集团是我国钢铁产业的龙头企业，不仅规模大而且技术程度高，拥有大量优质存量资产。在全国固定资产减产能的布局中，如何通过资源配置方式的创新，推动整个钢铁产业的重组升级，是宝钢面临的战略任务。欧冶云商是宝钢为此建立的专业性电商平台。目的是在钢铁业整体低迷的情况下，从钢材流通领域高成本、低信任的"痛点"入手，依靠电子商务的技术手段和平台交易的制度创新，降低交易成本，推动钢铁生产经营的产业链重组更新。目前欧冶云商已经建立了钢铁交易、工业品采购、大宗原燃料交易、化工品交易四大电商平台，利用互联网、大数据、移动互联等技术手段，能够向企业内外提供资讯交流、交易结算、物流仓储、加工配送、投融资等多种服务。不仅如此，该平台以宝钢集团的信誉与品牌为依托，对产品交付规则、物流仓储规则、金融服务规则进行改革，建立了"定轮班"制交付模式、"绿灯、绿印"识别信用模式、"支付+融资+财富+质押"金融服务模式等一系列平台规则，通过规则创新推动钢铁产业链的实体结构与运行方式转型升级。目前欧冶云商年仓储周转能力近6000万吨，已为6.3万家各类企业提供专门服务，实现交易量120多万吨，2015年实现营业收入200.6亿元。

（五）科技成果转化创业开发模式

这一模式的特点：国有企业依托于其雄厚的技术积累、研发力量和行业地位，通过项目管理或新创企业的方式，推动科技创新和科技成果产业化开发。其中以研发成果的产权界定为核心，实行员工持股和组建混合所有制企业，是把创新与创业结合起来，从科技创新入手促进经济社会创新发展的有效措施。这一模式的亮点，国有企业以技术创新与技术成果的开发利用为目的，以知识产权界定的制度创新为突破口，以技术资源和人力资本的启动为杠杆，促进资源要素的整体优化配置，为经济结构和产业行业的转型升级提供原动力。

这一模式的典型代表是中国钢研的科技研究开发体制。中国钢研的前身是国家钢铁研究院，是我国钢铁产业科技研发与成果转化的主要平台。从事业单位转为企业之后，如何适应市场经济的需要，把科技成果转化为企业效益，成为中国钢研可持续发展的基本条件。为此中国钢研进行了深入探索与体制改革，先后成立了三家以技术成果转化为基础的高新科技企业。体制改革的基本线索是以市场需求引导科技研发，以市场机会促进研发人员的动力与能力提升，以市场机制把科技研发真正纳入产业发展链条之中，使研发企业成为产业转型升级的撬动者。为此中国钢研采取了一系列改革措施，从落实项目核算，调整二次分配、组建科技公司、引入混合所有制等环节入手，把科技创新与创业活动紧密结合起来，以具有自主知识产权的研发成果替代进口，为提高钢铁行业的技术水平做出了重要贡献。与此同时，中国钢研利用自身在行业中的影响力，以"核心技术+用户关系"的轻资产模式，组建了新的研发企业并提供自主经营发展的空间。在创立新企业的过程中，探索和实施员工持股及混合所有制，极大释放了管理团队和员工创业的激情，加速了科技成果转化为生产力的进程。目前该公司已经成为具有品牌价值的高科技混合所有制企业，2015年实现营业收入7100万元，上缴税金200余万元，作为新型的高科技企业，在产业转型升级中具有示范作用。

（六）内部创新创业引领激励模式

这一模式的特点：国有企业依靠自身的优质员工队伍，从人力资源开发角度入手推动创新创业发展。具体实践中包括为员工创新创业提供机会、组建团队、强化激励、界定产权等方式，致力于加强员工创新创业的动力与能力，以人力资源这一活资源促进企业内外资源要素的优化配置。其中为员工创新创业提供良好的组织环境和操作平台具有重要意义。这一模式的亮点：从人力资源开发角度促进创新创业发展，不仅具有很大的潜力和空间，而且可以在既有组织体系中进行，是所有国有企业都能采用的方法，能够为企业创新发展提供动力来源与群众基础。

这一模式的典型企业很多，其中南方电网的职工创新社区具有代表性。南方电网是提供公共服务的大型企业，如何提高服务质量和运行效率是公共服务企业面临的共同问题。为此南方电网组建了"1+9"职工创新社区，从提供创新创业信息和机会、提高创新动力与能力的角度入手，通过激发员工积极性与创造性解决这一问题。该社区是集团公司内部的跨单位跨层级交流协作平台，在创意和实现、项目和资源，成果和推广，专家和服务之间搭建桥梁，为自下而上的创新创业活动建立渠道、打通环节、提供支持。通过不同单位不同层次员工之间的横向互动和网络交流，发现创新创业机会并加以实现，以此改进分工协作状况、提高企业经营服务水平。也就是说，通过营造积极主动的组织氛围，加强信息与经济技术的交流应用，推动资源要素的协同整合，以创新创业活动改进生产经营状况。目前"1+9"职工创新社区注册用户数近16万，访问量突破35万次，展示和支持各类创新创业成果1000多个。

上述六大模式的形成与发展，是国有企业贯彻党和国家的创新发展战略，结合本企业实际情况开拓创新的成果，体现了改革、创新、发展的统一。

三、国有企业创新驱动发展存在的主要问题

虽然许多国有企业尤其是中央企业科技创新在长时期的建设发展中取得了一定成绩，但"大而不强"仍然是在高新技术领域普遍存在的共性问题，专利多、论文多，但重大原创核心技术少，国际竞争力不强、受制于人现象较为普遍。

（一）国有企业自主创新意识不强

近年来，我国国有企业重视技术创新能力建设，在技术创新上的投入逐年增加，但与国外同类领先企业相比仍有相当大的差距。国有企业核心竞争力不强，原始创新、源头创新能力不足，突出表现为没有与规模相匹配的技术研发能力，在国际竞争中陷入"大而不强"的境地。根据2019年11月国有企业研发投入强度数据显示，除了信息技术服务业（7.89%）、电子工业（3.82%）、医药工业研发投入强度（3.07%）高于全国研发投入平均水平（2.19%），其他行业如汽车、化工、建筑、建材、有色、煤炭、石化、钢铁等行业均远低于全国平均水平。研发强度与同行业相比差距尤为明显。

（二）新型科技创新体系建设缓慢

产学研协同创新是充分调动国家创新生态体系内部各个创新主体积极性、高效利用国内外创新资源以最大化创新效率的必由之路。国有企业合作的渠道、方式较为单一。政府对企业与高校院所合作缺乏有效的引导，企业对高校院所的创新资源了解不够深入，难以实现有效精准对接。高校院所对企业创新需求不够了解，研发创新成果难以在企业得到有效转化。企业在与高校院所合作过程中，由于双方的出发点和目的有差异，高校院所一般更注重知识产权成果的获取，而企业更关注这些成果对产品系列的丰富以及产品性能的提升是否有帮助，合作理念和行事风格有冲突，合作的成效欠佳。其次，国有企业与高等院校、科研院所的合作主要停留在零星项目、临时合作上，多数没有形成长期稳固的合作机会。

（三）全球知识产权布局不足

境外专利申请反映了一国知识产权海外布局的能力和水平。在新一轮国际制造业格局重构过程中，美国不断利用知识产权布局先发优势挤压我国高端产业创新发展空间，定向遏制我国制造业重点领域领军企业，尤其是以战略性产业为主的国有企业劣势凸显：一是境外专利申请数量偏低；二是专利质量偏低；三是领军企业知识产权战略储备不足。

（四）国有企业科技创新机制不健全

首先，科技创新激励不足。国企的技术创新受工资总额的束缚，薪酬福利不具市场竞争力，难以对科技人员实施有效激励。国企用于科技创新的各类奖励，都需要纳入企业工资总额的范畴，这是国有科技人员薪酬缺乏外部竞争力的主因。同时，国有科研单位自身对待薪酬分配普遍具有"大锅饭"的特点，以岗级或职级分配为主要依据，而不是以科技人员的贡献为主，关键技术骨干力量所作的贡献难以在薪酬中体现，进而容易导致技术骨干和部分关键管理人员的流失。股权激励方面，和非国有企业相比

应用不足。3000余家上市公司中国有企业数量占比29.16%，但在2017年公布股权激励预案的上市公司中，国有企业占比仅为7%。合伙人制成为少数国有企业敢于采用的激励模式，但缺少更大规模的推广和实践。此外，职务发明制度难以落地，缺乏对颠覆式创新的包容性，缺少容错机制的科技创新评估体制不利于突破式创新。"风险厌恶"的绩效考核体制不利于企业家创新精神培育，科层式制度设计限制了企业家精神的培养。

（五）央企之间还没有沿产业链形成协同创新生态

任何一家有国际影响力的大型制造企业都有很多上下游的合作伙伴，美国、德国、日本的领军制造企业，都非常重视把供应链上的众多企业建成一个协同运营和协同创新的生态系统。例如丰田一共有248家企业承包其业务工程，这248家企业又向4000多家中小企业二次转包，这4000多家企业就形成了以丰田为核心的企业生态系统。这个企业生态系统越繁荣，核心企业丰田就能够越好地实现持续发展。中央企业需要更加紧密地结合起来，沿产业链开展沟通合作，打造协同创新生态。

（六）市场化机制不足，人才流失比较严重

科技竞争的关键是人才的竞争。当前，国有企业高层次专业技术领军人才相对缺乏，部分专业领域缺乏行业带头人；中青年骨干力量流失严重，"进新人、走骨干"现象普遍存在；人才激励改革落实不到位，科技人员获得感不强，缺乏有效上升机制等。更为严峻的是高层次人才引进的难度显著加大，科技领域高端人才的虹吸效应相比以前更加明显。主要原因是市场化机制不足，科技创新活动限制较多、创新活力匮乏。面对日趋严重的竞争环境，构建吸引人才、用好人才、留住人才有效机制成为国有企业的当务之急。

四、国有企业实施创新驱动发展战略的政策需求

针对国有企业创新驱动发展存在的问题，建议加大对国有企业国家级研发平台投入，在条件建设、科研项目、人才引进、运行经费等方面给予优先支持，使国有企业真正发展成为技术创新的主体，快速提升自主创新能力和服务能力。

（一）推进政府角色向战略引领和资源保障转变

突出政府在引导技术创新方向上的引领作用，在事关全局和长远利益的战略领域制定战略目标，对国家创新体系和产业创新体系进行系统谋划和顶层设计，突出政府在多元主体间的统筹协调作用，在关系国家安全和长远发展的关键领域建立产业技术联盟、布局重大专项，通过战略引领和提前布局，完善国家利益导向的利益趋同和保障机制。探索市场经济环境下的重大任务集中力量办大事体制机制，一方面，设立代表国家利益的重大工程跨部门统筹决策机构，形成超过单个部委的高效协调机制，确保国家意志充分体现；另一方面，通过组建联合企业实体、公私合营、建立非营利技术实体机构等行政和市场手段，形成兼顾国家意志集中化和市场利益多元化的创新格局，推动行业形成创新合力，保障国家科技创新战略落地。

（二）在重大产业技术决策中给予企业更多话语权

尊重企业作为技术需求产生主体、技术创新推动主体、技术成果转化主体、技术应用示范主体的作用。特别是中央企业作为国家战略科技力量，同时代表了国家使命、社会责任和市场利益需求。建议在重大科技任务专家组中，将企业家和企业技术专家的比例提升至50%以上，体现企业和市场对技术路线的影响力，开辟中央企业直接向国家统筹决策机构建言献策的通道，重点保障在涉及国家战略能力和

产业竞争力的重大科技决策话语权。

（三）营造以市场为导向的产业政策环境

突出行政总体机构在产业政策环境中的保障作用，构建和完善现反垄断法、知识产权保护等促进创新的政策体系，营造激励创新的机制和环境。特别要关注研发过程中的知识产权管理问题，建立健全知识产权的显性化、价值化、归属化机制，协助各类创新主体做好重大科技创新实施过程中的知识产权评估、确权、许可、交易、保护、共享等工作，在满足国家利益的同时，切实保障创新主体的正当权益。

（四）充分发挥中央企业在科技创新方面的平台作用

中央企业在研发投入上持续稳定增长，所属各类研发机构数量快速增加，形成了国家级、行业级、企业级多层次覆盖不同领域的研发平台，这些研发平台对国家科技创新发挥着至关重要的作用。建议国家加强对这些研发平台（尤其在重点"卡脖子"领域）的投入，大力提升其研发水平和自主创新能力，解决关键基础研究投入不足的问题，减少研发平台在人才引进、条件保障方面与国外先进研发平台的差距。同时引导中央企业加强与国际先进研发平台的对比和借鉴，不断加强自我科研体制机制的完善，激发平台创新的活力。

国有企业在创新驱动发展过程中形成多样化的模式，走出一条中国特色国有企业创新驱动发展道路。但是国有企业进一步实现创新驱动发展，还面临许多困难和障碍，需要国家提供强有力的支持，并进行体制机制创新与顶层设计。国有企业自身也要做出适合自身特点的路径与模式选择。

五、促进国有企业创新驱动发展的几种路径

（一）进一步完善和实施国有科技型企业股权和分红激励政策

未来建议在以下五个方面着力，加快推进国有科技型企业股权分红激励改革工作落实落地。一是有序推进试点，稳妥精准施策。结合科技型企业特点精准施策，重点鼓励科技成果实现产业化的企业开展岗位分红权激励，科技成果转化能力较强的企业实施项目收益分红激励，科技成果进入成熟期的企业实施股权激励，小微企业探索实施股权期权。二是加强政策宣贯，强化经验推广。在国资委层面，组织大范围、多层次的政策培训，复制推广好经验、好做法。在中央企业集团公司和地方国资部门所属一级企业层面，通过专项培训、集中辅导、专家把关、案例交流等方式，对所属科技型企业加强指导。三是适当降低实施门槛，提高激励力度。对于新成立、处于行业下行周期的科技型企业，适当降低实施门槛和激励兑付条件；对于前几年业绩增长异常或业绩增幅远高于行业平均水平等特殊情况给予指导，允许企业结合行业平均增长水平、对标企业增长水平等合理确定净利润增长率的业绩考核条件。放宽单个激励对象获得的激励股权不得超过企业总股本的3%的比例限制；提高岗位分红人员数量和金额、股权激励总额、单个激励对象的股份比例等，促进提高激励力度。四是突破难点问题，创新实施机制。进一步拓展政策适用范围，将激励对象范围扩大到"科技型企业及其子企业的员工"，鼓励符合条件的事业单位参照股权和分红激励政策实施激励，同时允许中型企业采用股票期权方式进行激励；进一步加强中长期激励政策框架设计，将科技型企业激励与上市公司股权激励、员工持股等相关政策进行衔接，在离开退出年限、股权锁定期限、股权激励比例、股权预留等方面进行统一。修改完善政策体系，明确利用职务科技成果作价投资、多次实施股权激励、非国有股东股权转让价格、5年期满后股权退出方式、股权期权定价等政策难点；完善项目收益分红激励成本核算政策，加快研究解决科技成果确权、技术入股价

格评估等难点问题。五是加强部委协调，完善配套政策。建立部委间的专门协调机制，加强统筹指导，及时解决目前股权和分红激励实施过程中出现的问题。完善相关配套政策，扩大股权和分红激励税收优惠政策适用范围、允许建立股权激励专项基金，加强税收、资金方面的支持。

（二）推进混合协同创新

混合协同创新主要是通过混合所有制改革、并购重组以及产学研合作模式，整合多种技术资源，激活多主体创新活力，构建多主体合作模式，促进国有企业的协同技术创新。在此基础上，国有企业可以充分利用各种优势，夯实技术创新基础，增强技术创新能力。

1.深化国企混改与民企协同创新

自改革开放40年以来，国有企业从传统计划经济体制附属物渐渐转变为向市场经济体制"新型国有企业"。国企一直因为创新不足和效率低下备受"诟病"。自1978年至今，国企改革经历了四个时期：1978—1993年，"放权让利"，主要是为了调动企业经营者的积极性；1993—2003年，引入西方的现代企业理论，进入了建立现代企业制度的"制度创新"时期；2003—2013年，进行国有资产管理体制改革，进入了"国资监管"时期，成立国资委，对国有资产进行战略重组；2013年至今，是以深化国有企业为主的"分类改革"新时期。第四轮国企改革是分类改革，宏观上以国企功能分类改革为基础，并建立以"管资本为主"的国资监管新体系作为本轮改革的动力，微观上以混改为突破口。

国有企业进行混合所有制改革，主要在产业链、过剩产能化解、国企保值增值、发挥新型产业战略优势的基础上，不仅激发国有企业活力，对国有企业的技术创新起到促进作用，而且充分释放企业潜力，形成竞争力优势，发挥国有企业和民营企业协同发展作用。

（1）整合产业链促进协作创新

基于增强完善产业链或核心企业竞争力的视角，国有资本投资运营公司控股、参股产业链中的企业，借助国资渗入和控制，使得产业链的上下游企业之间形成相互衔接、彼此协作、发展共赢的生态。

产业链整合可以进一步进行横向或者纵向型产业链整合。横向整合主要实现产业链上同质企业的资源互补，避免同质化竞争，提升企业影响力。实践中，中国建筑行业有中建、中交建、中铁建、中铁工、中电建、中能建、中化建与中冶八家企业，这八家企业都有修路、架桥、房地产方面的业务，进行横向整合，避免了低水平同质化，乃至恶性竞争；中国南车、中国北车合并成中国中车后，经营规模稳居全球轨道交通装备业首位。产业链纵向整合，可以形成企业全产业链的竞争优势，发挥协同效应，如神华和国电重组为国家能源投资集团，有利于实现煤电一体化运营。

（2）国有资本与民营资本协同创新

国有企业混合所有制改革，引入民营企业，增强国有企业的股权多样性，引入民营企业的先进技术，推进组织制度改革，完善科技创新制度，提升了国有企业的技术创新能力。云南白药通过采用增资入股的方式实现混合所有制改革，既避免了国有资产的流失，又提高了企业的技术创新效率和研发效率。

第一，有选择地进行混改。和白药控股公司之间不存在关联方交易的云南白药集团，就采用增资入股的方式一步一步地引进民营资本，实现混改，从而使得产业链布局更加完善、企业创新能力进一步提高。因此，我们一方面要积极推进混改进程，另一方面，我们也要根据企业的具体情况选择不同的混改模式，以实现最大的经济效益。第二，有布局、有步骤地进行混改。在云南白药混改的过程中，该公司并不是一部到位的。而是首先引入新华都这个战略伙伴，之后又加入鱼跃科技这个强劲的公司，实现公司现金流的大幅度提升，战略转型的速度也将大大地提升。因此，这一步步举措都是在云南白药整体战略布局下进行的，是有步骤、有计划地进行。第三，国有资本与民营资本相互制衡。在云南白药的股权比例中，云南省国资委45%、新华都45%、鱼跃科技10%的局面，使得决策机制更加完善，任何两家公司的持股比例都大于第三家，从而决议、方案的通过都必须经得两家公司同时同意才行。这也进一步牵制了国有资本的控制力，增强了民营资本的话语权，企业组织结构更加完善、制度改革也深度推进，如企业科技创新制度的完善、相应能力的提升。

（3）发展新型产业，增强创新战略优势

国企混合所有制改革可以发挥新兴产业战略优势。国企改革的重要平台——国有资本投资运营平台代表着未来科技和产业发展新方向，在体现当今世界知识经济、循环经济、低碳经济发展潮流，尚处于成长初期的新兴产业中，寻找并培育具有核心技术优势、优质的服务或产品的市场主体中，进行战略投资。

由于新兴战略产业具有投资大、需要培育周期因而回报周期长的特点，使得民间资本望而却步或即便进入也难以支撑行业的发展周期。战略性新兴产业是以重大技术突破和重大发展需求为基础，对经济社会全局和长远发展具有重大引领带动作用，而且对于国民经济发展和国家地位提升具有长远的战略性意义。尤其在中国从经济大国向经济强国迈进的过程，新兴战略性产业对于国家产业结构调整、综合竞争力提升有着至关重要的作用。因此，需要国有资本通过国有投资运营公司平台来投资运营，瞄准全球产业发展的链条中新兴产业发展的契机，通过自主创新来突破核心关键技术，掌握行业标准的话语权，迈向产业链的中高端。这符合我国当前经济发展从模仿复制到战略创新阶段的转型要求，也将塑造我国经济转型发展的新动力。

2.以并购重组与民企协同创新

（1）选取适宜的并购目标

企业在选取并购目标的时候，应重点关注那些规模并不太大，但却掌握相关专有新技术和新产品的中小型企业。历史经验告诉我们，超级企业间并购往往胜少败多，主要原因在于并购后的整合难度较大，双方的各项资源难以真正融合，无论在技术还是管理方面都难以实现协同效应。同时，在并购目标的选取方面根据自身的优势业务领域和优势技术有针对性地选择相关技术才更容易为并购后的技术融合带来预期效果。因为根据技术扩散由高到低的扩散过程，新技术最易被与之技术层次相近的技术领域吸收，实现技术协同。

在并购的各个阶段，有不同因素影响着企业技术创新能力的提升。前期要做好一切相关的准备工作。中期要做好与对方进行的知识分享和经验交流等工作。后期要做好消化吸收对方知识、整合双方研发资源等工作，进而提升企业技术创新绩效。企业可以通过实施有效的跨企并购和技术创新管理策略，来最终达成提升技术创新能力和实现产业转型升级的战略目标。我国企业应依托民营研发实力和技术，重建生产研发布局，加大创新投入，提高技术创新能力。

（2）统筹利用民营企业技术资源

并购作为企业发展、行业结构调整与优化、企业资源整合的重要手段，要特别关注并购动机中的技术因素。近几年来以技术获取为主要动因的并购对企业的技术创新绩效在一定程度上起到了积极作用，这也从一个侧面说明了创新固然对于我国企业至关重要，但创新也不必"从A到Z"完全自主。借助并购来获取、补充与完善自身的技术领域和产品线，将技术因素有机整合进企业的并购决策之中，对于我国企业提升技术创新能力有重要的意义。

并购重组是搞活企业、盘活国企资产的重要途径。近年来，国有企业通过并购，尤其是技术并购，能获得国内外领先企业的顶级专利技术，还可以学习和借鉴先进的创新理念，进而推动自身技术创新能力的提升。不仅获得先进的技术，夯实技术基础，还可以拓宽融资渠道，为国有企业改革发展提供动力。

3.加强产学研合作，推进技术协同创新

产学研合作是当前促进产业发展的重要社会经济活动，其是指企业、高校、科研院所等机构借助自身的优势，最大化配置资源，用以加快人才培育和科技创新。产学研合作不仅可以充分利用多种资源组合优势，而且可以提高市场竞争力，促进产业技术发展和进步，从而加快社会经济的发展，改变我国依靠外国技术的现状。

（1）选择有效的产学研合作模式

选择有效的产学研合作模式，直接关系着产学研合作项目的组织形式、合作整体目标和合作方向甚至整个产学研合作项目的成败。因此，产学研合作各主体在选择合作模式时，需要高度重视产学研合作模式选择的重要性，同时要明确选择有效的产学研合作模式的关键要素。

对于产学研合作主体而言，在选择和确定产学研合作模式时，需要综合考虑。比如，对于处在不同创新周期的科技成果，可以考虑采用不同的产学研合作模式，如基础研发阶段主要在于发现基础理论和打好研发技术基础，往往需要投入大量的研发成本，且存在着预期收益较不明晰、资本回报周期较长的特点，造成研发风险较大，因此对于处在基础研发阶段的科技成果，可以考虑申请政府及有关部门的支持，如申请参与国家和各省部级的相关研究课题，采取政府主导型的产学研合作模式。

应用开发研究阶段主要在于把基础研究阶段的理论成果转化为可应用的技术成果，即实现技术的初步发明和应用，在科技成果整个周期中处于承上启下的关键位置，发挥着重要的枢纽作用，因此，对于处在应用开发研究阶段的科技成果，需要充分整合各方资源，突破科技成果转化的关键阶段，可以考虑采取技术转让或委托开发的产学研合作模式。

商品化及产业化阶段主要在于把应用开发研究阶段的技术发明转化为具有现实生产力的科技成果，是科技成果整个创新周期中最复杂、最能实现科技成果的科技价值和经济价值的环节，对于处在商品化及产业化阶段的科技成果，需要充分发挥企业对于市场需求更为敏锐的优势，促进科技成果在应用开发研究阶段与商品化及产业化阶段的有效衔接，可以考虑采取企业主导型的产学研合作模式，既可以获得企业的资金支持，降低转化风险，又可以准确把握市场需求和动态，加速科技成果转化为现实生产力。

（2）树立积极的产学研合作意识

树立积极的产学研合作意识，有助于产学研合作各主体在产学研合作项目中，提高科研人员的持续创新能动性和合作积极性、激发企业和广大市场主体的竞争活力。因此，产学研合作各主体要充分认识产学研合作意识的积极性对顺利开展产学研合作项目的重要影响，同时明确树立积极的产学研合作意识的关键要素，可以重点从学研方和企业两个方面来落实和推进。

对学研方而言，需要充分调动高等院校、科研机构等参与产学研合作项目的动力和积极性。学研方可以改变对科研人员传统的奖惩机制和考核机制，建立引入科研成果研发及转化效果作为指标的长效激励机制，鼓励科研人员紧跟市场发展的趋势，关注产业结构和市场的变化，及时了解企业目前的技术和研发需求，结合实际需求和自身的核心学科，协调学术方面的考核指标与产学研合作科技成果研发及转化效果指标之间的均衡，在实践中增强科研人员对科技成果转化的重视，从根本上解决学研方"重理论研究、轻实践发展，重成果研发、轻成果推广"的传统观念。

对于国有企业而言，可以树立积极的合作意识，有针对性的加强与部分高等院校、科研机构的合作，引进与本企业发展相关的科研成果，注重与高校院所合作，聘请高校院所的科研人员指导企业的技术创新，联合实现创新人才的培养和引进，用合作的战略代替单一化的策略，同时在企业内部建立对技术人员的长效激励机制，改变企业"重销售收益、轻技术创新"的思想。

（3）构建共享的产学研合作信息渠道

产学研合作通常涉及来自不同部门、不同主体的多个单位，构建共享的产学研合作信息平台，有助于加强产学研合作各主体之间的信息沟通和交换，有效降低在产学研合作的实际过程中出现供需不畅通问题的风险。因此，产学研合作各主体及有关部门要正确认识构建共享的产学研合作信息平台对于提升产学研合作效率的重要影响，同时明确构建共享的产学研合作信息平台的关键要素，可以重点从有效沟通、资源共享两个方面来完善和实现。

首先，从有效沟通角度，产学研合作各主体和政府及有关部门可以着力于构建一个可以实现企业、高等院校、科研机构之间双向沟通的信息渠道，完善科技成果登记和信息公开制度，建立一个面向市场的、面向全球的、规范的、完善的科技信息资料的数据库，不仅可以让企业将生产经营过程中遇到的技术难题及时反馈给有相关研究基础的高校院所，还可以让高校院所等学研方发现企业和市场目前的需求空缺，同时帮助产学研合作各主体关注国外的市场动态和技术前沿，促进高校院所与企业之间的有效沟通，使产学研合作的沟通渠道更加顺畅。

其次，在实现有效沟通的基础上，产学研合作各主体还进一步通过合作实现优势互补和资源共享。在保证产学研合作各方利益的前提下，实现资源共享的有效途径是人才共享，产学研合作各主体可以结合自身优势联合创建一支长期合作和交流的人才队伍，注重整合跨学科人员，在提高人才优势的同时，实现产学研合作各主体之间的资源共享。

（4）搭建多元化的产学研合作资金支持平台

搭建多元化的产学研合作资金支持平台，能够在一定程度上调动企业、高等院校、科研机构等产学研合作主体的合作积极性，解决产学研合作过程中遇到的资金问题，是促进科技研发的坚实基础。产学研合作各主体及有关部门搭建多元化的产学研合作资金支持平台，可以重点从设立专项资助基金、完善风险投资机制两个方面来完善和实现。

首先，关于设立专项资助基金。设立以省级、市级为单位组织的创新企业、创业项目投资基金，同时针对不同的科技项目类型和产学研合作模式，合理分配科技项目在基础研发阶段、开发研究阶段、商品化及产业化阶段的资金支持和投入比例，对于能够实现显著经济效益和社会效益的科技项目及其研发和转化团队，设立专项基金，并给予一定的税收优惠制度，鼓励企业与高等院校、科研机构合作设立产学研合作科技成果资助基金和奖励基金等。

其次，关于完善风险投资机制。可以由企业、高等院校、科研机构和政府及有关部门联合建立一个科学完善的风险综合评价体系，以确保能够及时地识别存在风险的科技项目，并有效控制风险的发生和进一步扩散。在此基础上，在明确风险投资主体的前提下，推广实施组合投资机制或联合投资机制，拓宽资金担保的方式，鼓励增加信贷的类型，可以在原有的政府投资、企业投资、风险投资机构投资、金融机构贷款投资等方式的基础上，普及和引进个人投资的方式，建立多个主体、多种方式共同承担和分散转化风险的风险投资机制，有效解决产学研合作过程中遇到的资金需求和资金问题。

（三）积极开展开放式创新

不久前，党的十九届五中全会通过《中共中央关于制定国民经济和社会发展第十四个五年规划和二〇三五年远景目标的建议》（以下简称《建议》）。《建议》要求"促进国内国际双循环""促进科技开放合作，研究设立面向全球的科学研究基金"，为未来十五年，我国在更加开放的条件下提升科技创新能力指明了努力方向。习近平总书记强调中国开放的大门永远不会关上，只会越开越大；要同舟共济、合作共赢，坚持走开放融通、互利共赢之路。国有企业必须深入学习贯彻习近平总书记关于扩大对外开放的重要论述，以更大力度、更实举措加快国有企业国际化发展步伐，在全球市场竞争"大熔炉"中百炼成钢，在开放合作中，增强技术创新能力，提升企业国际竞争力。

全球经济、科技面临诸多挑战和不确定性，新冠肺炎疫情仍在持续蔓延，国际经济、科技格局深刻调整。越是面临封锁打压，越不能搞自我封闭、自我隔绝，而是要实施更加开放包容、互惠共享的国际科技合作战略。自立自强、自主创新并不是闭门创新，而是要用好国际国内创新资源，以开放合作的态度，积极拓展同各国科技界、产业界和政府间的交流合作；深化双边多边创新能力开放合作，在海外设立科技研发中心，努力打破制约创新要素流动的壁垒；在供应链、产业链、创新链的薄弱环节上加强人才引进和培养，重点引进急需、特殊专业和领军人才，优化区域生产力布局，增强要素集聚配套，建设综合性国家科学中心和区域性创新高地，深度融入全球创新网络。

1.高效利用两种市场两种资源

（1）提高对外开放合作水平

过去40年，国有企业在开放条件下取得了巨大的发展成果，未来国有企业要实现高质量发展，必须进一步加大对外开放力度，提升国际合作水平。要加强在深化改革方面的合作，吸引各国企业积极参与国有企业改革，共同探索各种所有制经济深度合作的途径和办法，相互学习、相互借鉴、相互促进。加强在结构调整方面的合作，与各国企业在产业整合、转型升级、股权投资等多领域开展深度合作，实现优势互补、互利共赢、协同发展。加强在重大项目方面的合作，既支持在双方市场开展合作，也探索以多种方式合作开发第三方市场，共同推动重大项目落地实施。加强在人才培养方面的合作，与各国企业保持密切交往，在人才交流培养方面建立更加紧密的合作机制，为企业发展提供有力人才保障。各国加强合作将促进国际资源开放共享和成本共担，形成解决全球性挑战的合力。很多关键核心技术具有多学科交叉、融合演进、协作联动特征，要坚持开放合作精神，构建互利共赢的合作体系，合理配置国际国内创新资源，在开放合作中实现技术突破。

（2）加强内外联动有效赋新能

国有企业要增强技术创新能力，需要加强内外联动，整合利用国内外资源。一方面，国资应发挥在经营管理、资本人才等方面的优势，有序引导、有效促进与集体资本、民资、外资等资本的交叉持股、相互融合，高质量"引进来"，实现股权多元化；同时，也应积极参与外资、民资等非公资本混改，助其排解发展困难、防范发展风险、激活发展动力，并建立动态调整和退出机制，因时因势调整规模和实现退出，不断强化国资运用的灵活性和适应性。此外，还要注重国外人才技术的引用，在国外建设实验室，聘用高素质人才，加强与国外高校的技术合作。另一方面，国企应积极谋划新时代新环境的国际合作，特别要紧抓全面融入共建"一带一路"、长江经济带和西部陆海新通道建设等重大契机，实现人员、产品、技术和资本高质量"走出去"，深度参与合作方的重大项目建设、重要事项决策、重点事业布局，推动对外通道、枢纽口岸、开放平台、公共服务等内陆开放高地重点领域建设，在发挥"三个作用"中找定位、寻机遇，不断赋予国有资本新动能和壮大国有经济规模，实现充分发展。

2.在"一带一路"中挖掘创新潜能

（1）构建新国际合作新模式

"一带一路"是继承和发扬古丝绸之路精神，结合时代背景和世界大势，所提出的重大发展战略。以共商、共建、共享为合作原则，以政策沟通、设施联通、贸易畅通、资金融通、民心相通为主要内容，以打造命运共同体和利益共同体为合作目标，创造了一种新型国际合作模式。

"一带一路"建设是习近平总书记着眼形成全面开放新格局和促进世界共同繁荣进步而提出的倡议，它已成为新时代我国推动对外合作的战略平台。国有企业是我国对外经济合作的重要市场载体，在"一带一路"建设中承担着重要责任和使命。要着力抓好重点项目实施，加快推进基础设施建设，进一步打造国际品牌、优化全球布局。着力抓好现有产业园区建设，不断完善配套设施和服务，努力打造区域经济合作新平台。着力抓好能源资源合作，积极推进沿线国家油气管道、输电线路建设和矿产资源开发，促进形成共享共赢、互惠互利的新型合作关系。

中交集团在"一带一路"市场布局日趋完善推进沿线项目200多个，投资和承建的中巴经济走廊系列项目、科伦坡港口城、东非铁路、中马友谊大桥等项目成为深化"一带一路"国际合作的早期收获项目和弘扬丝路精神的引领项目。2016年沿线新签项目108个，合同额164亿美元，占"一带一路"总合同额的13%，较2015年增长30%，居中资企业首位。2017年8月9日，马来西亚东海岸铁路项目正式开工建设，该工程全长688公里，合同总额约550亿马币（约128亿美元），是迄今中马两国最大的经贸项目，被媒体誉为"一带一路"的新旗舰项目。2016年，中外国家领导人多次到中交集团的海外项目考察，党和国家领导人见证签署合同、协议21次，涉及金额190多亿美元。上级机构、国内外媒体多次调研采访中交集团国际化发展经验，宣传海外发展模式。

（2）搭建科技创新国际合作布局体系

为贯彻落实《推动共建丝绸之路经济带和21世纪海上丝绸之路的愿景与行动》，高质量执行《推进"一带一路"建设科技创新合作专项规划》和"一带一路"科技创新行动计划，以政府间科技合作协议为指南，中国科技部及相关部委联合行动，推出了大量政策措施和计划项目，积极推动科技人文交流、共建联合实验室、科技园区合作和技术转移等各项行动。我国各省市也陆续出台"一带一路"科技创新合作相关计划和项目。科技创新合作总体布局的系统性、协同性越来越高，企业、大学、研究机构等各类创新主体积极响应，各层次全面参与科技创新合作、共同推进"一带一路"之"创新之路"建设的局面已经形成。

中国与"一带一路"沿线国家聚焦经济社会发展中面临的共同技术难题，开展联合研究，共同应对挑战。联合实验室和联合研究中心成为"一带一路"科技合作的重要模式。从合作规模看，联合实验室和联合研究中心数量不断增加，正从分散的点状分布向更加密集的网络化分布发展。从合作重点看，联合研究一方面注重近期挑战，针对生态环境、卫生健康、粮食安全、自然灾害等全球性问题开展联合研究。另一方面也着眼长远，注重新兴技术前沿，加强在能够引领未来的重点领域的前瞻性合作研究，如新一代信息通信技术、新材料、人工智能、智能制造、生物医药、数字经济等。

中国科技部通过国家重点研发计划政府间国际科技创新合作/港澳台科技创新合作重点专项和"战略性国际科技合作"重点专项来组织和支持国际科技合作研究，其中包括面向"一带一路"沿线国家的项目。科技部还通过支持建设"一带一路"联合实验室，与相关国家联合攻克技术难题。浙江、天津、上海等省市制定了推进"一带一路"建设科技创新合作专项规划、计划、实施方案等，天津、上海、江苏、广东、甘肃等省市探索设立面向"一带一路"的国际科技合作项目专项经费，鼓励与"一带一路"沿线国家共建联合研发中心和实验室。各省市还支持科技型企业以独资新建、收购兼并、合资合作等方式，在海外设立联合实验室、分支研究机构或技术推广中心等。中国科学院倡议成立了"一带一路"国际科学组织联盟，发起"数字丝路"国际科学计划，并在摩洛哥、赞比亚、泰国、巴基斯坦等国设立8个国际卓越中心。

（3）形成多样化的创新创业合作和国际技术转移转化的载体

国家和省市级国际科技合作基地、科技园区、技术转移中心以及创新创业大赛等活动成为汇聚国际创新资源、促进创新创业、推动技术转移转化、加强国际产能合作的重要平台。目前，中国已建成国家国际科技合作基地700多家，此外还有为数众多的省市级国际科技合作基地。科技园区合作受到"一带一路"沿线国家普遍欢迎，我国已经启动或准备探索与菲律宾、印尼等8个国家建立科技园区合作关系。我国还与东盟、南亚、阿拉伯国家、中亚、中东欧构建5个区域性技术转移平台，促进了我国与这些国家和地区双向技术转移转化，带动了我国企业、技术和标准走出去，对国际产能合作起到了积极推动作用。中国——以色列创新创业大赛、中国——东盟创新年、中国——意大利创新活动周等丰富多样的科技创新交流活动蓬勃开展，实现了创新资源的高水平交流和技术的有效对接，促进了技术转移和产业化落地。企业在海外建设了大量研发中心、创新孵化中心等，成为国际创新创业合作和技术转移转化的新载体。形式多样化、参与主体多元化、创新资源深度融汇的国际技术转移转化和创新创业合作平台，已经成为我国与"一带一路"沿线国家科技创新合作的重要内容和亮丽名片。

（4）广泛深入推动科技人文交流

科技人文交流是我国与广大"一带一路"国家实现民心相通、互信互鉴的重要途径，是深化科技创新合作的重要基础和纽带。近年来我国与"一带一路"沿线各国的科技人文交流更加频繁密切，科技人文交流的受益人群不断扩大，人文交流的后续延伸效果日益显现。仅2018年一年，科技部就组织500多名"一带一路"相关国家的青年科学家来华开展短期科研，发展中国家技术培训班招收"一带一路"相关国家学员超过1200人次，受到各国学员的普遍欢迎。2018年，科技部牵头实施的国际杰青计划开放国别增加至66个，比2014年增加了2倍。中国吸引了大量"一带一路"国家学生来华留学。据教育部统计数据，2017年，共有48.92万名外国留学生在我国高等院校学习，规模增速连续两年保持在10%以上。在华国际留学生数量已经接近2020年达50万的目标。"一带一路"沿线国家留学生31.72万人，占外国留学生总人数的64.85%，增幅达11.58%。中科院2013年以来启动实施了"发展中国家科教拓展工程"，为"一带一路"沿线国家培养各类专业技术人才逾5000人。来华交流过的很多科研人员，不仅把技术和经验带回本国，而且增进了友谊和互信，积极促进相关机构间建立合作关系，成为进一步深化科技创新合作的"黏合剂"。

成果创造人：李　政、杨思莹、刘丰硕

企业创新发展专题报告（2021）

吉林大学课题组

2021年是"十四五"第一年，也是进入新世界格局变化的重要之年，同时是建党100周年，更是提出强国战略、自主创新、实施替代战略的关键一年。在这样一个重要年份，大国创新提到一个前所未有的高度。2021年3月12日，《中华人民共和国国民经济和社会发展第十四个五年规划和2035年远景目标纲要》（以下简称"规划纲要"）公布。"创新"是《规划纲要》中的高频词，在全文内共计出现165次。中国已将进入创新型国家定为2035年远景目标之一，"十四五"期间，无疑是中国跻身创新型国家的关键期。随着研发投入的持续攀升，中国有望从过去以集成创新、跟随创新为主转变为自主创新，甚至在部分科学技术及先进制造领域引领全球，成为创新策源地。

一、2020年中国创新的基本情况

根据国家统计局《中国创新指数研究》课题组发布了2020年中国创新指数测算结果，可以看到，2020年，中国创新指数达到242.6，比2019年增长6.4%；在4个分领域的21个评价指标中，有19个指标指数与2019年相比有所提高，其中，劳动力中大专及以上学历人数指数、理工科毕业生占适龄人口比重指数、享受加计扣除减免税企业所占比重指数、每万名R&D人员专利授权数指数、每百家企业商标拥有量指数、每万名科技活动人员技术市场成交额指数等6个指标指数均实现两位数增长。中国创新指数的走势表明，面对复杂严峻的国内外形势，特别是新冠肺炎疫情冲击等不利因素，我国坚持创新在现代化建设全局中的核心地位，深入实施创新驱动发展战略，创新能力和水平进一步提升，创新动能加速释放，为保持经济平稳较快增长和推进经济高质量发展提供了重要支撑。

（一）创新环境不断优化

2020年创新环境指数值为266.3，比2019年增长6.3%。由于受新冠肺炎疫情影响，国家财政科技支出规模有所减小，导致科技拨款占财政拨款的比重指数出现下降，但该领域其他4个评价指标指数均实现增长。加计扣除减免政策效果持续显现。随着提高扣除比例、扩大适用范围、优化申报程序等多项政策措施落地落实，企业政策受惠面扩大，政策认同度及减税力度不断提高。2020年，规模以上工业企业中受惠企业达7.1万家，比2019年增长40.3%；减免税额达1713.4亿元，比2019年增长22.4%；认为政策效果明显的企业占比达89.4%，比2019年提高2.3个百分点。理工科毕业生较快增加。理工科毕业生是科技创新的潜在资源，是《欧洲创新记分牌》等国际主流创新评价体系中的重要监测指标。2020年，我国理工农医类毕业生达243.4万人，比2019年增加17.2万人；增幅达7.6%，创2013年以来的新高。

（二）创新投入继续增加

2020年创新投入指数值为209.7，比2019年增长5.4%，增幅较2019年提高2.4个百分点。该领域的6个评价指标指数均实现不同程度增长。

研发投入保持较快增长。2020年，我国R&D经费投入达24393.1亿元，比2019年增长10.2%，连续5年实现两位数增长，投入总量稳居世界第二；投入强度（R&D经费与GDP之比）为2.40%，比2019年提高0.16个百分点，提升幅度创2010年以来的新高；投入强度在世界主要经济体中的排位已从2016年的第16位提升到第12位，接近OECD国家平均水平。R&D人员全时当量达523.5万人年，比2019年增长9%，继续稳居全球第一。

企业创新主体地位进一步巩固。2020年，我国企业R&D经费达到18673.8亿元，比2019年增长10.4%；其中规模以上工业企业R&D经费15271.3亿元，比2019年增长9.3%；企业R&D经费对全社会R&D经费增长的贡献达77.9%，比2019年提高9.4个百分点。在规模以上工业企业中有20.8万家开展了技术创新活动，占比为52.1%，首次突破50%，比2019年提高2.5个百分点。

（三）创新产出较快增长

2020年创新产出指数值为319.8，比2019年增长8.5%，指数水平居4个分领域之首。该领域5个评价指标指数中，除发明专利授权数占专利授权数的比重指数由于发明专利授权增幅显著低于专利授权增幅而出现下降外，其他4个指标指数均实现增长。创新产出硕果累累。2020年，我国国内专利授权数达352.1万件，比2019年大幅增长42.3%；其中发明专利授权44.1万件，增长22.1%；共发表科技论文195.2万篇，增长0.3%。企业品牌建设不断推进，截至2020年底，大中型工业企业拥有注册商标61.6万件，比2019年增长14.5%。

技术市场快速发展。2020年，我国技术市场成交合同金额达28251.5亿元，比2019年增长26.1%。技术交易额的快速增长表明技术转移转化在不断加速。2020年每万名科技活动人员平均技术市场成交额为21.9亿元，比2019年增长19.1%，增幅比2019年提高2.4个百分点；每万名科技活动人员技术市场成交额指数达582.3（以2005年为100），指数值居全部21个评价指标的首位。

（四）创新成效进一步显现

2020年创新成效指数值为174.7，比2019年增长3.8%，增幅较2019年提高1个百分点。该领域的5个评价指标指数均实现不同程度增长。

新产品销售再创佳绩。2020年，我国大中型工业企业实现新产品销售收入18.3万亿元，与主营业务收入之比为27.4%，比2019年提高2.5个百分点，占比创历史新高。其中，达到国际市场水平的新产品销售收入为2.5万亿元，比2019年增长6.3%；达到国内市场水平的新产品销售收入为6.5万亿元，增长7.3%。

能耗水平继续下降。科技创新进一步推动绿色发展。据初步核算，2020年，我国能源消费总量为49.8亿吨标准煤，比2019年增长2.2%；煤炭消费量占能源消费总量的56.8%，比2019年下降0.9个百分点；天然气、水电、核电、风电等清洁能源消费量占能源消费总量的24.3%，比2019年提高1个百分点。按可比价格计算，单位GDP能耗比2019年下降0.1%。

综上所述，2020年中国创新指数显示，我国创新能力和水平不断提高。但要看到，我国基础科学研究短板依然突出，重大原创性成果缺乏、关键核心技术受制于人的局面没有得到根本性改变；科技成果转化能力还不强，人才发展和激励机制有待进一步健全。下一步，要进一步贯彻落实创新驱动发展战略，全面塑造发展新优势，加快推进科技强国建设。

二、2020年中国科技经费投入的基本情况

（一）研究与试验发展（R&D）经费投入再创新高，投入强度继续提高

　　根据《2020年全国科技经费投入统计公报》数据显示，2020年我国R&D经费投入总量突破2.4万亿，达到24393.1亿元，比2019年增加2249.5亿元，增长10.2%，延续了"十三五"规划以来两位数以上增长态势，但受新冠肺炎疫情等因素影响，增速较2019年回落2.3个百分点。由于R&D经费增速比现价GDP增速快7.2个百分点，R&D经费投入强度（与GDP之比）达到2.40%，比2019年提高0.16个百分点，提升幅度创近11年来新高。

　　从国际比较看，我国R&D经费投入呈现稳中有进态势。一是总量稳定增长。2020年，我国R&D经费总量约为美国的54%，是日本的2.1倍，稳居世界第二；2016—2019年，我国R&D经费年均净增量超过2000亿元，约为G7国家年均增量总和的60%，成为拉动全球R&D经费增长的主要力量。二是增速全球领跑。2016—2019年，我国R&D经费年均增长11.8%，增速远高于美国（7.3%）、日本（0.7%）等科技强国。三是强度追赶加快。在世界主要经济体中，我国R&D投入强度水平已从2016年的世界第16位提升到第12位，接近OECD国家的平均水平。

　　（二）企业拉动作用增强，区域协调发展进一步巩固

　　1.企业拉动作用进一步增强

　　2020年，企业R&D经费18673.8亿元，比2019年增长10.4%；占全国R&D经费的比重达76.6%，对全国增长的贡献达77.9%，分别比2019年提高0.2个百分点和9.4个百分点，拉动作用进一步增强。其中，规模以上工业企业R&D经费15271.3亿元，比2019年增长9.3%；投入强度（与营业收入之比）为1.41%，比2019年提高0.09个百分点。重点领域R&D经费投入强度稳步提高，为关键核心技术攻关和产业基础能力提升创造条件。在规模以上工业中，高技术制造业R&D经费4649.1亿元，投入强度为2.67%，比2019年提高0.26个百分点；装备制造业R&D经费9130.3亿元，投入强度为2.22%，比2019年提高0.15个百分点。

　　2.中西部地区研发投入增势良好

　　2020年，我国东、中、西部地区R&D经费分别为16517.3亿元、4662.9亿元和3212.9亿元，分别比2019年增长9.2%、12.0%和12.4%，中西部地区增速连续4年超过东部地区，追赶态势明显。R&D经费超过千亿元的省份达到8个，比2019年增加2个。从重点区域看，京津冀、长三角地区R&D经费分别为3446.0亿元和7364.7亿元，分别比2019年增长5.6%和9.5%；长江经济带R&D经费达到11689.2亿元，比2019年增长10.7%，增速快于全国平均水平。

　　（三）基础研究经费保持增长，占比基本稳定

　　1.基础研究经费增长放缓

　　2020年，我国基础研究经费为1467.0亿元，比2019年增长9.8%，增速较2019年回落12.7个百分点；占R&D经费比重为6.01%，连续两年保持在6%以上。

　　2.高校院所增速回落

　　高等学校和政府属研究机构是我国基础研究活动两大执行主体，受疫情影响，复学复工较为延迟，对部分科研活动产生一定影响。2020年，高等学校、政府属研究机构基础研究经费分别为724.8亿元和573.9亿元，分别比2019年增长0.4%和12.5%，增速较2019年分别回落22.0个百分点和8.1个百分点，二者对全国基础研究经费增长贡献率由2019年的89.6%减少到50.4%，是基础研究增速放缓的主要原因。

　　（四）创新支持政策取得成效，财政科技支出受疫情影响有所下降

　　1.政策支持效果显现

　　随着研发费用加计扣除政策进一步完善，2020年，规模以上企业享受研发费用加计扣除减免税金额为2421.9亿元，比2019年增长29.4%。相关调查显示，企业对该政策认可度高达87.7%，比2019年提高2.7个百分点。以"减税"替代"直补"支持创新政策取得良好成效，企业研发活动积极性持续提升，规模以上开展研发活动企业占比为28.4%，比2019年提高2个百分点。相关部门明确将制造业企业研发加计扣除比例由75%提高到100%，有望带动企业进一步加大科技创新投入、提高技术能力和产业链供应链水平。

2.财政科技支出有所下降

根据全国财政决算数据，2020年国家财政科学技术支出为10095.0亿元，比2019年减少622.4亿元，下降5.8%。其中，中央财政科学技术支出3758.2亿元，下降9.9%，占财政科学技术支出的比重为37.2%；地方财政科学技术支出6336.8亿元，下降3.2%，占比为62.8%。中央和地方财政科技支出下降，主要受新冠肺炎疫情影响，当年部分财政支持科技项目出现了延迟或暂缓执行的情况。

2020年是极不平凡的一年，面对疫情冲击和复杂严峻的国内外环境，我国R&D经费保持了较快增长，为抗击疫情和全面建成小康社会提供了有力保障。未来，在继续扩大经费投入规模的同时，还需进一步优化经费投入结构，提高投入质效。一是优化政府资金投放，在保增长基础上，进一步向经济社会发展最迫切的重大需求集中、向重点领域关键行业倾斜，改进经费预算管理和拨付方式，发挥好"指挥棒"作用。二是发挥企业主体作用，鼓励企业进一步加大对原始创新和自主攻关的投入，通过组建创新联合体等方式强化产学研合作，提升"主力军"战力。三是健全全社会多元化投入机制，完善社会捐赠、风险投资、金融科技产品等资金来源渠道，大力发展新型研发机构，营造"多元化"生态。

三、不同所有制类型企业的创新活动比较

（一）不同所有制企业创新投入的比较

1.研发机构和R&D活动

表1是2013—2020年不同所有制类型企业研发机构和R&D活动变化情况。

表1 2013-2020年不同所有制类型企业的研发机构和R&D活动统计

年份	国有企业		私营企业		港澳台商投资企业		外资企业	
	有研发机构的企业数（个）	有R&D活动的企业数（个）	有研发机构的企业数（个）	有R&D活动的企业数（个）	有研发机构的企业数（个）	有R&D活动的企业数（个）	有研发机构的企业数（个）	有R&D活动的企业数（个）
2013	433	660	21319	26036	3910	5115	4980	6153
2014	351	581	24471	31354	4030	5428	5338	6552
2015	360	579	27058	37113	4391	5857	5426	6871
2016	294	490	31594	44485	5483	6730	6063	7709
2017	271	419	36034	53668	6497	7581	6211	7966
2018	143	227	41241	60914	5868	6831	5959	7516
2019	125	213	43567	65346	6085	7330	6864	7926
2020	104	194	45776	69864	7435	7882	7063	8133

根据表1的统计数据，从有研发机构的企业数目来看，2013—2020年有研发机构的国有企业数目

由433个变为104个，平均下降速度为9.57%；同时，私营企业中有研发机构的企业数目由21319个增长为45776个，平均增长速度为12.33%；港澳台商投资企业中有研发机构的企业数目由3910个增长为7435个，平均增长速度为14.73%；外资企业中有研发机构的企业数目由4980个增长为7063个，平均增长速度为7.33%。另外从有R&D活动的企业数目来看，2013—2020年有R&D活动的国有企业数目由660个变为194个，平均下降速度为10.54%；同时，私营企业中有R&D活动的企业数目由26036个增长为69864个，平均增长速度为19.82%；港澳台商投资企业中有R&D活动的企业数目由5115个增长为7882个，平均增长速度为10.39%；外资企业中有R&D活动的企业数目由6153个增长为8133个，平均增长速度为6.72%。

2.R&D人员和R&D经费内部支出

表2是2013—2020年不同所有制类型企业研发机构和R&D活动变化情况。

表2 2013–2020年不同所有制类型企业的R&D人员和R&D经费统计

年份	国有企业		私营企业		港、澳、台商投资企业		外资企业	
	R&D人员（人）	R&D经费内部支出（万元）	R&D人员（人）	R&D经费内部支出（万元）	R&D人员（人）	R&D经费内部支出（万元）	R&D人员（人）	R&D经费内部支出（万元）
2013	120504	3084397	742847	16901374	352698	7722329	459052	12428864
2014	120884	3257061	871486	20267614	372545	8522648	466689	12984803
2015	118095	3223698	939896	23635823	374799	9476506	432978	13538523
2016	105659	2839204	1071149	28005404	395713	10135514	432762	14057332
2017	92915	2134367	1188072	31880597	427185	11150543	422535	14748955
2018	34677	834378	1419748	38516119	435717	11307500	459971	15520292
2019	32734	768910	1629331	44273910	450938	11938293	440329	16129384
2020	30221	698371	1890483	50239101	477921	17330382	432931	22482091

根据表2的统计数据，从R&D人员数目来看，2013—2020年国有企业的R&D人员数目由120504人下降为30221人，平均下降速度为6.03%；同时，私营企业的R&D人员数目由742847人增加为1890483人，平均增长速度为12.23%；港澳台商投资企业的R&D人员数目由352698人增加为477921人，平均增长速度为5.01%；外资企业的R&D人员数目由459052人下降为432931人，平均下降速度为2.11%。另外从R&D经费内部支出来看，2013—2020年国有企业的R&D经费内部支出由3084397万元下降为698371万元，平均下降速度为8.23%；同时，私营企业的R&D经费内部支出由16901374万元增加为50239101万元，平均增长速度为10.21%；港澳台商投资企业的R&D经费内部支出由7722329万元增加为17330382万元，平均增长速度为5.32%；外资企业的R&D经费内部支出由12428864万元增加为22482091万元，平均增长速度为5.38%。

（二）不同所有制企业创新产出的比较

1.新产品销售收入

表3是2013—2020年是不同所有制类型企业新产品销售收入及占比的变化情况。

表3 2013-2020年不同所有制类型企业的新产品销售收入统计

年份	国有企业		私营企业		港、澳、台商投资企业		外资企业	
	新产品销售收入（万元）	占比（%）	新产品销售收入（万元）	占比（%）	新产品销售收入（万元）	占比（%）	新产品销售收入（万元）	占比（%）
2013	30625353	2.38	228237348	17.77	140216756	10.92	306968508	23.90
2014	39011856	2.73	273564963	19.14	166090434	11.62	318280408	22.27
2015	38136865	2.53	326704530	21.66	203529344	13.49	284262905	18.84
2016	46783703	2.68	389675620	22.32	216260034	12.39	321390718	18.41
2017	47571230	2.48	428471495	22.37	260442342	13.60	320302834	16.72
2018	12834758	1.17	547795829	50.10	233315345	21.34	299447472	27.39
2019	14680858	1.24	607834894	51.34	241287010	20.38	320137427	27.04
2020	15784935	1.22	691690704	53.46	275071911	21.26	311299632	24.06

从表3可以看到，2013—2020年国有企业新产品销售收入由30625353万元下降至15784935万元，平均下降速度为11.34%；同时，私营企业新产品销售收入由228237348万元增加至691690704万元，平均增长速度为15.21%；港澳台投资企业新产品销售收入由140216756万元增加至275071911万元，平均增长速度为14.38%；外资企业新产品销售收入由306968508万元增加至311299632万元，平均增长速度为1.32%。从不同所有制类型的企业新产品销售收入的分布情况上来看，2013年，国有、私营、港澳台投资、外资企业的新产品销售收入占比分别是2.38%、17.77%、10.92%、23.90%；2020年，国有、私营、港澳台投资、外资企业的新产品销售收入占比分别是1.22%、53.46%、21.26%、24.06%。

2.专利申请数和有效发明专利数

表4是2013—2020年是不同所有制类型企业专利申请数和有效专利发明数的变化情况。

表4 2013-2020年不同所有制类型企业专利统计

年份	国有企业		私营企业		港澳台商投资企业		外资企业	
	专利申请数（件）	有效发明专利数（件）	专利申请数（件）	有效发明专利数（件）	专利申请数（件）	有效发明专利数（件）	专利申请数（件）	有效发明专利数（件）
2013	23124	10508	174650	74757	57155	31086	66367	43487
2014	23324	13468	202849	103775	56575	42508	71814	55244
2015	23633	17748	215465	128688	57439	58214	62939	59862
2016	22113	23393	237820	180490	60762	68740	65627	78574
2017	17360	19778	270129	231885	67597	81769	60909	81151
2018	10004	12259	380281	322578	68851	89280	68872	97064
2019	9946	10192	423931	334882	70382	91209	70392	99382
2020	8374	8736	443027	352911	73820	93984	72031	102921

从表4可以看到，2013—2020年国有企业专利申请数由23124件下降至8374件，平均下降速度为

6.21%；同时，私营企业专利申请数由174650件增加至443027件，平均增长速度为12.57%；港澳台投资企业专利申请数由57155件增加至73820件，平均增长速度为4.39%；外资企业专利申请数由66367件增加至72031件，平均增长速度为4.76%。从有效发明专利数来看，2013—2020年国有企业有效发明专利数由10508件下降至8736件，平均下降速度为19.08%；同时，私营企业有效发明专利数由74757件增加至352911件，平均增长速度为32.89%；港澳台投资企业有效发明专利数由31086件增加至93984件，平均增长速度为27.68%；外资企业有效发明专利数由43487件增长至102921件，平均增长速度为17.48%。

四、中国企业创新效率测算及地区比较

（一）工业企业创新效率及区域差异分析

利用2013—2020年我国30个省、市、自治区的相关数据，使用DEA方法逐年计算得到了各个地区的工业企业静态创新效率，计算结果见表5。

表5 地区工业企业静态创新效率

地区	2013年	2014年	2015年	2016年	2017年	2018年	2019年	2020年
北京	1.00	0.95	0.99	0.88	1.00	0.91	0.95	0.96
天津	0.82	0.98	0.84	0.72	0.73	0.72	0.72	0.81
河北	0.54	0.59	0.59	0.54	0.52	0.54	0.67	0.66
山西	0.40	0.44	0.37	0.36	0.46	0.49	0.64	0.67
内蒙古	0.30	0.30	0.26	0.27	0.31	0.49	0.57	0.55
辽宁	0.68	0.83	0.71	0.63	0.64	0.62	0.73	0.77
吉林	1.00	0.47	0.97	0.93	1.00	1.00	1.00	0.80
黑龙江	0.33	0.34	0.32	0.32	0.35	0.39	0.46	0.44
上海	1.00	1.00	1.00	0.86	1.00	1.00	1.00	0.84
江苏	0.80	0.77	0.83	0.74	0.8	0.76	0.79	0.78
浙江	0.98	1.00	1.00	0.97	0.96	0.83	0.97	1.00
安徽	1.00	1.00	1.00	1.00	1.00	1.00	1.00	1.00
福建	0.61	0.60	0.56	0.6	0.6	0.68	0.54	0.57
江西	0.60	0.73	0.74	0.61	0.78	0.94	0.87	0.85
山东	0.70	0.75	0.70	0.6	0.59	0.6	0.57	0.57
河南	0.47	0.75	0.71	0.69	0.59	0.57	0.66	0.52
湖北	0.61	0.72	0.69	0.61	0.65	0.67	0.76	0.43
湖南	0.89	1.00	0.97	0.92	0.86	0.79	0.7	0.88
广东	0.70	0.71	0.74	0.67	0.87	0.92	0.98	0.93
广西	0.69	0.96	0.73	0.93	1.00	1.00	0.93	0.94
海南	0.78	0.84	0.64	0.52	0.68	0.66	0.58	0.40
重庆	1.00	1.00	1.00	1.00	1.00	0.85	0.68	1.00
四川	0.78	0.77	0.76	0.75	0.63	0.73	0.64	0.82
贵州	0.69	0.76	0.70	0.58	0.58	0.68	0.62	0.70
云南	0.59	0.64	0.62	0.44	0.5	0.51	0.48	0.81

续表

陕西	0.41	0.42	0.36	0.37	0.36	0.43	0.57	0.53
甘肃	0.68	0.73	0.71	0.52	0.44	0.56	0.72	0.63
青海	0.28	0.43	0.44	0.47	0.6	0.72	1.00	0.73
宁夏	0.66	0.81	0.52	0.65	0.55	0.59	0.63	0.45
新疆	0.76	0.92	1.00	0.68	0.77	0.86	1.00	0.77

从表5的计算结果可以看到：从整体上来说，从2013—2020年，中国30个地区工业企业的创新效率呈现出一个逐步提高的趋势。同时中国30个地区工业企业创新效率的地区差距出现一个增加后降低的趋势。从中国30个地区工业企业创新效率的2005—2014年均值来看，工业企业创新效率最高的5个地区分别是重庆、海南、浙江、上海、天津，其工业企业创新效率的2013—2020年均值分别为0.919、0.908、0.827、0.813、0.783。从中国30个地区工业企业创新效率的2006—2015年均值来看，工业企业创新效率最低的5个地区分别是黑龙江、山西、内蒙古、陕西、青海，其工业企业创新效率的2013—2020年均值分别为0.243、0.279、0.305、0.328、0.334。

表6 三大地区工业企业静态创新效率描述统计

年份	东部地区		中部地区		西部地区		全国	
	均值	标准差	均值	标准差	均值	标准差	均值	标准差
2013	0.78	0.16	0.66	0.27	0.62	0.22	0.69	0.22
2014	0.82	0.15	0.68	0.25	0.70	0.23	0.74	0.21
2015	0.78	0.16	0.72	0.26	0.65	0.24	0.72	0.22
2016	0.80	0.21	0.72	0.22	0.66	0.23	0.74	0.21
2017	0.76	0.18	0.72	0.21	0.62	0.24	0.72	0.20
2018	0.75	0.17	0.73	0.20	0.63	0.21	0.73	0.22
2019	0.73	0.16	0.74	0.20	0.64	0.20	0.74	0.23
2002	0.74	0.17	0.75	0.21	0.65	0.23	0.75	0.23

表6是2013—2020年中国东部地区（包括北京、天津、河北、辽宁、上海、江苏、浙江、福建、山东、广东、海南）、中部地区（包括山西、吉林、黑龙江、安徽、江西、河南、湖北、湖南）、西部地区（重庆、四川、贵州、云南、陕西、甘肃、内蒙古、广西、宁夏、青海、新疆）静态技术创新效率的描述性统计分析的结果。从结果中可以看到2013—2020年东部地区的静态技术创新效率高于中、西部地区。东部地区的静态技术创新效率高于全国平均水平，中、西部地区静态技术创新效率低于全国平均水平。东部地区内部之间静态技术创新效率的差距呈现一个不断下降的趋势，但中、西部地区内部之间静态技术创新效率的差距是在不断上升的。

（二）工业企业创新生产率及区域差异分析

利用2013—2020年我国30个省、市、自治区的相关数据，使用DEA方法逐年计算得到了各个地区的技术创新的全国30个地区的创新生产率指数及其分解结果。

表7 地区工业企业创新生产率指数

地区	2013—2014年	2014—2015年	2015—2016年	2016—2017年	2017—2018年	2018—2019年	2019—2020年
北京	0.93	1.08	1.06	0.95	1.1	0.68	0.18
天津	1.10	0.89	1.02	1.03	0.95	0.74	0.87
河北	1.01	1.02	1.06	1.07	1.19	0.67	0.23
山西	1.06	0.88	1.3	1.17	1.14	0.46	0.78
内蒙古	0.91	0.90	1.09	1.66	1.16	0.47	0.33
辽宁	1.13	0.92	1.04	1.02	1.14	0.63	0.15
吉林	0.35	2.10	1.36	1.12	0.78	0.45	0.05
黑龙江	1.0	0.97	1.05	1.07	1.09	0.05	0.63
上海	0.93	1.06	1.24	1.1	0.99	0.12	0.00
江苏	0.96	1.10	1.04	0.99	1.08	0.76	0.62
浙江	1.05	0.98	1.02	0.93	1.01	0.02	0.86
安徽	1.03	1.08	0.99	0.97	1	0.25	0.69
福建	0.96	0.95	1.05	1.11	0.85	0.12	0.54
江西	1.09	1.06	1.22	1.26	0.97	0.88	0.05
山东	0.99	1.00	1.04	1.1	0.94	0.65	0.36
河南	1.42	0.94	0.95	1.06	1.05	0.17	0.72
湖北	1.10	1.00	1.08	1.08	1.08	0.56	0.98
湖南	1.03	1.00	0.98	1	0.85	0.14	0.56
广东	1.03	1.06	1.2	1.1	1.03	0.71	0.03
广西	1.20	0.80	1.13	1.06	0.89	0.76	0.54
海南	1.06	0.78	1.36	1.04	0.84	0.03	0.41
重庆	0.99	1.04	0.92	0.88	0.79	0.40	0.06
四川	1.00	1.05	0.85	1.06	0.93	0.87	0.88
贵州	1.13	0.98	0.95	1.06	0.95	0.38	0.20
云南	1.08	1.03	1.12	0.98	1	0.73	0.52
陕西	1.04	0.94	1.02	1.21	1.34	0.73	0.13
甘肃	0.95	1.00	0.88	1.24	1.35	0.23	0.89
青海	1.54	1.13	1.32	1.1	1.48	0.47	0.50
宁夏	1.22	0.67	0.85	1.05	1.06	0.09	0.30
新疆	1.18	1.17	1.04	1.13	1.27	0.13	0.64

从表7的计算结果可以看到，2013—2020年我国30个地区技术创新生产率指数的均值均超过了1，说明从整体的平均水平来看，全国技术创新生产率在2005—2014年是在不断提高的。且2013—2020年我国30个技术创新生产率指数的标准差呈现一个明显的降低趋势，全国技术创新生产率指数的差距是在不断降低的。

表8 三大地区工业企业创新生产率指数描述统计

时间	东部地区		中部地区		西部地区		全国	
	均值	标准差	均值	标准差	均值	标准差	均值	标准差
2013—2014年	1.01	0.07	1.02	0.30	1.11	0.18	1.05	0.19
2014—2015年	0.99	0.10	1.13	0.40	0.97	0.14	1.02	0.23
2015—2016年	0.25	0.06	0.81	0.29	0.31	0.02	0.82	0.31
2016—2017年	0.96	0.64	0.70	0.24	0.18	0.19	0.63	0.47
2017—2018年	0.57	0.19	0.68	0.31	0.66	0.20	0.54	0.46
2018—2019年	0.29	0.54	0.80	0.16	0.68	0.81	0.98	0.37
2019—2020年	0.48	0.19	0.01	0.52	0.53	0.54	0.09	0.01

从表8的计算结果可以看到，2013—2020年中国东部、中部、西部地区的技术创新生产率指数大体都超过了1，说明中国东部、中部、西部地区的技术创新生产率均在不断提高。但东部地区和西部地区内部之间技术创新生产率指数的差距在降低，但是中部地区内部之间创新生产率指数的差距在增加。

表9 地区工业企业创新效率变化率

地区	2013—2014年	2014—2015年	2015—2016年	2016—2017年	2017—2018年	2018—2019年	2019—2020年
北京	0.95	1.04	3.21	1.17	1.1	0.68	0.18
天津	1.19	0.86	4.81	1.22	0.95	0.74	0.87
河北	1.09	1.00	2.79	1.24	1.19	0.67	0.23
山西	1.08	0.85	1.71	1.95	1.14	0.46	0.78
内蒙古	0.99	0.87	1.99	1.56	1.16	0.47	0.33
辽宁	1.22	0.85	4.32	1.56	1.14	0.63	0.15
吉林	0.47	2.07	4.22	1.05	0.78	0.45	0.05
黑龙江	1.03	0.92	1.29	1.63	1.09	0.05	0.63
上海	1.00	1.00	5.09	0.99	0.99	0.12	0.00
江苏	0.97	1.07	2.95	1.30	1.08	0.76	0.62
浙江	1.03	1.00	1.74	1.38	1.01	0.02	0.86
安徽	1.00	1.00	1.06	1.81	1	0.25	0.69
福建	0.99	0.94	2.43	1.85	0.85	0.12	0.54
江西	1.21	1.02	3.06	1.01	0.97	0.88	0.05
山东	1.07	0.93	2.47	1.49	0.94	0.65	0.36
河南	1.58	0.95	1.58	1.53	1.05	0.17	0.72
湖北	1.17	0.96	2.07	1.51	1.08	0.56	0.98
湖南	1.12	0.97	1.83	2.76	0.85	0.14	0.56
广东	1.02	1.03	1.52	1.39	1.03	0.71	0.03
广西	1.38	0.76	2.33	1.07	0.89	0.76	0.54
海南	1.08	0.76	1.00	1.00	0.84	0.03	0.41
重庆	1.00	1.00	1.53	1.39	0.79	0.40	0.06
四川	0.99	0.99	1.43	2.15	0.93	0.87	0.88
贵州	1.09	0.92	2.04	1.29	0.95	0.38	0.20

续表

地区							
云南	1.09	0.96	0.95	1.76	1	0.73	0.52
陕西	1.02	0.87	1.27	1.85	1.34	0.73	0.13
甘肃	1.07	0.98	2.25	0.98	1.35	0.23	0.89
青海	1.52	1.03	1.76	0.73	1.48	0.47	0.50
宁夏	1.24	0.64	4.16	1.20	1.06	0.09	0.30
新疆	1.21	1.09	1.47	1.94	1.27	0.13	0.64

从表9的计算结果可以看到，2006—2015年我国30个地区创新效率变化率整体来说，呈现出一个不断提高，且地区之间差距不断在缩小的变化趋势。

表10 三大地区工业企业创新效率变化率描述统计

时间	东部地区		中部地区		西部地区		全国	
	均值	标准差	均值	标准差	均值	标准差	均值	标准差
2013—2014年	1.33	0.39	1.37	0.80	1.30	0.23	1.65	0.53
2014—2015年	1.14	0.24	1.52	0.52	1.23	0.62	1.23	0.71
2015—2016年	1.92	0.33	1.40	0.01	1.71	0.86	1.68	0.79
2016—2017年	1.67	0.70	1.02	0.43	1.30	0.86	1.16	0.77
2017—2018年	1.46	0.33	1.06	0.38	1.51	0.44	1.09	0.54
2018—2019年	1.22	0.19	1.45	0.38	1.27	0.07	1.46	0.36
2019—2020年	1.28	0.14	1.86	0.43	1.53	0.43	1.15	0.60

从表10的计算结果可以看到，2013—2020年中国东部、中部、西部地区的动态创新效率都超过了1，说明中国东部、中部、西部地区的动态创新效率均在不断提高。但东部地区和西部地区内部之间动态创新效率的差距在降低，但是中部地区内部之间动态创新效率的差距在增加。

表11 地区工业企业创新技术进步率计算结果

地区	2013—2014年	2014—2015年	2015—2016年	2016—2017年	2017—2018年	2018—2019年	2019—2020年
北京	0.98	1.04	0.94	1.04	1.05	0.46	1.01
天津	0.92	1.04	1	1.04	0.95	1.41	1.64
河北	0.92	1.02	1.08	1.04	0.95	0.86	0.12
山西	0.98	1.04	1.03	1.1	0.87	0.45	1.25
内蒙古	0.92	1.03	0.93	1.05	1.01	1.87	0.91
辽宁	0.93	1.08	1.02	1.06	0.97	0.73	0.18
吉林	0.74	1.01	1.27	1.12	0.78	1.74	1.60
黑龙江	1.03	1.06	0.95	0.95	0.93	1.34	1.53
上海	0.93	1.06	1.07	1.1	0.99	1.84	1.66
江苏	0.99	1.02	0.96	1.04	1.03	0.84	1.05
浙江	1.02	0.98	1.03	1.07	0.87	0.44	1.93
安徽	1.03	1.08	0.99	0.97	1	1.30	0.33

续表

福建	0.97	1.01	1.03	0.98	1.08	1.77	0.71
江西	0.90	1.04	0.96	1.04	1.05	1.25	0.55
山东	0.93	1.07	1.05	1.08	1	1.55	1.57
河南	0.89	1.00	1.11	1.1	0.9	1.09	0.77
湖北	0.94	1.05	1.02	1.05	0.96	0.72	1.04
湖南	0.92	1.03	1.05	1.07	0.96	1.75	1.29
广东	1.01	1.03	0.92	1.04	0.96	0.58	0.98
广西	0.87	1.05	1.05	1.06	0.95	1.95	0.31
海南	0.98	1.02	1.05	1.08	0.94	0.08	1.26
重庆	0.99	1.04	0.92	1.04	0.99	0.95	1.05
四川	1.01	1.06	1.01	0.91	1.06	1.82	0.07
贵州	1.03	1.06	0.96	0.9	1.05	1.01	1.30
云南	0.99	1.08	1	0.95	1.06	0.40	0.38
陕西	1.02	1.08	1.03	1.02	1.02	1.35	0.81
甘肃	0.89	1.02	1.03	0.98	1.08	1.61	1.02
青海	1.01	1.10	1.03	0.92	1.06	0.69	1.88
宁夏	0.98	1.05	1.01	0.97	0.99	0.16	0.65
新疆	0.98	1.07	0.92	1.01	1.08	0.79	1.11

从表11的计算结果可以发现，2013—2020年我国30个地区技术创新技术进步率的变化较为复杂，在2013—2014年以及2017—2018年，地区技术创新技术进步率的均值小于1，从整体来说，技术创新技术进步水平出现了下降。但地区技术创新技术进步水平的差距在2013—2020年呈现出一个不断缩小的趋势。

表12 三大地区工业企业创新进步率描述统计结果

时间	东部地区		中部地区		西部地区		全国	
	均值	标准差	均值	标准差	均值	标准差	均值	标准差
2013—2014年	0.96	0.04	0.93	0.09	0.97	0.05	0.96	0.06
2014—2015年	1.03	0.03	1.04	0.03	1.06	0.02	1.04	0.03
2015—2016年	1.92	0.33	1.40	0.01	1.71	0.86	1.68	0.79
2016—2017年	1.67	0.70	1.02	0.43	1.30	0.86	1.16	0.77
2017—2018年	1.46	0.33	1.06	0.38	1.51	0.44	1.09	0.54
2018—2019年	1.22	0.19	1.45	0.38	1.27	0.07	1.46	0.36
2019—2020年	1.28	0.14	1.86	0.43	1.53	0.43	1.15	0.60

从表12的计算结果可以发现，2013—2020年中国东部、中部、西部地区的都在一定时间段中出现了技术创新技术进步水平下降的变化趋势，中国东部、中部、西部地区的技术创新技术进步水平在区域内部之间的差异在不断缩小。

2021中国企业信用发展研究综述

国信联合（北京）认证中心

2020年，新冠肺炎疫情影响广泛深远，中国是世界主要经济体中唯一保持正增长的国家。2021年，新冠肺炎疫情影响持续对全球经济产生严重影响，复苏势头减弱，不确定性上升。由于单边主义、贸易保护主义等逆全球化趋势更加明显，全球产业链、供应链面临重大冲击，外部环境变化带来诸多新矛盾新挑战。通过对我国企业的经济运行及信用发展现状进行研究分析发现，2020年我国企业总体运行表现持续稳定恢复，受外部环境影响较小；2021年经济恢复态势进一步稳固，结构调整稳步推进，推动高质量发展取得新进展。

一、2021中国企业信用现状总体评价与分析

（一）全球新冠肺炎疫情持续，不确定性上升，我国经济运行恢复持续稳固

国际货币基金组织（IMF）在2021年10月最新发布的《世界经济展望》（WEO）表示，全球经济虽持续复苏，但新冠肺炎疫情卷土重来，复苏势头减弱，不确定性上升。预测2021年全球经济增长5.9%，相较2021年7月预测下调了0.1个百分点。下调2021年全球增长预测值的主要原因是发达经济体和低收入发展中国家的预测增速放缓。其中，发达经济体预测增速放缓在一定程度上是供给中断造成的；低收入发展中国家预测增速放缓则主要由疫情恶化所致。一些出口大宗商品的新兴市场和发展中经济体的短期经济前景有所改善，这部分抵消了上述两组国家前景的恶化。

疫情造成的"断层"似乎将持续更长时间，这是因为各国短期经济走势的分化将对中期经济表现产生持久影响。这种差距主要是由各国疫苗获取能力和早期政策支持力度不同造成的。德尔塔病毒正迅速传播，新变种病毒也可能出现，这给疫情的持续时间带来了更多不确定性。各国开展政策选择的难度加大，且涉及多方面的挑战，包括就业增长疲软、通货膨胀上升、粮食安全问题、人力资本积累倒退、气候变化等。同时，由于疫情对接触密集型行业造成了干扰，大多数国家的劳动力市场复苏明显滞后于产出复苏。

同时，供给扰动则带来了另一个政策挑战。一方面，在一些国家，疫情暴发和不利气候导致主要生产投入品出现短缺，造成制造业活动疲软。另一方面，这些供给短缺，加上被压抑的需求释放和大宗商品价格反弹，导致消费者价格通胀迅速上升。美国、德国以及许多新兴市场和发展中经济体都出现了这种情况。在粮食安全问题最为严峻的低收入国家，食品价格上涨幅度最大，这导致贫困家庭负担加重、社会动荡风险加剧。

总体而言，全球经济增长的风险偏向下行，主要的风险是：在疫苗广泛普及之前，可能出现更厉害的新冠变种病毒；通胀风险偏向上行，如果疫情导致的供需失衡比预计持续更长时间，包括在对供给潜力的破坏比预计更为严重的情况下，那么通胀风险可能变为现实，从而导致价格压力更为持久、通胀预期不断上升，这将使发达经济体比预期更快推动货币政策回归常态。

虽然受新冠肺炎疫情的严重影响，但在2020年中国是世界主要经济体中唯一保持正增长的国

家。2021中国经济前三季度经济运行总体好于预期，增幅显著。国家统计局新闻发言人、国民经济综合统计司司长付凌晖在国务院新闻办公室新闻发布会上通报了前三季度经济运行的主要情况。初步核算，前三季度国内生产总值823131亿元，按可比价格计算，同比增长9.8%，两年平均增长5.2%，比上半年两年平均增速回落0.1个百分点。分季度看，一季度同比增长18.3%，两年平均增长5.0%；二季度同比增长7.9%，两年平均增长5.5%；三季度同比增长4.9%，两年平均增长4.9%。分产业看，前三季度第一产业增加值51430亿元，同比增长7.4%，两年平均增长4.8%；第二产业增加值320940亿元，同比增长10.6%，两年平均增长5.7%；第三产业增加值450761亿元，同比增长9.5%，两年平均增长4.9%。从环比看，三季度国内生产总值增长0.2%。

2010—2021年前三季度国内生产总值及其增长速度分析见图1。

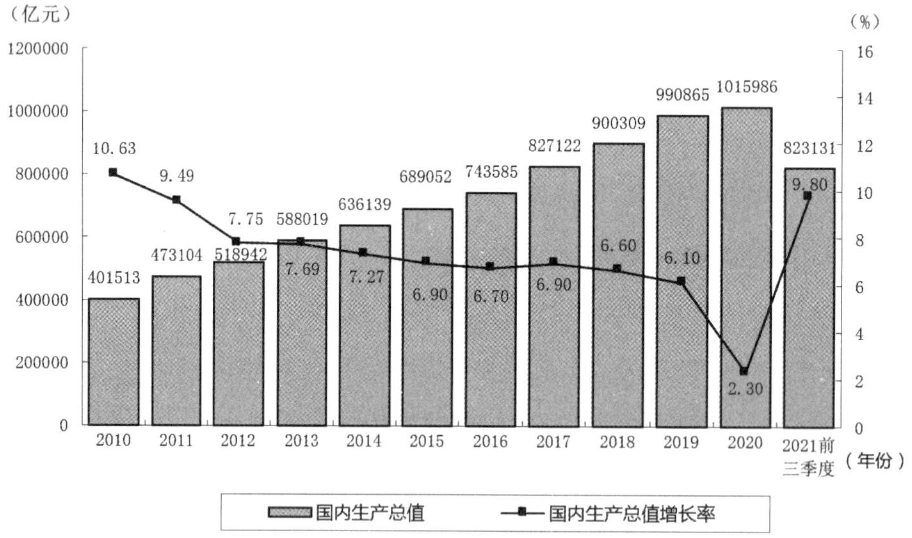

图1 2010—2021年前三季度国内生产总值及其增长速度分析

注：该表采用国家统计局当年公告数据，未进行调整或系统修订。

付凌晖表示，"总的来看，前三季度国民经济总体保持恢复态势，结构调整稳步推进，推动高质量发展取得新进展。但也要看到，当前国际环境不确定性因素增多，国内经济恢复仍不稳固、不均衡。下一步，要坚持稳中求进工作总基调，完整准确全面贯彻新发展理念，加快构建新发展格局，抓好常态化疫情防控，强化宏观政策跨周期调节，着力促进经济持续健康发展，着力深化改革开放创新，不断激发市场活力、增强发展动力、释放内需潜力，努力保持经济运行在合理区间，确保完成全年经济社会发展主要目标任务。"

（二）我国企业受疫情影响有限，具有较强的发展韧性和抗风险能力

1.我国企业整体保持正增长的态势

2020年，面对迅猛的新冠肺炎疫情以及外部经济环境诸多不利因素叠加的风险与挑战，我国企业运行的景气度呈现下降的态势，但整体影响有限。本报告对2020年我国企业总体经济环境分析显示，2020年我国企业的景气指数为102.73点，较2019年的105.31点下降了2.58点；盈利指数为99.56点，较2019年的99.76点下降了0.20点；效益指数为104.41点，较2019年的103.61点提高了0.80点。

2011—2020年中国企业总体信用环境分析见图2。

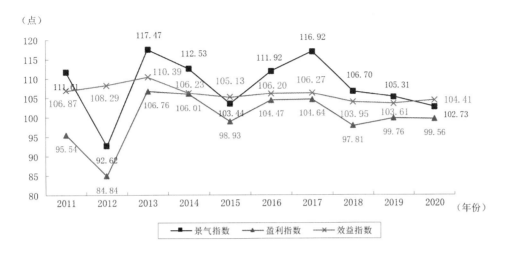

图2 2011—2020年中国企业总体信用环境分析

从图2可以看出，在全球经济极度衰退的背景下，2020年我国企业的景气指数和效益指数仍保持在荣枯线以上，表明我国企业整体保持正增长的态势。尽管盈利指数仍然徘徊在荣枯线以下，但降幅有限，仅下降了0.20点。效益指数不降反升，较2019年提高了0.80点，主要受益于制造业的强力拉动。

2.生产业企业整体收益恢复明显

2020年生产业企业的景气指数为104.53点，较2019年的108.75点下降了4.22点；盈利指数为102.75点，较2019年的100.24点提高了2.51点；效益指数为103.39点，较2019年的102.83点提高了0.56点。

2011—2020年生产业企业总体信用环境分析见图3。

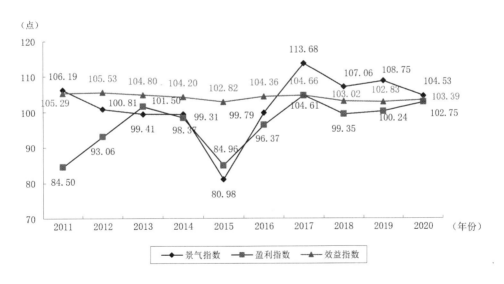

图3 2011—2020年生产业企业总体信用环境分析

2020年生产业企业的景气指数、盈利指数和效益指数仍运行在荣枯线以上，虽然景气指数有明显下降，但盈利指数和效益指数均有所提高，表明生产业企业整体效益得到明显改善，结构性调整成效进一步显现。

3.制造业企业整体收益恢复明显

2020年制造业企业的景气指数为106.40点，较2019年的103.44点提高了2.96点；盈利指数为102.94点，较2019年的98.26点提高了4.68点；效益指数为105.57点，较2019年的103.45点提高了2.12点。

2011—2020年制造业企业总体信用环境分析见图4。

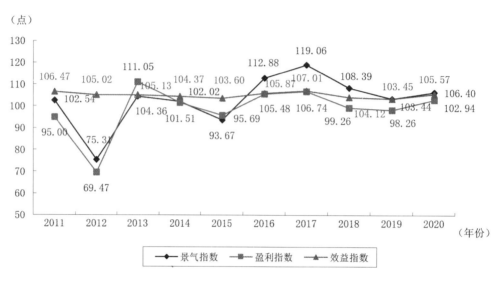

图4 2011—2020年制造业企业总体信用环境分析

2020年制造业企业的景气指数、盈利指数和效益指数均较2019年有明显提高，表明制造业企业受疫情影响相对较小，在全球供应链中的地位日趋显著，"双循环"战略对制造业的可持续高质量发展起到了有力的保障作用。

4.服务业企业整体收益恢复明显

2020年服务业企业的景气指数为95.25点，较2019年的108.11点下降了12.86点；盈利指数为92.36点，较2019年的102.44点下降了10.08点；效益指数为102.45点，较2019年的104.05点下降了1.60点。

2011—2020年服务业企业总体信用环境分析见图5。

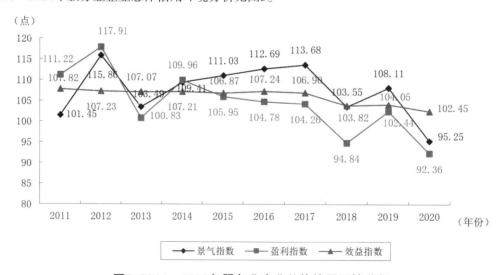

图5 2011--2020年服务业企业总体信用环境分析

2020年服务业企业的景气指数、盈利指数和效益指数较2019年均有所下降，其中，景气指数、盈利指数均回落到荣枯线以下，处于负增长状态，表明服务业企业受疫情影响相对明显。但参照2021年前三季度国民经济运行情况分析，2021年我国服务业企业的运行情况将会得到明显恢复，三项指数将重新回归正增长区间。

综合以上情况表明，我国企业具有较强的发展韧性和抗风险能力，主要是我国实施的供给侧和需求侧结构性调整，构建以国内大循环为主体、国内国际"双循环"相互促进的新发展格局等一系列政策取得了显著成效，高质量发展持续稳步推进。

二、2021中国企业信用收益性分析

（一）企业的平均收益水平总体呈现稳中有升的态势

2020年我国企业整体平均营收利润率、资产利润率和所有者权益报酬率三项收益性指标总体处于稳中有升的运行状态。其中，营收利润率为4.56%，较2019年的3.89%提高了0.67个百分点；资产利润率为2.87%，较2019年的2.04%提高了0.83个百分点；所有者权益报酬率为5.80%，较2019年的4.92%提高了0.88个百分点。

2011—2020年企业收益性指标分析见图6。

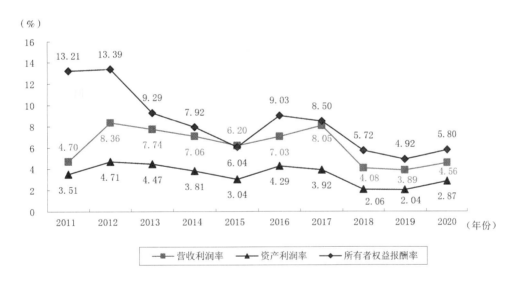

图6 2011—2020年企业收益性指标分析

上述三项收益性指标均呈现明显的稳中有升的运行态势。2020年虽然受疫情影响，但整体收益性好于预期，表现出较强的发展韧性和抗风险能力。

（二）制造业企业的收益性增幅明显

2020年制造业企业平均营收利润率为5.82%，较2019年的3.23%提高了2.59个百分点；资产利润率为3.98%，较2019年的2.59%提高了1.39个百分点；所有者权益报酬率为6.91%，较2019年的4.53%提高了2.38个百分点。

2011—2020年制造业企业收益性指标分析见图7。

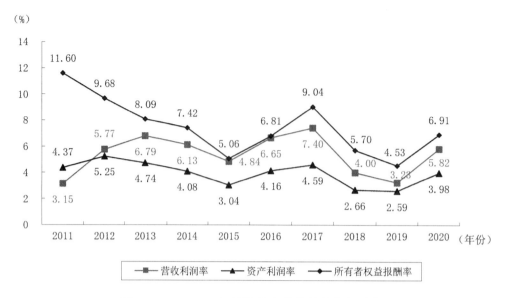

图7 2011—2020年制造业企业收益性指标分析

从图7中可以看出，我国制造业的三项收益性指标均有明显提高，且居近三年来的最好水平，预测2021年制造业的收益性将会进一步改善。

（三）服务业盈利能力有所提高，对稳定整体经济运行作用明显

2020年服务业企业平均营收利润率为2.51%，较2019年的5.46%下降了2.95个百分点；资产利润率为0.94%，较2019年的1.13%下降了0.19个百分点；所有者权益报酬率为3.89%，较2019年的5.55%下降了1.66个百分点。

2011—2020年服务业企业收益性指标分析见图8。

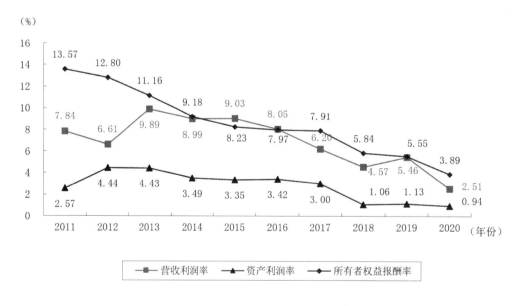

图8 2011—2020年服务业企业收益性指标分析

从图8中可以看出，我国服务业的三项收益性指标较2019年均有明显下降。由此可见，服务业企业受新冠肺炎疫情影响较为明显，但在2021年这一情况将会得到明显好转。

（四）生产业企业收益性趋于明显改善

2020年生产业营收利润率为2.93%，较2019年的1.62%提高了1.31个百分点；资产利润率为2.17%，较2019年的1.65%提高了0.52个百分点；所有者权益报酬率为5.09%，较2019年的5.23%下降了0.14个百分点。

2011—2020年生产业收益性指标分析见图9。

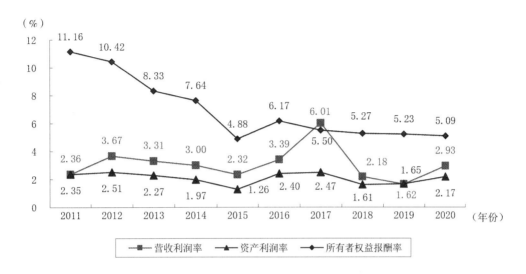

图9 2011—2020年生产业收益性指标分析

从图9中可以看出，我国生产业企业的三项收益性指标运行总体呈现稳中有升的态势，表明我国生产业企业供给侧结构调整基本趋于稳定状态，收益性日趋改善。

三、2021我国企业流动性及安全性分析

（一）企业的流动性指标小幅回落，流动性普遍偏紧

2020年企业的平均资产周转率为0.63次/年，较2019年0.66次/年下降了0.03次/年。其中，制造业企业的资产周转率为0.68次/年，较2019年0.71次/年下降了0.03次/年；服务业企业的资产周转率为0.54次/年，较2019年0.58次/年下降了0.04次/年；生产业企业的资产周转率为0.57次/年，较2019年0.60次/年下降了0.03次/年。

2011—2020年企业流动性指标分析见图10。

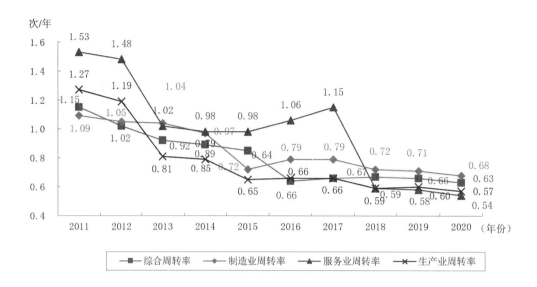

图10 2011—2020年企业流动性指标分析

从图10中可以看出，我国企业的资产周转率指标均有所回落，总体处于较低水平，表明我国企业整体流动性仍然处于普遍偏紧的状态。

（二）企业的负债水平有所下降，融资环境明显改善

2020年企业平均所有者权益比率分别为49.36%，较2019年的49.89%下降了0.53个百分点。其中，制造业企业的所有者权益比率为54.79%，较2019年的55.19%下降了0.40个百分点；服务业企业的所有者权益比率41.83%，较2019年的42.76%下降了0.93个百分点；生产业企业的所有者权益比率为35.55%，较2019年的37.60%下降了2.05个百分点。

2012—2020年企业所有者权益比率分析见图11。

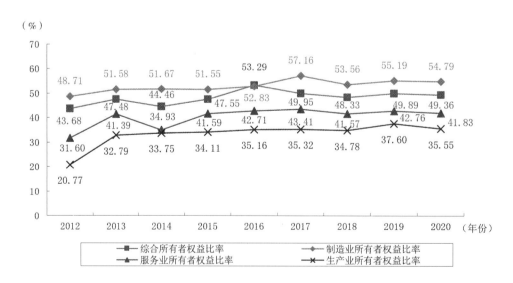

图11 2012—2020年企业所有者权益比率分析

从图11中可以看出，我国企业所有者权益比率均有所下降，相对理论负债率也就有所上升，表明企业的资金压力有所减轻，政策效应得到了进一步释放，整体融资环境明显改善。

（三）企业整体资本保值增值有所提高，信用风险处于安全可控状态

2020年企业平均资本保值增值率分别为108.20%，较2019年的106.58%提高了1.62个百分点。其中，制造业企业的资本保值增值率为109.45%，较2019年的106.78%提高了2.67个百分点；服务业企业的资本保值增值率为105.98%，较2019年的106.27%下降了0.29个百分点；生产业企业的资本保值增值率为107.23%，较2019年的106.13%提高了1.10个百分点。

2012—2020年企业资本保值增值率分析见图12。

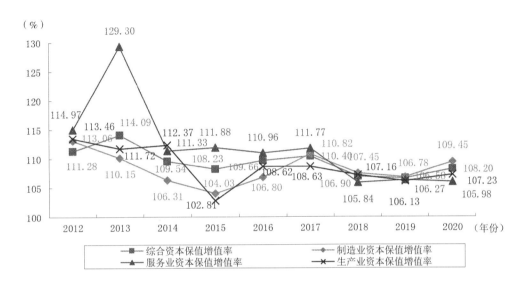

图12 2012—2020年企业资本保值增值率分析

从图12中可以看出，我国企业整体资本保值增值率总体表现稳中有升，进一步得到明显改善。尤其是制造业的保值增值率水平较高，表明其资产性结构调整产生了明显的效果。但值得注意的是服务业的资本保值增值率仍然处于偏低的水平区间。预测2021年我国企业的整体资本保值增值率将会进一步得到改善。

四、2021中国企业成长性分析

（一）企业的平均成长性指标整体表现良好，资产性指标保持较高增幅

2020年，我国企业的平均营收增长率、利润增长率、资产增长率和资本积累率四项主要收益性指标总体处于平稳运行的状态。其中，营收增长率为5.80%，较2019年的9.63%增幅回落了3.83个百分点；利润增长率为–0.34%，较2019年的1.00%增幅回落了1.34个百分点；资产增长率为16.11%，较2019年的10.12%增幅提高了5.99个百分点；资本积累率为16.49%，较2019年的14.95%增幅提高了1.54个百分点。

2011—2020年企业成长性指标分析见图13。

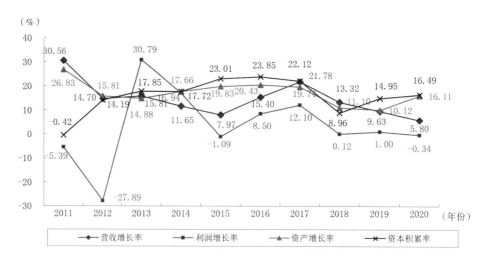

图13 2011—2020年企业成长性指标分析

从图13中可以看出，我国企业上述四项主要成长性指标中，两项主要经营性指标呈现下降的态势，其中利润指标表现为负增长；整体来看，新冠肺炎疫情对企业的经济性指标的影响较为明显。

与此同时，两项主要资产性指标则表现良好，并保持着相对较高的增长幅度，均达到了16%以上的较高增幅，表明我国企业的资产结构进一步优化，经营实力进一步加强，同时也为2021年恢复性增长奠定了良好的基础。

综合来看，在新冠肺炎疫情严重冲击和全球经济环境极为不利的情况下，我国企业所交出的"成绩单"极为亮眼，并未出现断崖式回落，表明我国企业极具发展韧性。

（二）制造业企业增速明显加快，整体表现亮眼

2020年，我国制造业企业的平均营收增长率、利润增长率、资产增长率和资本积累率四项主要收益性指标总体处于预期运行区间。其中，营收增长率为8.15%，较2019年的8.55%增幅回落了0.40个百分点；利润增长率为4.66%，由2019年的-1.68%负增长转为正增长，提高了6.34个百分点；资产增长率为18.68%，较2019年的9.53%增幅提高了9.15个百分点；资本积累率为19.76%，较2019年的13.20%增幅提高了6.56个百分点。

2011年—2020年制造业企业成长性指标分析见图14。

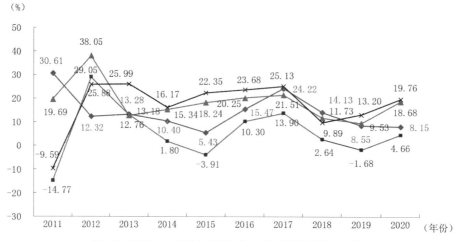

图14 2011—2020年制造业企业成长性指标分析

制造业上述四项主要成长性指标中，除营收增长率有微幅回落外，其他三项指标增幅均有明显提高。其中，利润指标由负增长转为正增长，且增幅接近5%，为近三年来的最好水平；两项主要资产性指标均接近20%的较高增速，表明我国实体经济的资产结构进一步优化，制造业的投资热情日趋改善，可持续发展的潜力较强。

（三）服务业企业增速明显放缓

2020年服务业企业的平均营收增长率、利润增长率、资产增长率和资本积累率四项主要收益性指标总体处于预期运行区间。其中，营收增长率为1.43%，较2019年的10.58%增幅回落了9.15个百分点；利润增长率为-10.93%，由2019年的5.63%增幅转为负增长，下降了16.56个百分点；资产增长率为11.86%，较2019年的11.42%增幅提高了0.44个百分点；资本积累率为11.04%，较2019年的17.30%增幅下降了6.26个百分点。

2011—2020年服务业企业成长性指标分析见图15。

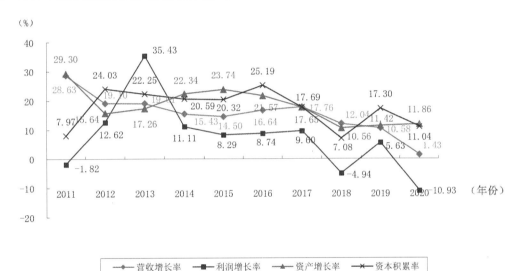

图15 2011—2020年服务业企业成长性指标分析

服务业上述四项主要成长性指标中，除资产增长率保持较高增速外，其余三项主要经营性指标均有明显下滑。其中，利润指标转为负增长，且幅度较大；表明新冠肺炎疫情主要对我国服务业企业产生较为明显的影响，但随着我国对新冠肺炎疫情精准化、常态化的防控措施，这一情况有望在2021年得到改善。

（四）生产业企业增速明显放缓，但仍然处于预期运行区间

2020年生产业企业的平均营收增长率、利润增长率、资产增长率和资本积累率四项主要收益性指标总体运行好于预期。其中，营收增长率为4.96%，较2019年的15.03%增幅下降了10.07个百分点；利润增长率为4.10%，较2019年的2.48%增幅提高了1.62个百分点；资产增长率为12.29%，较2019年的9.00%增幅提高了3.29个百分点；资本积累率为11.91%，较2019年的19.62%增幅下降了7.71个百分点。

2011—2020年生产业企业成长性指标分析见图16。

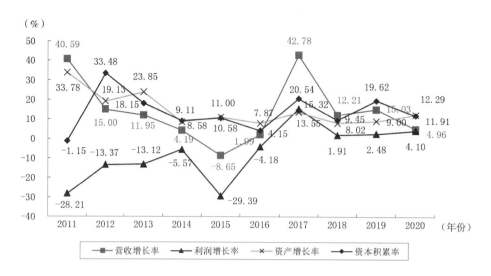

图16 2011—2020年生产业成长性指标分析

由上述四项主要成长性指标可以看出，生产业企业的整体经营形势持续好转，盈利能力持续提高，资产增长稳步提高，表明其产业结构性调整已经取得了明显效果。营收增长率虽有回落，但随着2021年需求端旺盛，产能进一步释放，这一情况也有望得到明显好转。

五、2021中国企业信用面临的问题及对策建议

综合对我国企业总体信用环境及其总体效益趋势分析，可以看到我国企业在面对迅猛而凶恶的新冠肺炎疫情和极为不利的全球经济环境双重挑战下，总体运行表现平稳。但同时也应看到，全球新冠肺炎疫情的影响远未结束，不确定因素增多，全球供应链和经济格局可能导致新变化，也将会使我国企业在信用发展中面临着一些新问题、新矛盾、新挑战。

（一）持续推进企业高质量发展，为构建新发展格局做出企业贡献

2022年是"十四五"规划的重要一年。"十四五"时期推动高质量发展，必须立足新发展阶段、贯彻新发展理念、构建新发展格局。习近平在主持召开中央全面深化改革委员会第十五次会议上强调，加快形成以国内大循环为主体、国内国际双循环相互促进的新发展格局，是根据我国发展阶段、环境、条件变化做出的战略决策，是事关全局的系统性深层次变革。尤其是在新冠肺炎疫情卷土重来，复苏势头减弱，保护主义、单边主义、霸权主义以及地缘经济政治格局、全球供应链和产业链扰动等造成的不确定因素增多、风险加大的全球经济背景下，构建新发展格局对我国经济发展行稳致远将起到关键作用。

总体来看，传统制造业和基础性产业的供给侧结构性调整成效已经显现，新兴产业和未来产业发展强劲突破，在全球产业链的地位已经由中低端迈向了中高端；尤其是在一些高端领域强势突破，处于引领地位。现阶段以及今后一个时期，主要矛盾已经由传统的结构性矛盾转向了高质量发展不平衡的矛盾，主要反映在所有制之间、地区之间、规模之间和行业之间存在的发展不平衡的矛盾，构建新发展格局，实现可持续高质量发展仍将任重道远。

面对外部环境变化带来的新矛盾新挑战，我国企业界必须顺势而为、创新作为、主动担当，进一步优化和调整经济发展思路、资产配置、产业布局以及可持续高质量发展的实现路径，在努力打通国际

循环的同时，进一步畅通国内大循环，提升经济发展的自主性、可持续性，增强韧性，保持我国经济平稳健康发展。我国企业界要坚持以新发展理念引领高质量发展，结合企业自身实际情况，从中短期规划着手，以长远发展布局，兼顾好短期利益和长远发展，持续深化供给侧结构性改革，创新引领新需求，进一步释放政策效应，积极融入"双循环"，着力实现增长方式和发展方式的根本转变，把新发展理念完整、准确、全面贯穿企业发展全过程和各领域，构建新发展格局，切实转变发展方式，推动质量变革、效率变革、动力变革，实现更高质量、更有效率、更加公平、更可持续、更为安全的发展。

（二）坚持创新驱动，加快数字化转型，打造科技创新和数字经济新优势

创新是引领发展的第一动力，是构建新发展格局、实现高质量发展的关键所在。2019—2021年，在我国企业发展面临极其困难的局面下，其研发投入强度持续加强，对科研的重视程度日趋提高。我国企业界要以国家战略性需求为导向推进创新体系优化组合，把自主创新摆在更加突出的位置，进一步加大研发投入力度，加快关键核心技术攻关，打造更多依靠创新驱动、发挥先发优势的引领性企业，加快推动建立以企业为主体、市场为导向、产学研深度融合的技术创新体系，不断提升原始创新能力、产业基础能力和产业链、供应链的现代化水平。

"加快数字化发展，建设数字中国"是"十四五"规划的重要任务之一。迎接数字时代，激活数据要素潜能，推进网络强国建设，加快建设数字经济、数字社会、数字政府，以数字化转型整体驱动生产方式、生活方式和治理方式变革。充分发挥海量数据和丰富应用场景优势，促进数字技术与实体经济深度融合，赋能传统产业转型升级，催生新产业新业态新模式，壮大经济发展新引擎。我国企业要加快发展数字经济，推动实体经济和数字经济融合发展，推动互联网、大数据、人工智能同实体经济深度融合，继续做好信息化和工业化深度融合这篇大文章，推动制造业加速向数字化、网络化、智能化发展，着力壮大新增长点，形成发展新动能。培育壮大人工智能、大数据、区块链、云计算、网络安全等新兴数字产业，提升通信设备、核心电子元器件、关键软件等产业水平。构建基于5G的应用场景和产业生态，在智能交通、智慧物流、智慧能源、智慧医疗等重点领域开展试点示范。鼓励企业开放搜索、电商、社交等数据，发展第三方大数据服务产业。促进共享经济、平台经济健康发展。

（三）充分释放政策效应，激发民营企业和中小型企业活力

"十四五"规划强调，要激发各类市场主体活力，毫不动摇巩固和发展公有制经济，毫不动摇鼓励、支持、引导非公有制经济发展，培育更有活力、创造力和竞争力的市场主体。健全支持民营企业发展的法治环境、政策环境和市场环境，依法平等保护民营企业产权和企业家权益。保障民营企业依法平等使用资源要素、公开公平公正参与竞争、同等受到法律保护。进一步放宽民营企业市场准入，破除招投标等领域各种壁垒。创新金融支持民营企业政策工具，健全融资增信支持体系，对民营企业信用评级、发债一视同仁，降低综合融资成本。

党中央和国务院非常重视和强调要解决民营企业、中小企业发展中遇到的困难，并出台了一系列精准的政策措施，尤其是深化"放管服"改革推动助企纾困政策落细落实，对于民营企业、中小型企业的支持力度进一步加大，营商环境进一步改善。

这些政策措施对民营企业和中小型企业加快转型发展、创新发展，推动企业经济高质量发展发挥了重要作用。我国民营企业和中小型企业，要充分释放政策效应，激发企业高质量发展的内在活力和动力。中小企业必须顺势而为，充分发挥其灵活性、适应性、创新性的巨大优势，发展新产业、新技术、新业态、新模式，积极进入战略性新兴产业或战略性新兴产业链中，努力开辟新的广阔发展空间。

（四）深化推进企业诚信体系建设，扎牢防范系统性信用风险的"篱笆"

我国企业要坚定不移贯彻创新、协调、绿色、开放、共享的新发展理念。企业的发展要秉承绿色低碳发展理念，践行人与自然和谐发展理念，主动承担社会责任，要始终坚持底线思维，加强诚信自律，进一步推进企业诚信体系建设，以诚信建设筑牢企业高质量发展的基石。

在当前面临诸多困难和风险挑战的发展时期，我国企业更要强化忧患意识，做好风险防范，增强发展韧性，进一步加强和提高防范化解风险能力，高度重视和防范各类风险。要突出防范经营效益下滑风险、债务风险、投资风险、金融业务风险、国际化经营风险、安全环保风险，强化各类风险识别，建立预判预警机制，及时排查风险隐患，制定完善的应对预案，为企业可持续高质量发展保驾护航，为我国经济行稳致远做出企业担当和贡献。

2021中国企业可持续发展指数报告

中国可持续发展工商理事会

《2021年中国企业可持续发展指数报告》是中国可持续发展工商理事会和中国企业联合会共同开展的企业可持续发展指数项目连续第五年发布年度报告。本报告结合国内外企业可持续发展重要趋势、最新进展、国内政策、企业可持续发展现状与历年发展变化，形成中国企业可持续发展指数研究报告，旨在揭示中国企业可持续发展的最新动态和趋势，为我国企业持续推进高质量、可持续发展提供科学、翔实的研究支持。

2021年，中国企业可持续发展指数为63.0，较上一年降低0.2分，由于企业普遍受到疫情影响，可持续发展进程放缓。观察连续四年研究数据，该指数年均增幅1.0%，整体保持较为稳定的增长。中国企业可持续发展指数从竞争力、环境、社会三个维度来评价企业的可持续发展水平，竞争力、环境、社会维度得分占比分别为75.0%、65.5%、77.3%，社会维度最优，竞争力维度其次，环境维度提升空间较大。在受疫情持续影响，全国GDP缓慢增长仅为2.3%的情况下，企业可持续发展指数呈稳定表现，一定程度上反映了我国大企业和行业领先企业可持续发展的韧性和复原力。

疫情持续影响全球经济和社会发展，全球可持续发展进程受阻，企业可持续发展受到严峻考验。尽管如此，我国大部分企业仍坚持深入推进可持续发展，尤其在"双碳"目标、生态文明建设、信息化发展等国家重大政策指引下，积极推进碳中和，深入开展环境治理、生态保护，建设绿色工厂、智能化工厂，为推进社会可持续发展积极贡献解决方案，与此同时，有效推进企业自身的可持续、高质量发展。

一、样本企业基本信息

（一）样本企业选取

《2021中国企业可持续发展指数报告》选取了来自不同行业、地区、规模的上市或非上市企业，共计1018家，企业数据主要来源于其公开发表的可持续发展报告、社会责任报告、财务报告、年报等正式文件，以及由政府监管部门、权威第三方机构统计的企业有关信息和数据。部分企业通过主动参与或应邀的方式加入本次研究。样本企业的基础数据时间为2020年1月1日至2020年12月31日，或按照企业所遵循的会计准则执行的完整财务年度。

（二）样本企业概况

1.行业分布

根据自主开发的"中国企业可持续发展指数行业分类"标准，全样本企业覆盖消费品工业、建筑房地产业、信息技术业、机械设备制造业、电力热力燃气及水生产和供应业、金融保险业、消费者服务业、能源化工业、交通运输仓储业、钢铁有色业、汽车业、建材业等12个行业大类。其中，企业数量占比，消费品工业最多，达25.1%；消费者服务业次之，为11.7%；建材行业最少，为2.4%。与历年全样本企业行业分布比，略有变化。

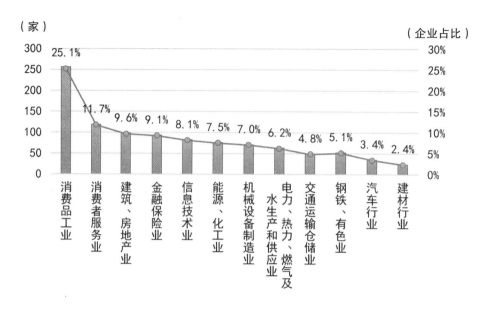

图1 全样本企业行业分布情况

2.地区分布

全样本企业地域分布广泛，企业总部所在地覆盖内陆地区31个行政省、市及港澳台地区。从区域分布看，华东、华南、华北占比最大，企业数量占比分别为35%、26%、23%，与长江经济带、粤港澳大湾区、京津冀经济带三大经济带分布也较为一致。西南和华中地区企业数量各占5%，西北和东北地区企业数量偏少，各占3%。优秀企业仍然较为集中分布在重要经济圈，西北、东北等地区须通过改善营商环境、基础设施条件等，吸引优秀企业落地，发展地方特色产业，带动经济高质量发展。

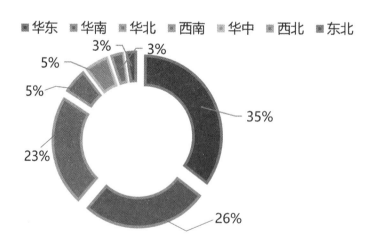

图2 全样本企业地区分布情况

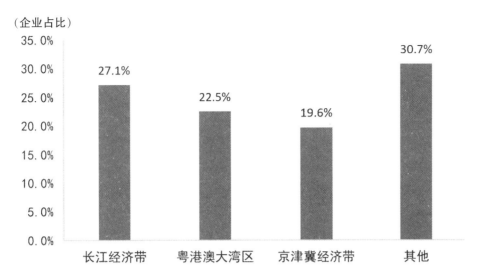

图3 全样本企业经济带分布情况

3.规模分布

全样本企业中，披露营业收入的企业占比97.8%，根据统计数据，这些企业营业收入总额达到67万亿元。从营业收入规模分布上看，万亿以上的企业4家，占比0.4%；千亿以上的企业121家，占比12.1%。披露资产总额的企业占比96.0%，其资产总额合计达到384万亿元。资产总额万亿以上的企业有57家，占比5.8%，资产千亿以上的企业占比18.3%。

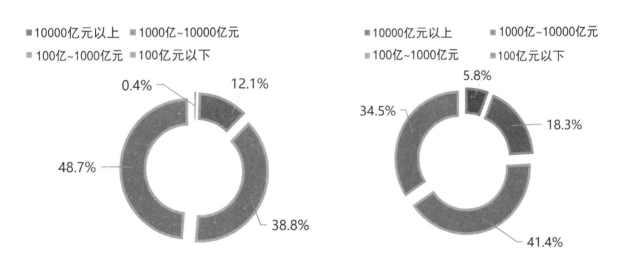

图4 全样本企业营业收入规模分布　　　　图5 全样本企业资产总额规模分布

4.上市情况

从企业上市情况看，90%以上的企业在交易所上市，其中，在上海证券交易所、深圳证券交易所、香港联交所等上市企业占比分别为39.0%、26.8%和27.7%，其他类型的企业占比6.5%，主要是非上市企业及少数海外上市的企业。与上一年度相比，上市公司占比有所增加，由81.7%提高到93.5%，企业更加善用资本市场，通过发挥资本市场的资源配置功能，提升发展质量。

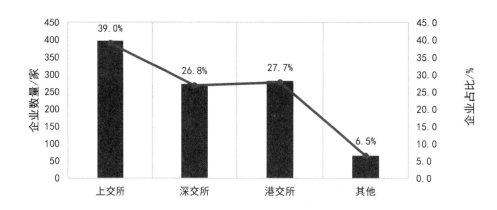

图6 企业上市分布情况分布

5.信息披露情况

本年度企业信息披露情况基本稳定。全样本企业均发布了年度非财务报告，包括社会责任报告，环境、社会及治理报告（ESG报告），可持续发展报告及综合报告、环境报告等，其中以社会责任报告数量占比最大，为68.0%；其次是环境、社会及管治报告，占比为23.4%；可持续发展报告占比为7.8%。少数企业发布企业公民报告、环境报告等非财务报告。相较于上一年度，环境、社会及管治报告比例稍有提高，社会责任报告仍为主流。

■2021年 ■2020年

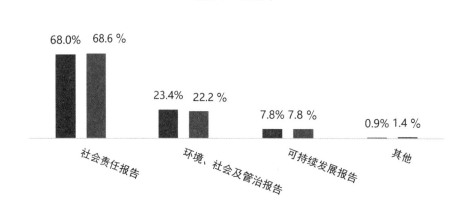

图7 企业非财务报告披露类型

大部分企业持续披露非财务报告。约43%的企业连续发布报告5次以上，但少数企业报告披露的连续性、时效性不强。以上一年度全样本企业为参考，有7%的企业至2021年8月底，仍未发布2020年度非财务报告。从本年度全样本企业来看，8%的企业为首次发布非财务报告。总体看来，越来越多的企业开始编制和发布非财务报告，期望获得各利益相关方的反馈。

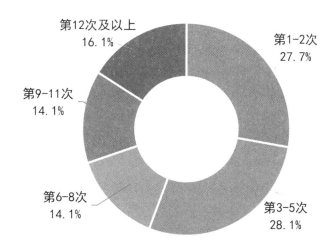

图8 企业非财务报告披露连续性

信息披露突出重点、关注热点。全样本企业中，84.6%的企业披露了其在2020年参与的抗疫行动、包括企业支持国家、地方或社区抗疫的行动、投入和成果，以及企业内部的采购、运营、生产和员工健康管理等，少数企业特别发布了抗疫专题报告。很多企业披露了与"双碳"目标相关的企业目标、行动或计划。企业对利益相关方的重大关切积极响应，可持续经营的意识和能力显著提升。

二、企业可持续发展指数分析

（一）企业可持续发展指数整体表现

"中国企业可持续发展指数"通过企业可持续发展指标体系，从竞争力、环境和社会三个维度来测算和评价企业的可持续发展状况。具体包括3个一级指标，8个二级指标、68项三级指标及191项基础数据，简称"3-8-68-191"指标体系。其中，一级指标包括竞争力、环境、社会，二级指标包括产品、治理、员工、环境、资源、客户、社区、政府。中国企业可持续发展指数满分100分，分为三个等级，75~100（含75）分为"良好"、60~75（含60）分为"合格"、60分以下为"需要改进"。

2021年，中国企业可持续发展指数为63.0分，较上一年度下降0.2分。三个维度中，竞争力、环境、社会维度得分占比分别为75.0%、65.5%、77.3%，整体表现较为稳定。在受疫情持续影响，全国GDP增长仅2.3%的情况下，企业可持续发展指数的稳定表现，一定程度上反映了我国大企业、行业领先企业的韧性和复原力。

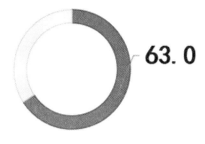

图9 2021年中国企业可持续发展指数

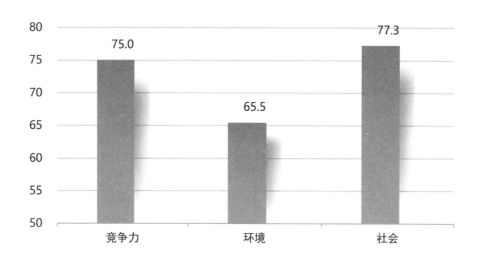

图10 2021年企业可持续发展指数维度表现

从得分区间分布看，全样本企业得分分布在[27.2~86.0]之间，即最低分27.2分，最高分86.0分，得分分布离散程度较高。其中"良好"占比13.3%，"合格"占比49.9%，"需要改进"占比36.8%。多数企业居于合格水平，企业可持续发展上升潜力较大。

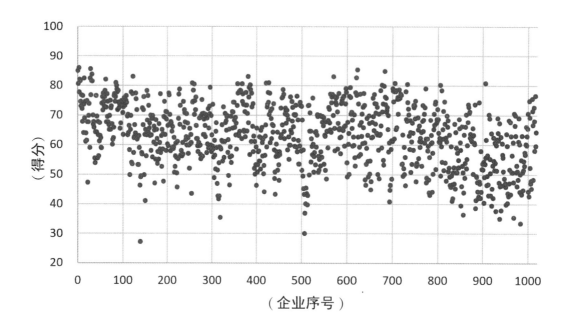

图11 全样本企业得分分布情况

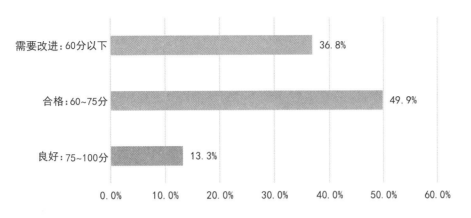

图12 企业可持续发展指数等级分布

（二）竞争力维度

1.维度表现

竞争力是企业可持续发展的关键，是中国企业可持续发展指数评价体系的重要维度。本年度，全样本企业竞争力维度表现良好，得分占比为75.0%，在三个维度得分中，略低于社会维度，显著高于环境维度，说明大多数企业高度重视竞争力表现和能力提升，这也是企业获得投资者、市场和消费者支持，并进一步为社会做出贡献的基础。

竞争力维度的三个二级指标中，以"员工"指标表现最优，得分为97.3，其次是"治理"指标得分为74.5，"产品"指标表现略显不足，得分为62.7，反映了企业对员工管理、人才发展等方面的高度重视，企业现代化治理水平也相对良好，而在产品管理、创新、研发及市场推广等方面，亟需进一步提升。只有为市场和消费者提供高品质、有特色、满足多元化需求的产品和服务，才能提高企业的基础竞争力，进而提升企业综合竞争力。

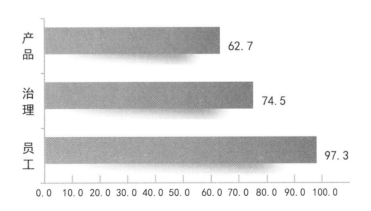

图13 竞争力维度下的二级指标表现

从企业个体得分来看，竞争力维度得分主要分布在[60~90]分之间，占比为91.9%；而高于90分的仅2.8%；低于60分的为5.2%。大部分企业在75.0分上下较均匀分布，整体表现良好。

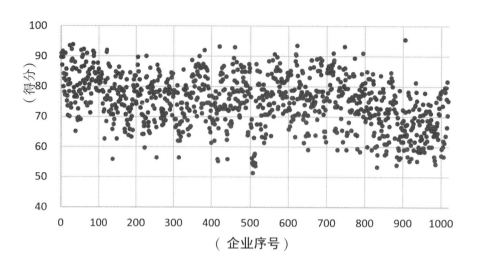

图14 全样本企业竞争力维度得分分布情况

2.产品

"产品"指标是竞争力维度下三个二级指标中得分最低的一项，得分为62.7%，尚有较大提升空间。从企业得分分布看，75分及以上的占比19.8%，60至75分的占比40.4%，低于60分的占比39.8%。仍有约四成的企业亟待提升"产品"指标的表现，这关系到企业自身的生存和长久发展。

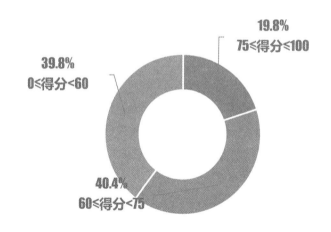

图15 产品指标企业得分等级分布

从三级指标来看，11项正向指标中，3项指标得分高于60分，其中"质量控制""供应商管理体系"指标表现突出，得分分别为91.1分和75.9分，反映企业在产品质量管控方面均有较为严格的制度和要求，由此也对供应商提出较高的标准，例如原材料质量监测、开展供应商评估、实施供应商淘汰机制等。有8项指标得分在60分以下，分别为："绿色采购""新产品创效""创新成果""研发投入""市场占有率""质量提升""智能化""品牌建设"。其中，"绿色采购""新产品创效""创新成果"指标分别得分23.7分、29.8分、33.1分，反映了企业在创新方面的严重不足，尤其是研发成果转化为市场产品的成果转化效率偏低；其次企业对绿色采购的重视程度仍有不足，一是企业本身的意识有待提升；二是绿色产品的设计、评价标准等仍不完善，企业在选择原材料或上游产品时对环境友好关注不够。

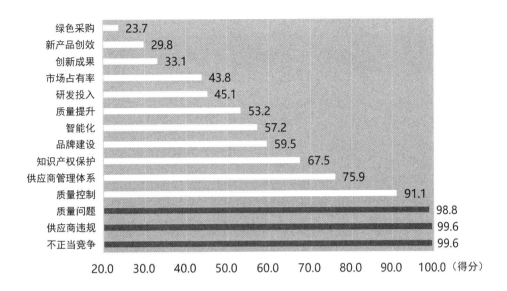

图16 "产品"的三级指标表现

3项负向指标中，"质量问题""供应商违规""不正当竞争"均有扣分，分别为1.2分、0.4分、0.4分，这反映出个别企业出现产品质量问题，涉及仲裁或批量召回产品的情况、供应商出现违规问题、产品包装与知名品牌包装近似等构成不正当竞争行为等。企业应当高度重视生产经营全流程管理，尤其是出厂产品的质量管控，避免违规问题的出现，这方面亟需引起高度重视。

3.治理

"治理"指标得分为74.4分，表现良好，但仍有提升空间。从企业得分分布看，"治理"指标得分75分及以上占比50.2%，60至75分占比38.3%，低于60分占比11.5%。大部分企业能够按照现代企业管理制度来规范企业管理和运营，得益于良好的治理水平，企业在经营效益、风险防控、信息披露等方面表现良好，但还有约一成多企业治理水平尚待提升。

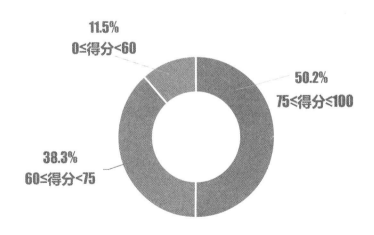

图17 "治理"指标企业得分等级分布

从三级指标看，Ⅱ向指标除"国际化发展"外，其他指标得分均大于50分，其中"可持续发展报告发布"得分最高，为77.9分。"利税贡献"得分53.3分，在受疫情严重影响的情况下，大部分企业仍实现了较为平稳的运营，企业利税贡献表现良好，利税贡献占营业收入的比重达到8%以上的有576家，利税贡献达到30亿元的企业有407家。

"国际化发展"是"治理"指标中得分最低的三级指标，为32.8分。细分来看，跨国指数a大于10%的企业占8.9%，其中消费品工业、能源化工业、交通运输业、机械制造业等行业企业居多，这与近年来我国平台经济快速发展、对外贸易规模持续增长、"一带一路"发展迅速等密切相关。此外，共有64.6%的企业披露了海外营业收入，可以看出，越来越多的企业将国际化发展作为扩大企业规模、吸引优秀人才、提升管理水平、增强企业国际竞争力的发展方向。客观来说，我国企业实现高水平国际化发展尚需努力。

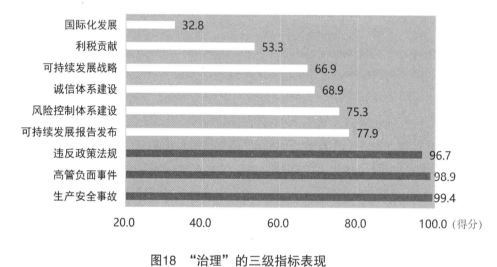

图18 "治理"的三级指标表现

4.员工

"员工"指标得分为97.3分，是竞争力维度得分最高的二级指标，企业普遍较为重视对员工的管理，人力资源作为企业发展的重要资产，是企业创新发展的原动力。在保证员工职业健康和安全、提供公平良好福利待遇、不断提升员工归属感的基础上，多元化的员工结构、完善的员工培训和发展制度将为企业带来持续的创新能力、提高生产效能，成为企业高质量发展的动力。

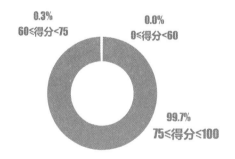

图19 "员工"指标企业得分等级分布

---

a 跨国指数：按照联合国贸发大会标准，企业跨国指数由三个指标构成，即跨国指数=（国外资产/总资产+国外销售额/总销售额+国外雇员数/总雇员数）/3×100%

从三级指标看，Ⅲ向指标"职业健康和安全""福利及退休保障""员工参与"指标得分均在95分以上，"多元化"指标得分为92.2分，绝大多数企业非常重视员工平等、女性员工的权益保护，以及残疾人、少数民族或弱势群体的关怀和个人价值的实现，但也有少数企业缺乏相关的数据统计和披露。"员工发展"指标得分率相对偏低，为88.1分，少数企业没有系统的员工培训，或在员工的职业发展和晋升方面缺少公开透明的管理制度。负向指标中"残疾人雇佣违规""劳动关系""职业健康管理问题"指标得分均在99.5分以上，除个别企业出现相关劳动纠纷或诉讼案件，绝大多数企业能够遵守劳动法等相关法律法规要求，实现良好的员工管理。

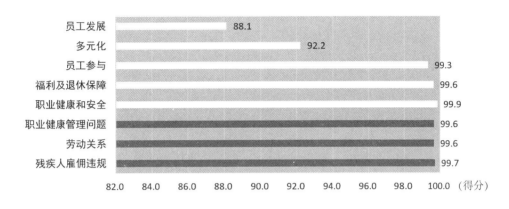

图20 "员工"的三级指标表现

（三）环境维度

1.维度表现

环境维度是企业对环境和资源影响程度的综合体现。本年度，全样本企业环境维度得分占比65.5%，在三个维度中最低，企业虽然普遍意识到要不断降低对环境的负面影响，提高资源利用效率，减少对资源的依赖，但仍然在环境信息披露、污染治理、碳排放、资源利用等方面存在较多不足，成为制约企业可持续发展的重要因素。

环境维度包含"环境"和"资源"两项二级指标，其中"环境"指标表现较好，得分为77.3分，在国家大力推进环境治理、不断提高环保要求和排放标准、积极推动绿色经济发展等多措并举、多管齐下的大背景下，企业积极开展环境管理，取得良好成效。"资源"指标得分为43.6分，在所有8项二级指标中，得分最低，反映了企业在资源管理方面仍有较多不足，亟待改善。自然资源的稀缺性和短时间内不可再生性，要求企业将资源保护和高效利用作为企业可持续发展的重要议题，有效的资源管理是发展低碳循环经济的重要内容。

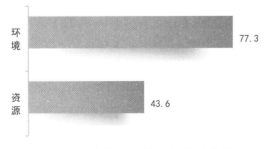

图21 环境维度下的二级指标表现

从全样本企业的得分分布情况看，大部分企业环境维度得分在[50-80]之间，占比为83.5%，高于80分的企业占比9.7%，高于90分的企业仅占0.4%；低于50分的企业占比为6.8%，同时也应该看到低于60分的企业占比达到37.5%，主要受资源指标得分低的影响。不断提升环境管理和资源管理水平，持续降低环境负面影响，提高资源的循环利用效率，保护和改善环境是企业践行可持续发展的重要内容。

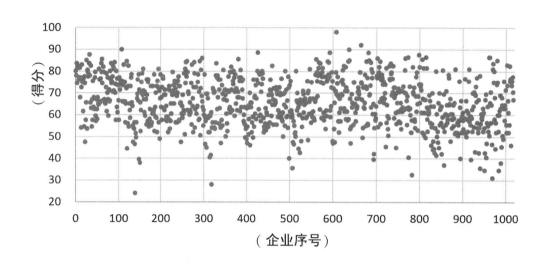

图22 全样本企业环境维度得分分布情况

2.环境

"环境"指标主要评估企业在环境治理、碳管理、生态修复、生物多样性保护，以及环保合规等方面的表现和取得的成绩。"环境"指标是环境维度下得分较高的一项二级指标，得分为77.3分，总体达到良好水平。从企业得分分布看，得分在75分及以上的企业占比65.1%，得分在60到75分的企业占比30.6%，少数企业得分低于60分，数据显示大部分企业在基本的环境信息披露、污染治理、生态环境保护等方面做到了依法合规，并按照环境信息披露相关的政策法规披露企业环境信息。

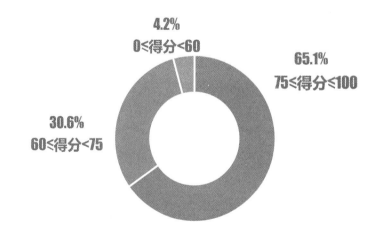

图23 "环境"指标企业得分等级分布

从三级指标看，"环境风险和危机管理""污染防治成效""碳减排成效""环境治理投入"指标均高于80分。随着环保要求的不断提高，企业污染防治不断完善、环保投入方面持续增加，污染物排放总量和浓度持续降低，以满足日益提高的环保要求，为环境保护与改善做出重要贡献；同时，企业高度重视环境风险和事故的预防与管理，有效避免了因企业经营管理问题引起的重大环境污染事件的发生。

"双碳"目标驱动下，企业积极开展碳管理。数据显示，很多企业制定了碳减排计划，部分企业制定了明确的碳减排目标，提出到2050年实现企业的碳中和，或者到2030年碳排放总量降低50%；部分企业制定了实施碳减排的工作方案，例如建立完善的碳管理数据库，将清洁能源利用比例提高到50%，或者开展碳捕获、利用与封存（CCUS）试点工作等。企业通过开展碳排放核算核查、建立温室气体排放清单、改善能源利用结构和生产工艺，制定碳减排计划等，有效推进碳减排，为我国力争实现2030年前碳达峰、2060年前碳中和目标贡献力量。

近半数企业积极开展环境友好产品的创新、开发和应用。"环境友好型产品"指标得分为41.0分，大多数企业已经开始行动起来，积极研发更加环保绿色的产品，提供低碳优质的服务。例如能源化工企业研发高标准石油产品、可循环利用的化学材料；汽车企业研发新能源汽车、轻型车；消费品工业企业研发推广节能节水产品、环保染色技术；金融保险业推出绿色金融产品等，积极为推进我国环境保护贡献解决方案。"生物多样性保护"指标得分最低，为12.4分，较多的企业已经认识到生物多样性保护的重要性，但在实际运营过程中，未能将生物多样性保护与企业生产、运营结合起来，导致很多企业仍没有生物多样性保护的实际行动。

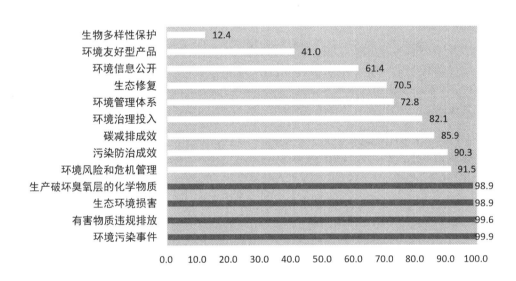

图24 "环境"的三级指标表现

3.资源

"资源"指标反映企业在能源、水、材料等方面的利用情况，包括管理制度、信息统计与披露、利用效率等。全样本企业评价结果显示，"资源"指标是所有二级指标中得分最低的一项，得分为43.6分，改善空间较大。从企业的得分分布看，仅有7.1%的企业得分在75分及以上，明显低于其他二级指标；有20.4%的企业得分在60到75分之间，比例也较低；72.5%的企业得分低于60分。反映了企业对资源管理的重视度不足，企业资源管理体系不完善，尤其是在资源利用信息披露、资源循环利用、废弃产品回收与再利用等方面，很多企业还没有具体行动和实践。

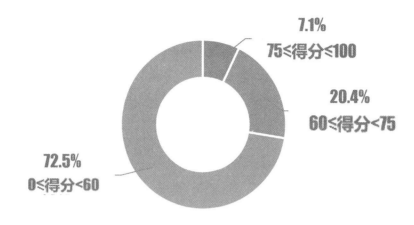

图25 "资源"指标企业得分等级分布

从三级指标来看，"能源产出率""水资源产出率"指标得分在70分以上，分别为73.5分和70.3分，企业较为重视能源和水资源的利用效率提升，通过设备更新、工艺改进、加强管理等，实施节能节水，取得良好成效。"资源利用信息公开"指标得分为36.3分，该指标考量企业的能源、水资源、原材料使用情况的数据统计和披露，考量数据的可比性、连续性和完整性。部分企业能够完善统计其资源利用总量、效率及效率提升带来的效益等，但仍有一大批企业不重视相关数据的统计和管理，影响资源管理水平。"资源管理体系"指标得分为47.5分，企业资源管理机制和体系有待进一步完善。

企业积极开展清洁能源体系建设和资源循环利用。"清洁能源利用""循环利用协同处理""终端回收体系"等指标得分分别为30.3分、29.0分、18.0分，均属低值；另外，部分企业还是能够积极开展清洁能源的开发、投资和利用，例如生产型企业铺设光伏屋顶或投资风光电发电厂建设以替代传统化石能源；部分企业通过与清洁能源供应商合作，以高于市场电价的价格购买绿色电力等。在循环经济发展方面，优秀企业积极开展生产过程中的废渣再利用、污泥再利用、气体回收等，以减少资源消耗；汽车、电池、机械设备、家电等生产企业积极开展废弃产品回收，并发展拆解再利用业务，积极参与和推进循环经济发展。

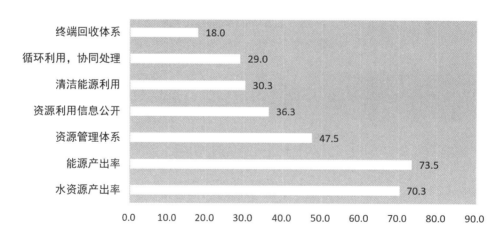

图26 "资源"的三级指标表现

（四）社会维度

1.维度表现

社会维度是企业对多元利益相关方的反馈和社会贡献的综合表现。本年度，全样本企业社会维度表现良好，得分77.3分，在三个维度中得分最高。其二级指标，"客户""社区""政府"分别得分73.6分、72.6分、87.5分，"政府"指标表现最优。总体来说，企业均较为重视与客户、投资者、政府、社区、公众等利益相关方的沟通，并通过公益活动、宣传活动、支持扶贫等积极为社会发展做贡献、并树立良好的企业形象。

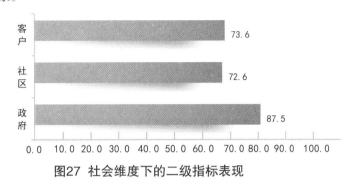

图27 社会维度下的二级指标表现

从企业得分分布情况看，社会维度得分集中分布在[60-90]之间，占比达90.3%，有7.1%的企业得分高于90分，表现突出，即使在2020年疫情期间，仍有众多企业为抗击疫情、推动社区发展和实现脱贫攻坚付出巨大的努力。企业积极履行社会责任，为客户提供优质产品和服务，为投资者带来良好收益回报，为社区发展提供就业、教育、产业支持，为贫困地区提供人才、技术、产业和发展机会，依法纳税、抗疫防疫，真正履行了企业公民的义务和责任，是社会发展的重要推动力。

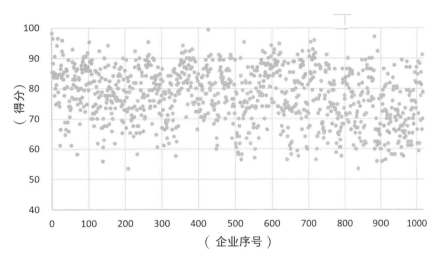

图28 全样本企业社会维度得分分布情况

2.客户

"客户"指标得分73.6分，在社会维度项下得分较低。从企业得分分布看，75分及以上占比31.9%；60至75分占比67.2%；极少数企业得分低于60分，占比0.9%。"客户"指标与企业的品牌声誉、市场表现等紧密相关，企业普遍较为重视客户关系管理，例如为客户提供良好的产品和服务，优化售后服务体系，积极倾听客户反馈意见，不断提升客户满意度。

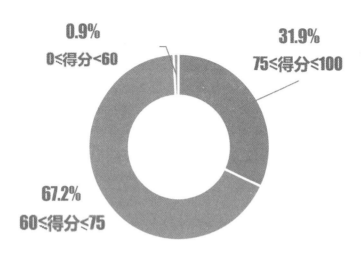

图29 "客户"指标企业得分等级分布

从三级指标看，企业在客户管理方面仍有不足，主要表现为"客户信息保护""绿色消费倡导"指标失分较多。全样本企业中未发生客户信息泄露的相关事件，说明企业在客户信息保护方面，制定和采取了较为有效的措施和严格的管理制度。应当指出，仅有19%的企业针对员工开展了有关客户信息保护相关的培训工作，加强员工的企业信息管理及隐私保护的意识和能力。大数据时代，数据泄露更容易发生，同时隐私保护越来越受到消费者的关注，企业仍需不断完善信息管理制度，加强员工培训，不断提升企业信息管理水平，这也是企业对客户和消费者的重要责任之一。

"绿色消费倡导"提出企业可以通过提供绿色产品、广告宣传、客户交流活动及员工培训等，宣传、倡导绿色消费、绿色生活理念，进而促进公众、消费者进一步形成绿色生活方式，为绿色生产、绿色产品、绿色服务开拓更广阔的市场。数据显示，"绿色消费倡导"指标得分仅为10.3分，只有部分企业意识到培养绿色消费群体的重要性并展开实践：20.7%的企业有针对员工的绿色消费、环保、节约等宣传教育。9.6%的企业有举办针对公众或消费者的绿色消费相关活动，例如开展"全国节能低碳宣传周活动"、在社区中宣传倡导垃圾分类、举办"地球一小时"活动、宣传低碳出行、发起"减塑行动"等。9.4%的企业通过提供绿色、环保的产品，在产品推广和营销过程中，倡导绿色消费、低碳生活等。

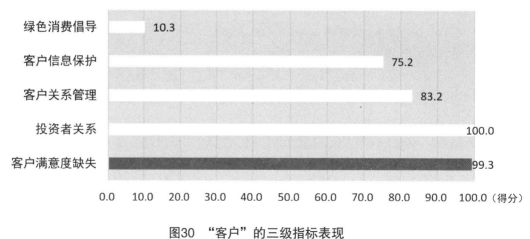

图30 "客户"的三级指标表现

3.社区

"社区"指标得分为72.6分,近半数企业得分在75分及以上,31.3%的企业得分在60分到75分之间,21%的企业得分低于60分。"社区"指标反映企业在经营所在地与当地社区、公众的互利互惠关系,企业依赖当地的基础设施、产业优势、市场等发展其业务,同时为社区提供居民就业、产业辐射、公益捐赠等支持,从而形成良好的发展关系。数据显示,大部分企业均较为重视社区关系的维护,并积极为社区发展和建设贡献力量。

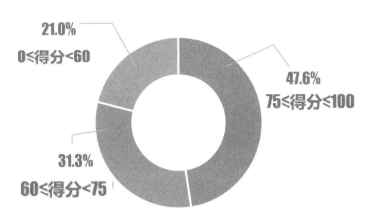

图31 "社区"指标企业得分等级分布

从三级指标来看,"社区发展支持""尊重社区文化"指标表现较好,得分在70分以上,分别为71.6分、70.7分。"教育培训支持"指标得分为56.3分,"志愿者服务"指标得分偏低,为43.9分。企业普遍关注较为直接的社区发展和建设工作,例如基础设施建设、抗击疫情、抢险救灾等。在教育方面,如果企业本身没有相关教育资源,比如大学、职业院校等,则主要通过教育扶贫的方式,参与和支持教育事业发展,占比67.4%;也有约1/4的企业通过与高校合作,提供奖学金、合作科研项目等支持教育发展,并实现互惠互利。志愿服务方面,大部分企业有倡导员工开展社区志愿服务的意识和行动,但相关指标统计不足,例如部分企业通过列举1~2个案例的形式披露员工参与志愿服务工作的情况,但很少有企业能够详细统计员工参与志愿服务的人次、时长,以及组织机制等。

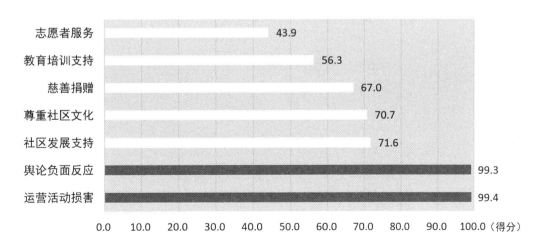

图32 "社区"的三级指标表现

4.政府

"政府"指标是社会维度得分最高的二级指标，得分为87.5分。从企业得分的数量分布看，75分及以上的企业占比78.0%，60至75分的占比21.9%，低于60分的占比0.1%。企业普遍重视与政府管理部门的沟通和交流，包括守法合规、扶贫减贫、稳定就业、依法纳税等。

企业积极落实稳定就业的国家政策。从三级指标看，"就业政策落实"得分为100%，2020年，在疫情严重影响经济发展的情况下，全国城镇失业率为4.24%，基本稳定在合理区间。企业积极通过招聘高等院校毕业生、就业扶贫、地方产业扶持等方式提供了大量就业机会，是扩大就业、吸纳劳动力的基础力量和最大贡献者，"政府沟通"得分为75.0分，企业守法合规经营，积极为行业、市场等相关政策制定建言献策，积极开展绿色工厂、智慧工厂、绿色产业园区等试点示范项目建设，疫情期间全力维持工业生产稳定、员工健康安全的同时为地方政府抗疫提供资金、物资、技术支持等。企业为打赢全国脱贫攻坚战做出重要贡献。"扶贫支出"得分为63.2分。2020年，尽管经济发展受到全球疫情的持续影响，我国如期完成了新时代脱贫攻坚目标任务，实现了现行标准下农村贫困人口全部脱贫，贫困县全部摘帽，近1亿贫困人口实现脱贫。为此，工商企业做出了突出贡献，根据全样本企业统计数据，超过70%的企业参与扶贫，绝大多数企业2020年对口扶贫资金投入、人力投入力度不减反增持续发力，确保了脱贫攻坚取得决定性成果。全样本企业，披露2020年度扶贫投入资金数额的企业为252家，这些企业的扶贫投入达1429亿元，彰显了企业强烈的社会责任意识和履责能力。

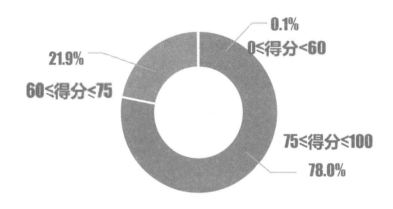

图33 "政府"指标企业得分等级分布

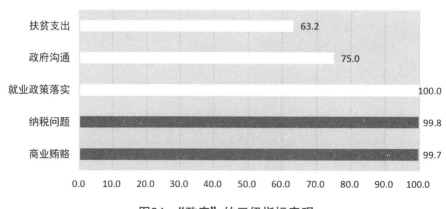

图34 "政府"的三级指标表现

（五）行业分析

1.行业指数表现

本年度，全样本企业共计1018家，覆盖了中国企业可持续发展指数行业分类标准[b]的12个行业大类，其中以消费品工业、消费者服务业企业居多，占比分别为25.1%、11.7%；建材行业、汽车行业企业较少，占比分别为2.4%、3.4%；其他行业企业数量均在5%到10%之间，总体分布较为均匀。与上一年度相比，各行业企业数量占比变化最大的是消费品工业，企业数量占比增加3.6个百分点。

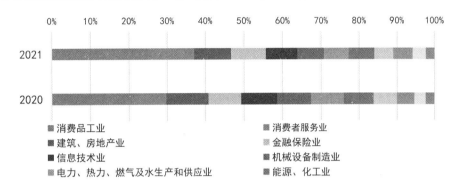

图35 不同行业企业数量分布情况

不同行业的可持续发展指数，分布区间为[58.1~67.1]分，分差为9.0；上一评价年度为[58.2-69.9]分，分差为11.7。年度数据对比显示，本评价年度位列前三位的行业分别是电力、热力、燃气及水生产和供应业、汽车行业、金融保险业，上一年度位列前三位的企业分别是汽车行业、金融保险业、机械设备制造业。少数行业排位变化较大，电力、热力、燃气及水生产和供应业排名明显上升，一定程度上反映了清洁能源体系建设、清洁能源加速发展对行业的促进作用；排位下降最大的是建筑房地产业。

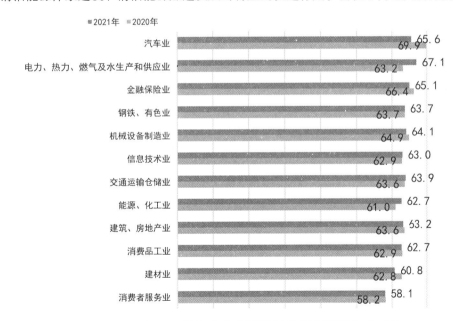

图36 不同行业企业可持续发展指数及年度对比

---

b 中国企业可持续发展指数行业分类标准由中国企业可持续发展指数项目组研究开发。

　　尽管行业表现有所差异，位列"合格"等级的企业仍占多数。测算表明，位列"良好"等级的企业占比在4.9%~30.6%之间，其中机械设备制造占比为30.6%；位列"合格"等级的企业占多数，占比在36.1%~62.0%之间，其中信息技术行业达到62.0%；位列"需要改进"的企业占比在24.2%~59.0%之间，其中消费者服务业占比59.0%。

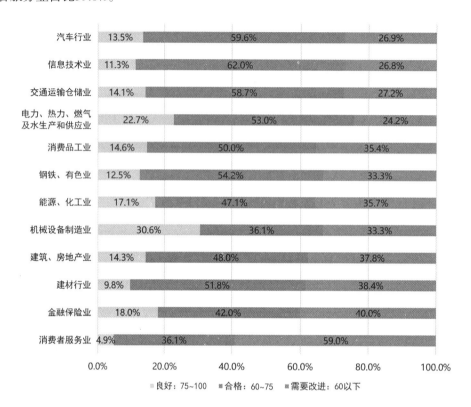

图37 不同行业企业得分等级分布

2.行业维度表现

　　不同行业在竞争力、环境、社会三个维度的表现，差异较为显著。其中，汽车行业和电力、热力、燃气及水生产和供应业表现最优，三个维度的得分均在全样本平均水平之上，平均各维度高出1.9分以上。消费者服务业表现有待提高，三个维度的得分均在全样本平均水平之下，尤其是竞争力维度，低于全样本平均值4.7分。

　　部分行业在本行业内的三个维度表现差异较大：

　　（1）机械设备制造业，竞争力维度高于全样本平均值2.4分，而社会维度低于全样本平均值1.2分。反映了该行业企业较为重视竞争力表现，但社会维度表现还有提升空间。

　　（2）钢铁有色业也有类似情况，在总指数表现较好的情况下，竞争力维度得分高于全样本企业平均水平2.5分，环境维度得分低于全样本企业平均水平2.8分，反映了钢铁有色业企业在环境维度有待改善，应进一步加强环境管理，积极开展环境治理、生态保护、节能减排等工作，以实现综合实力的平衡、稳定发展。

　　（3）金融保险业社会维度得分高于全样本企业4.1分，而竞争力维度得分低于全样本企业平均水平0.5分，反映了金融保险业企业更加重视社会责任履行、利益相关方关系维护等，而在产品或服务的创新、企业治理等方面尚有进步空间。

（4）建筑房地产业企业在全行业中排名不高，但其在环境维度和社会维度的得分均优于全样本企业，分别高出2.0分和1.1分，而在竞争力维度得分低于全样本企业1.6分，如能够进一步重视竞争力维度的提升，其可持续发展综合实力将得到较大改善。

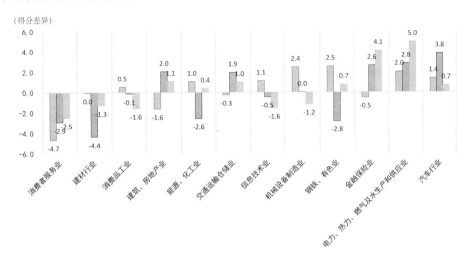

图38 不同行业三个维度得分与全样本企业平均水平比较

3.行业二级指标表现

不同行业的二级指标表现有所差异。8个二级指标中，"产品""环境""资源""社区"4项指标行业表现差异较为显著，行业得分与全样本企业得分差值最大为8.5，行业之间的最大分差达到13.4。"治理""员工""客户""政府"4项指标，行业得分与全样本企业得分差异均不超过5分。

"产品"指标，全样本企业平均分为62.7分，不同行业企业得分在[55.7~67.1]分之间，行业之间最大分差达11.4。其中，机械设备制造业企业得分最高，为67.1分，表现在"质量提升""研发投入""创新成果"等三级指标得分均较全样本企业平均值高出8分以上。其次是钢铁有色业，得分为66.9分，"创新成果""市场占有率""研发投入"等三级指标得分均较全样本企业平均值高出7分以上。得分较低的是消费者服务业，得分为55.7分，低于全样本平均分7.0分，其"创新成果""品牌建设""研发投入"等三级指标得分均低于全样本企业平均分10分以上。

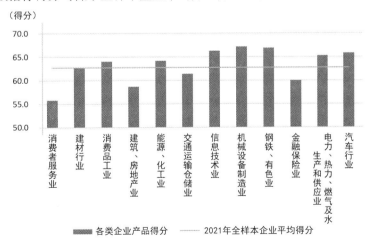

图39 不同行业"二级指标——产品"表现差异

"环境"指标,全样本企业平均分为77.3,不同行业企业得分在[72.1~80.6]分之间,行业之间最大分差为8.5分。其中,金融保险业得分最高,为80.6分,主要表现在"环境友好型产品""环境治理投入""污染防治成效"等三级指标得分均较全样本企业平均值高出8分以上。其次是建筑房地产业,得分为80.4分,其"环境友好型产品""环境治理投入""生物多样性保护"等三级指标得分均较全样本企业平均值高出7分以上。得分较低的是建材行业,得分为72.1分,其"环境治理投入""污染防治成效""碳减排成效"等三级指标得分均低于全样本企业平均值10分以上。

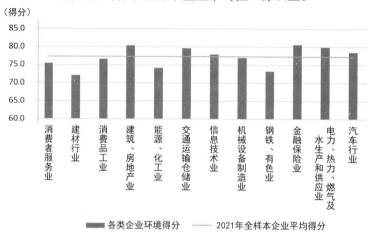

图40 不同行业"二级指标——治理"表现差异

"资源"指标,全样本企业平均分为43.6分,不同行业企业得分在[38.7~52.1]分之间,行业之间最大分差达13.4分。其中,汽车行业企业得分最高,为52.1分,表现在"资源管理体系""能源产出率""终端回收体系"等三级指标得分均较全样本企业平均值高出10分以上。得分较低的是消费者服务业,得分为38.7分,主要表现为"资源管理体系""循环利用协同处理""清洁能源利用"等三级指标得分均低于全样本企业平均分10分以上。

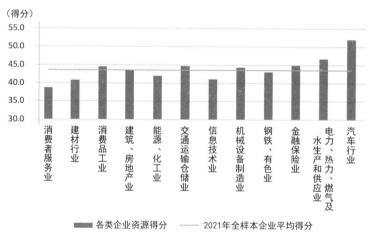

图41 不同行业"二级指标——资源"表现差异

"社区"指标,全样本企业平均分为72.6分,不同行业企业得分在[68.9~80.0]分之间,行业之间最大分差达11.1分。其中,电力、热力、燃气及水生产和供应业得分最高,为80.0分,表现在"慈善捐赠""教育培训支持""志愿者服务"等三级指标得分均较全样本企业平均值高出10分以上。得分较低的是消费者服务业，得分为68.9分，其"慈善捐赠"等三级指标得分低于全样本企业平均分10分以上。

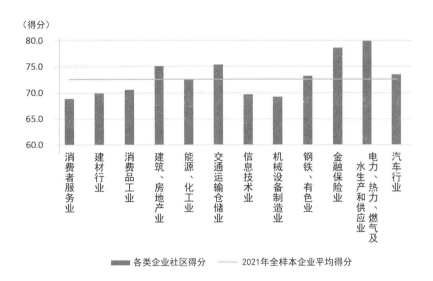

图42 不同行业"二级指标——社区"表现差异

三、中国企业可持续发展趋势分析

（一）总体情况

根据连续四年开展的中国企业可持续发展指数研究，本报告以2018—2021年，每年度参与指数评价的全样本企业数据为基础，开展企业可持续发展指数年度趋势分析。

中国企业可持续发展指数表现总体保持稳中有升。2021年中国企业可持续发展指数为63.0分，较上一年下降0.2个百分点，主要鉴于2020年受全球疫情对经济发展、企业运营的持续影响，指数略有下降，但企业总体表现仍属于稳定态势。

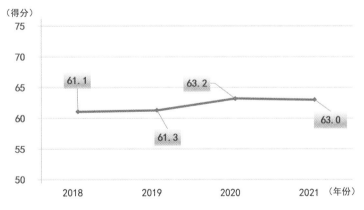

图43 连续四年总指数变化趋势

全样本企业可持续发展指数得分等级分布较为稳定。2021年处于良好、合格、需要改进等级的企业占比分别为13.3%、49.9%、36.8%，从年度变化上看，处于良好等级的企业占比基本保持稳定，合格企业占比略有下降，需要改进的企业占比略有增加，反映了优秀企业能够在多变的市场环境中，保持发展定力，优秀企业的数量和发展质量均较为稳定、可持续发展水平持续改善。

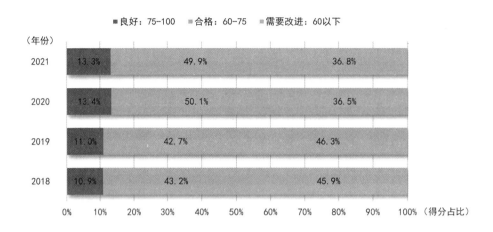

图44 企业可持续发展指数等级年度变化

全样本企业竞争力、环境、社会三个维度表现向好或相对稳定。竞争力维度在前三个年度保持稳定增长，企业高度重视自身在市场竞争中的发展变化，不断通过产品创新、品牌提升、企业治理、人才引进等全方位提升企业竞争力，但受疫情等因素影响，本年度略有下降。环境维度年增长率在前两年大幅提升后趋于平稳，这与我国实施生态文明建设、推进企业环境信息披露等国家战略、政策的实施相一致。近年来，我国环境治理工作取得长足进步，企业付出了巨大努力，也应注意到，建设生态文明社会仍然任重道远。社会维度年增长率在2021年稍有下降，主要与企业在疫情冲击下经营压力加大有关。

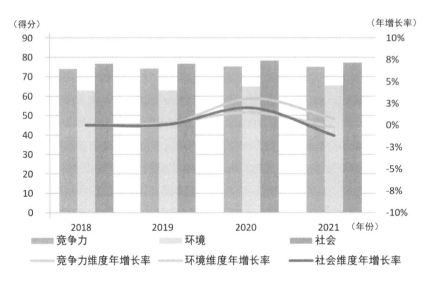

图45 2018—2021年维度表现及年增长率变化

（二）竞争力维度

竞争力维度表现持续趋好。维度得分年均增长率为0.5%。四个年度中，三项二级指标得分均有增长，其中"治理"指标得分年增长率波动较大，呈现先升后降特征，指标得分总体增幅不大；"产品"指标持续增长，年均增幅为0.3%，呈现良好发展趋势；"员工"指标年增长率较为稳定，基本在0.3%以内，指标得分变化幅度较小，但呈现较为稳定的增长。

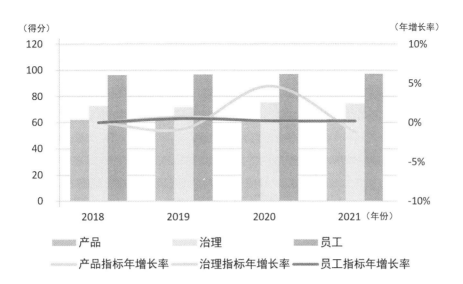

图46 2018—2021年竞争力维度下的二级指标及年增长率变化

具体来看，"产品"指标下的部分三级指标年增长率变化较为明显。其中，"供应商管理体系""智能化""新产品创效"指标总体呈较快增长趋势，年均增幅均超过3%。尤其是"新产品创效"指标，在基础得分不高的情况下，呈现较快增长，得分从2018年的17.7分增至2021年的29.8分，年均增幅超过18%。近年来，我国政府积极推动企业改革和创新，强化企业科技创新能力建设，企业加大研发投入、吸纳科技人才，加速创新发展，数据也反映了企业在创新创效方面取得了良好的进展。

"知识产权保护"指标虽然得分不低，但从年度变化上看得分有所下降。2019年，中共中央办公厅、国务院办公厅印发的《关于强化知识产权保护的意见》指出，加强知识产权保护，是完善产权保护制度最重要的内容，也是提高我国经济竞争力的最大激励。并提出编制发布企业知识产权保护指南，鼓励企业加强风险防范机制建设等要求。在市场经济和国际化发展的大背景下，企业需持续强化产权管理和保护意识，提升企业知识产权管理水平。

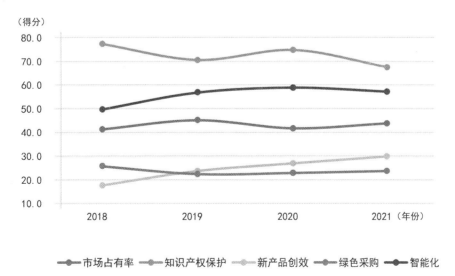

图47 "产品"指标下的部分三级指标年度变化

"治理"指标下，"利税贡献"指标有较大幅度增长，年均增幅在10%以上，反映了我国企业在经营效益和纳税贡献方面持续改善。数据显示，本年度，利税贡献指标得分为53.3分，超过35%的企业利税贡献超过30亿元人民币，超过60%的企业利税贡献占营业收入的比重达到8%以上，企业经营发展良好。

企业持续推进国际化发展。"国际化发展"指标得分维持在较低位，得分为32.8分，四年来，指标得分变化波动，但年均增幅仍达到5.3%。企业积极借力"一带一路"倡议、区域经济一体化等发展优势，推动企业走向国际市场。

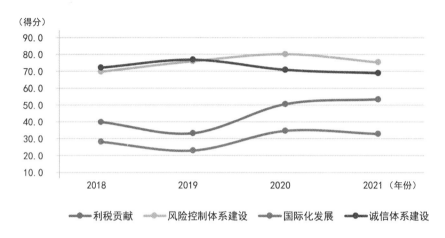

图48 "治理"指标下的部分三级指标年度变化

"员工"指标总体稳定且得分基本在95分以上。"多元化""员工发展""福利及退休保障"等指标均有小幅增长。企业在员工管理、人才建设方面持续向好。

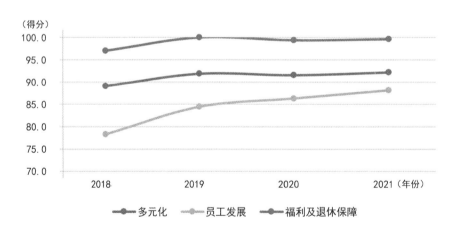

图49 "员工"指标下的部分三级指标年度变化

（三）环境维度

企业环境维度表现持续向好。维度得分年均增长率为1.3%。四个年度中两项二级指标得分均有增长，其中"资源"指标得分年增长率变幅较大，先升后降，指标得分总体增幅不大；"环境"指标年增长率较为稳定，年均增幅为1.7%，指标得分也从2018年的73.6分增长到77.3分。企业环境信息披露逐步趋于透明化、规范化，每年投入大量的人力物力开展环境治理、污染减排等，取得较好的效果。

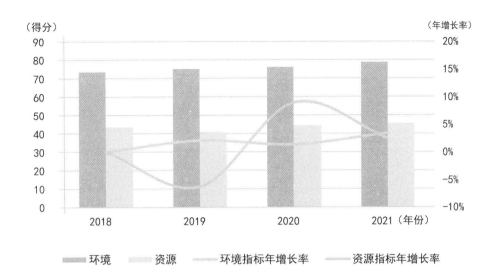

■ 环境　■ 资源　— 环境指标年增长率　— 资源指标年增长率

图50 2018—2021年环境维度下的二级指标及年增长率变化

具体来看，"环境"二级指标下，绝大多数指标呈现增长的趋势，尤其是"环境友好型产品""环境信息公开"等指标，得分年均增幅在5%以上。"污染防治成效""环境风险和危机管理"等指标也均有小幅增长。

企业积极开展环境友好产品的研发、推广和利用。企业开发环境友好产品，有利于提升产品和服务的质量，强化绿色低碳的品牌形象，有利于促进全社会的绿色、低碳发展。近年来，我国持续推进绿色产品、绿色设计、绿色工厂建设，绿色产品认证认可制度等标准和措施，为推进企业研发环境友好的技术、产品，提供绿色产品服务提供了良好的政策环境。数据显示，49.9%的企业制定了有关环境友好产品的发展计划，并积极采取行动。39.9%的企业有开发和推广环境友好产品的成功实践，例如节能节水的家电、环保建材、循环包装、新能源汽车等绿色产品逐步推向市场，并受到消费者广泛认可。

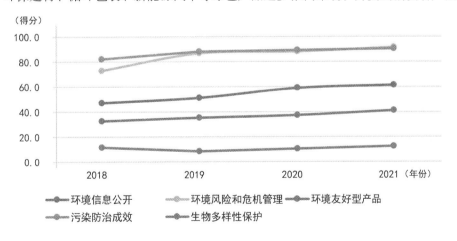

<!-- figure legend -->— 环境信息公开　— 环境风险和危机管理　— 环境友好型产品
— 污染防治成效　— 生物多样性保护

图51 "环境"指标下的部分三级指标年度变化

生物多样性关注度有所提升。"生物多样性保护"指标从2018年的11.6，增长到2021年的12.4，年均增幅2.3%，参与生物多样性保护的企业比例依然偏低。一些企业对生物多样性认识不足；一些企业虽然有参与生物多样性保护工作的积极性，但缺乏必要的指引和参考，无从着手。相信随着生物多样性大会在中国的召开，生物多样性保护相关的政策、制度日臻完善，未来企业在该指标的表现将持续改善。

"资源"二级指标下，多项三级指标表现呈现正增长。相对增长较快的指标有"能源产出率""水资源产出率"，年均增幅在3%左右。"资源利用信息公开""循环利用协同处理"等指标有待提高。

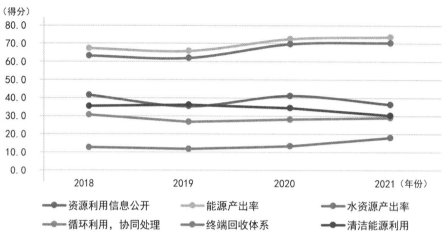

图52 "资源"指标下的部分三级指标年度变化

2020年，受疫情影响，全球经济发展放缓，在我国GDP同比增长2.3%的情况下，能源消费总量增长2.2%，清洁能源的消费量占能源消费总量的比重比上年提高1个百分点，清洁能源成为能源消费增量主体。企业对清洁能源的广泛利用不仅能促进企业的污染治理与碳减排，也有利于全国"碳中和"目标的早日实现。企业不仅是清洁能源、可再生能源的供给者，同时也是重要的清洁能源消费者，是我国清洁能源发展的重要力量。

（四）社会维度

企业社会维度表现波动较大，总体保持良好。维度得分为77.3，年均增幅为0.3%。从四个年度看，三项二级指标中，"客户"和"政府"指标得分略有提高，年均增幅分别为0.7%和0.9%。企业在履行社会责任、利益相关方沟通等方面表现良好。

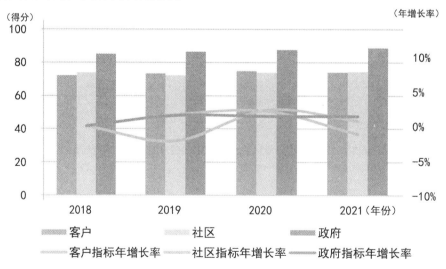

图53 2018—2021年社会维度下的二级指标及年增长率变化

"客户"指标下，"绿色消费倡导"指标得分维持低位，且略有下降，其他指标总体稳定，略有增长。

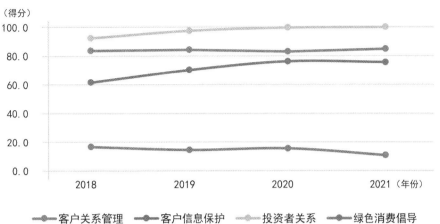

图54 "客户"指标下的部分三级指标年度变化

"社区"指标下，"慈善捐赠"指标持续增长，年均增幅达3.6%，其次是"尊重社区文化"，年均增幅分别达3.5%，但2020—2021年，"教育培训支持"和"志愿者服务"指标略有下降。

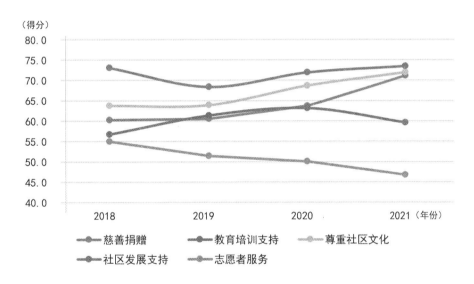

图55 "社区"指标下的部分三级指标年度变化

"政府"指标下，"扶贫支出"指标呈现明显增长，年均增幅达4.6%，尤其在2020年企业经营压力较大的情况下，"扶贫支出"指标仍然提升了0.8，得分为63.2分，确保了我国脱贫攻坚任务的圆满完成。

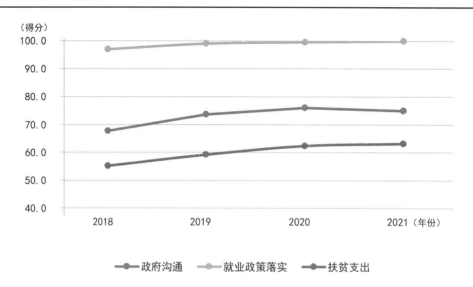

图56 "政府"指标下的部分三级指标年度变化

四、2021中国企业可持续发展100佳

根据全样本企业可持续发展指数表现，从1018家评价企业中遴选出100家各行业领先企业，确定"2021中国企业可持续发展100佳"名单，简称"百佳企业"。

（一）百佳企业指数表现

2021年，中国企业可持续发展100佳表现良好，通过优秀政治表现、突出的社会贡献、卓越的管理、领先的技术、优质的产品、良好的品牌形象，引领全行业企业健康发展。

数据显示，2021年百佳企业平均得分为78.5，较全样本企业平均得分63.0高出15.5分。百佳企业最高分为86.0，最低分为75.2，领先企业的可持续发展优势在经济下行压力下进一步凸显。

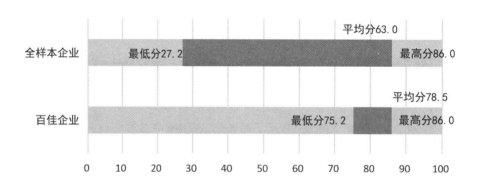

图57 百佳企业与全样本企业的整体表现对比

从百佳企业的行业分布情况看，消费品工业上榜企业最多，达到14家；其次是电力、热力、燃气及水生产和供应业，上榜企业数量为11家。从上榜比例来看，汽车行业上榜企业占本行业样本企业数量的比例最高，达到19.4%；消费者服务业上榜企业占本行业样本企业的数量比例最低，为4.1%。我国汽车行业和钢铁有色业大企业整体发展较为良好。交通运输仓储业大企业数量虽然偏少，但优质企业占比

不低。消费品工业企业规模偏小，数量庞大，领先企业数量不多，尚有进一步发展的巨大空间。

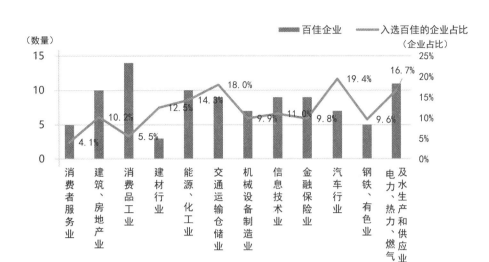

图58 百佳企业中不同行业企业占比

百佳企业各维度表现均属领先，表明在可持续发展的各个方面具有显著优势。竞争力维度得分86.7，高于全样本企业11.7个百分点；环境维度得分77.3，高于全样本企业11.8个百分点；社会维度得分87.8，高于全样本企业10.5个百分点。

百佳企业各维度表现更为均衡。社会维度得分最高，为87.8分；环境维度得分最低，为77.3分，两者相差10.5分。全样本企业同样是社会维度得分最高，环境维度得分最低，两者相差11.8分。这在一定程度上反映了领先企业更加注重企业均衡发展，更加重视提升企业核心竞争力，即企业的产品、服务和治理等。

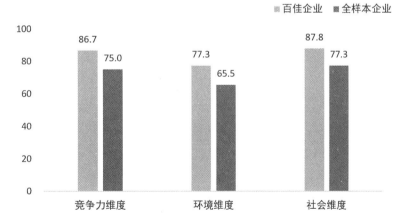

图59 百佳企业与全样本企业维度表现对比

从二级指标表现来看，百佳企业表现最优的为"员工"指标，得分98.3；其次是"政府"指标，得分94.9；表现较低的为"资源"指标，得分63.9，是唯一低于70分的二级指标。二级指标的得分差异和排序基本与全样本企业表现一致。

与全样本企业相比，百佳企业"资源"指标存在明显优势，高于全样本企业20.3分，其次是"产品"和"社区"指标，均高于全样本企业17.2分，表明领先企业不仅重视其产品和服务的高质量发展，更加重视资源的高效利用，这也是我们倡导企业更加关注的领域，企业的发展应当充分考虑所在地、所在国的资源禀赋，通过高效利用资源、减少资源依赖，研发替代性资源等，不断提升企业的环境和资源正向影响。

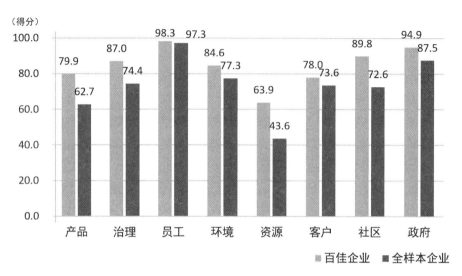

图60 2021年百佳企业与全样本企业二级指标表现

具体到三级指标，百佳企业在竞争力、环境、社会三个维度均有代表性的优势指标，例如竞争力维度的"质量提升""市场占有率""创新成果""研发投入"等指标，环境维度的"环境友好产品""生物多样性保护""资源管理体系""资源利用信息公开""清洁能源利用"等指标，社会维度的"教育培训支持""社区发展支持""志愿者服务"等指标。以上12项指标，百佳企业的得分均高于全样本企业20分以上，既印证了前文所述企业在"产品"和"资源"指标方面具有显著优势，又反映了领先企业的可持续发展综合实力。更为重要的是，在经济下行压力大的2020年，优秀企业不仅重视自身稳定经营和发展，而且在支持社会发展、参与抗击新冠疫情、扶贫攻坚、支持公益教育发展等方面持续发力，为全社会可持续发展做出重要贡献。

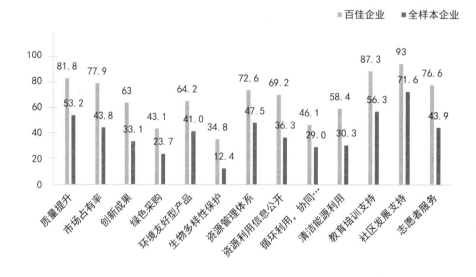

图61 2021年百佳企业与全样本企业部分三级指标表现

（二）百佳企业趋势分析

中国企业可持续发展100佳榜单已连续推出第四年，参与评选的企业范围不断扩大，上榜企业为促进行业可持续发展起到了积极的引领和带动作用。

从百佳企业四年数据来看，上榜企业得分呈现波动变化，平均分在78~80分之间上下波动，本年度有所下降，与2019年持平；最高分由2018年的85.8分，提高到2020年的88.2分，本年度降至86.0分。得分变化反映出疫情对领先企业产生了一定影响，但百佳企业总体仍然保持稳定良好的发展趋势，领先企业持续推进高质量发展，成果明显。

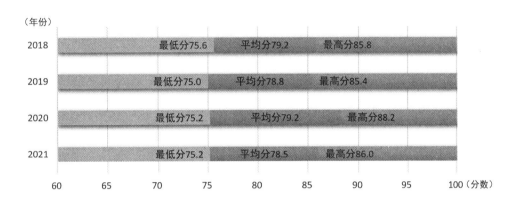

图62 百佳企业得分分布年度比较

百佳企业在三个维度的表现有所波动，环境维度表现有较大改善。尽管本年度百佳企业环境维度得分有所下降，但从四年的数据来看，百佳企业环境维度得分年均增幅仍达到2.1%，得分从2018年的72.6增长到本年度的77.3。企业积极承担环境责任，不仅持续改善和降低自身运营过程对环境的影响，同时积极开发绿色、低碳的技术、方案和产品，为解决行业污染治理问题和社会环境问题提供解决方案，在能源节约、水资源保护和利用、循环经济发展等方面持续提高资源效率、减少资源消耗，开发清洁能源、可再生材料等，为环境保护和生态文明建设贡献力量。

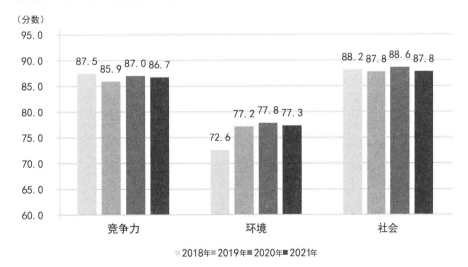

图63 百佳企业维度表现变化趋势

从二级指标看，竞争力维度，百佳企业的"产品"二级指标在2018—2019年有所下降，近三年表现均有所提升；"治理"指标呈现波动变化，本年度略有下降，主要表现为"国际化发展""风险管理体系"等三级指标得分稍有下降，但"可持续发展战略"等指标仍较上一年度有所提升仿佛，你"员工"指标较为稳定。

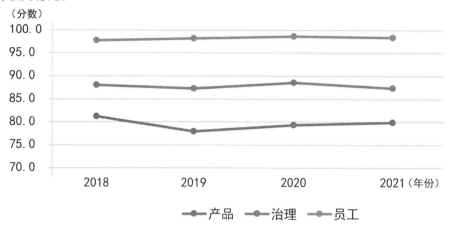

图64 百佳企业竞争力维度下二级指标表现年度趋势变化

环境维度，百佳企业的"环境"二级指标持续改善，本年度较上年度上升1.3分，年均增幅达3.1%。主要表现为"环境信息公开""生物多样性保护"等指标得分较上年提高6.6分和8.6分。"资源"二级指标表现在持续三年上升后，本年度有所下降，总体仍小幅上升，由2018年的63.8分，上升到2020年的67.7分，本年度回落到63.9分，其中"终端回收体系""水资源产出率"等三级指标较上一年度仍有所增长。

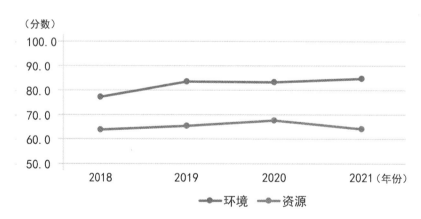

图65 百佳企业环境维度二级指标年度趋势变化

社会维度，百佳企业的"政府""社区"两项二级指标均表现为连续三年增长，本年度有所下降，但总体仍较2018年有所改善，"政府"指标年均增幅为0.3%，"社区"指标年均增幅为0.2%，指标得分保持在90分左右。"客户"指标得分波动变化，保持在75分以上，相较于社会维度的其他两项二级指标，表现偏弱，企业需要持续加强客户管理。

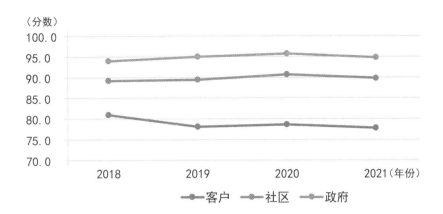

图66 百佳企业社会维度下二级指标表现年度趋势变化

（三）2021中国企业可持续发展100佳榜单

依据对1018家企业的详细分析和综合评价，遴选出2021中国企业可持续发展100佳，上榜企业名单见表1。

表1 2021中国企业可持续发展100佳

企业名称	排名
国家电网有限责任公司	并列第一（6家）
中国石油化工股份有限公司	
中国宝武钢铁集团有限公司	
中国交通建设股份有限公司	
中国移动有限公司	
比亚迪股份有限公司	
中国国际海运集装箱（集团）股份有限公司	并列第二（9家）
华为投资控股有限公司	
中国南方电网有限责任公司	
中国石油天然气股份有限公司	
中国铁建股份有限公司	
广州白云山医药集团股份有限公司	
中国中铁股份有限公司	
上海汽车集团股份有限公司	
内蒙古伊利实业集团股份有限公司	

广州汽车集团股份有限公司	
TCL科技集团股份有限公司	
中国电信股份有限公司	
中兴通讯股份有限公司	并列第三
潍柴动力股份有限公司	（9家）
中国第一汽车集团有限公司	
中国人民保险集团股份有限公司	
国家能源投资集团有限责任公司	
京东方科技集团股份有限公司	
北京控股集团有限公司	
中国恒大集团有限公司	
中国海洋石油集团有限公司	
顺丰控股股份有限公司	
株洲中车时代电气股份有限公司	
中国联合网络通信股份有限公司	并列第四
中国广核电力股份有限公司	（11家）
远洋集团控股有限公司	
苏宁易购集团股份有限公司	
中国机械工业集团有限公司	
海信家电集团股份有限公司	
招商银行股份有限公司	
联想控股股份有限公司	
国家电力投资集团有限公司	
格林美股份有限公司	
融创中国控股有限公司	
北京碧水源科技股份有限公司	
阳光电源股份有限公司	并列第五
腾讯控股有限公司	（12家）
海尔智家股份有限公司	
交通银行股份有限公司	
中国华能集团有限公司	
碧桂园控股有限公司	

公司	排名
浙江大华技术股份有限公司	并列第六 （17家）
上海电气集团股份有限公司	
中国平安保险（集团）股份有限公司	
中国中车股份有限公司	
中国化学工程股份有限公司	
上海海立集团股份有限公司	
国家开发投资集团有限公司	
中国工商银行股份有限公司	
华润（集团）有限公司	
中国农业银行股份有限公司	
中国铁路通信信号股份有限公司	
宜宾五粮液股份有限公司	
中国能源建设股份有限公司	
云南白药集团股份有限公司	
招商局港口集团股份有限公司	
美的集团股份有限责任公司	
鞍钢集团有限公司	
中国联塑集团控股有限公司	并列第七 （17家）
中国中煤能源股份有限公司	
中粮集团	
中国东方电气集团有限公司	
兖州煤业股份有限公司	
新疆金风科技股份有限公司	
小米集团	
中国长江三峡集团有限公司	
南京钢铁股份有限公司	
上海家化联合股份有限公司	
深圳华大基因股份有限公司	
上海医药集团股份有限公司	
中国东方航空股份有限公司	
新兴际华集团有限公司	
中国山水水泥集团有限公司	
复星国际有限公司	
中国电力建设集团有限公司	

中国建材股份有限公司	
利民控股集团股份有限公司	
长城汽车股份有限公司	
中国银行股份有限公司	
紫金矿业集团股份有限公司	
深圳华侨城股份有限公司	
中国核工业集团有限公司	
浪潮电子信息产业股份有限公司	
东风汽车集团股份有限公司	
中国船舶重工集团动力股份有限公司	并列第八
中国国际航空股份有限公司	（19家）
中国建筑股份有限公司	
徐工集团工程机械股份有限公司	
兴业银行股份有限公司	
郑州宇通客车股份有限公司	
中国民航信息集团有限公司	
万科企业股份有限公司	
万华化学集团股份有限公司	
中国南方航空股份有限公司	

五、发现和启示

（一）受疫情持续影响，企业可持续发展总体好于预期

2020年，疫情对全球和国内经济产生了巨大影响，上半年，全球经济增长几乎停滞，下半年尽管国际疫情仍然严重，国内经济复苏稳步展开。凭借对疫情的有效防控以及国内较为完善的制造业产业链，部分企业对外贸易、市场表现仍有所提升，不少企业在利税贡献、市场拓展、国际化发展等方面表现超出预期。根据国家统计局发布的数据，2020年中国货物进出口总额321557亿元，比2019年增长1.9%。其中，出口179326亿元，增长4.0%；进口142231亿元，下降0.7%。从测算数据看，全样本企业市场占有率指标得分较2019年提升2.1分，尤其在产品销售量和市场拓展方面，有超过半数的企业较2019年有所提升，其中运输仓储类企业、生活消费品、医药等行业企业最为显著。这不仅得益于国家和企业自身有效的疫情防控工作，也得益于2020年企业积极拓宽线上、海外等销售渠道，带来业务规模的增长；同时，企业积极披露市场表现，在市场信心不足的情况下，更易获得股东及利益相关方的支持和信任。

疫情对企业可持续发展管理水平和可持续发展实力是严峻考验。总的来看，重视可持续发展管理的企业，其供应链管理良好、创新能力强、风险管控较为严格，因此受疫情等突发事件的影响相对较

小，反之亦然。数据显示，"供应商管理""研发投入""创新成果""风险控制体系建设"等指标排名前20%的企业，指数总得分高于全样本平均值4.5分。企业可以借鉴行业领先企业经验，进一步提升可持续发展管理水平，全面梳理可持续发展治理架构，建立管理层深度参与、专业部门横向协同、各层级纵向贯通的可持续发展组织体系，促使可持续发展纳入战略、进入管理、融入运营，推进可持续发展工作规范化和常态化，不断巩固和提升可持续发展实力。

（二）扶贫攻坚任务圆满完成，企业贡献突出

2020年，我国在疫情持续影响下，圆满完成脱贫攻坚任务。现行标准下农村贫困人口全部脱贫，贫困县全部摘帽，消除了绝对贫困和区域性整体贫困，近1亿贫困人口实现脱贫，取得了令世界瞩目的重大胜利。根据官方数据，8年来，中央、省、市县财政专项扶贫资金累计投入近1.6万亿元，为打赢脱贫攻坚战提供了强大资金保障。与此同时，工商企业在扶贫攻坚过程中做出了重要贡献，积极通过多种方式参与扶贫减贫工作，为打赢扶贫攻坚战提供了重要的支持。以央企为代表的国有大企业，持续多年开展扶贫工作，即使在疫情期间扶贫资金、人力、产业支持等方面持续发力。全样本企业中，超过70%的企业展现了扶贫成效，其中，扶贫资金投入总额达到1429亿元，扶贫资金投入在1000万元以上的企业占比11.0%；此外，75%以上的企业还通过基金会、教育捐赠、社区共建等，持续开展的特色项目支持贫困地区和弱势群体。工商企业在经济下行压力大的情况做到扶贫支撑力度不减反增，彰显了优秀工商企业的责任感和使命感。进入"十四五"发展时期，企业要在巩固拓展脱贫攻坚成果、乡村振兴进程中，承担好社会责任，体现更多企业担当，通过企地协作、对口支援、定点帮扶、多方参与等机制，开拓与强化产业合作、劳务协作，促进城乡共同发展、共同富裕。

（三）"双碳"目标加速驱动企业碳减排，能源转型加速

我国"碳达峰、碳中和"目标确立后，众多企业积极行动，主动承担"减碳降碳"任务，很多企业制定了明确的"碳减排、碳达峰"目标，分解目标落实责任。全国碳交易市场的建设，进一步促进企业碳减排工作，积极开展碳排放的核算核查和统计。据不完全统计，全样本企业中，约41.8%的企业已经建立了温室气体排放清单，比2019年提升9.8个百分点。企业在能源管理、能效提升等方面均有良好表现，测算数据显示，"能源产出率""水资源产出率"指标分别较2019年提升1.1和0.7分。根据国家统计局发布的数据，2020年我国能源消费比上年增长2.2%，增速比2019年下降1.1个百分点，总量为497714万吨左右标准煤，在GDP增速下滑至2.3%的情况下，实现单位GDP能耗比上年下降0.1%，"十三五"期间累计下降近14%。

"双碳"目标推进能源转型，受疫情冲击，能源转型尚处在起步加速阶段。2020年至今，"双碳"目标相关的政策、规划、行动计划等均在积极有序推进，加之全球极端天气事件频发对人们的生产、生活和经济发展产生严重影响，进一步促进了企业的能源转型、清洁能源和可再生能源的开发与利用。国际能源署发布的《2020年世界能源投资》报告指出，新冠肺炎疫情导致全球能源投资大幅下跌达20%，相比较石油和天然气，清洁能源表现出韧性，可再生能源、核能和碳捕获等技术的投资占比在整体大幅下降的条件下，反而上升至40%。从国内看，受疫情影响，企业上半年复工复产率不足、生产效率低下、运输和仓储等成本增加、清洁能源发展动力不足，导致能源转型速度放缓；在全样本企业中，仅有29.7%的企业在生产运营过程中有意识的生产、投资或使用清洁能源；仅有36.8%的企业制定清洁能源发展计划。尽管氢能作为重要的清洁低碳能源和工业原料近年来受到业内高度关注，氢燃料电池汽车产销量稳步上升、加氢站数量快速增长、风光电制氢技术成本有所降低，然而氢能生产成

本偏高、核心技术尚待攻克、绿氢占比低等难题是氢能发展的制约因素。总体来看，清洁能源发展、能源低碳转型有巨大的发展空间，尚需加倍努力。

"双碳"目标是企业实施低碳、绿色转型发展的动员令和进军号。中共中央政治局2021年7月30日召开的会议提出，要统筹有序做好"碳达峰、碳中和"工作，尽快出台2030年前碳达峰行动方案，坚持全国一盘棋，纠正运动式"减碳"，先立后破，坚决遏制"两高"项目盲目发展，有序有力有效推动"双碳"目标实现。

（四）数字技术催生新的管理方式和商业模式

2021年中国企业可持续发展指数评价显示，中国企业"智能化"指标稳定上升，2021年智能化指数较2018年提高了7.5分，年均增长率为4.8%。制定智能化发展计划的企业占比达70%，在智能制造、智能工厂、智能管理等方面有实施案例或试点、示范的企业占比达51.1%。新冠疫情激发了数字经济的快速发展，数字化办公和智能化生产得以广泛应用。疫情期间，各种网络平台的利用使得远程培训、员工管理和居家办公进一步普及，数字化提升了工作效率，也帮助企业在特殊时期获得更多合作机会和创新机会。数字技术、线上办公、物联网等的发展带动云技术、云产业加速发展。2020年，云计算市场保持高速发展，整体市场规模达到了1781亿元，增速超过33%。

数字技术发展督促企业加速适应新的生产模式、消费方式等。数字化转型助力企业加强与客户、消费者、供应链上下游企业的信息与数据共享，建立平台化的供应链，从而实现快速的市场响应。实施数字化转型发展战略，制定数字化转型长期规划，快速融入发展新环境是企业可持续发展的重要课题。不同行业的企业需要识别有助于自身发展的数字化技术，并对数字化发展路径进行科学规划，识别自身发展的核心提升方向。在数字时代的竞争中，企业以数字化发展理念为引领，以数字化技术创新为驱动，以强劲的动力实现可持续发展。

（五）企业信息披露亟待清晰明确的标准指引

近年来，企业信息披露表现持续改善，上市公司、发债企业等发布的年度报告信息更加全面，除财务数据外，还有详细的企业发展战略、环境信息情况、扶贫工作开展情况等；发布社会责任报告、可持续发展报告、ESG报告等非财务报告的企业数量持续增加，报告质量有所提高。资本市场、监管部门、公众等利益相关方对企业信息披露的要求和期待日趋强烈，企业加强信息披露将有助于ESG投资、绿色金融的快速发展。2021年2月1日，《碳排放权交易管理办法(试行)》正式在全国范围内试行，7月16日全国碳排放权交易市场正式鸣锣开市，标志着全国碳市场全面启动。碳市场建设的重要基础是企业碳信息披露完善和透明。生态环境部印发的《环境信息依法披露制度改革方案》指出，环境信息依法披露是重要的企业环境管理制度，是生态文明制度体系的基础性内容。深化环境信息依法披露制度改革是推进生态环境治理体系和治理能力现代化的重要举措。企业碳信息、环境信息及其他非财务信息披露的重要性进一步凸显。

2021年中国企业"环境信息公开"指标得分为61.4，较2019年、2020年分别增长10.3和2.4。"资源利用信息公开"指标得分为36.3，较2019年、2020年无明显改善。2020年7月1日，港交所新版ESG指引正式生效，进一步强制披露董事会ESG责任、环境绩效和量化指标等信息。2020年9月4日，深交所提出对上市公司是否主动披露环境、社会责任和公司治理履行情况进行考核。新的标准在一定程度上推动了企业非财务信息披露情况的改善。数据反映出，企业对有强制性披露要求的环境信息披露质量不断提高，对倡导披露的资源类信息披露情况尚有较大提升空间。企业信息披露的标准仍待进一步规范，例如披露指标的具体内容、数据的可比性、连续性等。近日，中国人民银行发布中国首批绿色金融标准，包括《金融机构环境信息披露指南》（JR/T 0227—2021）及《环境权益融资工具》（JR/T 0228—2021）两项行业标准，标准列出了金融行业应当从环境治理、政策制度、环境相关产品和服务、环境风险管理、投融资的环境影响、自身运营的环境影响、绿色金融创新等方面开展环境相关的数据梳理和信息披露，相较于其他行业在信息披露方面迈进一大步。

中国上市公司治理状况分析

——基于2021中国上市公司治理指数

南开大学中国公司治理研究院　南开大学商学院

一、公司治理质量与治理评价

股市的健康发展需要四个条件：一是宏观经济的基本面要好；二是上市公司质量要高；三是投资者的成熟度和理性度要高；四是监管要适度、有效（成思危，2009）。由此可见，上市公司是股市的基石，必须提高上市公司质量，股市才能健康发展（成思危，2007）。而提高上市公司质量的关键是公司治理（宋志平，2019；2020），公司治理是公司质量最重要的方面，完善的公司治理机制对于保证市场秩序具有十分重要的作用。

公司治理改革已经成为全球性的焦点问题，近几十年来，全球公司治理研究的主体由以美国为主逐步扩展到英美日德等主要发达国家，而最近几年已扩展到转轨和新兴市场国家。研究内容也随之从治理结构与机制的理论研究，扩展到治理模式与原则的实务研究。目前公司治理质量与治理环境备受关注，研究重心也因此转移到公司治理评价和治理指数。

对于中国企业来说，公司治理经过四十多年的探索与完善，已取得一些成效：相关法律法规政策体系的形成，使治理有所依；多层次治理监管体系的搭建，使治理有所约；上市公司治理水准逐渐提高，使治理有所得（李维安，2012a）。尽管中国上市公司治理起步晚于国外，但经过建立治理结构和建设好治理机制，目前中国上市公司治理进入了以质量为核心的改革发展重要阶段。此时，更重要的是实现治理的有效性，例如已经设立的提名委员会，是否能真正提名，这是治理要走的第三步。这其中，公司治理评价又是非常重要的环节，通过评价能够及时发现治理存在的问题，进而提高治理有效性。

目前，随着公司治理由传统的股东至上的"单边治理"模式演化为利益相关者"共同治理"模式（Freeman，Reed，1983），致力于为每个利益相关者创造价值以实现公司、社会和国家的未来成功已成为公司目标的新定位（Business Roundtable，2019），公司将更加兼顾与之发生各种社会经济联系的集团和个人的正当权益（卢昌崇，1994），并负有推动经济社会可持续发展的重要责任。在此背景下，公司治理理念和治理模式也面临新的挑战，需要建立一套适应当前中国公司治理环境的公司治理评价系统和评价指数，以规范公司治理结构及董事会的治理行为，建立良好的高管层激励与约束机制，完善公司的信息披露制度，保护股东及其他利益相关者的权益，提高公司可持续发展能力和整体质量，最终实现良好的经营业绩。

二、公司治理评价的重要意义

（一）有利于政府监管并促进资本市场的完善与发展

公司治理指数反映了公司治理水平。详细编制并定期公布公司治理指数，能够使监管机构及时掌握其监管对象的公司治理结构与治理机制的运行状况、存在的问题以及影响因素，从而在信息反馈方面确保其制度制定的合理性以及监管的有效性（李维安，程新生，2005）。同时，有利于监管机构及时掌握中国公司治理状况以及相关的准则、制度等的执行情况。利用该系统，监管机构可以及时了解其监管对象在控股股东行为、董事会、监事会、高管的选聘与激励约束机制、信息披露与内部控制等方面的建立与完善程度以及可能存在的公司治理风险等，有利于有效发挥监管机构对于公司的监管职能。

（二）有利于对公司形成强有力的声誉制约并促进证券市场质量提高

基于融资以及公司持续发展的考虑，公司必须注重其在证券市场以及投资者心中的形象。公司的信用是建立在良好的公司治理结构与治理机制的基础之上的，一个治理状况良好的公司能够塑造良好的企业信用。建立公司治理评价系统，可以对公司治理的状况进行全面、系统、及时的跟踪，从而形成强有力的声誉制约。而定期将评价的结果公布则可以弥补中国企业外部环境约束较弱的缺陷。不同时期公司治理指数的动态比较，反映了公司治理质量的变动状况，也有利于形成动态声誉制约。由于公司治理评价状况的及时公布而产生的信誉约束，将促使公司不断改善其公司治理状况，最大限度地降低公司治理风险，因此有利于强化公司信用，提高证券市场质量。

（三）有利于公司治理诊断、监控与完善，促进公司科学决策

公司治理指数使被评价对象能够及时掌握本公司治理的总体运行状况以及公司在控股股东行为、董事会、监事会、经理层等方面的治理状况以及信息披露、内部控制状况，及时对可能出现的问题进行诊断，有针对性地采取措施，从而确保公司治理结构与治理机制处于良好的状态，进而提高公司决策水平和公司竞争力。定期提供公司治理评价信息，将使管理当局及时地发现公司治理潜在的风险，并采取积极的措施降低与规避监控风险；投资者可以利用公司治理评价所提供的有关公司治理质量、公司治理风险的全面信息，了解其投资对象，获得科学决策所需的信息资源。

（四）为投资者投资提供鉴别工具并指导投资

及时量化的公司治理指数，能够使投资者对不同公司的治理水平与风险进行比较，掌握拟投资对象在公司治理方面的现状与可能存在的风险。同时根据公司治理指数、风险预警与公司治理成本以及公司治理绩效的动态数列，可以判断投资对象公司治理状况与风险的走势及其潜在投资价值，从而提高决策水平。传统上，投资者主要分析投资对象的财务指标，但财务指标具有局限性。建立并定期公布公司治理指数，将促进信息的公开，降低信息不对称性，提高决策科学性。例如，成立于1992年的LENS投资管理公司的投资选择原则是从财务评价和公司治理评价两个角度找出价值被低估和可以通过公司治理提高价值的公司。美国机构投资者服务组织（Institutional Shareholder Services，缩写为ISS）、英国指数公司富时集团（FTSE Group）还建立起了公司治理股价指数，为其会员提供公司治理咨询服务。

（五）有利于建立公司治理实证研究平台并提高公司治理研究水平

公司治理是一项系统工程，能否将影响公司治理水平的多种复杂因素进行科学量化，已经成为制约衡量公司治理质量的"瓶颈"（李维安，2012b）。中国公司治理指数使公司治理的研究由理论层面的研究具体到量化研究和实务研究，有利于解决公司治理质量、公司治理风险、公司治理成本与公司治理绩效度量这些科学问题。公司治理评价过程中的一系列调查研究的成果是顺利开展公司治理实证研究

的重要数据资源。这一平台的建立，将使公司治理理论研究与公司治理实践得以有机结合，进一步提高公司治理理论研究对公司治理实践的指导作用。

三、国内外主要公司治理评价系统

（一）公司治理评价系统的内涵

评价是人们对某个特定客体的判断，是主观对于客观的认识活动。这种主观认识活动，有利于人们对客观事物及其规律的认识与把握，从而采取有效措施，改进组织，提高效率。公司治理评价就是对公司治理结构与治理机制的状况进行的评价。具体地说，就是根据公司治理的环境，设置公司治理评价指标体系与评价标准，并采用科学的方法，对公司治理状况做出客观、准确的评价（李维安，2005）。

公司治理评价系统也被称为公司治理评价体系。如图1所示，一套完整的公司治理评价系统包括治理评价指标、治理评价标准、治理评价模型、治理评价指数、评价指标权重、治理维度权重等内容，其中治理评价指标是公司治理评价系统的核心，其他方面内容属于治理评价方法层面内容。

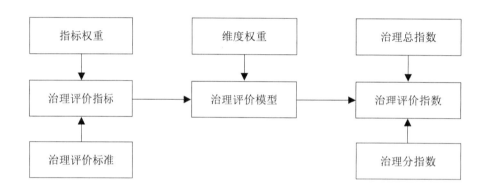

图1 公司治理评价系统示意图

资料来源：作者整理。

（二）国内外已有公司治理评价系统梳理

国内外对公司治理评价与指数的研究经历了公司治理的基础理论研究、公司治理原则与应用研究、公司治理评价系统与治理指数研究的过程，并由商业机构的公司治理评价发展到非商业性机构的公司治理评价。中外学者对公司治理评价的关注是基于满足公司治理实务发展的需要，尤其是机构投资者的需要。

公司治理评价萌芽于1950年杰克逊·马丁德尔（Jackson Martindel）提出的董事会绩效分析，随后一些商业性的组织也推出了公司治理状况的评价系统。较规范的公司治理评价研究是由ISS在1952年设计的正式评价董事会的程序，评价内容涉及董事会及其主要委员会的结构与组成、公司章程与制度、公司所属州的法律、高管和董事会成员的薪酬、相关财务业绩、"超前的"治理实践、高管持股比例和董事受教育状况等。随后出现了公司治理诊断与评价的系列应用研究成果，如Salmon（1993）提出诊断董事会的22个问题。1998年标准普尔公司（Standard & Poor's Company）创立公司治理评价系统，该评价系统于2004年进行了修订，评价内容涉及所有权结构、利益相关者的权利和相互关系、财务透明度和信息披露、董事会结构和程序等。1999年，欧洲戴米诺（Deminor）推出戴米诺公司治理评价系统，评价内容涉及股东权利与义务、接管防御的范围、信息披露透明度和董事会结构等。2000年，亚洲里昂证券（Credit Lyonnais Securities Asia，缩写为CLSA）推出里昂公司治理评价系统，评价内容涉及管理层的约束、透明度、小股东保护、独立性、公平性、问责性、股东现金回报以及公司社会责任等。

在国内，2003年，南开大学中国公司治理研究院（原南开大学公司治理研究中心）李维安教授率领的公司治理评价课题组推出中国第一个全面系统的公司治理评价系统，即中国上市公司治理评价系统。并于2004年公布《中国公司治理评价报告》，同时发布2003年中国上市公司治理指数（China Corporate Governance Index of Nankai University，缩写为CCGINK，也称南开治理指数）。该指数已经连续发布19年，先后累计对42303家样本上市公司开展了治理评价（南开大学中国公司治理研究院公司治理评价课题组，2003；2006；2007；2008；2010）。鲁桐、党印和仲继银（2010）梳理国内已有公司治理指数，发现大多数指数有明显的局限性，例如考察维度不够全面或没有做跟踪性研究等，国内只有以李维安为代表的南开大学中国公司治理研究院公司治理评价课题组设计了较详细的公司治理评价体系，囊括了比较全面的公司治理指标，并逐年进行公司治理评价。因此本文使用该课题组公开发布的中国上市公司治理指数对我国上市治理状况进行全面分析。

四、中国上市公司治理评价样本情况

（一）样本来源与选取

本次编制中国上市公司治理指数的样本为截至2020年12月31日在我国A股市场上市的公司，数据来源于公司网站、巨潮资讯网、中国证监会网站、沪深证券交易所网站等披露的公开信息以及万得（Wind）数据库、国泰安（CSMAR）数据库和色诺芬（CCER）数据库下载的公开信息，根据信息齐全和不含异常数据两项样本筛选的基本原则，我们最终确定2021年有效样本为4134家，其中主板2062家，含金融机构99家，非金融机构1963家；中小企业板965家，含金融机构18家，非金融机构947家；创业板892家，含金融机构5家，非金融机构887家；科创板215家，均为非金融机构。样本公司的行业、控股股东性质及地区构成见表1、表2与表3。需要说明的是，考虑到中小企业板、创业板和科创板公司治理的特殊性，我们对这些板块的公司进行了单独分析。同时还考虑到金融机构治理的特殊性，将各板块中的金融机构抽取出来单独组成一个板块，即除主板、中小企业板、创业板和科创板外，还有一个金融业板块。最终总体评价样本为4134家，主板1963家，中小企业板947家，创业板887家，科创板215家，金融业板块122家。

（二）样本行业分布情况

从样本行业分布情况来看，最近几年评价中各行业样本所占比例较为稳定，制造业样本的比例最高，占64.03%，相较2020年的62.96%有所上升，见表1。

表1　样本公司的行业构成

行业	数目	比例（%）
农、林、牧、渔业	42	1.02
采矿业	77	1.86
制造业（合计）	2647	64.03
农副食品加工业	50	0.94

行业	数目	比例（%）
食品制造业	60	0.27
酒、饮料和精制茶制造业	44	0.19
纺织业	39	0.56
纺织服装、服饰业	39	0.80
皮革、毛皮、羽毛及其制品和制鞋业	11	0.34
木材加工及木、竹、藤、棕、草制品业	8	0.39
家具制造业	23	0.41
造纸及纸制品业	33	6.65
印刷和记录媒介复制业	14	6.14
文教、工美、体育和娱乐用品制造业	16	0.65
石油加工、炼焦及核燃料加工业	17	2.25
化学原料及化学制品制造业	275	2.35
医药制造业	254	0.77
化学纤维制造业	27	1.79
橡胶和塑料制品业	93	1.74
非金属矿物制品业	97	3.46
黑色金属冶炼及压延加工业	32	6.27
有色金属冶炼及压延加工业	74	3.34
金属制品业	72	1.45
通用设备制造业	143	6.19
专用设备制造业	259	10.16
汽车制造业	138	1.52
铁路、船舶、航空航天和其他运输设备制造业	60	0.22
电气机械及器材制造业	256	0.51
计算机、通信和其他电子设备制造业	420	0.94
仪器仪表制造业	63	0.27
废弃资源综合利用业	9	0.19
其他制造业	21	0.56
电力、热力、燃气及水生产和供应业	117	2.83
建筑业	99	2.39
批发和零售业	168	4.06
交通运输、仓储和邮政业	107	2.59
住宿和餐饮业	10	0.24
信息传输、软件和信息技术服务业	340	8.22
金融业	122	2.95
房地产业	121	2.93

续表

行业	数目	比例（%）
租赁和商务服务业	58	1.40
科学研究和技术服务业	58	1.40
水利、环境和公共设施管理业	72	1.74
居民服务、修理和其他服务业	1	0.02
教育	8	0.19
卫生和社会工作	12	0.29
文化、体育和娱乐业	59	1.43
综合	16	0.39
合计	4134	100.00

资料来源：南开大学公司治理数据库。

（三）样本控股股东分布情况

按控股股东性质分组样本中，国有控股和民营控股上市公司仍然占据较大的比例，二者合计占比88.73%，相较于2020年的88.91%略有下降，其他类型上市公司占5.47%，外资控股上市公司占4.79%。见表2。

表2 样本公司的控股股东构成

控股股东性质	数目	比例（%）
国有控股	1188	28.74
集体控股	24	0.58
民营控股	2480	59.99
社会团体控股	15	0.36
外资控股	198	4.79
职工持股会控股	3	0.07
其他类型	226	5.47
合计	4134	100.00

资料来源：南开大学公司治理数据库。

总结历年控股股东性质的分布，就国有控股和民营控股上市公司所占比例的变化趋势来看，国有控股上市公司在2021年评价中有1188家，比例为28.74%，呈现下降趋势；2020年评价中有1129家，比例为30.08%；2019年评价中有1112家，比例为31.22%；2018年评价中有1075家，比例为31.03%；2017年评价中有1044家，比例为34.44%；2016年评价中有1034家，比例为36.84%；2015年评价中有1034家，比例为39.92%；2014年评价中有1027家，比例为41.63%；2013年评价中有1038家，比例为42.02%；2012年评价中有1019家，比例为43.77%；2011年评价中有900家，比例为46.15%；2010年评价中有950家，比例为60.94%；2009年评价中有852家，比例为67.57%；2008年评价中有779家，比例为67.50%；2007年评价中有787家，比例为67.73%；2006年评价中有901家，比例为72.14%；2005年评价中有914家，比例为71.29%；2004年评价中有850家，比例为73.98%。较之前几年的样本数据，2011年至今国有控股上市公司的比例均不足50%。国有控股上市公司分布情况见图2。

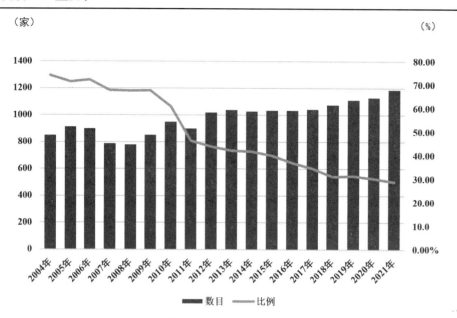

图2 历年国有控股上市公司分布

资料来源：南开大学公司治理数据库。

　　民营控股上市公司在2021年评价中有2480家，比例为59.99%，比例有所上升；2020年评价中有2208家，比例为58.83%；2019年评价中有2256家，比例为63.34%；2018年评价中有2243家，比例为64.75%；2017年评价中有1877家，比例为61.93%；2016年评价中有1687家，比例为60.10%；2015年评价中有1471家，比例为56.80%；2014年评价中有1367家，比例为55.41%；2013年评价中有1367家，比例为55.34%；2012年评价中有1246家，比例为53.52%；2011年评价中有983家，比例为50.41%；2010年评价中有568家，比例为36.43%；2009年评价中有368家，比例为29.18%；2008年评价中有320家，比例为27.73%；2007年评价中有337家，比例为29.00%；2006年评价中有313家，比例为25.06%；2005年评价中为304家，比例为23.71%；2004年评价中有238家，比例为20.71%。2021年民营控股上市公司的比例再次超过国有控股上市公司。就其他股东性质来说，2021年，外资控股、集体控股、社会团体控股和职工持股会控股上市公司样本所占比例仍然较低。民营控股上市公司分布情况见图3。

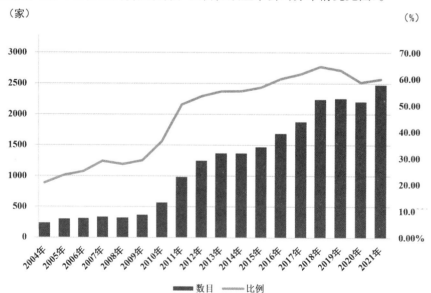

图3 历年民营控股上市公司分布

（四）样本地区分布情况

近年来上市公司的地区分布比例没有太大变化，从不同地区数量、占样本比例看，经济发达的地区如广东省（673家，占样本公司的16.28%）、浙江省（518家，占样本公司的12.53%）、江苏省（479家，占样本公司的11.59%）、北京市（379家，占样本公司的9.17%）、上海市（338家，占样本公司的8.18%）、山东省（227家，占样本公司的5.49%）占有数量较多，而海南省、甘肃省、贵州省、内蒙古、西藏、宁夏和青海省等地区占样本量少，其中宁夏和青海省最少，分别为14家和11家，反映出地区经济发展水平与上市公司数量存在一定的关系。根据中国证监会发布的《关于在上海证券交易所设立科创板并试点注册制的实施意见》（中国证券监督管理委员会公告〔2019〕2号），我国在境外注册的企业可以到境内的科创板上市，因此2021年评价样本增加了3家开曼群岛注册的评价样本。区域分布详情见表3。

表3 样本公司的地区构成

地区	数量	比例（%）	地区	数量	比例（%）
北京市	379	9.17	湖南省	117	2.83
天津市	60	1.45	广东省	673	16.28
河北省	61	1.48	广西	37	0.90
山西省	40	0.97	海南省	33	0.80
内蒙古	25	0.60	重庆市	56	1.35
辽宁省	74	1.79	四川省	135	3.27
吉林省	44	1.06	贵州省	31	0.75
黑龙江省	39	0.94	云南省	38	0.92
上海市	338	8.18	西藏	20	0.48
江苏省	479	11.59	陕西省	58	1.40
浙江省	518	12.53	甘肃省	33	0.80
安徽省	126	3.05	青海省	11	0.27
福建省	151	3.65	宁夏	14	0.34
江西省	56	1.35	新疆	57	1.38
山东省	227	5.49	开曼群岛	3	0.07
河南省	87	2.10			
湖北省	114	2.76	合计	4134	100.00

资料来源：南开大学公司治理数据库。

（五）样本市场板块分布情况

2004年6月，我国中小企业板揭幕，中小企业板是深圳证券交易所为了鼓励自主创新而专门设置的中小型公司聚集板块。2009年10月，我国创业板正式启动，创业板是主板之外的专为暂时无法上市的中小企业和新兴公司提供融资途径和成长空间的证券交易市场，是对主板市场的有效补充，在资本市场中占据着重要的位置。2019年6月13日，科创板正式开板。2021年2月5日，经中国证监会批准，深证证券交易所启动了主板和中小企业板的合并工作，合并后中小企业板将不再作为单独的市场板块存在。需要说明的是，本文评价的样本为截至2020年底的A股上市公司，是针对两板合并前的公司进行评价，因此单独对中小企业板的治理状况进行了分析。2021年的评价对样本公司按照市场板块类型进行详细划分，其中主板1963家，占47.48%；中小企业板947家，占22.91%；创业板887家，占21.46%；科创板215家，占5.20%；另有122家金融业上市公司，占2.95%。见表4。

表4 样本公司的市场板块构成

市场板块类型	数目	比例（%）
主板	1963	47.48
中小企业板	947	22.91
创业板	887	21.46
科创板	215	5.20
金融业	122	2.95
合计	4134	100.00

资料来源：南开大学公司治理数据库。

五、中国上市公司治理全面分析

（一）中国上市公司治理总体描述

在2021年评价样本中，上市公司治理指数平均值为64.05，较2020年的63.49提高0.56，见表5。

表5 公司治理指数描述性统计

统计指标	公司治理指数
平均值	64.05
中位数	64.32
标准差	3.60
偏度	−0.37
峰度	−0.13
极差	23.31
最小值	51.66
最大值	74.97

资料来源：南开大学公司治理数据库。

如表5所示，2021年中国上市公司治理指数最大值为74.97，最小值为51.66，样本的标准差为3.60。中国上市公司治理指数分布情况见图4。

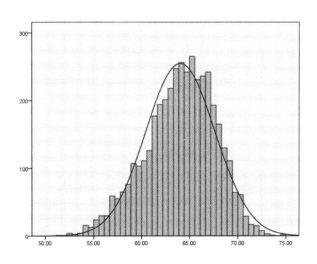

图4 公司治理指数分布

资料来源：南开大学公司治理数据库。

从公司治理指数等级分布来看，在4134家样本公司中，没有1家达到CCGINKⅠ和CCGINKⅡ，有136家达到了CCGINKⅢ水平，达到CCGINKⅣ的有3409家，占全样本的82.46%，较2020年的83.59%有所下降；处于CCGINKⅤ的公司有589家，占样本的14.25%，与2020年的14.84%相比，有下降的趋势；没有上市公司的治理指数在50以下（2020年该等级公司占全部样本的0.05%，2019年为0.06%，2018年为0.09%，2017年没有该等级公司，2016年为0.18%，2015年为0.04%，2014年为0.12%，2013年为0.16%，2012年为0.21%，2011年为0.67%，2010年为3.33%）。详情见表6。

表6 公司治理指数等级分布

公司治理指数等级		公司治理指数等级分布	
数目		比例（%）	
CCGINKⅠ	90~100	—	—
CCGINKⅡ	80~90	—	—
CCGINKⅢ	70~80	136	3.29
CCGINKⅣ	60~70	3409	82.46
CCGINKⅤ	50~60	589	14.25
CCGINKⅥ	50以下	—	—
合计		4134	100.00

资料来源：南开大学公司治理数据库。

（二）中国上市公司治理分行业分析

就平均值而言，金融业，科学研究和技术服务业，制造业，信息传输、软件和信息技术服务业，水利、环境和公共设施管理业等行业治理指数较高，依次为65.42、65.01、64.37、64.00和63.79。综合，租赁和商务服务业，住宿和餐饮业，农、林、牧、渔业，房地产业，采矿业，批发和零售业等行业治理指数较低，分别为60.74、61.98、62.35、62.40、62.53和62.59。就公司治理总体状况而言，行业间存在一定的差异。相比较之前几年的评价，2021年评价中各行业的公司治理指数排名发生了一定的变化。按行业分组的样本公司治理指数描述性统计见表7。

表7 按行业分组的样本公司治理指数描述性统计

行业	数量	比例（%）	平均值	中位数	标准差	极差	最小值	最大值
农、林、牧、渔业	42	1.02	62.40	62.28	3.96	17.82	53.97	71.79
采矿业	77	1.86	62.59	62.53	3.61	16.42	54.38	70.80
制造业	2647	64.03	64.37	64.67	3.43	21.34	51.66	73.01
电力、热力、燃气及水生产和供应业	117	2.83	63.44	63.85	3.55	15.87	55.45	71.32
建筑业	99	2.39	63.23	63.53	3.47	15.94	54.91	70.85
批发和零售业	168	4.06	62.84	62.93	3.91	19.42	52.57	72.00
交通运输、仓储和邮政业	107	2.59	63.65	63.95	3.29	15.79	55.92	71.71
住宿和餐饮业	10	0.24	62.35	62.80	3.58	11.56	55.97	67.53
信息传输、软件和信息技术服务业	340	8.22	64.00	64.38	3.81	18.17	54.25	72.43
金融业	122	2.95	65.42	66.09	3.78	21.88	52.69	74.57
房地产业	121	2.93	62.53	62.58	3.86	19.33	52.40	71.73
租赁和商务服务业	58	1.40	61.98	61.92	3.69	15.13	54.55	69.67
科学研究和技术服务业	58	1.40	65.01	65.66	3.94	15.33	56.59	71.92
水利、环境和公共设施管理业	72	1.74	63.79	63.69	3.44	18.66	56.31	74.97
居民服务、修理和其他服务业	1	0.02	61.07	61.07	0.00	0.00	61.07	61.07
教育	8	0.19	61.65	61.00	3.54	11.67	57.65	69.31
卫生和社会工作	12	0.29	63.24	63.74	4.64	14.31	55.86	70.18
文化、体育和娱乐业	59	1.43	63.01	62.89	3.53	17.67	54.78	72.45
综合	16	0.39	60.74	62.00	3.48	9.92	54.29	64.21
合计	4134	100.00	64.05	64.32	3.60	23.31	51.66	74.97

资料来源：南开大学公司治理数据库。

（三）中国上市公司治理分控股股东性质分析

根据分控股股东性质的描述性统计显示（见表8），样本中数量较少的是职工持股会控股、社会团体控股、集体控股、外资控股、其他类型几类，分别有3家、15家、24家、198家、226家公司；国有控股和民营控股样本量较多，分别有1188家和2480家。

就样本平均值而言，其他类型控股上市公司治理指数平均值最高，为64.55；其次为民营控股上市公司，为64.18；外资控股上市公司治理指数平均值为63.99；国有控股上市公司治理指数平均值为63.75；集体控股上市公司治理指数平均值为63.60；职工持股会控股上市公司治理指数平均值为63.18；社会团体控股上市公司治理指数平均值最低，为59.58。民营控股上市公司治理指数平均值高于国有控股上市公司。

表8 按控股股东性质分组的样本公司治理指数描述性统计

最终控制人性质	数量	比例（%）	平均值	中位数	标准差	极差	最小值	最大值
国有控股	1188	28.74	63.75	63.89	3.45	20.72	53.09	73.81
集体控股	24	0.58	63.60	62.99	3.73	13.15	57.46	70.61
民营控股	2480	59.99	64.18	64.50	3.60	23.31	51.66	74.97
社会团体控股	15	0.36	59.58	58.04	4.14	12.05	54.39	66.44
外资控股	198	4.79	63.99	64.57	3.51	17.39	54.69	72.08
职工持股会控股	3	0.07	63.18	62.94	0.63	1.18	62.71	63.89
其他类型	226	5.47	64.55	65.11	4.12	20.25	54.33	74.57
合计	4134	100.00	64.05	64.32	3.60	23.31	51.66	74.97

资料来源：南开大学公司治理数据库。

（四）中国上市公司治理分地区分析

与往年情况类似，经济发达地区如广东省、浙江省、江苏省、北京市和上海市的样本数量最多，而西部欠发达地区的样本量少，反映出经济活跃水平与上市公司数量的关系。各地区上市公司治理指数分析结果详见表9。在表9中的第三列数据（上市公司数量占总体比例）与第四列数据（上市公司治理指数平均值）之间存在较高的正相关性，说明经济发达地区的上市公司治理状况总体上要好于经济欠发达地区的情况。具体而言，河南省、安徽省、北京市、广东省、江苏省、上海市、山东省、江西省、浙江省、福建省、四川省、湖南省指数平均值较高，依次为64.64、64.55、64.47、64.46、64.46、64.29、64.29、64.20、64.15、64.15、64.11和64.01，指数平均值均在64以上；而黑龙江省、青海省和海南省指数平均值均在62以下，分别为61.87、61.63和60.60。需要说明的是，因治理环境的不同，开曼群岛注册的科创板上市公司指数平均值最低，仅为54.33。

表9 样本公司治理指数按地区分组的描述性统计

地区	数量	比例（%）	平均值	中位数	标准差	极差	最小值	最大值
北京市	379	9.17	64.47	64.77	3.60	20.03	52.40	72.43
天津市	60	1.45	63.52	63.35	3.78	18.24	53.09	71.32
河北省	61	1.48	63.88	63.78	3.30	13.87	57.01	70.88
山西省	40	0.97	62.18	62.62	3.78	14.16	54.03	68.19
内蒙古	25	0.60	62.23	61.78	4.66	17.54	53.69	71.22
辽宁省	74	1.79	62.25	61.90	3.67	16.78	54.25	71.03
吉林省	44	1.06	62.91	62.63	3.85	15.20	55.38	70.59
黑龙江省	39	0.94	61.87	61.91	3.62	13.13	56.21	69.35
上海市	338	8.18	64.29	64.56	3.49	17.81	54.13	71.94
江苏省	479	11.59	64.46	64.78	3.52	18.74	53.99	72.73
浙江省	518	12.53	64.15	64.68	3.25	16.88	54.32	71.20
安徽省	126	3.05	64.55	64.62	2.96	15.27	56.67	71.95
福建省	151	3.65	64.15	64.19	3.49	16.84	55.24	72.08

地区	数量	比例（%）	平均值	中位数	标准差	极差	最小值	最大值
江西省	56	1.35	64.20	64.35	3.65	19.62	52.82	72.45
山东省	227	5.49	64.29	64.30	3.66	19.93	54.64	74.57
河南省	87	2.10	64.64	65.01	3.44	13.59	57.21	70.81
湖北省	114	2.76	63.38	63.69	3.53	17.45	54.99	72.44
湖南省	117	2.83	64.01	64.28	3.43	18.53	53.97	72.50
广东省	673	16.28	64.46	64.76	3.55	21.29	53.68	74.97
广西	37	0.90	62.07	61.95	3.84	14.28	55.58	69.86
海南省	33	0.80	60.60	60.38	3.46	11.76	55.06	66.82
重庆市	56	1.35	63.63	63.66	3.27	13.28	57.70	70.98
四川省	135	3.27	64.11	64.74	3.80	20.32	52.69	73.01
贵州省	31	0.75	63.63	63.11	3.23	13.27	56.40	69.67
云南省	38	0.92	63.90	64.45	3.12	13.65	56.97	70.62
西藏	20	0.48	63.64	63.93	3.50	13.84	54.94	68.77
陕西省	58	1.40	63.56	63.88	4.05	18.32	52.69	71.01
甘肃省	33	0.80	62.87	62.59	4.22	17.87	54.38	72.25
青海省	11	0.27	61.63	62.62	5.20	15.13	54.29	69.42
宁夏	14	0.34	62.84	63.76	3.99	13.80	55.08	68.88
新疆	57	1.38	62.75	63.08	4.07	22.15	51.66	73.81
开曼群岛	3	0.07	54.33	54.05	0.64	1.19	53.87	55.06
合计	4134	100.00	64.05	64.32	3.60	23.31	51.66	74.97

资料来源：南开大学公司治理数据库。

（五）中国上市公司治理分市场板块分析

在2021年评价中，按照市场板块对样本公司进行划分，金融业治理指数位居首位，平均值达65.42；创业板为64.89；科创板为64.49；中小企业板为64.25。而同2020年一样，主板上市公司的治理指数仍然最低，为63.44，具体见表10。

表10 按市场板块分组的样本公司治理指数描述性统计

板块类型	数量	比例（%）	平均值	中位数	标准差	极差	最小值	最大值
主板	1963	47.48	63.44	63.72	3.70	21.12	51.66	72.79
中小企业板	947	22.91	64.25	64.59	3.50	19.26	52.69	71.95
创业板	887	21.46	64.89	65.10	3.34	20.01	54.96	74.97
科创板	215	5.20	64.49	64.39	2.84	18.37	53.87	72.25
金融业	122	2.95	65.42	66.09	3.78	21.88	52.69	74.57
合计	4134	100.00	64.05	64.32	3.60	23.31	51.66	74.97

资料来源：南开大学公司治理数据库。

（六）中国上市公司治理分年度分析

2021年度公司治理指数平均值为64.05，2016年、2017年、2018年、2019年和2020年治理指数平均值为分别为62.49、62.67、63.02、63.19和63.49。对比连续几年来的中国上市公司治理指数可知，中国上市公司治理总体水平呈现逐年提高的趋势。各年公司治理评价的各级指数的比较见表11。

表11 公司治理指数六年比较

治理指数	2016	2017	2018	2019	2020	2021
公司治理指数	62.49	62.67	63.02	63.19	63.49	64.05
股东治理指数	66.04	65.00	66.47	67.06	67.86	68.45
董事会治理指数	64.11	64.28	64.28	64.51	64.95	64.93
监事会治理指数	58.76	58.78	59.05	59.55	59.65	59.65
经理层治理指数	58.01	58.92	58.91	58.85	59.12	59.32
信息披露指数	64.53	65.04	65.31	65.35	65.27	65.60
利益相关者治理指数	62.68	62.92	63.26	63.00	63.32	66.42

资料来源：南开大学公司治理数据库。

在几个分指数当中，股东治理指数2021年的数值为68.45，相对于2020年的67.86，上升了0.59；作为公司治理核心的董事会建设得到加强，董事会治理指数2017年增长至64.28，2018年与2017年持平，2019年达到64.51，2020年又上升至64.95，2021年略有下降，为64.93；2006年修订的《公司法》加强了监事会的职权，监事会治理状况连续多年提高明显，平均值从2016年的58.76提高到2021年的59.65；经理层治理状况相对稳定，从2016—2021年的经理层治理指数平均值依次为58.01、58.92、58.91、58.85、59.12和59.32；2016—2019年信息披露状况呈现逐年改善趋势，2019年平均值达到65.35，2020年略有下降，2021年增长至65.60；利益相关者问题逐步引起上市公司的关注，一直保持着稳步提高的趋势，2021年增长至66.42，比2020年的63.32上升了3.10。

六、中国上市公司治理100佳分析

（一）中国上市公司治理100佳描述统计

本部分将2021年评价样本中公司治理指数排名前100位的公司（100佳）与其他样本进行比较，分析100佳的行业、地区和控股股东性质分布，以及100佳公司的相对绩效表现。如表12的描述性统计显示，100佳上市公司治理指数为71.26，100佳上市公司中最高治理指数为74.97，最低为70.27，极差为4.70。对比表5，我们不难发现，100佳上市公司的各级治理指数的平均值都明显高于总样本。

表12 公司治理100佳治理指数描述性统计

项目	平均值	中位数	标准差	极差	最小值	最大值
公司治理指数	71.26	70.99	0.92	4.70	70.27	74.97
股东治理指数	76.92	77.97	4.87	22.66	62.69	85.36
董事会治理指数	66.78	66.77	2.13	12.81	62.44	75.25
监事会治理指数	64.02	63.34	6.43	24.00	53.76	77.76

续表

经理层治理指数	66.93	67.93	4.78	23.53	56.08	79.61
信息披露指数	77.19	78.13	4.27	22.58	63.34	85.92
利益相关者治理指数	76.73	76.97	7.28	31.53	60.30	91.83

资料来源：南开大学公司治理数据库。

（二）中国上市公司治理100佳公司行业分布

根据表13的公司治理100佳行业分布表明，从绝对数量看，制造业所占数量最多，达63家；其次是信息传输、软件和信息技术服务业，有10家；金融业有7家；电力、热力、燃气及水生产和供应业，批发和零售业，科学研究和技术服务业分别有4家；房地产业有2家；农、林、牧、渔业，采矿业，建筑业，交通运输、仓储和邮政业，水利、环境和公共设施管理业以及文化、体育和娱乐业分别有1家；住宿和餐饮业，租赁和商务服务业，居民服务、修理和其他服务业，教育，卫生和社会工作以及综合没有公司进入100佳。从100佳占行业样本数量比例来看，科学研究和技术服务业，金融业以及电力、热力、燃气及水生产和供应业所占比例比较高，分别为6.90%、5.74%和3.42%；而交通运输、仓储和邮政业，建筑业的100佳所占比例较低，分别为0.93%和1.01%。

表13 公司治理100佳公司行业分布

行业	100佳个数	样本个数	100佳所占比例（%）
农、林、牧、渔业	1	42	2.38
采矿业	1	77	1.30
制造业	63	2647	2.38
电力、热力、燃气及水生产和供应业	4	117	3.42
建筑业	1	99	1.01
批发和零售业	4	168	2.38
交通运输、仓储和邮政业	1	107	0.93
住宿和餐饮业	—	10	—
信息传输、软件和信息技术服务业	10	340	2.94
金融业	7	122	5.74
房地产业	2	121	1.65
租赁和商务服务业	—	58	—
科学研究和技术服务业	4	58	6.90
水利、环境和公共设施管理业	1	72	1.39
居民服务、修理和其他服务业	—	1	—
教育	—	8	—
卫生和社会工作	—	12	—
文化、体育和娱乐业	1	59	1.69
综合	—	16	—
合计	100	4134	2.42

资料来源：南开大学公司治理数据库。

（三）中国上市公司治理100佳公司控股股东性质分布

从绝对数量看，公司治理100佳集中分布在民营控股和国有控股上市公司中。100佳上市公司中，最终控制人性质为民营控股的占58家；其次为国有控股上市公司，有27家；其他类型上市公司有11家；外资控股上市公司有3家；集体控股上市公司有1家；社会团体控股上市公司和职工持股会控股上市公司均没有1家进入100佳。从相对比例来看，其他类型上市公司样本中的100佳比例最高，其次是集体控股上市公司，民营控股100佳的上市公司比例高于国有控股上市公司。

表14 公司治理100佳公司控股股东性质分布

控股股东性质	100佳个数	样本个数	比例（%）
国有控股	27	1188	2.27
集体控股	1	24	4.17
民营控股	58	2480	2.34
社会团体控股	—	15	—
外资控股	3	198	1.52
职工持股会控股	—	3	—
其他类型	11	226	4.87
合计	100	4134	2.42

资料来源：南开大学公司治理数据库。

（四）中国上市公司治理100佳公司地区分布

根据表15的地区分布数量显示，在100佳的上市公司中，广东省有21家，江苏省有13家，北京市有9家，上海市和浙江省分别有8家。其中，广东省也是在2020年、2019年、2018年、2017年、2016年、2015年和2014年评价中入选100佳的公司数目最多的地区。山西省、黑龙江省、广西、海南省、贵州省、西藏、青海省、宁夏、开曼群岛均没有入选100佳的上市公司。这些地区当中，青海省和宁夏等在以往的评价中，入选100佳的上市公司数量也较少。

从相对数来看，甘肃省比例最高，为6.06%，江西省为5.36%，吉林省为4.55%，内蒙古为4.00%，而江苏省、辽宁省、云南省、湖南省、安徽省、北京市、上海市、山东省、重庆市、天津市、河北省、浙江省、河南省、湖北省的比例均在3%以下。

表15 公司治理100佳公司地区分布

地区	100佳个数	样本个数	比例（%）
北京市	9	379	2.37
天津市	1	60	1.67
河北省	1	61	1.64
山西省	—	40	—
内蒙古	1	25	4.00
辽宁省	2	74	2.70
吉林省	2	44	4.55

地区	100佳个数	样本个数	比例（%）
黑龙江省	—	39	—
上海市	8	338	2.37
江苏省	13	479	2.71
浙江省	8	518	1.54
安徽省	3	126	2.38
福建省	5	151	3.31
江西省	3	56	5.36
山东省	5	227	2.20
河南省	1	87	1.15
湖北省	1	114	0.88
湖南省	3	117	2.56
广东省	21	673	3.12
广　西	—	37	—
海南省	—	33	—
重庆市	1	56	1.79
四川省	5	135	3.70
贵州省	—	31	—
云南省	1	38	2.63
西　藏	—	20	—
陕西省	2	58	3.45
甘肃省	2	33	6.06
青海省	—	11	—
宁　夏	—	14	—
新　疆	2	57	3.51
开曼群岛	—	3	—
合计	100	4134	2.42

资料来源：南开大学公司治理数据库。

（五）中国上市公司治理100佳公司绩效

郝臣（2009）通过案例分析发现，良好的公司治理实践将会带给公司稳定的经营业绩，表现在较高的收益能力等方面，同时公司在市场上具有较好的表现，从而使广大股东真正得到实惠，股东得到较高的回报，进而公司可以进行较低成本的融资，扩大规模，进一步发展，形成良性循环。

为了考察公司治理与公司绩效之间的相关性，选取了反映上市公司盈利能力、代理成本状况的财务指标。其中反映上市公司盈利能力的指标有：净资产收益率（ROE，平均）、净资产收益率（ROE，加权）、净资产收益率（ROE，摊薄）、总资产报酬率（ROA1）、总资产净利率（ROA2）、投入资本回报率（ROIC）。反映公司代理成本状况的指标有：管理费用率、财务费用率以及应收账款周转天数。考虑公司治理滞后效应的存在，本部分还使用了滞后的绩效指标，即2021年一季报的指标。

各指标计算公式如下：净资产收益率（ROE，平均）=归属母公司股东净利润/[（期初归属母公司股东的权益+期末归属母公司股东的权益）/2]×100%；净资产收益率（ROE，加权）=归属母公司股东净利润/加权平均归属母公司股东的权益×100%；净资产收益率（ROE，摊薄）=归属母公司股东的净利润/期末归属母公司股东的权益×100%；总资产报酬率（ROA1）=息税前利润×2/（期初总资产+期末总资产）×100%；总资产净利率（ROA2）=净利润（含少数股东损益）×2/（期初总资产+期末总资产）×100%；投入资本回报率（ROIC）=EBIT反推法×（1−有效税率）×2/（期初全部投入资本+期末全部投入资本）×100%；管理费用率=管理费用/营业收入×100%；财务费用率=财务费用/营业收入×100%；应收账款周转天数=360/应收账款周转率。

不同样本组相关指标的比较结果如表16所示，可以发现，公司治理100佳上市公司的绩效指标总体来说好于非100佳上市公司样本。

表16 公司治理100佳公司绩效与其他样本的比较

财务指标	100佳样本	其他样本	差额
净资产收益率（ROE，平均）2020年报	2.9389	1.1596	1.7792
净资产收益率（ROE，加权）2020年报	2.2150	1.3711	0.8439
净资产收益率（ROE，摊薄）2020年报	1.8587	1.0289	0.8298
总资产报酬率（ROA1）2020年报	2.4217	1.5201	0.9017
总资产净利率（ROA2）2020年报	13.6262	23.1500	−9.5238
投入资本回报率（ROIC）2020年报	0.2355	6.5128	−6.2773
管理费用率2020年报	108.4181	278.6379	−170.2198
财务费用率2020年报	13.7524	3.7576	9.9948
应收账款周转天数2020年报	13.9397	4.7398	9.1999
净资产收益率（ROE，平均）2021一季报	12.6463	3.2614	9.3849
净资产收益率（ROE，加权）2021一季报	10.6399	4.5827	6.0572
净资产收益率（ROE，摊薄）2021一季报	8.5339	3.0848	5.4491
总资产报酬率（ROA1）2021一季报	11.2562	4.1719	7.0843
总资产净利率（ROA2）2021一季报	12.7470	84.0197	−71.2727
投入资本回报率（ROIC）2021一季报	0.5941	3.9592	−3.3652
管理费用率2021一季报	84.2249	114.4975	−30.2725
财务费用率2021一季报	3.0083	1.4133	1.5950
应收账款周转天数2021一季报	3.0095	1.5474	1.4621

资料来源：南开大学公司治理数据库。

七、主要结论与对策建议

（一）主要结论

第一，从时间序列比较来看，我国上市公司总体治理水平在2004—2021年间呈现出总体上升趋势，历经2009年拐点之后，呈现逐年上升的态势，并在2021年达到历史最高水平64.05。

第二，从行业比较分析来看，2021年评价排名中，金融业的公司治理指数位居第一，紧随其后的是科学研究和技术服务业，制造业，信息传输、软件和信息技术服务业，水利、环境和公共设施管理业；而综合，租赁和商务服务业，住宿和餐饮业，农、林、牧、渔业，房地产业，采矿业，批发和零售业等行业治理指数较低。

第三，从控股股东性质比较分析来看，民营控股上市公司治理指数平均值从2011—2018年各年均高于国有控股上市公司，2019年和2020年国有控股上市公司治理指数平均值超过民营控股上市公司，2021年民营控股上市公司治理指数平均值再度高于国有控股上市公司。

第四，从地区比较分析来看，河南省、安徽省、北京市、广东省、江苏省、上海市、山东省、江西省、浙江省、福建省、四川省、湖南省等地区指数平均值较高；而黑龙江省、青海省、海南省和开曼群岛指数平均值较低，均在62以下。

第五，从市场板块比较分析来看，2021年评价中金融业治理指数位居首位，平均值达65.42；其次是创业板、科创板和中小企业板；而同2020年一样，主板上市公司的治理指数仍然为各板块中最低，为63.44。

第六，从样本分组比较来看，公司治理100佳的上市公司治理状况显著好于总体样本公司的治理状况，二者公司治理指数平均值相差7.21（71.26~64.05），通过对100佳和非100佳两组样本的财务指标的比较，发现无论是盈利能力还是代理成本方面，100佳总体好于非100佳。

（二）对策建议

第一，增强上市公司自主性治理，提升公司治理有效性。当前上市公司治理应在满足合规性的基础上，强化治理结构和治理机制创新。降低上市公司两职兼任比例，提升董事会专业委员会运作效率。适当扩大监事会规模，导入监事会专业委员会制度；增强对公司监事选聘的经验条件要求，监事会成员中应至少有一位财会专业人士；加强监事会相关信息披露。

第二，全面实施注册制，提升上市的公司治理标准。根据已上市公司治理实践，增加对新上市公司在董事会独立性、监事会设置、投资者关系管理等方面的合规性要求，延长交易所的督导年限、缩小上市公司治理差距；发布上市公司治理标杆榜单，推出公司治理专题指数系列，强化正向引导；以上市公司整体治理水平的提升，保障全市场注册制的推进落地。

第三，降低民营控股上市公司混改准入门槛，加快导入经济型治理机制。进一步降低民营控股上市公司混改准入门槛，推动混改从"资本混合"向"治理机制混合"转变，带动企业治理成效提升。限制上市公司质押股权的投票权、分红权，保护中小股东权益；推广内部控制审计，提升信息披露质量；升级公司合规体系，从"被动合规"向"主动合规"转化，降低合规成本。

第四，破解国控公司董事和高管的动力机制难题，构建去行政化的激励体系。逐步实现市场化薪酬与体制内薪酬"并轨"。对于有行政级别的董事和高管，建议逐步取消行政级别及相关待遇，强化其市场化激励机制。建立包括基本报酬、绩效报酬和履职津贴在内的多层次薪酬组合。拓展股权激励覆盖企业范围，放宽股权激励比例限制，充分保障其长期激励效果的发挥。

第五，防范金融机构治理风险，应推出统一的金融机构治理准则。强化金融机构被治理者定位，加强董事会运作效率等的第三方治理评价，增强应对金融机构治理风险的前瞻性。鼓励金融机构设置金融科技、绿色治理等专业委员会，防范金融风险的累积。完善股东诉讼等在内的股东权益救济机制。推出统一的金融机构治理准则。

第六，完善注册制条件下公司治理监管，推动科技创新类板块公司从入口治理向过程性治理转变。注册制在放宽科技创新类公司上市准入门槛的同时，应着重聚焦于提升上市后科技类公司治理状况，抑制公司的关联交易水平，强化对中小股东利益的保护。同时加强对离岸注册的科创板上市公司股权结构的穿透性监管。明确回归A股的境外已上市企业需健全监事会等设置。

第七，全面推行绿色治理，引领企业社会责任向绿色治理升级。尽快以包容性为核心，制定企业层面的绿色治理规则，将绿色治理融入企业治理结构和治理机制，打造企业社会责任升级版。公益类国企、金融机构等优先按照ESG进行信息披露，并与相应监管评价挂钩，引领企业创新社会责任理念，将ESG投资升级到绿色治理。

【参考文献】

[1]成思危.居安思危促进股市稳步健康发展[N].金融时报,2007-02-06.

[2]宋志平.加强公司治理 提高上市公司质量[J].清华金融评论,2019(9):18-20.

[3]宋志平.全面提高上市公司质量[N].证券时报,2020-05-11(A01).

[4]宋志平.推动上市公司高质量发展[J].国资报告,2020(12):28-31.

[5]李维安,程新生.公司治理评价及其数据库建设[J].中国会计评论,2005(2)387-400.

[6]李维安.公司治理学[M].北京:高等教育出版社,2005.

[7]李维安.中国公司治理与发展报告2012[M].北京:北京大学出版社,2012.

[8]李维安.中国上市公司治理评价[J].中国金融,2012(12):41-43.

[9]郝臣.中国上市公司治理案例[M].北京:中国发展出版社,2009.

[10]卢昌崇.公司治理机构及新、老三会关系论[J].经济研究,1994(11):10-17.

[11]鲁桐,党印,仲继银.中国大型上市公司治理与绩效关系研究[J].金融评论,2010(6):33-46.

[12]南开大学中国公司治理研究院公司治理评价课题组.中国公司治理评价与指数报告——基于2007年1162家上市公司[J].管理世界,2008(1):145-151.

[13]南开大学中国公司治理研究院公司治理评价课题组.中国上市公司治理评价系统研究[J].南开管理评论,2003(3)4-12.

[14]南开大学中国公司治理研究院公司治理评价课题组.中国上市公司治理评价与指数分析——基于2006年1249家公司[J]管理世界,2007(5):104-114.

[15]南开大学中国公司治理研究院公司治理评价课题组.中国上市公司治理指数与公司绩效的实证分析——基于中国1149家上市公司的研究[J].管理世界,2006(3):104-113.

[16]南开大学中国公司治理研究院公司治理评价课题组.中国上市公司治理状况评价研究——来自2008年1127家上市公司的数据[J].管理世界,2010(1):142-151.

[17]孙利英,陈捷,严学锋,郭洪业,胡宇飞,张斌.高端聚焦:中国上市公司治理改革新动向[J].董事会,2009(5):47-49.

[18]Business Roundtable. Business Roundtable Redefines the Purpose of a Corporation to Promote 'An Economy That Serves All Americans'[R]. Working Paper, 2019.

[19]Business Roundtable. Redefined Purpose of a Corporation: Welcoming the Debate[R]. Working Paper, 2019.

[20]Business Roundtable. Statement on the Purpose of the Corporation[R]. Working Paper, 2019.

[21]Freeman R. Edward, David L. Reed. Stockholders and Stakeholders: A New Perspective on Corporate Governance[J]. California Management Review, 1983, 25(3):93-104.

[22]Walter J. Salmon. Crisis Prevention: How to Gear up Your Board [J]. Harvard Business Review, 1993,71(1):68-75.

优化国资布局，加快结构调整

上海国有资本运营研究院有限公司

国有经济布局优化和结构调整是实现国民经济高质量发展的关键，也是建设制造强国、质量强国、网络强国、数字中国的要求。新中国成立以来，我国一直致力于国有资本的合理布局，并为此不断地进行调整。经过七十多年的艰苦努力，我国国有经济的布局优化与结构调整正逐步趋于合理。

一、国资布局优化与结构调整的历史回顾

新中国成立来，我国国有经济的布局优化与结构调整经过了多个阶段的发展，取得了历史性的成就。回顾国有经济的布局优化与结构调整的历史脉络，可以大致归为四个相互关联的阶段。各个阶段既相互连续，又有着经济改革背景下的独有特点。

（一）"艰难探索"的奠基拓新阶段

我国国资布局是在旧中国经济极其落后的基础上进行的。新中国成立初期，重点以接收和恢复与国计民生密切相关的矿山、钢铁、动力、化学工业、机器制造等行业，优先发展重工业，同时恢复和增加纺织和其他轻工业的生产。

在地区分布上，以恢复东北工业基地为主，同时兼顾内地工业有计划地建立了一批骨干企业。通过几年时间的努力，一大批旧中国没有的基础工业部门建立起来，一大批工矿企业在内地兴办，旧中国落后的工业状况得到大大的改观。20世纪50年代，随着国民经济的不断调整与发展，并在苏联的援助下，我国重工业和国防工业有了很大发展。同时，以重工业优先增长为中心，开始了西部地区大规模的工业开发。20世纪60年代，国家在强调均衡布局的理念下，产业布局政策的重心开始大规模西移。特别是通过"三线建设"使一大批当时属于顶尖的军工企业、国有企业、科研院所放到西部，"三线建设"对我国产业布局产生了重大的影响，"这时期形成了工业建设在地域上的一次大转移，其时间之长，投资之大，影响之深为中外罕见。"一直到改革开放前，我国国有企业的产业布局与调整都是在国家计划经济体制下实现的。

（二）"放权让利"的改革开启阶段（从1978年至1992年）

党的十一届三中全会以后，国企改革逐步从扩大企业自主权向经济责任制方向转变。从此，国企不再作为政府的行政部门而存在。扩大企业自主权，是为了改变过去企业只按国家指令性计划生产，企业不了解市场、不关心产品销路、不关心企业盈亏的状况，以增强企业的自主经营意识和市场意识。到1980年6月，有6600多个企业参加扩大自主权试点的企业。而推行企业责任制改革，则是把企业和职工的利益同自己所承担责任与实现的经济效益联系起来，以取得最大的经济效益。

1981年春，经济责任制改革率先在山东试行后，全国有3.6万个工业企业很快推行了经济责任制。1984年，党的十二届三中全会通过了《中共中央关于经济体制改革的决定》，改革的中心环节是增强全民所有制企业的活力，其中的一项措施是推行承包经营责任制。到1987年，全国80%的国有企业实

行了各种形式的承包经营责任制。1988年，经济体制改革以深化企业经营机制改革为重点，先后颁布了《全民所有制工业企业承包经营责任制暂行条例》《中华人民共和国全民所有制工业企业法》，为企业承包经营责任制改革提供了法律保障。与此同时，国有企业股份制改革试点开始，1990年12月，上海证券交易所正式开业，1991年7月，深圳证券交易所正式开业，推动了国有企业股份制改革的不断展开。在空间布局上，1979年，我国在深圳、珠海、汕头、厦门创办经济特区。1984年，再开放4个沿海港口城市。1985年，国务院批准长江三角洲、珠江三角洲和闽江三角洲等沿海经济开发区。1990年，党中央、国务院批准开发开放浦东。由此，大批新建国企形成了从经济特区到沿海经济开放城市再到沿海经济开发区这样一个多层次、有重点、点面结合的格局，成为我国经济社会发展的一支新的动力。

（三）"抓大放小"的战略调整阶段（从1993年至2002年）

党的十四大做出建立社会主义市场经济体制的重大决策，1993年11月，党的十四届三中全会审议通过《中共中央关于建立社会主义市场经济体制若干问题的决定》。

在我国经济体制改革朝着建立社会主义市场经济体制的目标整体推进过程中，国有企业改革进入从以往的放权让利、政策调整进入到转换机制、制度创新阶段。1994年底，100家国有大中型企业进行建立现代企业制度试点。随后，全国各地先后选定2700多家国有企业参与试点。国务院还选择18个城市进行"优化资本结构"的配套改革试点，采取多种政策，在减轻企业债务负担、分离社会服务功能、分流富余人员等方面实现了重点突破。

但由于历史包袱和社会负担沉重等原因，再加上1997年亚洲金融危机的影响，国有企业面临前所未有的困难。特别是国有中小型企业亏损严重，不足35%的总资产占比占据了60%以上的亏损总额。

20世纪90年代中后期，落实"抓大放小"方针成为国资布局调整优化的主线。"抓大"，指发展大集团、大公司，推动若干重大行业重组。"放小"，指放开搞活国有中小企业。在国企脱困攻坚战中，国务院以纺织行业为突破口，通过债转股、国家技改专项资金、国企上市变现、政策性关闭破产等一系列举措推动企业向现代企业转型。1998年，中国石油、中国石化、宝钢等一批按照市场要求运作的特大型企业集团相继组建，向建立现代企业制度迈出重要一步。

在放开搞活国有中小企业的过程中，各地政府因地制宜，采用股份制改革、股份制合作、兼并联合、出售拍卖、租赁承包经营、托管经营、剥离分离、土地置换与异地改造、引资嫁接与合资经营、破产重组等方式[2]，加快改革步伐。到2000年末，国有控股企业实现利润大幅增长，大多数国有大中型骨干企业初步建立了现代企业制度。

在产业布局上，充分考虑到了利用区域比较优势，进行产业上的区域分工来加速整体经济增长的速度，明确提出了优先发展沿海地区、并通过沿海地区的发展带动内地发展的区域发展战略方向。

随着国家扩大开放沿海城市和内陆边境城市、沿江城市和省会城市，建立起一批经济技术开发区和保税区，同时明确了以上海浦东新区为龙头带动长江流域经济起飞的发展战略。到1997年，国有企业从沿海到沿江、从沿边到内陆，多层次、多渠道、全方位的新格局逐步形成。同时，为落实国家西部大开发战略，国有企业在重点工程、重点项目、重点领域上为支持中西部地区和少数民族地区加快发展进行了产业调整，对于推动东西部地区协调发展和最终实现共同富裕做出了应有贡献。

（四）"大企业时代"（从2003年至2013年）

21世纪初，以解决国企突出困难和矛盾为主要内容的各项改革进入尾声，经营状况优良的大型国企成为国资布局的主力军。为有效解决国有经济布局和结构调整优化过程中存在的出资人"缺位"问题，党的十六大报告指出："关系国民经济命脉和国家安全的大型国有企业、基础设施和重要自然资源等，由中央政府代表国家履行出资人职责。"2003年起，中央、省、市三级相继成立国有资产监督管理委员会，改变过去政府直接管理企业的职能，以保证国有资产保值增值的责任得到落实，开启了国资布局的"大企业时代"，使得国资监管"管人、管事与管资产"有效统一。2004年，国资委出台《关于中央企业国有经济布局和结构调整若干重大问题的思考》，提出"五个优化"和"四个集中"，将重点放在石油石化、冶金、机械装备、汽车与电信等21个业务板块。2007年，中共十七大强调了公司制、股份制改革对于国有经济布局的重要性，此后部分大型国企通过重组整合实现了海外上市。

在产业和地区布局上，为落实区域协调发展战略，国家批准上海浦东新区和天津滨海新区为全国综合配套改革试验区，积极推动长江三角洲、台湾海峡西岸等重点地区的开发开放，国资企业依然是这"三大引擎"的主角。同时，相继做出振兴东北地区等老工业基地、促进中部地区崛起等重大决策，形成并丰富了区域发展总体战略。

国资布局随之在一些重大项目上实施调整，比如，推动大庆油田、中国一汽等重点企业进行技术改造、增强创新能力，配合地方政府加快推进资源型城市经济转型，着力培育的具有竞争力的优势产业和产品不断涌现，助推城市群、城市带和城市圈加快形成。

通过对国有经济战略性调整和国有大型企业改革的加快推进，到2011年，国资委监管的中央企业从2007年的159家减少到117家，其中有超过80%的资产集中在石油石化、电力、国防和通信等关键领域以及运输、矿业、冶金等支柱行业，国有企业整体素质和竞争力大大增强，但债务压力也逐渐增加。一是资产规模显著扩大，国有及国有控股企业资产总额从20.0万亿元增至91.1万亿元，复合增长率为16.4%；二是经营收益大幅提高，国企利润总额从4769亿元增至2.41万亿元，复合增长率为17.6%；三是国企布局呈现"两降一集中"，国有经济的经济占比下降，国企数量下降，国资集中于大型企业；四是国企竞争力增强，逐渐培育出一批具有全球竞争力的世界一流企业；五是债务风险加剧，在大力推动城市基础设施和公共服务设施项目的同时，地方投融资平台大量融资，累积了一定的债务风险。

二、新时代国资布局与优化调整的政策与实践

党的十八大以来，在新发展理念正确指引下，国企改革围绕以推进供给侧结构性改革这一主线，用足用活"1+N"政策体系，使企业竞争力与经济效益得到提升，一批改革成果实现了历史性突破。习近平总书记在党的十九大报告中指出："我国经济已由高速增长阶段转向高质量发展阶段，促进国有资本向战略性关键性领域、优势产业集聚，加快国有经济战略性调整步伐"。从2017年到2019年，全国国资系统监管企业表现优良，营业总收入增长17.3%，利润总额增长20.6%，营业利润率增长0.4%。然而，央企国企依然存在改革不平衡、落实不到位的现象。

（一）五大路线推进国资优化布局

2020年6月，中央深改委会议审议通过《国企改革三年行动方案（2020—2022年）》（以下简称"三年行动方案"），力求推进国有经济布局优化和结构调整，增强国有经济竞争力、创新力、控制力、影响力与抗风险能力。作为落实"1+N"政策的施工图，国企改革三年行动具有可衡量性与可考核性，聚焦了国企改革各方面的重点任务。

方案围绕服务国家战略，深化供给侧结构性改革，增强国有经济整体功能，聚焦主责主业发展实

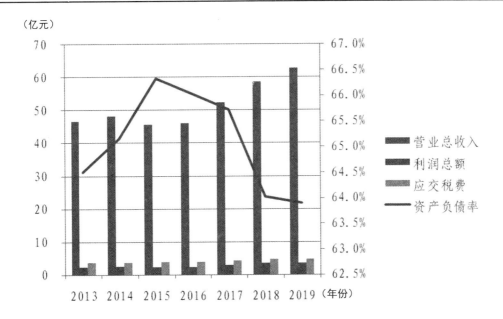

图1 2013—2019年全国国企运营情况

数据来源：中华人民共和国财政部。

体经济，以企业为主体、市场为导向，有进有退、有所为有所不为，持续推进国有企业瘦身健体、提质增效，通过调整优化国有资本布局结构，提高国有资本的配置效率。

1. 畅通循环，发挥引领作用

当前，加快形成以国内大循环为主体、国内国际双循环相互促进的新发展格局，正成为我国经济发展新的战略部署。在更深层次改革、更高水平开放的历史背景下，新发展格局的提出，源于形成内外良性循环的战略抉择。国有资本应该更好发挥引领作用，带领央企国企在新发展阶段继续成为国民经济和社会发展的基础支撑力量，成为引领行业高质量发展的关键，坚持维护产业链、供应链的安全稳定，助推以国内大循环为主体、国内国际双循环相互促进的新发展格局。

国企发展在"双循环"新发展格局中举足轻重，应当聚焦三方面重点任务，实现产业基础高级化和产业链现代化。一是居危思安，认真总结分析国企在应对新冠疫情中反映出来的优势、差距和不足，推进"两新一重"，既致力于补齐传统基建短板，也大力投入新一轮基础设施建设，以改革创新促增长，稳定经济增长。二是明确方向，杜绝大水漫灌，优化和稳定产业链、供应链，加快形成关键产业链领域的集群优势与规模优势，形成诸多新技术的应用场景和市场化产品，填补因经济停滞而出现的国际产业链高端空白。三是通力合作，借助项目合作、产业共建、搭建联盟等市场化方式，带动民营企业、中小企业共同发展。

2. 优化整合，聚焦关键领域

一是推动国有资本向关系国家安全、国民经济命脉的重要行业和关键领域集中，培养一批聚焦主责主业的龙头企业。我国需要建立完善中央企业主业和投资项目负面清单动态调整机制，引导企业做强做精主业，推动央企、国企战略性重组与专业化整合，加强央企、国企、民企与外企的市场化合作。

二是推动国有资本向公共服务、公益项目与应急工程等涉及国计民生的关键领域集中。例如广东省要求2020年省属国有资本在基础性、公共性、平台性、资源性与引领性等重要行业和关键领域的集中度达到70%，推动公共性企业基础设施项目的混合持股。

三是推动国有资本向前瞻性战略性新兴产业集中，加大新型基础设施建设投入。如合肥协同推进"芯，屏，器，合"四大体系，在芯片产业集聚了长鑫存储等186家集成电路企业，在新型显示产业借助京东方科技集团的全球首条最高世代线，在装备制造及工业机器人产业集聚埃夫特等125家工业机器人产业链企业，在人工智能和制造业加快融合方面打造了集聚科大讯飞、华米科技、海康威视与寒武纪等在内的"中国声谷"人工智能产业生态圈。

3. 加快创新，提高研发投入

国有资本应当蓄力科技创新，加大关键核心技术的研发投入，不断提升国企自主创新能力，巩固和增强对经济、科技、国防与安全等领域的控制力和影响力。近年来，A股上市公司研发支出总额不断增长，从2015年的4019亿元增长至2018年的8554亿元，复合增长率为20.8%。其中，央企国企控股上市公司成为研发榜单的领跑者，在2019年上市公司研发投入金额前十位中占据九席。

表1 2019年上市公司研发投入榜单前十名

排名	公司简称	投入金额(亿元)	增速	名次变动	投入营收比	地区
1	中国建筑	218.72	37.46%	+2	1.50%	北京
2	中国石油	214.1	1.73%	−1	0.90%	北京
3	中国铁建	165.28	42.83%	+2	1.99%	北京
4	中国中铁	165.21	22.69%	0	1.95%	北京
5	中国石化	155.39	95.31%	+9	0.52%	北京
6	上汽集团	147.68	−7.25%	−4	1.75%	上海
7	中国交建	126.47	24.28%	+1	2.28%	北京
8	中国通讯	125.48	15.06%	−1	13.83%	广东
9	中国中车	122.65	9.71%	−3	5.36%	北京
10	中国电建	112.98	21.99%	0	3.25%	北京

数据来源：同花顺iFinD。

4. 剥离清退，处置低效无效

早在2019年7月，国家发展改革委等13部门就已联合印发《加快完善市场主体退出制度改革方案》。按照中央的总体部署，未来央企、国企一是需要剥离非主营业务，加快不具备竞争优势的非主业领域的退出工作；二是进行无效资产、低效资产的处置工作，加快低效、无效参股股权的清理工作；三是努力完成重点亏损子企业的专项治理任务，畅通市场主体退出渠道，降低市场主体退出成本，激发市场主体竞争活力，完善优胜劣汰的市场机制，推动经济高质量发展，并给出了明确的时间表。

5. 企社分开，解决历史遗留问题

《中共中央、国务院关于深化国有企业改革的指导意见》明确提出，剥离企业办社会职能，解决历史遗留问题。2016年2月，国企"十项改革试点"提出，分离移交社会职能，使得国企能够轻装上阵。2017年6月，《关于国有企业办市政、社区管理等职能分离移交的指导意见》要求，年底前将背离主业发展方向且属于国企管理的职能移交于地方政府。

国企剥离社会职能的情况较为复杂，需要秉持实事求是原则，一事一议，分类指导。未来，一是要继续做好国企职工家属区"三供一业"、市政社区分离移交与所办医疗教育机构深化改革工作，加快推动厂办大集体改革；二是全力推进退休人员社会化管理工作，尽早实现剥离国企办社会职能，全面解决历史遗留问题。

（二）"十四五"规划锚定国资改革新方向

2021年3月，十三届全国人大四次会议通过《中华人民共和国国民经济和社会发展第十四个五年规划和2035年远景目标纲要》（以下简称《纲要》）。"十三五"收官在即，"十四五"新篇待启，党中央就制定国民经济和社会发展"十四五"规划和二零三五年远景目标提出目标。

1.推动两类公司的深化改革

《纲要》指出，"健全管资本为主的国有资产监管体制，深化国有资本投资、运营公司改革"。作为深化国资国企改革浓墨重彩的一笔，国有资本投资、运营公司的打造与"十四五"规划紧密相关。国有资本运营公司聚焦国有资本运营效率与投资回报率，国有资本投资公司聚焦国家战略、国有资本布局与产业竞争力。截至2020年8月，央企层面有21家企业纳入两类公司试点，地方层面有30个省市区开展了试点；规划组建的两类公司共计124家，已开展试点运作的有89家。两类该公司的改革发展，有助于推动国有经济布局优化和结构调整，提高国有资本配置和运营效率，发挥"管资本"的市场化专业平台价值。

近年来，国有资本投资、运营公司朝着平台化、基金化、多元化、财务化、分步化的改革趋势发展。一是资本运作平台化，通过打造专业的市场化运作平台，归集各类资本，通过资本市场实现国有股权的市场化流动和盘活变现；二是产业投资基金化，以基金方式吸纳社会资本，撬动更大杠杆投向目标标的；三是融资渠道多元化，依托进一步开放的良好机遇，探索债券、中期票据、信托计划和跨境融资等多样化融资方式，降低融资成本；四是管控模式财务化，对下属企业管理主要以产权为纽带，以财务管控为重点，充分体现持股企业自主经营权，实现"管资本"为主的转变；五是改革推进分步化，在改革一步到位较难实现情况下，采取"整体规划、分步实施、形式在先、实质在后"的实施方法，逐步向理想方案靠拢。

2.融合数字经济与实体经济

《纲要》指出，"把科技自立自强作为国家发展的战略支撑""坚定不移建设制造强国、质量强国、网络强国、数字中国"。2019年，我国数字经济增加值规模达到35.8万亿元，占GDP比重达到36.2%，占比同比提升1.4个百分点。一是把制造强国摆在第一位，围绕实体经济的发展，加强对于实体经济和科技自立自强的重视，奏响基础设施建设、移动通信、工业互联网、大数据中心、网络安全产业等"十四五"期间的科技制造主旋律。二是凭借数字经济来推动经济发展，帮助央企、国企进行制度、效率、创新的三项变革，建立起立全数据要素的国企市场体系，提升央企、国企的综合竞争力。三是加强数字社会、数字政府建设，在保障国家数据安全、加强个人信息保护的基础上，提升公共服务、社会治理等数字化智能化水平，建立基础制度和标准规范，建设国家数据统一共享开放平台。

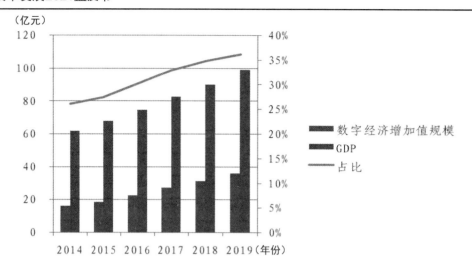

图2 中国数字经济规模及占比

数据来源：《中国数字经济发展白皮书（2020年）》。

（三）上海、深圳国资布局的新特点

1.上海

（1）国资总量不断扩大

上海国资布局引领全市经济发展。截至2019年年末，上海市国企总资产22.99万亿元，总负债17.24万亿元，营收3.7万亿元，利润总额0.35万亿元。从2015年到2019年，上海市国企累计营收16.6万亿元，利润总额1.75万亿元，创造了上海1/4以上的经济总量。

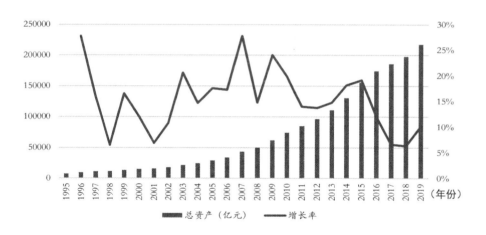

图3 上海历年国资总资产与总资产增长率

数据来源：《上海国有资产统计年鉴》、上海市国资委。

表2 2019年度上海国有资产管理情况

	国有企业（不含金融企业）	金融企业	行政事业单位
资产总额（万亿元）	9.02	12.90	1.07
负债总额（万亿元）	5.42	11.61	0.21
负债率	60%	90%	20%

数据来源：《上海市人民政府关于2019年度国有资产管理情况的综合报告》。

（2）关键领域保持主导

上海国资布局助推产业转型升级。截至2019年年底，上海经济结构持续优化，第三产业增加值占全市生产总值的70%以上，战略性新兴产业制造业部分产值占工业总产值的30%，第三产业的主体地位进一步强化，与上海打造"五个中心"、以服务经济为主体的产业结构相吻合。多年来，上海涌现出上汽集团、上海电气、华虹集团等一批优秀国企，并且85%以上的上海国资布局聚焦战略性新兴产业、先进制造业、现代服务业、基础设施与民生保障四大领域。

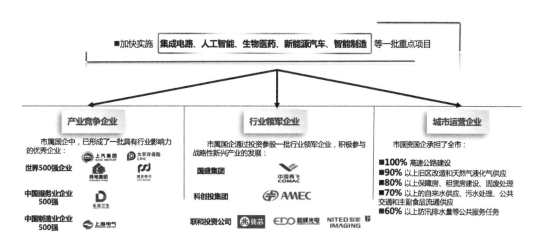

图 4　上海优秀国企代表列举

（3）大力支持科技创新

上海国资布局大力支持科技创新。自1978年上海召开第一次科技大会至今，科技创新发展改革的历史已逾40年。从"十大会战"到"三权下放"，上海聚焦重要产业行业、重点空间地域、重大战略任务，一直为加快建设具有全球影响力的科技创新中心而努力。近年来，上海相继出台《关于进一步促进科技成果转移转化的实施意见》《上海市促进科技成果转化条例》《上海市促进科技成果转移转化行动方案》与《上海市开展区域性国资国企综合改革试验的实施方案》（以下简称33号文）等文件，逐步建立健全科技成果转移转化制度，着力破除科技成果转移转化制度障碍。例如，33号文一是探索员工以科技成果出资，适度放宽国有科技型企业的员工持股对价空间；二是允许国有创投企业使用估值报告与实行事后备案制度；三是提出开展非公开协议转让试点，探索建立知识产权归属和利益分享机制。

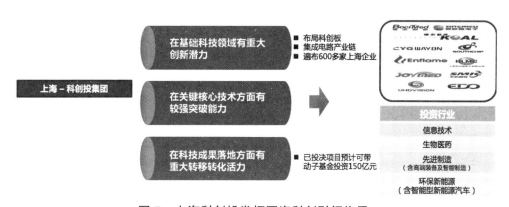

图 5　上海科创投发挥国资科创引领作用

2.深圳

（1）国资增速位列榜首

全国区域性国资国企综合改革试点之一的深圳，其国资国企发展表现亮眼。1979年以来，深圳国有经济年均增速为28.7%，总资产增长为2.46万倍。截至2019年年底，市属企业总资产、净资产、营业收入、利润总额、净利润、上缴税金等各项指标均创历史新高，在全国省级国资监管机构中各均位列前茅。

（2）综改试验初见成效

2019年8月，《中共中央国务院关于支持深圳建设中国特色社会主义先行示范区的意见》正式发布，随后《深圳市区域性国资国企综合改革试验实施方案》获批，制定了一个未来三年区域性国资国企综合改革实施方案的任务分工，针对9个方面、39条举措、106项任务进行战略部署。

在混改方面，深圳积极推进市属国资国企混改，提高优质资产的资本证券化比重。截至2019年底，深圳混合所有制企业占比为82.1%，资产证券化率为57.1%。在功能定位方面，深圳国资77.6%的产业布局在以保障城市运行的基础设施公用事业为主体、以金融和战略性新兴产业为两翼的"一体两翼"当中，在服务城市当中承担了主力军。例如，深圳市属国企承担了100%管道燃气供应，近100%的生活垃圾焚烧发电。在用人机制方面，深圳国资首批7家企业11个高管职位进行全球招聘，人才集团积极开展所属6家商业类企业总经理岗位市场化选聘。

（3）多措并举融合发展

深圳国资致力于推动国有资本与民营资本融合发展、共同繁荣。2018年12月，深圳市委市政府致力于创新推出"四个千亿"扶持政策，深圳国资承担了三个千亿计划，覆盖8.5万家企业。

截至2019年年底，在金融支持方面，深圳打造全生命周期的科技金融服务体系，累计为6.7万家中小微企业提供1万亿融资支持，率先设立百亿元规模的天使母基金以撬动多方社会资本，累计投资项目130个项目与167家企业，并于全球16个资本市场上市；在空间保障方面，深圳参与建设各类科技园区，以市场七折的优惠房租价格助力中小微科技型企业，以"空间保障、科技金融、人才服务、场景应用、平台支撑"方式深度融合创新生态链；在人才服务方面，深圳设立百亿人才创新创业基金，"以财助才"支持人才创新创业，人才安居集团累计落实12万套公共住房与3.5万套公共住房，为超过2000家企业与近10万人才及其家属提供服务；在容错机制方面，由深投控与深创投联合成立深圳市天使投资引导基金，加大对子基金投资项目的风险承担能力，吸引杰出初创者与优秀初创企业落户深圳。

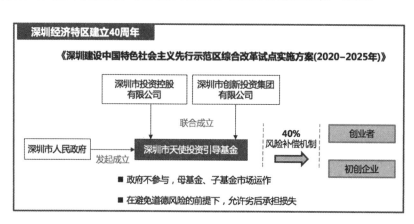

图6 深圳建立风险投资容错机制

三、未来国资布局与优化调整的趋势与思考

放眼未来，推动我国国有经济的布局优化和结构调整，需要依据国家战略和政策部署，立足高质量发展这一主题，围绕供给侧结构性改革这一主线，聚焦资源配置的优化途径，重点对功能、产业、资本与空间四大布局进行统筹规划和发展引导。

（一）功能布局

我国的基本经济制度、科技进展趋势与市场化发展水平，决定了国有经济的功能定位及其在国民经济中的地位。国有经济的功能地位在经济运行过程中不断转变，国有资本的功能布局也要随之调整。

1.立足战略定位，解决功能问题

发挥国资功能布局，首先要围绕国家和地方战略定位和企业功能定位，按照"两值、两引"的标准，调整优化国资布局，做实国有资本，将国资布局落实到发展问题与产业前景方面。

国有资本一是要积极参与国防工业、社会福利等事业，不断发挥增强国家实力与社会稳定的功能；二是借助公益性、基础性产业，支撑国民经济发展，聚焦关键产业与基础性科技，大力推动符合国家和地方战略定位的功能性项目，推动国家和区域经济建设发展，提高项目运营效率；三是撬动吸引各方资金广泛参与功能布局，以顺利推动国企战略性重组、国企产权制度改革与公司治理优化等工作。

2.优化金融配置，支持实体经济

2020年，中央经济工作会议指出，要加快金融体制改革，推动实体经济发展。纵观历史，金融业的比重在三次产业结构变化中逐渐提高，金融业支持实体经济发展的要求也在逐渐增强，对金融类国企的资源配置效率提出要求。例如，深圳金融国企助力深圳战略性新兴产业成长，大力支持实体经济发展，对上深刻把握国家金融政策导向，对下发挥市场在金融资源配置中的决定性作用。

图 7 深圳国资助力实体经济发展情况

3.优化产业配置，提升资源效率

优化国有资本产业配置，需要依托国有经济功能进行产业再配置。一是立足国企功能，瞄准国有经济基础产业，推动国有经济战略性重组；二是警惕国有经济向竞争性领域过分扩张，鼓励各类企业展开全面竞争；三是消除各类市场壁垒，吸引非国有资本引入基础性、垄断性产业领域。

提升国企资源配置效率，需要通过市场化手段实现资源高效率配置。一是依托供给侧结构性改

革，对国企进行资源优化配置和资源整合；二是进行国企内部整合与国企、民企的双向混改；三是通过兼并重组，进一步减少国企数量，清理"僵尸"企业，压缩过剩产能；四是降低杠杆率，力争创新，塑造国企核心技术创新力，提升国企综合竞争力。

（二）产业布局

优化国资产业布局，需要针对战略性新兴产业、国资优势支柱产业与基础设施和公共服务产业有的放矢，将国有资本布局与行业发展需求相结合，将"创新能力显著提升，产业基础高级化"作为产业布局的发展目标，着力培育新产业新业态新模式等新动能。

1.加大创新投入，助推新兴产业

在王大珩、王淦昌等科学家的倡导和邓小平的批示下，"国家高技术研究发展计划"（"863计划"）于1986年正式实施，信息技术、生物医药等对中国未来经济和社会发展具有重大影响的七个领域，逐渐成为国有资本布局的重点领域。三十余年来，国有资本持续助力科创研发，试图突破相关领域"重应用、轻研发"的发展瓶颈，并在经济效益与市场规模方面收获颇丰。

首先，面对新兴产业融资规模与应用拓展的持续成长，国有资本的长期布局，有利于修复应用层企业占比偏高这一现象。以人工智能领域为例，中国人工智能企业中应用层企业占比高达75.2%，虽然有助于中国经济转型升级，但是暴露出人工智能基础研究领域与发达国家依然差距明显这一软肋。在众多形式的私募股权基金中，民企私募机构普遍对退出效率要求较高，而政府引导基金等投资机构有着国家战略布局等宏观领域的把控，投资周期较长，从而为人工智能领域的基础研究提供了适当的空间。

其次，国有资本积极参与新兴产业投资，对新兴产业的投资生态、投资方向与投资规模有着重要影响。以生物医药领域为例，在投资生态方面，国有资本有利于将资本从生物医药创新、生物医药产业链、改良性制剂及高端仿制药等热点中放大，并且为生物医药企业之间的合作、拆分、并购打造信心；在投资方向方面，国企投资机构对产业投资标的动态进入，象征着国家力量对生物医药布局的侧重以及关键生物医药产业的规划；在投资规模方面，医药研发、医疗器械、基因学等创新研发过程需要大规模与长周期的资本投入，国有资本拥有着千万级或亿级以上的规模，成为生物医药领域投资的重要补充力量。

故而，在新兴产业布局方面，国有资本需要加大对创新源头的投资和投入，成为种子资本，要大力投入初创期、早期、早中期的科技企业，更多投向科技策源地做大初创期企业的"蓄水池"。

2.加速产业融合，升级支柱产业

在"一带一路"建设的推进过程中，国企在基础设施建设、能源资源开发与国际产能合作等重大支柱产业领域深耕，成效斐然。

在优势支柱产业布局方面，国有资本要以实施制造强国行动纲领为指南，聚焦存量业务与增量业务，将传统支柱产业转型升级与科技创新发展硬核产业相结合，逐步加快发展现代产业体系，推动经济体系优化升级，促进传统支柱产业由高速增长向高质量发展转变。例如，5G凭借着自动化、数字化到智能化的优势，推动了石油化工产业、有色冶金产业、装备制造业、能源和新能源产业等传统支柱产业的转型升级。

在实施路径方面，国家和地方政府需要出台多方面政策，促进产、学、研多方结合，促进产业集群、规模化发展与科技服务齐头并进。例如，广东省结合本省实际，制定了新能源产业链的升级措施，一是设立省级新能源产业技术交易市场，做好新能源战略性新兴产业集群；二是通过财税激励扶持产业转型升级，鼓励银行加大投资力度、拓宽融资渠道和引进外资等金融扶持政策；三是推动新能源资源和技术向现实生产力转化，促进能源产业转型升级。

3.履行社会责任，探路民生布局

在基础设施和公共服务布局方面，国有资本一方面聚焦社会责任，先行探路盈利模式，与社会资本建立有效联动；另一方面，社会资本的进入也能加快投入项目的市场化进程，有效提升国企的社会责任信息披露质量，以实现国有资本的保值增值。例如，对于投资回报率较低的养老行业，社会资本较少单独进入，行业发展面临一定的瓶颈，而国有资本的先行布局与跨部门协调，为吸引社会资本奠定了基础。国家开发投资集团先行探路，逐步建立起地方政府、央企、民企的有效联动，在北京、上海、广州三地探索养老产业。其中，虹口区彩虹湾老年福利院于2019年投入运行，提供养老床位860张，极大降低了包括物业费用在内的项目成本，以微利起步，带动养老产业化进程，为社会资本进入养老产业铺路搭桥。

（三）资本布局

国资国企需要发挥国有资本引导战略产业、赋能优质企业的作用。国有资本借助基金集群的力量，引入社会资本、放大国有资本，提高国资证券化比例，加快国有经济的布局优化和结构调整。

1.基金化布局迎接市场机制

作为国有资本运营的市场化工具，国资基金作为资本混合体，集合民营、国资和团队的资金和各方主体，应当作为增量的混改样本来进行探索，按照"母基金+子基金"等模式，进行市场化、规范化、专业化布局，提升传统产业，孵化新兴企业，引导产业链并购重组。现今，国资基金普遍开展了项目跟投、超额奖励、项目估值评估、事先约定股权转让备案等市场化改革机制。一批既彰显国资功能，又按市场机制运作的国资基金近年来迅速崛起，通过资本的力量，在国资布局优化和结构调整中发挥了不可替代的作用，如北京的国投创新、亦庄国投以及众多的"国字号"国家大基金，上海的国际集团、国盛集团、上汽集团、上海科创投、联和投资、临港集团等，广东的深创投、鲲鹏基金、广州基金，江苏的苏高投、苏州元禾等。

表3 国家级股权投资基金信息

基金名称	设立时间（年）	目标规模（亿元）
国家集成电路产业投资基金	2014	1387.2
国家科技成果转化引导基金	2014	173
国家新兴产业创投投资引导基金	2015	400
国家中小企业发展基金	2015	600
中国保险投资基金	2015	1000
国家先进制造产业投资基金	2016	200
中国国有企业结构调整基金	2016	3500
中国国有资本风险投资基金	2016	2000
中央企业贫困地区产业投资基金	2016	1000
国协、国同、国创、国新四只引导基金	2016	5000
中国互联网投资基金	2017	1000

2.证券化布局引领多重改革

2019年6月，科创板正式开板，面向符合科技前沿与重大战略的科技型企业，以多重标准的包容性和导向性为国企的改革发展提供机遇。一年多以来，中微半导体、上海硅产业集团、中国通号、寒武纪等多家国资基金投资项目成功登陆科创板。在融资渠道方面，科创板有助避免对短期回报的过分重视，实现私募股权资金与科技成长企业长期发展的匹配。在公司治理方面，允许"同股不同权"，要求建立有效透明的治理体系和监督机制。在激励途径方面，引入科创板机制丰富了核心人才的激励途径，在激励总额度方面给予了突破。

资本市场应当不断支持优质的央企国企上市发展，塑造央企、国企的高质量发展格局，全力推进高质量企业上市工作，促进科技、资本和实体经济高水平循环，更好服务经济社会发展全局。2020年10月，国务院印发《关于进一步提高上市公司质量的意见》明确提出，要支持引导国企依托资本市场大力开展混改，支持混改试点企业上市。

聚焦国有资本证券化布局，一是积极支持国企开展资产证券化业务，支持混改试点企业通过资本市场上市实现混改目标，鼓励国企利用债券市场提高直接融资比重，优化企业债务结构；二是通过推动国有企业上市，围绕上市加大包括混改在内的各种改革力度，鼓励国有资本绝对控股、相对控股及国有资本进行证券化布局；三是引导以企业应收账款、租赁债权等财产权利和基础设施、商业物业等不动产财产或财产权益为基础资产的资产证券化业务。

（四）空间布局

2019年9月，习近平总书记在中央财经委员会第五次会议中指出，促进区域协调发展需要发挥各地区比较优势，促进各类要素合理流动和高效集聚，形成优势互补、高质量发展的区域经济布局。中共十九届五中全会提出，"优化国土空间布局，推进区域协调发展和新型城镇化"，也强调了区域协调发展战略的重要性。国有资本的空间布局，需要结合国家、区域与全球的发展特点，逐步推进空间布局的战略性调整，加大高质量对外投资，构建国内国际双循环。

1.尊重客观规律，发挥比较优势

在对内方面，各地需要促进各类生产要素自由流动并通过市场机制引导各类要素向优势地区集中，提高资源配置效率。一是对于北京、上海、深圳等特大城市，需根据资源条件和功能定位，有效进行产业与资源的合理分配；二是对于经济发展条件好的地区，需要兼顾发展与责任，承载更多产业和人口；三是对于生态功能较强的地区，既需要考虑国家安全因素，也需要增强边疆地区发展能力。

例如，长三角城市群内幅员辽阔，产业丰富多样，处于以制造业产业升级为主导、金融业和现代服务业逐步增长的态势。粤港澳大湾区整体以服务经济为主，生产性服务业发展加快，产业结构尚存优化空间。与世界其他湾区相比，两大地区的第三产业比重依然较低，对产业转型升级支撑不足，需要发挥各地的比较优势，促进各类要素合理流动和高效集聚，致力于在技术创新与产业升级等方面与东京湾区、纽约湾区或旧金山湾区相抗衡。

表4　2019年不同区域发展指标对比

	面积（万平方公里）	人口（亿人）	GDP（万亿美元）	人均GDP（万美元）	GDP增速	港口集装箱吞吐量（万标箱）	第三产业比重	主导产业
长三角地区	35.8	2.24	3.39	1.52	6.2%	9026	53.0%	基础产业为主，新兴产业为辅

续表

粤港澳大湾区	5.65	0.68	1.38	2.04	7.9%	6520	62.2%	科技创新、金融服务、制造业
东京湾区	3.67	0.44	1.86	4.24	3.6%	766	82.3%	汽车、石化等制造业
纽约湾区	3.45	0.24	1.83	7.72	3.5%	465	89.4%	金融服务、房地产、医疗保健
旧金山湾区	1.74	0.08	0.82	10.53	2.7%	227	82.2%	科技创新、专业服务

资料来源：德勤研究，文汇报，浙江在线等。

2.紧随国家战略，重视投资回报

在对外方面，国资布局需要以国家战略和投资回报率作为"走出去"的考量重点。

在国企既有优势领域，发挥国有资本在产业转型升级过程的带动作用，采用平台化、基金化与轻资产走出去的方式；在国企尚未涉足产业领域，发挥国有资本在该类产业中的引领作用，抢占未来发展的先机，力争从"借船出海"走向"造船出海"，促进国企融入经济全球化进程，拓展国企发展空间。

以苏州工业园区的发展为例，园区实施"圈层梯度推进战略"，以"一区多园"为重要抓手，构建了"科技园区+科技金融+上市平台+产业集群"商业模式。针对园区核心资源，聚焦长三角、长江经济带等国内重点区域，发挥国资投入与引领力度，制定相应配套政策，支持国有企业和国有资本参与区域重点产业的发展；针对园区产业梯度转移需求，聚焦一带一路沿线经济较为发达的区域与国家，结合园区国资产业运营优势，适时走向长三角及一带一路沿线国家，拓展业务发展空间，实现做强做优做大；针对园区重点发展产业，聚焦美国硅谷、德国鲁尔工业区、新加坡启奥生命科学园等优秀对标，建立全球化视野，引进发达国家先进技术与团队，助推园区战略新兴产业落地。

（五）目标与重点

在目标方面，一是遵循重大战略决策，统筹国有资本的区域分布、产业分布与企业分布，管控好国企投资的"大盘子"；二是减少重复无序投资，围绕前瞻性、战略性产业领域进行统筹规划；三是发挥国有资本在社会保障、生态环境与科技进步等方面的主力军作用。

在履职重点方面，一是明确国有资本布局结构调整方向，适时推进企业新设与重组整合，助推国企混改；二是搭建战略性新兴产业协同发展平台，将出资人优化资本布局的思路和构想落到实处；三是制定三至五年国有资本总体发展规划，引导企业投资方向；四是实施更加适应市场发展趋势和企业实际的主业管理模式，稳妥培育非主业；五是调整完善企业投资负面清单，定期开展企业重大投资后评价工作。

【参考文献】

[1]黄辉.从我国产业布局政策的演变看西部开发[J].西北工业大学学报(社会科学版),2001(12).27.

[2]中国共产党简史.中共党史出版社,人民出版社,2021.235.

[3]国企改革历程编写组.国企改革历程(1978—2019)(上).中国经济出版社,2019,294-302.

[4]十六大以来重要文献选编(上)[M].北京:中央文献出版社,2005,20.

[5]洪全印.关于推进国有资本布局战略性调整的思考[C].中国企业改革发展峰会暨成果发布会(2019).

[6]中国新一代人工智能发展战略研究院.中国新一代人工智能科技产业发展报告(2019).

[7]周绍妮,郑佳明,王中超.国企混改,社会责任信息披露与国有资产保值增值[J].软科学,2020,243(03):36-40.

[8]习近平谈治国理政(第三卷)[M].北京:外文出版社,2020,269-275.

成果创造人：罗新宇、马　丽、陈　韬

中国职业经理人年度报告2020

职业经理研究中心

一、报告背景

"十四五"时期是中国全面建成小康社会、实现第一个百年奋斗目标之后，乘势而上开启全面建设社会主义现代化国家新征程、向第二个百年奋斗目标进军的第一个五年。2020年6月30日，中央全面深化改革委员会第十四次会议审议通过的《国企改革三年行动方案（2020—2022年）》提出，加快建立健全市场化经营机制，积极推行经理层成员任期制和契约化管理，推动管理人员能上能下，全面实行经理层任期管理，加快推行职业经理人制度。为贯彻党和国家有关文件精神，积极推进中国职业经理人队伍建设，进一步建立健全企业市场化经营机制，大力推行职业经理人制度，国务院国资委所属职业经理研究中心组织编纂了《中国职业经理人年度报告2020》，于2021年2月正式出版发行。本成果是贯彻落实党和国家在一系列重要政策文件中提出的"推行职业经理人制度"要求，见证新时代中国职业经理人事业的发展历程，记载中国职业经理人制度建设和队伍建设进展情况的年度性重要资料。

二、报告内涵

职业经理人的出现是社会化大生产和社会分工的必然结果。18世纪中叶，随着瓦特改良蒸汽机，引发全球性的工业革命。工业革命促使社会生产力得到迅速提升，进而引发社会结构和生产关系等方面发生重大变革。在工业革命影响下，企业的规模、人员、机构设置和经营范围等日益扩大，企业经营管理的复杂度和难度也越来越大，传统经验式的企业经营管理方式和企业经营管理人员已经越来越不能够适应企业发展的需要，寻求专业化、职业化和市场化的企业经营管理人才作为企业的经营管理者逐渐成为企业发展的现实需求，进而出现以企业经营管理为职业的专业化、职业化和市场化的企业经营管理者，即职业经理人。

职业经理人的出现使得专业化的企业经营管理者从事专业化的企业经营管理的事情，促使企业经营管理工作向着专业化的方向发展。由于企业经营管理的专业化分工，逐步产生以企业经营管理工作为新职业，出现了按照市场配置资源的方式有序流动和发展的专业化、职业化和市场化的职业经理人。在企业发展的历程中，不仅造就一个与现代化社会化大生产相适应的现代企业制度，也造就出现代企业制度的运作主体之一：一个规模庞大的、利益相对独立的职业经理人阶层，同时，也形成一套较为规范科学的职业经理人管理制度和机制。

随着社会的进步和科学技术突飞猛进的发展，整个社会又发生了巨大的变化，企业经营管理遇到更多新的难题，其中就有职业经理人管理等问题。例如，由职业经理人与企业所有者之间的委托代理关系引发的问题，如"逆向选择"问题、"道德风险"问题、"留存收益"问题、"短期行为和风险规避"问题等。如何建立一套行之有效的制衡制度和机制来规范、约束和激励职业经理人，使职业经理人的目标行为与企业所有者目标趋向一致，确保职业经理人的企业经营管理行为不偏离正确的经营方向，从而减少委托代理风险，提高企业经营效率，已经成为一个亟待研究解决的难题。

《职业经理人相关术语》（GB/T 26999—2021）将"职业经理人"定义为：受聘于企业，担任不同层级的领导和管理职务，承担相应的义务和责任，从事经营管理活动，以此为职业的人。

《职业经理人考试测评》（GB/T 26998—2020）依据考评对象的资历、学历、素质、能力和经验，将职业经理人分为职业经理人和高级职业经理人两个级别。依据考评对象的不同职位类别，将职业经理人分为运营总监、财务总监、市场总监等，以及生产经理、市场经理、行政经理等。其中，高级职业经理人包括但不限：首席执行官、运营总监、财务总监、人力资源总监、行政总监、企划总监、生产总监、市场总监、项目总监、技术总监、营销总监等；职业经理人包括但不限于运营经理、财务经理、发展规划经理、人力资源经理、行政经理、生产经理、技术经理等。

本成果以高级职业经理人为主要研究对象，范围涉及国有企业、民营企业和外资企业，遍布10余个行业。

本成果主要阐述年度有关职业经理人的新政策、新实践、新经验和新成果，由绪论、政策实践篇、市场分析篇和专题研究篇组成。

（一）本成果绪论精要内容

党的十九大报告提出，人才是实现民族振兴、赢得国际竞争主动的战略资源。中国经济和企业要实现高质量发展，归根结底必须有人才的支撑。在日益面临全球化竞争的中国企业需要的众多人才中，职业经理人作为专业化、职业化和市场化的企业经营管理人才，是引领企业发展的重要推动力量，对于企业发展来说是更为重要的战略性人才资源，更应为企业所有者高度重视。

党中央、国务院及有关部门高度重视职业经理人工作，先后出台一系列有关政策文件，引领和推进职业经理人相关工作的开展。中国职业经理人队伍正在逐步扩大，职业经理人在中国经济和企业发展的地位和作用越来越突出。与此同时也存在诸多问题：从社会宏观层面来看，中国职业经理人才市场尚未真正形成，职业经理人才评价和流动机制还有待完善，职业经理人相关法律法规仍须健全，职业经理人信用体系有待建立；从企业微观层面来看，企业法人治理结构和管理制度机制有待进一步完善，在职业经理人的育、选、聘、用、管、留、退出、激励和约束等方面需要进一步加强。企业发展迫切需要一大批高水平高素质的职业经理人，但相应人才供给尚不能完全满足企业发展的需要，职业经理人才队伍建设有待进一步加强。因此，中国职业经理人事业发展的道路上还有许多困难需要克服，也还有很多工作需要去做。

（二）本成果政策实践篇精要内容

1.中央出台的职业经理人有关政策

（1）中央出台的职业经理人专项政策

2020年1月，国务院国有企业改革领导小组办公室制定印发《"双百企业"推行经理层成员任期制和契约化管理操作指引》和《"双百企业"推行职业经理人制度操作指引》，为"双百企业"全面推行经理层成员任期制和契约化管理、积极推行职业经理人制度提供系统规范的操作指南，为加快培育一批国有企业改革尖兵、更好发挥"双百企业"的引领示范带动作用提供政策支撑，有利于下一步在更大范围、更深层次推动国有企业完善市场化经营机制，以及切实提高国有企业的活力和效率。

（2）2019年度中央出台的职业经理人相关政策

①2019年1月，人力资源和社会保障部印发《人力资源和社会保障部关于充分发挥市场作用促进人才顺畅有序流动的意见》中提出"合理增加国有企业经理层中市场化选聘职业经理人比例，畅通现有国有企业经营管理者与职业经理人身份转换通道"。这有助于国有企业实现人才强企的目标；有助于国有企业职业经理人才的顺畅有序流动，在实现国有企业管理人员能上能下、能进能出、收入能增能减方面具有重要作用和意义。

②2019年3月，国务院政府工作报告中明确："加强和完善国有资产监管，推进国有资本投资、运营公司改革试点，促进国有资产保值增值。积极稳妥推进混合所有制改革。完善公司治理结构，健全市场化经营机制，建立职业经理人等制度。"

③2019年4月，国务院印发《国务院关于印发改革国有资本授权经营体制方案的通知》在选人用人和股权激励、完善公司治理、充分发挥企业党组织的领导作用等方面针对职业经理人有关工作提出明确要求。

④2019年8月，国务院国有企业改革领导小组办公室印发《关于支持鼓励"双百企业"进一步加大改革创新力度有关事项的通知》，就"双百企业"推进综合性改革过程中遇到的一些共性问题，明确提出九条有针对性、操作性的政策措施。

2.地方出台的职业经理人有关政策

（1）地方出台的职业经理人专项政策

随着中央不断推出深化国有企业改革的配套性政策，地方省市也跟进深化和加速推进国有企业改革的进程。结合地方实际情况出台针对职业经理人的专项政策，形成具有地方特色的政策体系。

①2016年，浙江省出台《关于推进省属企业职业经理人制度建设的试行意见》，明确了职业经理人制度的适用范围，以及职业经理人基本资格条件、选聘渠道方式、日常管理、考核评价、激励约束和退出方面的具体要求。

②2016年，湖南省出台《湖南省省属监管企业实行职业经理人制度指导意见（试行）》，明确了实行职业经理人制度的指导思想、总体目标、基本原则和适用范围，以及职业经理人制度涉及的岗位，阐明职业经理人制度的基本内涵，职业经理人的基本条件、任职资格、选聘流程步骤、聘任合同及续聘等。对职业经理人的选聘和退出、考核评价和激励约束等方面明确具体内容和有关流程，提出在竞争类省属监管企业及其独资、控股子公司逐步实施职业经理人制度。

③2017年，海南省印发《海南省省属国有企业推行职业经理人制度指导意见(试行)》，确定了推行职业经理人制度的基本原则、主要目标、职业经理人范围和企业应具备的条件，明确职业经理人选聘和涉及契约化管理、薪酬、考核激励等方面的职业经理人的管理内容。

④天津市在2017年印发的《关于营造企业家创业发展良好环境的实施意见》中明确提出："推行职业经理人制度。积极推进国有企业去行政化改革，企业领导人员不再比照行政级别，加快向真正企业家的制式转换。"但如何选、怎么聘以及考核评价、薪酬激励和管理约束怎么做，在2018年出台的《天津市市管企业职业经理人管理暂行办法》中给出了答案，提出包括从选聘工作程序、聘任和任期的综合考核评价、薪酬激励、管理约束直至退出的全流程规范性要求。

⑤2018年，黑龙江省出台《关于全省国有企业开展市场化选聘职业经理人试点的指导意见》，该意见充分体现职业经理人"市场化来，市场化去"和兼顾高质量发展的原则。在选聘总经理方面，改变原来黑龙江省属国企总经理由组织部选人，董事会聘用的方式，明确提出要市场化选择，董事会聘用。在考核总经理方面，也由原来的任期制变为契约制，由经营性指标考核变为对完成整体战略目标考核。

⑥2019年，广西出台《广西壮族自治区人民政府国有资产监督管理委员会监管企业试行职业经理人薪酬制度改革的指导意见（暂行）》。从薪酬结构、薪酬水平、薪酬确定机制、业绩考核评价机制、薪酬支付和管理、薪酬监督管理等方面对职业经理人薪酬管理进行了明确指导，旨在推动实现职业经理人薪酬分配水平适当、结构合理、管理规范、监督有效，进一步调动职业经理人的积极性，激发职业经理人人力资本活力，解决了国有企业负责人薪酬改革难题和经营层高级人才引进瓶颈问题。

（2）2019年度地方出台的职业经理人相关政策

2019年，许多地方省市积极出台有助于职业经理人制度建设和队伍建设的相关政策文件，从完善企业法人治理结构，到健全市场化经营机制等，努力为国有企业有序推进职业经理人制度等工作提供有力的政策支撑。

①2019年，山东省持续推动国有企业深化改革，印发《关于深入学习万华潍柴经验进一步推动省属企业改革创新的若干措施的通知》，提出"稳妥推进职业经理人制度试点工作，在此基础上，积极推动处于充分竞争行业和领域的省属企业推行经理层成员契约化和职业经理人制度，2021年年底前达到一定比例。"2020年1月，出台《山东省促进乡村产业振兴行动计划》，提出"乡土人才培强工程，分层分类分模块培训职业经理人、青年农场主、新型农业经营主体带头人。"山东省从国企到乡村，积极推进职业经理人制度和人才队伍建设，为国企高质量发展、为乡村产业振兴提供必要人才支撑。

②江西省自2016年将职业经理人制度写入江西省国民经济和社会发展第十三个五年规划纲要后的每一年都持续出台职业经理人有关政策。2019年，江西省政府出台《关于印发江西省国有资本投资运营公司改革实施方案的通知》，提出"董事会对聘用的经营层成员实行任期制和契约化管理，按照'市场化选聘、契约化管理、差异化薪酬、市场化退出'的原则，建立职业经理人制度，建立考核结果与经理人员薪酬、奖惩、任用协调联动的考核评价机制"。同年江西省国资委印发《关于加强和改进省出资监管企业人才工作的实施意见》提出："稳步推进职业经理人制度，以现有经营管理者转换和市场化选聘经理人相结合的方式，选择符合条件的子企业开展职业经理人制度试点"。

③2019年，上海市出台《上海市分类推进人才评价机制改革实施方案》明确指出，"健全以市场和出资人认可为重要标准的企业经营管理人才评价体系，突出对经营业绩和综合素质的考核。建立社会化的职业经理人评价制度。"同年，出台的《关于推进本市国有企业重振老字号品牌的若干措施》提出："鼓励在老字号品牌企业试点'掌门人'职业经理人制度，实施'传人'培养工程。鼓励国有企业对老字号品牌'掌门人'推行市场化选聘、契约化管理、差异化薪酬、市场化退出的职业经理人制度，鼓励引进具有国际视野，熟悉现代企业制度的经营管理人才，充分授予经营决策权限。"自2014年起，上海在市场化程度较高的企业，积极推行职业经理人制度，多家市管企业市场化选聘百余名经理层副职。调整2018—2020年上海市管企业领导人员薪酬标准，上海银行等十余家市管企业开展职业经理人薪酬制度改革。几十家符合条件的上市公司、高新技术企业、人力资本为主的企业探索建立包括股权激励、分红激励等在内的长效激励机制。

3.中央企业市场化选聘经理层成员实践

2019年度，国资委直接监管的中国铁建股份有限公司等11家央企所属企业组织开展所属企业市场化选聘经理层成员60人，这些企业具有均处于较为充分的竞争行业或领域、企业发展需要市场化选聘的高级管理人员、企业各项治理机制和管理制度都较为健全的共性，所采取的选聘方式基本都是社会公开招聘的方式。

（1）在选聘基本要求方面，11家央企不仅在政治素质上对被选聘的经理层成员提出明确要求，在履行岗位职责所必需的专业知识能力与创新方面，以及工作业绩与经营理念、职业操守与个人品行、心理素质与身体健康等方面也做出明确要求。

（2）在选聘程序方面，从11家中央企业情况来看，基本都包含报名、资格审查、面试、考察或背景调查、做出聘任决定等环节。多数中央企业在综合考评环节中采用了面试。

4.地方国有企业职业经理人制度建设实践

（1）2018年以来，河南省积极推动建立企业经理层激励机制。探索推行河南省管企业经理层契约化管理，试点建立职业经理人制度。支持省管企业实行与选任方式相匹配、与企业功能性质相适应的差异化薪酬分配办法和中长期激励措施。从2018年年底开始，河南省国资委在省管企业开始试行职业经理人制度，市场化选聘职业经理人担任企业高级经营管理者。2018年12月，河南省政府国资委统一发布河南省竞争类省管企业市场化选聘高级经营管理者公告。2019年3月，安钢集团、郑煤集团等4家竞争类省管企业陆续与市场化选聘的副总经理进行了签约。此次选聘的高级经营管理者最大的不同就是身份市场化、管理契约化、薪酬差异化。任期满后，自动解聘，由新一届董事会确定是否续聘。随着河南省管企业的职业经理人制度探索的不断深入，2019年11月，河南省政府国资委组织河南国控集团等三户企业市场化选聘总经理3名、副总经理7名，按任期制和契约化管理，实行市场化的薪酬分配机制。

（2）2018年12月，天津市委组织部会同天津市国资委党委制定印发《天津市市管企业职业经理人管理暂行办法》。2019年，天津市管企业面向全国公开选聘总经理、行长等职位的职业经理人。其中，天津津联投资控股有限公司职业经理人公开选聘于2019年2月启动，成功选聘了包括总经理在内的4名管理层职业经理人，建立完善了绩效薪酬考核激励制度，职业经理人迅速进入角色，有效激发了企业改革动能。

（3）从2016年5月开始，河北省国资委会同省委组织部研究河北省国资委监管企业开展三项制度改革试点工作和推进职业经理人制度市场化改革的措施，在具备条件的企业进行试点。2017年11月，河北省资产管理有限公司面向社会公开招聘4名高级经营管理者。作为河北省国资委确定的市场化选聘经营管理者和推行职业经理人制度首个试点企业，将企业全部经理层人员列入试点范围，实现"身份市场化""管理契约化"。通过采用内部转聘和社会公开竞聘相结合的方式，共聘用1名总经理、3名副总经理和1名总会计师，为河北省属国有企业探索建立职业经理人制度，更好发挥企业家作用积累宝贵经验。

5.民营企业职业经理人制度建设实践

伴随改革开放，中国民营企业实现快速发展，在国民经济中的作用显著增强，在吸纳就业、创造税收、促进经济发展等方面发挥了非常重要作用。数据显示，中国民营企业的税收占比超过50%，GDP贡献率高达60%以上，吸纳70%以上的农村转移劳动力，提供80%的城镇就业岗位，新增就业90%在民营企业。中国民营企业已经成为推动中国经济快速稳健发展的重要力量。中国民营企业为什么取得如此大的成就？其中一个原因是与职业经理人密不可分的。一是职业经理人制度促进民营企业转型升级；二是职业经理人接班助力民营企业永续发展；三是职业经理人引入提升民营企业经营管理水平；四是人岗匹配促进职业经理人作用的更好发挥。

（三）本成果市场分析篇精要内容

1.企业高级管理人员供需状况

通过研究企业高管人员供需状况，能在一定程度上间接反映职业经理人供需状况，从而能够大体了解掌握职业经理人在地区、行业乃至企业中的供需情况。下面以猎聘人才与组织发展研究院的2019年用人单位的318051个总经理、副总经理、总监等职位的招聘数据，以及424669个总经理、副总经理、总监等职位的求职人员数据为研究对象，对企业高管人员的供给和需求有关情况进行研究分析。

（1）求职人员群体基本特征

①年龄分布。高管人员求职者的年龄主要集中在40岁以下，占比67.15%，40岁以上占比为32.85%，尤其是50岁以上占比仅为6.11%。年龄对于高管人员求职来说影响很大。

②学历分布。高管人员求职者的学历主要集中在大学本科，占比为56.14%；其次是硕士研究生学历，占比为24.46%；大专学历占为17.03%；博士研究生及以上和中专及以下学历的占比非常少，分别仅为1.20%和0.90%。高管人员求职者的学历层次普遍较高，绝大多数求职者都具有大学本科以上学历。

③专业分布。高管人员求职者的专业背景为工商管理专业的占比最大，为9.99%。其次是市场营销专业和会计专业，占比分别为3.85%和3.24%。高管人员求职者的所学专业呈现分散状态，集中度较低。

④工作年限分布。高管人员求职者的工作年限主要集中在10年以上，具有较为丰富的工作经历或经验。其中具有10~15年工作年限的人员占31.10%，具有15~20年工作年限的人员占22.83%。

（2）城市需求聚集度

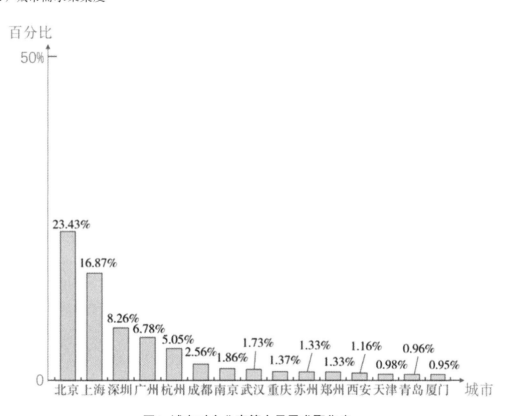

图1 城市对企业高管人员需求聚集度

如图1所示，15个城市对企业高管人员需求占比之和为79.03%。其中，北京对企业高管人员需求占比最高，为23.43%；其次是上海（16.87%）、深圳（8.26%）和广州（6.78%）。4个一线城市对企业高管人员需求聚集度超过了一半，印证了城市级别越高，公共服务水平越高，经济活跃度也会较高，吸引人才流入的虹吸效应越大。

（3）行业需求分析

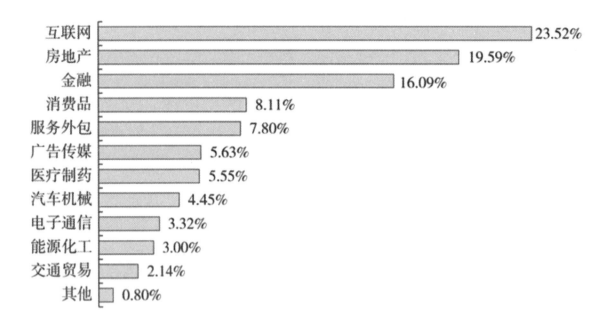

图2 高管人员行业需求分布

如图2所示，热门行业的互联网、房地产、金融对高管人员需求较高。其中，互联网业对企业高管人员需求的占比最高，为23.52%。

（4）企业需求分析

①国有企业对不同行业的高管人员需求分析。国有企业对高管人员需求最多的行业为金融业，占比为37.72%；其次是房地产业，占比为21.26%。显示国有企业在这两个行业高管人员缺口较大。金融业和房地产业属于热门行业，高管人员薪酬水平普遍较高，人员流动也较为频繁。国有企业从薪酬水平来看，一般比较偏低，人员难免有流失，再加上由于薪酬水平等原因造成招聘困难，出现国有企业在金融业和房地产业对企业高管人员需求程度偏高的现象。

②民营企业对不同行业的高管人员需求分析。民营企业对高管人员需求最多行业是互联网业，占比为25.26%；其次是房地产业，占比为20.74%；第三是金融业，占比为14.69%；互联网业作为热门行业，市场化程度较高，发展前景广阔，很多民营企业身处其中，对企业高管人员的需求较大。

③外资企业对不同行业的高管人员需求分析。外资企业对高管人员需求最多的行业是互联网业，占比为18.98%；其次是金融业，占比为14.69%。

综上所述，国有企业、民营企业、外资企业对高管人员需求具有行业差异性，主要体现出以下特点：一是国有企业高管人员需求主要集中在一些关键领域和基础领域行业。金融业和房地产业国有企业的市场化程度相对较高且经济效益较好。在国企改革过程中，不少金融业和房地产业国有企业将旗下市场化程度较高的二级及以下企业列为改革试点，为其高管人员提供与市场接轨的薪酬和激励。加之平台优势，这类国有企业对高管人员的需求和吸引力都是很大的。二是民营企业和外资企业高管人员需求具有一定的行业集中度，均在互联网业的需求最为旺盛。其中，互联网业既是民营企业发展最快速的行业，也是最具人才吸引力的行业，随着互联网业的不断发展壮大，未来几年民营企业对高管人员的需求量将会持续攀升。

（5）市场化薪酬水平分析

①不同城市的高管人员薪酬水平情况。高管人员薪酬水平的城市区位优势效应十分明显。一线城市北上广深，以及新一线城市杭州、成都等，不仅对高管人员的需求占比很大，而且相应职位的薪酬平均值也位居前列。其中，北京最高，平均年薪达75.69万元，紧随其后依次是：上海（72.22万元）、深圳（71.77万元）和广州（63.94万元）。

②不同行业的高管人员职位薪酬水平情况。不同行业高管人员职位薪酬水平存在较为明显的行业差异。房地产业高管人员的平均年薪最高，为77.64万元；紧随其后的是金融业为74.07万元。互联网业、医疗制药业、能源化工业、电子通信业均超过了60万元。汽车机械业、消费品业、服务外包业、交通贸易业、其他业及广告传媒业则低于60万元。

③上市公司与非上市公司的高管人员薪酬水平比较。国内上市公司高管人员的平均年薪为73.59万元，国内非上市公司高管人员的平均年薪为63.20万元。两者之间相差超过10万元。

④不同规模企业高管人员职位薪酬水平比较。高管人员薪酬水平与企业规模呈现高度关联性。大型规模企业高管人员平均年薪最高为75.86万元；中型规模企业（61.74万元）；小型规模企业（52.72万元）。

（6）企业吸引度

①不同类型企业对高管人员的吸引度。国有企业、民营企业和外资企业对高管人员的需求存在明显差异。国有企业从市场上招聘高管人员较少，仅占5.94%；外资企业占12.25%；民营企业最高，达81.81%。

②不同类型企业的行业吸引度。国有企业高管人员应聘投递量前三名的热门行业是房地产、金融以及互联网业，分别占比为19.80%、16.03%和13.67%。民营企业是互联网业、房地产业以及金融业，分别占比15.10%、13.53%和10.05%。外资企业是互联网业、房地产业及消费品业，分别占比为17.30%、11.93%和11.41%。

（7）思考与启示

企业高管人员求职者的学历水平普遍较高，工作年限也相对较长，40岁以下群体为高管人员求职者主体，所学专业主要集中于工商管理类，一定程度上反映出大众与社会层面对企业高管职位专业背景的普遍认知，与高管职位对从业人员素质能力要求的基本面相契合。一线城市和新一线城市对高管人员需求较大，与城市社会经济的快速发展和需要相吻合。

民营企业注重以利润为优先目标，管理相对自由，企业的领导者更容易接受全新的人才管理机制。外资企业发展时间较长，发展规模较大，管理相对规范和严谨，有明确和规范的市场化的人才流动与晋升机制；国有企业对高管人才的吸引力比较大，但因为薪酬和激励等制度不到位，流失也比较大。国有企业应从人才合理配置和使用入手，一方面吸引外部的优秀高管人才；另一方面加强自身建设，留好、用好、管好现有高管人才。

2.上市公司高级管理人员薪酬激励及相关问题研究

研究上市公司高管人员的有关情况，有助于了解和把握管理规范运作公司的职业经理人的基本状况，有助于为职业经理人相关研究提供实证依据，有助于为职业经理人市场化选聘和差异化薪酬等对标管理提供相应参考。本成果中的上市公司高管人员数据主要来源于沪市和深市的主板上市公司披露的2017—2019年公司年报中的信息，高管人员总有效样本数为61289个，涉及10774家企业。

（1）人员基本特征

①性别分布状况。高管人员性别总体分布为：男性占83.46%，女性占16.54%。各行业呈现男性占比较高的特征；其中女性高管在采矿业人员占比最少，在文化、体育和娱乐业占比最多。男女比例差异

最大的职位是总经理和总工程师，女性高管人员的比例仅为7.63%和8.04%。男女高管人员比例差异最小的职位为财务负责人，女性占35.79%，男性占64.21%。相关研究显示，女性在上市公司高管人员中越来越占有一席之地，在19项区分优秀领导者与平庸或糟糕领导者的能力中，女性在主动性、实践自我发展、结果导向、表现诚实正直等17项指标上的得分均高于男性。女性领导更容易为企业带来颠覆式创新。女性确有其独特的领导优势和管理优势，值得研究并付诸管理实践。

②年龄分布状况。高管人员最集中的年龄段为46~50岁和51~55岁。以50岁为分界线，50岁以上的高管人员在采矿业占比最多为62.92%，在信息传输、软件和信息技术服务业占比最少（28.55%）。高管人员年龄较大意味着人生阅历及行业工作经验丰富，信息传输、软件和信息技术服务业等新兴产业的高管人员年轻化反映出行业发展变化迅速，对行业领导者在思维创新方面的要求相对较高，高管人员更新迭代的速度相对较快。

③学历分布状况。高管人员学历层次普遍较高，本科及以上学历高管人员达到87.21%，占比最大，其次是硕士和博士研究生学历。金融业的硕士及以上学历高管人员占比最多为80.00%；制造业（40.73%）、建筑业（42.19%）具有硕士以上学历的高管人员偏少。这既与行业属性和特点息息相关，也与行业薪酬激励水平密不可分。在市场配置资源的驱动下，高薪酬高激励吸引众多高学历人才蜂拥而至是显而易见的现实。国有企业高管人员本科以上学历占比高于民营企业，其中硕士和博士研究生占比分别达到48.97%和6.67%。民营企业硕士和博士研究生占比分别达到35.37%和4.58%。显示国有企业高管人员学历层次比较高，具有一定的人才储备优势。上市公司各职位高管人员中具有本科及以上学历的占比均达到85%以上，占比从高到低的职位依次为总会计师（96.30%）、总工程师（93.89%）、总经济师（90.83%）、财务负责人（88.21%）、副总经理（86.80%）、总经理（85.05%）。

（2）薪酬激励研究

①不同行业上市公司高管人员薪酬水平研究。行业因素是影响高管人员薪酬的一个重要因素，不同行业面临的行业发展基础和外部经营风险等不同，需要高管人员的知识与能力等方面也有所差异，导致高管人员薪酬水平存在较为明显的差异。上市公司高管人员年平均薪酬水平按行业由高到低排名依次为：金融业（183.56万元），房地产业（172.99万元），批发零售业（95.67万元），交通运输和邮政业（86.98万元），科学研究和技术服务业（86.03万元），文化体育娱乐业（85.95万元），信息传输、软件和信息技术服务业（80.88万元），制造业（77.93万元），采矿业（71.96万元），建筑业（69.09万元），电力、热力、燃气及水的生产和供应业（64.02万元），水利、环境、公共设施管理业（62.81万元）。

②不同地区上市公司高级管理人员薪酬水平研究。

表1　16个省（直辖市）上市公司高管薪酬水平状况

省（直辖市）	高管数量（人）	25分位值（万元/年）	50分位值（万元/年）	75分位值（万元/年）	平均值（万元/年）
安徽	581	34.11	49.04	75.89	61.48
北京	2527	51.38	76.40	118.28	105.92
重庆	316	41.24	55.98	76.31	93.43
福建	746	36.26	59.30	91.67	79.77
广东	3353	46.87	72.00	114.38	108.53

河北	300	32.52	60.02	103.80	91.51
河南	513	27.92	42.15	61.37	60.24
湖北	562	35.61	59.57	94.95	88.64
湖南	550	31.95	46.40	72.02	62.63
江苏	2207	36.11	55.00	83.31	69.11
辽宁	371	31.63	50.40	74.98	61.70
山东	1154	32.05	54.81	83.93	71.57
陕西	304	30.87	46.19	65.98	56.39
上海	1719	50.50	80.82	127.00	111.35
四川	660	37.05	53.49	78.13	74.36
浙江	2379	38.18	57.11	86.86	75.05

本成果选取16个省（直辖市）作为样本，研究不同地区上市公司高管人员薪酬水平情况。如表1所示，上市公司高管人员的年薪平均水平由高到低排名依次为：上海（111.35万元）、广东（108.53万元）、北京（105.92万元）、重庆（93.43万元）、河北（91.51万元）、湖北（88.64万元）、福建（79.77万元）、浙江（75.05万元）、四川（76.34万元）、山东（71.57万元）、江苏（69.11万元）、湖南（62.63万元）、辽宁（61.70万元）、安徽（61.48万元）、河南（60.24万元）、陕西（56.39万元）。

表2 16个省（直辖市）不同企业类型的上市公司高管薪酬水平状况

省（直辖市）	企业性质	高管数量（人）	25分位值（万元/年）	50分位值（万元/年）	75分位值（万元/年）	平均值（万元/年）
安徽	国企	264	36.20	49.57	76.25	62.13
	民营	275	30.00	43.58	70.47	55.27
北京	国企	940	66.13	89.40	134.85	113.24
	民营	1219	41.76	64.72	101.11	100.12
重庆	国企	137	44.90	55.85	75.02	68.93
	民营	126	36.27	59.49	74.52	110.54
福建	国企	201	37.21	54.42	89.49	90.95
	民营	401	35.00	58.00	89.67	69.73
广东	国企	618	67.02	97.17	180.15	149.12
	民营	2067	42.66	63.95	100.00	90.20
河北	国企	138	32.20	57.41	84.77	63.46
	民营	149	33.40	70.00	155.54	119.53
河南	国企	193	30.82	44.32	59.27	50.46
	民营	270	27.16	40.00	58.93	57.66
湖北	国企	203	52.66	70.68	108.00	95.29
	民营	199	30.36	45.59	72.30	56.59

湖南	国企	216	32.99	51.97	81.64	72.41
	民营	286	30.80	43.55	60.96	50.35
江苏	国企	353	43.57	61.52	86.91	74.56
	民营	1421	33.89	50.09	77.05	62.02
辽宁	国企	186	35.44	51.61	71.57	57.47
	民营	147	26.00	46.60	72.90	58.42
山东	国企	336	42.99	63.16	95.30	83.72
	民营	684	27.35	46.27	75.49	62.78
陕西	国企	187	32.40	50.09	64.90	56.78
	民营	74	20.87	36.77	60.29	47.29
上海	国企	575	62.61	89.71	134.14	113.09
	民营	805	43.17	69.20	116.80	101.14
四川	国企	230	38.91	51.52	66.19	61.01
	民营	351	33.70	54.54	96.60	83.60
浙江	国企	285	46.48	67.82	124.14	101.91
	民营	1720	36.78	54.29	81.25	68.93

如表2所示，所统计的16个省（直辖市）的国有上市公司高管人员的平均薪酬水平高于民营的省市有：安徽、北京、广东、湖北、湖南、江苏、山东、陕西、上海、浙江。国有上市公司高管人员的平均薪酬水平低于民营上市公司的省市有：重庆、福建、河北、湖北、辽宁、四川。

③不同企业规模的上市公司高级管理人员薪酬水平研究。以公司总资产来衡量上市公司的规模。公司总资产是指公司所拥有或控制的、能够带来经济利益的全部资产。一般来说，企业规模越大，其组织管理活动的复杂程度越高，相应的对企业管理者的能力要求越强，企业支付给高管人员的薪酬也就越高。同时，企业规模越大，激励管理者的方式相对越多，高管人员获得各种薪酬途径也就越多。研究显示，企业规模是决定高管人员薪酬的一个重要因素，其重要性不亚于企业利润，多数时候比企业利润更为重要，甚至是决定高管人员薪酬最重要的影响因素，其影响权重达到了企业利润业绩的40~65倍。

表3 不同企业规模的上市公司高管人员薪酬水平状况

公司总资产（亿元）	高管数量（人）	25分位值（万元/年）	50分位值（万元/年）	75分位值（万元/年）	平均值（万元/年）
10以下	1443	26.00	37.57	58.42	47.25
10~50	8727	35.00	51.41	73.89	61.19
50~100	3674	40.50	63.13	96.88	78.82
100以上	6210	53.75	86.84	148.30	128.69

如表3所示，上市公司高管人员薪酬水平与企业规模正相关，企业规模越大，高管人员薪酬水平越高。

表4 不同企业规模和企业类型的上市公司高管人员薪酬水平状况

公司总资产 （亿元）	企业 性质	高管数量 （人）	25分位值 （万元/年）	50分位值 （万元/年）	75分位值 （万元/年）	平均值 （万元/年）
10以下	国企	185	21.61	30.81	52.75	39.54
	民企	1044	26.81	37.82	57.06	47.23
10~50	国企	1581	35.19	51.80	69.13	57.09
	民企	5771	33.63	49.28	71.44	59.43
50~100	国企	1195	39.03	59.01	83.91	71.99
	民企	2240	40.33	63.70	98.89	80.20
100以上	国企	3369	52.74	81.64	131.78	111.48
	民企	2096	53.33	89.46	150.00	136.64

如表4所示，在同等企业规模条件下，民企上市公司高管人员的薪酬水平普遍高于国企上市公司高管人员的薪酬水平。

统计数据还表明，上市公司总经理、副总经理、财务负责人的薪酬水平与企业规模正相关，企业规模越大，薪酬水平越高。

④上市公司高级管理人员股权激励研究。2019年，上市公司的20743位高管人员中，持股高管人员占比为44.3%，且不同职位高管人员持股比例也存在差异。总经理职位持股占比最多为47.96%，其次是副总经理职位，其他职位依次是总工程师、财务负责人、总经济师和总会计师。

国有上市公司中25.04%的高管人员持有公司股票，民营上市公司中的55.30%的高管人员持有公司股票，反映出国有上市公司对高管人员的中长期激励相对较少。

在所统计的12个行业中，信息技术传输、软件和信息技术服务业对高管人员实施股权激励的上市公司数量最多，占比达57.36%；其次是科学研究和技术服务业为54.04%；制造业为49.44%。

（3）薪酬水平与公司经营业绩相关性研究

本成果通过采用描述统计、皮尔逊相关分析、线性多元回归模型等方法，以制造业，批发和零售业，信息传输、软件和信息技术服务业三个行业的高管人员前三名薪酬总额对数为因变量，公司每股收益、公司净资产收益率为自变量，资产负债率、公司规模对数、持股比例为控制变量研究2017—2019年高管人员薪酬水平与公司经营业绩的相关性。研究结果表明高管人员薪酬与企业绩效成正相关。

（四）本成果专题研究篇精要内容

本成果专题研究篇主要汇集近些年来职业经理人的前沿研究成果，主要围绕职业经理人的职业道德、能力、战略性思维，以及职业经理人甄选和契约化管理等方面进行探索性研究，为解决职业经理人制度建设和队伍建设中的疑难问题探寻路径和提供参考。

三、措施及效果

本成果通过向企业经营管理者、政府部门及有关专业机构人员发送、举办职业经理人大讲堂和社会发行等多种方式和途径，面向社会大力宣传党和国家职业经理人有关政策与推行职业经理人制度的生动实践，受到社会各界广泛好评，为相关政府部门及有关专业机构提供决策参考，为企业及其经营管理者提供政策指导和实践启迪，同时，也为推进中国职业经理人事业的发展提供支持和帮助！

【参考文献】

[1]彼得·德鲁克.创新与企业家精神[M].北京:机械工业出版社,2009.

[2]邓峙琨,李晨萌.股权激励与企业绩效间中介因素研究综述[J].现代营销(下旬刊),2020(04):192-193.

[3]谷向东.无领导小组讨论[M].北京:电子工业出版社,2015.

[4]顾海根.人员测评[M].合肥:中国科学技术大学出版社,2005.

[5]GB/T26999—2011,职业经理人相关术语[S].

[6]GB/T28933—2012,职业经理人通用考评要素[S].

[7]GB/T26998—2020,职业经理人考试测评[S].

[8]合伙人制:职业经理人趋势蜕变[EB/OL].https://www.sohu.com/a/113503947_422642,2016-09-03.

[9]鞠跃.浅析企业职业经理人的产生方式[N].企业观察报,2017-08-01(09).

[10]拉斯洛·博克.重新定义团队:谷歌如何工作[M]宋伟.北京:中信出版社,2015.

[11]李锦坤,王建伟.战略思维[M].天津:天津社会科学院出版社,2003.

[12]李小三.现代领导哲学思维[M].北京:研究出版社,2009.

[13]李文,王海霞.基于胜任力模型的创业者甄选体系构建[J].经营与管理,2016(07):136-140.

[14]李浇,王晓萌.论胜任力模型在人力资源管理中的应用[J].中国市场,2016(48):75-76+86.

[15]李霄坤.上市公司高管薪酬影响因素研究[D].吉林大学,2013.

[16]刘新明.市场化成功选聘职业经理人的几点思考[N].企业观察报,2017-06-06(09).

[17]孟志峰.基于胜任力的中央企业经理层内部培养体系研究[D].北京交通大学,2012.

[18]马贤茹.浅谈我国职业经理人职业道德现实困境及出路的探究[J].法制与社会,2016(07):187-189.

[19]孙小蕾.中小民营企业职业经理人选用方式研究[D].华北电力大学(北京),2016.

[20]孙连才,李霞.我国职业经理人市场发展问题与机制创新路径[J].中国人力资源开发,2014(16):41-47.

[21]宋清辉.城市如何留住人才[N].证券时报,2018-05-26(A03).

[22]韦敏.职业经理人融入民企之道[J].企业家,2019(07):45 48.

[23]王勇.人才聚集研究综述[J].成长之路,2013(24):7-8.

[24]王本梅.职业经理人的道德问题[J].长江丛刊,2016(27):131-132.

[25]张双燕.国有企业经营者激励约束机制研究[J].企业改革与管理,2015(11):54-55.

[26]张微,屈奕欣.我国家族企业与职业经理人合作路径研究[J].重庆科技学院学报(社会科学版),2018(06):64-67.

[27]张国栋.股权激励研究综述[J].经济研究导刊,2019(04):99-100.

[28]张瑜.医药制造业上市公司高管薪酬与企业绩效关系研究——基于沪深A股2014年-2018年数据[J].商场现代化,2019(22):83-84.

[29]职业经理研究中心.中国职业经理人制度研究与实践[M].北京:中国财富出版社,2018.

[30]周进.K家族企业职业经理人内部约束机制的构建华[D].上海市:华东理工大学,2016.

[31]周晶.关于职业经理人制度建设的三点思考[J].国资报告,2019(07):26-29.

[32]周扬.论人才聚集[J].中外企业家,2011(20):18-19.

[33]周婧凡.提高高管薪酬水平能改善企业绩效吗?——以中国互联网行业上市公司为例[J].湖北经济学院学报(人文社会科学版),2020(01):61-63.

[34]姚永,王鸿良,张念臣.基于胜任力模型的招聘体系设计[J].劳动保障世界,2019(29):7-8.

[35]Alfred D.Chandler.The Visible Hand—The Managerial Revolution in American Business[M].Cambridge: Belknap Press of Harvard University Press,1999.

成果创造人:王永利、许艳丽、张红涛、王新伟、张铁铮、赵长清

国有资本投资公司建设治理型管控体系的探索与实践

——以中国建材集团为例

中国建材集团有限公司改革办、办公室

中国建材集团有限公司（以下简称"中国建材集团"）入选国有资本投资公司试点以来，根据国资委对国有资本投资公司改革试点要求，围绕投资公司功能定位，确定了"4335"指导原则，以"资本投资体系化变革"推进国有资本投资运营机制落地，探索建立起适应投资公司需求的治理型管控体系，集团管控效率显著提升，已经发展成为全球最大基础建材制造商、世界领先新材料开发商和综合服务商，打造世界一流材料产业投资公司的目标初见成效。

一、建设治理型管控体系的内涵

（一）集团管控的概念

集团管控通常是指在企业管理过程中，大型企业的总部或者管理高层基于集分权程度的不同，通过实施不同管控策略和方式，使企业达到最佳运作效率的管理体系。集团管控类型划分最早源起于二十世纪八十年代战略管理大师迈克尔·古尔德等人在《战略与风格》(1987年版)一书，根据企业管控文化偏好和实践多次演变，提出了"集团管控三分法"理论雏形，即财务型管控、战略型管控、运营型管控或操作型管控。

（二）治理型管控的提出

通过公开渠道检索，较早提出"治理型管控"概念的是国务院发展研究中心企业研究所副所长项安波2018年在《国企混改山东样本探析》中提出的，他建议"重构国资代表机构与混合所有制企业的关系。对混合所有制企业，不应再采取过去国企产业集团对分、子公司的管控模式，而应转向以出资额为限、以公司治理为主渠道、以派出股权董事为手段的治理型管控，实现国有股东人格化，做积极股东，但不干预混合所有制企业的日常经营[a]。"

《中央企业混合所有制改革操作指引》（国资产权〔2019〕653号）首次在正式文件中提出"治理型管控"概念，指出"通过股东（大）会表决、推荐董事和监事等方式行使股东权利，实施以股权关系为基础、以派出股权董事为依托的治理型管控，加强股权董事履职支撑服务和监督管理，确保国有股权董事行权履职体现出资人意志"。

在2021年8月30日召开的推动混合所有制企业深度转换经营机制专题推进上，国资委党委委员、副主任翁杰明指出"国有企业集团公司要实施以资本为纽带、股权为基础、董事为依托的治理型管控，

---

[a] 中国社会科学网：《项安波：国企混改山东样本探析》。

更多通过规范高效的公司治理对混合所有制企业实施管控",再次提出"治理型管控"的概念。

多家中央企业在改革实践中探索建立了治理型管控体系。中国宝武深入推进公司治理体系和能力现代化。对重庆钢铁实行以派出董事为依托的治理型管控和个性化授权体系,依法依规实施更加市场化的差异化管控①。东方电气集团加强子企业董事会建设和构建企业专职董监事队伍,对子企业管控方式由审批管理为主向通过委派董事和监事管理为主的治理型管控转变,落实企业董事会中长期发展决策、经理层考核及薪酬分配等职权。选聘了7名专职董事委派至9家控股子企业及5家参股企业,选聘了2名专职监事委派至13家控股子企业及5家参股企业。2020年,专职董监事参加任职企业董(监)事会等各类会议101次,审议决策议案225项②。中国有色集团通过加强子企业董事会建设和构建企业专职董监事队伍,实现集团股东对子企业管控方式由以往的部门审批管理为主,向通过委派董事和监事管理为主的治理型管控转变,打通现代企业治理结构的中间环节,使企业董事会在党委和股东的领导下,得以正确行使中长期发展战略制定、重大经营事项决策、经理层考核及薪酬分配等职权,保障董事会的独立性,强调重大决策的集体智慧和权力制衡,提升企业风险防控能力,促进企业高质量发展③。

(三)治理型管控和战略管控型的关系

《关于中央企业开展"总部机关化"问题专项整改工作的通知》(国资党委〔2019〕161号)将央企总部管控模式分为"战略管控型"和"战略+运营管控型"两类。治理型管控和战略型管控都是区别于传统国有独资、全资及控股企业管控方式的新型管控方式,都是力图转变"行政化""红头文件"式的管控模式,是国企改革的方向和趋势。

二者的区别可以从几个层面理解:一是对象不同。战略型管控指的是集团总部的职能定位,仅指集团总部。治理型管控是指集团总部对所出资企业的管控方式,是全集团整体概念。二是内涵不同。战略型管控是针对"战略+运营管控"而言,强调集团总部不做运营管控,即对生产经营环节不做或少做管控。治理型管控强调通过股东会、监事会等治理主体实施管控,而不是跨越治理主体,直接面向所出资企业经理层、职能部门开展工作。三是目标不同。战略型管控是在"总部机关化"问题整改文件中提出的,目标是明晰总部职能定位,优化组织体系,解决总部机构设置不科学、人员配置不合理,探索推行"扁平化""大部门制"管理,控制总部部门数量和人员数量。治理型管控出发点是针对混合所有制企业,深度转化混合所有制企业经营机制,建立基于现代公司治理体制的管控模式,实现混改企业的市场化运营。

二、建设治理型管控体系的意义

(一)建设治理型管控体系是落实国企改革三年行动的重要举措

国企改革三年行动方案要求,加快建设中国特色现代企业制度,进一步加强董事会建设,有效提升治理能力和治理效能。同时提出混合所有制企业的国有股东要与其他股东充分协商,依法制定章程,切实维护各方股东权利,严格落实董事会各项法定权利,不得违规干预企业日常经营。

治理型管控体系是以健全现代企业制度为基础的,规范股东会、董事会、监事会、经理层和党组

---

② 人民日报:中国宝武增强竞争力、创新力和抗风险能力改革激发企业内生活力。
③ 《国资报告》杂志:《东方电气集团:牵住牛鼻子 驱动逆增长》。
④ 国务院国资委网站:压实巡视整改责任 落实改革攻坚任务——中国有色集团以深化改革专项攻坚"军令状"推进巡视整改和重点改革事项纪实。

织的权责关系，按章程行权、依规则运行，形成定位清晰、权责对等、运转协调、制衡有效的法人治理结构。要在现代企业制度框架下按照市场化规则，以股东角色和身份参与企业决策和经营管理。建设治理型管控体系是企业全面深入贯彻落实国企改革三年行动重要部署的有力举措。企业根据实际情况完善董事会运作机制，提升董事会履职能力，在公司章程中明确董事会定战略、做决策、防风险的职责定位，根据章程规定，完善董事会议事规则，细化明确行权履职的具体要求，依法保障所出资企业自主经营权。不仅有助于企业依法建立规范的董事会，而且有助于确保董事会职权得到有效落实，确保企业活力、创造力、市场竞争力和风险防控能力明显增强。

（二）建设治理型管控体系是国有资本投资公司改革的必然选择

虽然"治理型管控"的概念主要出现在混合所有制相关政策文件中，但其内涵实质，和国有资本投资公司改革完全相符。《国务院关于推进国有资本投资、运营公司改革试点的实施意见》（国发〔2018〕23号）指出，"国有资本投资、运营公司应积极推动所持股企业建立规范、完善的法人治理结构，并通过股东大会表决、委派董事和监事等方式行使股东权利，形成以资本为纽带的投资与被投资关系，协调和引导所持股企业发展，实现有关战略意图。国有资本投资、运营公司委派的董事、监事要依法履职行权，对企业负有忠实义务和勤勉义务，切实维护股东权益，不干预所持股企业日常经营。"《国务院关于印发改革国有资本授权经营体制方案的通知》（国发〔2019〕9号）也强调"国有资本投资、运营公司作为国有资本市场化运作的专业平台，以资本为纽带、以产权为基础开展国有资本运作。"两个文件与上文所述治理型管控的表述方式略有不同，但内涵可以提炼概括为"国有制资本投资公司对所出资企业应采用治理型管控"。

建设治理型管控体系是国有资本投资公司对子企业实施有效管控的基本保障，是建设中国特色现代企业制度的重要基础，对于落实国有资本投资公司改革要求、有效发挥国有资本投资公司功能作用具有重要意义。企业为适应资本运营的要求，通过特定的制度规范和工作体系原则，加强国有资产基础管理，明晰出资人代表机构与国家出资企业的权责边界，建立治理型管控模式，有利于保障授权放权机制运行有效，赋予企业更多经营自主权，更大程度地促进国有资本合理流动，优化国有资本投向，向重点行业、关键领域和优势企业集中，推动国有经济布局优化和结构调整，提高国有资本配置和运营效率，打造充满生机活力的现代国有企业。

（三）建设治理型管控体系是建设产业投资集团的内在需求

中国建材集团"4335"指导原则，提出树立"四个理念"，通过公司治理结构管股权、通过派出董监事实施股权管理、资本流动和收益收缴，建立起"定位清晰、生态优化、机制有效"的国有资本投资管理体系。"四个理念"完全符合治理型管控的内涵。"管好股权"就是要管好股权管理、资本运作、融资投资，除法律法规、国务院国资委明确要求、公司章程另有规定要求"穿透"管理的事项外，所出资企业经理层主持的生产经营管理工作，集团不能"穿透"，做到"不直接干预"。通过公司治理结构管股权就是要以产权为基础、以资本为纽带，协调和引导所出资企业发展，依照所出资企业公司章程，通过公司治理结构履行出资人职责。通过派出董监事实现股权管理就是要建立派出董监事人员库，推行派出专职董监事制度。资本流动和收益收缴就是坚持出资人主导与市场化原则相结合，加强对资本布局整体调控，推进国有资本战略性重组、专业化整合和前瞻性布局。

建设治理型管控体系是落实集团总部功能定位调整的改革举措，通过健全所出资企业党组织、董事会、监事会、经理层，规范公司治理结构，建立健全权责对等、运转协调、有效制衡的决策执行监督机制，有助于集团本部通过公司治理结构实现管股权的目的，即不从事具体生产经营活动，不直接干预所出资企业的日常经营，对所出资企业行使股东职责。

三、建设治理型管控体系的思路和做法

建设治理型管控体系的主要思路是：以健全现代企业制度为基础，实施以资本为纽带、股权为基础、董事为依托的管控模式，在集团层面有效发挥董事会作用，在所出资企业层面加强董事会建设、规范董事会运作、落实董事会职权，加强股权董事履职支撑服务和监督管理，确保国有股权董事行权履职体现出资人意志，依法保障所出资企业经营自主权。

（一）集团层面：有效发挥董事会作用

1.厘清治理主体功能定位，实现权责匹配

建设中国特色现代企业制度，完善公司治理结构，构建"各负其责、协调运转、有效制衡"的运行机制，要把握好两个关键，一是把加强党的领导和完善公司治理统一起来，明确国有企业党组织在法人治理结构中的法定地位，把党组织内嵌到公司治理结构之中。二是要构建多元治理主体之间的权责体系及运行机制，实现权责匹配。明确界定党组织、董事会和经理层的功能定位：党组织发挥领导作用，把方向、管大局、促落实；董事会发挥决策作用，定战略、做决策、防风险；经理层发挥经营管理作用，谋发展、抓落实、强管理。

中国建材集团结合自身实际，以切实发挥党的领导作用为核心，建立规范的决策体系和合理的授权体系，明确了不同治理主体间权责关系，制定了《中国建材集团党委、董事会、经理层研究讨论和决策事项清单》。清单明确了三个治理主体的13种行权方式，并按照党委决定事项和党委前置研究事项两条脉络，对集团公司156个事项进行了分类和梳理，并按照"决策权责唯一性"的原则，界定权责边界，规范决策程序。清单同时还与"三重一大"事项清单和党委前置事项清单进行了有效衔接。

2.抓好董事会关键环节

中国建材集团董事会注重加强从董事会会议筹备到议案审议和表决、决议跟踪等关键环节的管理，形成了董事会会议的规范程序和特色模式，推进董事会规范运行的有效性不断增强。一是从严把关，确保议案质量符合要求。董事会办公室于每月党委会及办公会召开后迅速完成议案的征集，在相关业务部门提供的材料基础上，按照规范模板起草议案，报请业务主管领导和董事会秘书审阅，并由总法律顾问出具法律意见书，报董事长审批同意后按程序提交董事会审议。二是深入贯彻两个"一以贯之"，把党的领导融入公司治理。全面落实"党组织研究讨论是董事会、经理层重大问题决策的前置程序"，在董事会决策过程中，均事先听取党委会意见。决策前置程序有关内容均在董事会议案材料中注明，并将会议纪要相关材料作为附件与议案材料一并提交，确保企业各项决策符合党的路线方针政策，不断提升公司治理效能和科学决策水平。三是规范管理，确保议事决策科学民主。严格执行董事会议事规则相关规定，营造各抒己见、畅所欲言的议事氛围，使每位董事能够独立、充分发表个人意见，每个议题都在充分讨论的基础上进行表决。每次董事会会议均邀请集团纪委书记，国资委有关厅局领导列席。四是严格落实董事会决议，实现董事会决议的闭环管理。每次董事会后，均及时将单项决议发给各相关部门和企业，整理会议纪要，填报国资委"三重一大"在线监管系统。董事会注重对议案执行情况的跟踪，在每次董事会通报上一次董事会的决议执行情况，并在年底对全年执行情况进行更新汇总。

3.充分发挥外部董事作用

董事能否真正发挥作用是董事会有效运转的关键因素，而建设外部董事占多数的规范董事会是企业完善法人治理的必由之路。外部董事占多数的董事会有利于国资委调整优化国资监管职能，由管资产转变为管资本；有利于建设完善的公司治理结构，提升企业运行效率；有利于提升董事会发挥防风险作用，建立更加有效的风险管理体系和内部控制体系。

中国建材集团董事会由9名董事组成，其中5名外部董事，占多数。这5名外部董事具有非常丰富的管理经验，具备不同领域的专业背景，既有丰富的企业管理理论和实践经验，也有精通金融、法律等专业领域的。集团公司董事会非常重视发挥外部董事作用，倡导大家畅所欲言，充分发表意见。各位董事在帮助集团做出科学决策，推动集团高质量发展方面发挥着重要作用。为帮助外部董事全面深入了解行业、当地市场和所属企业的业务开展情况，集团公司董事会还会精心组织、周密安排调研活动，为外部董事独立发表意见、做出正确决策、指导企业改革发展奠定了坚实基础。集团公司董事会还创新会前沟通机制，对上董事会的重大事项，在董事会前召开外部董事沟通会，听取相关部门汇报，充分了解项目背景及方案细节，提出意见和建议供经理层进一步完善议案，并在董事会上通报。

4.注重和保持多层面的沟通

中国建材集团董事会注重多层面的沟通，一是董事会与国资委的沟通，认真学习领会国资委有关规定要求，邀请国资委相关司局参加企业调研和董事会有关会议；重大事项及时向国资委报告；董事会对国资委要求提供的材料认真总结和上报，将国资委提出的意见和建议及时反馈给全体董事和经理层，督促逐项整改。形成出资者、党组织、董事会、经理层定位清晰、权责对等、协调运转、有效制衡的决策执行监督机制。二是董事会与党委、经理层之间的沟通，确保"三重一大"事项的充分沟通酝酿，及时跟踪推进董事会决议的落实；董事长与外部董事、总经理会经常性沟通，对重大事项充分交换意见；外部董事积极向经理层询问投资议案细节和项目可行性分析，充分了解掌握情况；董事会、经理层之间形成了信息共享，工作互动的良好局面，高度重视并及时推进了外部董事意见与建议的落实，使董事会既能充分发挥各方面的能动性，又和谐顺畅地开展工作。

（二）子企业层面加强董事会建设

1.子企业董事会应建尽建

中央企业子企业是直接参与市场竞争的主体，亟待规范建设董事会，切实提升自主经营决策能力，发挥董事会"定战略、作决策、防风险"作用，从而强化企业独立市场主体地位、有效激发企业的内生动力和活力，实现高质量发展。

根据国企改革三年行动部署，集团制定了《关于进一步加强子企业董事会建设的工作指引》，确定了董事会应建尽建的原则：规模较小或股东人数较少的有限责任公司，存在以下情形之一的，可以不纳入董事会应建范围，设执行董事一人：一是市场化程度较低，目标客户和市场比较稳定；二是业务类型单一，投资事项少；三是拟实施重组、对外转让或停业、清算注销；四是由上级单位实施运营管控；五是无实际经营活动。除以上情形外，原则上都应建设董事会，且已建董事会中原则上外部董事占多数。经梳理，集团子企业应建董事会企业464家。其中，已建460家，未建4家。在已建董事会的子企业中，共有21家企业未实现外部董事占多数。

2.子企业董事会规范运作

为了积极推进成员企业董事会规范运作，完善董事会运作机制，提高公司治理水平，集团出台了

《二级企业董事会规范运作指引》。指引结合企业实际，对董事会的组成、董事任期、董事会具体职责、议案提交流程等具体内容进行规范，要点突出。并向二级企业提供议案提交审阅表、表决和决议、董事会年度报告提纲等参考模板，增加指引实操性。按照集团统一规范要求，二级企业要健全董事会议事规则，规范董事会运作，保障董事会会议记录和议案资料的完整性，建立董事会决议跟踪落实以及后评估制度。集团落实董事会年度工作报告制度，完善董事会年度和任期考核制度，形成考核评价体系及激励机制。

3.落实子企业董事会职权

国企改革三年行动明确要求，国有企业重要子企业要在实现董事会规范运作基础上，全面依法落实董事会各项职权。中国建材集团按照国资委有关文件精神和有关政策规定，积极开展落实子企业董事会职权相关工作。对符合条件的企业进行了筛选，确定了中国建材总院、财务公司、中材节能、北新建材为落实董事会职权试点企业。计划2021年底前，指导其制定实施方案，打造一批董事会建设标杆示范企业。2022年上半年，全部重要子企业董事会根据实施方案出台配套管理制度，依法依规依章程行使有关职权。

试点子企业在实现董事会规范运作的基础上，结合企业实际情况，落实董事会各项职权。一是中长期发展决策权。充分发挥董事会"定战略"的作用，在集团确定的主业范围内，制定五年规划和投资计划；在充分征求集团意见后培育新业务领域。二是经理层成员选聘权。企业可尝试董事会差额选聘经理层成员工作，总结经验后逐步推广。三是经理层成员业绩考核权。子企业董事会行使对经理层的业绩考核权，对经理层成员全面实行任期制和契约化管理。在子企业董事会与经理层成员签署的年度和任期经营业绩责任书中量化指标超过80%。四是经理层成员薪酬管理权。由子企业董事会合理确定经理层薪酬结构，董事会依据业绩考核结果，确定经理层成员薪酬分配事项，报上级单位备案后发放；并健全与经理层成员激励相配套的约束机制，建立薪酬扣减、追索扣回等制度。五是职工工资分配管理权。子企业可申请实施预算备案制管理，由董事会行使企业工资总额管理权，建立职工工资总额预算动态监控机制，统筹推进企业内部收入分配制度改革。六是重大财务事项管理权。充分发挥董事会"防风险"作用，确保担保规模总体合理，内部债务风险管控措施有力，对外捐赠量力而行。

（三）通过派出董监事实施管控

1.加强对派出董监事管理，探索通过董事管好股权

按照"4335"指导原则，明确集团要实现从管企业向管资本的转变，核心是管好股权，重要途径之一就是通过派出董监事，规范公司治理，对成员企业行使股东职权，使战略引领、资源配置、资本运作、风险管控等职能可以自上而下、扎实落地。

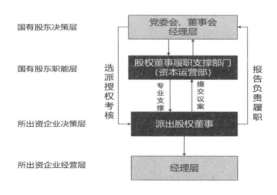

图1 国有资本投资公司管控模式示意图

中国建材集团履行国有资本出资人职责向所出资企业派出专职董监事，建立派出董监事人员库，将符合条件的人员纳入并实施动态管理。建立了70人的派出董监事库，在所出资企业担任董监事职务135个。集团推行派出专职董监事制度，派出专职董监事分为两类：一是劳动关系在集团总部的专职董监事；二是劳动关系在所任职企业，不担任其党委、经理层职务的专职董事。

集团注重加强外部董事队伍建设。董事会高效决策的关键在于选拔培养优秀的外部董事。逐步加大专职外部董事占比，"培养年轻干部"和"用好有经验干部"相结合，选派长期担任企业负责人的同志与职能部门专家型人才共同担任同一企业的外部董事，通过"传帮带"，加快建设高素质外部董事队伍。

此外，集团还制定了《专职董监事管理办法》《专职董监事考核管理办法》和《专职董监事薪酬管理办法》，规范专职董监事履职，加强专职董监事的监督管理。每年举办董监事培训班，提高董监事履职能力；由集团职能部门为专职董监事提供政策咨询和决策建议；完善董监事履职报告和考核评价制度，督促其履职尽责；建立退出机制，对不能履职尽责的，退出专职董监事队伍。

2.健全议案管理模式

为做好派出董事支撑服务工作，规范集团公司在出资企业中的股权董监事的履职行为，集团制定了《出资企业议案管理办法》，规范所出资企业通过法人治理结构，向集团派出的董事提交议案，集团职能部门为二级企业董监事提供政策咨询和决策建议，并做好对董监事的服务和支持。办法不仅对议案文件的管理和股权董监事履职做出指导，还特别对部分具体事项做出特殊规定，要求集团公司全资、控股企业董事会、监事会审议这类事项时，股权董监事应与集团公司协商一致后发表意见，以保障集团公司作为出资人的权利。

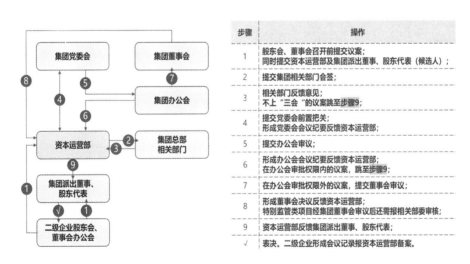

图2　国有资本投资公司议案管理流程示意图

四、建设治理型管控体系的保障措施

（一）加强党的领导党的建设

国有企业是党领导的国家治理体系的重要组成部分，理所当然要坚持党的领导。坚持党的领导、加强党的建设，是我国国有企业的光荣传统，是国有企业的"根"和"魂"，是我国国有企业的独特优势。中国建材集团将加强和改进党的领导党的建设与落实国企改革三年行动方案、对标世界一流相融合，以高质量的党建引领和保障集团争创世界一流材料产业投资集团的战略目标。

集团构建并实施"1345"党建工作体系，以"一个坚持"树立根本价值，始终坚持中国共产党人的初心和使命；以"三个强化"立起使命担当，不断强化坚决做到"两个维护"的意识、强化严格贯彻中央决策部署的意识、强化全面落实党建主体责任的意识；以"四个结合"确立工作指南，实现党的领导与治理体系相结合、党建工作与经营管理相结合、党建文化与企业文化相结合、党内监督与廉洁从业相结合；以"五个工程"明确基本任务，实施铸魂、英才、强基、凝心、清风工程。通过体系的构建与实施，推动集团党建工作上台阶提水平，实现党建经营一本账、双促进，为争创世界一流企业提供坚强的思想、政治、组织、纪律和文化保障。

（二）健全监督机制

集团打造事前事中事后的综合监督管理闭环体系，做到事前制度规范、事中跟踪监控、事后监督问责。健全覆盖所出资企业全部业务领域的出资人监督制度，加强对所出资企业关键业务、改革重点领域和国有资本运营重要环节以及境外国有资产的监督。建立内部常态化监督审计机制，加强对权力集中、资金密集、资源富集、资产聚集等重点部门和岗位的监管，不断健全监督制度，创新监督手段，严格责任追究。

集团建设"大监督平台"，统筹各类监督力量，切实加强监管。加强企业内部监督、出资人监督和审计、纪检监察、巡视监督以及社会监督等监督资源，清晰界定各类监督主体的监督职责。所出资企业有效整合企业内外部监督资源，增强监督工作合力，加快形成全面覆盖、分工明确、协同配合、制约有力的国有资产监督体系，切实增强监督有效性。对改革中出现的违法转让和侵吞国有资产、化公为私、利益输送、暗箱操作、逃废债务等行为，要依法严肃处理。

集团通过穿透管理防范防风险，对党建、纪检、审计、巡视、安全环保等工作，依照有关法律法规，按照国有股东管理要求的"高标准"保持穿透管理，切实加强风险防范。同时，中国建材集团在"两利四率"基础上建立"2422"（应收账款和存货，其他应收款、预付账款、带息负债和货币资金，资产负债率和资本开支，法人户数和员工人数）经营数据穿透管控机制，对混合所有制企业定期"体检"，指导企业防患于未然。需要强调的是，"大监督体系"和"穿透管理"也不是代替所出资企业的董事会、经营层，不是干预企业的日常经营行为，而是通过过程节点管控，通过关键经营数据的实时掌控，确保企业的经营管理稳健有序、合规合法、守住不发生风险的底线。有了"大监督体系""资本纽带"的管控方式才能行稳致远，才能更好地实现"管资本"的模式。

成果创造人：干志平、黄振东、牛振华、金　星、丁　泉、李龙飞、于海琴、

张　希、汪慧珣、马　原

非金融国有控股上市公司
以"二次混改"推动完善治理的分析研究

中国企业改革与发展研究会高级研究员

党的十八届三中全会以来，以混合所有制改革为重要突破口，国企改革进入了新阶段。混改以"完善治理、强化激励、突出主业、提高效率"为方针，其中"完善治理"更凸显为重中之重，这既是区别于20年前国企股权多元化改革的分水岭，也是成为检验混合所有制改革实施效果的试金石。2020年印发的《国企改革三年行动方案》作为现阶段落实十六字方针的重要指导性文件，重点围绕着非上市国有企业改革进行了规范和引导。与此同时，上海在推进实施国企改革三年行动的过程中提出了上市公司"二次混改"的要求。我们认为，国有控股上市公司推动"二次混改"具有非常重要的现实意义，应继续坚持目标导向和问题导向，在三年行动中形成突破性进展，营造国企改革和创新的良好局面。

一、推进国有控股上市公司二次混改的现实意义

截至2020年9月30日，A股上市的金融和非金融国有控股上市公司共1144家，其中非金融国有控股上市公司（以下简称"国有控股上市公司"）共1088家，总市值达到30万亿元，其第一大股东及其一致行动人[a]（以下简称"第一大股东"）持股对应的市值达到15.8万亿元，加上其中519家第二大股东及其一致行动人（以下简称"第二大股东"）也是国有股东的持股份额，国有资本控制的市值在16万亿元以上，占全国国有资本权益的25%以上[b]。

（一）国有控股上市公司二次混改是落实十六字方针的现实需要

第一，聚焦"一股独大"问题，国有控股上市公司进一步"完善治理"的需求具有普遍性。截至2020年9月30日，1088家国有控股上市公司中，第一大股东的平均持股比例为43.7%，已经低于51%的绝对控股比例，但国有控股上市公司股权结构高度集中以及董事会构成单一化的情况仍较为普遍，表现在：①第一大股东股权相对集中度仍然很高：第一大股东持股占前十大股东的比例平均为72.9%，其中在52.8%的案例中占比超过75%；第一大和第二大股东股比的差距倍数平均为17.0倍[c]，其中在53.0%的案例中超过10倍；且上述数据在2017年到2020年3年间[d]没有显著变化。②第一大股东在董事会的独占性

---

a 根据《上市公司收购管理办法》第八十三条规定及《中国证监会上市部关于上市公司监管法律法规常见问题与解答修订汇编》第十九条解答，并结合实践考虑，将同属于国务院国资委或者同属于同一省、自治区、直辖市地方人民政府的股东视为具有一致行动关系，在计算第一大股东持股比例时将控股股东及其一致行动人所持股份合并计算；国务院国资委和地方国有企业或不同省、自治区、直辖市地方国有企业之间视为不具有一致行动关系。

b 根据国务院关于2019年度国有资产管理情况的综合报告，全国企业国有资产（不含金融企业）中国有资本权益为64.9万亿元。

c 计算中剔除了3%的最高离群值和3%的最低离群值。

d 2017年6月30日至2020年9月30日的3年期间，下同。

高。在64.9%的国有控股上市公司的董事会中，除第一大股东外，没有其他股东派出的股权董事；余下35.1%的案例中，拥有董事会席位的非第一大股东56.9%也是国有企业。

第二，重视"运营指标对标"差距，国有控股上市公司进一步"提高效率"具有迫切性。着眼于效率而非规模增长，我们需认识到，国有控股上市公司中：①运营效率仍存在一定提升空间。以2020年上市公司净利润率计，国有控股上市公司的加权平均值为4.57%[e]，比非国有控股上市公司低1.84个百分点；其中除房地产、食品饮料和休闲服务等少数几个行业外，在14行业中国有控股上市公司均低于非国有控股上市公司。②资本运营效率存在较大提升空间。以投入资本回报率（ROIC）计，国有控股上市公司的加权平均值为5.34%，比非国有上市公司低2.2个百分点；其中除采掘、计算机、休闲服务等少数行业外，在15个行业中，国有控股上市公司均显著低于非国有控股上市公司。

第三，关注"国有企业折价"，国有控股上市公司中国有资本"保值增值"仍有可观空间。国有控股上市公司的平均估值水平持续低于非国有控股上市公司，2017—2020年，非国有控股上市公司的市净率按市值加权平均计算，为国有控股上市公司的1.7倍、2.3倍、1.8倍和1.9倍。细分到行业，这一"折价"现象也具有普遍性。截至2020年底，除计算机、医药生物和食品饮料（主要因为茅台和五粮液总市值影响）三个行业外，在其他23个行业中，国有控股上市公司的市净率均低于非国有控股上市公司，其中在采掘、钢铁、农林牧渔等传统行业差距倍数在1倍以上。

综上，以引资为切入口，通过二次混改，打破国有控股上市公司中仍普遍存在的"一股独大"局面，进一步通过激发体制机制活力、释放改革红利、提升效率，既是将国有控股上市公司培育成世界一流企业的要求，也是国有资本做强做优做大的保障。

（二）国有控股上市公司二次混改是贯彻"两个毫不动摇"的有效抓手

国有经济与民营经济互相促进、共强共荣，是四十年改革开放形成的重要经验，更是中国企业提升国际竞争力的必然要求。尤其是近年来，伴随着产业链的持续细分和创新链的快速升级，国企和民企的全方位合作日益成为双方共同的利益诉求。实践中，双方交叉持股、互派董事成为巩固这一合作关系的重要基础。然而，在上市公司层面，这种股权流动仍呈现"国热民冷"的局面。根据我们的不完全统计，2017年至2020年3年间，有约250家国有控股上市公司定向增发或第一大股东转让股份引入其他投资者增持股份。这其中，以中国联通为代表，民营企业参与增持股份成为或保持第二大股东的案例只有约20家，其中民营企业获得董事会席位从而参与董事会治理的案例只有10家。与此形成鲜明对比的是，于此同期，有超过200家民营上市公司被国有资本收购，国有企业成为第一大股东并获得董事会的控制权。

党的十八大以来，习近平总书记多次强调要坚持"两个毫不动摇"，党中央国务院也出台了一系列政策支持国有经济和民营经济的发展。伴随着我国发展进入重要战略机遇期，更需要激发国有企业和民营企业等各类市场主体活力，相互赋能、相互借力。此刻，"一个行动胜过一叠纲领"，通过二次混改，支持和引导国有控股上市公司引入包括民营资本在内的外部资本，不仅是在上市公司层面促进"双向进入"、实现"国民共进"的重要举措，更是充分发挥上市公司的示范效应、在全社会范围进一步营造改革创新的良好氛围、落实"两个毫不动摇"的有效手段。

---

e 截至2020年4月30日，有8家上市公司未公布2020年年报，包括2家已退市国有控股上市公司和6家非国有控股上市公司。采用上市公司营业收入作为加权。

（三）国有控股上市公司二次混改具备现实基础

较非上市公司股权交易，上市公司拥有合理的估值水平，引入战略投资者的估值定价具有统一且合理的市场标准，整体交易流程不确定性更低、效率更高。我国资本市场建设多年，近年来沪/深港通推出、A股纳入MSCI指数等事件，推动A股市场的发展更加健康，上市公司透明度高、经营与财务管理水平好，估值定价更为合理和公允，国有控股上市公司二次混改具有可行性。其次，上市公司通过非公开发行等方式引入战略投资者，国资委和证监会有实行多年的完整的审核流程，上市公司引资定价以市场价格为基础，交易双方谈判相较非上市公司更有效率，在具备发行条件的环境下，流程更紧凑和快速。

基于资本市场现状，现阶段大部分国有控股上市公司具备发行条件。基于国有控股上市公司的估值水平，超过60%的国有控股上市公司具备增资扩股引入战略投资者的条件。具体而言：①A股国有控股上市公司最近一个月的市盈率中位数为24倍，高于香港等全球成熟市场的估值水平，显示中国资本市场整体估值水平较高；②以过去1个月市盈率[f]处于过去3年市盈率水平来分析，61.8%的上市公司估值水平在历史80分位以上，处于历史较高估值水平；③其中有51%的案例2020年净资本回报率在6%以上，公司盈利性好，资本市场认可度较高；此外，其中有45%的案例资产负债率在50%以上，能够通过股权融资显著降低资产负债率，进一步增强上市公司安全性和盈利性。

二、推进国有控股上市公司二次混改的政策建议

2015年国发54号文提出"非公有资本投资主体可通过……多种方式，参与国有企业改制重组或国有控股上市公司增资扩股……"，为国有控股上市引资提供了政策支持，2020年印发的《国企改革三年行动方案》进一步提出"支持和引导国有股东持股比例高于50%的国有控股上市公司，引入持股5%及以上的战略投资者作为积极股东参与公司治理"，首次为国有控股上市公司"二次混改"提供了量化的操作指引。我们认为，在实施过程中，应紧紧围绕着"完善治理"的改革要义，在上述政策基础上做重点突破，把改革做细做实。

坚持"完善治理"的目标，首先需要明确"积极股东参与公司治理"的有效手段。《公司法》规定，单独或合计持股达到3%以上的股东具有提案权，这成为股东参与公司治理的基本手段。在此基础上，认识到董事会在公司治理中"发挥决策作用"[g]，非第一大股东通过派出董事参与董事会决策，从而形成"董事会内部的制衡约束"，就成为发挥"积极股东"作用更有效手段和更有力保障。截至2020年9月30日，1088家国有控股上市公司中，有338家案例中非第一大股东经过提名程序委派了股权董事，占总数的31.1%；有317家案例中第二大股东委派了股权董事，占总数的29.1%。基于实践和数据分析，从参与董事会治理的角度切入，我们对国有控股上市公司二次混改提出三点政策建议。

（一）国有股东持股在34%~50%之间的国有控股上市公司中，董事会的单一化同样具有普遍性，实施中应适度放松支持引资的条件，引导更广泛国有控股上市公司完善治理

---

f 上市公司非公开发行的发行价格需不低于定价基准日前二十个交易日的80%，因此选取过去一个月的市盈率水平具有合理性。

g 《中共中央国务院关于深化国有企业改革的指导意见》（中发[2015]22号），下同。

统计显示，第一大股东持股比例在34%~50%之间的国有控股上市公司中，第一大股东仍普遍在董事会中拥有绝对控制力。截至2020年9月30日，除国防军工、传媒、公用事业、通信等四个关系国家安全、国民经济命脉的重要行业外的879家国有控股上市公司中，有290家案例第一大股东持股比例在34%~50%之间，其中大部分案例股权集中度仍然很高，第一大和第二大股东股比的差距倍数平均值超过19.5倍，66.2%的案例没有持股5%及以上的非第一大股东。在此基础上，非第一大股东拥有董事会席位的案例只有31.7%，第二大股东拥有董事会席位的比例仅为24.1%。换而言之，考虑到上市公司中独立董事席位不少于1/3的强制性要求，第一大股东在290家案例中均已不拥有50%以上的绝对控股，但在近70%的案例中仍维持了董事会近2/3的绝对控制权。

建议在充分竞争的行业和领域中，扩大引资的范围到第一大股东持股比例在34%以上、非第一大股东没有董事会席位的国有控股上市公司。实践证明，董事会中"掺沙子"、发挥"点头不算摇头算"的作用，是混合所有制改革过程中"完善治理"的重要举措。在股权结构较为集中的上市公司中，除了独立董事外，股权董事的作用同样至关重要。因此，我们建议，在充分竞争行业和领域的国有控股上市公司中，在第一大股东保留34%的一票否决权或保持单一最大股东地位的前提下，通过进一步释放持股比例，引入拥有董事会席位的积极股东，对于进一步完善董事会内部的制衡约束具有重要意义。

（二）5%的股比对董事会席位的决定性不高，实施中应将支持引资的股比提升到7.5%的"门槛"，更有利于积极股东参与董事会治理

统计显示，国有控股上市公司中，7.5%的股比对拥有董事会席位具有"门槛"意义，而非5%。截至2020年9月30日，国有控股上市公司中，非第一大股东拥有董事会席位所对应的最低股比应在7.5%的水平，具体如下。①分析338家上市公司中拥有董事会席位的非第一大股东的股比分布看，其平均持股比例为10.9%（中位数为9.3%），其中股比在5%及以下的股东占比仅为24.2%，而股比在7.5%以上的股东占比达到60.5%；②分析第二大股东在不同股比区间拥有董事会席位的比例，股比在5%~7.5%区间的比例只有32.2%；当股比达到7.5%~10.0%区间，该比例跃升到62.3%，当股比超过10%后，该比例平均达到75.7%[h]；③以第二大股东在某个持股比例上下拥有董事会席位比例的差分来衡量对股东获得董事会席位有显著影响性影响的"股比门槛"[i]，差分的极值（60.1%）出现在7.5%，即7.5%为是否拥有董事会席位的"门槛"。

以7.5%为支持引资的股比，国有控股上市公司二次混改的引资规模将超过6000亿元，其中采掘、化工等行业和上海、广东等省市是重点行业和地区。第二大股东没有董事会席位的国有控股上市公司共533家，若以7.5%作为拥有董事会席位的门槛，上市公司第二大股东增持到7.5%，涉及市值超过6400亿元。以行业细分，采掘、化工、交通运输和建筑装饰等行业中，有143家国有控股上市公司具有引资潜力，对应引资的潜在规模近2000亿元；此外，上海、广东、山东等省市中，有125家国有控股上市公司具有引资潜力，对应引资的潜在规模近1000亿元[j]。

---

h 若只统计第一大股东持股比例在50%以上的390个案例，统计结果与1088家国有控股上市公司的结论完全一致。

i 将股东持股比例视为获取公司控制权而付出的成本，将拥有董事会席位的比例视为股东获得公司控制权的概率，即股东收益，通过持股比例两端的获取董事会席位的平均比例之间的差分方法，考察在哪个持股比例下，股东可以付出最小的成本而最大化自己的收益。

j 此外，食品饮料行业以及贵州、湖北两个省市，受到茅台和五粮液两家高市值国有控股上市公司的影响，引资规模非常可观。

（三）实施中应考虑"引入增量"和"激活存量"并举，鼓励和引导有能力的"积极股东"发挥应有的作用

一是适当鼓励民营企业在参与国有控股上市公司引资过程中争取董事会席位。民营企业作为股东在国有控股上市公司中发挥着重要作用。国有控股上市公司的第二大股东中，民企占比达到15.0%，在地方上市公司中更是达到18.7%，超过央企、金融央企、地方国企，成为第二大股东的最大群体，且其中60%以上的案例中民营股东与上市公司主业具有协同性。然而，基于不同性质的第二大股东拥有董事会席位的比例和成本的分析显示，相较于非金融央企和地方国企，民企平均持股比例更高（10.2%对比9.4%和8.6%），但获得董事会席位的比例更低（58.3%对比59.3%和61.1%），且董事会席位对应的股比成本更高（13.0%对比12.6%和12.1%）。因此，引导国有控股上市，引入具有战略协同性的民企，并在坚持"以股定权"的前提下，鼓励民企获得董事会席位，对加快国有控股上市公司产业链、价值链、创新链延伸，实现转型升级，具有积极意义。

二是引导国家产业基金、国有资本运营公司适当增加持股比例并参与董事会治理。国家产业投资基金的核心目标之一是"发挥产业推动作用"，因而通过参与被投资企业的董事会治理，在企业定战略、做决策、防风险的过程中维护国家利益，自然是其发挥核心作用的有力手段。同时，国有资本运营公司的核心目标之一是"通过资本运营实现国有资本保值增值"，因而通过派出董事参与决策同样是"管资本"的重要手段。截至2020年9月30日，①包括国调基金在内的各类国家产业投资基金在29家国有控股上市公司中作为前十大股东持股，合计持股的总市值超过480亿元；然而，作为第二大股东持股的10个案例中，各类国家产业投资基金平均持股比例只有4.8%，且均没有董事会席位。②国新、诚通作为国有资本运营公司试点，在33家国有控股上市公司中作为前十大股东持股，合计持股总市值超过330亿元；然而，作为第二大股东持股的10个案例中，平均持股比例只有5.7%，且只在1个案例中拥有董事会席位。可见，从两者的目标定位出发，应适当鼓励国家产业基金、国有资本运营公司在增持股份的前提下，积极参与部分上市公司的董事会治理，发挥应有的积极作用。

三是引导中央汇金等金融央企和社保基金等规范、稳健的机构投资者适当增加持股比例并参与董事会公司治理。截至2020年9月30日，国有控股上市公司中，金融央企占第二大股东的比例高达19.9%，然而，持股的广泛性和其参与治理的程度明显不匹配，其中尤以中央汇金和证金公司为代表。中央汇金和证金公司在所持股的大量国有控股上市公司中更多是"被动股东"的角色：一方面，两家金融央企在650家国有控股上市公司中作为前十大股东持股，合计持股的总市值超过5200亿元；另一方面，在两家公司作为第二大股东的164家国有控股上市公司中，平均持股比例只有2.5%，且均没有任何董事会席位。2003年设立中央汇金的初衷是代表国家依法行使对国有商业银行等重点金融企业出资人的权利和义务，经过近20年的探索，其业已成为对国有金融机构"管资本"的标杆，形成了一套成熟的范式，在派出董事、授权、考核评估等方面积累了丰富的经验，在农业银行、申万宏源等金融类国有控股上市公司中拥有董事会席位，完全有能力在国有控股上市公司中发挥更为积极的股东作用。因此，应鼓励其在部分国有控股上市公司中增持股份、获得董事会席位并参与董事会治理。此外，全国社保基金在122家国有控股上市公司中作为前十大股东持股，合计持股总市值超过560亿元；然而，全国社保基金作为第二大股东在19家国有控股上市公司中平均持股比例只有2.4%，且没有任何董事会席位。考虑到其代表全民利益的定位和长期持股的特点，也可以考虑在增持股份的基础上，增加在所持股上市公司中的董事会参与度，在国有控股上市公司中发挥"稳定器"的作用。

　　党的十九届五中全会提出了"十四五"时期经济社会发展指导思想和必须遵循的原则，强调"全面深化改革""以改革创新为根本动力"，更需持续激发各类市场主体的活力。而今，国企改革三年行动已经过半，借助接下来一年多的时间，积极稳妥地推进国有控股上市公司的二次混改，是把握资本市场窗口期、推进上市公司"完善治理"取得突破性进展的重要机会，更是向全社会释放深化改革的信号、激发国资民资"双轮驱动"、为"十四五"开好局、为开启全面建设社会主义现代化国家新征程奠定基础的重要举措。

成果创造人：王　悦

国资国企改革新形势下
中央企业董事会建设研究

国网能源研究院有限公司

国家电网有限公司

为全面贯彻好习近平总书记在全国国企党建会上提出的"两个一以贯之"要求，适应国资国企改革的新形势，落实郝鹏书记在中央企业负责人研讨班上的最新讲话精神，需要公司结合实际，积极探索建设中国特色现代国有企业制度，发挥好党组领导作用、发挥董事会作用、推动各治理主体协调运转。

本成果研究的主要目的是结合国家内外部宏观形势、国资国企改革新形势及公司新时代发展战略要求，认真梳理新形势对公司董事会功能定位、决策授权和监督机制的新要求，通过梳理国外典型企业、部分中央企业董事会建设及运行机制，总结好的、适用的经验和做法，为优化公司董事会运作机制提供理论和实践参考。

主要研究思路：①研判国资国企改革新形势对于健全公司治理结构、优化董事会运作的新要求；②研究分析国内外相关企业、中央企业公司治理实践及董事会运行相关经验；③总结公司董事会建设及运行主要成效和实际运行中遇到的亟需解决的问题；④理论联系实际，提出公司董事会运行机制优化的目标与思路，从三会界面与决策运行、董事会治理和决策机制等方面提出举措建议。

一、董事会建设及运行内外部形势分析

（一）国家内外部宏观形势分析

1.营造政治新生态

2016年全国国有企业党建工作会议上，习近平总书记提出了坚持"两个一以贯之"要求。《关于加强党的政治建设的意见》指出，营造良好政治生态，必须严格执行《关于新形势下党内政治生活的若干准则》，着力提高党内政治生活质量。净化政治生态要求公司在全面推进管党治党工作、健全各单位董监事会基础上，坚持"两个一以贯之"，坚持党的领导融入公司治理各环节，建立健全董事会运行机制，确保党和国家重大决策部署落实到位，公司重大决策执行到位。

2.适应经济新常态

我国经济已由高速增长阶段转向高质量发展阶段，公司面临转型发展新局面。这需要公司加快推动完善法人治理结构，厘清党组与"三会一层"职责界面和运作流程，建立健全董事会运行机制，充分发挥外部董事及派出董监事作用，优化市场化经营机制与管控模式，落实董事会"定战略、做决策、防风险"职能，以治理变革激发创新活力。

3.引领科技新动态

当前，新一代能源技术与信息技术跨领域创新融合、产学研用一体联动，创新示范性更强、规模更大、协作更难，技术应用转化时间短、迭代快。公司应聚焦发挥董事会战略引领作用，科学制定中

长期科技战略规划，推动科技合作；赋予二级单位董事会创新决策权责，加快关键核心技术装备研发及应用。

4.探索能源新业态

新能源快速发展，电网管理与运营新场景极大丰富，能源领域竞争方式正由传统供应链和价值链间竞争向商业生态圈间竞争转变。公司应健全公司治理结构，以提升董事会功能作用为关键基础，支撑公司管控模式由集约化、垂直化向平台化、柔性化转变，增强各级单位产业生态治理能力，共建共享新兴业务生态圈。

5.应对中美新事态

公司应以创新治理体制机制为基础，提升重大决策能力与抗风险能力。将健全公司治理结构与公司总部"放管服"改革相结合，以混合所有制改革和市场化改革为突破点，分层分类规范董事会运作体系，优化适应分类管控和放权授权的公司治理机制，激励企业增强自主创新能力，提升安全运营水平。

（二）国资国企改革形势与要求

当前，国有企业改革正处于一个行动胜过一打纲领的关键阶段，公司应推动党的领导融入公司治理各环节，坚持和加强党对国有企业的全面领导；进一步明确党组织与其他治理主体的职责界面，实施清单化管理；创新董事会及董事管理方式方法，充分发挥董事会的重要作用；分层分类落实董事会职权，健全董事会运行机制。

1.加强党的全面领导

党的十八大以来，全面从严治党被提到前所未有高度。党的十九大报告、十九届四中全会决定、全国国有企业党建工作会议等重要政策文件与会议精神，为新时期国有企业加强党的全面领导、全面从严治党提供了根本遵循。新形势下，公司应在坚持党的全面领导基础上，把党的领导融入公司治理各环节，进一步优化党组织参与法人治理的方式和程序，推进党组（党委）专职副书记进入董事会，积极探索董事会通过差额方式选聘经理层成员，探索市场化选人用人与党管干部相结合，在落实国家战略上展现更多责任担当。

2.健全公司治理结构

党的十九大以来，国有企业改革进入关键阶段，"双百行动"快速开展。新形势下，公司要健全以公司章程为核心的法人治理制度体系，推进规范董事会建设、落实董事会职权，加快建立决策执行监督机制，加强二级单位董事会与董事管理，健全授权管理体系，推动形成市场化经营管理机制。

3.充分发挥董事会作用

从2004年起，国资委陆续出台《关于国有独资公司董事会建设的指导意见(试行)》《董事会试点中央企业董事会规范运作暂行办法》等十余项董事会管理制度。新形势下，公司应依法落实董事会行使重大决策、选人用人、薪酬分配等权利，增强董事会独立性和权威性；将坚持党管干部原则与董事会依法产生、董事会依法选择经营管理者、经营管理者依法行使用人权相结合，不断创新有效实现形式；落实外部董事召集人制度，强化外部董事履职尽责。

二、国内外典型企业董事会建设及运行实践分析

（一）理论研究

1.董事会在公司治理结构中的地位与职能

现代公司的基础架构来源于所有权与经营权的分离。自1932年美国学者贝利和米恩斯提出"公司治理"概念以来，所有权与经营权分离带来的"委托—代理"成本问题是公司治理的核心。公司治理从两个方面入手解决代理成本问题。一方面，在机制设计上，通过授权制度和薪酬考核激励公司高管努力提高公司业绩，通过监督机制和任免机制促使其以公司利益为根本宗旨。另一方面，在组织架构上，在股东会之下搭建决策权（董事会）、执行权（管理层）和监督权（董事会与监事会）相互协作、制衡的体制机制，形成公司治理的稳定三角结构。

在股东大会、董事会和经理层治理结构中，董事会在企业中居于核心地位。中西方通用理论研究概括董事会的职能主要包括咨询职能与监督职能两方面。咨询职能方面，董事会主要是向管理层提供关于公司战略和业务方向的建议。监督职能方面，董事会监督管理层以及监督公司活动是否符合相关法律法规的要求，董事会负责聘用和解聘经理层、衡量公司绩效、评估管理层的绩效贡献并制定薪酬奖励。

2.董事会的发展阶段

董事会发展可以分为四个阶段。合规董事会是董事会初建期，有效董事会则是高效董事会初级阶段，在公司治理水平不断提高的情形下，董事会将达到优秀阶段和卓越阶段。而卓越董事会即通常所说的战略董事会，充分发挥出董事会的功能，既实现企业的价值增长最大化，又实现社会相关者利益最大化，公司治理效率达到最优。

图1 董事会治理的四个阶段

（二）中国特色现代国有企业制度下董事会建设的探索实践

建立现代企业制度的重点，是以董事会为核心规范公司治理。2004年6月，国务院国资委公布《关于中央企业建立和完善国有独资公司董事会试点工作的通知》，标志着国有企业改革向前迈出了关键一步。2015年，国资委引入外部董事制度，并且要求外部董事在董事会中要占多数。在这种新模式下，国资委是出资人代表，董事会是受托经营企业机构，形成了"国资委—央企董事会—央企经理层"的清晰的委托代理链条，真正建立起所有权和经营权分离的规范的治理结构。

从实践来看，引入外部董事之后，中央企业在公司章程、董事会的具体运作各个方面更加科学、合理、有效，决策更加民主，对于解决决策层和执行层重叠，促进决策层和执行层分离，提升决策科学性有十分重要的意义。一是有效推动了国有独资公司决策权与执行权的分离与制衡。二是建立了严格意义的出资人代表，使出资人国资委能够准确、深入并且及时地了解国有独资公司的状况。三是提升了国有独资公司董事会的专业治理能力。

三、中央企业董事会建设及运行实践分析

课题组在2019年6—8月期间，通过参与国资委有关培训，听取部分中央企业公司治理与董事会建设实践经验分享，实际调研走访中国建材、中国大唐、中国三峡集团、国家能源集团、中国石化等中央企业，学习了解13家[a]中央企业在董事会建设与运行方面的实际做法和宝贵经验。

（一）调研中央企业董事会建设及运行特点分析

1.明确提出董事会建设目标与功能定位

（1）董事会建设目标

部分中央企业根据国资委建设规范董事会的有关要求，将董事会建设与企业发展相结合，明确董事会建设的目标。中国大唐提出"规范、高效、和谐"董事会建设三大目标，各目标有机统一、相互促进，并从制度、组织、运作的规范出发，通过高效沟通、高效决策、高效执行，体现董事会制度、理念和关系的和谐。中国诚通将"创造价值"作为董事会建设目标。招商集团围绕"战略引领"建设战略型董事会。

（2）董事会功能作用

发挥董事会定战略作用。招商局集团通过制定企业战略管理规定，明确董事会、战略委员会的职责。董事会负责指导确定集团整体战略方向、调整战略理念；战略委员会负责提出战略方向、战略目标、战略措施等方面的方向性指导意见；集团总部（董事会办公室、战略发展部）为战略委员会提供信息收集、研究支持、日常联络等服务支撑工作。三峡集团董事会充分发挥战略决策作用，对新业务进行充分调研和研究。

强化董事会做决策作用。中国诚通董事会2006年制定了《中国诚通控股集团有限公司经营者经营业绩考核与薪酬管理暂行办法》，明确规定企业经营业绩考核内容、考核程序和奖惩。中国宝武建立外部董事异议缓决机制，董事会采取票决制，对于实际运作中外部董事认为信息不充分或有异议的项目暂缓表决，待经理层完善方案、进一步充分论证后再次提交董事会审议，提倡全体董事一致通过。

增强董事会防风险作用。三峡集团不断健全全面风险管理、内部控制和合规管理工作，由企业管理部和审计部归口负责，年初依次向审计与风险委员会进行报告，做到年初有计划，年末有收口。国家能源集团董事会对决策事项提出异议并缓议项目时，党组督促经理层调整完善决策项目方案，重新提交党组、董事会决策。

（3）治理文化建设

构建开放董事会文化。招商局坚持"以沟通促进信任、以透明促进规范、以协作促进效率、以学习促进专业"的文化理念，构建基于价值创造、包容开放、和谐信任的董事会治理文化，建立性别、年龄与专业经验多元化的董事队伍。中国中铁倡导规范、有效、科学、协调、和睦的董事会文化，明确"集体审议、独立表决、个人负责"的议题审议原则，推动形成董事会民主议事氛围。

发挥董事长在治理文化建设中的作用。中国诚通将董事长作为董事会文化的倡导者。按照多数人决策形成议案规则，董事长鼓励所有董事在会上都能直接、充分发表意见，综合考虑形成最终意见。中

---

a 包括国家能源集团、中国宝武、国投集团、诚通集团、国药集团、招商局集团、中国建材、三峡集团、中国大唐、中国石化、中国兵器集团、中国中铁、中核集团。（排名不分先后）

国建材强调董事长文化对董事会运作的重要性，重点发挥董事长在董事沟通协调、保护不同意见等方面的关键作用，推动建设开放、规范的董事会文化。

2.探索中国特色现代国有企业治理

（1）"三会"界面及职责

一是通过清单明确划分决策主体和决策事项。中国兵器严格落实党组研究讨论作为董事会、经理层决策重大事项的前置程序要求，明确党组研究前置的具体事项、权限、清单及程序。三峡集团通过"三重一大"决策事项管理办法，列举定性决策事项。其中由党组审议决策的有4大类25项，由董事会审议决策的有24项，原则上所有上董事会的议案都要先上党组会。中国宝武出台《中国宝武"三重一大"事项决策实施办法（试行）》，编制决策事项清单，形成4大类、81个决策子项，明确"三重一大"决策的具体事项和每个子项的决策范围、决策主体、决策方式，明确党委与各公司治理主体责权边界，侧重"具体化""清单化"，提高了可操作性。将经党委认定属于重大事项的、未列举完全的重要经营管理事项，纳入前置讨论范畴，实践中形成了党组织与其他治理主体共同发挥作用的8个连接点，分别是：选聘、考核经理层、科学决策、行使用人权、执行董事会决策、党风廉政建设、企业管理民主化建设、和谐劳动关系建设，构建了相应的制度体系和管理流程。

二是探索落实董事会职权的操作方法。中国建材根据深化落实董事会职权试点要求，修订完善了《经理层成员契约化管理办法》《契约化管理的经理层成员业绩考核办法（试行）》《契约化管理的经理层成员薪酬管理办法（试行）》，以及《经理层成员聘任协议》《经理层聘期业绩合同》《经理层暨总经理年度业绩合同》《企业经理层副职年度业绩合同》等。

（2）分层分类授权

一是合理授权，科学制定董事会决策投资事项额度。各中央企业根据行业特点、业务类型，分层分类确定董事会决策投资事项额度。调研梳理了5家与公司资产规模、企业类型具有可比性的中央企业董事会审议投资项目额度，各央企根据总资产比例、主业与非主业投资等确定董事会决策投资事项额度。

二是通过制定授权管理制度，优化董事会授权体系和流程。国家能源集团围绕《董事会授权管理办法》分层授权，规定"三会"决策事项范围，并对投资、融资、担保、资产处置、捐赠、董事会履行对出资企业的股东权利等六类事项进行授权决策。中国石化按照决策金额设立分层授权体系，相关授权在"三重一大"制度中予以明确。中国兵器集团通过"三重一大"决策实施办法及清单、董事会授权管理办法细化管理事项清单，界定权限，做到权责清晰。

3.完善机制促进董事会高效规范运行

（1）信息披露机制

一是遵循透明性原则。中国诚通强调公司治理应遵循三个原则，即"结构制衡原则""运作透明原则""责任追究原则"，公司内部建立通畅的信息披露渠道，确保董事对公司日常工作有良好的了解，使董事会、党委、经理层沟通常态化，提高董事会工作透明度。

二是加强外部信息披露。中国诚通将信息披露作为公司治理的关键和重点，制定《中国诚通控股集团有限公司信息披露管理制度》纳入董事会制度体系，"真实性"是信息披露的首要原则，"完整性"是信息披露的内在要求，"及时性"是信息披露的价值和生命力，"公开性"是信息披露的方式要求，从2004年开始，按照上市公司披露年报的内容要求，中国诚通主动在公司网站公布年报，2005年起，公司在年报中增加了治理报告。中国三峡集团、国家能源集团等中央企业虽未实现整体上市，但是均主动公开披露集团层面的年度报告、公司治理报告等信息，将信息披露作为公司治理的关键和重点。

（2）沟通协调机制

沟通协调是保证内外部董事掌握信息一致、促进董事会高效和谐运作、保障董事会有效发挥作用的重要手段。调研企业在沟通协调方面有特色的做法值得借鉴。中国建材全方位强化董事会及内外董事沟通协调机制。中国大唐畅通沟通协调通道，建立对上沟通汇报、董事会与经理层沟通、专题专项沟通、闭会期间沟通四项沟通机制。中国三峡通过董事会专题汇报会、个别沟通、日常交流三大沟通工作机制保障外部董事沟通顺畅。中国宝武建立经理层定期报告工作制度、外部董事定期信息报告制度、战略务虚常态沟通机制、复杂决策全程通报机制等顺畅信息沟通机制。

（3）科学决策机制

董事会建设最核心的目的是实现科学决策。调研企业通过固化规范流程、运用信息化手段等多种方式，建立规范高效的董事会决策机制，奠定科学决策的基础。

中国兵器通过严格落实前置程序、固化议案准备流程、优化董事会决策流程、强化决策执行监督反馈、借助信息化手段五大方面执行科学高效的工作流程。中国宝武建立"重大经营管理事项"的决策流程，健全公司治理各主体、各环节的决策机制与决策流程，确保治理过程顺畅运转。通过明确流程、合理分工，促进了党管干部与董事会依法选择经营管理者以及经营管理者依法行使用人权相统一。如，制定了《董事会选聘高级管理人员管理办法》，对公开选聘经营管理者确定了前期沟通、董事会审议选聘方案、公开选聘、考察谈话、提名委员会提名、党委常委会审议、董事会审议、报国资委审定、董事会发文聘任等关键环节，既保证每个环节均有党组织参与或监督把关，也保证了董事会的选聘权。中国中铁以合规运作为基础、以机制建设为保障，确保董事会决策程序的严密性，确保科学决策稳步实施。

4.充分发挥董事会作用

（1）加强专委会建设

充分发挥专门委员会作用。中国兵器采取"一事两段、两议两记"的方式完成前置与决策过程，充分发挥董事会的专门委员会作用。招商局集团充分发挥战略委员会的作用，由专委会充分审议公司发展战略和中长期发展规划、公司重大战略合作方案后提交董事会审定。

（2）外部董事作用发挥

一是外部董事深度参与。招商局集团提升外部董事对经营业务的参与深度，积极邀请外部董事深入了解公司运营情况，客观独立地充分表达意见，从专业角度对经营管理面临问题和未来发展方向提出有益建议，确保了董事"真懂事、真参与、真决策"。中国三峡集团充分发挥外部董事作用，通过提前召开专门委员会、建立完善沟通机制，支持外部董事深度参与决策；实践中确实有外部董事否决的投资事项，事后证明为公司避免重大损失、避免内部人控制和董事会工作虚化提供了重要保障。

二是建立外部董事发挥作用的制度安排，促进外部董事发挥专业优势，真正发挥作用。外部董事作用发挥直接影响董事会科学、独立决策能力高低。招商局集团在设置董事会专门委员会时，提名委员会外部董事占多数，薪酬与考核委员会、审计委员会全部为外部董事；通过外部董事专门会议制度，提供预先沟通、化解分歧、凝聚共识的平台。国家能源集团从调研制度、信息报送、议事程序及工作开展等重点环节入手，让外部董事深入介入公司重大决策及战略管理实践，全力支撑外部董事高效开展工作，确保外部董事充分了解公司经营管理、及时质询议题方案、科学决策重大决议。中国建材加强董事会决策前沟通、调研与论证，充分吸纳专委会意见，将决策执行结果定期反馈，提升董事会运转效率与决策作用。中国宝武建立外部董事专业意见充分表达、外部董事异议缓决机制、董事会决议事项跟踪督办机制，切实发挥外部董事的独立决策与监督指导作用。

（二）中央企业董事会建设实践经验总结

1.明确功能定位，建立开放的董事会文化

一是明确董事会建设的目标与功能定位。董事会是现代公司的决策机构。部分中央企业将董事会建设与企业发展相结合，明确董事会建设目标，着重从"战略管控、科学决策、防范风险"三方面定位董事会功能，突出发挥董事会在战略决策、合规治理、价值创造等方面关键作用。

二是强化治理文化建设。部分中央企业通过制度建设、队伍建设、思想建设，发挥董事长在治理文化建设中的关键作用，建设倡导开放、多元化、包容、和谐、规范的董事会文化，确保真正落实董事会决策议事作用。

2.探索科学规范的中国特色现代国有企业治理模式

一是通过建立健全董事会制度体系，制定董事会授权管理办法或党组会、董事会、经理层的职责界面及决策事项清单等制度，明确"三会"权责界面，开展分层分类授权。公司治理制度体系方面，典型企业将公司治理制度体系分为三层或四层。经理层汇报议案方面，经理层向董事会汇报议案，建立经理层定期报告制度，在季度董事会上作预算执行情况报告及全面风险管理报告。

二是健全董事会人员及机构设置，完善专委会会议机制，建立促进董事会真正发挥作用的组织基础。专委会设置方面，根据企业特点和类别设置特色的专门委员会，如社会责任委员会、特种装备委员会等。董事会专门委员会设秘书，探索建立委秘制，在专委会设立委秘，如薪酬委员会委秘为人资部部长担任，定期向外部董事沟通汇报相关信息。

3.完善信息披露、沟通协调、科学决策与服务保障机制

一是建立健全沟通协调机制。典型企业充分发挥董事长的沟通协调作用，建立董事长定期与外部董事沟通机制，通过董事长邀请外部董事参加战略研讨会，集中学习，建立战略务虚常态沟通，党委班子和董事会、经理层共同对全局性、前瞻性、综合性问题进行研讨等方式，加强与外部董事沟通。

二是通过计划管理、利用信息化手段、完善董事会工作流程等方式，强化科学决策机制。加强计划性与前瞻性，董事长部署董事会年度工作，每年年初，董事会办公室联合各职能部门整理重点工作清单向董事长汇报；董事长主持召开"加强集团董事会建设工作会"，各部门、各事业部、重要子公司参加，使其了解董事会年度重点工作、思路与节点，做好协同配合。注重利用信息化手段，利用移动终端App及专用iPad等方式向外部董事提交资料，实现电子化；运用智能语音会议系统，实现董事会会议现场录音与会议记录同步，准确高效形成董事会会议决议和记录。

三是强化外部董事履职保障。保障外部董事充分掌握信息，董事会定期会议均安排政治学习，向外部董事及时提供中央有关重要会议文件及报告等资料；通过举办专题讲座，邀请行业知名机构、专家学者授课，使董事深入了解行业发展政策趋势，提升决策判断力；邀请外部董事参加公司重要会议和重大活动，使其多角度了解公司信息。外部董事调研方面，每年组织外部董事对大型项目、重要合资和收购项目进行调研，深入企业和市场实地考察，对项目进行充分评估；提供外部董事个性化调研；重大决策向外部董事专题汇报，并组织现场调研；议案上会前召开专题汇报会和沟通会。

四、公司董事会运行机制优化目标思路与重点举措

（一）公司董事会运行机制优化目标思路

1.优化目标

适应国资国企改革新形势的公司董事会运行机制优化目标：深入贯彻落实规范董事会建设相关政策要求，以"专业、高效、务实"的董事会建设为核心，把党的领导融入公司治理各环节，健全公司法人治理制度体系，优化董事会组织管理体系与高效运行机制，切实发挥董事会"定战略、做决策、防风险"三大职能，推动公司各级董事会规范高效运转。到2021年，建立健全公司各级董事会高效运转机制，初步建成与世界一流示范企业相适应的卓越董事会，支撑公司持续探索中国特色现代国有企业制度，有力增强公司资本运营效率，快速提升公司带动力与影响力。

2.优化思路

公司优化董事会运行机制的总体思路是：从支撑公司新战略落地实施和落实国资国企改革、加强党的建设等政策要求出发，结合公司建设世界一流示范企业总体部署，围绕"专业、高效、务实"董事会建设三大目标，以规范化、流程化为基本要求，以分层推进为基本原则，以制度体系和组织体系为建设基础，以决策机制、沟通机制与服务机制"三大机制"为建设重点，建立与公司集团治理体系有机统一的董事会运行机制，真正发挥董事会"定战略、做决策、防风险"的功能作用，支撑公司高质量发展与综合价值最大化。

图2　适应国资国企改革新形势的公司董事会运行机制优化思路

（二）公司董事会运行机制优化重点举措

1.健全法人治理制度体系

一是进一步明晰"三会"界面，推动党组领导作用更加聚焦。优化"三重一大"制度体系，细化工作流程，将决策主体与决策流程清单化。二是完善授权体系，优化调整董事会决策事项。制定出台《授权管理办法》与操作手册，完善授权管理制度的顶层设计。探索公司落实董事会职权试点。推动制度体系分层分类不断丰富完善、固化第三层的制度，将现有的流程机制固化，纳入制度体系。

2.优化董事会组织体系

一是完善专门委员会设置，丰富专门委员会数量与种类，动态完善专委会支撑部门体系。根据公司战略调整和改革发展需要，动态充实专委会支撑部门，促进专业委员和职能部门紧密沟通互动。二是加强公司治理文化建设，文化培育是"原动力"。公司治理永远在路上，没有最好、只有更好，治理文化和董事会文化是不断激励公司创新作为、精益求精的重要动力。应当坚持通过内外部培训、各层面交流、多维度宣贯、全方位渗透，将治理文化融入公司发展，探索制定可定性、可量化的工作标准和指标，建立激励机制，开创人人重视治理、事事体现治理的工作局面。

3.完善科学决策机制

一是优化完善决策程序，严格执行议事决策程序要求，优化工作流程。从调研制度、信息报送、议事程序及工作开展等重点环节入手，让外部董事深入介入公司重大决策及战略管理实践，全力支撑外部董事高效开展工作，确保外部董事充分了解公司经营管理、及时质询议题方案、科学决策重大决议。二是强化专门委员会决策程序，强化专门委员会价值定位与工作职责，进一步明确董事会会议和专门委员会的决策程序。加强信息化管理实现科学决策加强"三重一大"信息系统建设，充分利用信息化手段提高效率，加强信息保密管理。

4.完善沟通协调机制

一是优化外部董事沟通机制。加强董事长与外部董事的沟通，加强外部董事与公司经理层、经营层沟通机制，发挥好内外部董事组合优势。优化对外沟通协调和联络机制，加强与政府监管部门的沟通。对外沟通联络机制。保持与所属行业内国有企业的定期沟通，学习先进管理经验，不断提升能力水平。二是强化内外部深度沟通。董秘和董事会办公室要及时将国家部委工作要求、公司党组工作意图向董事会进行报告，注重与内外部董事、经理层、监事会、业务部门、外部工作支撑机构等广泛交流，深度挖掘公司内外部重要信息，供董事会决策参考。

5.优化服务保障机制

一是完善会议服务保障机制，完善董事会年度运行计划，加强董事会会议服务保障，注重董事会会议总结。二是优化外部董事履职服务保障，强化业务部门专业支撑，高度关注外部董事关切，建立专业研究支撑体系。

五、对策建议

（一）公司层面的意见建议

一是围绕"专业、高效、务实"董事会建设目标，切实发挥董事会"定战略、做决策、防风险"作用，加快建设与公司世界一流示范企业相适应的卓越董事会。

二是积极推动中国特色现代国有企业制度创新实践，采取分类和穷举相结合的方式优化公司"三重一大"决策事项清单，通过清单细化明确各事项的决策范围、决策主体和决策方式，提高决策效率，建立健全公司董事会授权管理办法。

三是完善沟通机制，充分发挥董秘和董事会办公室的沟通桥梁作用。落实国资委加强中央企业外部董事履职支撑服务工作方案，进一步加强公司董事会规范建设、改进支撑服务董事会工作。

四是公司二级单位董事会建设与管理"两手抓"。推动公司二级单位进一步加强董事会建设、推进公司治理和深化放管服改革有机协同，加强公司二级单位董监事培训与履职管理，切实发挥各治理主体作用。

（二）国家层面的意见建议

一是完善中国特色现代国有企业制度的政策法规体系，明确党组决策事项权责界限，推动各治理主体协调高效运转，出台中央企业落实党的领导融入公司治理的制度性文件，对中央企业提供明确指导。

二是全面推进国有企业改革、加大董事会授权力度，探索将现行国有企业改革各项试点事项综合纳入世界一流示范企业，深化中央企业集团层面落实董事会职权试点，推动世界一流企业建设。

三是出台国有企业下属分子公司董事会建设指导意见，明确二级单位在落实法人治理、董事会建设、"双向进入、交叉任职"领导体制、董监事管理等相关政策方面的方式方法，指导中央企业子企业层面实现董事会规范运作，落实董事会各项权利。

【参考文献】

[1]国务院新闻办公室,中央文献研究室,中国外文局.《习近平谈治国理政》(第一卷)[M].北京:外文出版社,2014.

[2]国务院新闻办公室,中央文献研究室,中国外文局.《习近平谈治国理政》(第二卷)[M].北京:外文出版社,2017.

[3]马连福.党组织嵌入国有企业治理结构的三重考量[J].改革,2017(3):6-8.

[4]王晓晨,杨冰,车浩澜.党的领导内嵌公司治理——交通银行的实践及对电力企业的启示[J].中国电力企业管理,2018(12):92-94.

[5]《国有企业加强党的领导与完善公司治理有机统一实现方式探索》课题组.党的领导与公司治理有机统一的现实逻辑[J].石油化工管理干部学院学报,2017(6):1-5.

[6]中国宝武钢铁集团有限公司课题组.加强党的领导与完善公司治理相统一的探索与实践[J].现代国企研究,2018(10):61.

[7]刘纪鹏.党的领导与现代公司治理[J].经济,2015(11):42.

[8]陈进行.发挥党组织领导作用推进央企治理现代化[J].党建研究,2018(04):40-41.

[9]黄延辉.国企中党的领导与公司治理协同发展研究[J].决策探索(下),2018(07):42.

[10]胡彦清.国有企业党的领导融入公司治理的路径探索[J].当代电力文化,2019(05):46-47.

[11]马跃.加强党的领导与完善公司治理如何有机结合[J].国家治理,2017(03):29-43.

[12]代平.坚决有力推动党的领导与公司现代治理深度融合[J].四川党的建设,2018(13):56-57.

[13]陈友海.探索建立党领导下的混合所有制企业现代公司治理体系[J].现代国企研究,2016(Z1):88-93.

[14]冯建辉.推动党的领导融入公司治理路径探析[J].企业文明,2019(06):56-57.

[15]中国电子科技集团.推进党的领导与公司治理有机融合[J].企业文明,2018(07):15-18.

[16]郑寰,祝军.也论党的领导与国有企业公司治理的完善——中国国有企业公司治理的政治维度[J].经济社会体制比较,2018(02):123-129.

[17]周友苏.中国特色国有公司治理的特征、要点和实现路径[J].经济法论丛,2017(02):56-64.

[18]仲继银.董事会与公司治理[M].北京:中国发展出版社,2009.

[19]刘明忠,徐建华.加快国有企业董事会建设的若干思考[J].经济与管理研究,2008(07):92-95.

[20]楼建波.公司治理原则:分析与建议[M].北京:法律出版社,2006.

成果创造人：张　勇、卢江水、吴鸾莺、张　翔、孟维烜、王雪冬、朱文浩、

杜　娟、刘　进、吕嘉林、卢健飞、左新强、郑海峰、张　园、鲁　强、

夏利宇、王　庆、王　宇、朱　伟、张红宪

从战略高度支持中小企业发展研究

国家发展和改革委员会市场与价格研究所

中小企业是国民经济和社会发展的生力军，是扩大就业、改善民生、促进创业创新的重要力量，在稳增长、促改革、调结构、惠民生、防风险中发挥着重要作用。党中央、国务院高度重视中小企业发展。现阶段，新一轮科技革命快速兴起，全球产业链布局正在重塑。新的竞争不仅是企业层面的竞争、更是国家战略层面的竞赛。同时，国内外宏观环境愈加严峻，中小企业遇到的困难尤为突出。我国亟需将中小企业支持政策和资源投入整合到统一的战略框架下，从战略层面加大支持、创新突破，制定面向2035年的中小企业支持战略。

一、中小企业发展面临的新趋势与新要求

（一）国际竞争由企业个体竞争向产业集群竞争演变，要求中小企业专业化和集群化发展

现阶段国际竞争趋向更加激烈的系统竞争。专业分工深化、产业配套齐全、基础设施完备、流通配置高效的产业集群成为中小企业新的竞争力来源。基于信息技术的新型社会化生产组织形态能够将分散在各企业中的闲置产能通过平台和云组织起来进行生产，最大限度调动社会生产资源，使产业集群以更高效率、更低成本获得更强的竞争力。此外，逆全球化冲击产业链供应链安全，产业链自主可控和企业集群发展的重要性显著上升。产业集群有利于推动产业链向产业网链转变，由产业链上企业单点单线链接向产业网链中多端多线链接转变，从而显著提高产业链安全性。近年来，欧盟积极发展欧洲集群战略平台（ECCP），超过900个中小企业产业集群在平台登记注册、集聚发展。德国中小企业创新核心项目（ZIM）也提出支持中小企业形成尖端产业创新集群。

在这一趋势下，要提升中小企业整体竞争力，需要进一步推动中小企业结合产业区域布局，遵循产业发展规律，服务于大企业需要，形成协同配合、集聚发展的产业集群，进一步提升集群内企业间关联度和协同效率，充分发挥我国产业门类齐全、产业体量庞大的优势，提升我国中小企业在全球产业链中的位势。

（二）创新模式由模仿创新向自主创新转变，要求中小企业创新突破

中小企业是创新的主体力量，我国中小企业在一些领域已接近或达到世界领先水平，诞生出一批单项冠军、隐形冠军、独角兽企业，我国企业从赶超到并行、领跑已成为不可逆转的趋势。同时，人工智能、信息技术、新能源、航空航天、生物医学等领域的国际竞赛不断升级，发达国家对我国技术封锁和垄断持续加强，我国自主创新难度显著加大。此外，创新竞争模式由企业单体创新转向产业链协同创新，转向多方多环节全方位同步创新。

在这一趋势下，需要以重点领域、关键环节突破性创新为重点，大力支持高新技术创新型企业发展，全面提升中小企业自主创新能力，探索高效的协同创新和集群创新模式，积极推进创新所需新型基

础设施、技术载体、创新环境等建设。

（三）经济形态由工业经济向数字经济演化，要求中小企业数字化和智能化转型

数字经济将对中小企业发展带来前所未有的变革，提供弯道超车的宝贵机遇。在生产端，产业链上的企业将通过数字化系统实现产品研发、采购供货、生产制造、出库交付的协同配合；在销售端，零售模式将向线上线下全面深度融合发展，围绕满足个性化需求和提升用户体验，实现产品与服务的快速迭代升级；在运营管理端，办公在线化、运营智能化、决策数据化、操作无人化将成为不可逆转的发展趋势。

数字化趋势对中小企业提出了新的要求。一方面，在新的产业浪潮下，需要有更多的中小企业进入数字经济领域，为构建行业生态和支持产业发展贡献力量；另一方面，传统领域和传统行业的中小企业需要加快数字化和智能化转型，在生产产品和提供服务过程中，更好运用网络和数字技术，降低经营成本，提升管理效率。

（四）产业结构由产业分类发展向深度融合发展转变，要求中小企业发展新业态新模式

从产业结构看，我国正经历从工业社会向后工业社会转变的关键时期。在互联网与数字技术的支持下，制造业与服务业融合范围大幅扩展，融合程度大大深化。其一，制造服务化和服务制造化等传统两业融合模式不断扩展升级，表现为同一企业业务范围向不同领域延伸，如传统制造业企业提供渠道管理、新零售等服务。同时，研发与设计等专业性服务由传统的外包模式向多方协同参与、各环节同步进行转变。其二，基于高通量物联网的一对多融合模式加速发展，在信息技术的支持下，服务提供商能够对制造业企业的生产和运营过程进行实时监测和控制。其三，建立大型平台的多对多融合模式。其中一种是各类生产要素、各种生产性服务的提供方和需求方在平台上进行智能匹配和提供；就另一种是将生产全过程在平台上进行，生产所需的全部生产要素实时接入。

为适应制造业与服务业全方位立体式融合发展趋势及生产形态的演变趋势，中小企业要创新商业模式，积极参与"互联网+""智能+"等催生的新产业、新业态，加快发展生产性服务业，挖潜服务增加值，支撑制造强国建设。积极探索两业融合新模式、新路径，向两业深度融合转型。

二、新老问题交织桎梏中小企业转型与创新发展

（一）新趋势下中小企业发展面临新问题

1.中小企业集群发展存在集群质量不高、企业外迁流失、产业生态欠佳等问题

一是国内产业集群亟需从低成本聚集向高质量集聚转型。我国中小企业低价同质竞争严重，基于独特价值和优质服务的差异化竞争不足。不少产业集群内部聚而不联、大而不强，"复制群居链"现象突出，产业前向、后向关联效应偏弱。

二是产业链和关键环节外迁风险依然存在。贸易摩擦大幅提升了企业的进口成本和出口难度，导致一些高端制造业和劳动密集型企业外迁到东南亚、拉美、欧美等国，并由部分外迁引发整体外迁，龙头企业外迁导致供应链跟随外迁，削弱产业链完整性。

三是国内产业生态亟需优化。大企业责任承担不足，只注重提高企业自身利润水平，忽视建设行业生态，常利用市场支配地位，盘剥、侵害中小企业。国内不少大企业对中小供应商一味压低价格，并通过商业汇票支付货款，将资金流动性压力转嫁给中小企业，导致部分中小企业货款收入中

70%~80%都是期限为6—12个月的商业汇票。小企业急功近利、制假售假、侵犯知识产权，损害竞争对手，扰乱市场秩序。

2.我国企业协同创新不足、创新试错匮乏、科研基础薄弱

一是单项突破性创新受制于配套创新不足，技术创新受制于材料创新滞后。一项高附加值产品，如助听器需要500多个零部件，国内产业链配套创新不足使单项创新转化为产品，中小企业"单兵突破"式创新容易成为"昙花一现"。

二是需解决中小企业创新风险高、"失败即出局"问题。自主创新失败概率很高，不同于资金实力雄厚的大企业，中小企业创新失败将付出"一去不返"的高昂代价。中小企业创新试错需要风投等股权融资方式支持。但我国天使投资、风险投资、私募股权投资资金大量向后端尤其是拟上市公司聚集，对创新活动最密集的初创、成长期中小企业投资不足。此外，中小企业创新成果频遭侵权。国内大企业采用"模仿+大规模投资"、高薪挖人等方式夺取中小企业创新成果，知识产权维权成本高、赔偿低、周期长，97%以上专利的平均法定赔偿额只有8万元，企业"赢了官司，丢了市场"。

三是基础研究短板凸显。自主创新、特别是重大突破性创新更需要高质量基础研究支撑。但目前科研人员负担不降反升、层层加码，成果评价重数量轻质量，基础教育重应试轻创新，导致高水平科研成果少，创新型人才缺乏，卡脖子关键核心技术迟迟难突破。

3.中小企业数字化转型难、数字化质量低、企业间协同弱等问题显现

一是数字化转型"不敢转""不能转""不会转"。其一，数据保护不力、发展水平不高导致企业"不敢转"。我国数据信息保护制度尚未健全，企业担心数字化造成核心技术和数据信息泄露，不敢贸然数字化。我国量大面广的传统制造业中小企业仍处于"工业2.0""工业3.0"并行发展阶段，有的企业智能化生产线无法与整个生产系统融合，变成了"样板间""展示间"。其二，资金、人才缺乏导致"不能转""不会转"。近年来，制造业中小企业生存压力加大、融资困难，数字化投入动辄上百万，企业数字化人才储备不足，对数字化转型形成制约。

二是数字化应用质量不高。多数中小企业仅实现基于二维码、条形码、RFID等标识技术进行数据采集，不到1/4的企业实现了关键业务系统间的集成，仅有5%的企业运用大数据分析技术支持生产制造和管理决策。

三是企业间数字化协同偏弱。大多数企业数据尚未实现上云管理，产业链上的企业在物流、研发设计等领域数字化协同偏弱，数字化优势未能发挥。

（二）"老大难"问题呈现新特点

1.中小企业提质升级难，小升中比例偏低

我国大量小企业生命周期都较短，平均9个小企业才能孕育一个中型企业，在世界范围处于较低水平。技术含量高、涉及先进制造关键领域的制造业冠军企业还较少。

2.中小企业融资难，不同类企业问题有别

科技型中小企业普遍缺乏无形资产质押类金融产品供给和专注于种子期、初创期的天使投资。劳动密集型中小企业对流动资金、应收账款融资、订单质押融资、票据质押融资等供应链融资需求量大且急，但银行审贷周期长、抵押要求高，供需不匹配。社区服务生存型中小企业缺乏银行贷款要求的规范性账目和抵押品，融资依靠亲友或高利率的信用贷款。

3.中小企业准生准入准营难，行政性门槛是主要阻碍

中小企业在招投标、国家重大科研攻关项目等方面仍无法获得公平的竞争机会。行政审批事项繁多、程序复杂不透明，中小企业"事难办"的问题仍较突出。大中小企业和各种所有制企业权利平等、机会平等、规则平等，破除行政性垄断、推进垄断行业竞争性环节市场准入等"痛点难点"始终未能解决。

（三）支持政策亟待优化

1.缺乏顶层设计和宏观战略

支持中小企业发展的宏观战略不足，基础性制度建设不足，长期制度不够，阶段性、临时性措施占比较大，政策连续性不足。一些支持政策，如中小企业减征免征企业所得税与增值税、减免行政事业性收费、简化税收征管程序、信贷支持、金融差异化监管等需转化为长期性制度安排。

2.政策作用点精度不高

支持性政策大量向中小企业中的龙头企业倾斜，大量中部和"长尾"部中小企业在竞争中处于更加不利的位置。有些政策门槛过高、难以申请；有些政策条框太多、限制太多；有些政策"供需错位、取短补长"。如2020年央行推出的专项再贷款再贴现资金支持时间最长一年，而企业需要期限至少为2~3年的中长期资金。有些政策"额度不大、杯水车薪"。如每一亿元再贷款再贴现资金要求须覆盖200户企业，平均每户50万元，对于动辄几百万资金需求的发达地区企业好比"毛毛雨"。

3.政策落地实施效果欠佳

在政策体系层面，政策缺乏相关法律、配套机制和相关基础设施支撑，政策"打架"，相互"冲销"；在地方政府层面，地方主义、部门主义造成政策不落地，激励和免责容错机制缺失，政策操作方式欠优；在市场主体层面，行政命令手段缺乏市场正向响应，一些政策与市场主体利益相左；在政策环境层面，政策实施仍需厚植产业基础，战略落地仍需优化产业生态。

三、支持中小企业发展的总体思路和战略目标

（一）总体思路

以习近平新时代中国特色社会主义思想为指导，全面贯彻党的十九大和十九届二中、三中、四中、五中全会精神，以全面提升中小企业竞争力为主线，形成支持中小企业发展的高层次、长期性战略和常态化、长效化机制。以产业链和企业集群为抓手，提升我国中小企业群体竞争力。支持中小企业围绕重点领域突破性创新进行配套创新、协同创新、集群创新，打造自主创新新优势。支持中小企业发展数字经济新业态新模式，提高数字化水平，实现换道超车式发展。支持中小企业以深度融合为重点进行结构转型升级，打造制造业与现代服务业中小企业融合发展的竞争优势。量身打造差异化政策，支持不同行业、不同类别、不同层次的企业发展，全面提升中小企业发展质量。

（二）战略目标

1."十四五"时期战略目标

（1）总量目标。中小企业对经济发展的支撑作用进一步增强。到2025年，中小企业对GDP的贡献升至近70%，年均吸纳新增就业800万人左右。

（2）结构目标。结构优化取得显著进展，中小企业现代服务业增加值占增加值总额比例达到70%左右，生产性服务业占服务业增加值比例达到70%左右。战略性新兴产业中小企业实现崛起，新产品、新技术、新业态、新模式不断涌现。各类中小企业实现协调发展。

（3）质量目标。中小企业质量效益和核心竞争力显著提高，到2025年实现"百千万"目标，即支持打造上百个中小企业融通发展和集群发展特色载体；培育近千家"专精特新"和"单项冠军"中小企业；上万家中小企业完成数字化体系与能力建设。

2.中远期战略目标

到2035年，从中小企业中培养造就一大批具有国际水平的创新型大企业，培育具有全球竞争力的中小企业集群，培育若干世界级先进制造业集群、服务业集群。在数字经济、人工智能等新领域培育一批具有全球竞争力的中小企业，实现弯道超车。

四、支持中小企业发展的战略路径

（一）以"集链成群"为重点的竞争力提升战略

1.支持中小企业与大企业融通发展

一是提升龙头骨干企业带动作用。实施大中小企业产业链关联提升专项行动。鼓励大企业作为产业发展的龙头，引领产业发展方向，融合产业资源，优化产业生态，为中小企业提供技术信息、融资支持、市场机会等，将配套中小企业纳入共同的供应链管理、质量管理、标准管理等。通过项目分包、生产协作、资源开放等方式，带动产业链上下游中小企业协同研发、协同制造、协同发展，形成大中小企业密切配合、专业分工与配套协作的产业体系。

二是打造链条完整、配套高效、具有国际竞争优势的产业链。加大对产业链关键环节企业的引进、培育和支持力度，对缺失的产业价值链和产业链关键环节企业进行重点扶持，引导重点企业将产业链关键环节留在国内。坚持以分工协作、本地结网形成产业集群来安排招商项目，提升专业化协作和配套能力。支持已有产业集聚基础的实体园区，打造大中小企业融通发展特色载体。

2.推动中小企业集群发展

一是培育支持以平台为纽带的集群发展模式。培育一批平台试点示范项目，促进平台成为中小企业集群发展、生产协作、信息共享、跨界融通的重要载体，强化企业关系链，促进产业链向产业网链发展。

二是培育发展以核心企业为中心的集群发展模式。支持壮大以生产企业为中心的企业集群发展模式，企业之间的交易行为视同企业内部的交易行为，准予免缴或少缴增值税、营业税等流转税。培育发展以销售企业为中心的企业集群发展模式，支持建设产业集群电子商务平台、展览展示平台，推动线上电子商务与线下生产联动发展。

3.促进区域性产业集群体系发展

加强产业集群规划，建设形成布局合理、产业协同、门类齐全、具有国际竞争优势的产业集群体系。将产业集群规划纳入地区国民经济和社会发展五年规划，并与城乡规划、土地利用总体规划等有机衔接。依托自贸港、自贸区、保税区等政策优势发展产业集群体系，以国家级新区、高新技术开发区、经济技术开发区、新型工业化产业示范基地等为载体，引导具有较好产业集群基础、地方特色、资源优势和区位优势的产业集群成长。实施中小企业集群竞争力提升专项行动，通过产业转型升级示范区和示范园区等相关项目加大对中小企业集群的支持力度，打造有中国特色的集群竞争优势。

（二）以"自主创新"为重点的创新发展战略

1.以重点领域突破性创新为引领

建议对"卡脖子"关键技术实行联合集中攻关，以新一代信息技术产业、人工智能、航空航天及海洋工程装备、先进轨道交通装备、节能与新能源汽车、新材料、医药与医疗设备等领域为重点，实现创新突破。

2.推动中小企业协同创新、配套创新、集群创新

发挥企业创新主体作用，支持领军企业与中小企业、科研院所组建创新联合体、建立创新协作和联动机制，通过基础平台和项目支撑，带动产业链上的中小企业协同创新。鼓励中小企业发挥反应灵敏、灵活性强的优势，跟随大企业技术突破的方向和路径在细分专业领域进行配套创新。创造良好的创新生态，建立集群研发中心、工程技术中心、产业研发联盟，在全国范围内开展百个"智慧集群"建设试点工作，实现集群创新。

3.创新高端要素配置方式

建议优化科研资源配置，重点布局一批基础科学研究中心，支持有条件的地方建设国际和区域科技创新中心。建立政府、企业研发多主体投入机制，推动公共知识平台和技术平台资源免费开放共享，政府通过多支持、多让利引导风险投资资金加大对天使阶段的投入，鼓励商业银行和股权投资基金合作探索投贷联动等新型融资模式，全方位释放创新活力。

（三）以"数字赋能"为重点的科技化战略

1.支持中小企业发展数字经济新模式新业态

扶持在线办公、在线教育、远程医疗等新模式新业态加快发展。推广应用共享生产、协同物流、新零售等解决方案，以及线上采购与销售、线下最优库存与无人配送、智慧物流相结合的供应链体系与分销网络，提升中小企业运营效率。鼓励发展算法产业和数据产业，培育壮大共享制造、个性化定制等制造新业态。鼓励企业开发全场景智慧家庭等数字化新产品、新服务，发展用户交互体验等新服务，实现产品与服务迭代升级。

2.提升传统企业智能制造和智能服务水平

一是推动中小企业生产体系数字化。实施中小企业数字化、网络化、智能化专项行动，引导中小企业加快传统制造装备联网、关键工序数控化等数字化改造。应用低成本、模块化的先进智能装备和系统，建设智能生产线、智能车间和智能工厂，实现精益生产、敏捷制造。支持产业集群和供应链上下游企业打通数据联通渠道，实现制造资源共享和生产过程协同。

二是推动中小企业供应链体系和运营体系数字化。通过数据打通整合销售预测、供应链管控、供应商和客户管理四大系统，通过数字化系统完成日常业务，拓展数字化交付渠道。支持企业建立包含组织结构设计、决策机制设计、流程体系设计、绩效体系设计在内的一整套数字化治理体系。

三是为中小企业提供数字化服务。培育发展一批数字化解决方案提供商，开发推广成本低、适用面广的数字化解决方案。鼓励信息通信企业为中小企业提供数据储存、分析、监测等共性服务，积极推动工业大数据创新应用。鼓励数字化服务商向中小企业和创业团队开放数据、计算能力等数字化资源。

3.推动中小企业通过"平台+云"连接融合

一是支持企业建设工业互联网平台。在产业基础条件好的地区和行业，加快形成一批专业化共享制造平台，整合多样化制造资源，发展"平台接单、按工序分解、多工厂协同"的共享制造模式。

二是建设数字化共享平台。集成通用操作系统、软件和工具包，灵活部署通用性强、易二次开发的工业APP，促进中小企业生产要素数字化、生产过程柔性化及系统服务集成化。

三是助推中小企业"上云用云"。鼓励大型企业、数字化服务商等建设面向中小企业的云制造平台和云服务平台，发展普惠性的"上云用数赋智"，支持中小企业设备上云和业务系统向云端迁移，加快 "云+智能"融合，完善中小企业智能支撑服务体系，帮助中小企业从云制造服务平台上获取资源和生产性服务。

四是推动新型基础设施建设。加大5G、人工智能、工业互联网、物联网等新型基础设施投入和建设力度，实现制造业企业人、机、物互联。

（四）以"融合发展"为重点的结构升级战略

1.推动生产性服务业中小企业高质量发展

一是拓宽生产性服务企业发展领域。进一步壮大信息技术服务、研发设计、品牌建设等领域中小企业规模，积极谋划培育人工智能、物联网、智能网联汽车等未来产业的市场主体。延伸服务链条，形成研发、设计、管理、销售、品牌等全过程、全方位服务链条。

二是提升生产性服务业企业发展质量。发挥以技术、标准、品牌为核心的品质优势，推动生产性服务业企业向高端化、品质化、集约化转型升级。积极运用云计算、大数据等先进技术促进服务规模化，提升服务供给效率。

2.推动制造业与现代服务业中小企业深度融合

一是打造与制造业转型升级需求相适应的现代服务业体系。加速业务协作流程创新和价值模式创造，基于"互联网+"提供各类功能性、创新型生产性服务，促进制造业提质增效。鼓励重点行业代表性企业开展融合发展试点。

二是促进制造业企业向服务型制造转型。支持制造企业向服务端延伸，在制造关键环节加大研发、检测、数据集成与流程协同等方面的服务投入，依托信息技术在制造过程中加大交互式服务投入，从提供单一产品向提供"产品+服务"转变。

3.支持生活服务业中小企业平台化、网络化发展

推动生活服务业中小企业平台化、网络化、规模经营和连锁经营。充分发挥服务类交易平台在资质审核、供需匹配、安全监管、质量监管等方面的作用，不断拓展生活服务业市场范围和规模，使供需双方低成本、高效率匹配，保障家政、养老、教育等领域服务供给质量。发展智慧服务，探索"互联网+"社区服务新模式，加快线上线下融合，培育新型消费服务，打造"中国服务"。

（五）以"分类分层"为重点的协调发展战略

1.支持中小企业"专、精、特、新"发展

一是鼓励支持中小企业发展核心专长。鼓励中小企业以"专精特新"为特色，在细分领域深入研发核心技术工艺，打造有竞争力、行业领先的主导产品。建立国家和地方"专精特新"企业动态库，制定"专精特新"评价体系。

二是鼓励"专精特新"中小企业对标国际体系。在科技创新、工艺装备、质量管理、品牌建设、节能减排等方面与国际先进标准对标，建立与国际接轨的生产质量体系。

三是支持"专精特新"中小企业加大自主品牌培育建设。建设商标品牌公共服务平台，鼓励专精特新中小企业争创全国工业品牌培育示范企业、中国驰名商标，开展境外商标注册和国际标准认证，收

购国外品牌。

四是实施中小企业管理水平提升专项行动。对专精特新企业开展战略管理、工艺管理、生产现场诊断与咨询，重点提升中小企业在财务、质量、安全、用工、风险等基础管理能力。

2.分类精准支持高新技术创新型、劳动密集制造型、社区服务生存型中小企业发展

一是优化对高新技术创新型中小企业的支持方式。建立政府、企业研发多主体投入机制，推动建立专业孵化器联盟。支持融入全球创新网络，鼓励中小企业参与跨国公司的分包，建立跨国研发基地。政府通过多支持、多让利引导资金加大对天使阶段风险投资基金的资金投入。鼓励商业银行和股权投资基金合作探索投贷联动等新型融资模式。扩大知识产权抵押物范围，对企业专利权、商标专利权、著作权等无形资产打包组合进行融资。

二是强化对劳动密集制造型中小企业的支持力度。推动传统制造业企业技术改造，向智能、绿色、高端方向发展，扩大智能装备在制造领域的应用。加大对小型关键装备和核心零部件支持力度。推动制造业产业链、价值链关键业务重组整合，增强核心竞争力。开展制造业中小企业转型升级综合改革试点。发展应收账款、存货、仓单、订单、股权、租赁权等质押贷款融资，支持大型企业牵头组织上下游中小企业开展供应链融资，鼓励银行等金融机构根据物流、信息流、资金流数据的评估结果，提升供应链中经营良好的中小企业的最高授信额度。

三是切实解决社区服务生存型中小企业面临的困难。实施支持社区服务生存型中小企业发展专项行动，鼓励各地建设中小企业服务平台，进行响应快速、程序简单、规则透明的针对性帮扶。建立税收减免常态化机制，对规模以下社区服务生存型中小企业一律免征企业所得税、城市维护建设税、教育费附加和地方教育附加，对"小升规"企业给予奖补。加大"信易贷"模式覆盖范围，推动政府部门信用信息平台和大型企业互联网平台向金融机构开放企业信用信息，针对社区服务生存型中小企业开发无抵押、无担保、期限灵活、手续便利的信用贷款产品。

3.分层支持头部企业"大做强、小升规"，中部企业差异化、配套化、补缺式发展

一是重点强化"头雁"培养。实施"规升巨"企业提升计划，支持头部中小企业参与建设国家技术创新中心、企业国家重点实验室等，组成联合体参加政府采购与首台（套）示范项目。通过竞争机制培育一批企业成为国内外细分领域的"行业小巨人""隐形冠军""配套专家"，更大规模地培育一批瞪羚企业、独角兽企业。

二是鼓励中部企业配套式、差异化、补缺式发展。鼓励中部中小企业围绕大企业和头部企业业务发展需要开展高质量的零部件生产，提供高水平的配套服务。构建分层次的孵化培育体系，加强专业化众创空间在重点地区和细分领域的梯次布局，打造具有持续创新力和竞争力的中小企业群体。鼓励中部中小企业探索和发展新模式、新产品，形成多样化、差异化竞争优势。

五、支持中小企业发展的制度保障

（一）优化中小企业创新支持制度

加大普惠型科技创新支持力度，运用科技创新专项资金、引导基金、银政企合作贴息、知识产权质押融资风险补偿基金、科技信贷基金、科技和知识产权保险资助等支持方式，提高中小企业部分研发费用加计扣除比例，简化中小企业证明材料和手续。推动国家重大科研基础设施和大型科研仪器向高新技术创新型中小企业开放。开展用地弹性出让、土地年租制等方式进行载体建设，加大对创新型产业集群支持力度。

（二）完善中小企业融资支持制度

健全多层次中小企业金融服务体系，推动民营银行、金融机构和互联网金融快速有序发展，成立中小企业政策性银行。实施中小企业金融差异化考核机制，引导银行业金融机构建立授信尽职免责正面、负面清单制度，适当提高中小企业不良贷款容忍度和考核分值权重，绩效考核综合考虑企业数量和贷款收益，单列中小企业信贷计划。完善中小企业融资担保体系，对政府性融资担保基金按公益性标准适度放宽考核标准，落实尽职免责制度，引导扩大中小企业融资担保业务规模、降低担保费率水平，推动建立统一的动产和权利担保登记公示系统。优化中小企业直接融资支持制度，政府资金多支持、多让利，引导天使投资、私募股权、创业投资等扩大中小企业股权融资，更多地投长、投早、投小、投创新。加大对小升规、规改股、股上市企业支持力度。通过市场化机制开发更多适合中小企业的债券品种，完善中小企业债券融资增信机制。

（三）构建数字技术应用支持机制

加大数字化转型资金支持力度，将中小企业数字化列入中小企业发展专项资金、"专精特新"中小企业培育体系、小型企业创业创新示范基地建设等重点支持范围，通过现有资金渠道、产业引导基金投资等方式支持中小企业数字化转型。建立健全数字化应用服务体系，建立中小企业高新技术公共服务平台，实现数字化产品和服务展示互动与对接交易，加强数字化网络化智能化技术培训，培育推广一批数字化服务商。

（四）营造公平高效便利营商环境

打造企业公平竞争市场环境，持续清理废除妨碍统一市场和公平竞争的各种规定和做法，形成"竞争为先、公平为本"的市场环境。最大力度放宽市场准入，探索取消按所有制区分企业类型的登记制度，破除对中小企业的各类不合理门槛和限制。健全企业合法权益保护制度，严格按照法定程序采取查封、扣押、冻结等措施，依法严格区分违法所得、其他涉案财产与合法财产，企业法人财产与股东个人财产，建立涉政府产权纠纷治理长效机制，健全中小企业知识产权保护制度，提高法定赔偿额，完善中小企业维权制度。完善中小企业公共服务体系，加强惠企政策细则的推送、解读和辅导，建立政府联系企业制度，开辟服务企业绿色通道，建立中小企业参与重大涉企政策咨询决策制度。

（五）实施包容审慎现代监管制度

探索轻微违法违规行为容错机制，对中小企业、特别是新业态企业建立"免罚清单"机制，实行"首次不罚""首次轻罚"。完善高效公正监管制度，规范监管机构自由裁量权，杜绝选择性执法、多头执法或者监管标准不一等行为。推进"互联网+监管"和"大数据+监管"等新型智慧监管方式和方法。

【参考文献】

[1]池仁勇等.中国中小企业景气指数研究报告(2019)[M].北京:中国社会科学出版社,2019.

[2]工信部中小企业局.中国中小工业企业经济运行报告[R/OL].(2019-11-03).http://lwzb.stats.gov.cn/pub/lwzb/zxgg/202005/W020200603379890884764.pdf.

[3]江小涓."十四五"时期数字经济发展趋势与治理重点[J].上海企业,2020(11).

[4]江小涓.产业互联网的融合、网链与创新[R/OL].(2020-08-30).http://www.mei.net.cn/xghy/202008/1598775846.html.

[5]经济日报.莫让中小企业创新"昙花一现"[R/OL].(2021-2-2).https://baijiahao.baidu.com/s?id=1690537796158261258&wfr=spider&for=pc.

[6]经济观察报.专利大国下,为何中小科技企业创新力不强? [R/OL].(2018-6-11).https://www.sohu.com/a/235120619_641792.

[7]刘泉红,刘健.国外中小企业政策比较及对我国的启示[J].中国中小企业,2017(07):31-33.

[8]刘泉红.促进中小企业长远发展的思考与建议[J].宏观经济管理,2012(09):66-67.

[9]廉莉.欧盟促进中小企业发展的主要政策措施[J].中国经贸导刊,2014(8):80-81.

[10]南京市工商联联合会.南京市民营经济发展报告(2019)[Z].南京:南京市工商联联合会,2020.

[11]宋晓梧,杨宜勇,王小鲁.共谋小微企业的春天[J].中国就业,2012(06):4-5.

[12]许光建.减税,如何让小微企业更有获得感[J].人民论坛,2019(3).

[13]中国电子技术标准化研究院.中小企业数字化转型分析报告(2020)[R/OL].(2020-7-19).http://csj.xinhuanet.com/2020-07/19/c_139223424.html.

[14]周适.让惠企政策点石成金[J].调查研究建议,2021(2).

[15]周适.支持中小企业发展的战略研究[J].调查研究建议,2020(7).

[16]周适.把支持中小企业发展上升至战略高度[J].国家高端智库试点成果专报,2021(13).

成果创造人：周　适、杨宜勇、刘泉红

企业案例

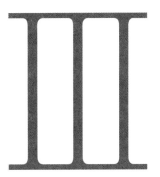

军工央企构建党建工作深度融合机制的实践与研究

中国航天科工集团有限公司

"办好中国的事情，关键在党。"在庆祝中国共产党成立100周年大会上，习近平总书记强调"中国共产党领导是中国特色社会主义最本质的特征，是中国特色社会主义制度的最大优势"；并以"必须坚持中国共产党坚强领导"打头、以"必须不断推进党的建设新的伟大工程"收尾，深刻阐述"以史为鉴、开创未来"的"九个必须"根本要求，首尾呼应凸显了坚持党的全面领导、加强党的建设在党和国家事业全局中的极端重要性。

国有企业是中国特色社会主义的重要物质基础和政治基础，是新时代推进中国特色社会主义伟大事业、实现中华民族伟大复兴的重要支柱和依靠力量。坚持和加强党的全面领导，加强党的建设，既是国资央企融入血脉、深入骨髓的红色基因和光荣传统，更是我们在新发展阶段抵御各种风险挑战，不断深化改革创新，实现质量变革、效率变革、动力变革和高质量发展的政治资源、独特优势和力量所在。中国航天科工集团有限公司（以下简称航天科工）党组坚持对表对标习近平新时代中国特色社会主义思想的"国企卷册"和"航天篇章"，主动站在坚持和发展中国特色社会主义、巩固党的执政地位、完成党的执政使命的全局高度，把企业改革发展和党的建设各项工作放在国际战略格局和国家安全形势深刻变化的大背景下认识，放在实现"两个一百年"奋斗目标、实现中华民族伟大复兴的中国梦的历史进程中谋划，聚焦"科技强军、航天报国"使命责任，科学把握新发展阶段航天企业党建工作的时代坐标，积极探索构建党建工作深度融合机制，推进党建工作与企业改革发展互融互促、同频共振，力求全方位、多角度、立体式筑牢扎紧高质量党建引领保障企业高质量发展的"桥梁纽带"，使党建工作持续焕发新的生机活力，在企业改革创新的生动实践中检验党建工作的实际成效，为不断开辟我国航天事业创新发展新境界，支撑世界一流军队建设和航天强国建设提供坚强政治的和组织保证。

一、党建工作深度融合机制的构建背景

党的十八大以来，以习近平同志为核心的党中央对国有企业坚持党的领导、加强党的建设高度重视。习近平总书记多次在重要会议上作出重大部署，多次在相关材料上作出重要批示，多次深入企业一线考察调研，特别是在全国国有企业党的建设工作会议上，深刻回答了事关国有企业改革发展和坚持党的领导、加强党的建设一系列重大理论和实践问题。习近平总书记关于国有企业"根"和"魂"重要论断，高瞻远瞩、寓意深远；关于"两个一以贯之""三个有利于""四个坚持"重要论述，指明道路、引领方向；赋予新时代国有企业"六个力量"重大使命，激励人心、催人奋进，极大鼓舞国资央企广大党员干部职工以永不懈怠的精神状态和一往无前的奋斗姿态做大做优做强国有企业。

没有脱离党建的业务，也没有脱离业务的党建，党建工作就是要与中心工作深度融合，才能有作为、有价值、有意义。习近平总书记深刻指出，要处理好党建和业务的关系，坚持党建工作和业务工作一起谋划、一起部署、一起落实、一起检查；强调要坚持思想建党、理论强党，从严治党、制度治党，

聚精会神抓研究谋划、抓部署推动、抓督促落实，做到改革发展和党的建设两手抓、两手都要硬。《中国共产党国有企业基层组织工作条例（试行）》也明确提出，要坚持加强党的领导和完善公司治理相统一，把党的领导融入公司治理各环节；坚持党建工作与生产经营深度融合，以企业改革发展成果检验党组织工作成效。

当前，我国正处于实现中华民族伟大复兴的关键时期，世界正经历百年未有之大变局，二者同步交织、相互激荡。国资、国企改革进入攻坚期和深水区，国有经济布局优化和结构调整换档提速，"升级版"混改蓄势突围，被定义为央企头号任务的科技创新逐步成为助推中国经济高质量发展的"强力引擎"，国有企业面临的机遇和挑战之大前所未有。作为战略性、高科技、创新型中央骨干企业、国家战略和国防建设的重要支撑力量，航天科工要矢志践行党和国家赋予的神圣使命，在党中央擘画的宏伟蓝图中实现更大作为、发挥更大作用、作出更大贡献，必须加强和改进新形势下航天企业党的建设，做到党建工作与企业改革创新同心同向、同轨同轴，通过贯彻落实党的理论和路线方针政策来准确把握企业改革发展的正确方向，通过党管干部、党管人才来建强企业领导班子和职工队伍，通过发挥基层党组织战斗堡垒作用和党员先锋模范作用来凝聚职工群众、推动各项任务落实，通过加强党风廉政建设和反腐败工作来正风肃纪、防范风险。要拿出百分之百的精力、百分之百的能力和百分之百的潜力，以高度的思想自觉、政治自觉和行动自觉，积极探索并健全完善与企业发展模式相适应、管理机制相协调的党建工作机制，着力把党的领导制度优势深度激发出来，把各方面力量紧紧凝聚在党的旗帜下，完整、准确、全面贯彻新发展理念，服务和融入新发展格局，以建设世界一流企业的战略定力和应对风险挑战的强劲韧劲，准确识变、科学应变、主动求变，下好先手棋、打好主动仗，持续培育发展新动能、塑造发展新优势、开辟发展新空间，为建设中国特色先进国防科技工业体系提供有力支撑，助推我国经济社会创造让世界刮目相看的高质量发展新奇迹。

二、以系统观念谋划党建工作融合路径的顶层设计

航天科工党组坚持贯通学习、整体把握、系统领会习近平总书记关于国资国企改革和党的建设重要论述及指示批示精神，认真贯彻落实新时代党的建设总要求和新时代党的组织路线，深入学习贯彻落实全国国有企业党的建设工作会议精神，始终把坚持和加强党的全面领导作为谋划工作的逻辑起点、推进工作的根本原则，把提升武器装备战斗力、提高企业效益、增强企业核心竞争力、实现国有资产保值增值作为党建工作的出发点和落脚点。自觉运用马克思主义立场观点方法，联系地、发展地、全面地研析把握党建工作与企业改革发展一体两面的辩证关系，把党对航天事业的全面领导与党组（党委）发挥领导作用贯通起来，把党的领导和党的建设统一起来，贯穿到企业科研生产经营和改革发展全过程各方面，从治理体系、机构职能、政策制度、工作流程、资源配置、绩效考核等方面全面落实，确保"一张网络布到底""一张蓝图绘到底"。

（一）突出前瞻性思考，在"立柱架梁"上出实策

健全完善以"整体谋划、梯次展开、深度融合、全面提质"为主要路径的党建引领保障机制。坚持研究制定党的建设五年规划，并与企业发展综合规划相协调，从战略路径、实施策略、执行保障等多个维度做好有力支撑，以党建工作"软实力"为改革发展"硬指标"把向、赋能。连续开展全面从严治党三年专项工作，锚定企业中长期战略目标，紧盯改革发展中遇到的瓶颈问题，一年一个主题、每年一个重点，逐年层层递进、迭代提升，有力推进党建工作"上台阶、有标志、显实效"。

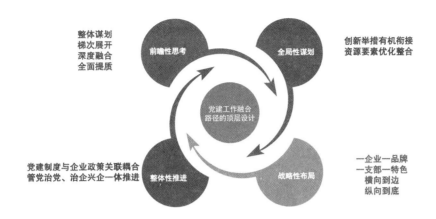

图1 航天科工推进党建工作与科研生产经营工作融合路径

（二）突出全局性谋划，在统筹部署上亮实招

把握基层党建规律，针对企业改革发展中存在的突出矛盾和问题，定期召开党的建设工作会议，及时总结经验、盘点不足，部署下一阶段重点任务，着力固根基、扬优势、补短板、强弱项。每年研究制定党建工作要点，推进党中央和上级机关部署的重点任务，推动党建创新举措与企业改革发展任务有机衔接、资源要素优化整合，确保党建工作的发力点和工作成效始终体现在服从党和国家战略的具体行动上，体现在关键时刻冲得上去、扛得起来的责任担当上，体现在建设世界一流企业的矢志追求上。

（三）突出战略性布局，在全程把关上下实功

坚持目标导向、问题导向、结果导向相结合，加强党建工作核心能力建设，着力打造"一企业一品牌、一支部一特色"的党建工作新格局。尊重基层首创精神，大力推动理念创新、机制创新、方法创新，定期在全系统开展经验交流，选树推介先进典型。建立"责任传导、分类指导、协同联动、督促反馈"常态化督导机制，将每条战线、每个领域、每个环节的党建工作都抓具体、抓深入，打通关节、疏通堵点，确保横向到边、纵向到底。

（四）突出整体性推进，在落实落地上见实效

充分考虑党建工作制度与科研生产经营政策之间的关联性、耦合性，精准把握各项制度实施的时机、方式、节奏，做到协调适配、无缝对接。以企业改革发展成果检验党组织工作成效，推进实施党建工作考核评价、党组织书记抓党建工作述职评议考核、党组织书记季度例会、党内请示报告制度、履职不力问责机制等"五位一体"党建工作责任落实机制，促进各级党员干部把管党治党政治责任、治企兴企经济责任一并抓在手上、扛在肩上、落实在行动上。党组（党委）班子成员每月至少1次深入基层、沉到一线开展调查研究，推动各项融合举措落到实处、取得实效。

三、党建工作深度融合机制的内涵及做法

党建工作是一个科学的、复杂的系统工程，点多、线长、面广，只有找准抓实党建工作融入科研生产经营、凝聚职工群众、参与基层治理的切入点、着力点、落脚点，才能做到在错综纷繁中有条不紊，把党建工作优势激发出来、激活起来，把各方面力量动员起来、凝聚起来，避免党建工作陷入"单

打独斗""自我循环"。

航天科工坚持站高谋远、务实重行，自觉运用实事求是、系统观念的重要思想方法及工作理念，以"两个维护"体现责任，以重点突破带动全局，以亮点特色彰显成效，立足企业改革发展实际，构建以目标体系、治理体系、组织体系、干部体系、文化体系、监督体系、责任体系为核心内涵的党建工作深度融合机制，通过抓班子、带队伍、强组织、建机制、兴文化、严考核，推动把党的领导贯穿到科研生产经营各领域全流程，把党建工作落实落细到企业组织架构最底层第一线，保证党总揽全局、协调各方的领导核心作用充分发挥。

图2 航天科工党建工作深度融合机制

（一）抓好党的政治引领与企业战略引领的深度融合，着力构建体现党的主张和国家意志、彰显央企担当的目标体系

央企姓党，国企为国。只有擦亮政治底色，保持正确的政治方向，始终同党和国家的方针政策保持一致，始终做到立足"两个大局"、牢记"国之大者"、心系人民群众，企业发展战略才能跳出微观和局部利益，才能具有坚定的目的性、良好的实践性和持久的生命力。航天科工坚持把做到"两个维护"作为最高政治原则，落实"第一责任"，完善"第一议题"，制定关于加强党的政治建设的措施，健全完善贯彻落实习近平总书记重要指示批示的工作机制，在实践中总结提炼并践行"五读"①和"四要素"②要求，悟原理、求真理、明事理，不断增强政治判断力、政治领悟力、政治执行力。通过坚持理论上的清醒和政治上的坚定，把握大局大势、认清时代使命、强化责任担当，选好赛道、开足马力，

---

① "五读"是指：读原著原文、读时事政治、读法律法规、读历史文化、读科学技术。
② "四要素"是指：有研讨交流、对照谈问题、书记有总结、落实有举措。

全力推动把党的主张、国家意志和重大决策转化为企业的战略目标、工作举措、广大职工的自觉行动和企业改革发展的实际成效。

一是全面精准与党中央精神对表补差、同企业使命对接笃行。把理论研究、理论视野同企业战略方向紧密结合起来，立足国内国际两个大局，统筹发展和安全，召开首次战略工作会、战略管理委员会等，研究制定全面建成世界一流航天防务集团公司"一个目标三步走"①战略部署，深入实施"1+4"②战略，不断壮大由防务装备和航天产业组成的军品基业，大力发展由信息技术、装备制造、现代服务业组成的支柱产业，充分发挥航天、防务、安全三方面支撑作用，以建设航天强国的实干实绩维护党中央定于一尊、一锤定音的权威，为中华民族实现从站起来、富起来走向强起来的伟大飞跃提供重要战略支撑。

二是认真履行强军首责。深入贯彻习近平强军思想，贯彻落实新时代军事战略方针，坚持把为国家安全提供先进航天防务装备和高科技产品作为建设航天强国的核心要求，加速武器装备升级换代和智能化武器装备发展，研制生产一系列填补空白、开创先河、满足急需的航天防务装备。系列化的国之重器在各类演训和国际军事比赛中表现优异，有力支撑我军高技术武器装备成建制、成系统形成作战能力和保障能力，为保卫红色江山、维护民族尊严打造战略铁拳，以更强大的能力、更可靠的手段捍卫国家主权、安全、发展利益。习近平总书记在两院院士大会上高度肯定重大武器装备研制发展，这是对我们的极大鼓舞和鞭策。

三是抓紧抓好立足新发展阶段、贯彻新发展理念、服务和融入新发展格局各项工作。始终把创新放在企业发展全局工作中的核心地位，率先研究制定科技自立自强行动方案、原创技术"策源地"和现代产业链"链长"建设方案，系统规划、超前布局战略科技前沿技术，主动承担国家攻关计划和重大科技项目，着力攻克事关核心竞争力和可持续发展的关键技术，打造国家战略科技力量。2020年度研发投入强度比达到13.25%，拥有50个国家级创新平台，累计拥有有效专利达到3.1万件，拥有国际专利超过500件，获得中国专利金奖2项。牵头完成项目5次获国家科技进步特等奖，11次获国防科技进步特等奖，获奖数量位于军工集团前列。落实"建设制造强国、推动先进制造业集群发展"要求，抢抓绿色发展、碳中和、碳达峰、新基建等带来的发展机遇，加强产业链合作和整体布局，以协同发展促进产业化发展能力提升，不断增加高质量、高附加值产品和服务的有效供给，确保企业在激烈市场竞争中控得住、攻得上、打得赢。加快推进数字化转型、智能化升级，布局建设"一张企业网、一朵航天云"，培育形成商业航天、网信安全、"工业互联网+智能制造+5G"、智慧产业、激光装备、民用雷达等一批具有行业影响力的产业集群和具有核心竞争力的产业化项目。主动服务和融入国家区域重大战略、区域协调发展战略，为构建一体化国家战略体系和能力贡献航天力量。积极推动与地方政府、大型企业新签或深化战略合作协议，顶层营销、整体营销取得显著成效。

（二）抓好党的领导和公司治理的深度融合，着力构建体现中国特色现代企业制度优势的治理体系

"两个一以贯之"的重要论断，是习近平总书记对国企改革发展提出的明确要求，是对现代企业

---

①到2025年基本建成世界一流航天防务集团公司，到2035年建成世界一流航天防务集团公司，到21世纪中叶全面建成世界一流航天防务集团公司。

②贯彻国家重大发展战略，实施创新驱动发展战略、质量制胜战略、人才强企战略、数字航天战略。

公司治理的重大理论创新和实践创新。航天科工围绕完善中国特色现代企业制度，对照国企党建会30项重点任务，细化分解为集团52项、子企业9829项落实措施并全部完成。及时制（修）订党组工作规则、基层党委工作规则，认真研究出台关于在完善公司治理中加强党的领导的工作方案，全面构建发挥党组织领导作用的制度体系，努力做到环环相扣、步步衔接，推动党的领导组织化、制度化、具体化。

一是明确党组织在公司治理结构中的法定地位。发挥公司章程在公司治理中的基础作用，旗帜鲜明把党建要求写入公司章程，明确党组织的职责权限、机构设置、运行机制、基础保障等重要事项，全级次实现"应进必进"。完善和落实"双向进入、交叉任职"领导体制，结合所属单位换届，推动符合条件的党委班子成员通过法定程序进入董事会、监事会、经理层任职，董事会、监事会、经理层成员中符合条件的党员按规定和程序进入党委。205家企业落实党组织书记、董事长"一肩挑"。全面推行党员总经理兼任副书记、专职副书记进入董事会。二级单位领导班子职数7人及以上的单位全部增配党委副书记，43家重要子企业增配专职党委副书记。

二是尊重和支持董事会、经理层依法行使职权。加强规范董事会建设，成立董事会战略与投资委员会。细化董事会、经理层工作规则等配套办法，建立健全制度体系动态完善机制，全面体现出资人意志。实行专职董监事派出制度，及时调整优化董监事人员配备，提高履职能力，外部董事占多数的子企业户数占比超过75%。完善董事会向董事长、总经理授权的管理制度，党组（党委）对董事会授权决策方案严格把关。所属单位对董事会授权董事长、总经理决策事项，党委一般不作前置研究讨论。建立内部审计监督、财会监督和内控与风险管理等情况向党组（党委）汇报制度，党组（党委）专职副书记视议题内容参加或列席总经理办公会。对经理层执行决策不到位的，党组（党委）及时提醒纠正，保证各项决策有效执行。

三是规范党组织前置把关程序。坚持党组（党委）前置研究讨论和"三重一大"事项集体讨论决定，所属二级、三级单位"三重一大"决策制度建立比例均达到100%。督促指导各单位健全完善企业"三重一大"决策与运行监管系统，推动全级次在线监督和全周期规范管理。准确把握"定"和"议"的职责范围，根据《关于中央企业在完善公司治理中加强党的领导的意见》和《中央企业党委（党组）前置研究讨论重大经营管理事项清单示范文本（试行）》，动态调整完善集团《"三重一大"决策事项清单》，明确党组决定事项，党组前置研究讨论后再由董事会或经理层按职权和程序做出决定事项清单，对预算、投资、融资等重大事项的额度和标准进行量化，确保前置研究讨论的事项边界更加清晰规范。党组（党委）谋全局、议大事、抓重点，做到总揽不包揽、协调不替代、到位不越位，推动各治理主体各尽其责、共同发力。持续完善"定"和"议"的程序，按照集体领导、民主集中、充分酝酿、会议决定的原则，严格执行民主集中制，对决策事项经过深入调查研究、广泛听取意见、反复研究讨论等环节形成集体决策意见。在拟定建议方案环节，明确分管领导必须召开专题会议充分研究讨论，确保论证深入、讨论充分、决策科学。

（三）抓好党的工作覆盖和企业组织架构的深度融合，着力构建上下贯通、执行有力的组织体系

中国共产党是按照马克思主义建党原则建立起来的，严密的组织体系是我们党独特的强大优势。国有企业党组织，是党的组织体系的重要组成部分，直接关系党在经济领域的执政能力，是国有企业党的全部工作和战斗力的基础，是支撑国有资本做强做优做大的根本组织保证。航天科工坚持落实"四同步""四对接"，党的组织体系始终与型号"两总"系统、项目管理体系、工程技术体系、质量管理体

系等深度融合、一体推进，依靠严密的组织力量确保党中央"如身使臂、如臂使指"。

一是筑牢织密组织矩阵和党建网络。紧密结合企业产权关系、组织结构、经营模式、用工方式深刻变化，持续优化组织设置，理顺隶属关系。集团、下级企业、控股企业、上市公司、参股和混合所有制企业、投资项目等各个层面全部实现党组织"应建必建"；全力搭建和拓展基层党组织发挥作用的舞台，根据不同类型、不同业务领域基层党组织功能定位、队伍状况，推进管理机构、业务科室、生产车间、一线班组与党支部、党小组的全面融合、深度嵌入；坚持把组织的力量延伸到重大工程、重大专项和靶场试验一线，近5年累计成立临时党组织537个，在关键时刻、危机关头挺起奋勇攻关的"尖刀连"，形成基层党建工作与企业改革创新互融互促、共同推进的纵向完整链条和横向动态支撑网络。成立党建工作领导小组，统筹设置党组（党委）职能部门和经营业务部门，严格落实两个1%要求，夯实以高质量党建引领高质量发展的机构保障和人才基础。把党务工作岗位作为培养企业复合人才的重要平台，严格落实同职级、同待遇政策，探索建立双向交流、轮岗锻炼的常态化机制，运用党建思维、党建方法、党建力量、党建资源推进事业发展，提高工作整体度、关联度和契合度。

二是全面激活党的"神经末梢"。召开党支部书记座谈会，编印《党支部工作手册》，构建"五力"①党支部建设体系，为基层党组织开展工作提供全面、规范的操作指南。坚持抓两头带中间，首批命名10个集团公司示范党支部，打造可学习、可借鉴、叫得响、推得开的典型模板；建立经常性督查指导机制，持续抓好薄弱基层党组织整顿提升，实现动态清零。注重增强党组织活动和党员教育管理工作的吸引力、实效性，在全系统部署开展"十百千"②党员突击队建设，领导人员指挥在抗疫火线、挂职干部冲锋在扶贫前线、鲜红党旗飘扬在关键核心技术攻坚一线，组织活力持续转化为发展动力，取得国际先进、国内领先重大成果240余项，形成千万级产业化项目200余个。坚持党建带工建、带团建，积极建立新时代工匠学院，持续开展职工"建家"活动，深入实施青年发展行动计划，构建覆盖全级次具有航天特色的青年马克思主义者培养体系，凝聚职工、群策群力，努力寻求最大公约数、画出最大同心圆。加强基层党组织创新实践研究，组织工作统计分析报告连续4年获中组部表彰，1个基层党组织案例入选由中组部、国资委编写出版的《基层党组织书记案例选编（国企版）》。

三是采取垂直管控、区域管控、协同管控等多种模式把党建工作融入企业产业链、价值链和创新链。加强改革发展新形势下党建工作的研究部署，有针对性地对基层党组织做出前瞻、差异化精准指导，强化全领域全要素协同联动，为企业生产经营赋能、为企业创新发展护航。各级党组织积极履行科技创新主体责任，构建三级创新体系，形成集团抓总、院统筹协同、部厂所有效支撑的创新工作新格局。主动融入全社会、全国乃至全球创新体系，鼓励基层单位与高校院所、产业链"链核"企业等开展经常性党建联建，以党建为媒统一思想认识，协调产学研用各方市场主体利益诉求，集聚整合创新资源，推动形成资源集约、开放共享的航天产业生态。先手布局量子、区块链等领域，推动基础性、前瞻性、颠覆性技术拓展及产品研发。完成世界上直径最大、国内推力最大的固体发动机试车，若干重大专项和重点型号任务取得重大进展。研制生产系列核心关键技术产品，全力支撑保障载人航天工程空间站建设、"天问一号"首次火星探测、"嫦娥五号"首次地外天体采样返回等任务圆满成功。今年以来，重点培育的大数据产业、应急产业等领域产出同比均超过100%。中组部、国资委等上级机关多次

---

①政治领导力、思想引领力、组织推动力、创新发展力、凝聚保障力。
②集团公司层面10个左右、二级单位层面100个左右、三级单位层面1000个左右。

刊发航天科工抓基层强基础、抓嵌入促融合的工作经验。

（四）抓好党管干部、党管人才原则和市场化选人用人机制的深度融合，着力构建"素质培养、知事识人、选拔任用、从严管理、正向激励"的干部体系

习近平总书记强调，应变局、育新机、开新局、谋复兴，关键是要把党的各级领导班子和干部队伍建设好、建设强。航天科工主动站在培养党在航天领域执政骨干的高度，坚持党管干部、党管人才原则，坚持发挥市场机制作用，严格落实好干部标准和国有企业领导人员"20字"要求，推动把组织配置的"严"和市场选择的"活"有机结合起来，努力锻造一支具有铁一般信仰、铁一般信念、铁一般纪律、铁一般担当的过硬队伍。

一是把政治素质考察摆在干部选拔工作的重中之重。坚持把"两个维护"的实际表现摆在第一位，增强"对国之大者要心中有数"的自觉。党组织通过考察谈话、工作调研、年度考核、民主生活会、教育培训等形式，全方面、多方位核实甄别管理干部和市场化选聘人员政治素质、职业操守和廉洁从业情况，确保在政治上信得过、靠得住、能放心。严格落实"凡提四必"，实行新任干部任职承诺制度，完善"凡提必听"的形式，实行纪检监察与审计机构"双背书"，严防"带病提拔"。

二是优化班子结构和功能。建立领导班子组织效能评价模型，全面分析班子结构数据和考核情况，着力打造又博又专、推陈出新的素养结构。所属5个研究院领导班子成员中具有型号工作经验的占比达80%。注重从航天重大工程和重点项目队伍中选拔培养懂经营、会管理、善决策，有国际视野、战略思维、专业能力的复合型干部，对技术素质好的干部着力培养政治素质，对政治素质高的干部着力提升管理能力和业务素质。近年来，航天科工培养和输送的新提拔中管干部多数经过重大工程、重点项目锤炼，德才素质突出。启动"人才帮扶"专项工程，通过跨单位跨领域交流提升干部解决复杂问题能力。累计选派229名干部到困难企业挂职帮扶，87名干部到优势企业挂职培养，二级单位领导班子中交流任职干部比例一直保持在60%以上。

三是多措并举激励干部担当作为。制定实施激励干部担当作为的意见及若干措施，制定纪检监察工作落实"三个区分开来"要求建立容错纠错机制的实施办法，旗帜鲜明保护担当作为、支持干事创业。积极解决异地交流干部困难，完善住房及生活补贴政策，合理增加探亲次数。大力发现培养选拔优秀年轻干部，每年结合领导班子述职测评，开展干部推荐和优秀年轻干部民主推荐。统筹用好各年龄段干部，让大家都有干劲、有奔头、有希望。

四是大力实施人才强企战略。创新完善人才"选、用、育、留"机制，加强企业家人才、科技领军人才、中高端技能人才培养力度，"三支队伍"结构比例持续优化。实施首席专家、党组联系专家、高端人才奖励休假等多项制度措施，优化航天人才生态体系。累计选拔培养39名高端复合型领军人才，聘任首席专家4人、特级专家4人、高级专家46人，入选国家重大人才工程专家数量名列央企前茅。加强人才联系服务，研究制定体系化程度最高、激励额度最大的功勋荣誉表彰体系并组织实施，激发各方面人才投身航天的报国情怀、敢打必胜的奋斗精神、敢为人先的创造活力。

五是持续深化"三项制度"改革。人事制度方面，完善领导人员晋升及退出机制，规范领导人员选用程序，强化选人用人竞争性，保持一池活水。建立和实施以劳动合同管理为基础、以岗位管理为核心的市场化用工制度。印发《航天科工职业经理人队伍指导意见》，实施经理层任期制和契约化管理的子企业占比超过60%。用工制度方面，全面推行公开招聘制度，指导所属各单位统一发布信息、统一入职标准、统一录用程序、统一入职手续。加强劳动合同管理，强化全员业绩考核结果与个人收入、晋升等挂钩的力度，以收入能高能低为手段，逐步淘汰低绩效的冗员。分配制度方面，深入实施"基于实际绩效的激励机制"，修订所属单位领导班子和领导人员综合考核评价办法、所属单位负责人年薪管理办法。坚持薪酬分配向关键岗位核心人才和一线关键苦脏险累岗位倾斜，建立航天防务装备飞行试验质量奖惩机制。扎实用好中长期激励"政策包""工具箱"，先后出台《科技型企业股权和分红激励实施办法》《上市公司股权激励实施办法》《科技成果转化奖励管理办法》《民用产业重大产业化项目支持措施》等，构建系统多元、符合市场规律的正向激励体系。累计19家科技型企业和3家上市公司实施股权激励，初步形成职工与企业共谋发展、共创价值、共享成果的良好局面。

（五）抓好党的思想政治工作与企业文化建设的深度融合，着力构建以航天精神为核心内涵的文化体系

国有企业党的建设是铸魂工程，思想政治工作是"传家宝"和"生命线"，没有信仰就没有"主心骨"，缺乏信念就会得"软骨病"。航天科工坚持高举习近平新时代中国特色社会主义思想伟大旗帜，加强社会主义核心价值观教育引导和实践养成，推动将企业发展愿景和党建目标转化为全体党员干部职工共同的思想认知和价值追求，着力培育打造与世界一流航天防务集团公司相匹配、具有全球竞争力的企业文化"软实力"。

一是坚持把改造客观世界和改造主观世界有机统一起来。坚持不懈用党的创新理论武装头脑、启智润心，建立健全"不忘初心、牢记使命"长效机制，扎实开展党史学习教育，在全系统常态化开展专题学习研讨，强化宗旨意识、践履知行合一，不断增强自我净化、自我完善、自我革新、自我提高的能力，确保在事关政治方向和重大原则性问题上始终立场坚定、旗帜鲜明。大力弘扬伟大建党精神，高度重视精神谱系指引，准确把握航天精神的历史逻辑和发展脉络，系统梳理航天精神的时代内涵，持续开展钱学森、黄纬禄、陈定昌等老一辈航天人先进事迹宣讲，打造出一批以《航天院士传记》、电影《钱学森》、电视剧《聂荣臻》等为代表的展现航天人精神内核的高质量文化作品，激发全体党员干部职工特别是广大青年同志增强做中国人的志气、骨气、底气。积极推树以"全国优秀共产党员""央企楷模""大国工匠"等为代表的先进个人及团队，每年评选表彰"航天科工感动人物"，在可学可做的先进事迹中弘扬可追可及的航天精神。编著的《新时代航天追梦人》获第五届全国党员教育培训优秀教材。

二是始终坚持以人民为中心的发展思想。坚持为崇高理想奋斗和为最广大人民谋利益的一致性，组织群众、宣传群众、教育群众、服务群众，强信心、聚民心、暖人心、筑同心。把决战决胜脱贫攻坚作为重大政治任务抓实抓好，先后投入4.8亿元资金进入中央企业扶贫基金，直接投入6464.53万元帮扶资金，援建扶贫项目371个，帮助农村贫困人口22万余人全部脱贫，2个国家级定点贫困县摘帽，322个贫困村出列，国家重点民生易地扶贫搬迁项目按时交付。巩固拓展脱贫攻坚成果，接续推进乡村全面振兴，坚持走具有航天特色的精准帮扶之路，为国家重点民生工程贡献力量。不断加强和改进思想政治工作，持续深化航天特色思想政治工作保障体系建设，把显性教育与隐性教育、解决思想问题与解决实际问题、广泛覆盖与分类指导结合起来，严格落实"五必谈""五必访""五必问"，强化干部职工的企业归属感和航天文化认同感。着力解决职工群众最关心、最直接、最现实的利益问题，积极实施"健康航天行动"，关注职工身心健康，加强民生保障。扎实推进"我为群众办实事"实践活动，首批民生实事清单任务完成率高、群众满意度高，职工群众获得感幸福感安全感不断提升。

三是着力加强宣传工作和企业文化建设。坚持团结稳定鼓劲、正面宣传为主，统筹各级各类媒体资源，全方位开展理论宣传、政策宣传、成就宣传和典型宣传，深入开展"航小科走一线""走进试验队"等品牌活动，让正能量成为大流量，让好声音成为最强音。坚持塑造多元融合的企业文化机制，以航天传统文化为坚实基础，注重吸收其他类型企业文化和相关领域先进文化，培育注入平等开放、关注价值、敏捷高效、拥护变化、客户至上等新时代企业内生基因。提炼、完善企业文化理念体系，规范提升企业形象系统。在军事博物馆设计建造我国首个以导弹武器装备为主题的永久性展览馆，充分利用三线精神教育基地、工业遗产等场所，在全社会传播航天文化。开展丰富多彩的"中国航天日"庆祝活动，举办航天科学讲堂、航天开放日等，深度激发党员干部职工尤其是收并购企业干部职工探索浩瀚宇宙、发展航天事业的使命感和责任心，筑牢信仰之基、扛起顶梁之责，凝聚起共创世界一流、共建航天强国的奋进力量。

（六）抓好党内监督和企业内控管理的深度融合，着力构建党统一指挥、全面覆盖、权威高效的监督体系

企业治理需要形成各方有效制衡的监督体系。航天科工始终坚持从严的工作总基调，以党内监督为主导，统筹发挥纪律监督、巡视监督、审计监督、职能监督、民主监督、舆论监督的协同作用，把监督融入岗位、融入业务、融入管理，形成事前、事中、事后的完整监督闭环，确保党中央决策部署得到不折不扣贯彻落实，确保企业战略性决策在基层一线落地见效，确保国有资产实现保值增值。

一是贯通落实"两个责任"。建立党组（党委）落实全面从严治党主体责任清单，从责任内容、责任落实、责任监督、责任追究等方面明确党组（党委）履行主体责任、书记履行第一责任人职责、内设纪检组织负责人履行监督责任、班子成员落实"一岗双责"、职能部门牵头抓总、相关部门齐抓共管，形成主体明晰、责任明确、有机衔接的全面从严治党"闭合回路"。成立党风廉政建设和反腐败工作协调小组，并建立"双例会、双报告"机制，以高效严密的"大监督"体系防范风险挑战、筑牢安全屏障。强化对领导班子"一把手"、重点部门和关键岗位的监督监管，建立党组管理干部廉政档案并实行动态管理，一手抓重大项目、并购重组、境外投资、国企混改等重点领域的业务监督，一手抓政治建设、队伍建设、作风建设、纪律建设等方面的党内监督，增强深度融合互促的实效。注重抓早、抓小、抓苗头，用好提醒、函询、诫勉等机制，及时发现问题、纠正问题，督促依规依法用权、廉洁履职。

二是不断增强纪法双施双守能力。坚持有腐必反、有贪必肃，重遏制、强高压、长震慑，执纪执法力度全面加强，纪法贯通、法法衔接有效推进。坚持系统施治、标本兼治，对监督执纪问责中发现的共性问题、反复性问题，通过发出纪检监察建议、亮牌警示、督促提醒等方式，补齐短板、堵塞漏洞。深入开展纪律教育、警示教育，加强廉洁文化建设，彰显"三不"一体推进的综合功效。

三是持续提升防范化解重大风险能力。坚持未雨绸缪防风险、警钟常敲控风险、有力应对化风险，将正风肃纪反腐与深化改革、完善制度、促进治理贯通起来，不断健全以风险管理为导向、合规管理监督为重点的内控体系。推动内控标准化、信息化，建设合同监管应用平台、风险管控平台，上线运行营业收入和现金净流入监管系统，强化可预测、可规避、可控制的完整链路管理。前置风控探头，积极开展党中央重大方针政策落实情况跟踪审计，促进经济责任审计全覆盖。修订《深入推进依法经营依规治企若干意见》，持续完善加强全流程法律审核把关，严格依法依规开展违规经营投资责任追究。

（七）抓好管党治党政治责任和治企兴企经济责任的深度融合，着力构建明责履责、考责追责的责任体系

管党治党说到底是责任问题，只有以责任制为抓手，强化各级党组织抓党建强党建的主责主业

意识，才能避免党建工作陷入"谈起来重要、做起来次要、忙起来不要"的尴尬境地，让管党治党有更为明显的实质性加强和提升，让党建工作与科研生产经营双融双促的思路更广、措施更实、成色更足、效果更好。航天科工突出党组（党委）主体责任，健全完善党建工作责任配套制度，制定党建工作责任制实施办法、常态化开展党建责任制考核，推动形成上下贯通、环环相扣、层层落实、层层负责的责任体系。

一是坚持"跳出党建看党建"。着眼改革发展成效、重大任务完成和职工满意度等，构建涵盖5个一级指标、20个二级指标、72个考核要点的党建责任制考核评价体系，推动把习近平总书记重要指示批示、党中央重大决策部署的原则要求转化为可检查、可量化、可区分的刚性标准。坚持年度考核与日常检查相结合、定性评价与定量考核相结合，对基层党建工作"问诊把脉"、精准"画像"。从2016年起连续5年深入全部二级单位，并延伸到三级单位党委和党支部进行"全面体检"。

二是充分发挥考核"指挥棒"作用。把抓好党建作为最大政绩，推动党建考核与领导班子综合考评、经营业绩考核相衔接，占班子综合考核评价30%的权重。考核评价结果不仅与党委书记、党委副书记、纪委书记和其他党委委员薪酬挂钩，还与非党委委员的党员班子成员薪酬挂钩，浮动-20%～+10%，激励董事会、监事会、经理层党员成员积极支持、主动参与企业党建工作。制定党委书记抓基层党建工作述职评议办法、全级次建立党组织书记抓党建工作述职评议、党组织书记季度例会制度并认真执行，指名道姓通报具体问题、限期整改。坚持把党委书记抓基层党建工作综合评价为"好"作为年度个人考核"优秀"的先决条件，切实压实第一责任人职责。

三是强化追责问责的鲜明导向。把党建责任考核问责与生产经营问责结合起来，明确问责情形、问责主体和问责方式，且经济处罚与纪律处分、组织处理互不替代。党建工作考核评价为"一般"和"较差"的，对该单位党组织进行通报批评，对党组织负责人进行约谈提醒，触犯相关问责规定的对相关责任人依规实施问责。

四、工作成效

通过构建党建工作深度融合机制，推动实施"七大体系"，航天科工将改革发展和党的建设有机统一起来，使党建工作格局更加顺畅、主题更加鲜明，践行"两个维护"更加有力有效，推动改革任务加快落实，经营效益连创佳绩，发展质量持续提升，规模实力和战略地位显著增强。

一是党的领导党的建设在与科研生产经营工作全融深融的接续演进中固本培元。各级党组织以前所未有的鲜明态度和战略定力坚持党的全面领导，以前所未有的决心和意志坚持党要管党、全面从严治党，抓党建的腰杆更硬了，强党建的办法更多了，做强做优做大企业的决心信心更足了。党组织发挥作用的体制机制更加系统完备，基层党组织政治功能和组织功能持续强化提升，高素质专业化干部人才队伍不断充实壮大，企业高质量发展的舆论支持和精神力量愈发充沛饱满，风清气正、海晏河清的良好政治生态不断巩固提高。大家普遍认为，党建工作接地气、出实效，各级党员干部职工以想干事的姿态、能干事的本领、干成事的作为，开拓进取，奋发有为，推动科研生产经营和改革发展稳定各项任务呈现生机勃勃、亮点纷呈的崭新局面。

二是党的领导党的建设在砥砺初心使命、建设航天强国的伟大实践中持续加强。各级党组织秉承"科技强军、航天报国"企业使命，牢牢把握"服务国家战略、服务国防建设、服务国计民生"企业定位，面向国家重大需求，用一个个关键技术突破、一项项重大工程落地、一批批国之重器问世，来践行党和国家赋予的神圣使命，朝着习近平总书记指引的航向奋勇前进。坚定不移扛起强军首责，矢志"为国铸剑"，做强做优做大防务装备基业，支撑世界一流军队建设；面向世界科技前沿，努力抢占航天领域未来发展的战略制高点，探索实践新型举国体制下推动航天产业高质量发展新模式，加速形成航天产业差异化发展优势；面向经济主战场，在信息技术、装备制造、现代服务业等领域积极培育与主责主业关联度高、具备竞争优势和市场空间的战略性新兴产业，推动发展方式向质量效率型转变，发展动力向创新驱动型转变。

三是党的领导党的建设在育新机、开新局、奋力夺取大战大考全面胜利的攻坚突破中彰显伟力。近年来，面对错综复杂的外部环境和艰巨繁重的改革发展稳定任务，特别是新冠肺炎疫情严重冲击，各级党组织和广大干部职工坚持和加强党的全面领导，加强党的建设，牢记"国之大者"，深入践行新发展理念和高质量发展要求，因势利导、迎难而上，以最严肃的政治态度、最顽强的斗争意志、最果断的工作措施，统筹推进疫情防控和科研生产经营发展工作，用敢打必胜的实际行动彰显"共和国长子"的责任与担当。"十三五"期间，航天科工统筹稳增长、强创新、促改革、调结构、控风险、抓住关键、保持定力，锐意创新，圆满完成央企负责人任期考核目标任务，盈利能力和价值创造能力稳居军工行业前列，累计实现营业收入较"十二五"同期增长65.9%，利润总额较"十二五"同期增长56.8%。2020年，中央企业负责人经营业绩考核和党建责任制考核获"双A级"，在《财富》杂志发布的世界500强榜单中排名第332位。

五、思考与展望

习近平总书记强调，提高党的建设质量，既要坚持和发扬我们党加强自身建设形成的优良传统和成功经验，又要根据党的建设面临的新情况新问题，大力推进改革创新，用新的思路、举措、办法，解决新的矛盾和问题。进入新发展阶段，高质量发展代表着全新的发展逻辑、更高的发展目标，意味着更为多元和平衡的发展模式，蕴含着包容性发展与和谐的劳动关系，肩负着更为艰巨复杂的发展任务。面对新形势新任务新挑战，必须主动识变应变，以更加坚定的信念、更加勇毅的探索、更加有力的步伐，持续做好党建工作与企业改革发展深度融合这篇大文章，迭代提升完善融合机制，确保党的建设阵地坚如磐石、创新源泉充分涌流，确保航天事业发展永续、根基永固、优势永存。

（一）从根本上要始终坚持党的领导促融合

党政军民学，东西南北中，党是领导一切的。国有企业是党领导的国家治理体系的重要组成，中国特色现代企业制度是中国特色社会主义制度的重要支撑，必须牢牢把握党的领导这个根本原则。航天科工将围绕完善中国特色现代企业制度，把大力加强党对航天企业的全面领导作为应尽之责、分内之事，细化党组织在决策、执行、监督各环节的权责和工作方式，做到组织落实、干部到位、职责明确、监督严格，从组织上制度上机制上确保党组（党委）的领导地位。注重抓实抓细向下延伸这个工作基点，鼓励所属企业根据国有资本投股比例、董事会构成等，在"高线"标准和"底线"要求区间大胆探索，高效管用地把党的全面领导穿透到各层级各方面，确保航天企业国有资产更加牢固地掌握在党的手中。

（二）从战略上要始终坚持把握大局促融合

放眼全局谋一域，把握形势谋大事。做好新形势下党的建设各项工作，必须坚持从全局和战略的高度谋划和推动。在两个百年历史交汇、两个大局深度交织的关键时期，航天科工将进一步提高政治站位，深入思考、审慎研判形势发展变化对航天企业党建工作带来的机遇和挑战，深入思考、认真领会党中央、上级机关做出的重要部署对党建工作提出的新任务新要求，锚定党中央擘画的宏伟蓝图和企业发展愿景，把改革发展重大任务与党建工作更加科学地、具体地、紧密地结合起来，在贯彻新发展理念、构建新发展格局上展现更大作为，履行好新发展阶段富国和强军相统一的时代使命，研制更多克敌制胜的"利剑神盾"，倾力打造更多满足人民对美好生活向往的航天高科技产品，为国家发展筑牢安全基石，为国民经济和科技进步注入强大动力。

（三）从理念上要始终坚持底线思维促融合

航天企业处于大国交锋最前线和科技竞争最前沿，支撑大国崛起、巩固大国地位、竞胜大国博弈，必须发扬斗争精神、讲求斗争艺术、增强斗争本领。航天科工将始终把党建工作融入推进高水平科技自立自强、掌控国防工业关键核心技术、强化风险内控体系建设中，通过发挥党建工作独特的政治、组织、思想、管理、文化优势，增强航天产业链供应链韧性，提升企业经济运行质量效益，强化重大风险防范化解能力，确保在全球激烈竞争中始终占据发展制高点，努力实现真正意义上的世界一流。

（四）从方法上要始终坚持守正创新促融合

改革创新是育先机、开新局的根本方法，是推动航天事业发展、促进党建工作提质增效的动力所在、活力之源。总结近年来航天科工党建工作取得的实质性、格局性变化，无一不是在党中央坚强领导下，依靠改革创新来推进完成的。航天科工将继续压紧压实党建"第一责任"、聚力聚焦发展"第一要务"，坚持以改革的精神、创新的理念去观察新事物、研究新情况、谋划新思路，以思想破冰引领实践突破。充分发挥基层首创精神，坚持破立并举，使各项工作更好体现时代性、把握规律性、富于创造性。

（五）从实践上要始终坚持实事求是促融合

党建工作做实了就是生产力，做强了就是竞争力，做细了就是凝聚力。抓党建促改革强发展，必须把党建工作的基本理论和政策学透，把"上情"和"下情"吃透，把党建工作的规律经验悟透，把融合的思路和措施研透。航天科工将进一步系统总结经验和不足，实事求是把握好党建工作中共性和个性、继承和创新、目标引领和问题导向、建章立制和落地见效之间的关系，着力把经验变示范、标杆变标准、示范变规范，为持续完善党建工作深度融合机制拓展政策空间，提升制度张力，以更高标准、更实举措推进党的建设新的伟大工程，在加快建设世界一流航天防务集团公司、全面建设社会主义现代化强国新征程上为党和人民争取更大光荣。

成果创造人：袁　洁、刘石泉、陈国瑛、龚界文、李慧敏、孙　越、李宏伟、
李　杰、朱纪立、范诗琴、陈晶晶

对国有相对控股混合所有制企业
实施差异化管控的思考和实践

中国建材集团有限公司

中国建材坚持以习近平新时代中国特色社会主义思想为指导，深入贯彻落实党中央、国务院关于深化国企改革的重大决策部署，通过积极稳妥实施混合所有制改革，高效推进了水泥、玻纤、石膏板等行业的整合，有力促进了行业供给侧结构性改革，有效增强了国有资本的控制力和影响力。截至2020年底，中国建材以361亿元国有资本，吸引了1529亿元的社会资本，撬动了6001亿元的总资产。国企改革三年行动开展以来，中国建材集团深度转换经营机制，推动混改走深走实，积极探索对相对控股企业的差异化管控，明确管控重点、管控方式、管控途径，增强了混合所有制企业运行活力，提升了市场竞争力，构建形成富有生机活力的管控制度保障；同时有效发挥国有股东的管控作用及职责，确保国有股东的权益，实现国有资本保值增值，做强做优做大国有资本，取得良好成效。

一、实施差异化管控的政策依据和背景

党的十八届三中全会把混合所有制经济列为我国基本经济制度的重要实现形式，发展混合所有制经济是新时代深化国有企业改革的重要措施。在国企改革的纲领性文件《中共中央、国务院关于深化国有企业改革的指导意见》、2016年全国国有企业改革座谈会中，均将混合所有制改革作为重要内容展开了详细论述和部署，党的十九大报告对其又进行了进一步的丰富。在中央层面已陆续开展了一系列混合所有制改革试点工作，国资委2014年选择中国建材集团和国药集团作为发展混合所有制经济试点，国家发改委、国资委在重点领域开展了四批210户企业混合所有制改革试点，均取得了良好效果，同时，各地方企业的混合所有制改革也在持续深入推进。上述一系列举措为进一步深化混合所有制改革提供了系统的政策指引、奠定了坚实的实践基础、积累了丰富的研究素材。

但混合所有制改革中还存在一些问题，部分企业的混改仍只流于股权形式的变动，而没有深入转换经营机制的实质，国资监管机构和国有大股东对混合所有制企业，特别是对相对控股混合所有制企业的管理方式未发生根本性改变，混改企业完全照搬国有独资公司的管控模式。

2020年5月印发的《中共中央　国务院　关于新时代加快完善社会主义市场经济体制的意见》明确，"对混合所有制企业，探索建立有别于国有独资、全资公司的治理机制和监管制度。对国有资本不再绝对控股的混合所有制企业，探索实施更加灵活高效的监管制度"。这是中央文件首次提出相对控股企业差异化管控。随后，在2020年9月印发的《国企改革三年行动方案》中，进一步提出，"支持国有企业集团公司对国有股权比例低于50%且其他所有制股东能够有效参与公司治理的国有相对控股混合所有制企业，根据法律法规和公司章程实施更加市场化的差异化管控"，将差异化管控列入改革三年行动工作任务。

二、相对控股混改企业管控现状和问题

国有相对控股混合所有制企业作为国有集团公司所出资的企业，与国有全资、国有绝对控股、国有参股公司等在公司性质和经营情况方面有所不同。当前，对相对控股混合所有制企业的管控模式进行改革，既有迫切的现实需求，同时也面临着诸多挑战。

一是国有相对控股混合所有制企业管控模式较单一。当前国有企业经营机制转换不到位，国有大股东对混合所有制企业的管理方式未发生根本性改变，管控模式存在"一刀切"现象，国有相对控股混合所有制企业基本照搬国有独资公司的管控模式，管控模式相对粗放和单一，对全资、绝对控股、参股公司等权属公司的管控模式未做明确区分，亟待建立分类管控架构。

二是国有相对控股混合所有制企业管控导向不明确。国有相对控股混合所有制企业的管控导向和体系尚不明确，授权与监管、管控与放权之间的矛盾有待解决，集团总部层面缺乏对全资、绝对控股、参股公司等不同类型公司明确的管控导向和指引。此外，虽然以管资本为导向的管控模式已经成为基本共识，但是尚未找到行政化管控与市场化管控之间的权衡点、路线图。

三是国有相对控股混合所有制企业内部管控界面不清晰。一方面，集团总部各职能部门之间的管控权责界面不够清晰；另一方面，集团总部对所属公司的管控事项以及可以授权所属公司决策事项的界面，也存在模糊和灰色地带。由此引致了相关配套规章制度与市场化经营机制要求间的不适配。

三、实施差异化管控的边界和原则

（一）相对控股混合所有制企业的界定

以股权性质和股权比例为划分标准，判断一个企业是否为国有相对控股混合所有制企业需要同时满足以下三个标准：一是国有股东与非国有股东共同出资，这是成为混合所有制企业的基本条件，即国有股东持股比例达到100%的国有独资/全资企业以及国有股东持股比例为0的非国有企业被排除在外；二是国有股东单独或合计持股比例未超过50%，但为单一第一大股东，并纳入集团公司合并报表范围的中国境内法人单位，国有股东持股比例超过50%且国有股东为第一大股东的为国有绝对控股混合所有制企业，国有股东持股比例不到10%且国有股东非第一大股东的为国有参股混合所有制企业，并不在考虑范围内；三是非国有资本股东在董事会中占有董事席位，作为参与公司治理的积极股东。

基于此，国有相对控股混合所有制企业是指国有集团公司或成员企业（简称国有股东）与非国有资本股东共同出资，国有股东单独或合计持股比例未超过50%，但为单一第一大股东，非国有资本股东在董事会中占有董事席位，并纳入集团公司合并报表范围的中国境内法人单位。下文中，实施差异化管控的国有相对控股混合所有制企业统一简称为"差异化企业"。

（二）实施差异化管控的原则

在对相对控股企业的管控中，应坚持和加强党的全面领导，坚持市场化方向，坚持管资本理念，坚持权责对等，积极行使股东职权，维护股东合法权益。要把握以下原则：

一是依法合规。严格遵守国家有关法律法规和国有资产监管政策的有关规定，加快形成有效制衡的公司法人治理结构、灵活高效的市场化经营机制。

二是有序推进。在推行差异化管控时，既要注重增强企业效率与活力，也要做好风险防控，健全完善风险防控、内控和合规体系，确保各项授权放权接得住、行得稳。

三是事前管理。集团公司及相关企业将加强事前管理，对差异化企业的公司治理水平等行权条件、投资类授权放权事项的计划性进行充分审核，提升决策质量。

四是应授尽授。将应由企业依法自主决策的事情归位于企业，最大限度减少对企业日常生产经营活动的干预，更多依靠公司法人治理结构行使股东职权，同时加强备案管理和事后监督。

五是分类授权。结合差异化企业的治理能力、管理水平等实际情况，分别明确差异化管控事项。

六是动态调整。集团公司将加强跟踪督导，定期或不定期评估差异化管控的执行情况和实施效果，采取扩大、调整或收回等措施动态调整差异化管控事项。

（三）加强差异化企业党的领导和党建设

坚持国有企业发展到哪里，党的建设就跟进到哪里，确保差异化企业党组织作用有效发挥，党建工作持续加强。差异化企业要遵守《中国共产党章程》和党内有关法规，把党建工作基本要求纳入公司章程，在公司章程中明确党组织设置方式、职责定位、基础保障等有关内容。党组织的建立符合《国有企业基层组织工作条例》要求。差异化企业设立党委的，党委应在把方向、管大局、促落实方面发挥作用，按照差异化企业"三重一大"决策事项清单，对相关事项进行前置研究。差异化企业设立党委的，应同时设立纪委；设立党总支、党支部的，委员中应有纪检委员。符合条件的，推行党组织书记与董事长"一肩挑"。

差异化企业应当积极为党的工作提供必要条件，配备党务工作人员，安排党建工作经费，提供党组织活动场所，确保党建工作有组织、有活动、有作用、有影响。

四、差异化管控企业的治理结构和治理方式

（一）差异化管控企业的治理结构

差异化企业是独立市场主体，应发挥公司章程在公司治理中的基础作用，明确股东（大）会、董事会、监事会、经理层和党组织的权责关系，建立健全协调运转、有效制衡的法人治理结构。

股东（大）会是差异化企业的权力机构。国有股东依照有关法律法规和公司章程履行股东职责，实现国有资本保值增值，不干预企业日常经营活动。

董事会是差异化企业的决策机构，对股东（大）会负责，执行股东（大）会决定，依照有关法律法规和公司章程行使职权。国有股东加强对股权董事的履职支撑服务和监督管理，通过股权董事实施对差异化企业的治理型管控。

监事会是差异化企业的监督机构，依照有关法律法规和公司章程，对企业的经营活动及董事会、经理层的职务行为进行监督。国有股东加强对股权监事的履职支撑服务和监督管理，通过股权监事实施对差异化企业的监督。

经理层是差异化企业的执行机构，接受董事会管理和监事会监督。经理层对董事会负责，依照有关法律法规和公司章程，履行日常生产经营管理、组织实施董事会决议等职责。

（二）差异化管控企业的治理方式

差异化企业的股东（大）会、董事会、监事会及经理层应依据公司章程行使职权。差异化企业应为股东、董事、监事及经理层履职提供必要条件。差异化企业召开股东（大）会，应按照公司章程等有关规定将会议材料提交国有股东。国有股东应该根据议案内容履行内部审议程序，并将审议结果在会议召开前通知股东代表，股东代表应按照国有股东的审议结果在股东（大）会上进行表决。

差异化企业董事会研究决策的下列事项，股权董事应报国有股东决策，并根据国有股东的决策结果在董事会上发表意见：

（1）需提交股东或股东（大）会审议的事项；

（2）导致国有股东持股比例或控股地位发生变化的事项；

（3）决定年度投资计划和经营方案；

（4）聘任或解聘总经理、副总经理、财务负责人等经理层成员，确定经理层的薪酬；

（5）单笔投资需提交国有股东党委会、总经理办公会或董事会审议的；单笔投资是指对差异化企业投资管理授权放权的投资事项以外的其他投资；

（6）对外担保事项（含资产抵押、质押）及对外拆借；

（7）董事会关于重大事项的内部授权方案；

（8）股权董事认为需征求国有股东意见的事项。

其他事项是否需要征求国有股东意见，由国有股东根据实际情况规定。股权董事履职时，应清晰明确地陈述国有资产监管相关规定，提请董事会决策时充分考虑。本实施细则施行前已签署的协议、章程对差异化企业董事会职权另有规定的，从其规定。

对以上八类事项，差异化企业召开董事会或监事会时应按照公司章程及本实施细则将会议材料提交股权董监事的同时报送国有股东。国有股东应根据议案内容，结合权责分工，履行内部审议程序，并将审议结果在会议召开前通知股权董监事。股权董监事与国有股东对议案的意见不一致时，国有股东应于会议召开前积极协调。

除以上八类事项以外的其他事项，由国有股东推荐的股权董事按照独立、客观、审慎原则在董事会会议上发表意见，股权董事个人独立表决、独立承担相关责任。差异化企业应为股权董事提供充分的履职支持；股权董事表决前也可征求国有股东的意见。该类事项需差异化企业召开监事会审议的，国有股东派出的股权监事个人独立表决、独立承担相关责任；股权监事表决前也可征求国有股东的意见。

五、差异化管控的事项与方式

（一）人事管理事项

一是经理层选聘。对于差异化企业的本级经理层人选，国有股东党组织要在确定标准、规范程序、参与考察、推荐人选等方面发挥作用。差异化企业董事会会同本企业党委，制定经理层选聘工作方案，明确任职资格条件、选聘方式和程序、聘期、考核评价、薪酬、激励、约束、福利待遇、退出等内容；方案由本企业党委报国有股东党组织批准后执行。

差异化企业在选聘经理层成员时，原则上按照"N个岗位不低于N+1名人选"的推荐原则，由本企业董事会、本企业党委、国有股东党组织推荐考察对象，经理层副职岗位也可由总经理（总裁）推荐考察对象。差异化企业董事会组织、国有股东党组织参与，开展对考察对象的测试、考察等工作，形成经理层人选方案，由董事会决定聘任，任职后将聘任结果报国有股东备案。

二是经理层的考核和薪酬管理。差异化企业董事会行使对经理层的业绩考核权，对经理层成员全面实行任期制和契约化管理，任期制和契约化管理的相关材料及考核结果报国有股东备案。因业绩考核或其他原因，导致经理层成员不胜任退出或需免职的，由差异化企业董事会决定，退出或免职后报国有股东备案。

差异化企业董事会行使对经理层的薪酬管理权，制定经理层成员薪酬管理办法，建立市场对标机制，合理确定经理层薪酬结构，履行决策程序后，报国有股东备案。差异化企业董事会依据业绩考核结果，结合经理层成员业绩考核办法和薪酬管理办法，确定经理层成员薪酬兑现事项，兑现结果报国有股东备案。

三是其他人事管理权。差异化企业制定《企业负责人履职待遇、业务支出管理办法》，经本企业董事会审议通过后报国有股东备案。差异化企业经理层成员除总经理（总裁）、财务总监（总会计师）因私出境需由国有股东批准外，其他经理层成员因私出境由本企业审批。

（二）投资管理事项

加强对差异化企业的投资计划管理，投资项目（包括股权投资和固定资产投资）计划中的新增投资项目需提供项目相关资料，包括但不限于投资背景及概况、投资必要性、投资规模及内容、市场预测及经营条件、投资估算、资金来源、盈利预测等。差异化企业的国有股东对该投资计划进行专业审核和论证，通过后逐级报送至集团公司，纳入集团公司年度投资计划。

对差异化企业纳入集团公司年度投资计划的主业范围内股权投资项目和固定资产投资项目（以下统称投资项目），按以下情况分类决策：

（1）如差异化企业为上市公司，且近3年未受到证券监管部门和交易所处罚，亦未受到证券监管部门和交易所监管关注，均由差异化企业按照本企业公司章程或制度规定的董事会或股东大会的决策权限履行立项和投资决策。

（2）如果差异化企业为非上市公司，设定一定的投资额度比例授权给企业的董事会或股东（大）会，比如投资金额低于差异化企业上一年度经审计净资产10%的投资项目，均由差异化企业按照自身公司章程或制度规定的董事会或股东（大）会的权限履行立项和投资决策。

相关国家政策对境外投资规定的外部审批等特殊要求，差异化企业在决策过程中仍需遵守。对非主业投资项目、未纳入集团公司投资计划的主业投资项目，按集团公司或差异化企业国有股东的现行投资管理制度执行。

（三）资产处置事项

以下事项由差异化企业按照自身公司章程或制度规定的董事会或股东（大）会的决策权限履行审议程序。

一是根据国有产权交易相关规定须采取进场公开挂牌方式进行的资产交易和产权交易项目（交易后不会导致差异化企业对标的公司失去绝对控股权），均由差异化企业按照自身公司章程或制度规定的董事会或股东（大）会的决策权限履行审议程序。

二是差异化企业的各级子公司合并、分立或解散、注销（进入破产程序的除外），均由差异化企业按照自身公司章程或制度规定的董事会或股东（大）会的决策权限履行审议程序。

三是差异化企业放弃其在控股或参股子公司中所享有的优先购买权（股权转让时）或优先认缴权（增资时），且放弃该等权利不会造成差异化企业对标的公司的控制关系发生变动，均由差异化企业按照自身公司章程或制度规定的董事会或股东（大）会的决策权限履行审议程序。

六、对差异化管控企业的服务支持和监督

（一）对差异化管控企业的服务支持

国有股东充分发挥自身优势，依法依规为差异化企业发展提供服务和支持。

一是品牌支持。经国有股东批准，差异化企业可使用国有股东字号、品牌LOGO及系列注册商标。

二是合规支持。差异化企业要严格遵守国家法律法规、项目所在国法律及国际规则，建立覆盖重点领域、重点环节、重点人员的法律合规体系，制定完善内部规章制度，依法合规开展业务发展和生产经营活动。

三是人力资源支持。差异化企业可以参加集团范围内干部人才队伍专业培训；员工职称评审、荣誉申报等事项由企业提出申请，由集团公司人力资源主管部门核实统筹。

四是财务支持。凡需国有股东提供融资增信、资金支持的，差异化企业应执行集团公司相关管理制度要求。

（二）对差异化管控企业的监督

差异化企业应自觉接受国家法定审计及股东开展的财务审计、管理审计和经责审计等内部审计。对国有股东开展纪检、巡视等党内监督，以及审计、稽查等活动时提出的相关工作要求，差异化企业应认真配合相关机构的工作，落实有关工作要求，确保所提供资料全面、真实、客观、及时。对各项监督发现的问题及时整改，并按要求报告整改结果。

五、实施差异化管控的配套措施

（一）健全治理机制

一是精挑细选战略投资者实施混改。中国建材坚持"价值认同、治理规范、利益共赢"原则，选择资源优势明显、资源禀赋互补的非国有战略投资者开展混改。要将非国有对中国建材企业文化和价值观的认同作为前置条件，确保混合所有制企业股东层面的"同频共振"。

二是科学设置股权结构。中国建材在股份公司、平台公司和业务公司三个层面按照"三七原则"优化设置股权结构（中国建材持有股份公司不低于30%，作为第一大股东相对控股；股份公司持有平台公司约70%股权，给非国有股东保留30%股份；平台公司对业务公司全资持股），既避免国有股东"一股独大"，也避免股权过度分散。支持非国有股东根据股权比例，按照章程约定派出或提名人员，通过法定程序进入董事会、监事会、经理层。

三是注重发挥非国有股东作用。中国建材现有混合所有制企业（按非穿透口径）250家，其中有非国有股东提名并担任董监高职务的企业共计197家，占比79%，由非国有股东提名人选担任董事长、总经理的70家，占比28%。中国建材健全国有股东与非国有股东的事前沟通协商机制，对重大投资等涉及股东利益事项，主动听取非国有股东的意见，最大限度凝聚共识。

三是用好非国有股东的优秀经营管理人才。通过混合所有制改革，中国建材吸引并培养了以张毓强、贾同春等为代表的一批优秀的来自非国有股东的企业家，给予他们充分信任，并保障其经营自主权。

（二）加强战略引领和风险防控

一是加强战略引领作用。中国建材认真梳理并逐家明确各混合所有制企业的主业"跑道"和发展方向，着力推进资源优化配置，促进混合所有制企业坚守主业、高质量发展。

二是通过穿透管理防范风险。中国建材对混合所有制企业的党建、纪检、审计、巡视、安全环保等工作，依照有关法律法规，按照国有股东管理要求的"高标准"保持穿透管理，切实加强风险防范。

同时，中国建材在"两利四率"基础上建立"2422"经营数据穿透管控机制，对混合所有制企业定期"体检"，指导企业防患于未然。

（三）推行市场化经营机制

一是坚持市场化选人用人。集团总部以上率下推进经理层任期制和契约化管理，成员企业逐级跟进。经理层成员履职有依据、考核有数据、升降有论据，在董事会带领下组织生产经营管理、依法履职行权。大力推行管理人员选聘竞聘，坚持内部选聘和市场化竞聘相结合，树立鲜明、正确的用人导向。落实绩效考核结果刚性运用，科学研判"末等""不胜任"的具体情形，该调整的及时调整、该退出的坚决退出。

二是完善绩效导向的考核分配机制。中国建材强化混合所有制企业绩效体系目标设定、过程管理和结果运用，特别是对科技型混合所有制企业，建立以价值创新、能力、贡献为导向的评价机制。在科技型混合所有制企业开展高层次科技人才对标国际化薪酬，探索工资总额单列，建立中长期绩效评价、科技成果转化后评价、颠覆性创新免责等机制，激发创新创造活力，促进企业成功研发出0.03毫米柔性可折叠玻璃、8.5代超大TFT液晶玻璃基板、疫苗用中性硼硅药用玻璃管等一批打破国外垄断的新产品。

三是综合运用多种中长期激励工具。中国建材推出五类8种激励工具箱，建立起系统多元的激励体系。充分运用好中长期激励政策，特别是对关键核心技术人才，在科技成果产业化中积极探索项目跟投等激励方式，建立起风险共担、利益共享的激励约束机制。把集团自主研发的科技成果分为A、B、C三类，可对外转化的C类成果，成果转化收益的70%以上分配给成果的原完成团队和现转化团队，取得较好效果。

成果创造人：常张利、魏如山、黄振东、牛振华、李秀兰、李龙飞、

马　原、欧阳斐、司艳杰

新时代国家电网科技项目管理改革创新研究及实践

国网能源研究院有限公司

一、研究背景

当前世界正处于百年未有之大变局，全球科技创新密集活跃，新技术、新产业新模式飞速发展，党中央做出了加快建设创新型国家、建设世界科技强国等重要战略部署，指出了要推进科技体制改革，形成支持全面创新的基础制度。多年来，国家电网有限公司（以下简称"公司"）大力响应国家政策方针，高度重视技术创新引领公司和电网的科学发展，形成公司创新驱动战略，尤其在科技体制机制管理创新方面开展了积极探索和变革。

国网能源研究院有限公司（以下简称"国网能源院"）作为公司智库建设的主体单位，自2009年成立以来，为提高科研管理质量和效率、发挥科技创新潜力，所属的国网科技项目咨询中心联合了相关领域优势科研机构与高校，围绕公司科技项目管理体制机制、科技项目评审模式、科技成果评价与科技项目管理支撑系统等方面剖析存在的管理问题，针对存在问题开展对策研究，并将研究成果积极应用于公司科技项目管理变革实践中，得到了良好效果。

二、公司科技项目管理面临的问题

（一）科技项目管理体制机制方面

（1）公司科技项目类型较为单一，缺乏产学研用协同攻关机制，未能充分利用外部优势科研资源，亟需加大科技资源整合力度，实现科研立项、试验能力建设、人才培养的统筹协调，进一步健全从规划到计划、项目及成果的闭环管理机制。

（2）公司传统的各单位自下而上确定项目选题的方式，造成科技项目和公司战略及科技规划缺乏有效衔接，未能充分发挥公司的集团优势，不利于大成果的产出，亟需对公司科技项目前期组织模式优化开展研究，加强项目的顶层设计和策划，使有限的科研经费发挥最大的作用。

（二）科技项目评审模式方面

（1）存在科技项目评审方法缺乏针对性，缺乏有效的方法来评价项目申报团队的综合竞争能力；评审方式灵活性不足、客观性、公平性发挥不够充分等问题；缺乏统一的科技评价标准规范，电力行业标准化评价机制有待完善。亟需改进评审方式，突破专家资源的局限性，进一步强化评审的客观公平性；亟需构建项目申报主体的综合实力评价方法，为项目评审专家提供参考，保证科技资源最优配置；亟需制定公司科技项目通用评审标准，推动科技项目评审标准化建设，综合构建公司科技项目评审标准及管理体系。

（2）存在科研领域信用体系建设相对滞后、评估评审资料不完善、立项评审过程不规范、项目研究过程与验收评价等失信现象，造成学术研究应用性不足、成果推广与转化推进效率低等问题。亟需对公司科技项目参与主体的信用评价体系开展研究，强化科研信用管理，保证科研质量。

（三）科技成果评价方面

（1）传统项目评价体系主要依赖由主观决策设定的科技评价指标体系和评价方法，缺乏客观性的指标比较手段和针对成果全过程的综合指标评价体系。亟需进一步完善公司科技成果评价体系，保证项目成果有效产出。

（2）在项目策划过程中，缺乏有效的手段对各领域内项目团队进展情况进行评估，指导后续的科研布局工作。亟需对公司科技后评估的评价指标体系和评价方法开展研究，实现科技成果自适性闭环管理，促进科技资源在重大技术进展方面的规划与布局。

（3）在专利管理过程中，缺乏有效的评估体系与评价方法，造成专利存在"重数量、轻质量"的情况。亟需对专利的分级管理方法与评价体系开展研究，充分发挥公司已有专利的价值，提升公司市场优势与核心竞争力。

（四）科技项目管理支撑系统方面

（1）随着科研体制改革的不断深入，公司逐步加大了研究开发费的投入力度，科技项目数量呈现逐年快速增长的态势。为保证研究开发费的有效投入，避免科技项目重复申请，在数量庞大的项目中采用人工比对方法查重的效率和质量都无法得到保障，亟需提升科技项目重复检测手段，开展科技项目申报查重关键技术研究并开发系统。

（2）科技项目立项评审的时间紧、任务重、项目申报团队多，为最优化利用系统内外科研资源，在较短的时间里判断项目申报团队的综合实力给科研管理提出了挑战。亟需并发立项辅助决策系统，为多视角评估申报团队竞争力提供数据支撑。

（3）大量的专利、论文、软著等成果随着科技项目的增加而大量涌现，公司面对海量成果数据缺乏有效的评估手段和信息化管理工具，亟需开发知识产权管理系统，为多种途径的专利运用奠定基础。

（4）随着研究课题和科技项目不断增多，新兴学科与电网的结合日趋紧密，存在项目评审专家与评审项目间存在领域匹配度不足的问题。同时随着项目精益化管理要求的提出，传统的人工专家遴选方式难以对科技情报信息进行全面获取与有效利用，亟需对专家智能优选方法开展研究，为公司各类科技咨询的专家遴选工作提供支撑。

三、主要研究内容

（一）科技项目管理体制机制顶层设计

1.公司科技项目管理方法优化研究

以国家科技工作方针为指导，以公司发展战略为依据，在借鉴国内外政府和企业先进的科技项目管理模式的基础上，本成果提出了大科研创新体系的定义和内涵，并围绕大科研创新体系下的科研管理机制开展研究。针对不同项目特点，将公司的项目分为基础、前瞻性研究、应用研究、产品开发三类项目，并给出了三类项目的定义，提出了三类项目研发组织模式建议，建立了差异化的项目管理模式。基础、前瞻性研究项目可根据内外部合作方式的不同，采取强矩阵和弱矩阵的研发组织模式。应用研究项目，由一到两个单位承担，则采用职能式组织模式；由多单位联合申报、共同承担的项目，则采用矩阵式项目型组织模式。产品开发类项目采用矩阵型组织模式。

本成果分析了公司重大项目协同管理的主要内容，提出了公司项目协同攻关的风险管理机制，构建了动态化全过程进度管理思路和进度协同管理要求和具体流程；为了促使各方长期、和谐、高效合作，明确了各级各类创新主体在创新链条中的定位，实现直属单位和省（市）公司科研机构的协同发展，提出了收益分配管理的目标体系和协同管理内容。

充分利用以上研究成果，立足电力行业和国网科技创新特色，在"国家自然科学基金委员会—国家电网公司智能电网联合基金"管理工作中，提出了智能电网联合基金组织管理模式和项目管理方法，从企业参与联合基金的角度向自然基金委提出了管理建议。此外，提出了适用于公司成果评价的九级技术成熟度评价体系，提出了揭榜挂帅制、赛马制等融入公司科技管理体系的方法，并给出了实施建议。

2.公司科技项目策划组织模式优化研究

本成果提出了一种适用于公司发展的科技项目组织策划模式。强调顶层设计、目标导向，将传统的各单位自下而上的自由申报方式转变为由公司统一管控的自上而下策划方式，形成各年度公司科技项目策划组织方案，征集整合公司各部门、系统内外各单位科研需求，编制各年度科技项目申报指南，该科技项目策划组织模式一直沿用至今。将传统的"项目建议书+可研论证"环节优化为"指南编制下发+可研论证"环节，指南编制环节完成对项目可行性、必要性以及研发风险的评审，可研论证环节主要评价项目承担团队制定的技术路线和该团队的基础研发条件。在编制各年度科技项目申报指南的基础上，提出了"研究框架"长线支持模式，明确最终目标和各阶段研究任务，引入中期评估和技术路线调整工作机制，进一步促进了科技集中攻关、保障了大成果的产出。

本成果提出了一种适用于公司发展的经费审核管理模式，将传统的经费集中审核分散到各管理环节中，通过多种手段确定项目经费，在指南编制过程中增加技术经济性审查环节，并通过可研申报竞争性评价进一步优化项目经费。提出了一种适用于公司发展的合同签订管理模式，将传统的合同签订模式转变为"公司下达任务书——各单位组织合同签订"模式。既减少了多甲方合同，缩短了合同签订的周期，又通过任务书方式规定了项目的研究内容、预期目标和考核指标，避免了由于一个项目对应多个合同文本带来的验收不便的问题。提出了一种适用于公司发展的科技项目采购方式、采购程序、合作模式与管理机制，为公司选择合作单位提供参考。

（二）科技项目评审模式优化

1.公司科技项目评审标准体系的分类优化研究

本成果提出了充分适应公司综合计划管理体系、科技项目特征及规律的科技项目评审分类定义和特征，建立了评审共性特征集和差异化特征集。梳理、整合了国家科技项目评审相关标准及规范，归纳研究科技项目评审相关理论，结合实践经验提出了评审标准体系分类优化需求及发展方向。根据公司科技项目评审共性特征，从评审指标要素及执行管理办法两个层面，建立了通用评审标准；考虑目标定位、任务部署、资源配置与使用等评价要素，针对评审方式、评审流程、专家选取等关键环节，研究提出了通用技术规范和管理流程标准，从系统性和全局性考虑，建立了标准化评审管理链条，如图1所示。

根据公司科技项目评审差异化特征，在通用评审标准基础上建立了各类型项目的差异化评审标准，首次制定了立项评审和后评估的差异化技术规范和管理标准，综合构建了公司科技项目评审分类优化的标准体系。有效为电力行业科技管理人员和一线科研人员减负，提升了公司整体科研工作管理效率。

2.公司科技项目参与主体的信用评价体系研究

本成果建立了公司科技项目参与主体科研信用评价理论框架，提出了由守信意愿、能力、表现三维度要素结构及各维度的关键评价点，为公司开展科技项目参与主体科研信用评价分析提供了科学的框架内容指导。针对项目承担单位、项目负责、人和团队、项目评审专家履职情况，构建了适应公司科技项目、参与主体科研信用评价的多层次需求和科技项目多主体参与特点的信用评价指标体系；提出了差异化的评价方法（包括排序评价法、等级评价法和专项对标分析法等），为公司科技项目参与主体科研信用评价提供了模型与方法工具。此外，提出了公司科技项目参与主体科研信用评价管理体系建设方案，包括评价组织架构、评价工作流程与管理机制，为建立引导各单位科技项目参与主体科研信用评价机制提供了指导。

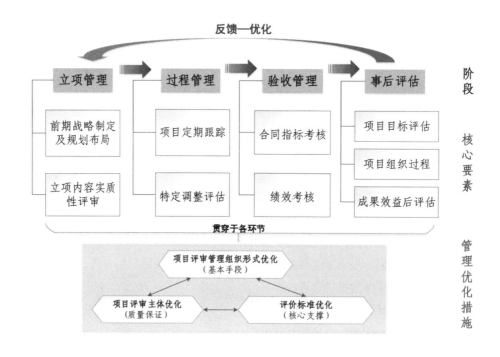

图1 科技项目通用评审管理系统方法

（三）科技成果成效评价跟踪

1.公司科技成果评价体系构建

本成果以目标为导向，建立了包含21个指标的重大成果培育的成果评价指标体系，如图2所示，提出了适用于成果评估的典型多指标分析模型，研发了科技成果多维度可视化展示系统，如图3所示。

2.公司科技后评估的评价指标体系和方法研究

在对国内外科技后评估体系方面的发展情况、科技评价指标体系及评价方法体系的特点进行分析的基础上，结合企业科技统计工作要求，从技术领域、类别等维度提出了公司科技项目、攻关团队的分类方法，提出了符合公司管理模式的后评估指标体系，构建了规范合理的后评估工作流程，并针对部分领域、项目、团队开展后评估试点工作。

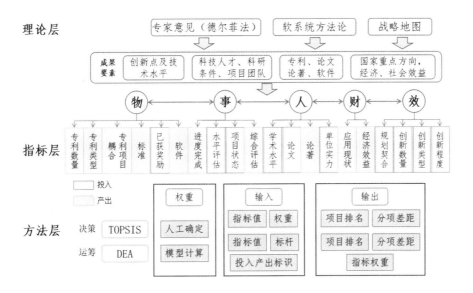

图2 指标评价体系结构图

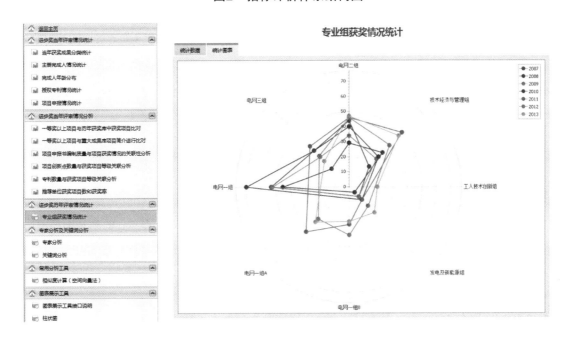

图3 科技成果多维可视化展示系统

3.公司专利分级管理方案与评估体系有效性研究

本成果提出了适宜电力行业特点的公司专利价值评估指标体系。该专利价值评估指标体系结合了公司专利工作现状，针对不同的专利类型、技术领域和应用场景，在法律、技术和应用层面形成了一套完整的动态四级指标库，并开展试点应用。以专利价值评估为基础，研究提出了具有较强可操作性的"公司专利提案预分级管理、授权专利分级管理"方案，并提出了"维持"和"建议放弃"两大专利资产处置管理方案。公司负责核心、重点专利的转让、废止等处置；各单位负责一般、价值低的专利转让、入资和废止并报公司批准。本成果的实施有利于全面掌握公司专利资产的分布，进而实施专利分级管理，合理配置管理资源，为各种途径的专利运用奠定良好基础。

（四）系统辅助决策支撑

1.基于文本挖掘的科技项目立项管理辅助决策技术

本成果采用自然语言处理技术，深入挖掘历年科技项目文本和科技情报数据，研发了科技项目申报主体竞争力评价模型和科技项目评审专家精准推荐模型，通过构建科技项目立项管理辅助决策系统，利用人工智能技术，在项目立项环节辅助评审专家综合评价项目申报团队竞争力，提升科技项目管理实效。

2.科技项目申报查重关键技术研究和系统研发

本成果开发了具备自学习能力的电力行业主题词库训练工具，在持续更新的电力行业语料库基础上进行自学习训练，形成了涵盖电力行业科技项目查重所需要的所有主题词及主题词之间的语义关联关系的主题词库。利用自然语言处理技术构建了电力行业关键词语义网络，利用复杂网络分析技术分析专家合作社交网络并发现紧密合作圈子，利用语义关键词网络实现项目相似度检测。通过对170万篇科技文献摘要和2000多个电力项目作为语料库进行训练和分析，形成了包含300多万个电力领域关键词的关联关系，在此基础上对项目进行相似度分析，测试结果表明比传统的基于字符串匹配的方法准确性更高，为电力领域的项目文本分析提供数据基础。

本成果研发了国网科技项目申报征集的技术需求建议表、项目申报指南、计划任务书内容管理系统，完成了2002年至2020年6251个总部科技项目等历史资料入库与碎片化加工，实现了基于电力主题词库以及语义关系的多阶指纹特征提取，提出了多阶指纹特征的索引算法，建立了文本特征库，形成了标准化的科技项目资料建库工具。此外，设计了系统功能和整体技术架构，如图4所示，研发了科技项目查重引擎和系统软件平台，在需求征集和指南编制阶段实现当年提报需求、指南的同批次横向自比对，以及纵向与历史项目库的比对，可实现查重结果的多维检索查看，以及报告的自动生成。

3.专利价值评估及分级管理信息系统

本成果研发的信息系统实现了专利价值评估模型的构建，专利案件抽样、智能数据解析及计算、在线集中评估分析等功能，并动态直观展现专利分布情况，信息系统完成实施部署，与公司多个核心系统贯通。

4.基于知识图谱的电力科技咨询专家智能优选技术研究

本成果提出了电力专家知识图谱的半自动化构建与更新技术。在少量人工干预下识别多源科技情报文本中专家相关的概念、实体及其语义关系，实现领域知识图谱构建、知识点融合及领域知识深层推理加工，支撑电力专家知识图谱的周期性更新与演化。提出了面向电力科技咨询专家的专家遴选技术。该遴选技术依据知识图谱对专家的专业背景进行推断并基于多约束场景依据遴选规则实现自动对专家进行排序，提高遴选效率。基于本项目前期理论研究成果，设计兼具实用性、高可靠性、安全性、稳定性和高效性的科技咨询专家智能优选工具（信息系统），实现在公司科技项目管理部门实证应用，提高科技项目评审效率。

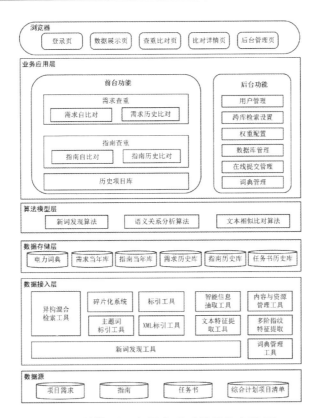

图4 科技项目申报查重系统总体架构图

四、研究成果所产生的社会效益

(一)科技项目管理体制机制顶层设计方面

(1)通过对公司科技项目管理方法的优化研究,进一步明晰和优化了公司科技创新体系建设的目标,提出了公司科技创新体系建设5项重点机制完善方案,并给出了相关工作建议;丰富了联合基金的管理模式,在公司体制机制创新方面提供了重要参考与建议。

(2)公司采用编制申报指南的科技项目组织策划模式,自2012年起一直沿用至今。该模式充分调动了各单位科技创新的积极性,强化目标导向,促进产学研用结合,合理优化了公司科研投入产出,逐步推动了项目成果转化与落地应用,"研究框架"项目促进了科技集中攻关和大成果的产出,完善了公司科技项目相关管理办法。

(3)公司推行的可研经济性与财务合规性评价工作促进了公司各层级项目、资金一体化管控,完善了全系统项目预算闭环管理体系与预算编制实施管理细则。

(二)科技项目评审模式优化方面

通过对公司科技项目评审标准体系分类的优化研究,形成了电力科技项目立项评价导则和电力科技项目后评估导则,对促进科技评价标准化、制度化、规范化、程序化,促进科技创新引领、提高科技管理决策水平、优化资源配置、监督问责等方面起到积极意义,并在多个省公司和系统外电力企业得到应用。提升了公司整体科技评估的专业性和科学性,优化了评审流程,提高了科技管理决策水平。

通过对公司科技项目参与主体的信用评价体系研究,从2018年底总部管理科技项目评审中引入信用系数,作为科技项目立项、验收评价的重要参考指标。信用评价指标已逐步推广至各省级电力公司,直属科研、产业单位，并对各单位科技项目管理实施起到指导作用，形成了《国家电网公司总部科技项目相关责任主体信用管理细则（试行）》。

（三）科技成果成效评价跟踪方面

（1）通过对公司科技成果评价体系研究，构建了适用于重大成果培育全过程的评价指标体系，扩展了科学技术奖励评审管理平台在科技项目成果培育方面的能力，实现了项目成果的推广和应用，并将所有研究成果分拆成可单独使用的工具集，为科技项目和成果的评估和咨询提供技术手段。

（2）通过对公司科技后评估的评价指标体系和方法研究，形成了《国家电网公司科技项目后评估暂行管理办法（征求意见稿）》，完善了公司科技统计工作与科技成果转化相关管理办法，已在公司重点科技项目后评估工作中得到实际应用。

（3）通过对公司专利分级管理方案与评估体系有效性研究，针对公司专利年申请数量全国居首的特点，对近万项发明专利开展了国内最大规模的集中专利价值评估实证研究，引入专利技术专家参与专利价值评估，全面梳理了公司发明专利的分级和分布情况，撰写了《国家电网公司专利价值评估工作手册》。

（四）系统辅助决策支撑方面

（1）通过对科技项目立项辅助决策技术研究，开发了科技项目立项辅助决策系统，在2021年总部科技项目立项评审中对400余个项目团队的竞争力开展综合分析，为评审专家提供参考依据。

（2）通过对科技项目申报查重关键技术研究和系统开发，形成了包含38460个电力主题词的电力行业主题词库，建立了含总部项目任务书及项目资料6000余个，需求4000余个，指南1400余个，各单位自管项目15000余个的科技项目历史资料数据库及建库工具，开发了科技项目申报查重系统，如图5所示。

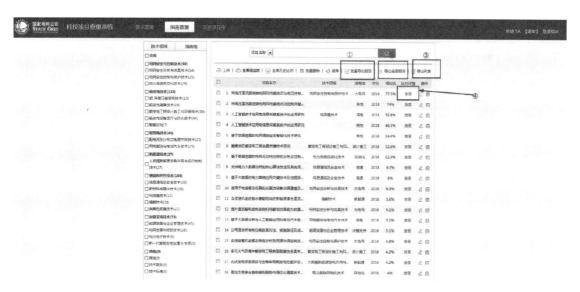

图5　科技项目申报查重系统

查重系统在公司科技项目立项决策中得到充分应用，共对2019—2021年7000余项国网系统内科技项目开展查重工作，剔除重复需求，优化项目经费投入，为公司立项评审工作提供重要决策参考；同时，成果在公司全系统已开展推广应用，应用结果表明，采用查重系统和专家评议相结合的方式开展公司科技项目立项管理工作既保证了项目查重的准确性，又节省了大量的人力和物力，对于提升公司科技项目管理水平、保证科研经费精益化投入具有重要意义。

（3）通过对专利价值评估及分级管理信息系统研究，开发了国家电网知识产权管理系统，如图6所示，并在国网河南、浙江、山东电力应用。该软件平台实现了公司知识产权管理系统与其他业务系统的无缝对接，使用过程中系统性能稳定，界面友好，后台支持响应迅速。系统实现了国家电网公司的一级部署，全面覆盖国家电网公司总部、省公司、市公司以及县公司，将公司各级知识产权管理部门从繁重的事务工作中解放出来，进一步落实国家有关放管服的工作指导意见，提高了劳动生产效率。

图6　国家电网知识产权管理系统

（4）通过对电力科技咨询专家智能优选技术研究，构建了专家信息基础库和科技咨询专家知识图谱，设计了基于规则匹配和知识推理的专家智能优选模型，研发了科技咨询专家智能优选工具，如图7所示，在公司2021年度科技项目专家咨询工作中得到应用，提升了科技项目评审效率。

图7　国网科技咨询专家智能优选系统

五、结语及展望

多年来，国网能源院深刻领悟习近平新时代中国特色社会主义思想，在科技制度顶层设计、立项评审模式、成果评价等方面进行了深入研究，研究成果为公司制度创新、体制创新、举措创新提供了科研支持与智力支撑，推进公司形成了以指南编制、发布，可研申报为主体的立项组织模式与评审方法，形成了完整的成果评价体系、提出了完善的成果转化方法，建立了科研信用评价机制，形成了完备的科技"全链条"管理模式。促进了公司总部及所属各级单位的科技项目管理工作日趋规范化、精益化，项目管理的质量和效率不断提升；在推进公司科研体制改革创新发展、破除科研机制体制"关卡"、激发科研人员创新活力和创造潜力等方面发挥了重要作用。

研究过程中形成的科研顶层设计思路、科研体制机制保障与改革措施、项目评审模式优化方法和相关管理辅助工具具有高度的可推广价值。下一步国网能源院将围绕支撑新型电力系统科技攻关计划，保障重大研究框架、揭榜挂帅、赛马制项目顺利实施等工作开展研究。为构建以新能源为主体的新型电力系统，实现"碳达峰、碳中和"目标提供研究基础与科研体制机制保障，同时将为其他能源电力企业优化战略布局、攻克关键核心技术、推进科研创新发展提供重要参考，在构建创新型国家和科技强国建设中发挥"大国重器"和"顶梁柱"作用。

成果创造人：徐　翀、王冠群、陈　伟、姚建国、严　胜、魏冠元、
盛　兴、陈立斌、杨　芳、邓春宇、郭　鑫、陈　晰、刘紫熹、
梁芙翠、王　顿、付　蓉、马轶群、王光达

构建中国制造新模式，打造数字化转型新标杆

凯盛科技股份有限公司

一、数字化转型的背景

（一）国家政策支持

近几年，国家相继出台了系列的指导文件，推动国有企业的数字化建设进程，全面部署国有企业数字化转型工作，提出数字化转型的基础、方向、重点和措施。明确了数字化转型的赋能举措。央企作为中国经济社会发展的顶梁柱，其重要作用不可替代。党的十九大报告提出："推动互联网、大数据、人工智能和实体经济深度融合"，这与党的十七大提出的两化融合、党的十八大提出的两化深度融合一脉相承，标志着两化深度融合步入新的发展阶段。

当前，我国经济已由高速增长阶段迈入高质量发展阶段，社会发展的主要矛盾发生深刻变化，我国制造业面临的需求和环境也出现了深刻改变，现有制造产品和服务已不能适应消费结构升级的需要，我国制造业的技术创新能力、资源利用效率、质量效益水平等与世界制造强国尚有不小差距，整体仍处于全球价值链中低端水平。我国制造业面临着全面转型升级、全面创新发展、高质量发展的迫切需求。与此同时，全球新一轮科技革命和产业变革，为我国制造业的全面创新升级带来了新的历史机遇。我国在制造领域、现代信息技术领域都建立了规模庞大、门类齐全的产业体系，形成了结构完整、配套健全的供应链网络。作为工业制造与信息技术融合发展的交汇点，智能制造引领和推动新一轮工业革命，将进一步促进我国新一代信息技术、先进制造技术的深入融合，助推传统产业实施技术优化升级，支持新兴产业培育和发展，带动新技术、新产品、新装备发展，催生新的经济增长点，推动制造业迈入数字化、网络化智能化阶段，促成我国制造业的历史性重大变革。

（二）行业趋势对产业优化升级的契机

持续宽松的货币政策导致全球经济泡沫化加剧，加之新冠疫情在全球的持续蔓延，导致制造业生产成本上升、市场需求回落。凯盛科技股份应用材料和显示材料两大业务板块均属于战略性新型产业，是推动中国未来经济结构战略转型的重要力量。其中，公司应用材料业务板块已从传统建材向电子材料拓展；显示材料业务板块随着5G技术在显示领域加速渗透，智慧城市、智能交通、智慧医疗、人工智能等新兴业态与显示产业加速融合，未来显示将无处不在。

作为战略性新兴产业，随着技术的革新与时代的发展，以及新一代信息技术与制造业的深度融合，传统建材制造企业正由生产型制造向服务型制造转型，继而创造新型的企业增长点。

（三）企业发展对数字技术升级的推动

数字经济在相当长的历史时期不仅催生新业态，同时也在不断侵蚀和改造旧有产业，传统行业如果不进行数字化转型，将面临淘汰风险。以物联网、云计算、大数据为首的数字化技术日趋成熟，数字化转型将重新塑造企业的竞争优势，快速实现企业的新旧动能转换，通过数字化构建企业核心优势，成

为企业改造提升传统动能、培育新生动能的重要手段。

凯盛科技股份显示材料业务板块更是面临着人员成本高、行业内部竞争激烈、产品同质化和生产成本上升严重等问题，随着芯片资源的越发紧缺，原有的持续扩大产线规模的模式已经难以为继，提质增效已经势在必行。

二、数字化转型的主要做法

以习近平新时代中国特色社会主义思想为指导，深入贯彻党的十九大、十九届二中、三中、四中、五中全会以及习近平总书记关于网络强国战略和发展数字经济重要论述精神，全面贯彻落实党中央、国务院决策部署和国资委工作安排，围绕集团"十四五"战略发展目标，以提高企业效率、效能、效益为目的，按照集团"4335指导原则"，推进应用新一代信息技术支持企业创新发展，推动传统产业向数字化、网络化、智能化方向转型。凯盛科技股份始终坚持创新引领发展理念，重点围绕智能研发、智能工厂、智能服务、智能管理和模式创新5大方向，以两化融合为基础，透过物联网、信息技术、数据分析、数据监控，从工厂建模、计划源头、过程协同、设备底层、资源优化、质量控制、决策支持、仿真优化等八个方面入手，加速制造环节智能化改造，构建企业管理大数据系统，全面推动公司向智慧化企业迈进。主要做法如下。

（一）组织保障

凯盛科技股份成立专项工作领导小组，董事长挂帅担任组长，总经理为副组长，其余领导班子成员为组员，自上而下加强对数字化转型工作的推动力度，充分发挥引领作用。同时组建专业团队，负责具体推进公司数字化转型工作。

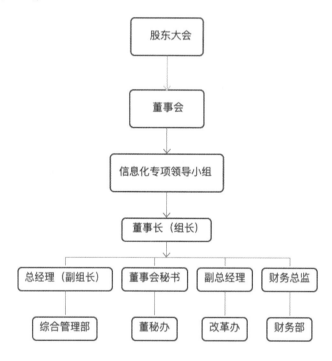

图1 专项工作领导小组架构图

（二）体系保障

针对公司现有两大业务板块，不同的行业特点、业务场景及管理方式，凯盛科技股份根据所属企业的自身实际，聘请专业软件服务商制定智能化体系建设方案，优先在模组产业推进并实现信息化、智能化建设。

（三）资金保障

凯盛科技股份充分发挥上市公司融资优势，通过多种方式筹措数字化转型专项资金，降低企业产业化的风险。一是通过政策补贴、申请重大项目等方式争取政府政策支持；二是以资本运作的形式，筹措项目开发资金，通过资本市场融资，发挥上市公司的平台和核心作用，聚集资金和市场资源；三是围绕企业的重大投资项目开展融资创新，其主要做法是项目公司作为独立法人，便于引进战略投资人，完善资金链，满足产业化工作需要。

（四）智能化建设方案

2018年以来，日韩厂商逐渐放弃或裁剪液晶显示面板产线，中国大陆厂商不断增建产线，使中国大陆成为全球主要的液晶显示面板生产区。液晶显示面板生产量在中国区域集中，带动更多液晶显示模组在中国产出，推动行业市场规模的增长，到2020年，中国液晶显示模组行业市场规模达到3940.1亿元，同比增长9.2%；预计到2023年，中国液晶显示模组行业市场规模将达到5733.3亿元，同比上升14%。

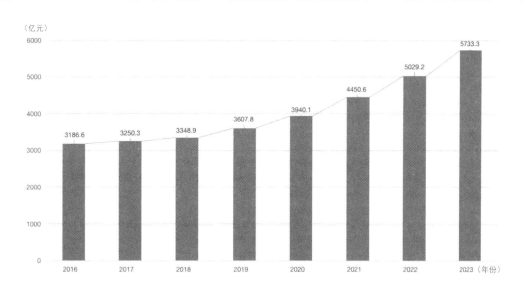

图2　2016—2023年中国液晶显示模组市场规模及预测

液晶示模组的快速发展，也导致行业竞争日趋激烈，仅靠低价格竞争和管理的局部改善已难以形成持久的竞争优势。凯盛科技股份通过近年来的持续深耕中小尺寸液晶显示模组产业发展，平板显示模组市场占有率约17%，行业领先；笔记本显示模组进入高端供应链，市场占有率约12%；手机显示模组产能逐步释放。为持续提升企业核心竞争力，借助《中国制造2025》发展战略以及上级部位对央企智能化建设的有关要求，通过主动出击，着力布局工业信息化建设，打造了具有自身特色的智能制造模式。

1.智能化建设设计思路

为积极响应国家"创新、协调、绿色、开放、共享"的五大发展理念，贯彻落实《中国制造2025》《国务院关于积极推进"互联网+"行动的指导意见》等相关政策要求，结合模组产业自身面临的形势、生产现状、存在的问题，以及对未来发展规划需求，制定了"模组产业2025"发展规划，将信息化、智能化作为打造公司长期可持续竞争优势的手段，分阶段提升公司业务数字化与生产智能化水平。拟对其工艺流程、绿色环保、智能制造等方面进行全面优化升级改造，将企业打造成国内一流、绿色、智能的生产基地，实现质量与效益的双提升。

2.智能化建设目标

企业进行智能化建设后，将从原材料到产成品整条生产线实现集中管控，智能化扁平管理，生产组织简单高效，能源消耗和污染物排放全面稳定达标，产品质量稳定性和可靠性水平大幅提高，全工序单位制造成本下降，提高公司的竞争力。智能化建设的目标如下：

（1）通过企业信息化，引进先进管理模式，实现企业现代化管理。

（2）以精简高效的业务架构为基础、合理流畅的管理流程为导向，以规范先进的管理标准为依据，实现管理过程的高度规范化、科学化。

（3）实现精细化管理、规范化操作、准时化生产，实现生产经营活动全过程的动态实时可观、可控，提高企业的响应能力和应变能力，全方位提高企业整体的市场综合竞争力。

（4）通过企业信息系统的完善，逐步建立两化深度融合的"数字化智能工厂"。

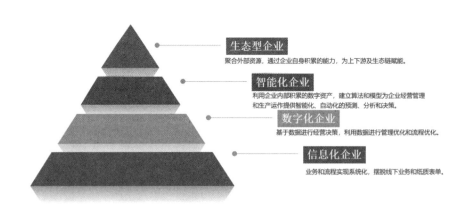

图3 模组产业智能化建设愿景

图4 模组产业智能化建设路径

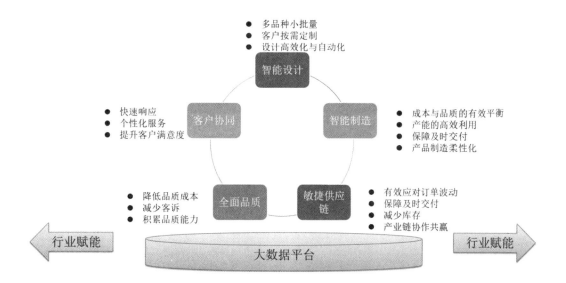

图5 模组产业智能化建设目标

3.智能工厂整体设计理念

基于"绿色、智能"的建设理念,按照《国家智能制造标准体系建设指南》的建设思路与目标,同时借鉴德国"工业4.0",美国"智能制造生态系统"的建设思路,对智能制造工厂进行信息化总体规划。

智能制造系统采用"一个平台、二个制造基地、五大中心、八大应用领域"的整体设计理念。

(1)一个平台:模组产业大数据平台;

(2)两个制造基地:深圳新型显示产业基地和蚌埠新型显示产业基地;

(3)五大中心:产品应用开发中心、自动化中心(设备开发)、检测中心(显示材料)、新材料应用开发中心(孵化器)和培训中心(制造学院);

(5)八大应用领域:穿戴、手机、平板、笔电、车载、安防、工控、AI。

图6 模组产业智能化建设蓝图

（五）智能化建设推进情况

经过多年持续推进智能工厂建设，凯盛科技股份显示模组产业通过管理信息化与设备自动化的融合，利用各种传感器、智能控制系统、工业机器人、自动化生产线，构建设计制造一体化、管理智能化、数据信息化、控制自动化的智能制造体系。目前已经初步形成了覆盖主要企业的研发、制造、物流、服务等各个环节的智能工厂解决方案，辐射产品全生命周期。

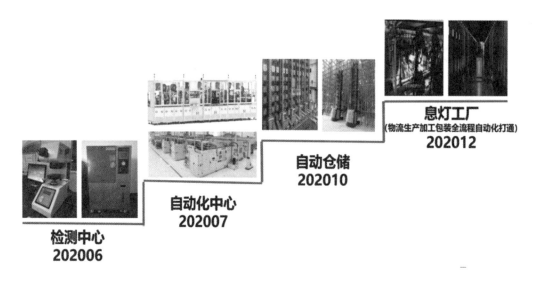

图7 智能工厂建设目标

1.数字化建模，实现生产工艺标准化

通过数字建模技术实现工厂总体设计、产品设计、工艺、生产线、设备进行建模，可实现对产品设计、工艺和生产线规划、计划与调度仿真校验和生产执行，从而改善和提高制造企业的制造过程，为企业提供一个创新性柔性化的制造环境。

2.研制一体化，压缩产品开发周期

根据客户新需求进行新产品研发，对新产品物料BOM、配方、工艺路线、生产指导进行规划，新产品试产定型后，从研发系统或PLM向MES系统传递物料定义、BOM、工艺路线等生产所需的基础数据，MES系统根据P-BOM等数据进行计划排产、调度生产，将生产过程中出现的异常反馈给研发部门，对产品配方、设计方案进行优化，实现研发与制造的数据和流程协同一体化。

3.管控一体化，实现设备互联互通

通过工业以太网和DNC平台实现设备和与MES系统互联互通，生产管理与生产控制一体化管控。使设备达到状态感知、实时分析、自主决策、精准执行的自组织生产，实现智能生产排产调度、智能生产、智能质量管控、智能物料管理、智能监控分析，可实现全面的精细化、精准化、自动化、信息化智能化管理与控制。

4.流程一体化，确保目标高度统一

通过生产、经营一体化，实现生产、经营管理业务的协同统一，将生产、经营业务作为一个有机整体的两个方面，实现物资采购管理、销售管理、财务管理、预算管理、生产管理、指标管理等业务之间相互支撑、同步、融合、控制。流程标准化，提升内容管理水平。

制定了一套严格、标准的管理制度并在ERP平台上付诸实施，为显示模组产业的标准化管理得以顺利进行起到了极大的推动作用。

5.业绩一体化，全面提升运营绩效

通过绩效、业务一体化，建立统一的、标准的、实用的生产绩效模型，将各岗位业务范围、职责进行模式化和结构化，与生产经营业务进行有机关联，融入生产经营业务过程中，通过生产经营业务的关键控制点进行直观、直接、实时呈现，使责权利原则真实落地，扁平化、专业化管理发挥最大效益。

6.管理一体化，提高设备运转效率

依照集约化管理、融入EAM管理思想，从设备设计、采购开始，直至设备运行、维护、报废进行全寿命周期管理，结合成本管理、财务管理，实现对资产过程管控，实现企业的知识一体化、资产价值一体化以及设备资产的全生命周期管理，实现设备状态和停机监控，策略性维护，提升企业资产利用率，提高设备运转率。

7.大数据分析，实现生产自主决策

围绕"数据收集、数据管理、数据分析、知识形成、智慧行动"的全过程的思路和原则，建立形成产、供、销、存工业大数据中心，将物资采购、销售、生产、实时、经营、人力资源、财务等数据进行大集中，通过OLAP等数据挖掘技术，根据不同的维度对采购、销售、生产、实时、经营、人力资源、财务等业务进行专业性分析、对标分析、问题分析，构建决策分析体系。

信息化系统把ERP系统作为信息化的平台载体，其他信息系统通过各种接口或网络互联与核心平台共享。自建立ERP系统之后，又先后将企业邮箱、网站、考勤系统、就餐系统等通过网络互联对接，进行平台协作，避免了孤岛现象，实现了数据的共享，真正组成了公司的信息化平台。

8.铺设机械手，加快自动化进程

生产线末端引入机械手系统，根据被抓持玻璃的形状、尺寸、重量等设定的程序，精准定位、抓取、搬运，往复运动，实现生产自动化。应用机械手可以完全代替人，安全地完成作业，使劳动条件得到改善。减少人力的同时，更加准确的控制生产的节拍，便于有节奏的进行工作生产，提高劳动生产率，降低生产成本。

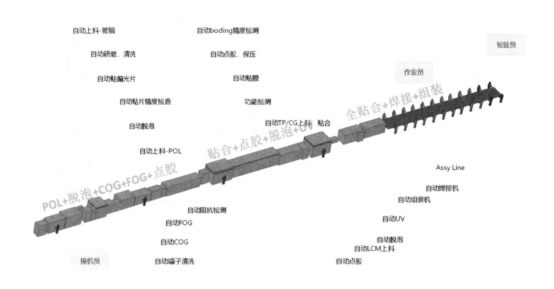

图8 智能工厂硬件构成（设备布局）

9. 深化MES应用，强化信息管理能力

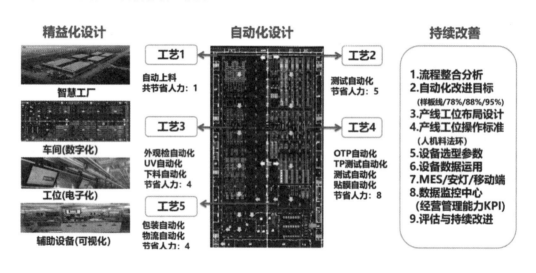

图9 智能工厂系统构成

（1）数据信息化

抛弃纸质单据，所有生产数据系统化、数字化，既节约成本，又遍阅查询和追溯。

（2）生产过程数据采集与分析系统建设情况

通过自动化设备接口，或者外装传感器的方式，链接自动化设备及自动检测装备，将生产过程实时数据采集，利用大数据分析系统实现生产过程数据分析。实现装备自动检测，产品在线监测质量保障（液晶模组单片质量追溯）。数据可以显示在手机、PC、指挥中心大屏线体生产看板。

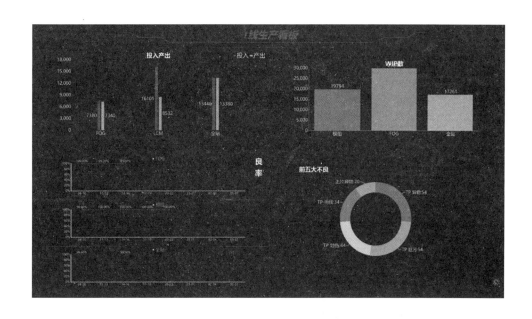

图10 智能工厂BI报表平台和看板

可以看出各段的生产数据通过MES数据库集成显示到页面上，能非常清晰的、实时的展示出产能、不良率分布状况，便于维护改善不良率。

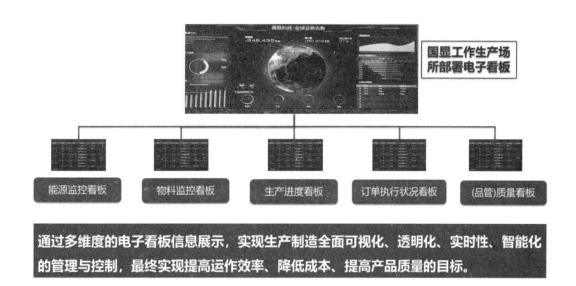

图11 智能工厂数据平台和看板

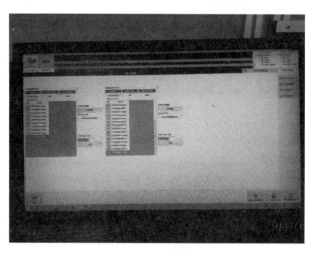

图12 ECS数据监控系统

页面清晰明朗，能非常清晰的、实时的展示出产能统计信息、各段设备的制程良率状况、设备当前状态，便于准确把控设备及产品良率。

10.加强信息化建设，实现各类数据集中管控

在网络通信方面，按照中国建材集团和凯盛科技集团的统一部署，加入了以高清视频会议为基础的"一总部多级联"广域网络体系，基本保障了部门间、企业间的通信顺畅和应用需求。在新冠疫情期间，视频会议模式已完全替代以往的聚集型会议模式，不仅符合疫情防控需要，也节省了不必要的差旅支出，同时会议时间也更加灵活。

数据管理方面，以建材行业云平台为云服务商，通过数据集成、业务集成、系统优化三个层次的建设，实现"智能制造示范线智慧工厂"的目标，实现了制造与信息化深度融合在行业内的应用。

（六）智能化建设取得的成效

凯盛科技股份智能化建设主要应用了MES、ERP、SCM、CRM等信息化系统软件，这些软件的应用解决了公司在显示模组产业经营管理、生产操作、物流配送等方面的问题，并通过系统的集成和设备的联网形成了统一的系统体系。

同时，为进一步实现智能制造，正在深入探索PLM产品生命周期管理系统、CRM客户关系、SCM供应链管理等系统，实现从产品研发、市场营销、生产调度排产、生产过程管控、仓储物料管控到发运的生产运营全过程一体化管理，有目标、有计划、有步骤地推进信息化与公司生产经营管理的紧密融合，推进了公司业务流程重组、产品结构优化，提升了生产管理水平和经济效益，实现了信息专业管理与主营业务融合、技术支持专业化运作，确保了生产设备稳定运行，为公司实现高质量更大效益更加可持续发展注入强劲动力。

表1 公司模组产业发展情况   单位：万元

年度	模组产业总资产	模组产业销售收入	模组产业研发费用	模组产业利润总额
2018	215,112.97	184,808.48	7,190.66	1,623.54
2019	279,963.75	320,218.78	13,556.64	9,172.50
2020	318,571.37	388,681.33	14,114.53	19,245.49

（1）通过智能制造在降低运营成本、缩短产品研制周期、提高生产效率、降低产品不良品率、提高能源利用率等方面已取得显著成效，并持续提升，具有良好的增长性。

（2）通过智能制造的深入推进，带动企业研发、制造、管理、服务等各环节智能化水平提高；智能化发展在同行业处领先水平，具有示范带动作用。实现从产品研发、市场营销，生产调度排产、生产过程管控、仓储物料管控到发运的生产运营全过程一体化管理，建设成数字化、集成化、模型化、可视化、自动化的智能工厂，实现设计制造一体化、产供销存一体化管理、产业链协同一体化，实现全厂全面感知、优化协同、预测预警、科学决策，实现工厂的卓越运营，达到劳动力生产率高、生产成本低、产品质量高、经济效益好的目标。

（3）MES系统的建设并与原金蝶ERP系统深度融合，在实现了企业产品质量全过程精细化管理的同时，为企业的管理也带来了新的活力。通过搭建MES系统，帮助企业进一步优化了生产管理流程，使得各部门、各道工序、各岗位人员高效配合，再利用系统手段实现了KPI考核，这不仅调动了人员的积极性、提高了产出、降低能耗，而且进一步将企业关注焦点质量和成本得到有效控制，整体上提升了企业综合管理水平。

（4）通过在组织结构上将IT部门重新定位，围绕公司的整体发展战略及所识别的新型能力需求，制定了详细的实施方案，为实现智能化提供了有力的保障。

成果创造人：夏　宁、倪植森、许　波、宋　畅、李若尘、陈　雯、章　贯、
罗　丹、马　迎、刘鑫章

企业创新资源优化配置研究与实践

南方电网能源发展研究院有限责任公司

一、企业创新资源优化配置研究与实践的提出

（一）严峻世界形势冲击迫使央企优化创新资源配置

国家"十四五"发展规划纲要中明确提出要突出创新的核心地位，强化国家战略科技力量，完善科技创新体制机制，提升企业技术创新能力。近年来中美政治经济摩擦愈演愈烈，我国关键核心技术受制于人的问题愈发突出，从华为芯片断供问题可见一斑。新冠肺炎疫情严重冲击全球治理体系，加速逆全球化进程，跨国技术交流和联合研发受到严峻影响，我国获得境外研发输入的资源逐渐减少。央企作为国家科技创新的主力军，需要积极有效应对当前复杂局面，合理规划研发投入和管理，引领战略新兴产业发展，加快解决"卡脖子"关键技术难题，为做好"六稳"工作、落实"六保"任务，充分发挥央企"六个力量"的重大引领和保障作用。

（二）世界一流企业创新优秀经验需要央企有效借鉴

纵观世界一流企业，普遍制定科学成熟的研发策略，关注核心技术研发能力建设，自主研发投入占比较高，并通过联合研发平台和技术联盟，拓展与市场对接的商业化空间，也对未来可能的竞争者构筑进入壁垒。同时，世界一流企业关注可应对未来发展、有竞争潜力的基础性和前瞻性研究，通过提前布局、潜心投入实现重大突破，确保始终处于行业领先位置。中央企业需要有效吸收借鉴优秀经验，以高强度研发投入带动关键技术突破，加快建设具有全球竞争力的世界一流企业。

（三）企业创新资源配置面临突出问题亟需加快解决

与世界一流企业相比，央企普遍在研发投入中存在投入不足、方向分散、效益不高等问题，在一定程度上影响企业经营和社会形象。当前，央企亟需针对上述三个问题深入研究、有效解决：一是"投入多少"，与世界一流企业对照，分行业合理确定研发投入强度；二是"投在哪里"，以国家战略部署和"卡脖子"技术为目标，精准确定研发投入方向和重大项目；三是"投得怎样"，需要建立健全研发投入与产出管理配套机制，确保研发投入取得良好效果。

二、企业创新资源优化配置研究与实践的三项创新

（一）理论创新

"企业创新资源优化配置研究与实践"理论创新体现在以下两个方面：

一是在企业研发投入分析环节，有机融合了对标管理理论。对标管理是指企业以行业内或行业外的一流企业作为标杆，从各个方面与标杆企业进行比较、分析、判断，通过学习他人的先进经验来改善自身的不足，不断追求优秀业绩的良性循环过程。对于本成果，研发投入强度一般指研发经费支出总额占营业收入的比重，是衡量研发投入的关键指标。综合研究国际、国内研发投入统计标准规范，保证央企与世界一流企业对标的合理性。研究OECD《弗拉斯卡蒂手册》、欧盟标准、国家统计局标准等，得

出结论：可以采用《中央企业科技调查数据》与《欧盟工业研发投资记分牌》（以下简称《记分牌》）企业数据进行对标。

表1 研发投入对标统计口径研究

序号	分类	研发投入项目	国际通用口径、中国统计局口径
1	日常支出	人员劳务费	报告期调查单位为实施R&D活动以货币或实物形式直接或间接支付给R&D人员的劳动报酬及各种费用，包括工资、奖金以及所有相关费用和福利。非全时人员劳务费应按其从事R&D活动实际工作时间进行折算。
2		其他日常性支出	报告期调查单位为实施R&D活动而购置的原材料、燃料、动力、工器具等低值易耗品，以及各种相关直接或间接的管理和服务等支出。为R&D活动提供间接服务的人员费用包括在内。
3	资产性支出	告期调查单位为实施R&D活动而进行固定资产建造、购置、改扩建以及大修理等的支出，包括土地与建筑物支出、仪器与设备支出、资本化的计算机软件支出、专利和专有技术支出等。对于R&D活动与非R&D活动（生产活动、教学活动等）共用的建筑物、仪器与设备等，应按使用面积、时间等进行合理分摊。	土地与建筑物支出是指报告期调查单位为实施R&D活动而购置土地（例如测试场地、实验室和中试工厂用地）、建造或购买建筑物而发生的支出，包括大规模扩建、改建和大修理发生的支出。
4			仪器与设备支出是指报告期调查单位为实施R&D活动而购置的、达到固定资产标准的仪器和设备的支出，包括嵌入软件的支出。
5			资本化的计算机软件支出是指报告期调查单位为实施R&D活动而购置的使用时间超过一年的计算机软件支出。
6			专利和专有技术支出是指报告期调查单位为实施R&D活动而购置专利和专有技术的支出。

二是在研发投入强度目标设置和创新资源配置环节，有机融合了"巴斯德"象限理论。巴斯德象限理论指出科学与技术间互动并非单向的，应将基础研究与应用研究统一与融合，科技成果转化应结合实际需求，以实现产业化为目标，强调科技成果转化需要"政产学研用金"的协同发展。本研究在研发投入强度目标设置和创新资源配置环节，根据央企所属行业、创新依赖程度、"卡脖子"技术相关性等因素将央企可以分成四个大类：科研类央企侧重基础研究，商贸类央企侧重技术训练与整合经验研究，传统工业类央企侧重纯应用研究，高新技术央企侧重应用引发的基础研究，据此设定不同企业研发投入强度。

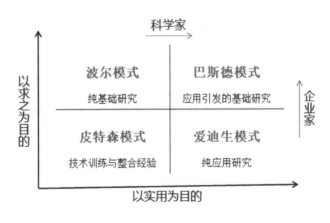

图1 "巴斯德象限"研究理论

（二）实践创新

"企业创新资源优化配置研究与实践"的实践创新体现在以下三个方面：

1.分业对标全球化

一是国内首次开展央企分行业与世界一流企业研发投入对标研究。首次将97家央企细分成18个行业开展研发投入对标研究，对支撑国家部委相关决策制定具有实际意义；首次将央企研发情况对标欧盟《记分牌》这一权威榜单中全球2500家国际大企业，极大提升成果价值；首次对《记分牌》2500家全球大企业——核对，删除行业不合适企业、央企及其子企业，筛选出与央企相匹配的样本，过程严谨，结论可靠。

表2 中央企业研发投入分行业对标世界一流企业（以电力行业为例）

世界排名	公司名称（英文名）	公司名称（中文名）	国别	行业
229	ELECTRICITE DE FRANCE	法国电力集团（负责全法国发、输、配电业务的国有企业，是世界能源市场上的主力之一，是全球范围内最大的供电服务商之一，https://www.edf.fr ）	France	Electricity
258	KOREA ELECTRIC POWER	韩国电力公司（国营电力公司，韩国目前唯一的电力公司，世界500强，http://www.kepco.co.kr ）	South Korea	Electricity
496	IBERDROLA	西班牙伊维尔德罗拉公司（经营电力的产生、输送、以及配送，在水力发电，尤其是中小型水力发电领域具有丰富管理、运营经验的全球重要厂商，www.iberdrola.com ）	Spain	Electricity
其他	……	……	……	……
删除不适合央企对标的企业（示例）：				
898	LANDIS+GYR	兰吉尔（全球领先的能源计量设备、系统和服务的供应商，https://www.landisgyr.com.cn ）	Switzerland	Electricity
1233	GCL-POLY ENERGY	保利协鑫能源控股有限公司（全球领先的高效光伏材料研发和制造商 http://www.gcl-poly.com.hk ）	China	Flectricity
删除中央企业及其子企业（示例）：				
506	CGN POWER	中国广核电力股份有限公司	China	Electricity
1039	GD POWER DEVELOPMENT	国电电力发展股份有限公司	China	Electricity
1114	CHINA NATIONAL NUCLEAR POWER	中国核能电力股份有限公司	China	Electricity

二是国内首次开展央企分行业与世界头部企业研发投入与产出对标研究。按照"规模可比、业务相近、全球知名"的原则，首次开展央企与世界头部企业研发投入和产出对标研究，既对标"投入多少"（研发投入总量和研发投入强度），也对标"产出好坏"（专利拥有量、申请量等），为央企规划长期研发投入提供标杆参考。

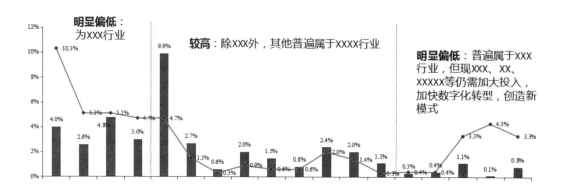

图2 不同行业企业与世界头部企业的研发投入强度对标情况

2.资源配置体系化

一是构建企业创新能力评价八步法体系，推动管理体系化、规范化。从国家政策导向、国资委相关部署、企业对创新评价的要求三个层面系统梳理创新评价各层级要求,研究构建"明战略—明链条—明对象—定框架—定指标—定方法—定应用—定管理"八步法创新能力评价体系,关键要解决好"评什么""谁来评""怎么评""怎么用"的问题,用好创新评价指挥棒,加快实现企业科技自立自强。

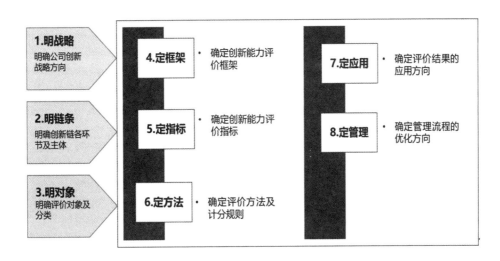

图3 创新能力评价体系设计步骤

二是研究设计创新能力评价值模型,科学评价企业创新投入产出。参考国内外主要的创新评价指数体系,承接国资委关于创新评价考核的有关要求,聚焦企业创新工作的痛点难点问题,设计"创新效率比×体制机制创新系数"评价框架,更加量化投入产出效率比。一方面,创新评价不只在传统论文、专利上打转,还更加关注科学价值、技术价值、经济价值、社会价值和文化价值综合最优。另一方面,模型为企业设置体制机制创新系数,不但评价创新结果,也要评价创新机制设计与运转成效。

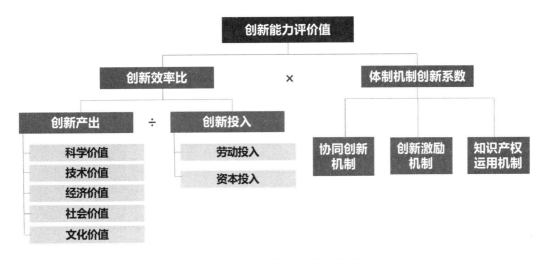

图4 企业创新能力评价值模型

3.机制建设动态化

一是持续更新创新评价管理机制,逐步提升评价的科学性性。2017年,印发《科技创新评价指标体系(2017版)》,对分子公司、省级电科院分别设置评价指标体系;2019年,印发《科技创新指数评价细则(2019版)》,对各分子公司科技研发投入、新增专利授权数、技成果转化应用率均进行了统筹规划；2020年，印发《科技创新指数评价细则（2020版）及创新指标计划》，进一步对生产经营单位和科研主体创新评价细则进行完善。

二是建立数字化创新管理平台，提升创新资源管理效能。数字化平台一方面为创新管理提供支撑，提升创新管理效能和资源管理的规范化、可视化和动态化；另一方面动态跟踪创新的关键指标情况，对内可视化管理各分子公司创新投入产出情况，对外与同行业开展对标，通过不断查找短板、学习先进获得更大提升。

图5 企业创新投入与产出管理数字化平台

（三）方法创新

"企业创新资源优化配置研究与实践"的研究方法创新体现在以下两个方面：

1.总结形成一套企业创新资源优化配置研究方法体系

采用理论研究夯基础、整体对标明趋势、行业对标找位置、头部对标看差距、创新评价看成效、综合考量配资源逻辑开展研究实践。

表3 本成果研究设计的企业创新资源优化配置研究方法体系

整体研究方法	核心内容
理论研究夯基础	对标管理理论：企业研发投入对标全球合理性 有组织的产业政策理论：政府应对重要创新进行补贴 "巴斯德现象"理论：企业创新投入分四大类 创新评价理论：采用投入产出评价方法
整体对标明趋势	从国家整体、全球企业和中央企业三个层面分析研发投入的情况，从研发投入和产出两个维度说明了中央企业研发经费的使用情况
行业对标找位置	分行业：将90余家中央企业细分成18个行业 定样本：为每个细分行业选择合适对标样本 细对标：开展18个细分行业研发投入对标 给结论：找到每个央企在国际同行中的位置

头部对标看差距	定样本：为每个行业央企选择5家国际头部企业 细对标：开展每个行业研发投入与研发产出对标 给结论：找到每个央企与统计头部企业差距
创新评价看成效	设计思路：战略引领、系统高效、客观量化、系统导向 评价步骤：提出创新能力评价体系设计明战略—明链条—明对象—定框架—定指标—定方法—定应用—定管理"八步法"
综合考量配资源	推动高技术领域以及研发强度明显偏低的央企提升研发投入强度 保持或适当提升其他行业央企研发投入强度，重点关注其研发产出效率 强化创新评价应用，优化公司创新资源投入策略，提升创新效能

2.有效应用了创新评价模型和随机前沿分析法（SFA）

企业创新能力是企业利用各类创新投入资源，通过一定的创新活动转化成创新产出的能力。企业创新能力一方面体现在创新的多维性，包括产品创新、工艺创新、组织创新及营销创新；另一方面体现在创新的全流程性，包括创新投入、创新活动、创新产出三个过程。在指标体系三，课题组研究了众多学者、研究机构从不同视角设计的企业创新能力评价指标体系（详见表4），并构建了适合自身企业的方法。在评价方法上，SFA方法样本量丰富，通过构建生产函数使创新评价精度较高，评价结果比较稳健等优点，本研究将采用SFA法评价企业创新能力。

$$TE_i = \frac{y_i}{y_i^*} = \frac{\exp(x_i'\beta + v_i - u_i)}{\exp(x_i'\beta + v_i)} = \exp(-u_i)$$

表4 研究权威的创新评价方法和指标体系

序号	文献来源	一级指标	二级指标
1	科技部《企业创新能力评价指标体系》《中国企业创新能力评价报告》	创新投入能力	创新经费、创新人力、研发机构
		协同创新能力	产学研合作、创新资源整合、合作创新
		知识产权能力	知识产权创造、知识产权保护、知识产权运用
		创新驱动能力	创新价值实现、市场影响力、经济社会发展
2	科技部《创新型企业评价指标》	定量指标	研发经费强度、千名研发人员拥有的授权发明专利数、新产品（工艺、服务）收入占主营业务收入的比重、全员劳动生产率
		定性指标	创新组织与管理（包含创新战略谋划、研发组织建设、知识产权管理和创新文化建设四个方面）

3	发改委办公厅《国家工程研究中心评价工作指南（试行）》	服务国家战略	行业贡献、承担任务（全部在研项目数，参与制定的国际、国内和行业标准数、通过国家（国际组织）认证实验室和检测机构数）
		推动产业发展	研发成果（被受理的发明专利申请数、拥有的有效发明专利数）、成果转化（技术性收入、每万元研发经费对应的技术性收入）
		强化自身建设	研发投入（R&D支出、人均R&D支出）、人才培养（R&D人数、高级专家和博士人数）、平台支撑（仪器和设备原值、独立办公建筑面积）
4	中国企业改革与发展研究会《企业高质量发展评价标准（送审稿）》	创新资本	研发投入
		创新人才	研发人员占比、高技能人才占比
		创新产出	高新技术产值、知识产权累计数量、组织参与起草标准数量、每万名科技人员技术成果转化额
5	上海康智管理咨询有限公司《"科改示范行动"专项评估方案》	科技创新投入	研发投入强度、科技人才占比、创新平台数量（加分项）
		科技创新影响力	发明专利和专有技术数量、标准数量、重大科技项目数量、科技成果奖励数量（加分项）
		科技创新产出	专利实施数量、科技成果转化收益
6	吴敬茹《创新驱动视角下我国制造业技术创新能力评价》	技术创新投入能力	R&D人员全时当量、R&D经费、新产品开发经费支出
		技术创新产出能力	R&D项目数、专利申请数、新产品开发项目数、新产品销售收入
		技术创新支撑能力	产品或工艺创新活动的企业数、有产品或工艺创新活动的企业数占比
7	刘建翠、吴滨《中国创业型企业初创时期创新效率研究》	创新投入	研发人员、研发经费
		创新产出	知识产权、技术交易收入、新产品销售收入

三、企业创新资源优化配置研究与实践的实施

企业创新资源优化配置课题建立科学严谨的研究逻辑框架，按照"理论研究夯基础、整体对标明趋势、行业对标找位置、头部对标看差距、创新评价看成效、综合考量配资源"的步骤进行，为高质量成果奠定坚实基础。企业创新资源优化配置研究与实践逻辑如图6所示。

（一）整体对标明趋势：把握全球研发投入大势

从国家整体、全球企业和中央企业三个层面分析研发投入情况，把握科技研发宏观趋势。

1.国家层面研发投入情况

一是从研发总投入和强度看，中国研发投入总额和增速全球领先，但研发投入强度还有提升空间。美国权威杂志Rdmag发布的资料显示，2018年，全球研发经费投入最高的4个国家分别是美国、中

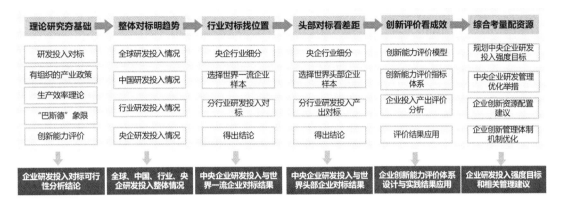

图6　企业创新资源优化配置研究与实践逻辑

国、日本和德国，经费规模均超过千亿美元大关。具体而言，2018年，美国研发经费为4765亿美元，其次为中国3706亿美元，美国和中国研发经费占全球研发总费用的47%，美、中、日、德前四名的研发经费占全球研发总费用的62.5%。值得关注的是，韩国的研发经费投入高居第五位，研发费用占该国GDP比重高达4.3%，研发投入强度全球第一，同时创新型国家研发投入强度普遍在2.5%以上，就研发投入强度而言，我国还有较大增长空间，若以2.5%计算，至少还有3000亿元人民币待增加。

表5　全球主要国家和地区科技研发投入情况（按购买力平价计算）

排名	国家	研发投入 （10亿美元）	同比上涨	占GDP比重	全球份额
1	美国	552.98	2.86%	2.84%	25.25%
2	中国	474.81	6.74%	1.97%	21.68%
3	日本	186.64	0.60%	3.50%	8.52%
4	德国	116.56	1.50%	2.84%	5.32%
5	韩国	88.23	3.28%	4.32%	4.03%
6	印度	83.27	8.27%	0.85%	3.80%
7	法国	63.12	1.59%	2.25%	2.88%
8	俄罗斯	58.62	1.40%	1.52%	2.68%
9	英国	49.61	0.92%	1.72%	2.27%
10	巴西	37.45	0.83%	1.17%	1.71%
11	澳大利亚	31.47	2.01%	1.80%	1.44%
12	加拿大	29.5	3.00%	2.34%	1.35%

二是从研发活动类型来看，我国基础研究和应用研究占比偏低，与发达国家差距较大。基础研究方面，美国、日本、韩国等5个国家用于基础研究经费占其国内研发总投入的12%~23%，中国基础研究经费占比最低，2018年占国内研发总投入比例仅为5.54%。应用研究方面，中国研究经费占比最低，仅为11.13%，英国和法国应用研究经费占比最高，超过40%，从总量来看，美国应用经费远远领先于其他国家，占比国内研发总投入的19.77%。试验发展经费方面，中国经费占比最高，2018年试验发展经费占比83.33%。这在一定程度上解释了中国少有原创性、基础性技术突破的原因，而进一步调整研发经费结

构，是未来我国三类研发经费改革的大势所趋。

2.全球企业研发投入情况

一是研发投资在重点行业和部分企业集中。行业方面，信息通信技术行业（ICT）、医疗健康行业（Health）、汽车制造业（Automotive）分别占全球企业研发总量的38.7%、20.7%、17.2%，总计占比76.6%，研发投入总额排名前100位的公司中，82家分布在这三个行业，其中，ICT行业34家、医疗健康行业26家、汽车制造业22家。企业方面，前10名、前50名、前100名和前500企业分别占《记分牌》研发总量的15%、40%、52%和80%；159家公司的研发投资超过10亿欧元，其中美国58家、欧盟41家、日本26家、中国22家、韩国和瑞士各5家、印度和以色列各1家。

表6 《记分牌》2500家公司行业分布情况

行业类型	具体内容	公司数量	研发投资占比（%）
信息通信技术生产	计算机硬件；电气部件及设备；电子设备；电子办公设备；半导体；电信设备	477	23.3
医疗健康行业	生物技术；卫生保健；医疗设备；药品	515	20.7
汽车制造业	汽车零件；汽车；商用车和卡车；轮胎	185	17.2
信息通信技术服务	计算机服务；互联网；软件	320	15.4
工业	铝；容器和包装；工业机械；钢铁；有色金属等	295	5.5
化学	商品化学品；特种化学品	129	2.7
航空航天与国防	航空航天；国防	50	2.5
其他	食品与饮料；新能源；电力；金融服务；林业与纸张；零售；房地产；烟草；旅游与休闲等	529	12.7
总计		2500	100

二是不同国家和地区的企业研发投入重点不同，中国医疗健康行业短板突出。《记分牌》上榜的美国企业的总研发投入中，ICT行业占52.8%，医疗健康行业占26.7%，汽车制造业占7.6%；《记分牌》上榜的欧盟企业的总研发投入中，ICT行业占20.0%，医疗健康行业占21.6%，汽车制造业占31.0%；《记分牌》上榜的日本企业的总研发投入中，ICT行业占比24.9%，医疗健康行业占比12.1%，汽车制造业占比31.0%；《记分牌》上榜的中国企业的总研发投入中，ICT行业占比47.1%，汽车制造业占比11.5%，医疗健康行业占比仅4.8%。中国与美国在ICT行业和汽车制造业方面的研发投入差别不大，但在医疗健康行业方面的研发投资差距巨大。

表7 不同国家和地区研发投资的行业分布情况

国家/地区	ICT行业占比（%）	医疗健康行业占比（%）	汽车制造业占比（%）
美国	52.8	26.7	7.6
欧盟	20.0	21.6	31.0

中国	47.1	4.8	11.5
日本	24.9	12.1	31.0

三是全球企业研发投入的增长主要由中国和美国拉动，ICT行业和医疗健康行业对研发投入增长的贡献最大。国家方面，2018年《记分牌》企业的研发投入增长了8.9%，主要是由于中国和美国公司的研发投资分别提高了26.7%和10.3%，来自其他国家和地区的公司的研发投入增长率低于世界平均水平，其中欧盟为4.7%，日本为3.9%，世界其他地区为4.8%。需要注意的是，虽然中国公司的研发投入增长率很高，但是中国公司的盈利能力（7.4%）是远低于美国（13.7%）和欧盟（10.3%）公司的。行业方面，全球企业研发投入的增长主要由ICT服务（+16.9%），ICT生产（+8.2%）和医疗健康行业（+7.6%）拉动，显示了未来研发的方向。企业方面，2018年研发投入排名前50的公司中，排名提升超过20位的公司有谷歌、三星、华为、苹果、脸书、甲骨文、拜耳、高通、阿里巴巴、新基医药、吉利德科学、思爱普、马牌、博通，这也表明ICT和生物技术的重要性日益提高。

3.中央企业研发投入情况

根据国资委科创局汇总的历年《中央企业科技调查数据》，对中央企业近年来整体的经营业绩、研发投入、研发产出的情况做初步的描述性统计分析（数据为涉密，已经脱敏处理，仅展示公开内容或者示例）。总体上看，2020年，我国中央企业研发经费投入同比增长11.3%，研发经费投入强度为2.55%，同比提高0.3个百分点，其中中央工业企业研发经费投入强度达到3%。

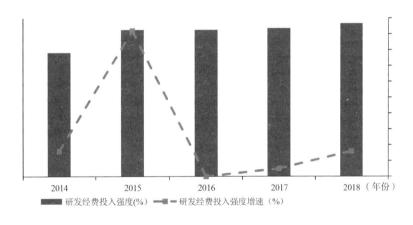

2014   2015   2016   2017   2018（年份）

■ 研发经费投入强度(%)   - - 研发经费投入强度增速（%）

图7 中央企业连续五年研发经费投入强度

研究表明：全球大企业研发投入呈现美、日、中、德"一超三强"局面，我国与科技强国差距较大；全球企业研发投入集中在信息和通信技术（ICT）生产、健康、汽车及运输和ICT服务四大领域，中国企业在农业、医疗健康行业的投入远低于世界一流水平；全球主要国家基础研究投入占比远高于中国。

（二）行业对标找位置：开展18个行业央企研发投入对标分析，识别央企在全球同行业中的研发投入水平。

采用《中央企业科技调查数据》与《欧盟工业研发投资记分牌》①（以下简称《记分牌》）企业数据开展研发投入对标分析，识别中央企业同全球大企业相比研发投入差异情况。

1.分行业：将90余家中央企业细分成18个行业

根据国务院国资委统计，截至2021年1月，中央企业划分成24个行业/类，共计98家。通过与《记分牌》企业进行对照分析，其中石油石化、冶金、机械设备制造、汽车、矿业、电子、军工、化学、建材、建筑、交通运输、通信、商贸、房地产、服务、农林牧渔、投资这17个行业可以在记分牌中选择对应行业的企业开展研发投入对标；鉴于国外大型电力企业普遍是发电、电网一体化运营，将发电和电网两类央企合成"电力"一个类别对标；仓储类央企仅"中国储备粮管理有限公司"一家，且《记分牌》中无合适的对标企业，将其归入"农林牧渔"行业开展研发投入对标；地勘类2家央企，《记分牌》中无合适的对标企业，拟将"矿业与地勘"合成一个类别对标；科研设计类央企共8家，但《记分牌》中无专门开展科研设计类大企业，无法直接开展研发投入对标，将其归入对应行业类企业进行对标；港澳4家央企中，华润、南光归入商贸行业，招商局归入交通运输行业，旅游集团归入服务行业；其他类2家央企，中国汽车技术研究中心有限公司、国家石油天然气管网集团有限公司暂不开展对标。

2.定样本：为每个细分行业选择合适对标样本

根据上述中央企业行业归类结果，依照央企所属行业和主营业务，以《记分牌》中38个行业、2500家企业为基础，对每家企业的主营业务一一核对，保证与对应央企的匹配度，最终选择《记分牌》中航空和国防、汽车和零件、化学、建筑和建材、电力、电子与电气设备、金融服务、固网通讯、食品药品零售、林业与造纸、一般零售、工业制造、金属与采矿、工业运输、采矿、移动通信、油气生产商、石油设备服务与分销、房地产投资和服务、支撑服务、技术硬件和设备、旅游和休闲等22个行业中1118个企业作为对标样本，其中已经删除上榜的中央企业及中央企业子企业；另外，新能源、煤气和水以及公共设施、休闲商品、软件和计算机服务、银行、饮料、食物生产、一般工业、医疗设备和服务、家居用品和家居建筑、寿险、非寿险、媒体、个人商品、制药和生物技术、烟草等16个行业，无主营业务对应的央企，不纳入央企对标样本，如表8所示。

表8 中央企业对标样本筛选结果

分类序号	企业序号	分类	行业内序号	企业名称	对标样本数量	对标样本数量及其《记分牌》中企业分布
1	1	石油石化	1	中国海洋石油总公司	26	油气生产行业中企业21家，石油设备服务与分销行业中企业5家。
	2		2	中国中化集团公司		
	3		3	中国石油化工集团公司		
	4		4	中国石油天然气集团公司		
2	5	冶金	1	中国宝武集团有限公司	53	工业金属与采矿行业中企业50家，工业工程行业中企业2家，石油设备服务与分销行业中企业1家（实际主营业务为冶金）
	6		2	新兴际华集团有限公司		
	7		3	中国铝业公司		
	8		4	鞍钢集团公司		
	9		5	中国黄金集团公司		
	10		6	中国钢研科技集团有限公司		
	11		7	有研科技集团有限公司		

①欧盟委员会自2004年起连续15年发布产业研发投入记分牌，是国际最为权威的研发投入统计榜单。目前，该榜单更新至2019年底。

分类序号	企业序号	分类	行业内序号	企业名称	对标样本数量	对标样本数量及其《记分牌》中企业分布
3	12	机械设备制造	1	中国中车集团公司	181	工业制造行业中企业154家，电力设备制造行业中企业24家，技术装备行业中企业3家
	13		2	中国机械工业集团有限公司		
	14		3	中国铁路通信信号集团公司		
	15		4	中国东方电气集团有限公司		
	16		5	中国第一重型机械集团公司		
	17		6	中国西电集团公司		
	18		7	哈尔滨电气集团公司		
	19		8	中国商用飞机有限责任公司		
	20		9	机械科学研究总院集团有限公司		
4	21	汽车制造业	1	中国第一汽车集团公司	142	均为汽车或汽车零部件制造类企业
	22		2	东风汽车公司		
5	23	矿业和地勘	1	国家能源投资集团	10	矿业行业中企业9家，石油设备服务与分销行业中企业1家（实际是地勘类企业法国地球物理公司，世界最大的地球物理勘探公司之一）
	24		2	中国五矿集团公司		
	25		3	中国中煤能源集团有限公司		
	26		4	中国有色矿业集团有限公司		
	27		5	中国盐业总公司		
	28		6	中国煤炭科工集团有限公司		
	29		7	矿冶科技集团有限公司		
	30		8	中国冶金地质总局		
	31		9	中国煤炭地质总局		
6	32	电子	1	中国华录集团有限公司	402	电子与电气装备行业中企业180家，技术硬件与装备行业中企业222家
	33		2	中国普天信息产业集团公司		
	34		3	中国电子信息产业集团有限公司		
	35		4	中国信息通信科技集团有限公司		
7	36	军工	1	中国航天科技集团有限公司	40	航空与国防行业中企业38家，电子与电气装备行业中企业2家
	37		2	中国航空工业集团公司		
	38		3	中国电子科技集团有限公司		
	39		4	中国兵器工业集团有限公司		
	40		5	中国航天科工集团有限公司		
	41		6	中国核工业集团有限公司		
	42		7	中国船舶集团有限公司		
	43		8	中国兵器装备集团有限公司		
	44		9	中国航空发动机集团		

分类序号	企业序号	分类	行业内序号	企业名称	对标样本数量	对标样本数量及其《记分牌》中企业分布
8	45	电力	1	国家电网公司	17	均为电力类企业
	46		2	中国南方电网有限责任公司		
	47		3	中国长江三峡集团公司		
	48		4	中国广东核电集团有限公司		
	49		5	中国华能集团公司		
	50		6	国家电力投资集团有限公司		
	51		7	中国华电集团有限公司		
	52		8	中国大唐集团公司		
9	53	化学	1	中国化工集团有限公司	125	均为化学类企业
10	54	建材	1	中国建筑材料集团有限公司	23	建材行业中企业21家，太空与国防行业1家，工业工程行业中企业各1家（实际主业为电子门禁、机械五金）
11	55	建筑	1	中国建筑工程总公司	26	均为建筑与建材行业中企业
	56		2	中国铁路工程集团有限公司		
	57		3	中国铁道建筑集团有限公司		
	58		4	中国交通建设集团有限公司		
	59		5	中国电力建设集团有限公司		
	60		6	中国能源建设集团有限公司		
	61		7	中国化学工程集团有限公司		
	62		8	中国安能建设集团有限公司		
	63		9	中国建设科技集团有限公司		
	64		10	中国建筑科学研究院有限公司		
12	65	交通运输	1	中国远洋海运集团有限公司	3	工业运输行业中企业2家（其他企业大多为铁路运输，与央企差异较大），运输与休闲行业中企业1家
	66		2	中国东方航空集团有限公司		
	67		3	中国航空集团公司		
	68		4	中国南方航空集团公司		
	69		5	招商局集团有限公司		
13	70	通信	1	中国电信集团公司	30	固定线路通信行业中企业15家，移动通信行业中企业13家，技术硬件与设备行业中企业2家
	71		2	中国联合网络通信集团有限公司		
	72		3	中国移动通信集团公司		

分类序号	企业序号	分类	行业内序号	企业名称	对标样本数量	对标样本数量及其《记分牌》中企业分布
14	73	商贸	1	中国医药集团有限公司	10	食品药品零售行业中企业4家，一般零售行业中企业5家，工业工程行业中企业1家
	74		2	中粮集团有限公司		
	75		3	中国通用技术（集团）控股有限责任公司		
	76		4	中国铁路物资总公司		
	77		5	中国航空器材集团有限公司		
	78		6	中国中钢集团公司		
	79		7	中国航空油料集团公司		
	80		8	华润（集团）有限公司		
	81		9	南光（集团）有限公司		
15	82	房地产	1	中国保利集团有限公司	4	均为房地产行业企业
	83		2	华侨城集团公司		
16	84	服务	1	中国检验认证（集团）有限公司	20	支持服务行业中企业18家，建筑与材料行业中企业1家，工业工程行业中企业1家（伍德集团，英国的能源服务公司）
	85		2	中国国际技术智力合作集团公司		
	86		3	中国国际工程咨询公司		
	87		4	中国民航信息集团有限公司		
	88		5	中国旅游集团公司		
17	89	农林牧渔	1	中国林业集团公司	3	林业与造纸行业中企业2家，食品药品零售行业中企业1家（种子和农药公司）
	90		2	中国农业发展集团总公司		
	91		3	中国储备粮管理有限公司		
18	92	投资	1	国家开发投资集团有限公司	3	均为金融服务类企业（投资为主营业务）
	93		2	中国国新控股有限责任公司		
	94		3	中国诚通控股集团有限公司		
	95		4	中国融通资产管理集团有限公司		
	96		5	中国节能环保集团有限公司		
合计					1118	22个行业

3.细对标：开展18个细分行业研发投入对标

首先，将央企细化分成石油石化、电力、机械设备制造、汽车、矿业、电子等18个细分行业；其次，将《记分牌》中2500家企业一一核对与之匹配选择对标样本开展分析，详见表9；最后，为每个行业央企给出研发投入强度最高值、最低值和平均值，极具参考价值。

表9 央企分行业与国际大企业研发投入对标

	企业	研发投入（亿元）	研发投入强度（%）	研发投入增长率（%）	营业收入（亿元）	营业收入增长率（%）	利润率（%）
研发投入最多	法国电力集团	54.8	1.0	30.3	5569.1	4.0	9.6
研发投入最少	意大利国家电网	3.2	1.8	53.2	177.6	0.7	50.2
研发投入强度最高	日本电源开发公司	10.2	1.8	5.4	578.8	1.8	8.8
研发投入强度最低	意大利国家电力公司	3.3	0.1	-12.5	6007.2	5.8	10.9
对标企业平均值	详见附表	13.0	0.6	13.6	2100.1	0.9	7.5
中央企业	国家电网有限公司	***	***	***	***	***	***
	中国南方电网有限责任公司	***	***	***	***	***	***
	国家电力投资集团有限公司	***	***	***	***	***	***
	中国华电集团有限公司	***	***	***	***	***	***
	中国广核集团有限公司	***	***	***	***	***	***
	中国长江三峡集团有限公司	***	***	***	***	***	***
	中国华能集团有限公司	***	***	***	***	***	***
	中国大唐集团有限公司	***	***	***	***	***	***
中央企业平均值	详见附表	***	***	***	***	***	***

4.给结论：找到每个央企在国际同行中的位置

总体上看，中央企业平均研发投入总额高于《记分牌》中大企业平均值，但研发投入强度还有较大提升空间。其中，中央企业研发投入总额平均值为***亿元，远高于《记分牌》中1118家企业的***亿元；中央企业平均研发投入强度为***，远低于《记分牌》同行业企业的***。分行业看，不同行业平均研发投入、平均研发投入强度、平均研发投入增长率的情况，详见表10。

表10 中央企业与国际大企业对标结果汇总（已脱敏）

序号	行业	平均研发投入（亿元）		平均研发投入强度（%）		最高研发投入强度（%）		最低研发投入强度（%）		平均研发投入增长率（%）	
		国际大企业	央企	国际大企业	央企	国际大企业	央企	国际大企业	央企	国际大企业	央企
1	石油石化	20.8	***	0.3	***	2.2	***	0.1	***	0.3	***
2	冶金	10.8	***	1.3	***	5.6	***	0.4	***	11.2	***
3	机械设备	17.9	***	3.7	***	25.2	***	0.3	***	4.7	***
4	汽车	72.1	***	4.8	***	23.6	***	0.8	***	1.8	***
5	矿业与地勘	4.3	***	0.5	***	3.6	***	0.1	***	22.4	***
6	电子	35.7	***	7.8	***	84.4	***	0.2	***	8.3	***
7	军工	40.8	***	3.9	***	19.0	***	0.7	***	5.4	***
8	电力	13.0	***	0.6	***	1.8	***	0.1	***	13.6	***
9	化学	14.2	***	2.4	***	23.0	***	0.1	***	-3.6	***
10	建材	10.4	***	1.6	***	3.8	***	0.3	***	0.9	***
11	建筑	15.0	***	1.4	***	4.3	***	0.1	***	21.1	***
12	交通运输	5.1	***	0.3	***	1.4	***	0.1	***	-10.8	***
13	通信	26.3	***	1.6	***	16.9	***	0.4	***	5.9	***

14	商贸	7.2	***	0.5	***	3.8	***	0.2	***	13.0	***
15	房地产	9.5	***	0.4	***	1.9	***	0.2	***	71.0	***
16	服务	14.3	***	3.1	***	21.5	***	0.7	***	3.0	***
17	农林牧渔	36.2	***	4.3	***	9.8	***	0.5	***	−0.5	***
18	投资	20.6	***	3.3	***	10.8	***	2.7	***	−12.0	***

（三）头部对标看差距：识别央企与行业头部企业研发投入差距

为进一步了解我国中央企业和世界一流企业在研发投入和产出方面的情况，开展中央企业与同行业中世界头部企业研发投入和产出对标分析，以更好规划中央企业研发投入强度，提升研发投入产出质量。

1.定样本：为每个行业央企选择5家国际头部企业

在头部企业选择方面，在权威的欧盟《记分牌》榜单基础上，按照"规模可比、业务相近、全球知名"原则，综合考虑企业规模、知名度、研发投入总额、研发投入强度等情况，并征询了经国资委科创局、南网能源院科技创新管理方面的专家意见，对每个行业选择5个头部企业作为对标对象。

表11 央企与世界头部企业对标样本选择结果

所属行业	世界排名	公司名称（中文名）	公司名称（中文名）	国别
石油石化	151	EXXON MOBIL	埃克森美孚公司	US
	191	TOTAL	道达尔公司	France
	193	ROYAL DUTCH SHELL	荷兰皇家壳牌集团	UK
	295	SAUDI ARABIAN OIL	沙特国家石油公司	Saudi Arabia
	324	CHEVRON	雪佛龙股份有限公司	US
汽车	6	VOLKSWAGEN	大众	Germany
	11	DAIMLER	戴姆勒	Germany
	12	TOYOTA MOTOR	丰田	Japan
	17	HONDA MOTOR	本田	Japan
	18	FORD MOTOR	福特	US
	19	BMW	宝马	Germany
电力	229	ELECTRICITE DE FRANCE	法国电力	France
	258	KOREA ELECTRIC POWER	韩国电力	South Korea
	496	IBERDROLA	西班牙伊维尔德罗拉公司	Spain
	840	TOKYO ELECTRIC POWER	东京电力	Japan
	2208	ENEL	意大利国家电力公司	Italy
……	……	……	……	……
18个行业	XXX	XXX	共计90家头部企业	XXX

2.细对标：开展每个行业研发投入与研发产出对标

投入方面，重点看研发情况，选择研发投入、研发投入强度、研发投入增长率等为关键指标，识别央企与世界头部企业在创新投入方面的差距；产出方面，重点看专利情况，以专利拥有量、海外专利拥有量、发明专利拥有量以及年度专利申请和授权情况为关键指标。

表12 18个行业央企与世界头部企业研发投入对标（以电力为例）

序号	企业名称	2019研发投入（亿元）	行业平均研发投入（亿元）	研发投入强度（%）	行业研发投入强度（%）	2018研发投入（亿元）	研发投入同比增长率（%）	行业研发投入同比增长率（%）	2019年营业收入（亿元）	营业收入同比增长率（%）	利润率（%）
					世界头部企业						
1	法国电力	54.8		1.0%		42.3	30.3%		5569.1	4.0%	9.6%
2	韩国电力	47.0		1.3%		47.2	0.2%		3532.4	-2.4%	-2.2%
3	西班牙伊维尔德罗拉公司	21.8	27.6	0.8%	0.6%	20.8	5.2%	10.4%	2829.3	3.9%	17.2%
4	东京电力	11.3		0.3%		11.9	-4.1%		3953.3	-1.5%	3.2%
5	意大利国家电力公司	3.3		0.1%		3.7	-12.5%		6007.2	5.8%	10.9%
					中央企业						
1	国家电网有限公司	***		***		***	***		***	***	***
2	中国南方电网有限责任公司	***		***		***	***		***	***	***
3	中国华能集团有限公司	***		***		***	***		***	***	***
4	中国大唐集团有限公司	***	***	***	***	***	***	***	***	***	***
5	中国华电集团有限公司	***		***		***	***		***	***	***
6	国家电力投资集团有限公司	***		***		***	***		***	***	***
7	中国长江三峡集团有限公司	***		***		***	***		***	***	***
8	中国广核集团有限公司	***		***		***	***		***	***	***

表13 18个行业央企与世界头部企业研发产出对标（以电力为例）

序号	企业名称	专利拥有量	行业平均专利拥有量	海外专利拥有量	发明专利拥有量	本年专利申请量	行业平均专利申请量	本年发明专利申请量	本年专利授权量	行业平均专利授权量	本年发明专利授权量
					世界头部企业						
1	法国电力	6643		4441	6554	80		74	152		146
2	韩国电力	6100		797	6096	189		187	325		321
3	西班牙伊维尔德罗拉公司	123	5170	48	123	0	73	0	1	128	1
4	东京电力	11996		1505	11892	44		44	105		104
5	意大利国家电力公司	989		864	920	53		27	58		32
					中央企业						
1	国家电网有限公司	***		***	***	***		***	***		***
2	中国南方电网有限责任公司	***		***	***	***		***	***		***
3	中国华能集团有限公司	***		***	***	***		***	***		***
4	中国大唐集团有限公司	***	***	***	***	***	***	***	***	***	***
5	中国华电集团有限公司	***		***	***	***		***	***		***
6	国家电力投资集团有限公司	***		***	***	***		***	***		***
7	中国长江三峡集团有限公司	***		***	***	***		***	***		***
8	中国广核集团有限公司	***		***	***	***		***	***		***

3.给结论：找到每个央企与统计头部企业差距

总体上看，与世界头部企业相比，央企研发投入总量和研发投入强度具有一定提升空间，但研发投入增长率具备一定的优势。2019年，央企平均研发投入为**亿元，低于世界头部企业的**亿元；央企整体研发投入强度为**，低于世界头部企业的**；央企整体同比增长率为**%，高于世界头部企业的**%。

表14 央企与世界头部企业研发投入与产出对标结果

头部企业对标分类	结论
XXX行业（**%对**%） XXX行业（**%对**%） XXX行业（**%对**%） XXX行业（**%对**%） XXX行业（**%对**%） XXX行业（**%对**%） XXX行业（**%对**%） XXX行业（**%对**%） XXX行业（**%对**%）	研发投入强度高于对应的世界头部企业的整体研发投入强度。 因为发展阶段不同等因素，国外企业在一些低技术行业的研发投入普遍不高，而中国在部分传统行业（如**、**、**）仍有较高的研发投入
XXX行业（**%对**%） XXX行业（**%对**%） XXX行业（**%对**%） XXX行业（**%对**%） XXX行业（**%对**%） XXX行业（**%对**%） XXX行业（**%对**%） XXX行业（**%对**%） XXX行业（**%对**%）	研发投入强度接近或低于对应的世界头部企业的整体研发投入强度。 世界头部企业在电子、汽车、机械装备制造、化学这些中高技术行业的研发投入量和研发投入强度都较高，中国企业需进一步加大研发投入力度，缩小与世界头部企业的差距。 虽然央企在**、**、**、**、**这几个行业的研发投入强度低于世界头部企业，但是这些行业属于中低技术行业，需谨慎提升研发投入
总体	与世界头部企业相比，央企研发投入（**亿元对**亿元）和研发投入强度（**%对**%）相对不足，但研发投入增长率具备一定优势（**%对**%）

（四）创新评价看成效：根据投入产出成效确定资源分配

承接国资委经营业绩考核要求，聚焦企业科技创新的痛点难点问题，建立"企业创新评价能力评价值=创新效率比×体制机制创新系数"创新评价框架，引导各单位重视创新产出效益的提升及创新影响力的打造。具体框架如下。

1.设计思路

战略引领。全面承接国家创新战略，落实企业发展战略，围绕科技自立自强、科技成果产业化、体制机制创新等重点方向，确定创新评价维度与内容，引导各单位不断提高核心竞争能力。

系统高效。遵循ISO56004创新管理评估指南，应用创新管理评估工具，全面梳理创新评价核心要素，构建结构化、流程化的创新能力评价体系。

客观量化。遵循客观量化、易于统计的原则，充分借鉴国家、行业创新指标与国资委中央企业负责人经营业绩考核指标，结合公司实际，选取定量为主、定性为辅的创新能力评价指标。

价值导向。坚持质量、绩效、贡献为核心的评价导向，针对不同业务类型企业开展分类评价，全面准确评价创新成果的科学、技术、经济、社会、文化价值，提高创新投入产出效益。

2.评价步骤

提出创新能力评价体系设计方法论——八步法，见图8。

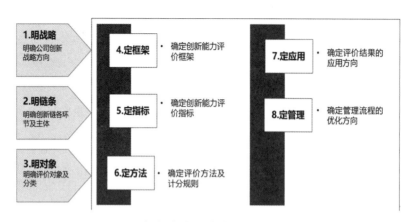

图8 创新能力评价体系设计步骤

步骤1：明战略——明确企业创新战略方向

国家"十四五"创新战略主线为：加快实现高水平科技自立自强，发展壮大战略性新兴产业，完善科技创新体制机制。央企创新战略方向初步梳理为：加强国家战略科技力量建设、推动科技成果产业化、推动公司科研体制机制创新，具体央企可据此进行个性化设置，作为开展创新能力评价的根本遵循。

步骤2：明链条——明确创新链各环节及主体

创新链是指以满足需求为导向，以体制机制为保障，通过创新活动将相关的创新参与主体连接起来，实现知识经济化和创新系统优化的一种功能结构模式。其中，"创新需求—科研—成果产业化"的创新活动过程是创新链的核心，通过整个过程实现创新活动价值的创造及转化。而创新体制机制贯穿于整个链条，保障创新活动各个环节的有效运转。来自用户及生产经营的需求是创新的源头（生产经营单位），研发阶段则基于需求开展技术攻关和产品开发（科研主体单位），成果产业化阶段则是推动研发成果商业化或将其应用于生产经营当中（产业化或者生产经营单位），从而实现整个链条的闭环。

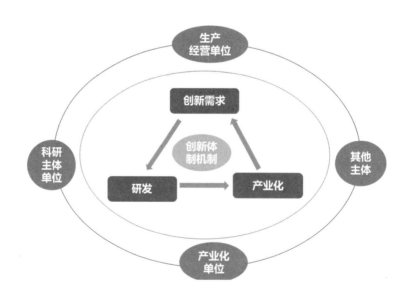

图9 创新链基本架构

步骤3：明对象——明确评价对象及分类

本体系评价的对象是分子公司，根据创新链各个环节，将主要创新主体分为科研主体单位、生产经营单位、产业化单位三类。以南方电网公司为例，科研主体单位可包括科研院、能源院、数研院以及省级电科院，生产经营单位可包括超高压公司、省级电网公司、调峰调频公司，产业化单位包括南网能源公司（已上市）、产业投资集团等。

图10　对象示意图

步骤4：定框架——确定创新能力评价框架

参考国内外主要的创新评价指数体系，聚焦公司创新工作的痛点难点问题，提出"创新能力评价值=创新效率比×体制机制创新系数"评价框架，见图11。

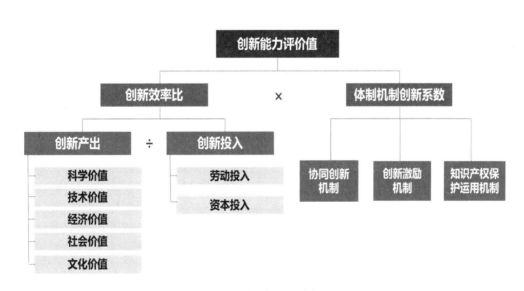

图11　创新能力评价框架

步骤5：定指标——确定创新能力评价指标

按照"维度——指标库——关键指标"的思路，重点参考国家科技成果转化要求、国企改革三年行动方案、国资委创新评价考核指标、中央企业科技调查指标、国家统计局中国企业创新能力统计监测指标等，筛选创新能力评价指标，确保评价指标具有良好的表征性、可获得性及行业通用性。

表15 企业创新能力评价指标体系

评价要素	评价内容		备选指标	指标来源	备注
创新效率比	创新投入	劳动投入	R&D人员数	国家统计局《中国企业创新能力统计监测报告》	/
			R&D人员全时当量	国家统计局《中国企业创新能力统计监测报告》	/
			R&D人员中高级专家及博士所占比重	科技部《企业创新能力评价指标体系》	/
		资本投入	R&D经费支出	国家统计局《中国企业创新能力统计监测报告》	/
			R&D经费投入强度	国资委《中央企业负责人经营业绩考核办法（试行）》	/
	创新产出	科学价值	发表高水平论文数量	国资委《中央企业科技调查指标》	/
			获得国家科学技术奖、中国专利金银奖数	国资委《中央企业负责人经营业绩考核办法（试行）》	/
			国家级、省部级奖励数	国资委《中央企业科技调查指标》	/
		技术价值	单位科技投入新增发明专利授权数	国资委《中央企业负责人经营业绩考核办法（试行）》	/
			主导制定ISO/IEC/ITU国际标准数	国资委《中央企业负责人经营业绩考核办法（试行）》	/
			发布国际、国家标准数量	发改委《国家工程研究中心评价工作指南（试行）》	/
		经济价值	科技成果转化收益	发改委《国家工程研究中心评价工作指南（试行）》	/
			专利所有权转让及许可收入	发改委《国家工程研究中心评价工作指南（试行）》	/
			新产品销售收入	国家统计局《中国企业创新能力统计监测报告》	/
		社会价值	具有重大影响的媒体报道	上海社会科学院《中国智库影响力评价指标体系》	/
			企业进高校授课数量	/	/

评价要素	评价内容		备选指标	指标来源	备注
创新效率比	创新产出	文化价值	培养国家级、省部级创新人才数	国资委《中央企业科技调查指标》	/
			国家级、省部级人才支持计划的创新团队	《公司"十四五"创新驱动规划》	/
体制机制创新系数		协同创新机制	自筹科研经费与上一年度营业收入的占比	《公司加强国家战略科技力量建设的实施意见》	《国家"十四五"规划纲要》
			非股东业务收入增长率	《南方电网公司指标库（2020年版）》	
			共建联合实验室数量	《公司加强国家战略科技力量建设的实施意见》	
			创新联合体数量		
		创新激励机制	实施中长期激励情况（定性）	中共中央办公厅、国务院办公厅《国企改革三年行动方案（2020—2022年）》	《国家"十四五"规划纲要》
			试错容错纠错机制建立情况（定性）	中共中央办公厅、国务院办公厅《国企改革三年行动方案（2020—2022年）》	
		知识产权保护运用机制	知识产权保护力度（定性）	科技部《国家创新能力评价指标体系》	《国家"十四五"规划纲要》
			知识产权市场化运用（质押融资、作价入股、证券化、构建专利池等）情况（定性）	国资委、国家知识产权局《关于推进中央企业知识产权工作高质量发展的指导意见》	

步骤6：定方法——确定评价方法及计分规则

创新效率比是在对标外部一流企业的基础上，借助效率测度模型客观计算。体制机制创新系数采用"与历史数据比"的计分方法，由协同创新机制、创新激励机制、知识产权运用机制等多方面因素确定。具体如下：

创新效率比借助效率测度模型前沿模型分析法（SFA）客观计算。企业研发投入的实际产出与前沿（最优）产出之间的距离反映了该企业研发技术效率的高低，所以测度企业的研发技术效率需要对未知生产前沿进行估计，学界估计这一前沿最经典的方法为随机前沿分析法（Stochastic Frontier Analysis，SFA），随机前沿模型的一般表达式为：

$$y_{it} = f(x_{it};\beta) * \exp{(v_{it} - u_{it})}$$

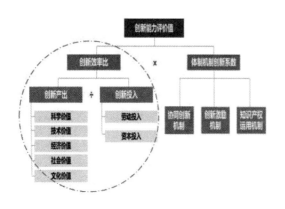
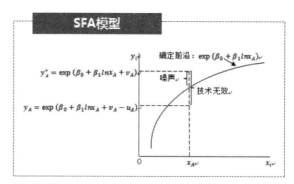

*创新效率比取值区间为0~1，效率值通过软件deap2.1测算。

图12 模型示意图

体制机制创新系数采用"与历史数据比"的计分方法，由协同创新机制、创新激励机制、知识产权运用机制等多方面因素确定，引导各单位积极开展体制机制创新。

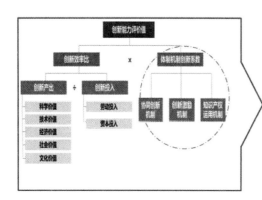

体制机制创新系数=1±附加分

序号	附加项	附加分
1	与上一年度相比，非股东业务收入占比有所提升	0.02
2	与上一年度相比，创新联合体数量有所增加	0.02
3	与上一年度相比，实施中长期激励种类和范围有所增加	0.02
4	与上一年度相比，离岗创业及容错机制更加完善	0.02
5	与上一年度相比，应用更多市场化方式（知识产权质押融资、作价入股、证券化、构建专利池）运用知识产权	0.02

图13 创新系数示意图

步骤7：定应用——确定评价结果的应用方向

主要应用途径包括：优化公司创新资源投入策略、解决创新领域不平衡不充分问题。优化公司创新资源投入策略，是在满足上级要求研发经费投入预算内，公司统筹安排各单位年度科技项目经费，对投入产出比高、研发加计扣除成效显著的单位予以倾斜，纳入各单位计划预算统筹安排，提高创新投入产出效益。发挥创新能力评价的"指挥棒"作用，推动科研体制机制改革，逐步解决当前资源投入方向分散、效能不高等问题，增强各单位自立自强的创新能力。

步骤8：定管理——确定管理流程的优化方向

明确创新能力评价职责分工及流程，在公司系统内常态化开展评价工作。具体可包括：准备阶段，根据公司制度管理规定，编制印发《南方电网公司创新能力评价实施细则》，将以上具体做法上升为企业管理制度；实施阶段，公司内部智库根据制度规定，以数据为基础，以评价模型方法为依据，给出每年各分子公司创新能力评价结果；应用阶段，编制年度创新能力评价分析报告，应用评价结果优化公司创新资源配置，完善创新管理体系。

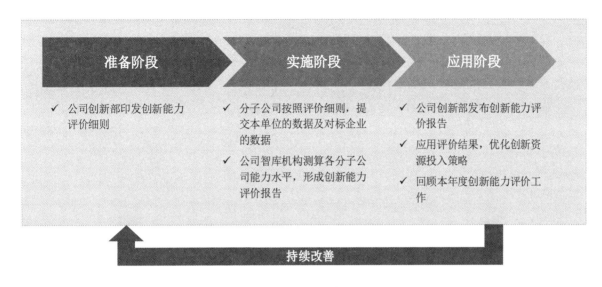

图14 流程示意图

（五）综合考量配资源：规划企业研发投入强度目标

为落实国企改革三年行动方案里中央企业整体研发投入强度目标，总体来说应逐步提升央企研发投入强度。但对于不同类型的中央企业，应分类施策、合理设定不同类型央企的研发投入目标，根据对标结果提出了各行业央企的研发投入强度目标值。

一是紧跟世界科技发展前沿，推动高技术领域以及研发强度明显偏低的央企提升研发投入强度。虽然发展阶段不同，但从国家高质量发展的要求看，推动中国大企业特别是中央企业增加研发投入是当前科技创新工作的重点，重点包括机械设备制造、汽车、电子、化学、制药和生物技术等高技术行业。与传统企业相比，国际大企业普遍抓住当下新技术和新模式突飞猛进机遇，加快企业数字化、知识化、信息化等投资，创造新的商业模式和经营模式，其研发投入强度普遍较高，商贸、服务、农林牧渔、投资四类央企应加强对标世界领先企业，提升研发投入强度，加快迈向高端产业价值链。

二是保持或适当提升其他行业央企研发投入强度，重点关注其研发产出效率。主要包括××、××、××、××、××、××、××、××、××等行业，该类央企平均研发投入和平均研发投入强度明显高于国际大企业平均值，这主要与我国科技和产业发展阶段有关。建议保持或适当提升该类央企研发投入强度，对于其中市场化程度较高的央企，更多地以销售收入和利润为标尺，重点关注其研发投入效率，带动行业整体创新突破我国亟需的关键共性技术。

三是强化创新评价应用，优化公司创新资源投入策略，提升创新效能。加强创新投入产出绩效评价结果的应用，对创新效率较高的单位，在研发经费投入、承担重大科技项目等方面给予更多的资源倾斜，引导各单位进一步提高创新效率，逐步解决当前资源投入方向分散、效能不高等问题，增强各单位自立自强的创新能力。

表16 企业2020年创新投入与产出指标计划

生产经营单位							
单位	科技创新指数（分）	研发经费投入强度（%）	创新项目投入强度（%）	单位科技投入新增发明专利授权数（件/亿元）	新增发明专利授权数（件）	新增发明专利授权数占新增专利授权数比重（%）	科技成果转化数（项）
广东电网公司（含广州）	82	***	***	***	***	***	***
广西电网公司	72	***	***	***	***	***	***
云南电网公司	72	***	***	***	***	***	***
贵州电网公司	72	***	***	***	***	***	***
海南电网公司	62	***	***	***	***	***	***
深圳供电局	72	***	***	***	***	***	***
超高压公司	72	***	***	***	***	***	***
调峰调频公司	62	***	***	***	***	***	***

科研主体单位				
单位	科技创新指数（分）	创新项目自筹投入（亿元）	新增发明专利授权数（件）	新增发明专利授权数占新增专利授权数比重（%）	科技成果转化数（项）
南网数研院	65	***	***	***	***
南网科研院	85	***	***	***	***

四、企业创新资源优化配置研究与实践的主要成效

以落实国家重大战略为导向，系统开展央企与国际大企业创新资源投入产出对标，通过科学设计企业创新能力评价体系，构建创新资源优化配置管理体系，建立环环相扣的动态化管理机制，建设创新管理数字化平台，充分发挥创新在企业经营发展中的引领作用，推动企业实现高质量发展。

（一）经济效益

根据优化创新资源配置、提升创新效能解决生产经营效率问题、创新引领产业发展、提升工作效率等发挥的作用，重点选取了客户平均停电时间和累计有效专利拥有数两项指标进行分析和测算。

1.降低"客户平均停电时间"增加的经济效益（营收及利润）

降低"客户平均停电时间"增加的营收=（上期客户平均停电时间–当期客户平均停电时间）×用户数×户均用电量×平均售电单价。

2020年降低"客户平均停电时间"增加的经济效益测算如下：

（1）新增营收=（10.8-9.9）×36342500户×0.001267×628.74 =26055836元=2605.6万元

（2）新增税收=新增营收×14.3%（含13%的增值税及1.3%的城建税和教育费附加，暂未考虑企业所得税）=2605.6万元×14.3%=372.6万元

（3）新增利润=新增营收-新增税收=2605.6-372.6=2233.0万元

2.累计有效专利拥有数一定程度上体现了研发投入和资源有效利用的结果

2019年至2020年累计有效专利拥有数分别为：24450件、32841件，同比增长34.3%；2019年至2020年年度新增专利授权数量（项）分别为：6964件、8387件，同比增长20.4%；2019年至2020年年度新增发明专利申请数量（项）分别为：5996件、8841件，同比增长47.4%。

（二）管理效益

1.应用于国务院国资委推动央企落实《国企改革三年行动方案（2020—2022）》

一是考虑我国经济发展水平、产业结构、科技战略等与发达国家具有较大差异，为各行业央企设定研发投入强度目标值，为优化"一企一策"考核中央企业研发投入强度奠定基础。我国在电子、化学、农业、生物医疗等关键领域研发投入确实不足，对提升重点领域研发投入、开展税收优惠、财政支持等精准施策具有重要参考；二是研究设计新的《中央企业研发投入统计结构》符合实际要求，并应用于《中央企业科技调查数据》统计；三是研究提出的"建立部门间科技统计协调机制，提高研发投入统计的科学性和准确性；着力优化研发投入结构，提升重点领域基础研究投入力度"等建议得到采纳，为推动落实《国企改革三年行动方案》发挥积极作用。

2.基于课题研究成果编制领导参阅《南方电网公司科技研发管理策略建议》

该领导参阅经过南网能源院吴宝英董事长、张良栋总经理审核后呈送给南方电网公司主要领导，犀利地指出公司创新领域存在的问题，提出了5个方面建设性建议，真正起到了资政建言、支持决策的智库作用。研究结论大部分被《曹志安总经理在南方电网公司创新领导小组2021年第一次会议上的讲话》采纳。创新领导小组2021年第一次会议事关全年以及今后一段时间创新工作重要部署，该讲话大量采纳了领导参阅主要内容。

3.主要研究结论被《南方电网公司创新驱动"十四五"规划》采纳

课题研究成果以及领导参阅主要观点在公司"十四五"创新驱动规划中得以体现。

4.支持编制《南方电网公司加强国家战略科技力量建设的实施意见》

该文件是公司近些年来关于创新方面最具实操性、最为重要的文件，文件中大量采纳了课题研究成果以及领导参阅主要观点。

5.为规范南方电网公司研发投入统计和促进加计扣除提供有效支撑

为积极承接国资委关于规范研发支出核算统计的工作要求，用足用好国家税收加计扣除政策，加快公司科研体制机制创新重点举措的落实落地发挥积极作用，得到公司肖立新总会计师肯定。

（三）社会效益

1.研究结论有效回应了社会各界对中央企业研发投入的疑问

社会各界尤其是学界对于央企研发投入偏多或者偏少褒贬不一。本课题基于详实数据对标世界一流企业得出结论，为不同行业央企设定研发投入强度提供了合理参考区间，研发技术效率测度也证明了央企在研发活动上的效能分布情况，有效回应了社会各界的疑问。

2.基于高质量研究成果与国务院国资委建立信任，成功中标国务院国资委2021年度"揭榜挂帅"十

大重大课题《国有企业全要素生产率的核算与应用研究》

3.成果得到广泛认可，极大提升南网能源院品牌知名度

基于课题研究成果，设计各行业央企研发投入强度目标值，为落实《国企改革三年行动方案》、合理规划中央企业研发投入目标、提升研发投入效率发挥了积极作用，研究成果获得国务院国资充分肯定；南方电网公司曹志安总经理在公司三届四次职代会暨2021年工作会议上专门对南网能源院在科技创新发面的研究和建言献策进行了表扬；此外，科技研究成果在《国企国企要参》《南方电网报》《南网综合信息》等进行了全方位报道，进一步扩大了影响力，提升了能源院的知名度。

（四）推广价值

1.研究成果已经在国资委和南方电网公司得到应用

企业创新资源优化配置研究与实践成果得到国务院国资委、南方电网公司高度肯定和认可，成果已经部分转化为企业的制度文件。国家部委方面，研发投入强度已经在央企考核、"十四五"规划中得以应用；南方电网公司层面，已经立项开展研发投入统计制度完善优化。

2.研究成果具有非常实际的推广复用性

提出的"中央企业对标方法""企业创新能力评价八步法体系""创新能力评价值模型"适合所有企业，并已应用于国资委对央企考核和南方电网创新评价研究中。企业创新资源优化配置研究与实践的核心成果最终将转化为公司的制度文件。

成果创造人：吴宝英、胡志广、夏振来、杨　丽、李于达、雷　兵、邹儒懿、
祁　辉、徐璐杨、蔡文静

全球疫情背景下海外投资项目服务保障
创新与实践

中国电建集团海外投资有限公司

2020年暴发的全球新冠肺炎疫情，不可避免地对国际政治、经济格局和经济全球化进程带来巨大冲击，也对海外投资项目生产经营带来一系列巨大挑战。面对项目所在国封城、入境管制，人员、设备、材料进场受限，防疫物资匮乏等困难，如何全面升级对海外投资项目的服务保障，建立与疫情形势动态相适应的服务保障机制，成为确保海外员工身体健康和生命安全、积极推进海外投资项目生产经营有序开展的重要基础。

中国电建集团海外投资有限公司成立于2012年7月，是中国电建专业从事海外投资业务的法人主体。公司通过投资带动海外承包业务发展，是中国电建调结构、促转型、引领国际业务优先发展的重要平台与载体。公司主要经营海外电力能源项目投资业务，包括：水电、火电、风电、光伏等海外电力能源项目的投资开发、施工建设与运营管理。公司在16个国家和地区设有各层级全资及控股子公司36个、5个参股公司和1个代表处，在老挝、柬埔寨、尼泊尔、巴基斯坦、印度尼西亚、孟加拉国、澳大利亚、缅甸、刚果（金）、波黑、中国香港、新加坡、迪拜、泰国等14个国家和地区有9个投产项目、4个在建项目、10多个前期项目，在建及运营电力项目总装机超400万千瓦，年发电量超100亿千瓦时。公司先后荣获全国五一劳动奖状、中国建设工程鲁班奖、国家优质投资项目奖、中国境外可持续基础设施项目奖、海外履责典范企业奖、老挝政府特殊贡献奖、巴基斯坦政府杰出成就奖等100余项荣誉奖项。

全球疫情背景下，公司在开展海外投资项目服务保障过程中结合国别情况、项目实际，创新工作方法，因国施策、因项目施策，从构建联防联控机制、做实保障措施、狠抓预案预控、防范衍生风险、做细人文关怀、强化信息支撑、抓好海外党建七个方面创新海外投资项目服务保障，统筹推进疫情防控和项目有序实施，为海外投资项目实现"两手抓、两手硬、两不误、两促进"提供了可供参考借鉴的案例范本。

一、全球疫情背景下海外投资项目服务保障的实施背景

（一）实施海外投资项目服务保障是贯彻落实"人民至上、生命至上"理念的必然要求

人民安全是国家安全的基石，人类健康是社会文明进步的基础。习近平总书记强调："人民至上、生命至上，保护人民生命安全和身体健康可以不惜一切代价。"面对突如其来的新冠肺炎疫情，以习近平同志为核心的党中央统筹全局、果断决策，坚持把人民生命安全和身体健康放在第一位。习近平总书记亲自部署、亲自指挥，多次对统筹推进疫情防控和经济社会发展工作做出重要部署和重要指示，对境外疫情防控做出重要批示，充分体现了总书记以人民为中心的深厚情怀，为深入做好境外疫情防控工作指明了方向，提供了根本遵循。

在严峻的全球疫情形势下，公司作为央企须切实担负起政治责任、历史责任，不折不扣贯彻落实中央决策部署，统筹做好疫情防控和生产经营工作，实现"两稳、两争、两保"目标。同时，系统做好海外投资项目服务保障对确保海外项目中外员工的生命安全健康、确保不因公司员工产生境外疫情输入、确保"一带一路"重大项目顺利推进、确保海外业务平稳发展具有重要意义。

（二）实施海外投资项目服务保障是彰显中国企业海外负责任形象的有效手段

中国企业"走出去"发展，是中国整体发展的重要内容，"走出去"企业一定程度上就是中国在国际舞台上的形象代言人。全球疫情持续蔓延形势下，全力实施海外投资项目服务保障，做好疫情防控，事关海外员工生命安全和身体健康，事关公司战略有效实施，更事关我们国家国际环境安全稳定的大局，责任重大，任务艰巨。

公司须在全力做好海外疫情防控工作的基础上，科学统筹项目工期、成本、资金要素，积极推动生产经营，持续深化"一带一路"合作。在建项目要千方百计保节点、保工期、保进度，确保项目履约，展现央企诚信。运营项目要抓好精益运营，坚持度电必争，全力争取发电负荷，为当地疫情防控、稳经济、惠民生做贡献。同时，关心关爱外籍员工思想动态、身心健康，力所能及向所在地捐资捐物，加强正面宣传引导，营造良好社会舆论，彰显中国企业形象。

（三）实施海外投资项目服务保障是统筹海外投资项目疫情防控和生产经营的客观需求

公司海外项目多集中在"一带一路"沿线国家，具有国别分布多、参与主体多、人员分布广的特点。项目所在国普遍贫穷落后、物资匮乏、基础工业薄弱，海外项目既面临防护设备、防疫物资匮乏压力，又面临工程建设和生产运营复工复产任务压力。海外疫情蔓延加剧对项目人员流、物资流、资金流等造成了不同程度的不利影响。同时，员工长时间无法正常回国休假，容易产生不同程度的心理危机。

疫情是对公司海外投资项目服务保障能力的一次集中检验，海外项目的现实困难和防疫特点，要求公司创新服务保障模式，多措并举提供坚强支持。

二、全球疫情背景下海外投资项目服务保障的实施情况

全球疫情背景下海外投资项目服务保障创新与实践根植于"人民至上，生命至上"的理念，着眼于将境外人员生命安全和身体健康放在首位，以保障境外项目人员生命安全为基础，积极稳妥推动生产经营工作开展。以联防联控、保障措施、预案预控、防范风险、人文关怀、信息支撑、海外党建为内核，较好适应了全球疫情背景下海外投资项目服务保障的新变化，增强了公司统筹推进海外投资项目疫情防控和生产经营工作、防范化解重大风险的能力。

（一）提高政治站位，构建海外疫情联防联控工作机制

相比国内疫情防控，海外疫情防控工作难度更大，需要切实坚持问题导向、底线思维和精准施策。公司清醒认识到海外疫情防控工作的严峻性、复杂性和紧迫性，切实增强"四个意识"、坚定"四个自信"、做到"两个维护"，把打赢海外疫情防控阻击战作为重大政治任务，扛起疫情防控责任。

新冠肺炎疫情发生后，公司迅速成立疫情防控工作领导小组，认真贯彻落实党中央、国务院、国资委、集团公司有关疫情防控各项决策部署，结合实际，制定疫情防控各类举措和应急预案，组织全员签订《新冠肺炎疫情防控承诺书》，统筹协调海外项目各承包商、分包商、劳务队伍签订《新冠肺炎疫情防控责任书》。同时，指导海外项目公司第一时间成立以项目总经理为第一责任人的疫情领导小组，

充分发挥"四位一体"（业主、设计、施工、监理）和"两位一体"（业主方和委托运维方）组织管控模式优势以及海外联合党工委作用，完善疫情防控工作组织架构，层层压实各方疫情防控责任，有效筑牢疫情联防联控的"防火墙"，全力以赴抓好海外疫情防控和服务保障工作，有力有序推进生产经营。

巴基斯坦卡西姆发电公司第一时间成立疫情防控领导小组，下设疫情防控办公室、疫情防控纠察队、电站大门24小时值班小组和党员电站大门轮班小组的疫情防控执行和监督组织机构。卡西姆项目联合党工委发挥党建组织优势，发起"人人都是监察员"专项活动，专门成立纠察队，24小时昼夜不间断对全厂疫情防控措施落实情况以及重点人群、重要场所、重要工作进行监督检查纠正，为疫情防控工作提供了有力保障。

（二）做实保障措施，强化海外项目疫情防控协同联动

疫情期间，很多国家及其民众一定程度上对疫情认识不够、应对不足、举措不严、防疫物资不充足、医疗条件不完善，加之疫情对全球人员和物资流动造成的限制，导致海外疫情防控的及时性、有效性难以跟上疫情发展速度。公司通过做实、做细、做好对海外项目的疫情防控服务保障工作，形成了从公司到项目，上下贯通、同向发力、协同联动的工作格局。

1.做好防疫巡检，紧绷责任之弦

为贯彻落实国资委《中央企业境外机构（项目）新冠肺炎疫情防控手册（第二版）》海外疫情防控和"两稳"工作要求，防范厌战情绪和松懈思想，公司每半年至少开展一次对海外项目的全覆盖巡检。同时，按照分级负责的原则，突出工作重点，建立包保责任制。包保责任领导至少每季度和项目视频连线一次，督促项目做好疫情防控和安全管理工作，同时参与国资委等政府机构对其包保项目的视频巡检。在其包保项目出现疫情、安全事故、社会安全事件等突发状况时，须主持项目应急处置会议并予以指导。

2.做好资源储备，提升处置能力

一是持续做好防疫药品和物资滚动储备。意识到海外疫情有蔓延趋势，公司第一时间指导项目公司按"3个月孤岛运行"的模式储备防疫物资和生活物资，保障药品储备高于基本标准三倍配备，以足额的药品储备将"稳住人心"落在实处。在准确把握所在国药品清关政策的基础上，公司和项目公司一起广开门路，灵活使用出国人员携带、国际快递邮寄、转运公司发运等多种方式，积极寻求多种渠道满足海外项目药品和物资滚动储备的要求，做到"手中有药，心里不慌"。

二是积极储备医疗资源，提升处置能力。一方面主动对接项目所在地周边的优质医疗卫生资源，确保一旦发生疫情第一时间开展有效救治；另一方面高度重视海外项目医务室建设，不断完善海外项目医务室医务人员和设施配备，加强自测快筛检测能力，提升医疗保障能力。同时，合理运用好国资委"四位一体"远程医疗平台和水电十一局黄河医院远程医疗咨询平台资源，国内外联动提高应急处置能力。

2020年1月31日，北京市发布2月10日复工通知。正值春节假期加之突发疫情，国内防疫物资的供应异常紧张。公司在国内全力寻找资源，仅订购到少量消毒液。当时境外疫情还未大规模爆发，防疫物资较为充足，公司充分利用境外资源优势解决总部防疫物资短缺情况。"一方有难，八方支援"，一时间来自澳洲公司的消毒洗手液，来自印尼、老挝、柬埔寨等国项目公司的口罩等急缺防疫物资纷纷向公司总部涌来，有效缓解了复工初期公司总部防疫需求。巴基斯坦毗邻疫情严重的伊朗，2月下旬封城，项目公司防疫物资紧缺。为尽快将防疫物资送达项目公司，4月2日，10箱防疫口罩从公司总部发出，4

日到达上海机场。预定航班突变行程，公司紧急改变运输方案，10日将快递转运到昆明机场。11日收到海关53号公告，增加了防疫物资申报材料，明确要求做属地商检，已经到达昆明的货物，必须返回原属地申报，大大增加了时间成本和物流成本。随着防疫物资出口规定不断升级，4月13日新规定再次颁布，需准备申报资料的这批口罩很难达到出口要求。公司转变思路，在现货提交申报资料同时，积极与兄弟单位沟通，寻找到一批已经垫款但因改变计划尚未发货的口罩。4月16日签订合同发运，20日防疫物资到达指定港口，当天又收到海关最新通知，对出口口罩的合格证以及使用说明书提出了统一要求，公司立即就缺少的文件进行说明和补充，21日报关资料齐备并申报成功，22日海关查验，23日晚这一批口罩最终安全到达巴基斯坦项目驻地。项目同事收到后说："太给力了！我们的安全有保障了！"

3.做好疫苗接种，筑起免疫屏障

疫苗接种是疫情防控工作的一项重要举措，也是防止疫情传播、保障员工身体健康的有效措施。疫情发生以来，公司高度重视疫苗接种工作，在疫苗三期临床试验阶段便密切关注疫苗研发动态，多方寻找信息，主动与上级公司、国药集团等单位沟通联系，积极争取疫苗接种机会。在充分了解员工接种意愿和健康状况的情况下，公司按照疫苗需求的紧急程度，统筹安排员工进行疫苗接种。在疫苗正式上市后，公司积极响应国家号召，倡导全体员工进行疫苗接种。同时，加强出境人员审批，做到"不接种、不出境"。为保障海外项目中方员工的生命健康安全，公司加强与驻在国使领馆的沟通汇报，将公司海外中方员工纳入当地"春苗行动"接种服务。

2021年2月，在中国驻巴基斯坦大使馆统一指挥部署下，为海外中国公民接种新冠疫苗的"春苗行动"在巴基斯坦启动。卡西姆项目伊斯兰堡办公室宋瑞同志积极参与到疫苗接种组织工作中，为国家关爱海外员工助力。从进口冷链设备、统计接种人员信息到编排接种计划，他冲锋在前，冒着被感染的风险，用辛勤的劳动和热情的服务诠释着电建人的风采。此次接种由全巴中资企业协会负责实施，历时两个半月，累计完成9650多名中国公民的疫苗接种，涵盖中资企业人员、留学生、华侨等群体。10月14日，在中国驻巴大使馆举办的在巴中资机构疫情防控经验交流会上，宋瑞同志荣获"落实'春苗行动'先进个人"表彰。

4.做好出入境管理，响应项目需求

疫情期间，在严格管控人员因公出入境的情况下，公司结合海外项目生产经营需求，加强与外事部门的沟通协调，积极准备各类报批资料，保证及时办理出入境手续。同时，由于疫情期间大多数国家实施了出入境限制政策，航班大量减少，给员工出入境带来很大困难。公司积极与外交部、使馆沟通联系，密切关注各国出入境"绿色通道""快捷通道"建立情况，及时了解各国、各地的疫情防控政策，妥善安排员工搭乘航班，确保了公司员工在疫情期间的正常因公出行，为海外项目复工复产提供了有力支撑。同时，公司严格贯彻落实"未检测、不登机，非阴性、不回国"的指导思想，强化远端防控措施，筑牢"外防输入"防线。

5.做好履责管理，树立良好形象

公司投资的海外项目年发电量超过100亿千瓦时，为所在国疫情防控和经济发展注入了源源不断的动能。除教育资助、医疗互助、生态保护等常规性社会责任行动外，结合所在国实际情况，公司指导项目公司在保障自身疫情防控物资需要的前提下，量力而行、力所能及地向当地政府、医疗机构和公益组织捐赠口罩、消毒液、防护服等防疫款物，共同携手抗击疫情，以实际行动诠释构建人类命运共同体的内涵。同时，对外捐赠防疫物资时，严格按照国资委规定的采购渠道组织货源，高度重视防疫物资的质量和标准，有效管控海外使用中方医疗防疫资源中的法律风险。

新冠肺炎疫情席卷全球,印尼疫情防控形势不容乐观。2020年11月,印尼明古鲁发电公司工作人员克服新冠肺炎疫情影响,又一次走进了他们时常牵挂的孤儿院,开展关爱活动。除了送去大量生活物资,还为孤儿们送去了口罩等防疫物资,并现场向孤儿院儿童演示了如何正确佩戴口罩,宣传了新冠肺炎防疫知识。"那是我第一次戴口罩,来自中国的大哥哥不仅耐心地教我们如何戴口罩,还亲手帮我戴上了口罩,那一刻感觉好幸福"。孤儿院12岁的小阿迪将自己的感受悄悄地分享给了院长乌米。明古鲁省受众最多的电视台"特别报道"栏目对中国电建团队"关爱孤儿成长,播撒爱心阳光"主题捐赠活动进行了专题报道。

6.做好应急值班,确保及时报送

公司及项目公司建立了海外疫情防控期间应急值守制度,完善了信息报送处置机制,保证信息畅通、指挥畅通,做到早预防、早发现、早隔离、早治疗和不瞒报、不缓报、不谎报、不漏报。同时,各项目确定一名专职联络人,确保24小时联系畅通,重要情况及时报告。

各项目公司严格执行疫情日监测制度,每天做好员工体温测量和疫情信息互通工作,严格落实"日报告、零报告"。公司建立了三级信息报送群(项目领导群、项目分管疫情工作领导群、综合部主任群),加强了风险地球App、中央远程医疗平台的建设,通过每日、每周、每月的信息报送,及时掌握跟踪海外项目疫情防控工作,快速进行指导部署。

（三）狠抓预案预控,做到海外疫情防控应急处置到位

公司在健全自身应急响应和处置机制的同时,指导海外项目公司综合考虑所在国疫情形势、项目人员密集程度、当地医疗救治条件等因素,分类、分情景、分人员群体制定针对性应急处置预案,对存在较大风险的项目公司同时制定撤离预案。此外,做好应急预案的桌面或实操演练,提前进行压力测试,从感染发现后的紧急隔离、紧急救治、医疗转运到感染扩散后的人员撤离、停工和资产保全等,分级分类制订措施,确保一旦发生紧急情况,及时响应和果断处理。公司指导海外项目及时开展疫情防控知识宣传教育,提升员工疫情防范意识和应急处置能力。保持与我驻外使领馆的信息畅通,在出现疫情的情况下及时向我驻外使领馆报告,及时处置、妥善应对。

指导后勤平台公司制订《海外项目突发人员回国事件应急预案》,应对"海外项目员工突发疾病或受伤急需回国救治""因故死亡,需将遗体转运回国""因所在国突发政变、政府颠覆、暴乱、战争、疫情等急需项目员工撤回国内"等突发事件,建立与驻外使领馆、医院、中外政府有关部门和海关边防等单位多层级应急联动机制,联合处置应对海外突发事件。

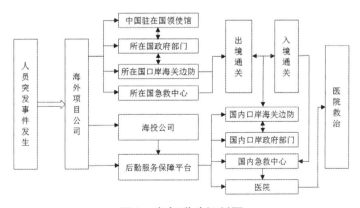

图1 应急联动机制图

2020年4月5日,老挝南欧江流域公司员工章某突发心脏疾病,送至老挝琅勃拉邦省中老国际医院

进行救治，确诊为急性心肌梗死。因当地医院无救治设施，需立即送回国内抢救。公司立即启动应急联动响应机制，按预案处置措施紧急联系中国驻老挝琅勃拉邦总领事馆共同协调老挝磨丁口岸海关、边防等相关部门开辟绿色紧急通道。同时，公司紧急联系云南省西双版纳州及勐腊县磨憨口岸海关、边防、疾控中心、医院等单位，开通中国磨憨口岸绿色紧急通道，患者于4月6日及时送至西双版纳州人民医院进行手术，转危为安。在疫情期间封境闭关的条件下，由中老双方共同努力，紧急开通绿色通道，快速完成出入关、核酸检测等工作，为在疫情情况下跨国救治赢得了宝贵的时间。

（四）防范衍生风险，守护海外项目员工生命健康安全

疫情在全球持续蔓延，给世界各国经济、政治格局、公共卫生和安全带来了全方位冲击，针对中资企业员工的绑架、抢劫、恐怖袭击以及其他犯罪行为的事件时有发生。为确保海外员工生命健康安全，公司指导海外项目公司切实做好海外疫情衍生风险防范工作。

一是周密部署，落实落细疫情衍生风险防范措施。高度关注疫情带来的法律、社会安全、其他流行病、劳务用工、生产经营、网络信息、内部稳定、舆情等疫情衍生风险，对高风险国别、重点项目疫情衍生风险开展拉网式排查，进一步完善风险防范措施。加大项目营地安保投入，强化对办公生活营地的封闭管理。二是注重预警，提升防范能力。加强与我国驻外使（领）馆、国别代表及总部有关部门的联系沟通，及时掌握机构（项目）所在地安全信息动态。健全海外疫情衍生风险预警和评估机制，对项目可能面临的风险进行预判，及时采取措施，不断提升风险防范能力。三是加强协调，全力以赴做好处置工作。发生疫情衍生风险事件不惜代价开展救援，第一时间启动应急响应机制。四是加强教育，提升员工管理水平。做细做实员工风险防范教育培训，使员工充分认识到疫情期间海外旅行、工作和生活面临的各类风险，同时提升员工防范技能。五是加强演练，逐级落实工作责任。加强对海外项目公司的监督指导，加强预案演练，完善风险防范措施，把风险隐患消除在萌芽状态。

2021年7月中旬"达苏"恐袭事件发生后，公司立即组织巴基斯坦卡西姆发电公司研判安全形势，增配四套车载信号屏蔽器，用以防范遥控爆炸装置的危害，加强外出办公安全。由于国内设备生产商受海外疫情影响和业务区域限制，无法提供海外运输、清关等服务，公司积极协助办理运输事宜，保障了设备快速运抵现场，确保了电站安全和人员健康安全。

（五）做细人文关怀，确保海外项目安全稳定生产大局

打赢海外疫情防控阻击战，员工的心态心理至关重要。公司认真贯彻习近平总书记"坚持以人民为中心"的发展思想，进一步做好疫情期间海外员工人文关怀工作，凝聚全员力量实现抗疫稳产目标。

1.切实做好前方员工的心理疏导和保障工作

一是细致做好中外员工心理疏导。采取灵活方式做好领导干部与员工的沟通交流，做好心理健康热线咨询服务，关注员工心理健康。同时，建立员工意见建议征集、反馈渠道，对意见建议梳理分类，及时反馈，做到件件有回音、事事有落实。通过建立微信群、发送慰问信等多种方式鼓舞员工战胜疫情的决心和信心，疏导恐慌情绪。

二是督促做好员工后勤保障。关心关爱员工的生活和工作状况，尽心尽力帮助做好前方员工生产、生活及防疫工作的物资保障，重点关注员工食堂、宿舍、隔离措施等硬件设施，切实做好药品、防护用品、消毒品以及生活物资滚动储备，让员工有踏实感和依靠感。在满足当地疫情防控要求的前提下，组织多样化的"月月有主题"活动，丰富员工业余文化生活，凝聚士气人心。

三是认真做好员工自我防护的宣传普及。科学的防护知识和良好的防护习惯是避免疫情感染的关

键因素。把保持交流距离、佩戴防护口罩、房间及时通风、经常洗手消毒等简单可行的防护措施宣传普及到每位员工并监督落实执行，提升每名员工防护意识和技能，形成疫情防控的自律和自觉。

四是做好海外一线员工评先选优工作。公司在评先选优方面，重点向海外一线员工倾斜，增加每月"海投之星"疫情防控工作先进名额。挖掘宣传海外抗击疫情和生产经营一线广大员工坚守岗位的感人事迹，选树无私奉献的典型人物。

五是落实好海外疫情防控常态化下员工休假事宜。针对疫情期间海外员工不能按时休假的情况，对放弃休假的补偿、休假的累计、回国隔离期薪酬待遇、食宿、检测费用承担等提出相应妥善解决方案。

2.深入做好后方家属的慰问帮扶工作

一是全面掌握海外员工家属的基本情况。健全海外员工家属台账，通过海外工会工作微信群、QQ群，及时了解掌握海外员工家属的生活状况和存在的困难。健全便捷有效的工作机制，通过手机电话、走访看望、发放慰问信、邮寄慰问品和防疫物资等形式，把公司慰问和关怀送到后方家属的身边。

二是细化困难家庭的帮扶措施。定期对员工困难及生活状况进行摸排，推进海外志愿服务，有效实施"一对一"帮扶机制。

三是关注海外员工家属的心理疏导。把疫情防控的具体安排和保障措施宣传到每个海外员工家庭，让海外员工家属相信和放心，公司竭尽全力、竭尽所能，确保每一名海外员工的身体健康和生命安全。让后方的放心转化为前方的安心，通过后方积极心态的传导，促进前方员工队伍的稳定。

疫情期间，公司实施海外人文关怀"特别行动计划"，细化落实12项具体举措；慰问海外员工及家属400多人；组织"海投之星·疫期特别表彰"49人获奖；在总部及海外项目组织100多项"月月有主题"活动。

（六）强化信息支撑，保障海外项目实现防疫稳产目标

公司充分利用信息化手段保障海外疫情防控和生产经营工作开展。通过打造通达海外、安全高效的互联互通网络体系，提升疫情环境下数字化综合保障能力。第一时间启动信息化应急保障措施，建立应急沟通协调机制；加强网络与系统的巡检运维力度，确保公司海内外网络稳定通畅、各项系统平稳运行；发挥"即时通信+移动办公"融合平台的优势，提供便捷、高效、安全的统一融合平台，实现移动办公、远程协同；公司搭建基于"云端"的电话会议系统，创新融合打造"云视频"会议平台，打破时间和区域的限制，由原来依赖专线的硬件高清视频会议场景变为支持多终端、多环境、随时随地召开软硬件结合的视频会议场景，系统安排部署疫情防控巡视、对外交流等工作，增强信息传递的安全性与时效性，助力公司顺利实现防疫情、促经营、保发展的总体目标。

公司指导有条件的海外项目公司在固定办公区出入口安装"热成像人体测温"设备，以实时检测进出人员体温情况。拓展"电建通"功能，构建"一站式"移动办公平台。利用电建通表单流程模块实现疫情相关信息的智能填报与统计功能，搭建轻应用、微服务，提升移动平台应用能力。

（七）抓好海外党建，推动公司疫情防控工作责任落实

公司党委要求各海外项目党组织充分发挥基层党组织的战斗堡垒作用、党员领导干部的示范引领作用和党员的先锋模范作用，确保党的政治优势、组织优势、密切联系群众优势转化为海外疫情防控的强大政治优势。同时，严格落实意识形态工作责任制，切实做好海外舆情管控，坚持"党的领导、依法依规、区别处置、有效引导"原则，做到"发现在早、控制在小、预警在前"，确保不出现影响公司声誉的事件。深化宣传公司海外项目疫情防控和生产经营的好经验好做法及取得成效，深入挖掘中外员工

守望相助抗击疫情的典型事迹、涌现出的先进人物、优秀集体，为抗疫斗争和生产经营营造良好的外部环境。

公司纪委严格按照党委统一部署，将监督执纪与统筹推进疫情防控和复工复产工作统一部署、统一推进、贯彻落实，切实发挥好纪律保障作用。同时，将疫情防控监督纳入党风廉政建设年度重点工作，监督疫情防控和复工复产工作主体责任的落实，督促各有关部门落实监管责任。

在海外疫情蔓延初期，巴基斯坦卡西姆项目联合党工委发现，由于巴基斯坦境内暂未出现疫情大规模爆发情况，同时受当地宗教信仰、传统习俗、生活习惯等多方面因素的影响，巴方员工对新冠病毒的认知和疫情防控工作的重视程度远远不够。项目联合党工委精准施策，充分考虑巴方员工教育水平、认知能力的差异，根据世界卫生组织等权威机构发布的防疫知识，通过图片和文字等方式，编制了英语和乌尔都语双语新冠肺炎疫情防控手册，内容涵盖病毒的传播方式、自身预防措施、日常生活注意事项等各方面知识。为保证宣传教育效果，将纸质版和电子版下发至每一位巴方员工，并在办公、生产区域滚动播放疫情防控知识。要求巴方员工相互监督，提倡巴方员工积极向家人朋友宣传防疫知识。

三、全球疫情背景下海外投资项目服务保障的实施效果

（一）直面疫情大战大考，防疫实现"双零"目标

以非常之举，应对非常之事。公司坚持以战时思维、临战状态、务实举措应对疫情大战大考。公司在全球14个国家和地区的近4500名中外员工（含参建方人员），无一人感染、无一人确诊，创造了"零感染、零确诊"奇迹。按照"应接尽接"的原则，公司海内外中方员工疫苗接种率达到100%，为广大员工身体健康和海外项目正常生产运营构筑起一道免疫安全屏障。

公司通过加强对中外员工个人防护措施及宣传教育，做好对外籍员工的交流、疏通和辅导，增强员工之间的情感连接，与医院建立互助医疗协作机制并聘请专业医护人员为海外员工全方位进行心理疏导及危机干预，针对性开展对每一个海外员工的家庭慰问等一系列人文关怀行动，疏解疑虑，使员工及家属以理性平和、积极向上的心理状态应对疫情。公司未出现违反所在国疫情管控措施的行为，未因疫情防控产生群体事件，切实做到"稳在当地、稳住人心"。

（二）生产经营有序推进，公司发展持续向好

全球疫情背景下海外投资项目服务保障的创新与实践，为公司逆势攻坚，有力有序推进生产经营各项工作提供了坚强支持。公司海外项目建设有序推进。中国电建在海外首个全流域投资开发的水电站项目——老挝南欧江全流域水电站全部机组实现投产发电；缅甸胶漂项目顺利提前5天实现"5·30"里程碑目标；公司召开波黑伊沃维克风电项目顶层设计会，以全局视野和前瞻思维为公司在欧洲首个落地新能源投资项目奠基架梁、谋篇布局。公司运营效益持续提升。2021年上半年，卡西姆电站累计发电量突破46亿千瓦时；南欧江流域公司克服雨季推迟、疫情影响等各种不利因素，累计发电量突破60亿度大关，为中老建交60年献上贺礼；牧牛山风电项目创投产以来单日和月度发电量新高。公司取得抗疫稳产"双战双赢"，巩固了长期向好的发展势头。

（三）形成防疫保障模式，擦亮企业品牌形象

公司通过创新举措，形成了一套成熟的全球疫情背景下海外投资项目服务保障模式，为公司战略的顺利实施奠定基础。公司深入践行"一带一路"倡议和共商共建共享的丝路精神，为项目所在国疫情防控和经济社会提供了有力支持，赢得了当地政府、社区等相关方的广泛称赞。巴基斯坦卡西姆发电公

司荣获中国驻巴基斯坦大使馆颁发的"落实'双稳'工作先进单位"称号，牧牛山项目公司鹰类保护系统荣获澳大利亚2021年可再生能源创新奖，老挝南欧江流域公司"澜湄合作饮水示范项目在老挝哈克村顺利移交"登上《人民日报》，极大增强了海外影响力，树立了央企抗疫稳产、勇于担当的品牌形象。

【参考文献】

[1]宋志平.疫情之下看央企的责任和担当[C].国资报告,2020(02):117-120.

[2]刘青山.从央企抗疫看中国治理优势[C].军工文化,2021(Z1):14-17.

[3]张珊珊;邹平.疫情防控主战场的传播实践与央企表达[C].企业管理,2020(S2):304-305.

成果创造人：盛玉明、俞祥荣、赵新华、王　中、刘　凯、王耀东、朱晓儒、
张腾斌、贾　蕾、杨　杰、段雨欣、黑继燕

华润集团数字化转型创新助推企业实现高质量发展

华润（集团）有限公司

华润集团作为国务院国资委直接监管的国有重点骨干企业集团，业态多、行业广、规模大、架构复杂、管理难度大。2009年开始，华润集团发挥后发优势，开始了大规模信息化建设。2019年开始，华润集团围绕"智慧华润2028"的愿景目标，完成了六大智慧技术平台的建设，下属企业的数字化转型进一步加速。经过十余年的建设，不仅信息化水平实现了从中央企业排名第87名到第1名的飞跃，从无到有地建立了信息化管控能力、平台技术能力和赋能业务能力，而且加强了集团管控能力，有力支持了服务客户能力、生产经营效率和产业竞争力进一步提升。华润集团在实施"十三五"期间，人均效能年均提升12%，人均利润年均提升20%。

一、基本情况及信息化建设背景

（一）华润集团基本情况

历史久。华润集团创立丁1938年，因应外贸体制改单的形势，企业逐渐从综合性贸易公司转型为以实业为核心的多元化控股企业集团。华润是拥有光荣历史的红色央企，八十多年的风雨历程、几代人的艰苦创业为华润积淀了优秀的企业文化，铸就了独特的企业之魂。这是华润宝贵的精神财富，是推动华润事业不断发展壮大的内在动力。

规模大。目前华润集团下设25个业务单元，实体企业2,000多家，在职员工37万人。下属企业中有13家上市公司，其中8家在港上市，华润置地位列香港恒生指数成份股。华润集团位列《财富》世界500强第69位。华润品牌位列"世界品牌500强"第78名。截至2020年年底，华润集团实现营业收入人民币6861亿元，净利润人民币590亿元，集团总资产人民币18300亿元。

多元化。华润集团业务遍布全国和部分海外区域，涵盖大消费、大健康、城市建设运营、综合能源、产业金融、科技与新兴产业六大领域，横跨20多个细分行业。华润零售、啤酒、燃气、商业地产、制药和医疗等经营规模在全国位居前列。华润电力、水泥业务的经营业绩、经营效率在行业中表现突出。华润置地是中国内地实力雄厚的综合地产开发商之一。雪花、怡宝、华润万家、万象城、999、双鹤、东阿阿胶、江中等是享誉全国的知名品牌。

（二）华润信息化建设的困难与挑战

在华润集团历史久、规模大、多元化的背景下，需要通过信息化来推动和加强集团各级基础管理，提升集团各级战略和营运管控能力，让信息化支撑、驱动华润集团成为具有全球竞争力的世界一流企业。华润的信息化建设之路面临着重重困难与挑战。

一是信息化基础弱。华润集团信息化自2008年起步，彼时信息化基础弱、意识淡、水平低，基本处于"五无"状态：无战略、无组织、无管理、无平台、无系统。集团及下属单位均无信息化战略规划，超过90%的单位无专职的信息化部门，管理分散、无协同、不共享，无全集团共享的IT平台和应用系统。信息化建设水平与国际标杆差距约20年以上，与央企标杆差距约10年以上。

二是业务规模多元。华润集团下属25个业务单元，涉及零售、啤酒、食品、饮料、电力、地产、水泥、燃气、医药制造与流通、医疗健康、银行、信托、资产管理、微电子、化学材料、环保科技等20多个行业。跨度大、业态多、架构复杂，法定层级12级，全集团法人实体数量2000多家，共有150个左右工厂横跨食品、饮料、科技、制造等行业，约3000家零售门店、约160家医疗机构、约55个生产基地、约158个物流中心、267个城市公司等。

三是管控模式差异大。华润集团多元化产业、多层级法人、并购整合重组多等因素导致各业务单元的管控模式差异大。在华润快速发展的过程中，管理体系、管理平台、制度规范、流程标准等管控能力迫切需要跟上业务发展的速度。华润信息化建设面临着多元与集中难以平衡、服务与管控难以融合、共享与协同难以联动、资本与实业难以互动、标准与流程难以规范等挑战。

四是业务变革推动难度大。面对经济的转型和生产要素的转变，以及打造国有资本投资公司和建设具有全球竞争力的世界一流企业的目标要求，华润需要持续通过信息数字技术的应用和创新来优化变革管理模式和管理方法。这种系统性的管理变革，是极其艰难的工程。

二、华润集团信息化建设实践

（一）强化治理，确立两级集中管控

面对华润集团信息化建设初期的难点和挑战，需要采取有效的治理模式，华润集团采用了集中化、标准化、集成化、体系化的治理模式，有效加强了集团管控，保障信息化建设达成目标。

第一，集中化。围绕"集团多元化，业务单元专业化"的战略定位，确定了华润集团智能与信息化建设"两级集中"的管控模式。集团和业务单元各司其职，管理价值链和业务价值链信息化齐头并进，其中集团聚焦全集团共享的基础信息化技术平台和系统建设及能力培养，加强智能引领和科技赋能，强化管控要求，推动共享服务。业务单元聚焦行业信息化解决方案建设及能力培养，关注推动生产、运营智能化和业务信息化价值发挥，向数字化、智能化企业转变。

图1 两级集中管控模式

第二，标准化。没有标准化就没有信息化。按照"标准统一、系统互联、数据共享、管控集中"的四部曲方法论，全面推动全集团管理价值链、业务价值链集中式建设，实现标准化和规范化，加强了集团管控。

第三，集成化。集团总部前瞻性、系统性的顶层设计，统一了全集团各职能线的管理和业务标准。

第四，体系化。信息化加强集团管控建设的快速有效落地，需要有针对性地制定和采取有效的机制和体制，建立适宜的、相对完善的管控治理体系。

（二）审时度势，选择适宜的推进策略和技术策略

华润集团信息化发展大致可以分为两个阶段：基础建设期和创新应用期。在基础建设期，依托商业化套装平台，围绕业务和管理两条价值链，管理信息化、业务信息化、IT基础三大平台，结合实际情况按照集团主导、业务单元主导的两种方式，有效推动全集团信息化快速覆盖，解决了信息化"从无到有"的问题。在创新应用期，伴随着信息技术的发展和自身技术能力的积淀，适时地开始以自主研发为主要建设方式，实现信息化"从有到优"的创新发展。在推进过程中分别采用了"先职能管控后共享服务""先共性需求后个性需求""先纵向建设后横向集成""先基础平台后价值挖掘"的推进策略，有效保障战略目标落地。

随着时代的发展，结合新技术发展趋势以及全球宏观环境、市场竞争的变化，华润集团信息化工作侧重点由基础信息化为重点转向推动企业经营价值链各环节数字化、智能化，更强调科技与业务的融合，更关注通过数字化转型驱动企业转型升级、提高发展质量，创新发展模式，塑造新的核心竞争力。华润集团在数字化转型时期提出"云优先、智生长"的技术战略和"宜研则研、宜合则合"的研发策略，为集团数字化转型、智能化发展战略的快速落地明确了技术方向。

（三）匹配战略，构建组织能力

建设具备极强变革推动力和战斗力的信息化团队，是信息化驱动集团管控成功的基础。在集团领导及各职能部室、各业务单元一把手的大力支持下，华润集团逐步构建了和智能与信息化战略规划和服务体系相匹配的、优秀的、专业的、具备极强的变革推动能力和饱含战斗激情的信息化组织。

华润集团一把手和各层级领导均高度重视信息化和数字化转型工作，深入参与信息化建设和数字化转型各项工作的统筹部署。集团董事长在以"数字化时代华润产业转型与发展"为主题的第二届华润改革发展论坛上发表专题演讲，提出并推进"超级产业平台"建设，推动华润各级经理人和广大员工更好地把握数字经济时代的趋势特点，启发思路，凝聚共识，加快集团管理模式和产业布局向数字经济的转型步伐。同时，集团董事长及管理层从集团推进数字化转型的高度出发，提出将集团信息管理部更名为集团智能与数字化部，充分发挥"智能引领、科技赋能"的作用，全面统筹规划数字化转型和智能化工作的落实，同时支持华润数字产业发展，推动逐步构建以信息技术为新能力、新引擎的华润产业发展新格局。此外，各业务单元分别筹划成立跨部门数字化转型专项小组，共同探讨面向数字化转型的企业组织和管理变革，统筹构建数字化新型能力。

华润集团于2019年在华润大学成立了智信学院（现更名为华润数字化学习与创新中心），这是集团内首个职能条线设置的专业培养基地。作为数字化人才培养基地和经验交流平台，数字化学习与创新中心开展分门类、分领域的专项和通用培训，覆盖信息化高级人才、复合型人才、创新型人才等多层级对象，逐步分批地提升全员信息技术的感知和能力，有助于培养既懂业务又懂技术的复合型数字化人才，为华润集团各产业的数字化转型和智能化发展提供持续动力。

华润集团成立了人工智能、5G和工业互联网、区块链等三大实验室，正在筹备信创实验室、网信安全实验室，已成立的三个实验室团队成员来自领先企业和全球顶尖学府毕业的博士领军，90%硕士及以上学历。华润集团已与清华大学、香港科技大学、兰州大学、南方科技大学等高等学府建立紧密合作关系。

（四）保驾护航，建立制度体系

为落实华润集团智能与信息化战略规划，统筹推进全集团智能化、数字化、信息化建设，结合集团智能与信息化工作"专业性强、涉及面广、复杂性高、系统性强"的实际情况，华润集团加强制度建设，系统性地制定了一系列智能与信息化相关管理制度和规范，形成了"1+6+X"集团智能与信息化制度地图，即集团一级管理制度1份，为集团智能与信息化条线"管理大纲"，明确了集团智能与信息化工作的定位、管控模式、原则及基本管理要求等；集团二级制度6份，在遵循一级制度的基础上，明确IT应用系统与平台、运维服务、基础设施、数据管理、网信安全、会员积分6个管理领域的管理要求；集团三级制度23份，规定各二级管理领域之下更细的管理、操作及运维要求等执行细则。同时，通过制度管理闭环，结合智信战略和IT管理价值链持续动态完善相关制度，实现制度"贯彻战略、体系完善、管控有效"的目标，从制度体系形成一致的价值理念，成为共同遵守的管理规则和工作指引，保障和推动集团智能与信息化战略规划的执行效果。

（五）总结经验，形成管理模型

在长期管理实践的基础上，华润集团形成了一套方法科学、技术领先、成熟有效，适用于多元化集团管控能力的智能与信息化管理模型——管理模型。智能与信息化管理模型是由行业方案、IT技术、IT治理、智信化、价值创造等五部分组成的"五I"钻石模型。

行业方案是信息化建设扎根发展的底座和根基。IT技术、IT治理、智信化是保障手段。通过技术、治理、融合等不同层面的应用，提供共性支持和能力保障，支撑产业数字化和数字化产业发展，保障行业方案应用落地。价值创造是智能与信息化建设的总体目标。

管理模型以5次方的关系体现，主要强调了集团加减乘除"组合拳"中的乘法，即华润集团通过信息技术应用，实现管理和运营的创新，以形成传统产业转型升级的新动能，快速实现集团价值提升。

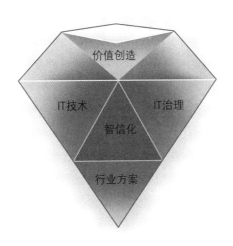

图2　管理模型

第一个i即Industry Solutions——行业方案。是信息化建设扎根发展的底座和根基，在多元化集团发展过程中，行业方案聚焦行业数字化转型的顶层设计，解决各行业的个性问题，并形成多元化集团的共性平台的基础。各类信息化建设应用最终需要通过产业数字化和数字产业化来落地。通过智能与信息化建设，支撑产业发展，支持构建现代产业链，推动各产业高质量发展。

第二个i即Information Technology——IT技术。利用各种硬件设备、软件工具与科学方法，对各种信息进行获取、加工、存储、传输与使用的技术总和，是智能与信息化工作的核心资源。

第三个i即IT Governance——IT管控治理。通过设定合理的目标、建立有效的组织、流程、规范和标准等以支持战略的有效实现。

第四个i即Intelligence and Informatization——智信化。通过信息化、数字化、智能化的技术赋能管理、赋能运营、赋能产品、赋能客户、赋能服务、赋能员工等，体现IT与业务的深度融合发展。

第五个i即Innovation——价值创造。智能与信息化建设的总体目标，也是开展智能与信息化工作的核心目标，一切智信建设、数字化转型等都是围绕价值创造的核心目标，提升客户服务能力、提升生产效率、提升产业竞争力。通过创新、共享，进一步促进价值发挥，将华润打造为具有全球竞争力的世界一流企业。

三、华润智能与信息化建设成效

华润集团在"十三五"期间，随着智能与信息化"两级集中"管理模式不断推进和落地，大幅提升了集团集中管控能力和效率，支撑业务发展成效显著。华润集团已基本建成信息系统及平台对主营业务生产、供应链、运营、销售等关键环节的全覆盖，赋能产品、服务、运营、员工和管理，有效支持和促进集团人均效能持续提升。

（一）集中管控能力和效率提高

管得住，实现横向到边和纵向到底。逐步构建了覆盖门户办公、财务、人力、风控、战略及数据领域30余个基础管理信息化系统，华润集团实现横向到边、纵向到底的系统管控能力，推动了流程标准化、操作规范化，管理颗粒度和层级实现大幅度提升，如统一的合并科目、统一的会计科目、税务管理体系、资金报表分析体系等实现从无到有，合并报表数据来源从手工填报到系统自动传输，合并层级从1层到可层层追溯，实现了管理和经营信息的一致性、及时性、透明性，集团集中管控能力得到显著提升。

管得好，管理效率不断提升。华润集团建设了办公网络化的数字化信息管控平台，三重一大、移动办公等均已经完成建设，同时对常规管控业务进行深化应用，聚焦办公数字化转型，助力实现高效协同和智能办公。4家下属企业通过财务共享建设，费用报销时间由原来的18天提速到2天，资金支付时间由5天提速到1.5天。华润怡宝依托区块链技术完成电子合同系统建设，合同签约时间从7天缩短到5～10分钟，合同管理及运营成品降低80%以上，通过对接公证处，让合同更具法律效力。华润雪花通过报账系统，支付时长缩短1.91天，业务审批时长比上线前减少35%。华润双鹤会议管理系统通过简化后端职能管理流程，单场会议从计划申请到报销完成审批时长从原来45天减少到22天，耗时缩减51%。华润水泥通过EHS系统与BI集成，为管理层直观展示跟踪月度节能减排数据，助力管理决策。

（二）支撑业务发展成效显著

各业务单元聚焦业务难点和痛点，对生产、运营、管理等主要环节进行了数字化、智能化的积极探索与实践，取得了一定的价值成效，服务客户能力、人均效率和产业竞争力的进一步提升。

业务价值链运营支撑。开展业务信息化建设，有效支撑了集团业务生产、供应和销售等关键环节的转型发展。在生产环节，智能制造取得进展，华润三九在多个工厂开展国家级智能制造试点示范项目，有效提升了药品生产效率和质量管控。在供应链环节，推动供应链管理走向互联、智能和敏捷。华润怡宝逐步打造"供应商—工厂—经销商"一体物流计划综合平台，收、发货线上预约，智能排队，优化工厂库存，支持产销协同。在销售环节，探索智慧营销及线上化销售。华润双鹤积极推进业务线上化工作，截至2020年年底，双鹤2020年线上交易金额已达57亿元（税前），占公司整体交易金额比重达64%。华润万家2020年度线上化销售53亿元，较2019年增长接近4倍。

人均效能提升。在生产制造领域，有效促进实现更安全、更环保、更高效、更低耗的生产，综合提升了生产运营效率和质量。华润电力对约43万个测点进行实时监测、数据采集、算法分析应用，江苏大区的运营管理效率提高了30%，设备预警准确率超过了70%。华润水泥无人值守智能发运提高已上线基地的平均发运效率30%，提升发运人效50%。在商业和运营领域，进一步赋能供应链、仓储、营销等主要环节，提高了运营管理效能。华润置地运用物联网、大数据等技术减少了项目人员现场巡检频次和录入工单的操作，节省20%工作量。华润燃气在无人值守场站方面应用物联网技术，实现了输配运行的自动采集监控，有效提升场站和管网运行的效率。

产业竞争力提升。通过效率提升产业竞争力，华润万家对商品、服务、环境等进行彻底的转型升级，万家MART店实现日均坪效提升6%，日均人效提升31%，库存周转天数下降5.9天，大大提升了零售企业的竞争力。通过模式创新提升产业竞争力，华润润药商城B2B电商平台实现了医药流通业务的线上化，已覆盖20省，累计活跃客户数超过3万人，2020年线上销售额达248亿元。

（三）IT技术能力显著提升

完成了集团华润云平台、工业互联网平台、大数据平台、人工智能平台、物联网平台、区块链平台的研发和建设，为业务单元数字化加速转型提供基础平台。华润云于2019年11月正式投入使用。2020年起，重点开展集团管理信息化系统和各业务单元业务系统分批迁移上云的工作，集团总部及下属单位积极推动部署应用上云，截至2020年底，全集团已有270多个适云应用系统成功迁至华润云运行，系统占比约30%，其中集团管理信息化系统上云率100%，整体应用上云进展良好。华润集团汕尾数据中心是华润云的核心物理场地，占地4.5万平方米，设计规模4000个机柜，于2016年7月投入使用。一期投产860个机柜，集中了全集团700多个系统。

（四）推动提升客户服务能力

加强与客户连接，扩展渠道和客户触达率。华润怡宝建立以公众号、自媒体等外部窗口的资讯、信息整合管理和高效运营体系，推进促销活动/创意的线上化转型，促进品牌曝光、增加互动，建立多平台集成C端购物小程序、无感式高效送达体验，组建社区达人微购联盟，协同渠道商信息流转，促进社区购买。

通过智能化产品和服务，提升客户体验。华润银行通过智能化统一客户交互平台、OCR等基础服务平台，实现集中化、智能化，提升服务效率和客户体验。

融合线上线下，加强客户服务。华润健康通过建设互联网医院、远程诊疗平台、云医院等新型医院管理系统，打造了"线下首诊+线上复诊+远程会诊"的多模式创新医疗形态，联动单体医院与区域诊所，成功实现了从传统医疗服务向现代化医疗服务的过渡，同时还解决了疫情期间患者来院不便的困难，提升对患者的服务能力。

打通会员体系，推进用户服务敏捷化。华润通打通了集团39个形态各异的会员积分体系，整合全集团1.1亿的会员，形成统一的会员账户，推动积分在华润的通积通兑，会员忠诚度计划实现跨场兑分达到294亿分，带来跨场交易130亿元。华润雪花智能客服支持快速响应客户售前售后服务。华润银行应用大数据、区块链、机器算法等技术为小微企业提供全线上化、自动审批的信贷服务，实现5分钟线上签约放款，缓解了新冠疫情等特殊情况下小微企业的资金周转压力，保障了民生类生产制造企业供应链上下游的稳定，也提高了自身的风控水平。

（五）初步形成数字化转型氛围

激发数字化转型意识。不断强化科技赋能、智能引领、共享融合等数字化转型理念，系统组织数字化转型相关理论、方法和实践的集中学习，举办集团智能与信息化工作会议，树立智能化标杆，促进集团内优秀实践相互交流，通过树标立范、创新推动、内外部交流等多种形式的活动，激发全集团自上而下数字化转型意识，营造"比学赶帮超"的数字化转型氛围。

加大技术研究应用。依托华润产业竞争优势以及丰富的场景和数据，积极促进原创技术的转化应用，专利数量和软件著作权数量逐年攀升。在推进产业数字化转型的过程中，孵化数字科技创新场景，积极支撑营造有利于原创技术发展的良好生态。

推动项目创新孵化。以产业实际需求导向，联动集团人工智能、5G和工业互联网、区块链等三大实验室，推进项目孵化、技术加速和成果转化。2020年创新加速营入营项目68个，覆盖24家业务单元，引入10家外部创新项目。组织6场集中赋能活动，覆盖人次超2000人，4个创新项目成果转化落地，9个项目成功上线。

推进数字产业体系生态化。华润集团在国务院国资委指导下，于2020年牵头9家中央企业成立了大湾区中央企业数字化协同创新联盟，并揭牌中央企业数字化发展研究院，举办首届主题为"数字赋能，共创未来"的2020红数麟数字化发展论坛，助力国有企业需求侧管理的产业数字化，推动数字产业化供给侧的健康发展，形成产业生态体系，贡献华润力量。

四、华润智能与信息化经验启示

华润的智能与信息化建设在探索中不断总结，进步迅速，在提升总部管控能力、运行效率、业务价值链支撑、人效提升、产业竞争力提升方面取得了积极成效。华润在管理模型的实践中，总结了以下经验。

（一）Industry Solutions——行业方案

做好顶层设计是关键，以坚定的战略方向、稳定的技术路线、统一的高层思想推进全面信息化建设。信息化建设是一项综合性系统工程，既不能一蹴而就，也不能一建了之，必须做好顶层设计。华润集团的信息化战略始终围绕着价值创造的总体目标，坚持与业务战略相匹配的战略方向，保持稳定的技术路线、统一的高层思想，积极稳妥、系统有序地推进全集团信息化建设。

（二）Information Technology——IT技术

有效配置资源，宜研则研，宜合则合。在信息化建设初期，华润集团主要以大型商业套件为主，将套装软件沉淀的管理思想与华润的管理体系进行快速融合，从而固化沉淀为集团自己的管理实践。随着信息化的不断发展和数字化、智能化时代的来临，集团提出"宜研则研、宜合则合"的技术路线，既追求自主创新、破解卡脖子技术难题，又要在部分领域进行生态合作，快速构建华润集团需要的科技能力。

（三）IT Governance——IT管控治理

平衡好共享平台与个性化差异，注重平台性、共享性的同时，关注企业运作规律和运营专业性。华润集团多元化经营的特点，决定了在利用信息技术提升集团各级企业战略和营运管控水平和能力的时候，既要关注集团管控的共性需要，又要关注到行业差异的个性化特点。华润信息化建设首先挖掘共性需求，快速建立起支撑共性需求的全集团集中共享的基础平台，如财务、人力资源、办公、华润云、工业互联网、区块链、大数据、人工智能等平台，随后结合业务个性化特点推进业务信息化工作。

融合管理与服务，由分散到集中，再逐步管服分离、市场化运行。华润集团的信息化建设始终与企业发展阶段相匹配，经历了从集中、再到管服分离、市场化运行的过程，不断调整管理与服务的关系，持续提升管控效率和服务水平。

做好组织保障是基础，依托于强大的变革支持、明确的组织分工和有效的绩效考核体系。信息化是一把手工程，要在国资委方向指引下、集团各级一把手全力支持下才能成功。华润信息化水平的飞跃还得益于集团总部与各单位密切协同、IT与业务紧密结合，明确把信息化指标纳入公司业务发展考核体系中，助力集团总部和各业务单元并驾齐驱提升集团各级企业战略和营运管控水平和能力。

（四）Intelligence and Informatization——智信化

推动IT与技术融合，形成统一的语言和目标。实现IT与业务的融合是企业实现信息化、数字化、智能化建设的关键。只有IT系统与业务之间相互融合，才能推动企业业务价值创造，集成业务与业务之间的融合，促进产业与产业之间的融合，拓展增值服务价值，实现业务价值链的延伸。

（五）Innovation——价值创造

以效益与效率为导向，着眼产业的难点和痛点，只有帮助企业赢得竞争优势，才能形成持续原动力。无论是过去基础信息化建设阶段的加强基础管理水平，还是现在通过数字化、智能化的技术平台推动管理效率持续提升，华润集团信息化建设始终以效益与效率为导向，着力解决企业管理效率、核心竞争力、客户服务能力的问题。

五、华润集团未来的思考

党的十九届五中全会明确提出，要发展数字经济，推进数字产业化和产业数字化，推动数字经济和实体经济深度融合。习近平总书记高度重视数字经济建设，强调要抓住产业数字化、数字产业化赋予的机遇，积极布局数字经济。受新冠疫情影响，实体企业受到冲击，直播带货、在线医疗、在线教育、远程办公等线上活动异常活跃，数字经济给社会生活带来前所未有的变化。这充分说明当前华润数字化转型的必要性、紧迫性，需要华润进一步提高认识，把握规律，有效推进。

"十四五"期间，华润集团将围绕"智慧华润2028"的愿景目标，全面推进数字化转型，致力于将智能与信息化打造成为推动华润高质量发展的新能力、新引擎。打造超级产业平台，整合纵向价值链、打通横向产业链，促进产业链上下游各企业保持高质量和可持续发展，构建共创、共享、共赢、共升的生态体系，带动产业整体高质量发展，成为现代产业链的"链长"。通过智能与信息化发展，打造具有华润特色的国有资本投资公司，建设成为具有全球竞争力的世界一流企业，实现引领商业进步、共创美好生活的使命，为党和国家交出一份满意的答卷。

成果创造人：董坤磊、韩东辉、王文建

推动科技创新高质量发展的新模式

——零号车间成立的探索、成效与展望

上海飞机制造有限公司航空制造技术研究所零号车间

中国商用飞机有限责任公司（以下简称"中国商飞"）承担着研制中国大飞机的重任。作为中国商飞的总装制造中心，上海飞机制造有限公司（以下简称"上飞公司"）承担着ARJ21新支线飞机和C919大型客机项目的总装制造任务，肩负着引领国内民机制造技术发展的重要使命。

零号车间的成立是以习近平新时代中国特色社会主义思想为指导，深入贯彻党的十九大和十九届二中、三中全会精神，紧紧围绕上飞公司型号科研生产需求，对标国际最高标准、最好水平，坚持问题导向、需求导向、效果导向，遵循创新发展规律、科技管理规律和人才成长规律，进一步发挥市场机制作用、着力破除制约创新驱动发展的机制瓶颈，完善创新管理体系，优化公司创新生态，激发创新主体活力，增强创新策源能力，不断提升公司核心竞争力。

一、零号车间成立的背景与必要性分析

（一）背景分析

为深入学习贯彻习近平总书记关于科技创新工作的重要指示精神，全面落实中央关于科技机制改革的部署要求，增强科技创新的紧迫感和使命感，把科技创新摆到更加重要的位置，上飞公司进一步推动科技创新机制改革向纵深发展，构建完善、高效、可控的科技创新管理体系。

面对当前错综复杂的国际形势，科技创新工作面临着全新的挑战，党的十九届五中全会强调，要把科技自立自强作为国家发展的战略支撑。上飞公司需进一步提升企业技术创新能力，激发人才创新活力，完善科技创新体制机制，从而在新一代产业技术变革中抓住机遇，切实提高民机制造技术的自主可控程度，实现大飞机事业高质量、安全发展。

（二）必要性分析

我国商用飞机自主装备技术能力建设起步较晚，但随着十多年的发展，我公司在民机自主自动化装备的使用上也逐步增加，其中ARJ21飞机浦东基地部装厂房中各站位基本已由国产装备进行服役，部分站位甚至所有核心元器件也采用国产品牌。同时C919飞机第二条产线也基本采用国产装备。虽然我们已经在柔性装备应用上取得了较大的进步，但是在原型设备的研发设计、制造装配等能力建设方面还存在着大量的欠缺。由于工艺装备中心、零件加工中心等部门产能基本分配给TRL6以上的型号使用零件或设备的生产制造，无法分配出固定产能给科研部门，故原型设备的设计制造基本还是依赖国内其他供应商。上飞公司科技创新工作同实现战略目标发挥对中国民机产业发展引领作用的战略目标，同统筹推进建党百年"三个一"的目标还不能完全适应，主要体现在：

1.科研人员事务负担重

目前上飞公司科研工作开展中存在采购流程长、进展难等问题；在项目周期内，总计划、年度计划、月度计划等考核节点刚性多弹性少，常常出现"计划完成了，项目没完成；项目完成了，成果没达成"现象；材料申报申请不同部门重复报送；科研人员往往拘泥在繁多的报表填报、多重审批流程、报销等事务性工作中，无法集中精力潜心研究、攻坚克难。

2.科研工作受限过多

科技创新需要不断探索，在探索过程中需要调整技术路线、科研经费等情况，在不改变研究方向、不降低预期成果下应赋予科研人员更大的人财物自主支配权，但目前存在技术路线变更、计划调整等需要进行繁琐的评审和流程审批。在采购科研仪器设备、元器件等固定资产的流程中，对于新兴未归类的科研采购，归口部门难确定，容易出现推诿扯皮。对于国家、地方科研项目全额支持采购的固定资产，也要进行总部审批立项，无法体现快速高效。

3.科研工作与型号资源冲突，导致科研工作受阻

上飞公司的型号和科研属于两个不同的主管部门，目前上飞公司科技创新尚没有独立的生产装配能力，需要借用型号资源，导致容易被生产部门推诿等情况，造成科研的技术实现难，科研工作受阻。

4.科研考核激励制度不完善，科研课题申报具有延后性

目前上飞公司在科研工作管理上重考核、轻管理、轻激励，在科研工作重视形式考核，对科研人员的激励不足，科研考核激励制度不完善。另外，在科研课题申报的过程中，需要先进行指南申请、立项审批等流程工作，往往一个研究方向申报需要两年时间甚至更久。但由于科研创新都有时效性，这往往会造成科研创新工作的滞后。

（三）零号车间的定位

零号车间的成立是为激发原始创新和创意，吸收最前沿的技术和理念；了加速推进新思想、新技术、新装备、新平台的研发和生产验证，降低研发过程对现有生产资源的依赖程度；提升关键核心技术，实现自主可控，对未来可能用于民用飞机制造的相关技术思想进行灵活、快速反应地筛选、测试和生产验证；通过关键部件、缩比机、无人机等综合技术创新和验证平台，实现技术、装备、产线的催化成熟；补全将技术从研发阶段转向产业化集成应用阶段的空白，让新技术走出"死亡谷"，为民用飞机制造提供强有力的技术支撑。

零号车间作为上飞公司技术创新和验证平台，是科技创新的"加速器"和"黏合剂"。零号车间针对民用飞机制造所需的技术、工艺和装备等，综合利用内外部资源，实现创新思想的策源，开展广泛的研究、开发和测试，推动新技术、工艺、原型装备的快速迭代验证和试制，实现新技术的首次应用、新装备的首套验证、新构型的首件制造，加快技术转移和成果孵化速度，将零号车间打造成：

①新机型关键部件快速试制基地，你如未来机型机翼、机身等部件的快速制造等；

②新思想、新技术、新装备、新平台的样机快速验证、试制基地，如基于机器人的柔性装配产线原型研制、基于"测鸟"的总装测试技术的快速验证等；

③技术转移和成果孵化基地，如建立科技孵化器，为上飞公司提供孵化场地、研究开发设计与检测、技术与管理咨询等；

④科技创新体制机制改革的示范基地，如科研采购、人才激励、科研投资等模式创新；

⑤全球航空创新的"梦工厂"，如吸纳招收全球顶尖航空人才，自由探索和实践。

二、国外相关机构经验借鉴

（一）鬼怪工厂

鬼怪工厂（Phantom Works），又名"鬼怪工程部"，是波音的先进武器及防务技术研发部门，这里的工程师们正致力于开创航空航天业的未来[1]。鬼怪工厂有以下几点值得借鉴：

1.致力于创新

鬼怪工厂认为，与现在的产品相比，未来的飞机和航天器将更加安全，功能更强大、可靠，而且用更少的时间和资金就能完成产品的设计、生产和维护。更重要的是，这些工程师们正在开发先进的技术、工艺和系统，它们将使未来构想成为现实。

2.致力于创新、成本适中的解决方案

在美国有4000多名波音员工投身于波音特种工程事业，他们从事着近500个高科技项目的研究。这些项目旨在使产品的性能、质量和成本取得创新突破，为波音全球的民机、航天、通信和防御方面的客户创造更大的价值。例如鬼怪工程部中有一支正在开发三维建模、仿真和虚拟现实工具的团队，他们已经发现了一些能将设计周期和成本降低一半的方法。利用该方法，无须制造成本高昂的硬件原型，而且生产出的系统具有更高的效力、耐用性和性能，其质量水平堪称第一。负责制造工艺的团队率先采用了高速机械加工、摩擦搅拌焊接、自动化纤维布置和缝合树脂薄膜注入等技术，生产出比多件结构更坚固、更轻的大型单件金属及合成结构，而且生产速度更快、成本更低。另外还有一支从事高级航空电子系统研究的队伍，他们利用商用电脑技术和工艺，为军用和民用飞机及航天器生产出可再利用的航空电子系统，生产成本还不到系统的一半，而开发和升级的速度更快，功能更为强大。以上工艺和其他许多创新技术，能够为未来系统的开发节约大量的时间和成本。这些未来系统包括鸭式旋翼/机翼、翼身融合式运输机、空间机动飞行器、太阳能轨道转移航天器、轨道快车、高级战区运输机和无人驾驶战斗机。这些技术还用来缩短波音新产品的研发周期和成本，如联合攻击战斗机、"德尔塔"III型和IV型运载火箭、波音777飞机。鬼怪工程部还对上述尖端项目中的新技术和新工艺进行认证，并将它们应用到现有的项目之中，从而节约了时间和成本。涉及的项目有F/A-18E/F"超级大黄蜂"、C-17"环球霸王"III、航天飞机、AH-64D"阿帕奇长弓"、机载报警与控制系统以及新一代737等。

3.资源和人才整合，发挥最大效果

除了上述这些前沿技术，鬼怪工程部还通过开发全系统和多系统整合系统解决方案，来勾勒航空航天业的未来。鬼怪工程部集中了波音公司在不同产品、技术、工艺和人才方面的优势，以单一、完整、低成本的策略来满足客户的需求。上述解决方案正是以此为基础。"波音优势"策略被应用于无人驾驶战斗机和X-37项目，还被用于新型波音747空中发射系统。这套系统在将民用和军用有效载荷送入太空时，具有周期短、成本低和按需发射的特点，此外还可用于执行各种科研任务。从更大范围来说，鬼怪工程部正与美国海岸防卫队就综合深水项目进行合作，与美国军方就未来作战系统项目进行合作。他们都需要开发出一套完整的系统，包括通信卫星、飞机、海上或地面系统等，以便最大限度地出色完成任务，同时使总的运营和支持成本最小化。利用波音在产品、工艺和人才方面的深度和广度，鬼怪工程能够更好地确定新的系统解决方案，例如上面所涉及的解决方案，它们能够在公司内部形成了一个全新的业务部门。

（二）臭鼬工厂

臭鼬工厂（Skunk Works）是洛克希德·马丁公司高级开发项目（Advanced Development Programs）

的官方认可绰号。臭鼬工厂以担任秘密研究计划为主，研制了洛马公司的许多著名飞行器产品，包括U-2侦察机、SR-71黑鸟式侦察机、F-117夜鹰战斗机、F-35闪电II战斗机和F-22猛禽战斗机等[2]。

臭鼬工厂采用企业化经营与人性化管理方式。臭鼬工厂集合了一群积极进取的专业工程师，以无比的创造力发展出美国国防科技中最机密、最先进的武器产品，更以迅速、有效的成本控制著称于世，从而成为全世界从事高科技产业的大型公司所效仿学习的标杆。

臭鼬工厂的14条管理守则是企业研发领域的金科玉律[3]。很难相信，臭鼬工厂在创建之初只不过是一间朝不保夕的临时作坊。在困境面前，臭鼬工厂大胆创新、直面挑战，总结出了业界闻名的14条管理守则。凭借这14条管理守则，数十年来，臭鼬工厂的创新活力不断、科技人才辈出，始终保持旺盛的发展势头，一路成长为美国航空制造工业的领军者。14条管理守则如下[4]：

1.项目经理全权管理

臭鼬工厂的经理必须对他项目的所有方面享有几乎完全的控制权，他应该向事业部总裁或更高级汇报。

2.小而精的自治团队

军方和工厂企业共同建立小而高效的项目办公室。

3.严格控制人数

与项目有关联的人员数目必须被严格限制，只使用数量很少的优秀人才（与其他正常系统相比只占10%到25%）。

4.简单发布和灵活修改

必须提供一个简单的图纸设计和发布的机制，并且要能够灵活地通过它修改设计（这样能给工厂加工充分预留提前量，并且如果存在技术风险也可以预先准备尽量减少损失）。

5.精简报告

报告数量应越少越好，但重要的工作必须全程记录在案。

6.负责任的成本管理

应该有一个月度费用审核，其中不仅包括已花费和待花费的费用，还应包括项目结束时的费用预测。

7.遴选分包商

分包商为得到好的承包合同必须被授权，同时必须承担更多超乎寻常的职责。商业竞标程序往往要优于军方指定程序。

8.质量检验

臭鼬工厂现有的检验已经通过了空军和海军的认证，达到了现有军用标准，并沿用到新项目上。将基础的检验交给分包商做，不要重复做这么多检验（即使在商界大家也都认可质量是来自于设计和负责任的操作而不是来自检验）。

9.供应商全过程负责

供应商必须负责他所供应的产品在项目各个阶段的测试，直至试飞。供应商能够也必须从项目最初阶段就进行测试，如果不这样做，下次招标就没他的事情了。

10.明确技术指标

硬件的技术指标一定要在签合同前明确。臭鼬工厂会预先清晰地列出哪些军事规格将不会被采用及不采用的原因和建议（标准指标会抑制新技术和创新，而且这些指标经常过时）。

11.资助项目的持续性

资助一个项目必须持续，这样供应商就不需要总跑银行去接政府项目。

12.与合作方建立信任

在军事项目公司和供应商之间必须有相互的信任。在一天一天的合作基础上建立的信任可以将误解降低至最小。

13.设置安全权限

必须严格控制外部接触项目的人，需要设定响应的安全权限。

14.负责的绩效管理

由于参与项目的工程师和其他方面的人员都比较少，支付奖金和薪水就要按照绩效而非人员数量（管理人员、技术和操作人员必须奖励，负责任的管理不允许官僚主义的滋生）。

如今，这14条管理守则的影响力早已跨越军工圈，被诸多高科技领域企业奉为金科玉律。臭鼬工厂以用户为中心的理念和敢于打破条条框框的创新思维，至今仍指引着不少美国企业快速发展。

（三）启示

在理论方面，鬼怪工厂和臭鼬工厂都应用了项目管理、集成产品开发和系统工程等相关理论。在组织管理实践方面，鬼怪工厂和臭鼬工厂会通过项目办公室和项目经理进行项目的总体策划与横向协调；采用扁平简约的组织机构以提高灵活性和效率；建立集成产品开发团队实现流程、技术和目标的统一[5]。具体表现有如下几点：

1.以项目管理、集成产品开发和系统工程等理论为指导

鬼怪工厂以项目管理、系统工程等理论为指导，在战略目标指引下，将型号研制工作分为具有较强关联性的多个项目和运作。在集成产品开发指导下，型号项目组以产品为核心，从设计到试制统筹资源，使技术与业务并行运作，通过多方参与提高最终产品质量。

臭鼬工厂采用系统工程、集成产品开发的指导理论，按照型号功能系统组成，将研制任务分配给不同的部门，各司其职，各负其责。同时型号研制兼顾设计、试验、制造、质量保证、安全保证、计划进度以及预算管理等要素，实行多要素统一管理。

2.根据项目特点设计精简高效的组织结构

鬼怪工厂根据不同的项目特点建立符合要求的组织管理结构，并且根据工作分解结构调整组织架构，巩固以产品为中心的责任体系，使职责定义更加明晰。

3.设立项目管理办公室

臭鼬工厂项目办公室组成人员中包括用户（军方），这种做法的主要目的就是建立臭鼬工厂和用户团队之间"一对一"的关系，职责划分明晰，保证用户得到全面的项目知情权。

4.建立集成产品开发团队

波音公司工程部建立了一套全面的集成产品/过程开发管理（Integrated Product and Process Development，IPPD）方法，成立高级技术团队。高级技术团队负责为波音公司的所有商业用户提供工程、信息和制造技术。技术团队下设多个部门，主要包括战略发展和分析部、工程信息技术部、飞行结构制造和支持技术部、高级系统技术部以及波音研发欧洲分部等。

臭鼬工厂成立小规模技术团队，该团队主要精力放在技术研究、发展以及正在从事的项目上，从设计到研制，整个过程实现产品集成，达到高效、高质。

　　航天航空型号具有规模大，技术复杂，涉及多个学科、多个专业等特点，每个分系统都存在很大的差异性，需要分系统供应研制。这不仅要求在系统集成过程中按照科学合理的模式去实施，同时还需要采用集成产品开发的管理模式，对项目进行系统、有效的管理，才能确保项目成功。从技术层面来看，IPT 需要横跨多种学科和专业。从管理层面来看，IPT 不仅从人员配备方面进行整合，而且要从程序、制度、措施等方面进行统筹安排。

　　5.任务模块化管理

　　鬼怪工厂组建两种类型的团队：高级系统团队和高级技术团队，将商业部门与技术部门分离，两大类型的部门按不同的任务模块分责进行管理。

　　臭鼬工厂成立小型科研团队，实现模块化的管理，工作效率高，沟通交流通畅。

三、零号车间成立后的科技创新举措

（一）打造一支产品集成开发团队

　　零号车间科室设置按职能划分为三大类：综合管理、研究开发、技术实现。综合管理主要是为了给科研人员减负，设置专人专岗进行采购等工作，设置科研运营保障负责科研项目实施过程中的事务性工作流程处理和经费使用管理，减轻项目负责人及科研团队的负担，提升科研项目的运行效率和管理水平。打通科技人员的使用和流动通道，让科技人才栖身最适合创新的沃土。研究开发主要是为了打造一支专业过硬、科研能力强的团队，支撑各个项目的顺利进行，包括机械结构设计、电子电气、软件开发等领域。技术实现是进行科研成果转化的重要途径，通过打造能力建设，形成专业的工艺操作团队。通过机构设置，建成一支产品集成开发团队，集合研发、工艺实现、保障一体的专业团队。具体的机构设置如下。

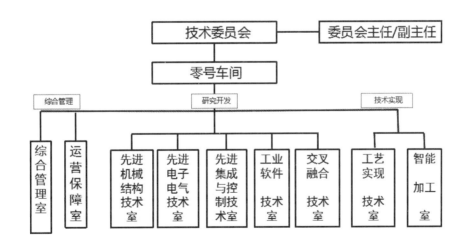

图1　科室机构设置

　　综合管理室：负责各项目推进，工程中的财务、采购、设备管理等过程控制，负责创新工作管理、知识产权与专利和技术资料归档等管理工作。

　　交叉融合技术室：负责探索国际和行业内的先进极端制造、仿生制造、新能源驱动、新型信息技术等国际前沿技术和飞机制造技术进行融合创新，形成相关技术研究报告、搭建原型系统进行技术验证和测试。

先进集成与控制技术室：负责工业机器人制造/装配系统、各类末端执行器、先进工装、先进测试系统等集成，对系统控制方法、软件等共性技术进行研究，紧跟国际前沿集成与控制技术理念和方法；负责飞机关键部件制造总体规划和推进，牵头项目团队完成关键部件制造。

先进机械结构技术室：负责机械系统拓扑结构设计、运动分析、强度分析、变形分析、工业设计等共性技术研究和制造工艺开发，紧跟国际前沿设计理念和方法，研发新型机械结构；在项目组中负责机械结构设计和制造工艺开发、结构装配和相关测试。

先进电子电气技术室：负责电子电气系统结构设计、板卡设计、数控系统设计、线路设计和测试分析等共性技术研究和电子电气系统集成，紧跟国际前沿设计理念和方法，研发新型电子电气系统；在项目组中负责电子电气系统设计和制造工艺开发、集成和相关测试。

工业软件技术室：负责开展民机制造相关新型工业软件开发和集成，推动国产CAD、CAM、CAPP、PLM等应用，开展各类新型工业软件在飞机新型关键零部件制造、机械结构设计制造、电子电气系统设计制造、系统集成中的测试、应用。

智能加工室：负责各类硬件设备/系统的零部件加工、装配、测试，负责智能加工单元的建设和先进加工工艺开发；负责车间各类设备、工装、工具的管理以及车间质量体系、操作资质的管理。

工艺实现技术室：负责零号车间项目的总策划、组织和协调工作，组织开展系统工程与项目管理的研究与实施工作。

零号车间通过现有机构设置，涵盖研发、工艺实现、运营保障等，并集合上飞公司在不同产品、技术、工艺和人才的优势，利用在产品、工艺和人才方面的深度和广度，使得项目运营速度更快、成本更低、国产化程度更高，保证项目总的运营和支持成本最小化，形成面向问题的系统解决方案。例如零号车间有一支进行工业软件开发的团队，通过开展3D工业应用开发平台搭建，开展面向产品/工装三维模型定义解析、三维图形引擎渲染、数据发布等工业软件开发共性技术研究；面向飞机现场工业场景需求，自主研制工具软件，实现一批制造、装配、测试、测量、机器人等工业APP研发；整合国内工业软件能力，建成适合民机发展特色的自主工业软件开发能力，形成工业软件应用解决方案，通过引进和合作等多种途径，稳步开展民机工业软件国产化替换工作。还有一支面向国产运动控制应用的团队，通过搭建一套纯国产化元器件的试验验证平台，对国产数控系统、运动控制器、PLC、传感器、机器视觉、伺服系统、气动执行器、机械传动机构等核心元件进行功能测试及可靠性验证，为后期自主研制的装配设备使用国产品牌元件提供技术支撑；同时通过不断技术积累，针对目前公司内设备及工装进行核心器件国产化替换方案制定及实施。另外，还有一支针对民机先进工艺装备快速研制及产线智能集成团队，通过搭建图形化装备研制及产线集成快速开发平台，实现底层拟人化、接入标准化、功能模块化、开发图形化的低代码集成控制，形成民机先进工艺装备自主研制和智能产线集成能力，为型号批产及未来产线的建设提供装备快速研制的解决方案。负责制造工艺的团队，通过运用先进增材制造技术、新型复合材料及成形工艺，制造比传统结构更坚固、更轻的结构件，而且生产速度更快、成本更低。

（二）项目管理创新举措

零号车间的项目采用项目IPT形式进行管理。运行管理举措如下：

"放管服"管理：赋予科研人员更大的人、财、物自主支配权，建立和完善以信任为前提的科研管理和服务机制，减轻科研人员负担；除重要决策事项外，减少一切非必要的计划、报表、检查、汇报、预算、考核等。

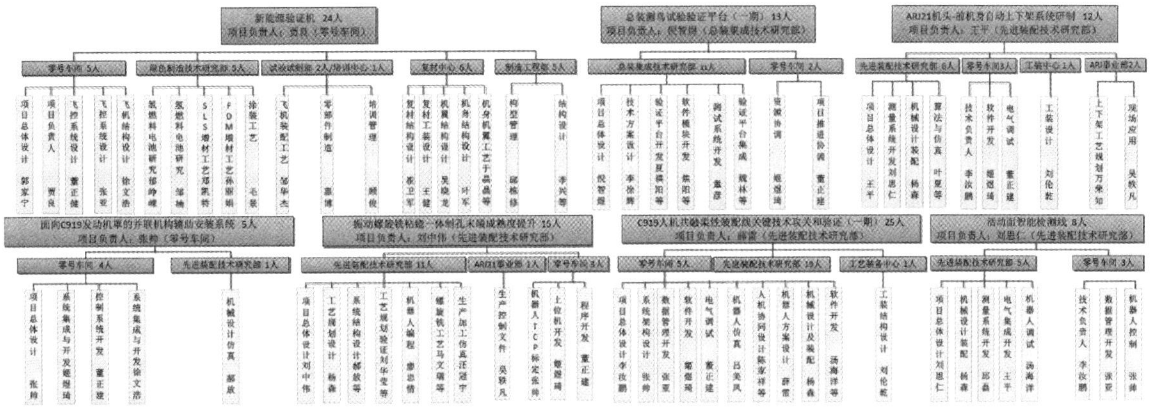

图2 项目团队设置

清单式授权管理：零号车间作为项目管理的归口部门，在预算范围内，通过技术委员会进行项目遴选立项后，将一切能够加快项目推进的权力给予授权，给予项目团队充分的自主权。

"财务单列"管理：零号车间科研项目经费由业务归口管理部门根据当年预算总额比例进行划拨，由零号车间实施独立预算和管理，由业务归口管理部门纳入整体预算。

项目包干制：零号车间内部以项目制运作，各项目设技术负责人，项目团队为工作开展的基本单元，一切围绕项目，一切为了项目。对项目负责人充分授权，项目负责人在授权范围和预算范围内，拥有项目的技术、财务、进度、采购和运作方面快速决策的权利，是项目各方面事物的决策人和负责人；严格限制项目相关人员数量，人员固定化，并且需在同一地点办公。

项目风险管控：项目来源以上飞公司内部项目为主，若有外部资金支持的，需满足外部监管要求；建立项目回顾和纠偏机制，做好项目风险控制；所有决策事项必须记录在案。

项目奖励原则：项目组成员与共享资源组成员按贡献共享收益。

（三）建立科研生产内部结算和外协绿色通道机制

建立公司内部科研协作市场化机制，在公司有关生产部门产能中预留3~5%工时由零号车间的科研生产优先使用，并从公司绩效总额中划分一部分作为科研生产绩效，由科技管理部和财务部根据任务实际完成情况核算科研生产任务价值并发放相应的科研生产绩效，激发各部门、事业部承接科研生产任务的积极性，确保科研生产任务和核心能力工作得到快速响应。

建立科研生产外协绿色通道，发布科研生产外协供应商清册，签订科研生产外协框架合同，当内部生产计划周期不满足科研需求时，通过快速外协确保满足科研需求。

（四）提升科技成果转化能力

设立专项资金，支持具有型号应用前景的实用技术进行转化，打通"最后一公里"。探索创新成果收益分享机制。对于科研成果孵化企业，利用科研人员持股或期权等收益分享机制，形成长效激励。对于上飞公司科技人员内部自主创新，通过软硬件结合等形式形成新产品(服务)对外销售，产生的收益连续三年公司与科研人员5：5分成。自2020年起，科研成果在公司内实现转化应用的，连续3年将产生的经济效益的20%奖励成果研发人员，对于产生利润较难计算但确实产生重大经济效益的成果，可通过评估贡献等级确定奖励金额（一次性）并发放，进一步激发成果转化动力。

（五）条保能力建设

进行条件能力建设，服务科研创新工作开展，建设以服务于科研项目产品快速试制迭代为目的，减少对型号生产资源的占用，降低外协比例。重点提升建设飞机平台、产线装备、机器人社群等新技术的交叉融合研发能力；建设零号车间现场首台套研制生产基础条件，含工具物料管理、产品存放转运等支援保障能力；提升非金属增材制造、金属机加制造、复合材料制造等零件快速制造迭代能力；提升新装备、新产品的装配集成、功能测试、首台套实物产出能力。其中新技术交叉融合研发能力是指立足于首台套装备试制需求，建设科研成果工程化应用所需的交叉融合设计开发能力、装备试验测试验证能力。生产现场基础运行保障能力是指为零号车间进行装备快速试制迭代所需的生产工作建立必要的运行保障条件，包括物料及产品的存储、搬运、工具管理、环境控制等能力。零件快速制造迭代能力是指以零部件的快速试制迭代为目的，减少外协和委托加工产生的时间延误和效率降低，建立基础的零件机加、非金属增材、复合材料制造等能力。新装备装配测试、首台套产出能力是指按照零号车间"产出新装备"的总体要求，建立新装备产出所需的装配集成、功能测试、试验保障相关能力。

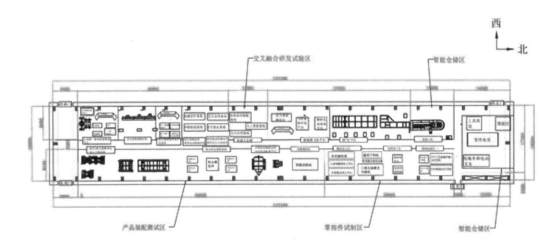

图3　条保能力建设

四、零号车间成立后取得的成效

零号车间的设立将为上飞公司技术提升和转型发展带来诸多优势：一是产生新思想，快速吸收最前沿的技术和理念，进一步激发原始创新和创意；二是搭建新平台，吸引和凝聚内外部力量进行联合创新，降低科技工作在研发、中试阶段对型号资源的依赖程度，缩短研制周期；三是验证新技术，对未来可能用于民用飞机制造的新技术进行灵活的、快速反应的筛选、测试、迭代升级和生产验证；四是产出新装备，提高关键核心装备的自主可控程度。进一步促进新技术、新装备催化成熟，让新技术、新装备走出"死亡谷"，从研发阶段转向产业化集成应用阶段，为民用飞机制造提供强有力的技术支撑。

零号车间将致力于打造：新思想、新技术、新装备、新平台的快速验证、试制基地。满足航研所和公司科研条线生产需求，具备独立的装备试验试制和首台套产出能力；面向型号一线的科研技术成果转化基地。打通科技成果转化"最后一公里"，切实服务于型号生产的科技水平提升；技术转移和成果孵化基地。如建立科技孵化器，为上飞公司提供孵化场地、研究开发设计与检测、技术与管理咨询等；

科技创新体制机制改革的示范基地。如科研采购、人才激励、科研投资等模式创新；全球航空创新的"梦工厂"。不断纳招收全球顶尖航空人才，自由探索和实践未来航空技术，实现从思想策源到实物产出的高效贯通。

零号车间主要工作内容为"飞机平台、产线装备、机器人社群"3个方面。其中"飞机平台"以新能源、新布局技术验证机为主，着眼未来15年乃至更长周期，研究民航市场对于民机发展的需求变化，以民用飞机新构型、新能源、新材料等技术发展趋势为重点，通过小型验证机进行技术探索和积累。"产线装备"应以面向型号应用、走好"最后一公里"成果转化为主。结合三大型号生产实际需求，在航研所各专业部先期预研和试验的基础上，重点解决新装备的首套试制和验证，加速实现创新产品的产出。"机器人社群"在机器人集群基础上，打造机器人交互生态圈，实现机器人交互运用。同时运用交叉融合技术和思维，通过工业软件自主化研制等手段助推各项创新工作高质量开展。

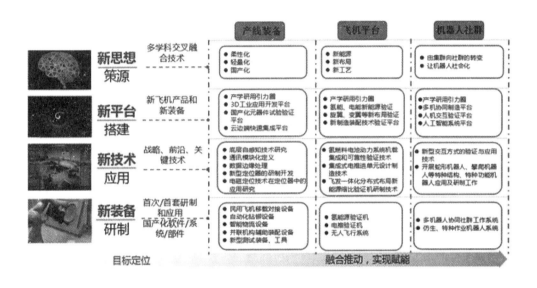

图4 领域规划

（一）科研创新项目有序开展

通过零号车间技术委员会，开展了一批创新项目的遴选评审，并正式通过了6个项目的立项，共争取1500余万元科研经费。通过零号车间项目的立项实施，大大缩短了项目立项的申请、审批流程，对一些不必要的流程、重复的报表进行了规避。

（二）形成了一支专业技术能力强的团队

零号车间按照强IPT的管理，集合各方面专业人才，配备零号车间各专业团队设置，涵盖结构设计、电子电气、集成控制、软件开发、项目运营，形成了一支专业技术能力强的团队。

（三）形成了专项科研创新领域

通过对前沿技术的调研，打造零号车间特色的科研创新领域，形成了三大主要科研创新方向，并以这三方面为主体开展科研创新工作。

新能源、新布局、新工艺飞行器验证机设计制造：开展小型新能源无人机验证机研制、电推进、氢动力等清洁能源动力系统研制、飞发一体化分布式布局缩比验证机研制等创新项目。攻克氢燃料电池动力系统机载集成和可靠性验证技术、集成式电推进单元设计制造技术、飞发一体化分布式布局新能源缩比验证机技术，研制基于增材制造、新型复合材料和创新气动布局的新能源飞机，形成新能源飞机验证平台的设计制造及小批量生产能力。

柔性工艺装备研制与智能产线集成：开展民用飞机移载对接、自动化钻铆、智能物流、并联机构辅助装配、信息化集成管控等多项核心关键技术产线装备的首台套研制，研制面向民用飞机总装制造过程的柔性工艺装备，设计集成民用飞机装配智能产线，形成柔性工艺装备自主研制和智能产线集成能力，服务于ARJ21、C919等多个型号的批产及CR929未来产线的建设。

机器人交互社群及自主学习进化：开展蛇形机器人、攀爬机器人等特种结构、特种功能机器人应用及研制工作。在机器人集群基础上，运用先进传感器、人工智能、数据网络等技术实现机器人交互协作和自我学习进化。同时通过工业软件自主化研制等手段攻克机器人控制关键核心技术。运用交叉融合技术和思维，将机器人社群技术融入智能产线和未来飞行器产品中。

（四）建立了创新制度

零号车间成立后，按照公司确立的工作方向，从突出"四新"、发挥"加速器""黏合剂"作用角度出发，与科技管理部、发展规划部、财务部等部门紧密沟通。在物料采购、对外协作、派工管理、成果转化、项目激励等方面识别堵点痛点，做出一系列科研体制机制创新的探索和建议。拟通过公司级制度《零号车间项目运行管理办法》将创新政策落地，保障相关工作合规高效开展。

图5 创新制度

【参考文献】

[1]姜鹏,杨开,黄育秋,李文强,朱长军.波音鬼怪工厂组织管理模式研究及启示[J].飞航导弹,2018(01):6-9+13.

[2]百度百科.180.97.93.61.2021年/8月/13日.

[3]唐国钦,黄武星.臭鼬工厂:让创新"简单"一点[M].解放军报,2019-05-10(%).

[4]百度百科.180.97.93.61.2021年/8月/13日.

[5]于海鹏,王国庆,王红霞.国内外航天航空型号研制项目管理的分析与启示[J].价值工程,2016,35(07):237-239.

成果创造人：郭家宁、卢　鹄、李汝鹏

中国船舶对提升资本运作推进上市公司发展质量的实践与思考

中国船舶工业股份有限公司

中国船舶集团有限公司（以下简称"中国船舶集团"）是2019年10月经国务院批准，由原中国船舶工业集团有限公司（以下简称"原工业集团"）、原中国船舶重工集团有限公司（以下简称"原重工集团"）联合重组设立的特大型军工央企，是国家授权投资机构。中国船舶集团是全球第一大造船集团，是我国海洋科技创新发展的引领力量，是我国海军装备供应保障的主体力量，拥有完整的海军武器装备研发生产试验体系，在服务国防军队建设、推动科学技术进步、促进经济社会发展中承担着重要历史使命。

中国船舶工业股份有限公司（以下简称"中国船舶"）是中国船舶集团核心军民品主业上市公司，整合了中国船舶集团旗下大型造修船、动力及机电设备、海洋工程等业务，具有完整的船舶行业产业链。2020年，中国船舶以习近平新时代中国特色社会主义思想为指导，有效落实党中央、国务院关于供给侧结构性改革的决策部署，顺利完成了将中国船舶集团旗下的国内最大的百年军工造船企业——江南造船等核心军工资产整合注入上市公司，实现市场化债转股融资168.9亿元并募集配套资金38.668亿元，进一步强化了中国上市公司的平台定位，实现了由中国船舶集团的核心民品主业上市公司转型成为核心军民品主业上市公司，充分发挥了上市公司的资本运作平台功能，募集了百年民族工业企业发展所需资金，降低了周期性行业企业资产负债率，助力了实体经济高质量发展，也是近年来船舶工业行业内规模最大的资本运作项目。

一、管理创新实践的实施背景

2008年全球金融危机以来，贸易低迷导致新船有效需求不足，船舶市场陷入深度调整，造船企业接单难、交船难、盈利难，行业整体形势较为严峻，海洋工程装备产业也陷入萧条，中国船舶等民品主业上市公司资产负债率较高、财务负担较重。围绕如何应对船舶行业周期性低迷及解决核心军工资产证券化难点、拓展多渠道市场化融资、降低企业负债率等问题，更好地履行强军首责和强化军工能力、提升上市公司发展质量等主要任务，按照集团公司决策部署，中国船舶开展了以核心军工资产资本运作助力传统上市公司高质量发展的管理创新工作。

（一）推进落实供给侧结构性改革的迫切需要

深化供给侧结构性改革，推动经济高质量发展是坚持问题导向、解决经济社会发展主要矛盾的重要手段。2015年，中央经济工作会议提出推进供给侧结构性改革，明确了"三去一降一补"五大任务。2016年10月，国务院发布《关于积极稳妥降低企业杠杆率的意见》（国发〔2016〕54号文）及其附件《关于市场化银行债权转股权的指导意见》，鼓励企业开展市场化债转股，降低企业杠杆率，增强企业资本实力，防范企业债务风险，支持有较好发展前景但遇到暂时困难的优质企业渡过难关。

中国船舶受民用船舶及海洋工程装备市场低迷的影响，面临着资产负债率较高、财务负担较重和持续两年亏损的不利局面。在上述背景下，按照集团公司部署决策，坚持以市场化、法治化为原则，对中国最大的百年军工造船企业——江南造船集团实施市场化债转股和资产证券化，帮助实体企业实现降本增效，增强企业的竞争力和生命力，也有利于推动实体企业的股权多元化，提高直接融资比重，进一步优化融资结构。

（二）履行强军首责和强化军工能力建设的内在要求

近年来，我国周边国家安全问题日趋复杂化，国际地位显著上升、经济实力不断增强、海外利益逐年增加，但国防实力与综合国力仍不匹配。作为一个发展中大国，中国仍然面临多元复杂的安全威胁，遇到的外部阻力和挑战逐渐增多，生存安全和发展安全问题、传统安全威胁和非传统安全威胁相互交织，维护国家统一、维护领土完整、维护发展利益的任务艰巨繁重，这就要求坚持自主创新、持续发展，加快海军武器装备更新换代。

江南造船是我国历史最悠久、军品结构最齐全、造船效率最高的军工造船企业，也是我国技术最先进、规模最大的军船生产基地。江南造船充分发挥军工技术、设施、人才优势，不断加强军工核心能力建设，着力增强自主创新能力，是我国海军防务装备的主要研制和供应商。"十二五"到"十三五"期间，江南造船承接了大量的高新产品，财务负担较重，2018年底的资产负债率高达89.61%，不利于长期稳健发展。江南造船亟需借助资本市场拓宽融资渠道，降低负债率，加强军工能力建设，更好地履行强军首责，为百年强军目标的实现贡献自身力量。

（三）推动传统上市公司高质量发展的必然选择

党的十九大报告提出，我国经济已由高速增长阶段转向高质量发展阶段，中央经济工作会议进一步做出了推动高质量发展的重大部署，要求坚持适应、把握、引领经济发展新常态，培育具有全球竞争力的世界一流企业。中国船舶根据"中船集团旗下船舶海工业务平台"的战略定位，立足新发展阶段，贯彻新发展理念，构建新发展格局，秉承"引领行业发展，服务国家战略，支撑国防建设"的发展使命，高度重视政策和市场的变化，壮大主业实业，将集团公司旗下核心军工优质资产，具有一个半世纪历史的"民族工业摇篮""中国第一厂"的江南造船集团整合注入中国船舶，进一步实现主业主责的资源优化和结构调整，强化创新驱动，深化整合融合，多渠道募集实体企业发展资金，为实体企业实现高质量发展提供关键支撑。

二、管理创新实践的内涵和主要做法

中国船舶通过制定动态风险管理策略，建立统筹联动管理机制，建立资产合规化工作标准，应用多元化资本运作手段以及践行军工企业家精神等一系列管理措施与方法，形成了以核心军工资产资本运作助力传统上市公司高质量发展的创新思路。通过这一系列管理实践，中国船舶的资产规模、收入规模显著增长，产品布局明显优化，协同效应进一步发挥，抗风险能力进一步提升，核心竞争优势进一步巩固，高质量发展迈出坚实步伐。

由于船舶市场的持续低迷和海洋工程装备市场的断崖式下跌，中国船舶2016年、2017年连续亏损，为减轻外高桥造船等企业生产经营压力、降低资产负债率、提升产业发展动能、改善上市公司盈利能力，集团公司准确把握降杠杆政策东风，于2017年9月27日启动了中国船舶市场化债转股工作，其整体思路是：

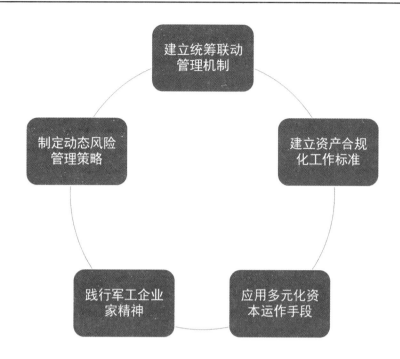

图1 主要做法

（一）制定动态风险管理策略，存量与增量并重，优化资本运作方案路径设计

第一阶段引入战略投资者对中国船舶所属子公司外高桥造船及中船澄西增资，投资者获得子公司股权，所获资金专项用于偿还存量负债；第二阶段上市公司发行股份购买上述市场化债转股投资者股权，投资者获得上市公司股票，限售期满后可择机退出。

但受中美贸易摩擦等因素影响，2018年上半年证券市场波动加大，A股大盘持续下行。2018年3月，中国船舶复牌后，受资本市场和船舶行业双重压力影响，公司股价出现大幅下跌。中国船舶股价一度最低跌到9.27元/股，较发行价格21.98元/股下跌57.83%，发行价与二级市场股价出现倒挂。虽然重组方案设置了调价机制，但由于当时资本市场单边向下，上证指数急速下跌，如果在董事会披露方案后的6个月内未发出股东大会通知，第一次锁价无效，方案面临失败风险。

为此，工作团队强化动态风险管理理念，增强对重组方案实施过程的动态风险分析与评估，坚持存量与增量并重，在与国家部委及证券监管部门充分沟通酝酿的基础上，及时优化调整了市场化债转股的思路，为传统上市公司实现高质量发展奠定了决定性基础。在外高桥造船引入现金增资47.75亿元、中船澄西引入现金增资6.25亿元的基础上，继续引入战略投资者对非上市公司下属标的公司江南造船增资66.9亿元，投资者获得江南造船股权，所获资金专项用于偿还江南造船的负债，然后重新召开董事会，按照证监会《上市公司重大资产重组管理办法》要求，调整发行方案，重新锁定发行价，将优质资产增量注入上市公司。经此优化调整，将集团公司旗下核心军工资产——江南造船注入上市公司，市场化债转股工作取得重大破题，是市场化债转股的重大创新，受到国资、证券监管部门和资本市场的广泛认可，方案失败的风险大幅降低，中国船舶高质量发展迎来全新机遇。

（二）系统整合资本运作资源，建立统筹联动管理机制与工作流程，推动百年军工优质资产上市

1.目标分解，提升估值水平，保证集团公司绝对控股地位

一方面，按照国防科工局的相关规定，江南造船作为重点保军企业注入中国船舶，集团公司必须保持对上市公司中国船舶的绝对控股股东地位。而另一方面，市场投资者的现金增资将稀释集团公司的持股比例。为此，中国船舶协同集团公司内外多个部门，秉承开放、合作、沟通的原则，目标分解细化，采取多种市场化措施，聚力提升江南造船的市场估值，确保集团公司绝对控股地位。

一是完成长兴重工吸收合并，提高资产总量。2018年，江南造船收购外高桥造船持有的36%的长兴重工股权，集团公司收购了宝武集团持有的35%长兴重工股权，并无偿转让给江南造船，由其在2018年底前完成吸收合并，提升了江南造船的估值。

二是落实世博搬迁土地补偿收益足额到位。在集团公司领导的指导下，工作团队与上海市政府密切对接联系，先后于2018年和2019年分别收到上海市国有土地使用权收入补偿，所有者权益增加。

三是将国有独享的建设项目资金转增实收资本。2019年初，先后将世博船舶馆建设项目、高新建设项目国拨资金转增实收资本，提高江南造船的注册资本。

四是解决土地房产资产瑕疵问题，充分展现土地房产升值潜力。江南造船及其子公司使用的11宗土地，因世博搬迁土地补偿收益未谈拢等原因，影响土地房产的办证进度，不符合资产证券化要求，也使江南造船的整体估值严重低估。在集团公司主要领导的高度关注和亲自推动下，与上海市政府就江南造船土地问题开展了艰苦的谈判沟通并达成协议，解决了江南造船资产证券化的最大痛点。

最终，江南造船土地和房产的升值潜力被充分挖掘出来，市场估值明显提升，保证了集团公司对中国船舶的绝对控股。

2.系统整合，制定流程，建立跨部门工作机制

资本运作是一项系统性工程，在集团公司统一领导下，中国船舶协同集团公司内外多个部门和机构建立了一套符合自身特色又切实有效的组织机构和管理机制。

在组织机构的设置上，建立了多层次的工作机构，由集团公司主要领导挂帅的领导小组，全力领导和统筹推进各项工作，全程指导方案制定和工作流程，沟通协调各部委，指导集团总部有关部门、上市公司和各企业协调一致、有序推进。领导小组下设综合组、审计组、评估组、法务组，明确组织领导和责任分工，各司其职、通力协作。其中综合组与独立财务顾问对接，负责尽职调查和项目现场工作、项目例会以及专题讨论会，对整体工作进行把握协调；审计组与审计机构对接，协助组织审计专项工作的开展；评估组与资产评估机构对接，协助组织评估专项工作的开展；法务组与律师对接，负责审阅、准备相关法律文件，处理相关法律尽职调查及项目所涉及的法律相关问题，并协助组织法律专题讨论会。此外，针对项目进展过程中的重点、难点问题，领导小组还下设不同的专题工作组，群策群力，形成合力，各个击破，解决一系列突出矛盾和重点问题。

在管理机制上，一是建立了周例会、重点工作专题会等管理协调机制，及时协调解决实际问题，重大问题及时报请集团公司研究决策。二是派出专业分工小组入驻企业现场指导协调，及时解决问题，重点问题专人跟踪处理，比如资产评估、方案调整等重大问题，安排专人负责，每天跟踪、推进进展情况，有问题及时汇报并协调解决，确保按计划稳步推进。三是建立工作简报制度，定期报送工作进度、问题难点等信息，及时为方案实施取得指导和支持。四是为了在规定时间内完成资产评估备案及重组方

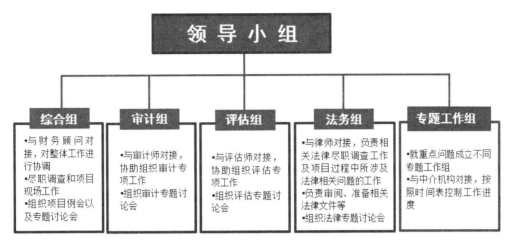

图2 工作机构

案审核等重要工作目标任务,工作团队攻坚克难,每天都到相关部委进行沟通汇报,24小时全天候在线工作,推动了相关问题的有效解决。

得益于良好的规划引领和顶层设计,高效的工作流程和管理机制,中国船舶建立起了符合军工央企上市公司特点的资本运作工作质量标准体系,成功实现了业务模式创新,加速提升了资产处置能力,大力增强了资本运作水平,为顺利完成各项任务目标奠定了坚实基础。

3.掌握主动,抓住机会窗口,迅速完成江南造船增资任务

2019年4月初,受外围市场影响,A股市场面临下行、投资者滋生观望情绪的风险,届时募集资金将更为困难。为此,工作团队主动作为,紧紧抓住稍纵即逝的窗口机遇期,顺势运作,灵活把握和调整工作节奏,迅速完成江南造船增资工作。

一是找亮点。充分发掘江南造船作为核心优质军工资产的有利条件,加大向国家队层级的机构投资者的路演推介,大力宣传江南造船百年军工历史,手持订单饱满,发展前景看好,吸引了资本市场的特别关注。

二是抓重点。工作团队了解到,银保监会通过定向降准,给五大商业银行释放定向资金用于降杠杆特定用途,支持实体经济发展。因此,这次主攻方向选定了工农中建交五大商业银行新成立的资产管理机构。经过不懈努力,建行旗下的国新建信基金认购了12亿元,交银投资认购了10亿元,工银投资联合中船投资认购了8亿元,中银投资认购了5亿元,农银投资联合国发基金认购了6亿元,五大商业银行合计41亿元,占总募资额的61.3%。

三是推热点。基于江南造船上市高度符合国家相关行业融合发展政策精神,以及江南造船自身军品业务发展需要和行业融合发展的实际情况,经过工作团队的积极争取,国家军民融合产业投资基金认购了9.9亿元,国华军民融合产业发展基金认购了6亿元,中信证券旗下的金石投资通过东富国创认购了10亿元。

四是造焦点。工作团队开展密集市场路演,巧妙推介江南造船这个集团核心优质资产的引资工作,有策略地在市场上营造形成了一种"抢手"的氛围。各路投资者快马加鞭,以最快的效率推动投资决策程序,仅用25天实现了9家投资者共66.9亿元的募集资金足额到位。

（三）建立起资产合规化、资本运作的工作标准，加速提升资产处置能力和资本运作水平

产权清晰、资产干净是资产证券化（上市）的基本条件。而江南造船集团这样的一百五十余年历史的老国企，又有上海世博搬迁土地补偿问题，不可避免地存在土地房产、瑕疵资产、三类人员等各种遗留问题，导致相关资产进行处置时难度陡增，再加上成员单位对于历史遗留问题、违规投资建设等问题导致的瑕疵资产处置办法匮乏。为此，工作团队建立资产合规化工作标准，认真细致进行了调研、梳理与处置分析，全力做好资产盘点工作，将待处置资产分为两类，能办证的抓紧办证，无法办证的，坚决予以剥离。一方面，工作团队经过不懈努力，先后分三批完成了江南造船10家下属公司及多处瑕疵不动产的剥离工作，满足了国务院国资委资产评估备案与证券监管的合规性要求，成为百年军工资产注入上市公司的关键一步。另一方面，江南造船土地房产办证工作时间紧、任务重、难度大，工作团队创新工作方法，编制了土地房产办证的专项"作战图"，以办理外部手续存在的逻辑关系与硬性要求为原则倒排工作计划，将需要完成的办证工作按照先后顺序列示在表格上，细分工作计划至每天，并同步开展内部决策程序与外部手续，加班加点，逐个问题一一击破，逐个难关一一拿下，加速提升了企业资本运作过程中资产处置的专业化能力和规范化治理水平，对集团公司内部其他企业在公司规范化治理和瑕疵资产处置上具有重要的参考价值。

鉴于此次重组的重要意义，在符合重组上市各项基本规范和要求的基础上，工作组还根据自身特点自我加压，建立了一套行之有效的资本运作标准规范。一是严格对照国资委有关国有资产重组整合的各项规定要求，制定各项工作规范标准，确保国有资产保值增值，特别在资产评估和备案工作上，梳理重点问题清单，高标准严要求完成国资委就审计、评估有关问题的资产评估备案工作和资产重组方案审核；二是按照中国证监会《上市公司重大资产重组管理办法》等要求，明确了对标资产的具体要求，包括独立性、避免同业竞争、减少关联交易等要求，并对定价方式和价格定价基准日、发行对象、发行规模、过渡期损益安排、锁定期安排、承诺等方案重点环节反复推敲，进行明确；三是以信息披露为核心，建立了更加严格、全面、深入、精准的信息披露规范要求，强化全过程规范化，尤其是财务信息和业务经营方面的信息披露工作，真实准确完整地披露信息；四是严格资产重组审议决策标准流程，从国务院国资委、中国证监会、集团公司至上市公司内部决策，程序、内容、过程完整透明；五是围绕服务主责主业发展的原则，有针对性地对各企业上报的募投项目，要求编制高质量的募投项目可研报告，对项目投资金额及使用计划进度安排、投资效益分析、建设涉及用地情况、项目建设涉及的立项等报批事项情况及环保要求等制定了标准规范要求。

（四）应用多元化资本运作手段，赢得资本市场的认可与支持

因优化调整后的市场化债转股方案仍然属于上市公司关联交易，大股东需回避表决，方案能否顺利获得股东大会审议通过，关键在于赢得其他市场投资者的认可与支持。

为此，中国船舶运用多种资本运作手段维护上市公司在资本市场上的形象，争取广大投资者的认可，为本次方案的顺利实施保驾护航。一方面，加强舆情监控，通过投资者热线、E互动平台、现场互动交流等方式，重点在跟进了解、认真回答投资者诉求和持续引导资本市场的主流声音，争取投资者对方案的理解和支持；另一方面，加强境内外机构的路演工作，向证券研究员、分析师宣传公司的投资价值所在，一定程度上对公司股价稳定产生积极作用，为争取更多机构投资者的投票支持做好前期准备；有策略、有针对性地争取股东投票支持，公司全面梳理股东名册结构，制定券商、基金、机构投资者和

个人投资者投票征集方案，专人跟进并开展境内外机构逐一路演，最终股东大会以高票获得通过，有效地维护了上市公司的资本市场形象，赢得了资本市场的认可与支持。

（五）践行军工企业家精神，打通高质量发展的通道

核心军工优质资产整合注入工作不仅实现了管理理念、手段与方法等管理要素的应用创新，也将锐意进取、勇于争先、坚韧不拔、艰苦奋斗的军工企业家精神内核嵌入到了方案实施全过程的各个环节，始终表现出了一种执着的坚持，不因条件不具备或者问题棘手而轻言放弃，营造出了干事创业的良好氛围。

市场化债转股政策涉及国家发改委、中国证监会、国资委等多部委沟通，债转股投资者名单需获得部际联席会议办公室的支持函和国资委、中国证监会的同意方能实施，只要有一个部委否决，方案将无法开展。同时，江南造船又是国家重点保军企业，要想登陆资本市场又需要国家国防科工局等有关军工事项审核同意。在规定时间节点内获得相应审批文件，面临艰巨挑战。为此，工作团队充分弘扬军工企业家精神，为本项工作顺利实施提供坚强保障。

一是落实主体责任，强化使命担当。以勇于担当、高度负责的态度，直面工作中遇到的每一道难关。二是加强组织领导，推动工作落实。集团公司主要领导亲自挂帅，凝聚起协同高效的工作力量，推进方案实施。三是聚焦重点目标，合理调配资源。充分利用内外部各种资源，着力解决瑕疵资产权证办理、江南造船增资、争取投资者对方案的理解与支持等多个关键任务，保证工作进度不受阻。四是加强评估检查，动态优化调整。增强对方案实施的风险分析与评估，及时优化调整方案设计，确保方案顺利实施。

三、管理创新实践的重要意义

中国船舶将一系列的管理理念、手段与方法集成化创新应用到整个方案的设计和实施过程中，坚持存量与增量并重、治标与治本结合，发挥各方合力，优化上市公司主业产业结构和发展环境，使上市公司长期以来的突出问题得到有效解决，可持续发展能力和整体质量显著提高，上市公司运营发展更加规范、透明、开放、更有活力、更有韧性，显著地促进了经营生产高质量发展，实现了国家、集团公司、投资者、标的资产和上市公司的共赢。生产实体企业获得了直接股权融资资金，降低了资产负债率，减轻了财务负担，实现了轻装上阵；集团公司总体的资产负债率大幅下降，实现了军工资产上市，提升了资产证券化率；上市公司注入百年军工优质资产，运行质量得到了明显提升，投资者合法权益得到保障。

（一）完成了降杠杆既定目标，减轻了企业财务负担

市场化债转股政策有非常鲜明的导向性，其主要目的是为了推进供给侧结构性改革，为暂时出现困难的龙头企业降低资产负债率，减轻财务负担。船舶工业作为事关国家国防安全的重点行业，受船海市场低迷影响，出现暂时性的困难，而选取的标的企业江南造船、外高桥造船、中船澄西均为船舶行业的龙头企业，完全符合这些特点。

本次市场化债转股方案引入了包括国新基金、国家军民融合产业投资基金有限责任公司、华融、中国人寿、诚通基金及工农中建交等18家国资投资机构，共计168.9亿元债转股资金，后续又募集了38.66亿元的配套融资，实现直接融资规模207.56亿元，贯彻落实了国家关于供给侧结构性改革去杠杆、降成本的政策精神，为目前仍处在周期性低迷的船舶工业企业，有效降低了实体企业的杠杆水平和财务

风险，直接使原工业集团公司的资产负债率降低了3.5个百分点，中国船舶的资产负债率从80.6%下降至70.0%，江南造船的资产负债率从89.6%下降至62.3%，外高桥造船的资产负债率从89.3%下降至68.2%，中船澄西的资产负债率从43.24%下降至38.07%。

表1　交易前后中国船舶及所属企业资产负债变化情况

中国船舶		
资产负债项目（万元）	2020年12月31日	2018年12月31日
资产总计	15250952.85	11975470.14
负债合计	10673269.58	96479549.49
引资金额（万元）	168.9亿元债转股资金和38.668亿元的配套融资	
资产负债率	69.98%	80.56%
江南造船		
资产负债项目（万元）	2019年7月31日	2018年12月31日
资产总计	4310435.58	4102189.63
负债合计	2686716.70	3676036.52
引资金额（万元）	669000	
资产负债率	62.33%	89.61%
外高桥造船		
资产负债项目（万元）	2018年12月31日	2017年12月31日
资产总计	2611313.70	3342058.41
负债合计	1780946.96	2983239.91
引资金额（万元）	477500	
资产负债率	68.20%	89.26%
中船澄西		
资产负债项目（万元）	2018年12月31日	2017年12月31日
资产总计	867633.91	832613.36
负债合计	330285.65	360030.37
引资金额（万元）	62500	
资产负债率	38.07%	43.24%

（二）完善了国有控股上市公司治理机制，实现了国有资产保值增值

完成本次交易完成后，中国船舶集团将核心军工资产注入了上市公司，同时继续保持对中国船舶的绝对控股地位不动摇，大幅提升了集团资产证券化率。上市公司股权结构进一步优化，战略投资者等股东在公司治理、企业经营等方面发挥了积极作用。重组后，上市公司董事会、监事会进一步配齐充实，经理层成员强化任期制和契约化管理，三项制度持续深化改革，中长期激励政策探索推进，党建等改革任务进一步深化，国有上市公司治理结构不断完善。

此外，经市场公允价值评估，江南造船等标的企业资产增值率普遍在20~80%左右，本次交易规模达412.35亿元，成为2020年国内资本市场最大资产重组项目，上市公司市值也由原来的200亿元规模大幅提升至近千亿元，有效地实现了国有资产的保值增值。

（三）完善了以管资本为主的经营性国有资产管理模式，提升了上市公司价值创造和价值实现能力

本次资本运作有效推动了集团公司核心军工资产注入上市公司，促进了重点行业和重点企业以上市公司为平台开展专业化整合。上市公司运营质量和产业布局持续优化，价值创造能力不断提升。本次资本运作完成后，江南造船、外高桥造船、中船澄西成为上市公司的全资子公司，形成了"主营业务突出、板块归属清晰"的架构，完善了以管资本为主的经营性国有资产管理模式。本次重组整合的江南造船在军、民船舶建造领域具有较强的核心竞争优势和行业地位，显著提升了上市公司的质量效益和持续经营能力，精准化解了前期因外高桥连续大幅亏损导致的退市风险，有助于上市公司扭亏脱困发展。另外，在引资期间，上市公司提升了信息披露和规范运作水平，不断开展和强化市场投资者沟通工作，丰富创新信息传递方式，引导市场合理预期，增强投资者认同，切实提升了上市公司的价值实现能力。

表2 交易前后中国船舶资产规模与盈利能力变化情况

项目	2019年1—7月			2018年度		
	交易前	交易后	变动率	交易前	交易后	变动率
资产总计（万元）	4692204.19	11281670.43	140.43%	4527024.34	10792027.48	138.39%
营业收入（万元）	1158012.21	2727307.83	135.52%	1691030.74	4090562.80	141.90%
归属于母公司所有者的净利润（万元）	303.99	134999.12	44308.94%	48921.34	24020.07	−50.90%

（四）利用资本整合的连接效应和杠杆效应，推动了行业和企业高质量发展

一方面，集团公司作为我国船舶工业的骨干力量，肩负海军装备现代化建设的神圣使命和发展海洋经济、建设海洋强国的历史重任。通过本次重组，能够发挥上市公司的资本运作功能，实现军工优质资产与资本市场的连接，在更高层次、更广范围、更深程度上推进国防工业和海洋经济建设的高质量融合发展。另一方面，在提升集团公司资产证券化率（原中国船舶工业集团公司的资产证券化率提升至50%以上）的基础上，利用上市平台扩大融资规模，充分利用了资本杠杆效应，解决江南造船等军工企业在快速发展过程中的资金瓶颈，为企业生产经营提供资金保障，提高江南造船等实体企业市场化运作水平，有力地配合了两大船舶集团的战略性重组。

本次重组募集配套资金38.668亿元，用于江南造船数字造船创新示范工程和高端超大型集装箱船舶技术提升工程等募投项目，有力提升造船业务整体生产效率，提高船舶制造的智能化、自动化水平，补足生产短板，满足江南造船承接新产品订单的需要、智能化生产的需要、绿色可持续发展的需要，更好推动高质量发展；同时也有利于江南造船继续加强军工能力建设，强化企业技术创新能力，为我国海军武器装备的发展做出新的更大贡献。

成果创造人：陶　健、张东波、陈　琼、郎　文、包博竞

面向供应链能力提升的大型军工集团电子装备"通用化、系列化、组合化"管理改革创新

中国电子科技集团公司电子科学研究院

一、公司简介

中国电子科技集团公司电子科学研究院（以下简称"电科院"）始建于1984年，是中国电子科技集团公司（以下简称"集团公司"）总体研究院，现有员工1400余人，其中中国工程院院士3人，博士和硕士占比均超过30%。电科院是国内唯一大型综合电子信息系统总体设计和装备研制单位，是从事电子信息技术发展战略研究、大型信息系统顶层设计、工程总体研发及综合集成的国家级科研机构，建有国家级系统电磁效能测评中心、国家保密局测评分中心和连接全国多地的科研网络。近年来，电科院在军事发展战略研究、综合电子信息系统论证和机载平台任务系统研制等领域，承担了一大批国家重点工程的系统总体研发任务，为国防建设做出了突出贡献。与此同时，电科院作为集团公司标准化研究中心依托单位，长期承担重大电子装备型号任务标准化研究与过程管理任务，对电子装备通用化、系列化、组合化（以下简称"三化"）设计与管理具有丰富经验，有力地支撑了型号研制和装备定型交付。

2019年以来，集团公司统一领导，电科院组织实施，首次成体系、分步骤、有重点地推进集团公司"三化"管理改革创新工作，在当前复杂多变的政治、经济和市场环境下，建立了以重点型号为依托、以"三化"标准为引领、以产品型谱为抓手，推动共性产品广泛应用的"三化"管理模式，实现相关产品在集团公司承研的多个重大装备型号研制过程中的广泛应用，改善重点产品"三化"工作从不同科研院所分散孤立、不成体系、各自为战的不利局面，逐步转变为跨院所、多层次、集团化、高度融合、协同发展的良性运行和管理模式，对集团公司产品供应链能力提升、推动企业改革发展起到了较好的支撑作用。

二、实施背景

（一）提升我军未来作战能力的需要

未来作战，战场制信息权对战争进程和结局具有决定性作用。随着战争模式向基于网络信息体系的联合作战、全域作战发展，将更加倚重电磁空间作战能力的提升，而电子装备作为电磁空间作战的核心，是我军打赢未来战争的重要依托。

电子装备具有技术迭代较快、产品更新频繁、产业链军民融合度高等特点，随着我军电子装备使用强度的不断提高，当前装备在维修保障、备品备件供应、升级改进等方面的问题也就变得愈发突出。一装多型、几代同堂、多体制并存现象普遍，部队普遍反映同系列装备间通用性差，导致使用、保障、维修困难，尤其是老旧装备，在部分元器件停产情况下，更是难以保证正常使用。与此同时，军用电子装备具有多品种、小批量的特点，导致军用电子装备整体的生产效率不高、供应商层级较多、供应链结

构复杂等问题，这都为电子装备的持续升级改进，快速适应现实作战需求带来挑战。

针对上述问题，只有通过深入推进电子装备"三化"工作，形成"三化"产品和通用共性产品标准，才能从根本上改善电子装备可维修性，提升电子装备供应链保障能力，并对开放式系统架构、模块化设计要求等先进设计经验和要求进行固化，系统性提高电子装备研发和生产效率，支撑我军信息化作战能力的不断提升。

（二）支撑电子装备产业持续发展的需要

电子装备产业是国家战略性先导产业，体现了国家综合国力和国防实力，军用电子装备具有多品种、小批量的特点。由于作战使命、应用场景、功能性能要求、用户使用习惯等不同，各型装备之间的整体需求差异较大。不同于传统装备，军用电子信息装备还具有技术上要求快速主动求变与快速被动应变的特点，这就造成了现有各型电子装备在技术路径、系统架构等方面个性化特点突出，相对共性开发不多，导致军用电子装备整体的生产效率不高、供应商层级较多、供应网络结构复杂等问题，传统的企业科研生产模式已无法满足新形势下电子信息武器装备研制生产需求。

集团公司成员单位承担了大量国防信息化武器装备研制任务，肩负着富国强军的神圣使命。由于对体系化作战认识上的局限，并受行政管理上条块分割的影响，同一装备领域各成员单位间均独立开展研制生产工作，难以从电子装备产业的高度进行统筹设计并开展"三化"工作，无法适应当前电子装备体系化作战和供应链保障要求。这就需要在集团公司统一领导下，通过加强"三化"建设，推动专业协同和行业能力提升，更好地整合电子装备力量形成集团合力，建立或巩固相关产业竞争优势，助力集团更好的规划和推动先进前沿技术领域业务拓展，保证电子装备产业的持续健康发展。

（三）优化集团公司供应链管控模式的需要

集团公司作为我军军用电子装备设备的主要供应商，肩负着我军电子信息领域作战力量建设的历史重任，"十三五"以来，随着装备信息化建设的蓬勃发展，各成员单位军工科研生产任务量呈爆发式增长，经营模式逐步从科研型向科研生产型转变。集团公司各成员单位配套产品研制单位众多，这其中既包括大型国有企业，也包括规模与能力不等的民营企业，为集团公司简化产品型谱，优化供应链管理带来不利因素。

与此同时，以协同推进"三化"方式优化供应链管理尚属首次，基本没有可供借鉴的成熟管理模式和先进经验，面临一系列管理难题：一是各单位情况复杂，协同推进难。不少单位"三化"工作实施管理机制不健全，工作推进和标准转化能力亟待提高；二是顶层组织体系缺失，专业支撑难。集团公司尚未形成覆盖集团产品的"三化"组织保障机构，缺乏系统完备的工作体系；三是管理制度不健全，规范实施难。集团公司尚无"三化"工作顶层管理制度和实施要求，缺乏从顶层指导和规范"三化"工作的手段和依据。

三、内涵和主要做法

"十三五"以来，集团公司全面推进面向供应链能力提升的电子装备"三化"研究工作，集团公司统一领导，电科院组织实施，依托集团公司标准化研究和标准制定项目，首次成体系、成系统、分步骤、有重点地推进集团公司"三化"工作，随着相关研究成果的推广应用，在总结研究经验的基础上，相继开展了电子对抗等系统装备，以及机箱、机柜、显控台、电源等基础产品的"三化"工作，三年来梳理形成四大类产品型谱90项，初步形成集团公司"三化"产品标准24项，建立了以重点型号为依托、以"三化"标准为引领、以产品型谱为抓手,推动共性产品广泛应用的"三化"成果验证推广模式,实现相关产品在集团公司承研的多个重大装备型号研制过程中的广泛应用。标志着集团公司"三化"工作从不同科研院所分散孤立、不成体系、各自为战的不利局面,正逐步转变为跨院所、多层次、集团化、高度融合、协同发展的"集团主导,所为基础"的良性运行和发展模式,有效解决了集团公司产品"三化"组织管理难、规范实施难、成果管理难、应用推广难等一系列管理难题,对集团公司军工电子装备供应链能力提升起到了较好的推动作用。

(一)聚焦供应链能力提升,明确"三化"管理总体思路

面对集团公司电子装备"三化"统一管控基础薄弱、供应链能力提升困难等现实问题,由集团公司统一领导,电科院组织实施,针对亟需开展供应链优化的重点电子装备,形成了以"化、统、优、显"为核心的总体方针,以及以标准体系构建和共性产品研制为核心的总体管理思路;从创建集团公司"三化"管理团队和相关顶层管理制度入手,为整体工作实施提供指导和监督的依据;以搭建"三化"标准体系,总结产品型谱为抓手,组织共性产品研制;通过打造数据管理平台,实现"三化"数据和成果的信息化管理;最终将形成的共性产品纳入集团公司供应链,并结合用户需求,积极推动其推广应用。通过体系化推进集团公司电子装备"三化"工作,优化了集团公司供应链的管理,为集团公司电子装备的可持续发展奠定基础。

化:将电子装备和配套产品不同的技术状态、功能需求和应用环境条件"化"为标准接口、标准单机、标准部件、标准材料和标准工艺。

统:建立装备和配套产品型谱,减少产品规格,形成产品系列,优化产品供应链结构,支撑不同用户和应用条件的产品需求。

优:围绕电子装备未来发展需求,充分采用优势技术,优化装备和配套产品性能、结构和人机功效,提高质量,降低成本。

显:强化中国电科标识和品牌设计风格,突出电科基因设计理念。

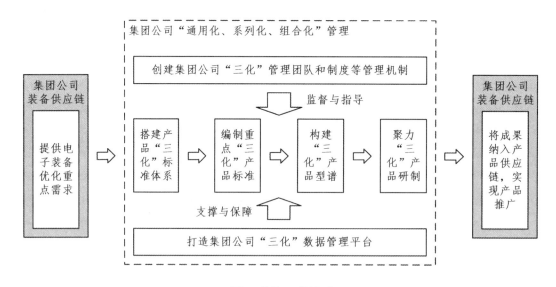

图1 总体工作思路

（二）创新集团工作体制机制，构建"三化"管理组织能力

集团公司电子装备"三化"工作是一项系统工程，面临各成员单位内部专业范围广、集团公司内部参研单位多、各层级组织协调难度大等一系列管理和制度难题，为保障这一工作的顺利开展，切实发挥支撑供应链能力持续提升的集团公司电子装备等核心业务板块作用，建立了多维度、分层次的集团公司总体和成员单位"三化"专项研究工作组织机构，组织编制集团公司级"三化"工作管理办法和实施细则，规范集团公司级"三化"工作管理实施程序，组织职责明确，界面清晰。

1.夯实多维度、分层次工作组织体系

为了更好地推进集团公司电子装备"三化"工作，切实弥补"三化"工作抓总经验缺乏、任务难以有效落实的管理难题，集团公司建立一套分层次、多维度的工作组织体系，明确了主管机关和牵头单位。

以电子对抗"三化"研究工作为例，在调研集团公司本领域相关单位的基础上，由集团公司标准化主管部门牵头，根据产品研制和管理能力，明确产品"三化"工作技术牵头单位，组织成立了专项推进组和专项工作组。电科院领导和技术牵头单位领导担任专项推进组组长，集团公司标准化主管部门相关负责人和牵头单位领导担任副组长，电科院作为抓总单位，负责研究工作总体推进和管理，代表集团公司组织"三化"研究实施工作。为确保相关领域产品"三化"工作的领域覆盖性，选派集团公司相关产品领域成员单位主管负责人，作为成员加入专项推进组，确保集团公司相关产品领域成员单位全面覆盖。在成员单位层面，各单位依据集团公司整体部署要求，派员参加专项工作组，负责"三化"研究工作的具体落实。专项工作组一般由牵头单位主管业务副所长或产品领域集团首席专家任组长，成员涉及标准化部门、计划管理部门、技术管理部门、各专业部门以及相关技术总师、专家。形成了系统、完备的工作组织体系。

2.建立循序渐进、科学有效的工作程序

为切实保证集团公司重点装备"三化"工作稳步推进，工作启动初期，电科院深度调研梳理集团公司各成员单位"三化"工作基础和能力水平，在分析借鉴本集团相关单位"三化"管理制度的基础上，探索建立一套适合集团公司军工电子装备"三化"研究工作组织实施的组织机制、工作模式和工作程序，按照"先行试点、分步实施、整体推进"的整体工作部署，组织编制了《中国电子科技集团有限公司产品"三化"工作管理办法》《中国电子科技集团有限公司产品"三化"专项工作实施细则》，对集团公司装备"三化"工作管理机构与职责，以及方案论证、设计试制、鉴定验收、推广实施等阶段开展的主要工作进行明确，并在38所牵头的机箱、机柜、显控台"三化"工作，29所牵头的电子对抗"三化"工作，14所牵头的电源"三化"工作中进行试点，指导相关工作的开展。

依托相关制度，技术牵头单位在重点产品领域完成了标准体系的建立、"三化"产品样机样件的开发，形成了多项标准规范，顺利通过了集团公司验收，新编制度和工作模式的可行性得到充分验证，重点产品"三化"工作的成功经验经总结推广得到其他单位的借鉴，存在的不足也给其他单位敲响警钟，有效带动了集团公司电子装备"三化"工作规范化管理要求的不断推广。

通过工作组织体系的建立和实施，奠定了集团公司重点领域产品"三化"工作管理基础，为各项工作的持续推进和深入发展创造了组织条件。

（三）协同编制产品型谱和标准，打造"三化"工作实施准则

围绕"三化"产品，通过详细调研集团相关成员单位产品结构、"三化"工作基础、"三化"成

果、应用情况等基本信息，结合集团公司在相关产品领域的技术布局和产品水平开展深入分析和研究，构建重点电子装备"三化"标准体系，通过体系构建，明确重点急需标准，组织开展产品"三化"电科标准的编制，为电子装备领域"三化"产品的研制过程的管理提供了依据和要求。

同时，针对提升集团公司电子装备供应链能力的现实需求，通过组织牵头单位对电子装备主要参数、形式、尺寸、基本结构、使用平台等信息的充分收集、分析和论证，结合装备未来发展趋势和用户要求，从多维度开展产品选型和品种简化，组织本产品领域成员单位共同协商，协调各方利益，做出合理安排并编制产品型谱标准，明确产品型谱的一般要求、详细要求及命名规则，为电子装备领域"三化"产品选型、优化集团公司产品供应链提供支撑。

1.顶层规划组织构建电子装备"三化"标准体系

以集团公司重点电子装备"三化"能力生成为主线，组织相关成员单位，按通用化、系列化、组合化维度，构建覆盖基础类、设计类、验证类、保障类、评估类等类别的电子装备"三化"标准体系框架，系统分析电子装备各类典型应用场景，按"横向领域覆盖齐全，纵向专业层级清晰"的总体思路，分类分层建立一套覆盖通用化、系列化、组合化需求的"三化"产品标准体系框架，系统梳理装备相关国家标准、国家军用标准、军工行业标准以及企业标准，形成标准明细表，通过总结和分析现有标准的不足，明确重点和急需的"三化"标准编制需求，为后续标准发展指明方向。上述构建模式与要求，支撑构建了机箱、机柜、显控台"三化"标准体系，电子对抗装备"三化"标准体系等集团公司重点产品"三化"标准体系的构建，有效指导了后续样机样件研制工作的开展。

2.扎实有序组织开展重点"三化"产品标准编制

基于集团公司重点产品"三化"标准体系，组织牵头单位编制产品"三化"开展重点急需标准。充分发挥电科院的平台作用，以集团标准编制要求为准绳，开展"三化"标准编制工作。集团公司各成员单位均严格按照编制"征求意见稿—送审稿—报批稿"和"集团级审查会—院所级审查会"的形式，组织开展"三化"标准的编制和审查。"三化"标准征求意见稿由技术各牵头单位组织进行内部研讨和评审，邀请相关专业专家对编制质量进行审查和把关；"三化"标准送审稿由集团公司标准化研究中心组织评审，邀请集团公司标准化技术委员会专家作为评审组长进行审查，审查意见归零形成报批稿，经评审组认可后方可报批。依托本研究，集团公司共完成《显控台通用规范——车载系列》《机柜配附件选用指南——舰载系列》等24项电科标准制定，凝聚集团公司"三化"产品标准共识。

3.多维度构建"三化"产品型谱，有效压减产品规格

针对机箱、机柜、显控台、电源等基础产品，以及电子对抗装备等系统产品，电科院联合相关成员单位，组织编制了产品"三化"情况调研表并组织下发相关单位；先后组织策划并实施了多轮的需求研讨、问卷调查、现场调研、方案讨论等相关工作，并开展成员单位产品设计要素、品种分类、应用领域、集团内外生产能力等情况的专题调研，并形成调研报告。以某型基础产品为例，通过深入统计分析，明确2017—2018年度集团公司总体用量为227种20688台，从使用平台看，各应用场景产品综合占比超过80%，具有良好的覆盖性、代表性。相关统计工作的开展，为产品型谱的梳理和建立奠定了数据基础。

基于对电子装备品种、数量等基础信息的充分调研，电科院组织技术牵头单位对电子装备主要参数、形式、尺寸、基本结构、使用平台等信息进行统计和分析，在与相关成员单位协商研讨的基础上，结合电子装备技术发展趋势和用户要求，开展产品型谱构建，简化产品种类和规格。以某型基础产品为例，围绕四类装载平台（地面、车载、机载、舰载），建立了各类平台的产品型谱标准，地面平台产品

规格压缩59%，车载产品规格压缩74%，机载产品规格压缩45%，舰载产品规格压缩67%。通过本研究围绕电子对抗、电源、机箱、机柜、显控台等不同产品对象，初步建立90项产品型谱，取得了良好的实施效果。

通过组织集团公司电子装备"三化"标准体系的构建和"三化"产品标准的编制，为集团公司重点领域"三化"产品的研制和生产提供了依据和要求。通过产品数据分析和产品型谱构建，奠定了集团公司重点领域产品"三化"产品选型基础，精简了产品品种和类别，为供应链管理优化提供准则。

（四）积极开展共性产品研制，推动"三化"工作成果落地

针对集团公司品牌建设需要，围绕"三化"共性产品成果，结合机箱、机柜、显控台等电子装备能够较好彰显电科品牌优势的情况，联合相关成员单位，充分利用"三化"研究工作标准和型谱成果，组织开展了机箱、机柜、显控台、电源等电子装备共性产品的设计和生产，形成了显控台、机柜等产品样机，电科标识和品牌形象得到有效凸显，产品质量得到显著提升。

1.聚力"三化"产品样机研制，推动共性产品投产

基于前期形成的产品规范和型谱标准，由电科院联合技术作为牵头单位，会同相关领域成员单位，针对机箱、机柜、显控台等基础产品，在产品型谱标准和产品标准的基础上，组织开展联合攻关，在充分调研现有产品规格的品牌形象的基础上，完成机箱、机柜、显控台等"三化"产品的三维模型、图纸状态固化和样机投产，在集团公司专家的指导下，共同形成了电科品牌形象展示方案，在产品质量得到有效提升的同时，凸显了电科标识和品牌形象，相关样机在集团内外部展示后，取得了较好的宣传效果。

2.结合用户装备实际需求，实现共性产品推广

为进一步推动集团公司"三化"产品的推广应用，持续提升集团公司产品供应链能力和"三化"水平，电科院与技术牵头单位从管理和技术两方面协同开展"三化"工作产品推广工作，与用户深入沟通，建立双向协作机制，以某型基础产品为例，推动44台"三化"成果产品已在多个型号任务中应用验证和交付，舰载平台"三化"产品首次纳入海军相关装备型谱，一举打破船舶集团对该领域的长期垄断，同时联合用户单位，依托相关海军标准的修订和报批，实现集团公司"三化"成果在上级军标的价值辐射，集团品牌价值得到有效提升。

通过"三化"产品样机的应用推广，实现了集团公司重点领域产品供应链"三化"水平提升，电科标识和品牌形象得到有效凸显，产品质量和供应链能力得到显著提升。

（五）搭建三化数据管理平台，实现"三化"工作经验推广

针对集团公司相关成员单位"三化"工作要求不一致、水平不统一、管理要求实施不规范等难题，结合集团公司成员单位产品领域多、技术跨度大等专业特点，通过挖掘集团公司电子装备"三化"工作优秀案例，总结集团公司级产品"三化"课题管理实施经验，创新构建了集团公司"三化"工作设计管理平台，规范各成员单位"三化"工作，提升了集团公司"三化"管理水平。

"十三五"期间，集团公司陆续开展了电子对抗、电源、机箱、机柜、显控台等多项不同层级电子装备"三化"工作，涉及20家集团公司成员单位，由于时间紧，任务重，给"三化"整体工作质量管控和成果管理带来了不小困难。为此，集团公司针对"三化"工作成果建立了以成果数据管理和应用为核心的"三化"工作数据库系统，确保"三化"工作成果得到有效应用。

1.体系挖掘优秀"三化"案例，充分发挥榜样指导作用

为更好指导集团公司各成员单位开展"三化"工作，树立集团公司"三化"管理与实施优秀案例，在工作过程中，电科院注意开展先进技术和管理方法的收集和总结工作，结合机箱、机柜、显控台以及电子对抗装备"三化"工作进展，将优秀设计理念和管理方法等经脱密处理，提供相关成员单位试用，充分发挥了优秀案例的榜样作用。同时，注重"三化"工作实施方案、标准体系等文件资料的软件化和工具化，为进一步开发集团公司"三化"设计管理平台软件奠定了基础。

2.依托信息化技术手段，打造"三化"设计管理平台

在对集团公司产品"三化"产品设计方法和管理模式进行系统总结的基础上，电科院结合集团公司"三化"管理制度和规范，针对集团公司"三化"工作管理需求，在系统性策划业务场景、应用流程和功能模块的基础上，依托研究工作形成的产品型谱标准，实现了型谱录入、选型和统计汇总等功能，并根据试运行情况，不断迭代和优化平台业务功能、扩展数据库记录、完善优化用户界面等功能，为后续集团公司"三化"设计管理平台部署及推广应用奠定基础。

3.全面梳理"三化"工作成果，确保数据完整有效

围绕集团公司电子装备"三化"工作，集团公司和产品"三化"工作牵头单位联合相关成员单位，形成了24项电科标准、四大类90项产品型谱、共性产品三维模型、共性产品二维工程图、数百项工艺文件及其他技术和管理文件，上述成果是集团公司成员单位开展后续产品"三化"工作的重要基础和依据，集团公司与牵头单位对"三化"研究工作成果形式进行了统一要求，注重成果数据的电子化和档案化，为"三化"成果数据库的建立奠定了基础。

4.依托数字化管控平台，打造"三化"成果数据库

在对集团公司产品"三化"产品成果进行梳理的基础上，结合集团公司"三化"设计管理平台建设，集团公司与牵头单位联合相关成员单位组织开展与设计管理平台开发相匹配的数据库需求设计，推动数据库选型设计、数据库表设计，按照平台部署要求以及数据库表结构，在某型基础产品领域，完成了"三化"标准、典型"三化"产品设计数据准备；完成"三化"产品标准、型谱、三维模型、二维工程图、工艺文件、管理文件等六大类数百条数据固化和初始化，初步构建形成了集团公司电子装备"三化"数据库，基本满足了"三化"成果推广应用需求，并为后续"三化"数据库的不断完善提供保障。

通过体系挖掘优秀"三化"案例，打造"三化"设计管理平台，实现了"三化"经验共享与信息化管理水平提升，保证集团公司产品"三化"能力持续提升。通过集团公司电子装备"三化"数据库的建立，实现了"三化"成果的数字化管理与应用，有效促进了集团公司"三化"成功经验的持续推广。

四、实施效果

在集团公司领导下，电科院组织集团公司有关成员单位不断探索创新，以"统型提效、优化升级、品牌提升"为目标，组织实施了面向供应链能力提升的电子装备"三化"工作。通过强化电科标识提升品牌形象，形成了一系列管理创新成果，支撑机箱、机柜、显控台等产品扩大市场和产业化规模，实现了"电科基因凸显、用户体验卓越、经济效益显著"的总体成效，支撑集团公司供应链能力持续提升，取得了良好的军事效益、经济效益和社会效益。

（一）实现电子装备"三化"体系创新，支撑装备作战能力持续提升

通过开展面向供应链能力提升的集团公司电子装备"三化"工作，形成了电科标准、产品型谱、

产品设计文件、工艺文件、管理文件等数百项技术和管理成果，形成了一整套科学、系统的产品"三化"技术和管理体系，涵盖"三化"工作策划、组织实施控制、型谱标准编制、样机样件研发、"三化"成果验收、供应链应用推广等全周期活动，较之以往"三化"工作"缺乏顶层规划、标准编制滞后，重研制轻应用"的工作模式有了质的飞跃。通过本研究工作，实现了相关领域电子装备规格压缩超过50%，切实推动了集团公司"三化"成果产品在多个型号中的应用验证和交付，支撑和保障了军兵种产品型谱建设，从根本上改善电子装备可维修性，提升电子装备供应链保障能力。同时，电子装备维护保障经验表明，通过装备"三化"减少产品品种和规格，还将节约3%~5%的维护使用成本，支撑我军信息化作战能力的不断提升。

（二）打造电子装备"三化"品牌形象，推动集团产品高质量发展

通过本研究，各级成员单位结合专业领域和产品特点，编制了一系列产品"三化"工艺规范和产品标准，一批核心技术和关键成果固化为标准和规范，将"三化"要求和产品型谱化发展思路融入武器装备研制生产的全过程、全要素，做到"设计有规范做指导、试验有规范做依据，生产有规范做约束"，为电子装备"三化"基础科研深入发展奠定基础。通过产品标识和设计风格等形式，对电科品牌形象进行有效展示，凸显了电科基因，相关样机进行内外部展示后，取得了较好的宣传效果。根据集团公司内相关企业经验表明，通过产品"三化"优化供应链结构可降低约30%的产品成本，根据某型基础产品年用量范围及单台成本计算，现有年度成本约60亿元，通过充分开展"三化"工作，预计可节约成本15亿元以上，具有极高的潜在经济效益，将大幅提升集团公司价值创造能力，持续满足用户对高质量产品的需求，实现集团公司"三化"成果产品价值辐射。

（三）树立电子装备"三化"模式典范，实现电子领域常态化推广

通过建立多维度、分层次的集团公司总体和成员单位"三化"专项研究工作组织机构，编制集团公司《产品"三化"工作管理办法》《产品"三化"专项工作实施细则》，固化了集团公司级"三化"工作管理实施程序和管控要求，为各项工作的持续推进和深入发展创造了制度和组织条件。经过两年的探索、实施和完善，电科院在集团公司电子装备"三化"工作实施过程中所采取的管理模式和方法，得到了上级机关以及集团公司各成员单位的一致认可，为提升集团公司供应链能力提供了新的抓手和工具，树立了"三化"研究模式典范。相关制度和规范实施以来，相继在集团公司线缆等基础产品、数据链等系统产品领域得到持续应用，取得了良好的实施效果，为军工电子行业其他单位依托装备 "三化"工作、实现供应链的优化改进提供了依据，对国防科技工业"三化"管理工作的创新开展同样具有重要的借鉴意义，具有较好的推广价值。

成果创造人：何世新、徐晨华、胡振强、沈方达、任　勇、程志强、郭　宁、
　　　　　　张　冰、刘　悦、肖英萍、徐银华、陈　茜、陈晓丽

以全员绩效考核为引领的人才管理体系改革

中铁建设集团有限公司

一、企业简介

中铁建设集团有限公司（以下简称"中铁建设"）成立于1979年，前身是中国人民解放军铁道兵89134部队，是"世界500强""中国500强"和"全球250家最大工程承包商"——中国铁建股份有限公司的全资子公司。

中铁建设是建筑工程施工总承包特级、市政公用工程施工总承包特级企业，具备建筑行业11个专业最高等级资质。业务涵盖工程总承包、建筑工程设计、装饰装修、市政施工等领域。荣获全国百家"中华人民共和国成立70周年功勋企业"等多项荣誉。

中铁建设下辖37个分子公司、指挥部，目前在建项目575个，年施工能力超过7000万平方米，工程遍布全国百余个城市及海外数个国家。2020年，新签合同额1600余亿元，营业收入700余亿元，利润总额11余亿元，分别较上年同比增长54.35%、38.99%、12.64%，人均营业收入近500万元。截至2020年，1000余项工程获省部级及以上优质工程奖，其中，获51项鲁班奖、53项国优奖、11项詹天佑奖、90次中国钢结构金奖、全国建筑工程装饰奖和中国安装工程优质奖；2020年度荣获"十三五"中国企业文化建设典范组织和"十三五"中国企业文化建设优秀单位。

人力资源是第一资源。中铁建设现有员工近2万人，拥有注册建造师1300余人，各类注册人员2000余人。2021年入职大学毕业生1200余人，人数增长率连续两年保持在40%以上。截至2020年，员工离职率为3.62%，较上年下降1.41%，连续多年保持较低水平，员工对企业忠诚度、满意度较高。2021年6月，中铁建设荣获由中国人力资源开发研究会颁发的2020年度"企业人力资源开发与管理优秀企业"奖项。

为有效支撑公司"十三五"战略实现，中铁建设致力于人才管理体系改革优化，特别是以全员绩效考核改革为引领，建立全面的人才管理体系，为中铁建设高质量发展提供坚实的组织和人才保障。

二、改革背景

"十三五"初期，经诊断分析，由于中铁建设人力资源管理基础薄弱，整体人才活力不足，人才队伍战斗力不强，导致组织效能难以有效发挥，缺乏市场竞争力。主要表现在：

（一）员工职业发展方式单一，发展通道不畅

长期以来，中铁建设员工职业发展方式单一，员工职业发展或晋升高度依赖于岗位晋升，岗位不动，则发展无望。员工青睐管理岗位，即便是技术、技能型人才多数也选择以"管理岗位"为首要发展目标，导致一线员工向各级总部堆积，千军万马"走管理独木桥"，极大地影响了人才队伍战斗力和终端创效、创誉能力。

（二）薪酬体系不合理，缺乏竞争力和激励性

伴随着企业的快速发展，中铁建设薪酬平均主义倾向有所显现，入职1年、5年乃至工作20年以上的员工岗位薪酬高度一致，薪酬差距不大，与"绩效优先"文化相背离。整体薪酬结构曲线平缓，甚至在局部存在"倒挂"现象。薪酬水平市场竞争力随职级上升而下降。薪酬分配与绩效考核的链接不紧密，难以实现业绩导向、能力导向。

（三）培训需求不明确，人才培养靶向性不强

由于缺乏战略任务分解、培训需求调研，信息化、大数据的量化分析工具应用不充分，传统的人才培养多为自上而下的灌输性培养，有的培养虽然自下而上进行了前期调研，但是员工往往将调研作为一项应付性工作进行填报，或者受"从众效应"影响，自身在知觉、判断、认识上缺乏分析和独立思考，造成人才培养靶向性不强，对人力资本投资的效果不佳，甚至成为沉没成本。

（四）绩效考核科学性和规范性不足，覆盖不全

1.考核制度不健全，覆盖面不足

原有考核工作中，集团层面没有建立统一的考核制度，往往两级总部各行其是，且每个单位的考核覆盖程度及考核要求均不相同，没有做到战略层层分解、责任层层传递，直接影响组织绩效，进而阻碍企业创效能力。

2.考核指标不合理，缺乏"定量"指标

考核指标多是以"德、能、勤、绩、廉"为主的定性指标，没有针对不同考核主体的责任目标、工作内容、工作业绩、工作完成情况设置可量化指标，使考核结果无法客观反映被考核人考核周期内实际工作完成情况。一味采用定性指标，缺乏数据支撑，考核结果容易出现误差，导致"干好干坏一个样"。

3.考核标准不统一，无法有效应用

同类岗位职责的员工考核指标不统一，使得绩效考核评价结果缺乏跨单位横向可参考性，考核成绩应用范畴受限。同类岗位职责员工的组织绩效目标很难形成科学、系统的考核指标，很难逐级分解落到个人，致使绩效管理无法有效落实企业战略。

4.考核存在主观性，影响可信度

实施绩效考核过程中，考核主体单一，没有采用上级、平级、下级多维度联动的考核评价方式，考核结果容易因人为因素影响而产生偏差。个人或少数人凭主观感觉进行评价，将客观标准主观化，会存在以偏概全、平均主义等倾向，影响绩效考核结果的可信度。长此以往，必然导致企业绩效考核管理流于形式。

5.考核工作效率低，管理支撑性不强

过去各项考核工作，原始数据汇总评价均停留在纸面上，需要手工记录、评价、汇总，耗费大量人力、物力和时间。绩效考核虽多为定性评价，但涉及大量加权平均等工作，计算方式繁琐，手工汇总难以保证结果准确性和数据保密性，在时效性要求很高、应用频繁的情况下，难以支撑管理需求。

三、改革实践

围绕"十三五"战略规划，中铁建设启动人力资源体系优化工作，致力于构建"人才发展、人才激励、人才培养、人才评价"四位一体的人才管理体系（见图1），开发了"职业发展通道、职级薪

酬、多维培训、全员绩效考核"等四个模块。"全员绩效考核"作为"人才评价"的主要载体，是促进"人才发展、人才激励、人才培养"的重要衡量工具和有效抓手，有效引领人才管理体系良性运行，以充分体现员工价值、激发员工活力、提高个人绩效和组织效能，有效支撑中铁建设整体战略规划落地，推动企业高质量发展。

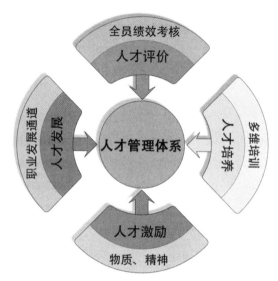

图1 "四位一体"人才管理体系示意图

（一）搭建职业发展双通道，建立人才发展机制

为了解决员工发展通道受限的问题，中铁建设从深挖员工潜能，关注员工价值贡献入手，根据价值创造方式，将所有员工划分为4大类、18条序列（见图2），搭建"管理+专业"职业发展双通道，畅通员工职业发展路径（见图3），形成"横向多序列、纵向多层级、上有专家库、下有人才池、晋升有通道、退出有机制"的职业发展管理体系，着力培养和打造职业化、专业化、市场化的人才队伍。

管理类		专业类（P）														技能类（S）	操作类（O）
		专业技术序列(7个)							职能管理序列(7个)								
高管序列（E）	管理干部序列（M）	项目经理序列	市场拓展序列	成本造价序列	工程设计序列	生产安全序列	技术质量序列	物资物流序列	行政办公序列	企划投资序列	人力资源序列	财务审计序列	法律事务序列	党纪工团序列	信息技术序列	技能序列	操作序列

图2 中铁建设员工4大类、18条序列发展通道

职级	高管序列	职级	管理干部序列						专业类		技能类	操作类
			集团总部	二级单位					各级总部	其他		
E3	集团公司正职											
E2	集团公司副职											
E1	集团公司部门以上领导								P6 专家	P6 专家		
		M5	部门正职	公司正职					P5 资深经理	P5 资深经理	S6 总监	
		M4	部门副职		公司副职						S5 资深主管	
		M3				部门以上领导			P4 高级经理	P4 高级经理	S4 高级主管	
		M2					部门正职					
		M1						部门副职	P3 经理	P3 业务经理	S3 业务主管	03 高级操作工
									P2 专员	P2 业务专员	S2 业务员	02 中级操作工
									P1 助理	P1 业务助理	S1 业务助理	01 初级操作工

图3　中铁建设员工职业发展职级体系

（二）建立职级薪酬体系，完善人才激励机制

中铁建设充分对标外部市场薪酬结构及薪酬水平，将原有薪酬体系由"岗薪制"优化为"职级薪酬制"，在"向一线项目部倾斜、向毕业4~5年人员倾斜、向项目核心岗位人员倾斜、员工薪酬水平不降低"的薪酬体系优化原则下，分管理、专业、技能、操作等四大类建立6级54档职级薪酬表（见图4）。专业类序列衍生设计项目经理、项目班子成员职级薪酬表，除月度薪酬外，增加年度绩效薪酬设计。

工资总额管控与提升薪酬竞争力成为央企薪酬改革中不得不面对的突出矛盾问题，直接关乎改革成败。全员试套职级薪酬，对比员工历史薪酬，更能掌握改革薪酬上涨额度，研判集团整体经营态势，预测工资总额浮动趋势，逐年测算工资总额预计增加值，找到改革实施空间；在薪酬表设计环节，精准对比、调试薪档标准，做到量入为出。实施后，集团公司所有员工全部套入相应薪档，实现57%的员工薪酬标准不同程度上涨，43%的员工薪酬标准保持不变。中铁建设薪酬改革真正做到了在总成本合理、可控的前提下，一线及核心员工薪酬市场竞争力提升10~15%。

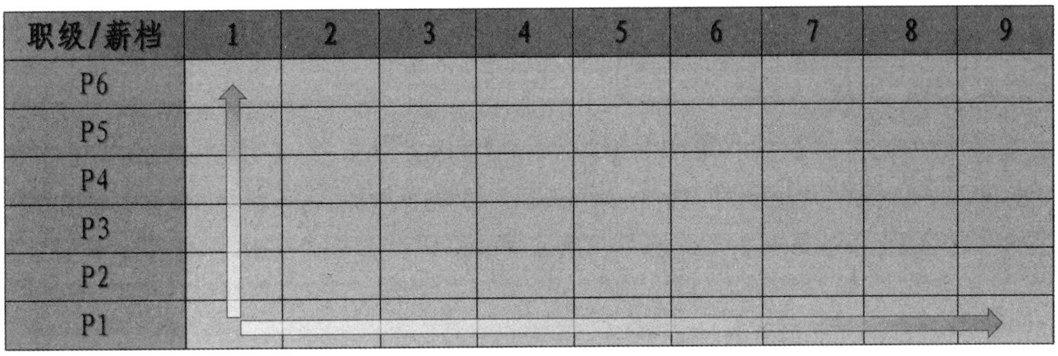

职级/薪档	1	2	3	4	5	6	7	8	9
P6									
P5									
P4									
P3									
P2									
P1									

图4　专业类序列职级薪酬表

（三）健全员工培训体系，优化人才培养机制

中铁建设高度关注员工成长、成才，构建了"全方位、多序列、多层次"的多维培训体系。在"全方位"培训体系上，从战略和业务两个层面开展工作，由中铁建设总部和所属单位人力资源部代表两级党委开展政治能力、科学决策能力、改革攻坚能力、抓落实能力等战略性培训；由各职能部门开展专业条线的业务培训工作。在"多序列"培训体系上，培训工作涵盖技术质量、生产安全、工程设计等全部序列，各业务部门守土有责，负责本序列员工的成长、成才。在"多层次"培训体系上，培训包括新员工5年跟踪培养、青年骨干人才培养、五支人才队伍（行业专家、项目经理、政工人才、经营人才、技能人才）培养及领军人才培养，涵盖从入职到成才、从基层到高层、所有年龄段和所有岗位。

图5　多维培训体系

（四）推行全员绩效考核体系，构建人才评价机制

以全员绩效考核为主要载体的人才评价机制有效搭建，是职业发展通道、职级薪酬体系及人才培养体系得以实现的重要保障。切实做实、做优全员绩效考核体系更是上述模块有效运行的理论和实践支撑。

2019年，中铁建设印发《中铁建设全员绩效考核管理标准》，搭建起了"纵向到底、横向到边"的4层级11类绩效考核体系，实现统一口径的全员绩效考核管理。同步实现绩效指标库搭建、线上考核系统正式上线运行，全员绩效考核作为中铁建设人才管理体系实践的"先行军"，最先推广、落地实施。

四、改革创新——创新搭建全员绩效考核管理体系

全员绩效考核对"四位一体"的人才管理体系有着强大引领作用，中铁建设以全员绩效考核为主要突破点，创新建立考核体系、分解战略、量化指标，同时，应用信息化手段、引入第三方复核，扎实推进改革工作落地实施。

（一）创新思路

1.设置"纵向到底、横向到边"考核体系，考核层级全覆盖

《中铁建设全员绩效考核管理标准》的整体框架结构是4层级11类考核（见表1）。分为单位组织绩效考核、各级领导班子副职绩效考核、各级总部部门负责人及以上人员绩效考核、各级员工绩效考核。通过分层分类考核，切实将"考核层层落实，责任层层传递"的责任体系落实到位。

表1 中铁建设全员绩效考核分类表

层级	考核分类	考核分类细项	考核对象	考核周期	组织考核主体
一	单位绩效考核	领导班子正职考核	领导班子正职	年度、任期	股份公司财务部
		二级单位领导班子正职考核	二级单位领导班子正职	年度、任期	集团财务部
		工程项目部项目经理考核	所属工程项目部	季度、年度	二级单位人力资源管理部门
二	领导班子副职绩效考核	集团领导班子副职考核	领导班子副职	年度、任期	总部人力资源部
		二级单位领导班子副职考核	二级单位领导班子副职	年度、任期	二级单位人力资源管理部门
		区域经营指挥部领导班子成员考核	区域经营指挥部班子成员	年度、任期	集团经营计划部
三	总部部门负责人及以上人员考核	集团总部部门负责人及以上人员考核	集团总部部门以上领导、各部门负责人	季度、年度	集团人力资源部
			集团总部部门副职	季度、年度	集团人力资源部
		二级单位部门负责人及以上人员考核	二级单位部门以上领导、各部门负责人	季度、年度	二级单位人力资源管理部门
			二级单位总部部门副职	季度、年度	二级单位人力资源管理部门
四	员工考核	集团总部员工考核	总部员工	季度、年度	集团人力资源部
		二级单位总部员工考核	二级单位总部员工	季度、年度	二级单位人力资源管理部门
		项目部员工考核	项目经理绩效考核	季度、年度	二级单位人力资源管理部门
			项目部员工绩效考核	月度、年度	工程项目部

2.分解战略设定指标，层层压实责任

指标设定坚持"保障战略目标实现"的总原则，将集团发展战略分解至中铁建设的每个管理层级，上至高层领导，下至普通员工，都要"绑定"企业发展战略，承担各自的考核指标，落实责任。例如：总会计师考核指标重点锁定资产负债率、清收清欠完成率、经营性净现金流等，强化资产质量、盈利效果的保障职能；项目经理考核指标设定为履约、计价、收款、责任成本、安全、环保、质量等，以实现"干出来、计回来、收回来、挣到钱、不出事"，强化项目部创誉创效的核心职能。

3.考核指标定量化，强化绩效优先导向

固化"量化考核为主，定性考核为辅"的大原则，建立"KPI+GS+综合评价"考核模式。将考核指标细分为可直接量化反映岗位工作成果的"关键绩效指标（KPI）"、反映工作目标和任务的"工作任务指标（GS）"和"综合评价指标"。所设指标80%以上为定量指标（见表2），利于量化衡量工作效果和充分体现重点工作完成情况。

表2　总部员工年度绩效考核评价权重表

考核对象	考核指标	考核主体	权重
总部员工	KPI指标	部门负责人（60%）部门副职（40%）	35%
	GS指标		35%
	绩效效果评价指标		20%
	综合评价指标	部门负责人（60%）部门副职（25%）部门员工（15%）	10%

4.开发线上考核评价系统，借信息化提高效率

设计并开发中铁建设全员绩效考核评价系统（见图6）用于绩效考核实施。通过评价系统，应用"360""目标管理"等模块，实现了庞大绩效考核体系"线上"全流程管理，使绩效考核全过程更加符合精细化、实战化要求。解决了考核层级多、考核类型复杂、考核周期频繁、指标和权重设置差别大、考核结果准确性不足、人力物力消耗大等问题。2020年，中铁建设共计3万人次使用了信息化评价系统开展全员绩效考核工作。

图6　中铁建设全员绩效考核评价系统

目前，中铁建设申请并获得"中铁建设集团全员绩效考核评价系统"计算机软件著作权（见图7），将作为申请科技成果的重要依据及企业"无形资产"，依法享有发表权、署名权、发行权等相关专有权利。

中华人民共和国国家版权局

计算机软件著作权登记证书

证书号：软著登字第7991　号

软 件 名 称：中铁建设集团全员绩效考核评价系统 V1.0

著 作 权 人：王宏斌;文华;连响;张子昂;于涵民;中铁建设集团有限公司

开发完成日期：2021年03月01日

首次发表日期：2021年04月01日

权利取得方式：原始取得

权 利 范 围：全部权利

登 记 号：2021SR1268

根据《计算机软件保护条例》和《计算机软件著作权登记办法》的规定，经中国版权保护中心审核，对以上事项予以登记。

No. 02776

中华人民共和国国家版权局 计算机软件著作权登记专用章

2021年08月26日

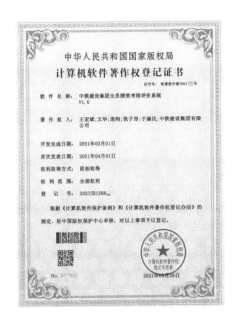

图7　计算机软件著作权登记证书

5.指标选取字典化，靶向引领工作重点

在中铁建设考核评价系统中搭建绩效考核指标库（见图8），由各业务部门编制本业务条线不同层级员工的“指标字典”，将考核指标进行体系化汇总，规范指标设置的“维度”与“量度”。在启动考核时，可以根据员工不同年度管理重点，从绩效考核指标库中选取相应指标进行考核，实现了同类职责员工选取指标基本一致的效果，切实提高绩效考核评价结果的横向可参考性和通用性。

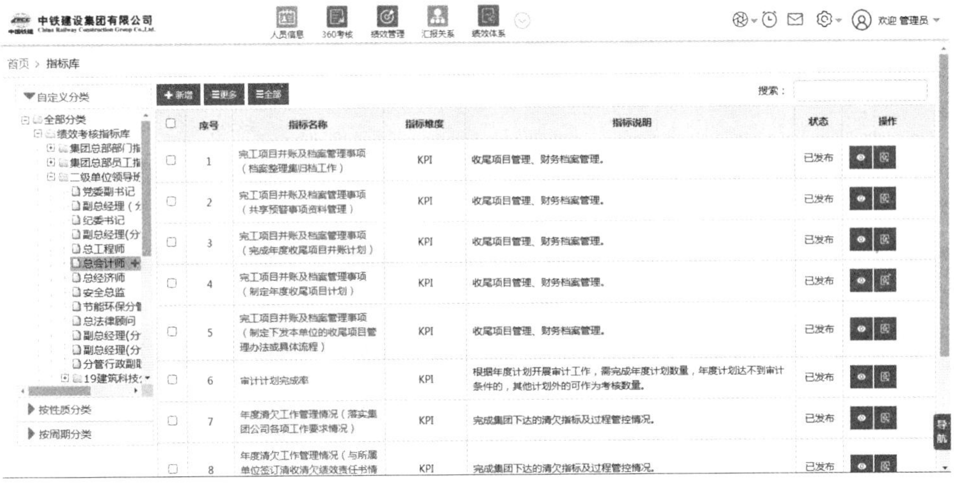

图8　评价系统指标库

6.引入第三方复核，保证考核结果客观公正

中铁建设看重绩效考核结果的公正性、独立性、专业性和权威性，在年度绩效考核结束后，聘请第三方机构对考核结果进行复核。将考核、评定职能分离，复核组独立开展工作，在确保考核结果准确

性的同时提出有效的管理建议，保证全员绩效考核工作行稳致远。

根据统计，在2019年度两级总部年度绩效考核结果复核过程中，涉及得分调整共计24人，人均调整考核成绩3.08分，绩效考核结果准确性得到了有效保证。2020年度两级总部年度绩效考核结果复核过程中，涉及得分调整共计9人，同比下降63%；人均调整考核成绩0.79分，同比下降69%，体现中铁建设全员绩效考核工作运行更为扎实，复核工作对考核评价起到了正向促进作用。

（二）实操示例——以总部部门负责人年度绩效考核为例的全流程介绍

1.进入中铁建设全员绩效考核评价系统并登录

图9　系统图标

图10　登录界面

2.考核指标报批

（1）指标填报：在对中铁建设年度组织绩效指标、各业务系统年度指标和各单位重点工作计划进行逐层分解后，被考核人从指标库中选取相应指标，确定目标值及具体的衡量标准，"报批"上级领导确认。

图11 指标填报界面

（2）指标确认：上级领导通过系统首页待办事项中的通知，进入审批界面。确认无误可批准通过，若有问题可驳回并填写驳回原因，已驳回的指标会返回到被考核人重新修改、再次报批。

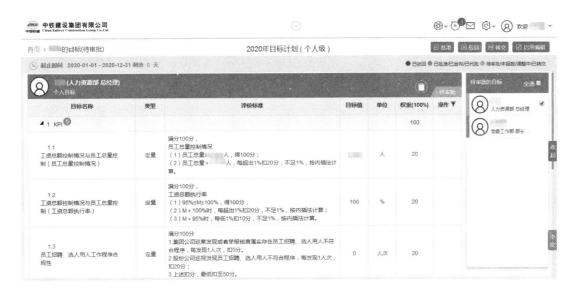

图12 指标确认界面

3.生成绩效责任书

年度指标审批完成后，可立即生成确认时间戳，自动生成绩效责任书，并在系统中保存，本人也可下载保存。

图13 绩效责任书

4.考核评价实施

（1）自评评价：通过评价系统中的待办提醒，进入自评界面。在对应指标的完成情况处填写相应指标完成数据，"附件"列上传佐证材料，并在得分处完成自评。

图14 待办中心界面

图15 自评界面

（2）上级评价：通过评价系统中的待办，查看被考核人上传的证明材料并进行评价。当评价结果与自评结果不符时可以在指标后方的"填写说明"进行原因描述，此内容将与考核结果一并反馈给被考核人。

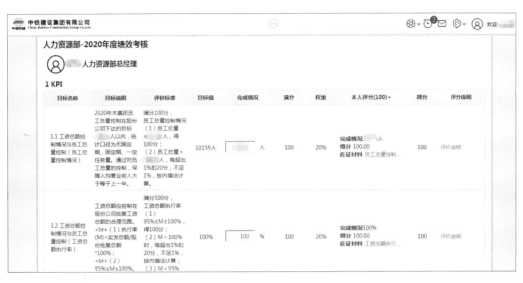

图16　上级评价界面

5.综合评价

手机扫描二维码（见图17）或通过短信链接进入评价页面（见图18）。

以非管理岗位为例，综合评价指标主要涉及"执行力""创新能力""协同合作""专业能力""工作态度"等维度，由"上级、同级、下级"进行360度全方位评价。

图17　综合评价二维码

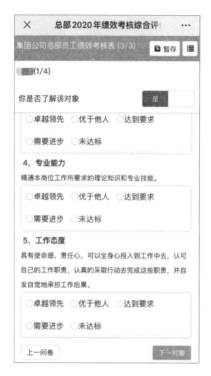

图18　综合评价手机评价页面

6.考核结果复核

考核评价结束后，第三方复核机构进驻各单位现场检查相关指标证明材料，针对与评价结果不符的指标出具《评价底稿》并签认。依据双方确定的复核结果，在考核评价系统中确认，载入《复核报告》（见图19）反馈被复核单位，报告内容还包括：复核范围、存在问题、调整事项等方面，并针对存在的问题逐项提出管理意见，促进整改、提升。

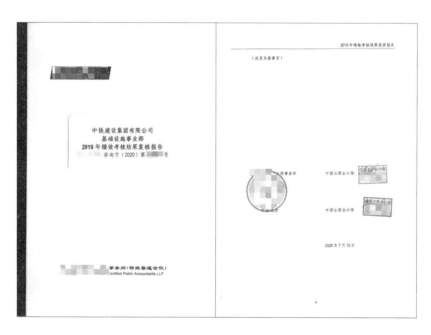

图19　绩效考核结果复核报告展示

7.考核结果汇总

表3　XXX绩效考核结果示意

维度	满分	指标名称	权重	指标完成情况	指标得分	总分
KPI	70.00	工资总额控制情况与员工总量控制（员工总量控制情况）	10%	100%	100.00	99.48
		工资总额控制情况与员工总量控制（工资总额执行率）	10%	100%	100.00	
		员工招聘、选人用人工作程序合规性	20%	100%	100.00	
		员工主动离职率	20%	100%	100.00	
		项目经理队伍建设工程推进情况	20%	100%	100.00	
绩效效果评价	20.00	绩效效果评价	20%	/	100.00	
综合评价	10.00	综合评价	10%	/	94.83	

8.考核结果反馈

考核结束后，评价系统自动生成《KPI、GS指标考核反馈报告》（见图20）及《综合测评反馈报告》并一键反馈给被考核人，内容包含上级评价说明及指标得分情况。

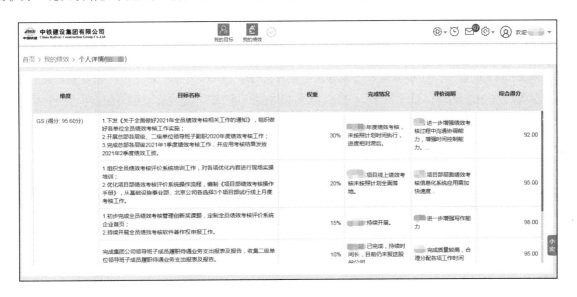

图20　KPI、GS指标考核反馈报告界面

五、全员绩效考核对人才管理体系的支撑作用

"人才发展、人才激励、人才培养、人才评价"相互联动,构成"四位一体"的人才管理体系,全员绩效考核激发人才潜力、催生人才动力、促进增强人才实力效果显著。

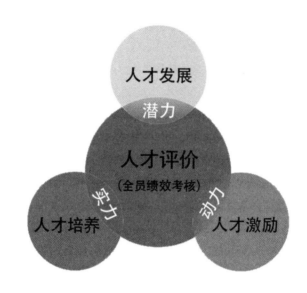

图21　人才评价对其他管理模块支撑图

（一）绩效考核结果是员工职级调整重要条件,实现人才评价机制与人才发展机制有效联动

践行"绩效优先"理念,将"历年绩效"纳入序列职级任职资格标准,在职级升降中予以运用,实现"人才评价"与"人才发展"的紧密结合。一是职级晋升管理方面,取近3年年度绩效考核成绩作为衡量员工晋升资格的重要条件之一,职级越高,对员工绩效完成情况的要求也越高,以专业类序列为例:晋升至P4职级的,近3年年度绩效考核等级至少有1个B,且不低于C;晋升至P5职级的,近3年年度绩效考核等级至少有1个A,且不低于C;晋升至P6职级的,近3年年度绩效考核等级至少有2个A,且不低于C。二是职级降级管理方面,连续两年年度绩效考核等级为D或年度绩效考核等级为E,直接降低一个职级,原则上两年内不得再次晋升职级。具体详见表4。

表4　员工绩效考核结果与职级升降对应表

职级调整		对应年度绩效考核结果
晋级	晋升至P4级	近3年年度绩效考核等级至少有1个B,且不低于C
	晋升至P5级	近3年年度绩效考核等级至少有1个A,且不低于C
	晋升至P6级	近3年年度绩效考核等级至少有2个A,且不低于C
降级		连续两年年度绩效考核等级为D或年度绩效考核等级为E,直接降低一个职级,原则上两年内不得再次晋升职级

（二）绩效考核结果是员工薪酬调整、评优评先、"身份"转换重要因素，能够实现人才评价机制与人才激励机制有效联动

1.薪酬分配方面

中铁建设基本薪酬体系主要由月度职级薪酬、年度绩效薪酬构成。以季度绩效考核结果作为核定各层级次季度每月员工职级薪酬中浮动部分（40%）的依据；以年度绩效考核结果作为核定年度绩效薪的依据，真正实现了"以考核来审视业绩，用薪酬来体现价值"。

2.薪档标准动态管理方面

职级薪酬实行动态管理，依据全员绩效考核结果，按年度有序开展绩效调薪（年度绩效调薪标准见表5）。绩效优、薪档升；绩效差、薪档降，使努力的员工在职级不变的情况下也能每年实现薪酬水平提升，切实提升员工获得感和幸福感。

表5　年度绩效调薪指引

绩效等级结果	工资档位/职级调整	备注说明
●年度绩效考核为A ●连续两年绩效考核为B ●连续三年绩效考核为C或以上者（如2C1B、BCB、3C）	工资档位+1	●绩效调薪按"逐档调整"原则执行 ●满足调整条件者，次年予以工资调整 ●工资档位调整以本人所处级别区间为限 ●各序列最低职级人员，如果连续两年年度绩效考核结果为D或年度绩效考核结果为E，调整工作岗位，仍不胜任新工作岗位的解除劳动合同
●年度绩效考核为B ●年度绩效考核为C	不调整	
●年度绩效考核为D	工资档位-1	
●连续两年绩效考核为D ●年度绩效考核为E	职级-1	

3.荣誉激励方面

荣誉激励紧密关联绩效考核结果。绩效优，优先推荐评先评优；绩效差，实施荣誉禁入，连续两年年度绩效考核结果为D或年度绩效考核结果为E的不得参加各类评先评优。

4.用工形式转换方面

将全员绩效考核结果作为用工形式转换的必要条件，直接写进《中铁建设劳动合同管理办法》，与员工基本任职条件共同作为用工形式转换的依据。全员绩效考核结果优的（上年度全员绩效考核结果为A或B的），可以优先转换为正式在编职工；全员绩效考核结果劣的（上年度全员绩效考核结果为E级或连续两年为D级的），经培训或调整岗位，仍不能胜任工作的，解除劳动合同或转为劳务派遣用工。

（三）绩效考核结果是员工培养关键参考因素，能够实现人才评价机制与人才培养机制有效联动

将员工在绩效考核中暴露出的"弱项"作为教育培训、人才培养需求开发的重要依据，实现"人才评价"与"人才培养"的紧密结合。

1.向"反馈沟通"要培训需求

固化绩效结果反馈机制，强化绩效沟通，促进考核主体负责人与员工的交流、指导，建立互通共融的信任关系。针对在反馈沟通中发现的"弱项"，准确"定位"培训需求，从而有效地开展培训工

作，进行人力资源开发，助力"找不足、补短板"。

2.向"绩效考核结果"要培养方向

将绩效考核与员工成长、成才以及职业生涯挂钩，有利于实现企业发展与员工发展的双赢。绩效考核结果提供的量化数据，为员工培养工作提供了信息化和大数据分析工具。通过绩效考核结果，进行要素分析，可以精准分析被考核人员的短板和弱项，作为挖掘培训需求的重要参考，有利于靶向锁定培养方向，制定培训方案，使培养工作更加精准，达到节约培训成本、增强培训效果的双重作用。

六、改革实效

中铁建设人才管理体系历时2年的运行实践证明，全员绩效考核对"四位一体"的人才管理体系支撑战略落地起到强大引领作用，成为"三项制度改革"和人才队伍培养的量化标准和有力抓手。

（一）促进了"管理人员能上能下"

绩效考核结果的运用，打破了管理人员"只能上不能下"的隐形规则，实现了管理人员"既能上又能下"。

一是在管理序列上，中铁建设坚持绩效考核结果的实际运用，秉承"凭本事吃饭、拿业绩说话"的指导思想，2019年实行全员绩效考核后，9名同志由于年度绩效考核不理想，由正职调整为副职或被免去相应职务。更可贵的是，"下"去的干部还能够通过实干，凭业绩再"上"来，2020年干部选拔、调整过程中，4名曾调整为副职的同志由于出色的业绩考核结果被重新任命为正职。

二是在专业序列上，综合运用2019年、2020年全员绩效考核结果，2021年度职级调整工作中，23人由于绩效考核结果不符合职级条件，实施职级降级，1249人绩效考核结果符合职级晋升条件，实现职级晋升。

（二）做到了"收入能增能减"

绩效考核结果的运用，打破了"大锅饭"的平均主义倾向，拉开收入差距，实现了收入能增能减。

集团层面，副职负责人年度绩效薪差距始终在5%以上；同层级员工季度绩效考核结果最高分与最低分差距达到了30.9%（见表6）。工程公司层面，同一单位副职负责人年度绩效薪最高值与最低值之间的差距达到了31.3%（见表7）。

表6　中铁建设2020年四季度绩效考核结果

部门	姓名	岗位	综合评价	GS指标	考核结果	部门系数	个人系数
人力资源部	**	**	92.75	97.95	96.39	1.10	1.06
人力资源部	**	**	94.75	96.80	96.19	1.10	1.06
人力资源部	**	**	89.00	98.00	95.30	1.10	1.05
人力资源部	**	**	91.50	95.35	94.20	1.10	1.04
人力资源部	**	**	80.30	95.64	91.04	1.10	1.00
人力资源部	**	**	83.10	94.00	90.73	1.10	1.00
人力资源部	**	**	90.10	90.60	90.45	1.10	1.00
人力资源部	**	**	91.50	90.00	90.45	1.10	1.00
人力资源部	**	**	84.80	90.00	88.44	1.10	0.97
人力资源部	**	**	78.38	92.68	88.39	1.10	0.97
人力资源部	**	**	81.10	87.40	85.51	1.10	0.94
人力资源部	**	**	79.85	83.70	82.55	1.10	0.91

表7 中铁建设某二级单位领导班子成员薪酬手册

姓名	职务	职务类别	实际任职月数	考核分数或级别	基本年薪（万元）					绩效年薪（万元）				
					基本年薪标准	京外补贴标准	基本年薪标准合计	为领导班子正职基本年薪比例	实际核定基本年薪	绩效年薪标准	为领导班子正职绩效年薪比例	实际核定绩效年薪	当期兑现绩效年薪	延期兑现绩效年薪
**	总经理、党委副书记	AA	12	296.95	**	**	**	100.00%	**	**	100.00%	**	**	**
**	党委书记、工会主席	AA	12	296.95	**	**	**	100.00%	**	**	100.00%	**	**	**
**	副总经理、总工程师	AB	12	98.39	**	**	**	87.00%	**	**	79.99%	**	**	**
**	副总经理	AB	12	98.31	**	**	**	87.00%	**	**	79.92%	**	**	**
**	党委副书记	AB	12	98.27	**	**	**	87.00%	**	**	79.89%	**	**	**
**	总经济师	AB	12	98.16	**	**	**	87.00%	**	**	79.80%	**	**	**
**	总会计师	AB	10	96.81	**	**	**	87.00%	**	**	78.71%	**	**	**
**	纪委书记	AB	10	96.41	**	**	**	87.00%	**	**	81.30%	**	**	**
**	纪委书记	AB	2	96.41	**	**	**	87.00%	**	**	81.30%	**	**	**
**	副总会计师（主持财务工作）	AC	2	96.10	**	**	**	87.00%	**	**	78.13%	**	**	**
**	副总经理	AB	2	95.69	**	**	**	87.00%	**	**	77.79%	**	**	**
**	安全总监	AB	12	95.21	**	**	**	87.00%	**	**	77.40%	**	**	**
**	副总经理	AB	12	94.76	**	**	**	87.00%	**	**	77.04%	**	**	**
**	副总经理	AB	2	90.75	**	**	**	87.00%	**	**	73.78%	**	**	**
**	副总经理、总工程师	AB	12	76.30	**	**	**	87.00%	**	**	62.03%	**	**	**

2020年度绩效调薪工作中，中铁建设共有822人因绩效考核等级为"A"实现薪档晋升，相应员工收入最高上涨420元/月，人均上涨333元/月，薪档晋升使年度工资总额增长233万元。共计45人因绩效考核结果为"D、E"而薪档调降，相应员工收入最高下降500元/月，人均下降293元/月，年度工资总额下降15万元。经测算，薪档调整对工资总额的影响值占中铁建设年度工资总额的0.11%，满足"改革总成本可控原则"。

（三）实现了"人员能进能出"

绩效考核结果的运用，打破了国有企业"铁饭碗"的思想痼疾，实现了人员能进能出。

一是体现在总部员工末位淘汰上。2019年以来，集团总部部门7名员工，由于考核结果排名本部门末位，且绩效考核等级为D、E，被调出总部，安排到基层单位工作。

二是体现在用工形式转换上。2020年9月至今，已将全员绩效考核结果优的155人由劳务派遣用工转换为正式在编职工，将全员绩效考核结果劣的84人通过合法程序由正式在编职工转换为劳务派遣用工或解除劳动合同。通过优胜劣汰机制，实现员工结构优化、提高员工队伍整体素质和活力。

（四）增强了"人才培养"效果

绩效考核结果的运用，有效推动了员工职业生涯发展和企业对员工的精准培养。

一是从员工自身角度出发，通过绩效结果反馈，可以使员工更加真实和全面地进行自我评定和自我判断，从而通过自身的努力补短板、强弱项，实现自我调整、自我修正，为自己的职业生涯发展纠正航向。

二是从组织角度出发，可以对所掌握的员工绩效考核结果信息进行科学分析，找到普遍性、重点性问题，通过组织的力量解决系统性问题，从而能帮助员工成长。中铁建设通过分析绩效考核评价中的"创新能力"和"执行能力"指标，反映出中铁建设青年人才"研究能力"和"落实能力"存在不足。中铁建设将习近平总书记要求年轻干部的"七种能力"结合上述绩效考核分析结果，策划、组织多期青年骨干人才培训班，聚焦青年干部怎样提高"七种能力"和创新思维与创造性解决问题等课程，使参培人员立足实干，提升创新思维及管理能力，助力成为独当一面的人才，肩负起企业发展重任。

中铁建设通过以全员绩效考核为引领的"四位一体"人才管理体系改革举措，实现"人才发展、人才激励、人才培养和人才评价"四大机制的有效协同。中铁建设非常注重人力资源规划和员工关系管理，这一改革举措的落地实施，在校园招聘、社会招聘环节增强了对人才的吸引力、在稳定员工队伍方面发挥了保障的作用，形成具有企业特色的人力资源管理"选、用、育、留"之道，提升了人力资源管理水平，为中铁建设"十三五"战略实现提供了有力支撑，并为"十四五"高质量发展奠定坚实基础。

成果创造人：文　华、申彦涛、连　昀、詹　杰、
张子昂、卢显朋、于涵民、王　超

国企改革三年行动在央企集团层面股权
多元化改革的首家落地

——东航集团股权多元化改革

中国东方航空集团有限公司

党的十九大提出深化国有企业改革，培育具有全球竞争力的世界一流企业，这是在新的历史起点上，以习近平同志为核心的党中央对国有企业改革做出的重大部署，为新时代国有企业改革指明了方向。作为三大国有骨干航空运输集团之一，中国东方航空集团有限公司（以下简称"东航集团"）从2009年至2019年，实现连续11年盈利，累计盈利超过600亿元（人民币，下同），每年对国家利税贡献超过100亿元。截至2019年底，东航集团管理的全机队规模超过740架，运送旅客1.3亿人次，资产总额逾3300亿元，员工10万人。2020年，在国资委的大力支持下，东航集团成功完成集团层面股权多元化改革，引入长期战略发展资金，大幅提高公司全面深化改革的整体性、协同性和一致性，助推公司治理转型、管理流程再造和竞争力重建。

一、改革背景

（一）指导思想

为全面贯彻习近平新时代中国特色社会主义思想与党的十九大和十九届二中、三中、四中、五中全会精神，深入落实党中央、国务院决策部署，推进民航供给侧结构性改革，全面增强国有经济竞争力、创新力、控制力、影响力、抗风险能力，东航集团在一级央企集团层面展开股权多元化改革的积极探索。

（二）改革目标

东航集团股权多元化改革总体目标是在保持国有全资的前提下，深化国有企业改革，在集团层面实现各类国有资本优势互补、股权结构均衡有序、法人治理结构健全、现代企业制度完善的改革目标。股权多元化改革后，东航集团将进一步探索推进市场化体制机制改革，把握全球航空生态产业创新发展趋势，加快培育成为世界一流航空运输产业集团。

（三）改革历程

2017年12月，东航集团首先提出引入各类社会资本开展股权多元化改革的初步意向。在项目开展初期，经与国务院国资委多次汇报沟通，根据指导意见，东航集团明确了引入国有全资企业实施股权多元化改革的方向。2019年4月，本项目正式全面开展。

2020年初，突如其来的新型冠状病毒疫情对经济和社会发展造成了巨大冲击，首当其冲的就是全球航空运输业。2020年上半年，东航集团各项生产经营数据出现大幅度下滑。在国务院国资委大力支持下，东航集团上下迅速进入战时状态，一手抓防疫抗疫，一手抓改革发展，按照既定目标稳步推进。2020年10月，在取得国资委批复同意后，东航集团与各方签署增资协议。2020年11月，战略投资者合计310亿元增资缴款到位。2020年12月，东航集团正式召开首次股东会与董事会。

二、改革意义

作为一级央企集团层面重大改革，东航集团开展股权多元化改革的重要意义在于以下几个方面。

一是落实供给侧结构性改革，服务国家战略。民航作为国家战略性、基础性产业，在"一带一路"、京津冀协同发展、长三角区域经济一体化建设等方面具有广阔发展空间。改革开放40年来，中国民航总周转量年均增速高达16.3%。2019年，中国的航空旅客人均乘机次数为0.47，与发达国家人均1次以上、美国等国家人均2次以上相比，未来增长潜力巨大。本次改革将为东航集团持续加大航空运输资源投入、做强做优航空运输主业注入新的发展动力，从而更好地服务国家战略，满足人民群众的现代航空出行需求。

二是顺应行业发展趋势，支持民航强国建设。民航是最适合远距离快速运输的交通方式，是国家全方位对外开放的重要支撑，是经济社会高质量发展的动力源。中国是全球航空市场最重要的力量和最强劲的增长极，中国民航的快速发展，改变了世界航空业的格局，民航业正处于重要战略机遇期。东航集团需要通过深化改革，打造国际竞争力较强的大型网络型航空公司，建设布局功能合理的国际国内航空枢纽网络，增强我国航空运输业在全球的竞争力和在产业变革中的领导力，承担起国家赋予的历史使命。

三是推进高质量发展，打造世界一流航空公司。目前，中国民航安全水平位居世界前列，运输总周转量连续16年稳居世界第二。随着大众出行对安全、便捷、品质等方面的关注不断增强，对民航业提出更高要求。与世界一流企业相比，中国民航在品牌影响力、客户体验、盈利能力等方面仍有较大差距。东航集团本次引入长期发展战略资金，有利于公司围绕航空核心主业，加大基础设施投入，加快先进技术应用，提高运行效率，筑牢安全底线，培育具有全球竞争力的世界一流航空运输企业，落实高质量发展。

四是引入多元国有资本，形成战略协同。"十四五"期间，东航集团将坚持以航空运输产业为核心，集中主要资源做强做优做大全服务航空、经济型航空、航空物流三大主业，并将打造五大航空产业板块，优化整合协同发展。本次东航集团股权改革拟引入的战略投资者均是在相关行业内领先的优秀国有资本，有很好的资源互补和协同发展效应。东航集团将以股权合作为纽带，构建航空运输产业生态圈，融合战略投资者的行业资源和管理经验，实现互利共赢，有效平抑单一航空运输产业的周期性波动。

五是降杠杆减负债，突破发展瓶颈。受限于基础差、底子薄，虽然经过近年来的努力，东航集团资产负债率持续下降，但截至2019年底仍为75.5%，高于国资委要求的资产负债率警戒线。由于机队规模壮大、各地机场改扩迁建投资巨大以及新冠疫情的重大影响等，东航集团资产负债率预计仍将处于较高水平，对下一步发展形成制约。此次改革完成后，东航集团的资产负债率有望降低到合理水平，有利于公司优化资本结构，轻装上阵。

三、改革原则

一是坚持党的领导，加强党的建设。坚持和加强党对东航集团的全面领导，将党建工作纳入公司章程，明确党组织在公司法人治理结构中的法定地位，充分发挥党组和各级党委"把方向、管大局、促落实"的领导作用和基层党组织的战斗堡垒作用。坚持将党组织研究讨论作为董事会、经理层决策重大问题的前置程序，保证党组织意志的完整体现。强化抓党建与抓改革同步对接的意识，坚持党的建设与企业改革同步谋划、党的组织及工作机构同步设置、党组织负责人及党务工作人员同步配备、党建工作同步开展，实现体制对接、机制对接、制度对接和工作对接。

二是坚持落实全面从严治党，建好建强基层党组织。健全和完善"四责协同"机制，党组履行全面从严治党主体责任，纪检监察组履行监督责任，书记履行第一责任，专职副书记履行直接责任，其他班子成员落实"一岗双责"。构建主体明晰、有机协同、层层传导、问责有力的责任落实机制，全面加强党的纪律建设。切实贯彻落实新时代党的组织路线，以加强组织体系建设、提升基层组织力为重点，突出政治功能，健全基层组织，优化组织设置，创新活动方式，扩大组织覆盖和工作覆盖。推动党建工作和生产经营深度融合，努力做到两手抓、两促进，把党建工作成效转化为企业发展活力和竞争实力。

三是建立健全现代法人治理结构。建立健全股东会、董事会和经理层，形成协调运作、有效制衡的决策执行监督机制，科学界定和正确履行股东会、董事会和经理层职权，加强董事会下设各专业委员会工作；规范董事会议案审议程序，明确董事会职权职能和决策责任；完善监事管理制度，建立健全有效监督机制，确保依法决策、合规经营。同时，把党的领导融入公司治理各环节，坚持党的组织优势与公司治理结构有机统一，保证党和国家方针政策、重大部署在企业贯彻执行。

四是坚持市场化规范化执行，稳步推进改革。坚持依法合规，严格程序，稳步推进股权改革工作，确保国有资产安全。坚持市场化改革方向，着力健全市场化经营机制，全面推行经理层任期制和契约化管理，加快构建完善市场化选人用人和激励约束机制。进一步健全内控体系，强化重大风险全过程管控，切实提升重大风险防范化解能力。同时，充分尊重市场经济规律，探索合作共赢新路径，把引进资本与完善治理、改革机制结合起来，引入多元化的国有股东更好支持东航集团发展战略，实现业务合作与产业协同。

五是坚持安全生产，确保稳定发展。认真做好引导与宣传，正确处理和把握安全生产与改革发展关系，强化企业安全生产主体责任，坚持安全工作党政同责、一岗双责、齐抓共管、失职追责，杜绝责任安全事故，实现"推改革、促发展、保稳定"目标。

四、改革举措

一级央企集团层面引入战略投资者的案例较少，个别央企集团的股权多元化改革实践也是采取"一企一策"的方式，难以复制照搬。在项目推进过程中，东航集团重点解决以下难题。

（一）优选战略投资者，锁定投资意向

根据指导意见，东航集团首先明确了引入国有全资企业实施股权改革的方向。然而，央企中混合所有制企业户数占比已超过70%。东航集团先后走访十余家央企与地方国企，经反复论证投资主体与投资路径及多轮多方沟通协商，中国人寿、上海久事、中国国新、中旅集团等四家战略投资者最终确定参与东航集团股权改革。

（二）明确投资方案，争取合作共赢

受政策条件等制约，东航集团股权改革后，可能在短期内难以向战略投资者提供较多退出路径选择，同时，各意向方在投资评估中对航空运输业的分红收益保持高度关注。鉴于各方战投均为行业龙头企业，与东航集团有较好的资源互补和协同发展效应，东航集团提出以"股权＋业务"合作模式，围绕

各意向方的关注点，梳理业务合作清单，深入开展战略合作，促进互利共赢。

（三）落实资产评估，盘清企业家底

资产评估涉及对集团公司及所属约320家控股与参股企业的全面评估。东航集团努力克服时间及疫情的影响，前后召开三轮评估核准评审会，确保资产评估工作全覆盖、无死角。在投资企业情况核查工作中，积极应对企业分布广、跨地区调档查证不便等困难，商请国家市场监管总局和上海市税务局支持，取得全部121家吊销注销企业的工商、税务登记信息资料。在不动产评估工作中，全面开展产权调查工作，覆盖国内29个城市，收集产调资料近万份，最大程度保障评估范围完整性。

（四）协调各方资源，依法合规实施

股权改革项目需要各方战略投资者进度同步，涉及意向投资协议签署、各方内部决策完成等多项工作。东航集团积极与各方协调开展增资协议与章程商谈、估值确认等多项工作，根据各方需求，及时提供补充尽职调查材料，高效取得各投资主体以及控股集团决议文件。改革方案上报后，东航集团全力配合国资委做好国家相关部委意见征集，向发改委、财政部、中组部、证监会、民航局等做好汇报沟通，确保方案顺利获批。

（五）克服疫情影响，奋力完成项目

新冠疫情对全球航空运输业造成巨大冲击，2020年上半年东航集团运输总周转量、旅客运输量、营业收入分别同比下降52.5%、59.9%和49.3%。一方面，东航集团资金压力巨大，尽快完成集团层面股权改革项目更为迫切；另一方面，各方战略投资者对于航空企业的投资趋于谨慎，投资商谈难度加大。东航团队与各意向方密切沟通，并及时向国资委汇报谈判情况，听取指导意见，确保项目按期完成协议签约、引资到位。

五、改革方案

（一）引资对象

东航集团引入中国人寿保险（集团）公司旗下全资子公司国寿投资保险资产管理有限公司（以下简称国寿投资）、上海久事（集团）有限公司（以下简称上海久事）、中国旅游集团有限公司（以下简称中国旅游）、中国国新控股有限责任公司旗下全资子公司中国国新资产管理有限公司（以下简称国新资产）共计四家全国资的中央企业和地方国有企业进行增资扩股，实施集团层面股权多元化改革。

（二）引资规模

本次东航集团引入资金规模为310亿元，其中国寿投资出资110亿元，上海久事出资100亿元，国新资产出资50亿元，中国旅游出资50亿元。

（三）股权结构

股权多元化改革后，国务院国资委仍保持对东航集团的绝对控股地位，股权结构为：国务院国资委持股68.42%，国寿投资持股11.21%，上海久事持股10.19%，国新资产持股5.09%，中国旅游持股5.09%。

（四）法人治理结构

为促进公司法人治理结构完善，规范公司治理体系，落实战略协同效益，推动公司长远发展，东航集团反复论证董事席位方案，并积极争取上级部委支持。经多轮协商沟通，东航集团增资后董事席位扩充至11名，四方战略投资者都可派出一名董事，充分保障各方战略投资者权益。

六、改革成效

（一）实现建立有中国特色现代企业制度的转变

改革前，东航集团党组会和总经理办公会是公司治理的主体，东航集团董事会尚未实际运作。改革后，东航集团在推动国企改革三年行动中迈出了坚实一步。一方面，随着多元股东委派董事参与东航集团公司治理，东航集团按照国务院国资委加强规范董事会建设的改革总体要求，正式开启集团董事会运作实践，进一步完善公司法人治理结构，充分发挥董事会"定战略、做决策、防风险"重要职能，推动建立更加科学的大集团管控体系。另一方面，东航集团将党的领导融入公司治理各环节，厘清各治理主体的权责边界，建立健全有效决策体系，使得决策行为更为规范清晰，决策流程衔接更为有序高效，形成更加成熟、更加定型的中国特色现代企业制度。

（二）实现由国有独资向多元股东国有全资企业的转变

改革前，东航集团是已完成改制的国有独资企业。改革后，一方面，东航集团引入四家国有全资战略投资者后，转变为国有全资企业，其中，国务院国资委仍保持绝对控股地位，其他四方战略投资者持股均超过5%。另一方面，各方战略投资者既有中央企业，也有中央金融企业和地方国企，在相关行业内均处于优势地位，各方将以股权为纽带，带动战略协同，与东航集团在综合交通、旅游出行、产融结合、优化国有资本布局等领域全方面实现强强合作、互利共赢。

（三）实现由"黄金十年"发展阶段向集团高质量发展阶段的转变

改革前，2009年至2019年，东航集团实现连续11年盈利，创造了东航发展历史上的"黄金十年"。改革后，东航集团将显著壮大资本实力，为集团高质量发展提供资本赋能，紧密围绕东航"十四五"战略发展规划和"3+5"产业布局，审慎谋划合理高效使用募集资金方案，既聚焦航空运输主业，又促进集团辅业协同发展，将募集资金用在刀刃上，为集团做强做优做大国有资本，实现国有资产保值增值奠定坚实基础。

七、改革亮点

（一）国企改革三年行动首家落地

东航集团股权多元化改革是国企改革三年行动在中央企业集团层面股权多元化改革的首家落地，这与东航集团具有兼容并蓄、合作共赢的企业文化与敢于尝试、突破创新的改革基因密不可分。东航集团通过历次重组与行业资源整合，不断发展壮大，经营效益大幅提升。近年以来，东航扎实推进民航运输市场化进程，不仅通过与美国达美航空、法荷航集团、携程旅游、吉祥航空等国内外行业领先的战略合作伙伴的深入协同，优化集团在全球航空运输的产业布局，而且在民航领域率先成功实践了东航物流混合所有制改革，积累了较丰富的改革发展经验，与各方战略投资者实现了互利共赢。在改革发展的征程中，东航始终怀抱不断变革的勇气、决心与信心。

（二）资本实力显著提升

作为同时拥有京沪两大世界级核心市场的航空公司，引入长期战略发展资金，有利于东航集团蹄疾步稳持续加大航空运输资源投入，深度融入长三角一体化、京津冀协同发展、粤港澳大湾区建设等国家战略。引入310亿元股权资金后，按置换集团中长期贷款保守计算，一年可节约利息成本12.2亿元；至2020年底，东航集团资产负债率降低至69.98%，有利于东航集团降低公司财务成本，实现轻装上阵；

净资产升至1145.41亿元，在全球大型航空集团中首次排名第一，总资产排名升至第四位，有利于东航集团提升抗风险能力、可持续性经营能力及盈利能力，进一步拓展市场份额、优化市场布局。

（三）股东结构更加合理多元

东航集团本次改革实现了更加多元化的国有股东结构，各方战略投资者在相关行业内均处于优势地位。国寿投资股东方中国人寿作为国内领先的大型国有金融保险集团，与东航集团加强产融结合，双方在民航机队保险、财产险、寿险、金融、集团客户等方面展开业务合作。东航集团与中国人寿自2019年起开展员工医保合作；上海久事作为上海最大的公共交通以及交通基础设施建设骨干企业，与东航集团在长三角一体化和上海航运中心建设方面拥有广泛合作空间，双方在交通出行、员工福利、广告宣传、股权合作、集团客户等方面合作均在推进中。上海久事已经为东航集团开辟员工班车专线，久事体育正在为东航设计室外体育场；中国国新在支持东航集团深化改革、创新发展和优化布局等方面，具有国有资本运营公司专业平台的独特优势，双方在航空产业基金、保理、同业、评级、票据、集团客户等业务开展深度合作，取得显著成效。根据双方前期签署的业务协议，东航将与国新共同合作设立产业投资基金，基金投向主要为航空产业链及其上下游企业，深化双方战略协同；中国旅游与东航集团是天然的战略合作伙伴，双方通过资本纽带将进一步增强在航旅上下游产业链的紧密协同，双方在客户资源共享与系统对接、旅游目的地大交通、联合营销推广、旅行服务、免税品、酒店等方面均存在广阔合作空间。东航通过系统对接中旅旗下酒店产品，双方实现积分互认，进一步丰富东航电商平台"机+酒"产品的酒店资源、酒店频道产品种类。

东航集团股权多元化改革是响应党中央、国务院全面深化改革号召的重大举措，对健全市场化经营机制，充分激发企业活力和潜力，深化国企改革具有重要的示范意义。东航集团通过实施股权多元化改革，切实加大改革力度，实现动力变革、质量变革、效率变革，激活高质量发展的活力、动力，将为提升民航运输安全服务保障能力，促进经济社会发展做出更大贡献。

成果创造人：方照亚、钱奇

以提升六大能力为导向实施"双百行动"综合改革的探索与实践

成都产业投资集团有限公司

　　成都产业投资集团有限公司（以下简称"成都产业集团"或"集团"）前身为成都工业投资集团有限公司，于2017年整合成都市现代农业发展投资有限公司和成都技术转移集团有限公司成立。改革整合转型以来，集团立足"引导产业投资、促进产业升级"功能定位，借势"双百行动"综合改革试点机遇，助力全市支柱性、前瞻性、战略性产业创新发展，形成产业投资、产业地产、产业金融、产业服务四大核心主业联动发展格局。截至2021年6月底，集团注册资本100亿元，主体信用评级AAA，资产规模达1196亿元，实现营业收入38.78亿元、利润总额10.35亿元，全资、控股企业89户，代管企业5户，在职职工近3000人。

一、改革背景

（一）贯彻新时代国资国企改革决策部署的主动实践

　　方向明，则改革兴。党的十八大以来，习近平总书记就国企党建和改革发展提出了一系列新思想、新观点和新论断，为国企改革提供了根本遵循。党中央、国务院制定出台国企改革"1＋N"政策体系，推出"十项改革试点""双百行动""国企改革三年行动""区域性综合改革试验""科改示范行动"等系列重大战略部署；成都市委市政府探索创新，推行实施了以效率为导向的国资经营评价制度改革，为成都国资国企发展注入了强大动力。作为成都唯一入选国务院国资委"双百行动"综合改革试点企业的市属国企，成都产业集团始终坚守"干在实处、走在前列"的责任担当，自我加压、动真碰硬，着力在分类授权经营、薪酬激励约束等关键领域改革上实现创新突破，形成一系列可复制、可借鉴、可推广的改革实践，全面推动党中央各项国资国企改革决策部署在成都落地落实。

（二）服务成都城市战略和履行使命担当的创新实践

　　应改革而生，因改革而强。成都产业集团始终坚持深化改革，坚定走市场化发展道路，自成立以来先后经历了四个发展阶段：国企改革平台阶段（2001—2007年），按照"政企分开""政资分开"工作要求，为加快推进我市国有企业改革，整合5家公司①成立成都工业投资经营有限责任公司，先后完成了东郊工业结构调整、国企改革重组和破产安置等功能任务；工业发展投融资平台阶段（2008—2016年），更名为成都工业投资集团有限公司，按照成都市深化投融资体制改革工作部署，构建形成了一个

---

　　① 5家公司：成都工业投资（控股）有限责任公司、成都市技改投资公司、成都市经济发展投资担保有限责任公司、成都托管经营有限责任公司、成都中小企业信用担保有限责任公司。

主业、两大板块、三个平台、八个业务单元②的发展格局，助推成都市新型工业化和现代工业服务业建设；打造区域性产业投资平台阶段（2017—2020年），按照成都市国企改革整合转型战略部署，吸收整合成都市现代农业发展投资有限公司和成都技术转移集团有限公司组建成都产业集团，确立了打造区域性产业投资平台的战略定位；向国有资本运营公司转型阶段（"十四五"时期），锚定新时代成都"三步走"战略目标和"四个城市"战略定位，全面实施集团"十四五"1248总体发展战略，加快向一流国有资本运营公司转型，为助力成都打造带动全国高质量发展的重要增长极和新的动力源贡献更大产业力量。在成都市转型发展的每一个关键时点，都充分彰显了集团的使命担当，有力发挥了产业投资引领作用。进入新时代，国家赋予了成都打造践行新发展理念的公园城市示范区、科技创新中心等重大历史使命，要求成都在更高起点和层次上全面深化改革，更好服务发展大局。成都产业集团作为成都重要的市属骨干企业，应当发挥"城之公器、城之重器、城之利器"作用，以敢闯敢试、敢为人先的担当作为，用好用活双百改革的"工具箱""政策包"，全力当好城市战略的执行者、现代产业体系建设的"排头兵"和国企改革的"尖子生"。

表1 成都产业集团改革发展历程

发展阶段	战略定位	主要工作
2001—2007年	国企改革平台	整合5家公司成立成都工业投资经营有限责任公司，主要承担推进市属国企改革重组、稳妥推进企业搬迁分流和破产安置、筹集资金参与全市重大产业化项目建设、支持中小企业发展等工作，先后完成了东郊工业结构调整、国企改革重组和破产安置等功能任务，公司业务形态由最初单一参与国企改革工作逐步转向资产经营、融资担保、工业投资等领域
2008—2016年	工业发展投融资平台	更名为成都工业投资集团有限公司，作为成都市重要的投融资平台，集团严格按照市委、市政府确立的经济社会发展总体目标，以助推成都工业经济又好又快发展为中心，以推进新型工业化和现代工业服务业建设为重点，依靠政府信用融资和配置资源，形成了包括产业投资、产业地产、产业金融三大核心主业板块，信息化、现代物流等N个生产服务型新业务板块，专业化资产管理经营业务的"3＋N＋1"业务架构
2017—2020年	区域性产业投资平台	改组成立成都产业集团，注册资本由55亿元增至100亿元，主体信用评级提升至AAA，成为成都唯一入选国务院国资委"双百行动"综合改革的市属国企。改革整合转型以来，集团紧紧围绕城市发展战略，聚焦成都市"5＋5＋1"开放型现代化产业体系建设，坚持"引导产业投资、促进产业升级"功能定位，以重大产业化项目和科创投资为立身之本，累计完成融资近800亿元，实施项目投资近500亿元，带动投资约2500亿元，投资的中电熊猫、智慧治理中心、川桂产业园项目分别接受习近平总书记、李克强总理和彭清华书记视察，相关重点工作多次得到市委、市政府主要领导肯定，连续多年获得市属国有企业负责人经营业绩考核先进单位，截至2020年底，集团总资产首次迈上千亿级台阶

② 一个主业——战略性新兴产业投融资；两大板块——投资、专业服务；三个平台——投融资平台、非银行金融服务平台、园区开发建设平台；八个业务单元——重大产业化及资本运作、融资担保、风险投资、土地收储、资产经营（含融资租赁、典当）、城市功能区建设、工业园区开发、小额贷款。

"十四五"时期	向国有资本运营公司转型	"十四五"时期,集团将以习近平新时代中国特色社会主义思想为指导,深入贯彻中央、省市关于站位新发展阶段、贯彻新发展理念、服务新发展格局、推进高质量发展的总体部署,锚定新时代成都"三步走"战略目标和"四个城市"战略定位,坚持党的全面领导,深入实施国企改革三年行动,坚持稳中求进总基调,积极抢抓成渝地区双城经济圈建设等系列重大机遇,以打造一流国有资本运营公司为主线,全面实施集团"十四五"1248总体发展战略,力争到2022年,进入中国企业500强;"十四五"末,为冲刺世界500强奠定坚实基础,为助力成都打造带动全国高质量发展的重要增长极和新的动力源贡献更大产业力量

(三)打造区域性一流国有资本运营公司的路径实践

创新是企业的动力之源。自改组设立以来,集团在市委、市政府的坚强领导下,抢抓"碳达峰""碳中和"、成渝地区双城经济圈建设等系列重大战略机遇,立足成都建设践行新发展理念公园城市示范区的战略定位,提出"打造一流国有资本运营公司""全力冲刺中国企业500强、世界企业500强"的发展目标。然而与国内外一流企业相比,集团在现代企业治理、市场化经营机制等方面仍存在一定差距,资本运营能力、专业运作能力、自主创新能力等有待进一步加强。这些都要求集团必须坚持问题导向,通过开展综合改革,切实推进体制、机制、制度创新,不断激发企业内生动力、经营活力和综合竞争力,实现高质量飞跃式发展,为打造区域性一流国有资本运营公司奠定坚实基础。

二、举措与成效

(一)聚焦服务城市战略,着力发挥投资引领作用,提升战略支撑能力

成都产业集团坚持服务国家及省、市重大战略部署,在全市发展大局中找准战略定位,通过强力发挥科创投和重产基金作用,坚定不移增强投资引领功能,深度参与城市片区综合开发,助力成都加快建设以科技创新为引领的现代产业体系。

1.改革产业投资模式,以"产业+基金"助力成都现代产业体系建设

围绕成都"5+5+1"产业发展主攻方向,成都产业集团始终坚持"引导产业投资、促进产业升级"功能定位,创新"产业+基金"联动模式,重点加大对具有强带动力、支撑力和影响力的"命脉"产业进行战略投资,先后投资了中航锂电、CEC8.6代线、通威太阳能、先进大燃机、航发成发等一批重大产业化项目,投资超过100亿元,带动投资约1500亿元,充分发挥国有资本和龙头项目的带动作用,引导和撬动社会资本向重点产业聚集。按照市委、市政府关于提高重大产业化项目投资有效性的要求,通过"补改投"转变财政资金支持产业发展方式,统筹市区两级资金、政策等资源加快先进制造业发展,进一步加大重产化项目及产业链配套项目的招引力度,2020年12月,成都产业集团联合市属国企及区县政府出资组建规模达400亿元的"成都市重大产业化投资基金"。通过建立专业化基金管理机构,有效发挥基金的引导和放大作用,撬动金融机构和各类社会资本共同打造规模千亿级的"1+N"母子基金群,以产业投资基金化的专业运作方式支撑重大产业化项目落地,积极推动了招商引资重大项目扶持方式由财政直补为主向"投补结合、以投为主"转变。目前,重产基金首期已完成120亿元资金募集,锚定电子信息、装备制造等五大先进制造业和高端芯片等15个细分领域,通过以投带招、以招带投、招投协同,推动中航锂电成为招引落地的首个"百亿级"先进制造业项目,与国投、中电科等机构

共同参与中国电信回A股战略配售并引入总投资50亿元的中国电信西部创新产业园项目落地，加速推动华润医疗等一批产业链项目子基金高效组建，全年预计重产基金规模超300亿元、招引50亿级以上重产化项目不低于5个、强链补链项目不低于20个。

2.改革科创支撑模式，以"投资＋服务"助力成都科技创新中心打造

成都产业集团围绕助力增强成都创新主干和极核功能，持续深化对前沿技术和未来产业的趋势和布局研究，以科技成果转化和新经济企业发展要素需求为导向，深入实施"科服管家"企业成长陪伴计划，构建"投资+服务"的专业运营模式，加快培育平台型本土硬核科技企业，累计支持极米科技等17家企业上市，万创科技等7家企业进入上市筹备阶段。为加大国有资本对科技创新的赋能支持力度，打造与城市发展相匹配的国内一流创投机构，进一步发挥创业投资在城市科技创新的引领和带动作用，通过统筹整合市属国企创投资源，联合科技创新资源丰富的重点区（市）县，2021年3月，由成都产业集团牵头，整合成创投、菁蓉创富、技转创投和蓉兴创业4家成都国有创投资源，组建设立了注册资本100亿元成都科创投集团，并通过"母子基金＋直投""专业投资＋增值服务"的创投模式，构建了覆盖初创期、成长期及成熟期的科创项目全生命周期投资体系，对形成"研发在高校、转化在城市"的协同创新模式、构建以新经济为牵引的创新应用场景、加快形成若干领域先发优势等方面具有重要推动作用。目前，成都科创投集团已储备直投项目300余个，积极组建天使、成果转化、创投3只引导基金，国星宇航等10户被投企业成为潜在独角兽企业，前瞻布局量子计算、绿色氢能、高性能材料等未来赛道，全力推进量子基金、励石集成电路基金等一批总规模达50亿元的科创基金落地，力争到2022年末投资科技项目300项以上，培育准"独角兽"企业10家以上、"瞪羚企业"40家以上，"十四五"时期培育上市企业不低于50家，力争在更多"卡脖子"领域助推创新突破。

3.改革片区开发模式，以"片区+产业"助力城市产业经济地理重塑

围绕成都"东进"战略和产业功能区建设，成都产业集团抢抓片区开发蝶变成长重大机遇，秉持"人城产"理念，创新"多主体共建共享、多环节融合推进、多渠道资金平衡"的商业模式，着力提升"投融资规建运"一体化专业运作能力。坚持一个片区就是一个新型城市社区和独特功能单元，全力推进了淮州新城产城融合示范区等5个片区开发，打造了国盾融合创新中心等5个高品质科创空间，并紧密围绕片区主导产业特征和发展需求，以"片区+基金"模式全面增强对新城新区未来产业洞察能力和片区核心产业导入能力，投资招引了海光高端整机、通威太阳能等一批行业领军企业，建设形成一批体现产业思维、功能思维的城市产业新空间。创新"短期负债、中期平衡、长期盈利"的多元化片区综合财务平衡模式，以基金和中长期政策性贷款等长周期低成本资金保障前期建设投入，以特许经营权、基础设施REITs、增量收益共享等多渠道收入来源实现中期收支平衡，以基础设施增值、物业动态升值、项目投资收益实现长期盈利。强化片区的多维度功能配套，探索协议型、股权型模式与深投控、深业集团组建联合开发运营主体，通过整合集团数字信息、供应链服务、科技转化和小微金融等优质资源，按照产业服务平台化的思路，有效搭建资源要素集成"平台的平台"，在重点园区打造一站式一体化产业服务平台，逐步形成具有产业集团特色的运营品牌，加快向投建管运一体化的城市综合运营商加快转变。

（二）聚焦融通产业循环，着力践行国企责任担当，提升社会服务能力

成都产业集团以助力实施全市"幸福美好生活十大工程"为牵引，基于金融、流通、信息等产业高端资源优势，积极抢占"民生蓝海"，着力发掘"市场富矿"，大力创造满足各类主体需求的多元应用场景，推动社会服务能力全面提升。

1.以数字生态破解数据要素流通难题，助力智慧城市建

聚焦全市营商环境优化，成都产业集团依托下属大数据集团成功建设运营成都市网络理政中心（城市大脑）、市政务云、天府蓉易办等多维功能平台，有力支撑政务服务"一网通办"、城市运行"一网统管"和社会诉求"一键回应"，为特大城市探索数字化现代治理模式绘制了"成都范本"。建成投运成都超算中心，打造城市数字化转型"最强大脑"，助力成都建设全国重要的算力功能服务平台。创新数据要素市场化配置模式，借力全市公共数据集中运营服务管理授权，探索"公共数据运营、社会数据融通、科学数据共享"数据要素流通路径，从机制、体制、技术等多维度破解数据要素流通难题，并成功入选全省唯一数据要素市场化配置改革试点单位。通过构建数字经济创新发展新生态，大力拓展审计服务、医疗服务、环保服务等智慧应用场景布局，成功打造智审数据、成都医联等数据应用项目；抢占人工智能发展前沿赛道，成功中标工信部人工智能平台建设项目，促进建设集算力、数据、算法、模型、场景等一体化的人工智能产业技术基础公共服务体系；积极探索"碳达峰""碳中和"实践路径，创新搭建的"碳惠天府"公众低碳应用平台已储备4.1万吨碳减排量，助力构建"物联、数联、智联"的数字城市底座。

2.以产融协同推动金融赋能实体经济，助力小微企业发展

为助力破解中小微企业融资难融资贵问题，充分发挥担保、小贷、融资租赁、典当、商业保理等资金资源，积极参与全市"蓉易贷"普惠金融服务体系建设，创新"投担贷"联动服务模式，累计为1.4万余户中小微企业提供资金支持超2000亿元。尤其是下属中小担公司与蚂蚁金服合作，成功落地全球首例区块链贷款，并创新"科创贷""成长贷""惠抵贷"及"文创通"贷款等产品，助力全市实体经济和中小微企业发展。为持续发挥金融对产业发展的"源泉活水"作用，以集成金融资源加速产业发展、形成产融协同为关键，组建成立成都产业资本集团，推动实施大金融牌照布局，参与完成四川银行组建以及成都银行、国宝人寿股份增持工作，积极拓展金融租赁、公募基金、证券、保险等大金融牌照，打造集团资源整合、资本运作、财务投资的新平台，切实增强了产融协同互动发展能力和国有资本运营公司金融属性。

3.以产业优势扛起国有企业社会责任，助力疫情精准防控

面对突如其来的新冠肺炎疫情，成都产业集团充分发挥下属企业专业优势，群策群力、紧急攻关，助力成都精准防控疫情，荣获了成都市应对疫情表现突出企业。下属大数据集团利用大数据技术优势，创新研发了"天府扫码记""全面快速核酸检测系统"，其中"天府扫码记"成功推广至5万余个场所使用，有效注册用户近400万人，累计使用次数超2亿次。下属蓉欧集团利用国际化供应链渠道优势，在疫情防控物资严重短缺的紧要关头，紧急向境外采购口罩、防护服、手套等医疗防护物资4批次，助力战疫一线。同时，其他下属企业认真落实"六稳""六保"任务要求，积极参与全国首支省级防疫专项投资基金"川投金石康健基金"设立，创新"帮扶贷""战役贷"等金融产品，为抗击疫情的一线中小微企业提供资金支持约170亿元，减免物业租金493万元、担保费2558万元，有效缓解疫情对企业生产经营的冲击和影响，助力中小微企业纾困解难。

（三）聚焦放大国资功能，着力推动"三资"循环增值，提升资本运营能力

成都产业集团按照市委市政府赋予的职责和使命，坚持产业有进有退、资本有增有减，通过股权运作、培育孵化、基金投资、价值管理、进退流转等市场化方式，不断探索"资金—资产—资本"有序循环和高效转化的增值路径，持续提升国有资本运营效率和流动水平。

1.实施国有资本运营公司改革，促进运营模式市场化

自2017年改组成立以来，成都产业集团实现了由单一性投融资平台向区域性产业投融资平台转变，管理、运作国有资本的载体资源已经具备。为有效克服"重建设、轻经营，重资产、轻资本"等问题，切实提升投资回报水平，在市委、市政府的大力支持下，集团党委进一步聚焦企业战略定位，鲜明提出了打造一流国有资本运营公司的战略目标，确立了"一条主线、两大动力、四大主业、八大支柱"为核心的"十四五"1248总体发展战略。为加快做强国有资本运营功能，打造形成"融投管退"完整的运营体系，集团以"服务城市战略、做强产业能级"为牵引，深刻变革"投资引领、创新驱动、资本运筹、要素赋能"为支撑的发展模式，加快制定实施国有资本运营公司整体转型方案，逐步建立与国有资本运营功能相匹配的业务模式、运营模式、管控模式，提升专业化运营能力和资本增值空间，不断增强国有资本的流动性、引领性和放大性。

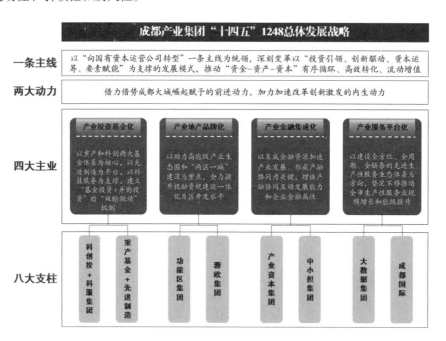

图1　成都产业集团"十四五"1248总体发展战略

图2　成都产业集团"三资"循环示意图

2.深化混合所有制改革，促进股权结构混合化

成都产业集团用好"双百行动"政策包、工具箱，率先在市属国企出台混改操作指引，稳妥深化下属二、三级功能类企业股权多元化和金融类、竞争类企业战略性混改，加大与高匹配度、高认同感、高协同性的市场主体开展战略合作，通过引进多元化股东打造了智慧锦城、数字城市等一批混合型专业化公司，累计实现控股混改企业20户，合计引入非国有资本总额180亿元。尤其是，下属智慧锦城公司作为成都唯一入选四川省员工持股试点企业，以并购房联云码公司为契机，通过股东增资、分类引战、员工持股"三位一体"方式深度转换经营机制，引导符合条件骨干员工48人（占员工总数的15%）参与员工持股计划，认缴出资1800万元，认缴出资比例6.33%，实现了以混促改、以改提质，为市属国企深化混改提供了可复制、可借鉴、可推广的经验。

3.推动国资证券化改革，促进融资方式多元化

成都产业集团深入实施"大证券化"战略，加大优质资源整合力度，通过股、债及股债结合等方式，推动融资渠道多元化。充分利用国内外多层次资本市场，成功实现下属蓉欧集团和石化基地公司挂牌天府股权交易中心，持续推进工投租赁在港上市工作。充分发挥集团AAA评级优势，成功发行了七年期优质主体债、疫情防控债等优质债券，持续推进美元债券评级工作，顺利取得国家发改委3.5亿美元债额度批复。加快设立产业并购基金，稳步推进并购上市公司工作，将重产基金、科创基金投资招引的优质项目通过资本运作注入上市平台，构建"投资—退出—再投资"的业务闭环。目前，集团证券化资产总额已由"双百行动"实施前的65亿元增至270亿元，企业经营活力和资本运营效率大幅提升。

（四）聚焦改善质量效益，着力放权赋能降本增效，提升市场经营能力

质量效益是国有企业的生命线。为提升国有资本配置和运营效率，成都产业集团按照市国资委对市属国企功能界定与分类管理的工作要求，深入转变授放经营方式，差异化实施授权放权管理，全面推进债务和成本管控，持续优化业务资产结构，通过降成本增效益加快企业市场化转型。

1.实施分级分类授权，夯实企业市场主体地位

成都产业集团深入贯彻以管资本为主的国有资产监管体制改革，坚持授权与监管相结合、放活与管好相统一，"一企一策"全面实施ABC分级分类授权管理，不断强化企业市场主体地位。通过授权评估动态调整授权范围，将包括项目投融资、资产出租、薪酬福利等11项权限充分授权给6家下属A类企业、部分授权给9家B类企业，极大提升了决策审批效率，推动下属企业成为自主经营、自负盈亏的市场主体，实现决策责任归位和管理责任到位，主要做法入选国务院国资委《国企改革"双百行动"案例集》。其中，获得A类授权的下属投资产公司连续三年实现利润同比增长50%以上，成为集团利润的"单打冠军"。

2.强化费用债务管控，全面降低综合管理成本

成都产业集团坚持以"成本管控、效益否决"为导向，全力"降负债、降成本、提效益、提能力"，进一步优化企业经营发展环境。通过构建与集团高效运营相匹配的全面预算管理体系，将成本费用管控目标分解到人力、财务、投资、运营等管理条线，贯穿到投融资、研产销全过程，持续降低企业综合运营成本。着力防范债务风险，始终将资产负债率保持在60%左右的合理水平，不断优化融资结构，主动争取政府专项债、开发性贷款等长周期、低成本资金，拓展运用公司债、基金债和中期票据等直融工具，直融比例提升至25%左右，通过债务置换节约存续期利息约2.29亿元，新增融资成本约4%，存量债务加权平均成本4.32%。

3.科学处置遗留问题，着力推动企业"轻装上阵"

成都产业集团承担着全市产业结构调整和国企整合重组的历史重任，换挡升级加快发展的同时也积累了较多的历史遗留问题。为此，集团充分运用解决历史遗留问题"工具箱"，按照依法合规解决、积极稳妥推进原则，建立遗留问题台账动态调整机制，彻底解决汇一化工、养正堂等历史遗留问题10余项，推进803项目、浦发公司等多个历史遗留问题取得突破性进展，累计收回资金约16.15亿元。稳妥推进集团代管企业四川制药、成都玻璃厂的"三供一业"分离移交，积极对接央企及省市不良资产处置平台，通过资源整合重组、择机退出、优化核算办法和资金池处理等方式，累计盘活低效无效资产57亿元，为集团高质量转型发展"减负松绑"。特别是，敏锐捕捉历史遗留问题处置时机，对下属拟清算企业所持百视通新媒体股份进行精准减持，收回资金10.22亿元，实现9倍的投资回报，保障了集团的投资收益，推动历史遗留问题处置与经营效益"双提升"。

（五）聚焦做大做强主业，着力整合优势产业资源，提升专业运作能力

围绕推动专业化做精、产业链做强，成都产业集团坚持"大产业、强总部"层级架构和"集团总部资本层、下属专业化公司执行层"分级定位，聚焦主业配置资源，推动生产性要素资源向优质项目、优势企业聚集，提升专业化经营水平和市场化运作能力。

1.瘦身健体实现组织重构

成都产业集团按照"大产业、强总部"思路重塑三级管控架构，建立了集团总部"价值创造、价值保障、价值监管"前中后台互为支撑的运行体系，职能部门由14个调减为10个、人员压减13%，管理层级由5级压缩至3级，推动管理模式出"金字塔"型向"扁平化"转变。为做强集团"四梁八柱"主业支撑，通过强化对业务板块战略制定、资源配置、考核评价和风险防控等方面的统一管理，聚力打造四大战略业务单元，切实提升了价值传导能力和总部战略管理水平。同时，针对"东进"片区开发和数字化转型等重大战略，专设成立了跨业务、跨层级、跨部门的"东进指挥部"和"数字化转型办公室"，在不增加管理层级、不新设机构的同时，又能充分发挥各级资源优势和职能作用，强化总部垂直管理和基层互动，有效协调重大项目实施和资源调配。

2.聚合资源实现价值重塑

成都产业集团紧紧围绕城市战略指向，聚焦主责主业推动市场化专业化整合，着力打造一批专业性强、成长性好、专注于细分领域的二三级专业化公司。通过新设成都科创投集团、成都产研院等创新载体，打造科创投资、新型智库等国企品牌；发挥数据资源优势，推进大数据产业链专业化合作，以资产为纽带构筑产业生态优势，努力向产业链核心环节、高附加值环节拓展，打造了智慧锦城、数字城市等一批公共数据运营金字招牌；加大与行业领军企业专业化合作，推进下属功能区集团、蓉欧集团与深投控、怡亚通合资组建高品质科创空间专业化运营公司及专业化供应链平台；通过内部小微金融等同业同质资源横向整合，着力推动普惠金融服务体系建设，同时加快剥离非主业、非核心企业，推进嘉陵电力重组，成立检验检测公司，助力提升成都本土检验检测认证服务能力。

3.开放协同实现优势重建

成都产业集团大力实施开放协同战略，通过开放合作和业务协同内外联动，着力构建互为支撑、协同高效、开放共享的"四位一体"业务生态，打造形成了产业链、创新链、资本链深度融合的一体化发展优势。深入挖潜内外部多元合作机会，依托重大产业化项目投资，创新采用IOD模式（产业驱动开发）推进片区开发，并通过片区开发聚集各板块资源对外打造整体解决方案，塑造综合竞争优势，将重

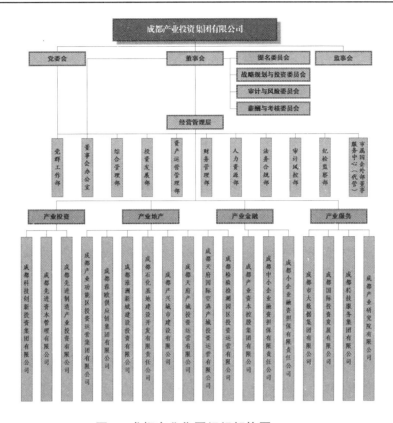

图3 成都产业集团组织架构图

大产业化项目带来的经济价值内部化,在提高重大项目落地效率的同时大幅提升了产业承载能力。在集团的协同实践中,既有通过投资促进通威太阳能项目落地"东进"淮州新城片区,集团下属淮州建投借势打造占地635亩通威小镇的协同场景典范;也有通过"产学研用投服"协同创新打造的集研发设计、创新转化、场景营造、社区服务于一体的天府数智谷高品质科创空间,并在此基础上积极拓展产融、产产、融融等多种协同模式,着力提升协同价值创造能力。此外,通过深入推进与德阳、宜宾、广西钦州等城市多领域深层次开放合作,加快川桂国际产能合作园、德阳国际物流港等带动区域发展的关键支撑性项目建设,构建高效的区域性国企协作架构和经营布局。

(六)聚焦规范高效管理,着力建立现代企业制度,提升现代治理能力

成都产业集团按照全市国资国企"改革、赋能、提质、增效"要求,持续推进"双百行动"综合改革,抓紧抓实国企改革三年行动,着力在治理、用人、激励"三大机制"上创新突破,持续推动管理模式创新,着力构建治理结构完善、内生动力迸发、底线约束有力的现代国企治理体系,努力争当地方国企改革"尖子生"。

1.压实"责任链",筑牢转型发展的制度根基

建立现代企业制度、推进治理体系治理能力现代化是改革的总目标。成都产业集团始终坚持两个"一以贯之",把党的领导与完善公司治理有机融入,将党建工作总体要求纳入公司章程,通过完善"第一议题"制度、健全"三重一大"决策实施办法,充分发挥了党委把方向、管大局、促落实的领导作用。强化组织建设做实董事会职能,通过扩大专职外部董事占比,推动董事会成员结构合理搭配、专业互补;组建董事会4个专委会,依法落实和维护董事会行使重大决策、薪酬分配等权利,实现了决策方式由传统经验型向科学高效型转变;加大出资企业专职董事队伍建设,分批次实施下属企业规范董

事会试点，不断优化下属企业决策流程、监督体系、执行机制，提升了决策效率和运行质量。全面扩大董事会向经理层授权，严格落实经理层对董事会负责、向董事会报告的工作机制，强化工作监督，切实发挥了经营层经营管理作用。

2.凝聚"动力源"，激发转型发展的活力动力

成都产业集团牢牢牵住"三项制度"改革"牛鼻子"，遵循价值与贡献对等原则，建立"揭榜挂帅""赛场选马"机制，破除平均主义、"高水平大锅饭"，推动实现以价值贡献定岗位、市场标准定薪酬、业绩考核定收入。突出以市场化选人用人增强队伍"活力"，全面推进下属企业经营管理层任期制和契约化管理，在市属国企中率先试点推行职业经理人制度，探索推行"首席制"，面向社会招引"首席规建师""首席产经师""首席架构师""首席数据官"等高级专业人才，新出缺的经营管理层市场化选聘达到80%以上。中层及以上管理人员全部公开竞聘上岗，变"伯乐相马"为"赛场选马"，目前集团中层及以上管理人员平均年龄仅45.4岁。突出以中长期激励约束激发员工"潜能"，强化业绩目标和激励水平"双对标"，在下属创投类、金融类企业施行项目跟投机制，采取强制跟投、自愿跟投等方式，激励、倒逼跟投人员提升业务能力和管理水平，近三年累计跟投项目13个，跟投额达1100余万元；以骨干员工持股破解混改类企业激励难题，坚持以岗定股，专门设计系数突出关键岗位导向，构建了企业、员工利益共同体。突出以差异化薪酬分配打破收入"底板"，通过绩效联动、超额收益奖励拉开分配差距，探索下属企业分类考核、分类核算基础上的差异化工资总额决定机制，适应科创项目投资特点，在下属科创投集团率先推行整体性、周期制考核，实施工资总额单独预算管理；通过"末位调整"制度，推动薪酬分配向高绩效人员倾斜，向上打开优秀企业收入增长空间，向下打破低效亏损企业收入底板，2020年下属企业负责人薪酬总额差距最高达9倍，预计2021年将进一步增至10倍以上。

3.严守"防控关"，增强转型发展的安全保障

成都产业集团注重安全与发展并重，以智慧化精细化管理规范权力运行，以底线思维防范化解重大风险，为增强发展新动能创造了更加有利的环境条件。"坚持授权到哪里，监督就跟到哪里"，通过加强经营风险的过程管控，重塑总部制度体系和工作流程，将国企改革三年行动重点要求纳入公司章程等内部制度体系，率先在市属国企中开展总法律顾问试点，构建了涵盖决策机制、战略管控、风险控制等全流程的"1+N"内控体系。创新实施集团审计垂直管理模式，将风险管理要求嵌入业务流程，通过建立涵盖财务、法律、民主、审计、纪检等事前、事中、事后的监督闭环，整体提高了监督效能。大力实施数字化转型战略，引入IBM等顶尖服务商实施"一云两平台"建设，加快推进"云、网、端、安全"基础架构和业财一体、运营管理等应用平台建设，构建动态穿透的数字化管控模式，切实提升风险管控能力，通过进一步激活数据要素潜能，释放数字放大、叠加、倍增作用，初步形成了科学规范、运行高效的智慧化管理体系，赋能集团打造高质量转型发展新优势。

三、经验与启示

（一）以党的领导构筑发展新优势

事业成败，关键在党。坚持党的全面领导、加强党的建设，是国企的优良传统和独特优势，是国企的"根"和"魂"。新时代下，只有始终坚持和贯彻党建工作的引领和指导，才能保持正确的发展方向，才能保证国企生命力、竞争力和凝聚力，为企业高质量转型发展保驾护航。成都产业集团始终坚持"国企姓党"，把坚持和加强党的领导作为根本遵循，把"强根铸魂"工程贯穿改革、转型、发展始

终，不断提高政治判断力、政治领悟力、政治执行力，着力在党建进战略、进决策、进治理、进经营"四进"机制上创新突破，创新"党建＋"模式，以"产业先锋"总品牌打造了特色鲜明的"1＋N"党建品牌体系，推动党的领导融入生产经营各环节实现制度化、规范化、程序化，努力把党建优势转化为企业发展优势。

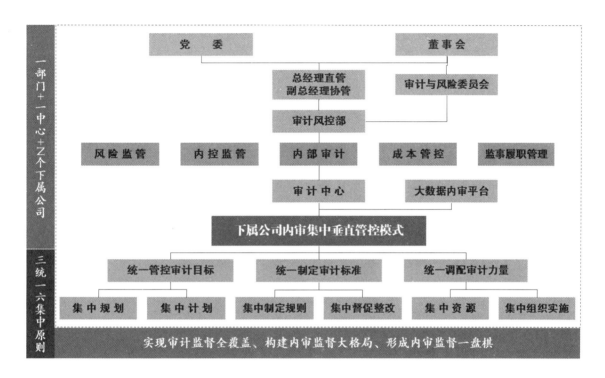

图4　成都产业集团审计垂直管理模式

（二）以城市战略筑牢发展新支撑

国企与时代同行、与城市共兴。二十年风雨历程，二十年高歌奋进，过去二十年成都产业集团在服务城市发展战略中应运而生，在产业投资引领中成长壮大，实践证明，国企只要紧跟城市发展战略目标主动强担当做贡献，就一定能够做强做优做大、实现与城市同成长共进步。借势借力成都加速大城崛起的时代风口，成都产业集团紧紧围绕"公园城市示范区""高质量现代产业体系""科技创新中心""西部金融中心"等城市重大战略，牢牢坚守"引导产业投资、促进产业升级"的初心使命，聚焦城市产业布局，以创新培育新动能，以改革激发新活力，投资引导中航锂电、CEC8.6代线等重大项目落地，推进实施产城融合示范区等片区开发，创新搭建成都超算中心等功能平台，切实以企业的创造力和支撑力为城市战略的生成和实现做出应有贡献。与此同时，城市的发展能级跃升和极核效应增强，也为成都产业集团改革发展提供了更广阔的空间。

（三）以效率导向挖掘发展新效益

效率是改革的"试金石"，是国企在激烈的市场竞争中重塑动力、创新提能、转型发展的行动指南。成都产业集团充分发挥国资经营评价制度改革的统揽和引导作用，在纵深推进"双百行动"综合改革、加快向国有资本运营公司转型的改革实践中，始终坚持效率导向，专注"六大能力"建设，瞄准问题采取的各项改革措施针对性、有效性、系统性、协同性明显增强，近年来主要经营指标实现快速增长。截至2021年6月底，集团资产规模较2017年末增长93.5%，营业收入、利润总额分别同比增长59.7%、356%，资产负债水平总体可控，企业规模效益和国有资本回报率持续提升。面对外部风险挑战和高质量发展要求，必须坚持以提升国企城市资源配置和使用效率为导向，打破"等靠要"传统思维，努力实现质量更高、效益更好、结构更优的发展。

（四）以创新思维培育发展新动能

创新是引领发展的第一动力。党的十九届五中全会提出坚持创新在现代化建设全局中的核心地位，成都市坚持公园城市与科技创新一体推进，明确了打造科技创新策源新引擎、打造现代产业体系新标杆、打造创新要素聚集新高地、打造对外开放合作新枢纽的"四新"重点任务和发展路径。成都产业集团切实感受到企业发展离不开"理念、模式、科技"的多层次创新，始终坚守创新精神，把创新融入基因，通过聚焦产业链供应链"卡脖子"难题，以战略眼光和前瞻思维加快新赛道布局、新赛手培育、新赛场建设，加快构建覆盖天使期、初创期、成长期及成熟期的全生命周期投资体系；通过集聚金融、数字、科技服务、供应链等创新资源要素，探索国有资本驱动科技创新的有效路径，不断汇聚创新能量，助力增强科技创新策源能力。

（五）以国际视野拓展发展新空间

加速融入国内国际新发展格局，重点是在更大范围、更高层次集聚优质资源，撬动更多生产要素。近年来，成都产业集团坚持改变既有格局的勇气和做大做强的雄心，敢于跳出体制、地域、行业局限，借力国家对外开放的战略之势稳步推进"走出去"布局。境外投资方面，积极响应"一带一路"倡议，投资实施了俄罗斯楚瓦什四川农业合作园、中白蓉欧产业园、中捷产业园等一批国际重大项目；基金合作方面，抢抓中日（成都）地方发展合作示范区建设等战略机遇，加速推进中日、中法等双边基金募集，促进世界隐形冠军企业在蓉落户，联合卡塔尔主权基金等合作方，加快推动2000亩彰显公园城市和未来之城特质的中卡科技产业园在天府国际机场航空经济区落地；通道建设方面，顺利完成了蓉欧班列开行任务，助力成都国际铁路港打造服务全国、联通世界的"国际内陆第一港"；境外融资方面，顺利取得国家发改委3.5亿美元债额度批复，持续推进美元债券评级工作；平台搭建方面，以下属成都国际公司为抓手，着力打造集团开展各类国际业务的平台和窗口。

（六）以协同联动打造发展新生态

协同是多元化综合型企业打造战略优势和提升价值创造能力的"关键一招"。成都产业集团牢固树立上下"一盘棋"的战略协同理念，将打造"四位一体"高效协同业务生态上升到战略高度，通过增强协同之力，有效释放融合之效，着力提升发展之势。聚焦集团整体利益最大化的协同目标，以提升下属企业专业化能力和价值创造能力为关键，通过战略牵引和利益驱动强力推动集团协同体系建设，重点实施产业基金投资引领聚合协同资源和片区开发功能集成打造协同场景，推动产业链上下游合作、产融结合一体发展、加大对外战略合作和风险防控协调联动，实现了各业务板块资源共享、优势互补、分工合作，有效提升了资本配置效率和企业核心竞争力。

成果创造人：石　磊、陶　迅、袁水全、周卫东、吕康东

数据统计与分析

IV

数据统计与分析

一、国民经济相关指标

（一）国内生产总值

表1　2015—2021年上半年国内生产总值及其增长速度

统计科目（年份）	2015	2016	2017	2018	2019	2020	2021上半年
国内生产总值（亿元）	688858	746395	832036	919281	990865	1015986	532167
增长速度（%）	7.0	6.8	6.9	6.7	6.1	2.3	12.7

资料来源：国家统计局公报，部分数据有修订。

表2　2015—2021年上半年三次产业发展情况

年份	第一产业		第二产业		第三产业	
	增加值（亿元）	增长率（%）	增加值（亿元）	增长率（%）	增加值（亿元）	增长率（%）
2015	60863	3.9	274278	6.0	341567	8.3
2016	63673	3.3	296236	6.1	384221	7.8
2017	65468	3.9	334623	6.1	427032	8.0
2018	64734	3.5	366001	5.8	469575	7.6
2019	70467	3.1	386165	5.7	534233	6.9
2020	77754	3.0	384255	2.6	553977	2.1
2021上半年	28402	7.8	207154	14.8	296611	11.8

资料来源：国家统计局公报，部分数据有修订。

表3　GDP季度同比增长速度　　　　　　　　　　　　　（%）

年份	1季度	2季度	3季度	4季度
2015	7.1	7.1	7.0	6.9
2016	6.9	6.8	6.8	6.9
2017	7.0	7.0	6.9	6.8
2018	6.9	6.9	6.7	6.5
2019	6.3	6.0	5.9	5.8
2020	-6.8	3.2	4.9	6.5
2021上半年	18.3	7.9		

资料来源：同比增长速度为与上年同期对比的增长速度。

2020年我国实现国内生产总值1015986亿元，比上年增长2.3%，人均国内生产总值72000元，按年平均汇率折算达10438美元，连续两年超过1万美元，稳居中等偏上收入国家行列。

初步核算，2021年上半年国内生产总值532167亿元，按可比价格计算，同比增长12.7%，比一季度回落5.6个百分点；两年平均增长5.3%，两年平均增速比一季度加快0.3个百分点。分季度看，一季度同比增长18.3%，两年平均增长5.0%；二季度增长7.9%，两年平均增长5.5%。

（二）产业、区域对国民生产总值的贡献

表4　2015—2020年三次产业增加值占国内生产总值占比（%）

年份	全年比	第一产业	第二产业	第三产业
2015	100	8.4	40.8	50.8
2016	100	8.1	39.6	52.4
2017	100	7.5	39.9	52.7
2018	100	7.0	39.7	53.3
2019	100	7.1	39.0	53.9
2020	100	7.7	37.8	54.5

表5　2020年区域生产总值及其增长率

年度	东部地区		中部地区		西部地区		东北地区	
	生产总值（亿元）	增长（%）	生产总值（亿元）	增长（%）	生产总值（亿元）	增长（%）	生产总值（亿元）	增长（%）
2020	525752	2.9	222246	1.3	213292	3.3	51125	1.1

资料来源：国家统计局公报。

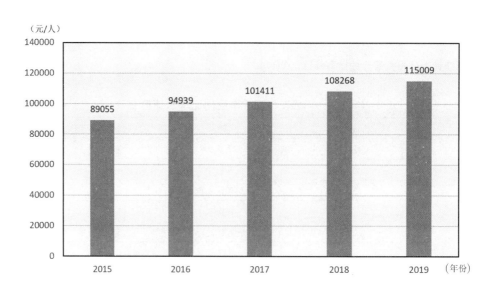

图1　2015年—2019年全员劳动生产率

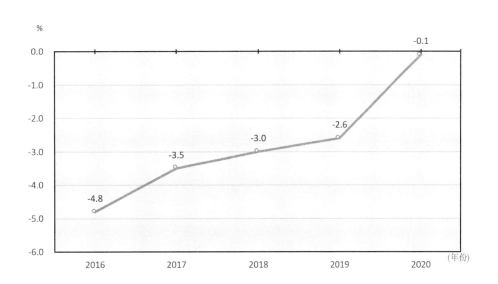

图2 2016—2020年万元国内生产总值能耗降低率

从贡献率看，2020年，第一产业增加值占国内生产总值比重为7.7%，第二产业增加值比重为37.8%，第三产业增加值比重为54.5%，第三产业对国内生产总值的贡献不断加大。从区域发展看，2020年东部地区生产总值525752亿元，比2019年增长2.9%；中部地区生产总值222246亿元，增长1.3%；西部地区生产总值213292亿元，增长3.3%；东北地区生产总值51125亿元，增长1.1%。全年京津冀地区生产总值86393亿元，比2019年增长2.4%；长江经济带地区生产总值471580亿元，增长2.7%；长江三角洲地区生产总值244714亿元，增长3.3%。粤港澳大湾区建设、黄河流域生态保护和高质量发展等区域重大战略深入实施。

2019年全员劳动生产率为115009元/人，比2018年提高6.2%；2020年万元国内生产总值能耗比2019年下降0.1%。

（三）居民消费对国民生产总值的贡献

表6 2015—2021年上半年居民消费水平数据统计

统计科目（年份）	2015	2016	2017	2018	2019	2020	2021年上半年
全国居民人均可支配收入（元）	21966	23821	25974	28228	30733	32189	17642
农村居民人均消费支出（元）	15712	17111	18322	19853	21559	21210	11471
城镇居民人均可支配收入（元）	31195	33616	36396	39251	42359	43834	24125
农村居民人均消费支出（元）	21392	23079	24445	26112	28063	27007	14566
农村居民人均可支配收入（元）	11422	12363	13432	14617	16021	17131	9248
农村居民人均消费支出（元）	9223	10130	10955	12124	13328	13713	7464

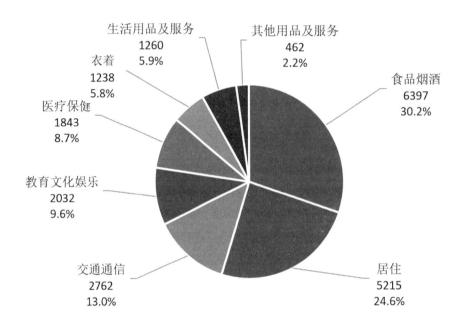

图3 2020年全国居民人均消费支出及其构成

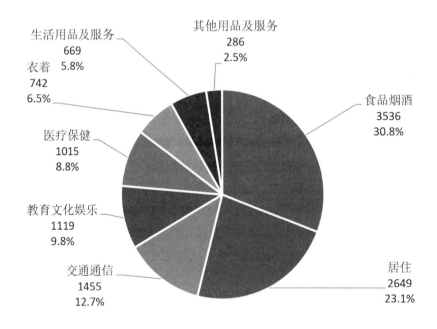

图4 2021上半年居民人均消费支出及构成

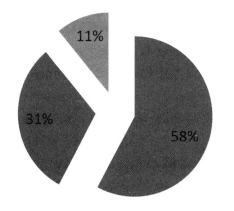

- 最终消费支出对国内生产总值增长
- 资本形成总额
- 货物和服务净出口

图5　2019年最终消费支出贡献

2020年，全年全国居民人均可支配收入32189元，比2019年增长4.7%，扣除价格因素，实际增长2.1%。全国居民人均消费支出21210元，比2019年下降1.6%，扣除价格因素，实际下降4.0%。

2021年上半年，社会消费品零售总额211904亿元，同比增长23.0%，两年平均增长4.4%，比一季度增加0.2个百分点；其中二季度同比增长13.9%，两年平均增长4.6%。6月份，社会消费品零售总额37586亿元，同比增长12.1%，两年平均增长4.9%；环比增长0.70%。2021年全国居民消费价格（CPI）同比上涨0.5%，一季度同比持平。其中，6月份全国居民消费价格同比上涨1.1%，涨幅比5月份回落0.2个百分点；环比下降0.4%。

2021上半年，全国居民人均消费支出11471元，比2020年同期名义增长18.0%，扣除价格因素，实际增长17.4%，比2019年上半年增长11.0%，两年平均增长5.4%，扣除价格因素，两年平均实际增长3.2%。其中，城镇居民人均消费支出14566元，增长16.7%，扣除价格因素，实际增长16.0%；农村居民人均消费支出7464元，增长20.2%，扣除价格因素，实际增长19.7%。

（四）就业相关指标

表7　2015—2020年就业基本情况

统计科目	2015	2016	2017	2018	2019	2020
劳动力人口（万人）	80091	80694	80686	80567	/	
就业人员（万人）	77451	77603	77640	77586	77471	75064
第一产业	21919	21496	20944	20258	/	
第二产业	22693	22350	21824	21390	/	
第三产业	32839	33757	34872	35938	/	
按城乡分（万人）					/	
城镇就业人员	40410	41428	42462	43419	44247	46271
农村就业人员	37041	36175	35178	34167	33174	
按企业登记注册类型分（万人）					/	
国有单位	6208	6170	6064	5740		

续表

城镇集体单位	481	453	406	347		
股份合作单位	92	86	77	66		
联营单位	20	18	13	12		
有限责任公司	6389	6381	6367	6555		
股份有限公司	1798	1824	1846	1875		
港澳台商投资单位	1344	1305	1290	1153		
外商投资单位	1446	1361	1291	1212		
工商登记注册私营就业人员					/	
城镇私营企业	11180	12083	13327	13952		
城镇个体	7800	8627	9348	10440		
乡村私营企业	5215	5914	6554	7424		
乡村个体	3882	4235	4878	5597		
城镇登记失业人数（万人）	996	982	972	974	945	1160
城镇登记失业率（%）	4.05	4.02	3.9	3.8	3.62	4.24
全国总人口					140005	
城镇					84843	
乡村					55162	
0~15岁（含不满16周岁）					24977	
16~59岁（含不满60周岁）					89640	
60周岁及以上					25388	
出生					1465	
死亡					998	

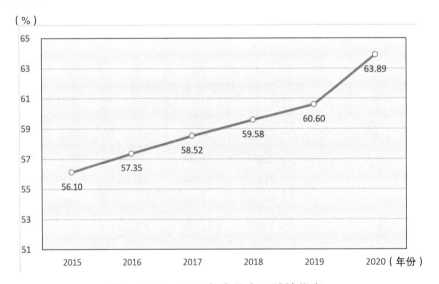

图6　2015—2020年常住人口城镇化率

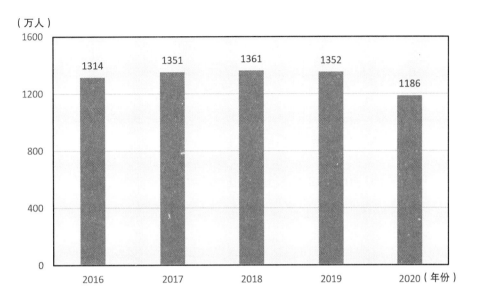

图7 2016—2020年城镇新增就业人数

2020年城镇新增就业1186万人，比2019年少增166万人。年末全国城镇调查失业率为5.2%，城镇登记失业率为4.2%。全国农民工总量28560万人，比2019年下降1.8%。其中，外出农民工16959万人，下降2.7%；本地农民工11601万人，下降0.4%。

2021年1—8月份，全国城镇新增就业938万人，完成全年目标的85.3%。8月份，全国城镇调查失业率为5.1%，与7月份持平。本地户籍人口调查失业率为5.2%，外来户籍人口调查失业率为5.0%。16~24岁人口调查失业率为15.3%，比7月份下降0.9个百分点；25~59岁人口调查失业率为4.3%。31个大城市城镇调查失业率为5.3%，比7月份上升0.1个百分点。全国企业就业人员周平均工作时间为47.5小时。

（五）固定资产投资数据

表8 2015—2021年上半年全社会固定资产投资及其增长速度

统计科目	2015	2016	2017	2018	2019	2020	2021上半年
投资额（亿元）	562000	606466	631684	645675	560874	527270	255900
增长率（%）	9.8	7.9	7.2	5.9	5.1	2.7	12.6

资料来源：国家统计局公报，部分数据有修订。

表9 2015—2021年上半年三次产业固定资产投资及其增长

年 份	第一产业		第二产业		第三产业	
	投资额（亿元）	增长率（%）	投资额（亿元）	增长率（%）	投资额（亿元）	增长率（%）
2015	15561	31.8	224090	8.0	311939	10.6
2016	18838	21.1	231826	3.5	345837	10.9

续表

2017	20892	11.8	235751	3.2	375040	9.5
2018	22413	12.9	237896	6.2	375324	5.5
2019	12633	0.6	163070	3.2	375775	6.5
2020	13302	19.5	149154	0.1	356451	3.6
2021上半年	6564	21.3	76354	16.3	172982	10.7

资料来源：国家统计局公报，部分数据有修订。

表10　2015—2021年上半年区域固定资产投资增长率

年　份	东部地区（%）	中部地区（%）	西部地区（%）	东北地区（%）
2015	12.4	15.2	8.7	−11.1
2016	9.1	12.0	12.2	−23.5
2017	8.3	6.9	8.5	2.8
2018	5.7	10.0	4.7	1.0
2019	4.1	9.5	5.6	−3.0
2020	3.8	0.7	4.4	4.3
2021上半年	11.2	22.3	11.4	11.8

资料来源：国家统计局年鉴和公报，部分数据有修订。

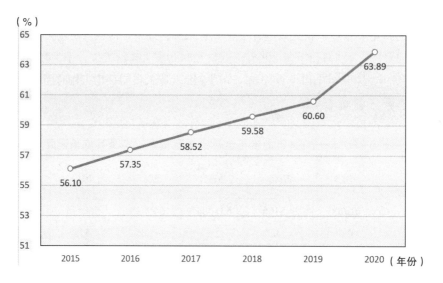

图8　固定资产投资（不含农户）同比增速

表11 2021年1—6月份固定资产投资（不含农户）主要数据

统计科目	2021年1—6月 份同比增长（%）
固定资产投资（不含农户）	12.6
其中：国有控股	9.6
其中：民间投资	15.4
按构成分	
建筑安装工程	17.6
设备工器具购置	−0.8
其他费用	6.5
分产业	
第一产业	21.3
第二产业	16.3
第三产业	10.7
分行业	
农林牧渔业	19.9
采矿业	11.5
制造业	19.2
其中：农副食品加工业	29.8
食品制造业	14.3
纺织业	15.2
化学原料和化学制品制造业	30.1
医药制造业	20.7
有色金属冶炼和压延加工业	16.5
金属制品业	16.6
通用设备制造业	10.6
专用设备制造业	28.5
汽车制造业	−2.3
铁路、船舶、航空航天和其他运输设备制造业	31.4
电气机械和器材制造业	24.2
计算机、通信和其他电子设备制造业	28.3
电力、热力、燃气及水生产和供应业	3.4
交通运输、仓储和邮政业	8.7
其中：铁路运输业	0.4
道路运输业	6.5
水利、环境和公共设施管理业	7.4
其中：水利管理业	10.7
公共设施管理业	6.2
教育	14.2
卫生和社会工作	28.2
文化、体育和娱乐业	10.0
分注册类型	
其中：内资企业	12.4
港澳台商投资企业	19.9
外商投资企业	9.3

注：此表中速度均为未扣除价格因素的名义增速。

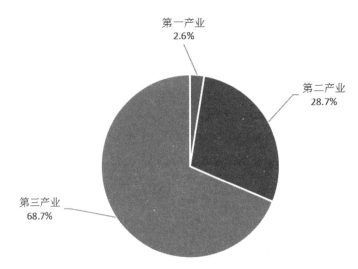

图9　2020年三次产业投资占固定资产投资（不含农户）占比

2020年全社会固定资产投资527270亿元，比2019年增长2.7%。其中，固定资产投资（不含农户）518907亿元，增长2.9%。分区域看，东部地区投资比2019年增长3.8%，中部地区投资增长0.7%，西部地区投资增长4.4%，东北地区投资增长4.3%。在固定资产投资（不含农户）中，第一产业投资13302亿元，比2019年增长19.5%；第二产业投资149154亿元，增长0.1%；第三产业投资356451亿元，增长3.6%。民间固定资产投资289264亿元，增长1.0%。基础设施投资增长0.9%。

2021年上半年，全国固定资产投资（不含农户）255900亿元，同比增长12.6%；比2019年1—6月份增长9.1%，两年平均增长4.4%。其中，民间固定资产投资147957亿元，同比增长15.4%。从环比看，6月份固定资产投资（不含农户）增长0.35%。

（六）能源指标

表12　2015—2020年能源消费标准煤

年　份	总量		煤炭		石油		天然气		电力	
	消费总量（亿吨）	消费增长（%）	消费占比（%）	消费增长（%）	消费占比（%）	消费增长（%）	消费占比（%）	消费增长（%）	消费占比（%）	消费增长（%）
2015	43.0	0.9	63.7	−3.7	18.3	5.6	5.9	3.3	12.1	0.5
2016	43.6	1.4	62.0	−4.7	18.5	5.5	6.2	8.0	13.3	5.0
2017	44.8	2.9	60.4	0.4	18.8	5.2	7.0	14.8	13.8	6.6
2018	46.4	3.3	59.0	1.0	18.9	6.5	7.8	17.7	14.3	8.5
2019	48.6	3.3	57.7	1.0	/	6.8	/	8.6	/	4.5
2020	49.8	2.2	56.8	0.6	/	3.3	/	7.2	/	3.1

（国家统计局年鉴和公报，部分数据有修订）

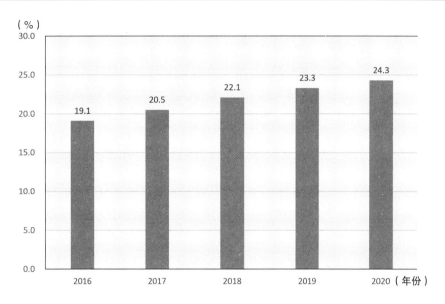

图10 2016—2020年清洁能源消费量占能源消费总量的比重

2020年能源消费总量49.8亿吨标准煤，比2019年增长2.2%。煤炭消费量增长0.6%，原油消费量增长3.3%，天然气消费量增长7.2%，电力消费量增长3.1%。煤炭消费量占能源消费总量的56.8%，比2019年下降0.9个百分点；天然气、水电、核电、风电等清洁能源消费量占能源消费总量的24.3%，上升1.0个百分点。重点耗能工业企业单位电石综合能耗下降2.1%，单位合成氨综合能耗上升0.3%，吨钢综合能耗下降0.3%，单位电解铝综合能耗下降1.0%，每千瓦时火力发电标准煤耗下降0.6%。全国万元国内生产总值二氧化碳排放下降1.0%。

表13 2015—2020年发电装机容量数据表

统计科目	2015	2016	2017	2018	2019	2020
发电装机容量（万千瓦）	152527	165051	177708	189967	201066	220058
火电（万千瓦）	100554	106094	110495	114367	119055	124517
水电（万千瓦）	31954	33207	34359	35226	35640	37016
核电（万千瓦）	2717	3364	3582	4466	4874	4989
风电（万千瓦）	13705	14747	16325	18426	21005	28153
太阳能发电（万千瓦）	4218	7631	12942	17463	20468	25343

2020年末全国发电装机容量220058万千瓦，比2019年年末增长9.5%。其中，火电装机容量124517万千瓦，增长4.7%；水电装机容量37016万千瓦，增长3.4%；核电装机容量4989万千瓦，增长2.4%；并网风电装机容量28153万千瓦，增长34.6%；并网太阳能发电装机容量25343万千瓦，增长24.1%。

2021年二季度，全国工业产能利用率为78.4%，比2020年同期上升4.0个百分点。

二、规模以上工业主要指标

（一）总体数据

表14 2015年-2021年上半年全部工业增加值及其增长速度

统计科目（年份）	2015	2016	2017	2018	2019	2020	2021上半年
增加值（亿元）	234969	245406	275119	301089	317103	313071	\
增长速度（%）	5.7	5.7	6.2	6.1	5.7	2.4	15.9

资料来源：国家统计局公报，2021年上半年数据为规模以上工业增加值。

2020年全部工业增加值313071亿元，比2019年增长2.4%。规模以上工业增加值增长2.8%。在规模以上工业中，分经济类型看，国有控股企业增加值增长2.2%；股份制企业增长3.0%，外商及港澳台商投资企业增长2.4%；私营企业增长3.7%。分门类看，采矿业增长0.5%，制造业增长3.4%，电力、热力、燃气及水生产和供应业增长2.0%。

2021年上半年，全国规模以上工业增加值同比增长15.9%，两年平均增长7.0%，比一季度加快0.2个百分点，其中二季度同比增长8.9%。

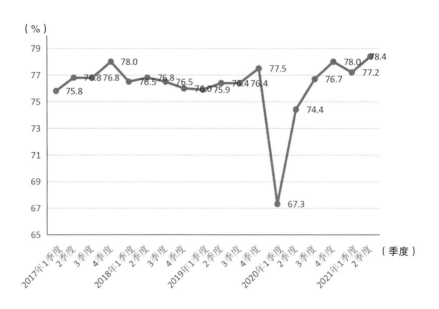

图11 分季度工业产能利用率

表15 2021年二季度工业产能利用率

行业	二季度		上半年	
	产能利用率（%）	比上年同期增减（百分点）	产能利用率（%）	比上年同期增减（百分点）
工业	78.4	4.0	77.9	6.8
其中：采矿业	76.1	4.0	75.8	6.1
制造业	78.8	4.0	78.2	6.8
电力、热力、燃气及水生产和供应业	74.7	4.1	74.6	5.4
其中：煤炭开采和洗选业	73.1	3.8	72.8	5.4

石油和天然气开采业	90.3	−0.2	90.2	0.1
食品制造业	72.8	2.4	73.5	7.4
纺织业	80.9	8.2	79.7	9.4
化学原料和化学制品制造业	80.0	5.8	78.6	6.6
医药制造业	78.5	4.5	77.8	5.1
化学纤维制造业	85.3	5.6	86.1	9.0
非金属矿物制品业	72.6	4.4	69.8	5.9
黑色金属冶炼和压延加工业	84.1	5.7	83.0	7.4
有色金属冶炼和压延加工业	81.6	2.4	81.0	5.2
通用设备制造业	81.6	4.3	80.9	6.9
专用设备制造业	80.4	2.8	81.3	6.6
汽车制造业	74.2	−0.4	76.2	9.4
电气机械和器材制造业	81.7	3.6	81.4	7.7
计算机、通信和其他电子设备制造业	79.1	0.7	79.2	4.1

2020年全年全国工业产能利用率为74.5%，其中一、二、三、四季度分别为67.3%、74.4%、76.7%、78.0%，年末规模以上工业企业资产负债率为56.1%，比上年末下降0.3个百分点。

2021年二季度，全国工业产能利用率为78.4%，比2020年同期上升4.0个百分点。分三大门类看，二季度，采矿业产能利用率为76.1%，比上年同期上升4.0个百分点；制造业产能利用率为78.8%，上升4.0个百分点；电力、热力、燃气及水生产和供应业产能利用率为74.7%，上升4.1个百分点。

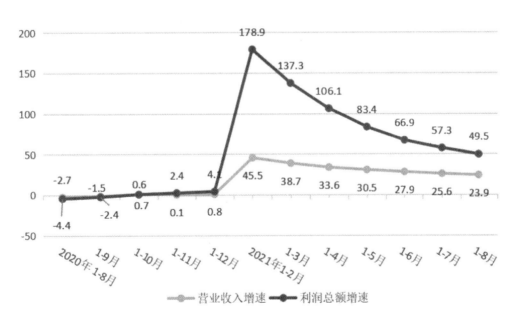

图12　各月累计营业收入与利润总额同比增速

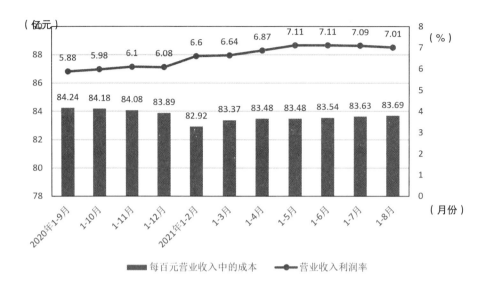

图13　各月累计利润率与每百元营业收入中的成本

2020年规模以上工业企业利润64516亿元，比2019年增长4.1%。全年规模以上工业企业每百元营业收入中的成本为83.89元，比2019年减少0.11元；营业收入利润率为6.08%，提高0.20个百分点。

2021年1—8月份，全国规模以上工业企业实现利润总额56051.4亿元，同比增长49.5%（按可比口径计算），比2019年1—8月份增长42.9%，两年平均增长19.5%。

2021年1—8月份，规模以上工业企业中，国有控股企业实现利润总额17748.5亿元，同比增长86.9%；股份制企业实现利润总额39792.4亿元，增长54.9%；外商及港澳台商投资企业实现利润总额15139.3亿元，增长37.5%；私营企业实现利润总额16429.6亿元，增长34.4%。

2021年1—8月份，规模以上工业企业实现营业收入80.00万亿元，同比增长23.9%；发生营业成本66.95万亿元，增长23.0%；营业收入利润率为7.01%，同比提高1.20个百分点。8月末，规模以上工业企业资产总计135.40万亿元，同比增长9.2%；负债合计76.38万亿元，增长8.4%；所有者权益合计59.02万亿元，增长10.2%；资产负债率为56.4%，同比降低0.4个百分点。规模以上工业企业应收账款18.12万亿元，同比增长12.1%；产成品存货5.20万亿元，增长14.2%。

2021年1—8月份，规模以上工业企业每百元营业收入中的成本为83.69元，同比减少0.65元；每百元营业收入中的费用为8.39元，同比减少0.57元。规模以上工业企业每百元资产实现的营业收入为91.5元，同比增加10.7元；人均营业收入为163.7万元，同比增加31.6万元；产成品存货周转天数为17.6天，同比减少1.8天；应收账款平均回收期为51.6天，同比减少4.4天。规模以上工业企业实现利润总额6802.8亿元，同比增长10.1%。

（二）国有企业数据

表16　2015—2021年上半年国有企业利润及增长情况

年份	营业收入		利润总额	
	收入（亿元）	增长（%）	利润（亿元）	增长（%）
2015	454704.1	-5.4	23027.5	-6.7

2016	458978.0	2.6	23157.8	1.7
2017	522014.9	13.6	28985.9	23.5
2018	587500.7	10.0	33877.7	12.9
2019	625520.5	6.9	35961.0	4.7
2020	632867.7	2.1	34222.7	−4.5
2021上半年	354143.1	27.7	23883.1	110

表17 中央企业、地方国企营收、利润及增长

统计科目	2020年				2021年上半年			
	实现营收（亿元）	增长（％）	实现利润（亿元）	增长（％）	实现营收（亿元）	增长（％）	实现利润（亿元）	增长（％）
国有企业	632867.7	2.1	34222.7	−4.5	354143.1	27.7	23883.1	110
其中：中央企业	353285.6	−1.9	21557.3	−5.0	199311.2	25.4	15865.8	100
地方国企	279582.1	7.5	12665.4	−3.6	154831.9	30.7	8017.3	150

2020年，全国国有及国有控股企业（以下称国有企业）奋力抗击新冠肺炎疫情等多重前所未有的困难和挑战，实现营业总收入同比增长2.1%，利润总额达上年同期95.5%，经济运行回稳向好趋势不断巩固。

2020年12月份，国有企业税后净利润较去年同期增长14.2%。1—12月，税后净利润24761.7亿元，同比下降5.6%，归属于母公司所有者的净利润14138.6亿元，其中中央企业税后净利润15718.0亿元，同比下降5.6%，地方国有企业税后净利润9043.7亿元，同比下降5.5%。

2020年12月末，国有企业资产负债率64.0%，较去年同期提高0.2个百分点，中央企业66.7%，同比减少0.3个百分点，地方国有企业62.2%，同比提高0.6个百分点。营业总成本较去年同期增长8.9%。1—12月，营业总成本614685.2亿元，同比增长2.8%，其中中央企业336920.8亿元，同比下降1.3%，地方国有企业277764.4亿元，同比增长8.3%。

2020年12月份，国有企业应交税费较去年同期增长12.1%。1—12月，应交税费46111.3亿元，同比增长0.2%，其中中央企业32088.5亿元，同比下降0.8%，地方国有企业14022.8亿元，同比增长2.4%。

2021年1—6月，全国国有及国有控股企业主要效益指标保持较快增速，国有经济恢复态势更加稳固。

三、对外经贸数据

表18　2015—2021年上半年货物进出口总额

年 份	进出口总额（亿元）	进口（亿元）	出口（亿元）
2015	245503	141167	104336
2016	243386	138419	104967

2017	278099	153309	124790
2018	305008	164127	140881
2019	315504	172342	143162
2020	321557	142231	179326
2021上半年	180651	82157	98493

（国家统计局和国新办新闻发布会数据）

表19　2020年货物进出口总额及其增长速度

统计科目	金额（亿元）	比上年增长（%）
货物进出口总额	321557	1.9
货物出口额	179326	4.0
其中：一般贸易	106460	6.9
加工贸易	48589	−4.2
其中：机电产品	106608	6.5
高新技术产品	53692	2.1
货物进口额	142231	−0.7
其中：一般贸易	86048	−0.7
加工贸易	27853	−3.2
其中：机电产品	65625	4.8
高新技术产品	47160	7.2
货物进出口顺差	37096	−

　　2020年，货物进出口总额321557亿元，比上年增长1.9%。其中，出口179326亿元，增长4.0%；进口142231亿元，下降0.7%。货物进出口顺差37096亿元，比上年增加7976亿元。对"一带一路"沿线国家进出口总额93696亿元，比上年增长1.0%。其中，出口54263亿元，增长3.2%；进口39433亿元，下降1.8%。

　　2020年，服务进出口总额45643亿元，比上年下降15.7%。其中，服务出口19357亿元，下降1.1%；服务进口26286亿元，下降24.0%。服务进出口逆差6929亿元。对外承包工程完成营业额10756亿元，比上年下降9.8%，折1559亿美元，下降9.8%。其中，对"一带一路"沿线国家完成营业额911亿美元，下降7.0%，占对外承包工程完成营业额比重为58.4%。对外劳务合作派出各类劳务人员30万人。

　　2021年上半年，在国内外经济持续复苏以及去年基数比较低这些因素的共同作用下，今年上半年进出口实现了比较快的增长，上半年货物进出口总额同比增长27.1%，和2019年同期相比增长22.8%，两年平均增速10%以上。上半年外贸形势总体不错，展望下半年，要关注到两个方面的因素。一方面，目前全球疫情走势仍然错综复杂，大宗商品价格上涨压力仍然比较大，外部环境不稳定、不确定因素比较多，这会对我们的外贸环境造成一定影响。另外一方面，海外需求目前处于复苏态势，国内需求也在继续回升。同时企业应对外部变化的调整能力是在日益增强的，发展的韧性比较强，所以外贸出口也拥有比较多的有利条件。综合判断，全年外贸进出口有望保持一个比较快的增长。

四、科技创新数据

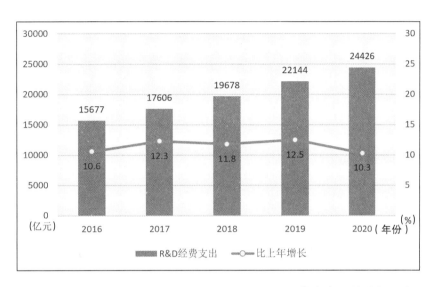

图14 2016—2020年研究与试验发展（R&D）经费支出及其增长速度

表20 2020年专利授权和有效专利情况

指标	专利数（万件）	比上年增长（%）
专利授权数	363.9	40.4
其中：境内专利授权	350.4	42.6
其中：发明专利授权	53.0	17.1
其中：境内发明专利	43.4	22.5
年末有效专利数	1219.3	25.4
其中：境内有效专利	1111.5	27.9
其中：有效发明专利	305.8	14.5
其中：境内有效发明专利	221.3	18.8

2020年研究与试验发展（R&D）经费支出24426亿元，比2019年增长10.3%，与国内生产总值之比为2.40%，其中基础研究经费1504亿元。国家科技重大专项共安排198个项目（课题），国家自然科学基金共资助4.57万个项目。截至年末，正在运行的国家重点实验室522个，国家工程研究中心（国家工程实验室）350个，国家企业技术中心1636家，大众创业万众创新示范基地212家。国家级科技企业孵化器1173家，国家备案众创空间2386家。全年授予专利权363.9万件，比2019年增长40.4%；PCT专利申请受理量7.2万件。截至2020年末，有效专利1219.3万件，其中境内有效发明专利221.3万件，预计每万人口发明专利拥有量15.8件。全年商标注册576.1万件，比2019年下降10.1%。全年共签订技术合同55万项，技术合同成交金额28252亿元，比2019年增长26.1%。

2021年上半年，规模以上高技术制造业增加值同比增长22.6%，两年平均增长13.2%，快于规模以上工业6.2个百分点；集成电路、光电子器件、电子元件产量同比分别增长48.1%、41.7%、39.9%。高技术产业投资增势良好。上半年，高技术产业投资同比增长23.5%，两年平均增长14.6%，明显快于全部投资。三是新业态新模式持续拓展。线上线下消费融合提速，云旅游、直播电商、在线教育、远程医疗等新业态新模式蓬勃发展。上半年，实物商品网上零售额同比增长18.7%，两年平均增长16.5%，占社会消费品零售总额比重达23.7%。网购带动下快递业高速发展。上半年，快递业务量494亿件，同比增长45.8%。5G网络建设和应用推广力度加大。截至6月底，累计建设5G基站96.1万个，占全球比重超过70%，5G终端用户达3.65亿户。9月份，制造业采购经理指数为49.6%，低于上月0.5个百分点，降至临界点以下；非制造业商务活动指数和综合PMI产出指数分别为53.2%和51.7%，高于上月5.7和2.8个百分点，重回扩张区间。

五、500强企业趋势数据

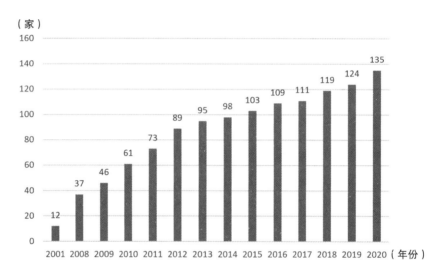

图15 《财富》世界500强的中国大陆（包括中国香港）企业数量

资料来源：财富中文网 2021年《财富》世界500强排行榜。

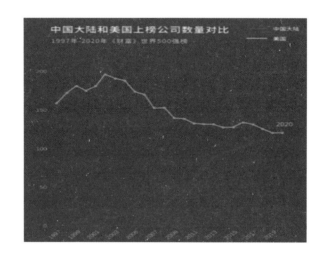

图16 中美各年度《财富》世界500强入围企业数量对比

资料来源：《国资报告》。

2021年8月2日发布的《财富》世界500强排行榜中，上榜的中国企业数量达143家，较2020年增加

10家，上榜企业数量再次超过美国（122家），蝉联榜首。此次发布的榜单显示，受新冠肺炎疫情影响，世界500强的经营状况总体不佳。所有上榜公司2020年营业收入约为31.7万亿美元，比2019年下降5%。企业利润大幅跌落，净利润总和为1.6万亿美元，同比下降20%，是2009年以来最大跌幅。上榜中国企业平均销售收入超过世界500强的634亿美元；利润方面，超过世界500强的平均利润33亿美元；收益率方面，上榜中国企业销售收益率、净资产收益率分别超过世界500强的5.2%和8.4%。同2020年相比，在上榜企业相关经营指标整体下降的背景下，2021年上榜中国企业平均销售收入、平均利润、销售收益率、净资产收益率均与2020年基本持平。

本年度《财富》世界500强中，国务院国资委监管的中央企业及子企业共有49家入围，比去年增加1家；地方国资委监管的国有企业共有33家入围，比2020年增加1家。榜单显示，今年排名位次上升最快的前20名中，超过一半是中国企业。其中，有两家推进了国企混改的企业成为亮点，晋能控股集团排名第138位，大幅跃升325位；山东能源集团上升225名，位列第70位。不仅是混改企业，今年的入围央企中，华润集团、招商局等国有资本投资运营公司试点企业，航天科技、中国宝武等国企改革示范企业，均有亮眼表现。而这也反映出，国企走出改革"高标准"、创新"高水平"、发展"高质量"之路。

2020中国企业500强规模继续保持增长态势，营业收入总额达到86.02万亿元，资产总额为312.35万亿元，入围门槛连续18年提高，营业收入超过1000亿元的企业数量增至217家，净增23家；效率效益持续改善，共实现利润总额55705.76亿元，实现归属母公司的净利润38924.14亿元；入围的482家非银企业的收入利润率、净资产利润率分别为3.10%、8.74%，与2019年500强相比，分别提升了0.24个百分点、0.40个百分点。

入围2020中国企业500强的企业中，制造业238家，服务业181家，其他行业81家，其中先进制造业新增6家，现代服务业新增8家，入围企业产业结构不断优化；营业收入超过1000亿元的企业数量增至217家，净增了23家。今年入围企业总体研发投入保持持续增加态势，投入研发总费用达到10754.06亿元，比2019年增加了10.12%，平均研发强度增长至1.61%，达到历史最高值水平，其中研发投入超过10%的企业有百度、华为、网易、中兴和航天科工五家企业。

上榜的10家银行利润占全部上榜企业利润总额的50%；上榜企业的营收利润率为5.23%，除银行外企业仅为3%。

另外，2020中国战略性新兴产业领军企业100强的入围门槛为168.7亿元；实现战新业务收入6.71万亿元、战新业务利润3901.7亿元，分别较2019年提高9.5%和9.4%；以新一代信息技术、新材料、高端装备与新能源产业作为主要新战业务，占据了入围企业的半数以上，分别有28家、23家和13家；研发费用总计达到5483.7亿元，同比增长25.1%，平均研发强度2.7%。2020中国跨国公司100大海外资产总额为104526亿元、海外营业收入为73307亿元，分别比2019年提高9.87%和15.49%；平均跨国指数为16.10%，较上年提高0.14个百分点；海外资产、海外营收和海外员工占比分别是18.8%、21.27%和10.23%。

大事记

V

2020-2021年中国企业改革发展大事记

2020年11月

11月1日 第21期《求是》杂志发表国家主席习近平的重要文章《国家中长期经济社会发展战略若干重大问题》。

11月1日 国家统计局发布2019年中国创新指数测算结果。2019年中国创新指数达到228.3（2005年为100），比2018年增长7.8%，延续较快增长态势。

11月1日 水利部、国家发展改革委公布，三峡工程完成整体竣工验收全部程序。

11月1日 2020中国科幻大会在北京开幕。数据显示，2019年中国科幻产业总产值同比增长44.3%，保持高速增长态势。

11月1日 我国第七次全国人口普查登记正式启动。

11月1日 《海南离岛免税店销售离岛免税商品免征增值税和消费税管理办法》今日起施行。

11月2日 国家主席习近平主持召开中央全面深化改革委员会第十六次会议并发表重要讲话，强调今后一个时期，以落实"十四五"时期重大发展战略任务为牵引，多策划战略战役性改革。

11月2日 由袁隆平院士团队培育的第三代杂交水稻"叁优一号"测产结果公布，晚稻平均亩产达到911.7公斤，平均亩产突破1500公斤，再创历史新高。

11月2日 国务院办公厅印发《新能源汽车产业发展规划（2021—2035年）》。明确到2025年，新能源汽车新车销售量达到汽车新车销售总量的20%左右；到2035年，纯电动汽车成为新销售车辆的主流，公共领域用车全面电动化，燃料电池汽车实现商业化应用，高度自动驾驶汽车实现规模化应用。

11月3日 上海证券交易所发布暂缓蚂蚁科技集团股份有限公司科创板上市的决定，随后蚂蚁在港股的发行也宣布推迟。

11月4日 国家主席习近平在第三届中国国际进口博览会开幕式上发表主旨演讲，强调中国将坚定不移全面扩大开放，让中国市场成为世界的市场，推动世界经济复苏。

11月4日 美国正式退出应对全球气候变化的《巴黎协定》，成为迄今为止唯一退出《巴黎协定》的缔约方。

11月5日 商务部、国家发改委、财政部等9部门宣布，我国决定设立上海市虹桥商务区、辽宁省大连金普新区、江苏省昆山市等10个进口贸易促进创新示范区。

11月5日 银保监会、央行就《网络小额贷款业务管理暂行办法》征求意见，提出个人网络小额贷款不得超30万元，款项不得用于炒股、购房。

11月5日 商务部称，"十三五"时期，我国预计吸引外资总规模可达6900亿美元左右，年均引资规模较"十二五"时期增加100多亿美元。

11月5日 债券指数供应商宣布，11月初，中国国债和政策性银行债已完全纳入彭博巴克莱全球综合指数，继美元、欧元和日元之后成为该指数的第四大计价货币，权重约为6%。

11月6日　我国在太原卫星发射中心用长征六号运载火箭，成功将NewSat9-18卫星送入预定轨道，一箭13星发射获得圆满成功。

11月6日　国家市场监管总局、中央网信办、国家税务总局三部门召开会议，强调互联网平台企业不得滥用优势地位强迫商家站队"二选一"。

11月7日　我国贫困地区网络覆盖目标提前超额完成，贫困村通光纤比例由实施电信普遍服务之前的不到70%提高到98%，网络扶贫工作成效显著。

11月7日　谷神星一号商业运载火箭在我国酒泉卫星发射中心成功首飞，并顺利将天启星座十一星送入预定轨道。

11月9日　中国企业改革与发展研究会、上海联合产权交易所、中国国际商会等机构在上海联合主办2020"投资并购新引擎，助力多层次资本市场建设"第二届世界并购大会。

11月10日　国务院办公厅印发《关于推进对外贸易创新发展的实施意见》，提出九个方面推进对外贸易创新发展的具体举措。

11月10日　国办印发《全国深化"放管服"改革优化营商环境电视电话会议重点任务分工方案》，对下一阶段深化"放管服"改革优化营商环境工作做出部署。

11月10日　我国"奋斗者"号全海深载人潜水器顺利下潜至地球海洋最深处，创造了中国载人深潜的新纪录。

11月10日　国家市场监管总局公布《关于平台经济领域的反垄断指南（征求意见稿）》，旨在预防和制止平台经济领域垄断行为。

11月10日　银保监会下发《通知》提出，允许相关机构的拨备覆盖率可降低至130%，以促进消费金融、汽车金融增强可持续发展能力。

11月10日　欧盟对美国电子商务公司亚马逊涉嫌不正当竞争的第一阶段调查结束，认为该公司违反了欧盟反垄断规则，破坏了公平竞争环境。

11月11日　科兴生物制药股份有限公司、恒玄科技（上海）股份有限公司、株洲欧科亿数控精密刀具股份有限公司3家企业科创板首次公开发行股票注册。

11月12日　国务院总理李克强对全国冬春农田水利暨高标准农田建设电视电话会议做出重要批示强调，持续推进农田水利和高标准农田建设，夯实粮食安全、农业现代化基础。

11月13日　美国外国投资委员会决定，将移动应用程序TikTok剥离在美业务期限延长15天至11月27日。

11月13日　银保监会公布相关通知，宣布取消保险资金财务性股权投资的行业限制，通过"负面清单+正面引导"机制，提升保险资金服务实体经济能力。

11月13日　中国社会责任百人论坛、中国企业改革与发展研究会在北京举行"第三届北京责任展暨《企业社会责任蓝皮书（2020）》发布会"。

11月14日　由中国国有企业研究院、吉林大学中国国有经济研究中心、中国企业改革与发展研究会共同主办"2020（第二届）中国国有企业研究论坛"，本届论坛以"国企改革三年行动"为主题。

11月14日　新疆维吾尔自治区宣布，区内所有贫困县实现脱贫摘帽。

11月14日　国家主席习近平在江苏省南京市主持召开全面推动长江经济带发展座谈会并发表重要讲话。强调要认真贯彻落实党的十九届五中全会精神，推动长江经济带实现高质量发展。

11月15日　区域全面经济伙伴关系协定（RCEP）正式签署，RCEP是世界上人口数量最多、成员结构最多元、发展潜力最大的自贸区。

11月15日 为期5天的第二十二届中国国际高新技术成果交易会（以下简称"高交会"）在深圳闭幕。众多"十三五"科技成果亮相本届高交会，共有3349家展商参展展示高新技术项目9018个。

11月15日 海南自由贸易港人才服务"单一窗口"启动。实现整合47项人才业务项目"一窗受理、全程代办、统一反馈"。

11月16日 银保监会表示，截至2020年三季度末，我国保险业总资产突破22.4万亿元，较年初增加1.9万亿元。

11月16日 国家邮政局表示，截至16日，我国快递年业务量首次突破700亿件。

11月17日 华为宣布整体出售荣耀手机业务资产。

11月17日 国办发布《意见》指出，禁止占用永久基本农田从事林果业以及挖塘养鱼、非法取土等破坏耕作层的行为，禁止闲置、荒芜永久基本农田。

11月17日 我国已经与138个国家、31个国际组织签署201份共建"一带一路"合作文件。

11月17日 从2020年初至11月17日，经我国最大陆路口岸满洲里口岸进出境中欧班列达3073列，同比增长30.3%，年内首次突破3000列。

11月18日 2020年三峡电站已累计生产清洁电能1031亿千瓦时，创造新的单座水电站年发电量世界纪录。

11月18日 国家主席习近平在北京以视频方式出席亚太经合组织工商领导人对话会并发表题为《构建新发展格局 实现互利共赢》的主旨演讲，强调，要全面深化抗疫国际合作，推动世界经济复苏。

11月19日 国务院批复同意在上海市浦东新区开展"一业一证"改革试点，试点期为自批复之日起至2022年底。

11月19日 国际铜期货正式挂牌交易。

11月19日 中国进出口银行表示，自2006年该行开办进口信贷以来，已累计发放进口信贷资金逾2.4万亿元。

11月20日 2020中国5G+工业互联网大会在湖北省武汉市开幕。

11月20日 财政部顺利发行40亿欧元主权债券。其中，5年期7.5亿欧元，10年期20亿欧元，15年期12.5亿欧元。

11月20日 沈阳市中级人民法院裁定，受理债权人对华晨汽车集团控股有限公司重整申请，标志着华晨汽车正式进入破产重整程序。

11月20日 证监会确定大连商品交易所的棕榈油期货为境内特定品种。

11月20日 "2021—2023年西藏清洁能源消纳框架协议"签约仪式在四川成都举行，国网西藏电力与北京、上海等部分省市电力公司代表签订了61亿千瓦时清洁能源消纳框架协议。

11月20日 国务院总理李克强主持召开部分地方政府负责人视频座谈会，分析经济形势，部署推动经济社会发展工作，强调要保持政策连续性、有效性和可持续性。

11月21日 国务院金融委第四十三次会议召开。会议要求，要依法严肃查处欺诈发行、虚假信息披露等各类违法违规行为，严厉处罚各种"逃废债"行为，保护投资人合法权益。

11月21日 银保监会发布《关于部分银行保险机构助贷机构违规抬升小微企业综合融资成本典型问题的通报》。

11月21日 知名指数公司富时罗素公布了全球股票指数系列季度评审结果，有20多家中国公司被新纳入。

11月22日 广西南宁、海南昌江正式加入北部湾经济合作组织。

11月23日 世界互联网大会·互联网发展论坛在浙江乌镇开幕。

11月24日　长征五号遥五运载火箭成功发射探月工程嫦娥五号探测器,顺利将探测器送入预定轨道,开启我国首次地外天体采样返回之旅。

11月25日　国务院总理李克强同主要国际经济机构负责人举行第五次"1+6"圆桌对话会。

11月25日　数据显示,2020年以来已有1704家上市公司累计披露超5000项减持计划(剔除已停止实施的),其中已完成的减持计划超2600项。

11月25日　国务院总理李克强主持召开国务院常务会议,确定完善失信约束制度、健全社会信用体系的措施;通过《中华人民共和国安全生产法(修正草案)》。

11月26日　第十七届中国—东盟博览会和中国—东盟商务与投资峰会开幕式在广西南宁举行。

11月26日　财政部表示,1—10月,全国国有及国有控股企业营业总收入结束同比下降趋势,实现正增长,利润总额已恢复到去年同期的90%,经济运行持续向好。

11月26日　民航局、国家发改委印发《通知》,明确自12月1日起,放开3家以上(含3家)航空运输企业参与经营的国内航线的旅客运输价格。

11月27日　中核集团福清核电5号机组首次并网成功,标志着中国正式进入核电技术先进国家行列。

11月27日　因近期国际贵金属市场价格波动剧烈,投资交易风险加大,中国农业银行、招商银行、交通银行、建设银行、工商银行等5家银行先后宣布暂停个人黄金、白银等贵金属交易业务新客户开立交易账户。

11月27日　沪深交易所发布新三板挂牌公司转板上市办法征求意见稿,标志着新三板挂牌公司向科创板、创业板转板上市即将步入实际操作阶段。

11月27日　上海证券交易所、中证指数有限公司宣布,决定将上市时间超过1年的科创板证券纳入上证180、沪深300等成份指数样本空间。

11月28日　"奋斗者"号全海深载人潜水器成功完成万米海试并胜利返航。

11月28日　证监会表示,中国上市公司已达4100家,位居全球第三,涵盖了国民经济全部90个行业大类。

11月30日　习近平总书记主持中共中央政治局第二十五次集体学习,就加强我国知识产权保护工作进行学习。

2020年12月

12月1日　国务院总理李克强主持召开国务院常务会议,部署加快做好区域全面经济伙伴关系协定生效实施有关工作。

12月1日　广东省交通集团所属清云高速肇云大桥南侧锚碇创新性采用的"通道锚"方案,作为悬索桥主缆锚固体系的新型式,为世界桥梁界首创。

12月2日　境外机构投资者连续第24个月增持中国债券。

12月2日　中国石油川南页岩气田日产量连续实现千万立方米级增长,成为国内首个年产百亿方的页岩气田。

12月3日　中俄东线天然气管道(以下简称中俄东线)中段工程正式投产运营。

12月5日　由中国企业改革与发展研究会与南开大学中国公司治理研究院、对外经济贸易大学国际商学院共同主办召开2020年公司治理高端论坛与中国上市公司治理评价研讨会。

12月6日　中国嫦娥五号探测器成功实现我国首次月球轨道交会对接与样品转移。

12月7日　国务院总理李克强主持召开国家科技领导小组会议，听取推进科技创新有关情况汇报并部署下一步工作。

12月8日　国家发展改革委等部门提出"十四五"煤炭行业发展路线图：继续深化煤炭供给侧结构性改革，加快调整产能结构、建设储备能力、完善交易体系、实现转型升级，规划建设一批大型现代化煤矿和煤炭储备项目。

12月9日　国务院总理李克强主持召开国务院常务会议，通过《医疗保障基金使用监督管理条例（草案）》和《排污许可管理条例（草案）》。

12月9日　我国自主设计制造的首艘INF3级乏燃料运输专用船完成研制交付使用。

12月10日　浙江、湖北、海南、江西、四川、吉林等逾10个省份相继出炉地方"十四五"规划建议。先进制造业、战略性新兴产业、现代服务业成为规划中的三大主线。

12月10日　长征十一号运载火箭在西昌卫星发射中心以"一箭双星"的方式将"引力波暴高能电磁对应体全天监测器"卫星送入预定轨道。

12月12日　国家主席习近平在气候雄心峰会上通过视频发表题为《继往开来，开启全球应对气候变化新征程》的重要讲话。

12月14日　国务院总理李克强主持召开国务院常务会议，决定在全国实施动产和权利担保统一登记，助力企业担保融资；通过《企业名称登记管理规定（修订草案）》。

12月16日　国家发展改革委提出，拟将京津冀、长三角、粤港澳大湾区三大区域城际和市域（郊）铁路作为重大工程纳入"十四五"规划，整体推进建设。到2025年，基本形成城市群1至2小时出行圈和都市圈1小时通勤圈，轨道上的京津冀、长三角和粤港澳大湾区基本建成。

12月16日　中央经济工作会议于16日至18日在北京举行。国家主席习近平总书记在会上发表重要讲话。

12月17日　嫦娥五号返回器携带月球样品在内蒙古四子王旗预定区域安全着陆，探月工程嫦娥五号任务取得圆满成功。

12月19日　中国长江三峡集团有限公司披露，白鹤滩泄洪洞主体工程完工。这是目前世界最大的无压泄洪洞群。

12月21日　国务院总理李克强主持召开国务院常务会议，决定延续普惠小微企业贷款延期还本付息政策和信用贷款支持计划，通过《防范和处置非法集资条例（草案）》和《医疗器械监督管理条例（修订草案）》。

12月22日　12点37分，我国新一代运载火箭长征八号首飞任务取得圆满成功。

12月23日　国务院关税税则委员会印发通知，自2021年1月1日起，我国将对883项商品实施低于最惠国税率的进口暂定税率。

12月23日　中国宝武钢铁集团宣布，实现了年产钢超1亿吨的历史性突破。在最新公布的《财富》世界500强中宝武集团排名第111位，位列全球钢铁企业首位。

12月23日　国务院总理李克强主持召开国务院"十四五"规划《纲要草案》编制工作领导小组会议。指出编制纲要草案要兼顾当前和长远，要坚持实事求是，要体现深化改革开放。

12月23日　中国国新联合发起设立的国改科技基金正式成立，基金总规模100亿元人民币，首期规模50亿元人民币。

12月27日　中国石油长庆油田年产油气当量达到6000.08万吨，创造了我国油气田产量历史最高纪录。

12月28日　28—29日，中央农村工作会议在北京举行，国家主席习近平出席会议并发表重要讲话强调，要坚持把解决好"三农"问题作为全党工作重中之重。

12月28日　深圳市六届人大常委会第四十六次会议首次审议了《深圳经济特区数据暂行条例（草案）》。这是我国首部数据领域的综合性专门立法，首次提出"数据权益"保护。

12月29日　由中国诚通集团联合发起的中国国有企业混合所有制改革基金有限公司在上海成立，该基金是经国务院批准设立的国家级基金，基金总规模达2000亿元，首期募集资金707亿元。

12月29日　由中国企业改革与发展研究会主办的"2020中国企业改革发展峰会暨成果发布会"在北京召开，本次峰会的主题为"新阶段、新理念、新格局"。

12月30日　国家主席习近平主持召开中央全面深化改革委员会第十七次会议并发表重要讲话。

12月30日　国务院总理李克强主持召开国务院常务会议，听取保障农民工工资支付情况汇报，要求强化措施落实，确保农民工按时足额拿到报酬；通过《行政事业性国有资产管理条例（草案）》，加强和完善国有资产监管。

12月31日　截至2020年末，中央层面划转部分国有资本充实社保基金工作全面完成。截至"十三五"末，全国国资系统监管企业资产总额和所有者权益较"十二五"末分别增长82.1%和80.3%。

12月31日　国务院联防联控机制发布，国药集团旗下中国生物新冠灭活疫苗已获得国家药监局批准附条件上市。

2021年1月

1月1日　财政部、工业和信息化部、科技部、国家发展改革委联合发布通知，进一步完善新能源汽车推广应用财政补贴。

1月1日　2020年中国石油国内油气产量当量首次突破2亿吨，天然气产量当量首次突破1亿吨。

1月4日　国务院总理李克强主持召开国务院常务会议，会议提出着力优化营商环境。

1月5日　三峡电站2020年全年累计生产清洁电能1118亿千瓦时，创下了新的单座水电站年发电量世界纪录。

1月7日　人社部印发《关于进一步加强高技能人才与专业技术人才职业发展贯通的实施意见》，进一步打通高技能人才与专业技术人才职业发展通道，加强创新型、应用型、技能型人才培养。

1月8日　《互联网信息服务管理办法(修订草案征求意见稿)》公开征求意见。

1月8日　全国税务工作会议上表明，全年新增减税降费超过2.5万亿元。

1月11日　国家统计局发布数据，2020年全国居民消费价格指数（CPI）比上年上涨2.5%。其中2020年12月，CPI环比和同比均由降转涨。

1月11日　央行发布《征信业务管理办法（征求意见稿）》，规范针对个人和企业、事业单位等组织开展征信业务及其相关活动。

1月12日　2020胡润世界500强榜单发布，按照企业市值或估值，对世界500强非国有企业进行排名。中国51家企业入榜，上榜企业总价值增加了73%。

1月13日　我国自主研发设计、自主制造的世界首台高温超导高速磁浮工程化样车下线，设计时速620千米/小时。

1月13日　隶属于国土安全部的美国海关与边境保护局发布公告称，将在美国所有入境口岸扣留来自新疆地区生产的棉花和番茄产品。这一"暂扣令"适用于由新疆种植的棉花制成的原料纤维、服装、纺织品，以及来自新疆的番茄罐头、酱料、粽子和其他番茄产品，即使是在第三国加工或制造的相关商品。

1月14日　由我国自主研发建造的全球首座十万吨级深水半潜式生产储油平台"深海一号"能源站交付启航。"深海一号"能源站在全球首创半潜平台立柱储油，实现了凝析油生产、存储和外输一体化功能。

1月14日　生态环境部印发《关于统筹和加强应对气候变化与生态环境保护相关工作的指导意见》。

1月14日　全国首创的"碳中和垃圾分类站"落地使用。

1月14日　贵港港正式跻身亿吨大港行列，成为珠江水系首个内河亿吨大港。

1月15日　首批长三角生态绿色一体化发展示范区共建共享公共服务项目清单发布。清单涵盖卫生健康、医疗保障、教育、文化旅游、体育、养老、交通、政务服务8个领域。

1月15日　袁隆平海水稻团队在第五届国际海水稻论坛上宣布，已在全国签约600万亩盐碱地改造项目，2021年将正式启动海水稻的产业化推广。

1月16日　《求是》杂志发表国家主席习近平的重要文章《正确认识和把握中长期经济社会发展重大问题》。

1月17日　国家发改委等10部门联合印发《关于推进污水资源化利用的指导意见》。

1月18日　2020年我国国内生产总值(GDP)首次突破100万亿元，达1015986亿元，按可比价格计算,比上年增长2.3%。

1月18日　国家航天局制定《月球样品管理办法》发布。共9章37条，包含了月球样品保存、管理和使用的总体原则、信息发布、借用与分发、使用与返还、成果管理等方面内容。

1月19日　我国在西昌卫星发射中心用长征三号乙运载火箭，成功将天通一号03星发射升空。

1月19日　国务院总理李克强签署国务院令，公布修订后的《企业名称登记管理规定》，自今年3月1日起施行，新规定包含二十六条内容。

1月20日　商务部发布，2020年我国实现利用外资在引资总量、增长幅度、全球占比实现"三提升"。

1月21日　住房和城乡建设部等部门发布指导意见，指出到2025年要基本建立符合建筑行业特点的用人方式，建筑工人权益保障机制基本完善。同时，实现建筑工人终身职业技能培训、考核评价体系基本健全，中级工以上建筑工人达1000万人以上。

1月22日　京哈高铁全线贯通。这是我国"八纵八横"高速铁路网京哈—京港澳通道的重要组成部分。

1月22日　国务院总理李克强主持召开专家企业家座谈会征求对政府工作报告、"十四五"规划纲要意见建议时强调，要围绕市场主体发展需求，精准有效实施宏观调控，进一步激发市场主体活力和社会创造力。

1月22日　人社部、工信部、财政部、住建部、交通运输部、国家卫健委、应急管理部、全国总工会联合印发《工伤预防五年行动计划（2021—2025年）》。

1月22日　经中国证监会批准，上海证券交易所发布新修订的《上海证券交易所沪港通业务实施办法》，符合条件的科创板股票将于2月1日起纳入沪港通。

1月22日　中国证监会正式批准设立广州期货交易所，成为中国第五家期货交所。

1月23日　国务院总理李克强对全国安全生产电视电话会议做出重要批示强调，要进一步压实各环节安全生产责任，增强应急响应和救援能力，坚决防范遏制重特大事故。

1月23日　"万里黄河第一隧"济南黄河隧道全线贯通。

1月23日　截至2020年底，我国高铁运营里程达3.79万公里，居世界第一。

1月24日　美国太空探索技术公司"猎鹰9"火箭携带143颗卫星升空，创下单次发射卫星数目之最。

1月25日　国家主席习近平在北京以视频方式出席世界经济论坛"达沃斯议程"对话会，并发表特别致辞。

1月25日　联合国发布《2021年世界经济形势与展望》报告，预测2021年全球经济将温和复苏，增幅预计为4.7%。

1月25日　国务院副总理韩正在北京以视频方式出席世界首届气候适应峰会并发表致辞。

1月26日　2020年我国实现城镇新增就业1186万人。

1月26日　《西部地区鼓励类产业目录（2020年本）》修订出台。提出对西部地区鼓励类企业减按15%的税率征收企业所得税。

1月26日　国务院国有企业改革领导小组办公室印发《"双百企业"和"科改示范企业"超额利润分享机制操作指引》，指导"双百企业""科改示范企业"率先推进相关工作。

1月29日　国务院总理李克强签署国务院令，公布《排污许可管理条例》，条例自2021年3月1日起施行。

1月29日　我国在酒泉卫星发射中心用长征四号丙运载火箭，成功将遥感三十一号02组卫星发射升空，卫星进入预定轨道。

1月30日　全球第一台"华龙一号"核电机组完成满功率连续运行考核，投入商业运行。标志着我国成为真正掌握自主三代核电技术的国家，在该领域跻身世界前列。

2021年2月

2月1日　第3期《求是》杂志将发表国家主席习近平的重要文章《全面加强知识产权保护工作 激发创新活力推动构建新发展格局》。

2月1日　中共中央办公厅、国务院办公厅印发《建设高标准市场体系行动方案》。

2月2日　国务院副总理韩正在北京通过视频方式，同欧盟委员会第一副主席蒂默曼斯举行首次中欧环境与气候高层对话，表示中国力争于2030年前二氧化碳排放达到峰值、2060年前实现碳中和。

2月3日　我国首条民营控股高铁杭绍台高铁开始全线铺轨。

2月4日　农业农村部对外发布《农村土地经营权流转管理办法》，办法自2021年3月1日起施行。

2月4日　全国唯一农业特色综合保税区——陕西杨凌综合保税区获国务院批复设立。

2月4日　中国互联网络信息中心(CNNIC)发布第47次《中国互联网络发展状况统计报告》。

2月5日　我国在西昌卫星发射中心用长征三号乙运载火箭，成功将通信技术试验卫星六号发射升空，卫星进入预定轨道。

2月5日　截至2020年底，我国全口径发电装机容量22亿千瓦。其中，全口径煤电装机容量占总装机容量的比重首次降至50%以下。

2月5日　北京科兴中维生物技术有限公司生产的我国的第二个获批新冠病毒疫苗"克尔来福"获批附条件上市。

2月7日　浪潮信息联合全球知名科技市场研究机构国际数据公司(IDC)发布全球首个计算力指数的研究成果《2020全球计算力指数评估报告》。中国位列国家计算力指数第2名，第一名为美国。

2月7日　我国"八纵八横"高速铁路网最长横向通道——连云港至乌鲁木齐的高速铁路全线贯通。

2月7日　国务院反垄断委员会制定发布《国务院反垄断委员会关于平台经济领域的反垄断指南》，旨在预防和制止平台经济领域垄断行为，促进平台经济规范有序创新健康发展。

2月15日 "天问一号"探测器成功实施捕获轨道远火点平面机动。

2月15日 尼日利亚经济学家恩戈齐·奥孔乔–伊韦阿拉成为世界贸易组织首个执掌该组织的女性总干事和首位非洲籍总干事。

2月19日 国家主席习近平主持召开中央全面深化改革委员会第十八次会议并发表重要讲话。

2月20日 国家主席习近平出席党史学习教育动员大会并发表重要讲话。

2月20日 中共中央、国务院发布《关于全面推进乡村振兴加快农业农村现代化的意见》。

2月21日 工业和信息化部印发通知，支持创建北京、天津（滨海新区）、杭州、广州、成都国家人工智能创新应用先导区。这是继上海（浦东新区）、深圳、济南、青岛后，工业和信息化部发布的第二批名单。

2月21日 《亚洲及太平洋跨境无纸贸易便利化框架协定》正式生效。

2月22日 国务院印发的《关于加快建立健全绿色低碳循环发展经济体系的指导意见》提出，到2025年，绿色低碳循环发展的生产体系、流通体系、消费体系初步形成。

2月22日 德国公布的数据显示，2020年中德双边贸易总额约为2121亿欧元，同比增长3%，中国连续第五年成为德国最重要贸易伙伴。

2月23日 国务院国资委表示，"十三五"时期我国中央企业资产总额连续突破50万亿元、60万亿元关口，2020年底达到69.1万亿元，年均增速为7.7%。

2月23日 2020年我国保险资产管理机构及保险私募基金管理人共登记（注册）债权投资计划、股权投资计划和保险私募基金同比增加77.31%，登记（注册）规模总额同比增加71.6%。

2月24日 《中国航天科技活动蓝皮书（2020年）》显示，2020年我国共开展39次航天发射。

2月24日 我国首次火星探测任务"天问一号"探测器成功实施第三次近火制动，进入火星停泊轨道。

2月24日 中国人民银行数字货币研究所宣布，与香港金融管理局、泰国央行、阿联酋央行联合发起多边央行数字货币桥研究项目，探索央行数字货币在跨境支付中的应用。

2月24日 截至2020年底，国家知识产权局已与世界上30个专利审查机构签署PPH合作协议。"专利审查高速路"（PPH）已成为我国申请人在国外市场寻求快速获得专利保护的重要途径之一。

2月25日 全国脱贫攻坚总结表彰大会在北京隆重举行。国家主席习近平向全国脱贫攻坚楷模荣誉称号获得者等颁奖并发表重要讲话。

2月25日 国家乡村振兴局正式挂牌。

2月25日 海关总署表示，"十三五"期间我国进口商品综合税率由21.8%降至15.8%，创历史新低。

2月27日 印花税法草案首次提请十三届全国人大常委会第二十六次会议审议。

2月28日 国家统计局发布的2020年国民经济和社会发展统计公报显示，预计全年人均GDP为72447元，比上年增长2%。我国经济总量突破100万亿元大关，人均GDP连续两年超过1万美元。

2021年3月

3月1日 我国首部个人破产法规《深圳经济特区个人破产条例》正式实施。

3月1日 国家电网有限公司发布"碳达峰、碳中和"行动方案，成为首个发布"碳达峰、碳中和"行动方案的央企。

3月1日　中国东方航空公司与中国商飞公司在上海正式签署了C919购机合同，成为全球首家运营C919大型客机的航空公司。

3月2日　根据《国务院办公厅关于进一步完善国有企业法人治理结构的指导意见》的明确要求，国资委与财政部联合印发《国有企业公司章程制定管理办法》。

3月3日　《2020煤炭行业发展年度报告》显示，2020年全国煤炭产量39亿吨，到"十四五"末，国内煤炭产量控制在41亿吨左右，建成智能化煤矿1000处以上。培育3~5家具有全球竞争力的世界一流煤炭企业。推动企业兼并重组，组建10家亿吨级煤炭企业。

3月7日　国家主席习近平在参加十三届全国人大四次会议青海代表团审议时强调，高质量发展是"十四五"乃至更长时期我国经济社会发展的主题，关系我国社会主义现代化建设全局。

3月9日　海信家电公告，拟斥资约13亿元认购日本三电控股株式会社（下称三电）定向增发的8362.7万股股份，将持有三电约75%的表决权，成为三电的控股股东。

3月13日　《中华人民共和国国民经济和社会发展第十四个五年规划和2035年远景目标纲要》正式公布，纲要设定了我国未来五年经济社会发展的20项主要指标，明确了包括102项重大工程项目在内的若干重大举措和重大部署。

3月15日　国家主席习近平主持召开中央财经委员会第九次会议，研究促进平台经济健康发展问题和实现碳达峰、碳中和的基本思路和主要举措，习近平在会上发表重要讲话。

3月15日　我国首个自营深水大气田"深海一号"大气田顺利完成了水下智能采气树的施工作业。

3月16日　A股共有190家上市公司对外披露2020年年报。其中，143家上市公司在年报中披露了现金分红预案，现金分红基本成为年报披露的"标配"。

3月16日　我国研制的"奋斗者"号全海深载人潜水器交付仪式在三亚举行。

3月19日　为全面贯彻党的十九大和十九届二中、三中、四中全会精神，落实《关于强化知识产权保护的意见》，国务院国资委与国家知识产权局联合印发《关于推进中央企业知识产权工作高质量发展的指导意见》。

3月20日　中国发展高层论坛2021年年会20日至22日在北京举行。本届论坛主题为"迈上现代化新征程的中国"。国务院总理李克强以视频方式会见了出席中国发展高层论坛2021年年会的境外代表。

3月22日　工信部通过集群竞赛的方式，围绕新一代信息技术、高端装备、新材料、生物医药等重点领域，遴选25个先进制造业集群作为重点培育对象。

3月23日　欧洲议会决定取消《中欧全面投资协定》的审议会议。

3月24日　国务院总理李克强主持召开国务院常务会议，部署实施提高制造业企业研发费用加计扣除比例等政策；决定将普惠小微企业贷款延期还本付息政策和信用贷款支持计划进一步延至2021年底。

3月30日　中共中央政治局召开会议，审议《关于新时代推动中部地区高质量发展的指导意见》。

3月30日　截至2020年底，我国水电装机3.7亿千瓦、风电装机2.8亿千瓦、光伏发电装机2.5亿千瓦、生物质发电装机2952万千瓦，分别连续16年、11年、6年和3年稳居全球首位。我国可再生能源开发利用规模稳居世界第一。

3月30日　南方电网公司在国内率先建成首个能源消费侧碳排放监测平台，构建企业碳中和发展指数，动态评估不同地区各行各业在碳中和目标下的碳排放水平。

3月31日　国务院总理李克强主持召开国务院常务会议，围绕更大激发市场主体活力、增强发展后劲，推出深化"放管服"改革新举措；部署推进减税降费，落实和优化对小微企业和个体工商户等的减税政策。

3月31日　国家石油天然气管网集团有限公司与中国石油天然气集团有限公司举行资产交接会，国家管网集团接管原中国石油昆仑能源下属北京天然气管道有限公司和大连液化天然气有限公司股权，标志着我国油气体制改革的关键一步——油气主干管网资产整合已全面完成，实现了我国全部油气主干管网并网运行。

3月31日　中国中化集团有限公司与中国化工集团有限公司实施联合重组。将新设由国资委代表国务院履行出资人职责的中国中化控股有限责任公司，中化集团和中国化工整体划入该公司。

2021年4月

4月1日　全国剥离国有企业办社会职能和解决历史遗留问题工作电视电话会议在北京召开。国务院总理李克强做出重要批示。

4月2日　发改委、工信部就2021年钢铁去产能"回头看"、粗钢产量压减等工作进行研究部署，重点检查2016年以来各有关地区钢铁去产能工作开展及整改落实情况。

4月2日　科技部、发改委发布关于印发《长三角G60科创走廊建设方案》通知。目标到2022年，科创走廊建设初显成效。地区研发投入强度达到3%，战略性新兴产业增加值占地区生产总值比重达到15%，上市企业数量年均新增100家以上，高新技术企业年均新增3000家左右。

4月3日　发改委召开东北振兴省部联席落实推进工作机制第一次会议。明确"十四五"时期，要全面深化国企改革，持续做好混合所有制改革试点，加快完善国企法人治理结构和市场化经营机制；加快产业转型升级，改造升级装备制造、汽车、石化等传统优势产业。

4月3日　发改委、住建部下达保障性安居工程2021年第二批中央预算内投资计划，用于支持城镇老旧小区改造和棚户区改造配套基础设施建设。

4月6日　深交所主板与中小板正式合并，总市值超20万亿元的深市新主板启航。

4月7日　国务院总理李克强主持召开国务院常务会议，部署持续推进网络提速降费，更多惠企利民。

4月7日　国家发改委、商务部联合印发《关于支持海南自由贸易港建设放宽市场准入若干特别措施的意见》，要求加快培育国际比较优势产业，高质量高标准建设自由贸易港。

4月7日　国家发改委、科技部联合印发《关于深入推进全面创新改革工作的通知》。

4月8日　香港、广东、澳门三地同时举行粤港澳大湾区国际信息科技协会成立仪式，促进三地信息融合，推动信息科技在民生和经济产业上的应用。

4月8日　国务院金融稳定发展委员会召开第五十次会议，研究加强地方金融机构微观治理和金融监管等工作。

4月9日　发改委召集有关部门会议要求增产增供，稳定煤价，把握进口煤节奏，组织好煤炭运输，服务于国内经济。

4月9日　国资委下发《关于加强地方国有企业债务风险管控工作的指导意见》和《关于报送地方国有企业债务风险管控情况的通知》，研究制定地方国有企业债务风险和债券风险监测报表。

4月10日　市场监管总局依法对阿里巴巴做出行政处罚决定，责令阿里巴巴集团停止违法行为，并处以其总额为182.28亿元的罚款。这是中国反垄断部门有史以来做出的最大罚款。除了罚款，阿里巴巴还需要连续三年向市场监管总局提交自查合规报告。

4月14日　国务院总理李克强主持召开国务院常务会议，通过《中华人民共和国市场主体登记管理条例（草案）》，为培育壮大市场主体和促进公平竞争提供法治保障。

4月14日　工业和信息化部会同有关部门起草《"十四五"智能制造发展规划》（征求意见稿）。提出，到2035年规模以上制造业企业全面普及数字化，骨干企业基本实现智能转型的目标。同时加快完善信息基础设施，加强工业数据中心、智能计算中心等算力基础设施建设，支撑人工智能等新技术应用。

4月15日　第129届广交会在"云"端开幕，会期十天。本届广交会按照16大类商品设置50个展区，展位总数约6万个，境内外参展企业近2.6万家。

4月15日　国务院办公厅印发《关于服务"六稳""六保"进一步做好"放管服"改革有关工作的意见》。

4月15日　市场监管总局宣布，依法对扬子江药业集团有限公司实施垄断协议行为做出行政处罚，责令其停止违法行为，并处以其2018年销售额254.67亿元3%的罚款，计7.64亿元。

4月16日　国家统计局发布数据，一季度国内生产总值同比上涨18.3%，相比2019年上涨10.3%，两年平均增长5.0%。

4月18日　博鳌亚洲论坛2021年年会于18日–20日举行首场新闻发布会和开幕式，国家主席习近平以视频方式发表题为《同舟共济克时艰，命运与共创未来》的主旨演讲。

4月20日　国务院国资委党委书记、主任郝鹏率41家央企赴海南调研国资国企改革创新发展和党的建设工作情况。并出席中央企业和海南省推进海南自由贸易港建设座谈会，围绕进一步深化国资国企改革、构建现代产业体系、助推海南全面深化改革开放等进行交流。

4月20日　由中国企业改革与发展研究会组织起草的《企业高质量发展评价指标》团体标准审查会在京召开。

4月21日　国务院总理李克强主持召开国务院常务会议，部署进一步实施好常态化财政资金直达机制，更好发挥财政资金惠企利民作用。

4月23日　2021年处置非法集资部际联席会议召开。会议强调，金融是公共性和外部性很强的行业，要求高度警惕私募基金、财富管理、房地产等领域涉非风险趋向，密切关注打着区块链、虚拟货币以及解债服务等旗号的新型风险。

4月23日　银保监会发布关于警惕明星代言金融产品风险的提示，提醒金融消费者要切实防范金融陷阱。

4月23日　国家能源局印发《2021年能源工作指导意见》。2021年主要预期目标为，煤炭消费比重下降到56%以下；新增电能替代电量2000亿千瓦时左右，电能占终端能源消费比重力争达到28%左右；单位国内生产总值能耗降低3%左右，能源资源配置更加合理、利用效率大幅提高；风电、光伏发电等可再生能源利用率保持较高水平。

4月24日　由我国自主设计建造的国内首个国产大飞机生产试飞中心中国商飞江西生产试飞中心全面竣工。

4月25日　以"激发数据要素新动能，开启数字中国新征程"为主题的第四届数字中国建设峰会在福州开幕。峰会主论坛上，国家网信办发布的《数字中国发展报告（2020年）》显示，"十三五"时期数字中国信息基础设施建设规模全球领先，建成全球规模最大的光纤网络和4G网络。数字经济总量居世界第二，数字经济核心产业增加值占GDP 7.8%。

4月27日　国务院总理李克强主持召开国务院常务会议，部署加强县域商业体系建设，促进流通畅通和农民收入、农村消费双提升；确定知识产权领域"放管服"改革新举措，部署安全生产等工作。

4月28日　国务院总理李克强与德国总理默克尔在共同主持第六轮中德政府磋商期间，以视频形式同出席第十届中德经济技术合作论坛的两国经济界代表见面。

4月28日　国务院国资委召开深化国有企业分类改革专题推进会，要求各中央企业、各地要在功能分类的基础上，结合企业具体类型进一步细化分类要求，把分类改革要求贯穿在每项改革举措中，确保改革精准落地、取得实效。

4月29日　中国空间站天和核心舱发射升空，准确进入预定轨道。

4月29日　我国首个海上智能气田群"东方气田群"全面建成，标志着海上油气生产运营迈入智能化、数字化时代。

2021年5月

5月1日　中央政治局召开会议，提出指要用好稳增长压力较小的窗口期，推动经济稳中向好，凝神聚力深化供给侧结构性改革，打通国内大循环、国内国际双循环堵点。

5月1日　国务院国资委发布《关于进一步加强金融衍生业务管理有关事项的通知》。明确资产负债率高于国资委管控线、连续3年经营亏损且资金紧张的央企集团子企业，不得开展金融衍生业务。

5月1日　工信部公开征求对《5G应用"扬帆"行动计划（2021—2023年）》的意见。目标到2023年，5G个人用户普及率超过40%，用户数超过5.6亿。

5月3日　恒生中国正式完成首笔包含环境、社会及治理（ESG）条款的人民币利率衍生品交易，成为首家完成此类交易的银行。

5月3日　我国首个国际商标信息官方查询系统"欧盟商标查询系统（EUTMS）"正式上线运行，面向全国社会公众免费开放，提供快速、便捷、全面的欧盟商标信息查询服务。

5月5日　首届中国国际消费品博览会依照《中国国际消费品博览会绿色办展标准》，全面开展"禁塑"工作。

5月6日　国务院总理李克强主持召开国务院常务会议，部署进一步促进粮食生产稳定发展，切实提高粮食安全保障能力；通过《中华人民共和国审计法（修正草案）》。

5月6日　中国海洋石油有限公司所属南海东部海域流花29/2气田顺利投产，该气田是我国第一个投产的自营深水气田。

5月7日　农业农村部、国家乡村振兴局发布《社会资本投资农业农村指引（2021年）》，指引明确了社会资本投资农业农村的13个重点产业和领域，以及创新投入方式、打造合作平台、营造良好环境的具体措施。

5月7日　中国移动、中国联通和中国电信三大运营商发布公告，公告表示美国纽约证券交易所维持摘牌决定，公司将从美国退市。

5月8日　财政部、工业和信息化部印发通知，2021年至2023年，继续实施小微企业融资担保降费奖补政策，引导地方支持扩大实体经济领域小微企业融资担保业务规模，降低小微企业融资担保成本。

5月8日　由中国中化集团与中国化工集团联合重组的中国中化控股有限责任公司正式成立。成为目前唯一以化工为主业的中央企业，公司总资产和销售收入双双超过万亿元，是全球规模最大的化工企业。

5月9日　2020年以来已有超50家A股公司受到生态环境部门、自然资源部门、市场监督管理局、药品监管局、应急管理局等非银部门处罚。其中，处罚力度最大的是资源破坏类处罚，违法成本高达上亿元。

5月10日　首届中国国际消费品博览会闭幕，本届博览会共有约70个国家和地区的1505家企业、2628个消费精品品牌参展，进场观众超24万人次。

5月11日　国家统计局、国务院第七次全国人口普查领导小组办公室对外发布：截至2020年11月1日零时，全国人口共141178万人，比2010年第六次人口普查增长5.38%，比2000年至2010年的年平均增长率下降0.04个百分点。

5月11日　中国银保监会公布，中国商业银行净利润在上年出现下滑后重回"正"轨。2021年第一季度，同比上升2.4%。

5月12日　国务院总理李克强主持召开国务院常务会议，决定将部分减负稳岗扩就业政策期限延长到2021年底，确定进一步支持灵活就业的措施；部署加强对受疫情持续影响行业企业的金融支持；通过《建设工程抗震管理条例（草案）》。

5月12日　一季度，中国与中东欧17国贸易额同比增长50.2%，超出同期中国外贸增速11个百分点。

5月14日　国家主席习近平在河南省南阳市主持召开推进南水北调后续工程高质量发展座谈会并发表重要讲话。

5月15日　"天问一号"探测器成功着陆于火星乌托邦平原南部预选着陆区，我国首次火星探测任务着陆火星取得成功。

5月15日　为期5天的第五届丝绸之路国际博览会暨中国东西部合作与投资贸易洽谈会在西安落幕。会议共签订重点合作项目72个，总投资达1583亿元，涉及教育、现代农业、高技术产业等多个领域。

5月17日　国家发改委发布2021年降成本重点工作。在一系列措施中，"持续合理降低税费负担"尤受关注。

5月18日　国家管网集团中俄东线长江盾构穿越工程，中国盾构机"畅通号"顺利始发，标志着中俄东线长江盾构穿越工程正式掘进开钻。

5月19日　国家主席习近平在北京通过视频连线，同俄罗斯总统普京共同见证两国核能合作项目——田湾核电站和徐大堡核电站开工仪式。

5月19日　国务院总理李克强主持召开国务院常务会议，部署做好大宗商品保供稳价工作，保持经济平稳运行。

5月19日　国家发展改革委数据显示，一季度中部六省地区生产总值同比增长22.4%，增速超过全国平均水平4.1个百分点。

5月20日　在中国人工智能创新发展高峰论坛上，工业和信息化部首次在全国范围内揭榜人工智能领域重点创新应用成果，覆盖智能制造关键技术装备、智能服务机器人、智能无人机等八大领域。

5月21日　国务院金融稳定发展委员会召开第五十一次会议，研究部署下一阶段金融领域重点工作。本次会议指出，"打击比特币挖矿和交易行为，坚决防范个体风险向社会领域传递"。

5月21日　欧洲议会通过了冻结中欧投资协定的议案，该议案意味着欧洲议会将停止相关审议。

5月24日　国家发展改革委、工信部、国资委、市场监管总局、证监会等五部门联合约谈了铁矿石、钢材、铜、铝等行业具有较强市场影响力的重点企业，要求不得囤积居奇、哄抬价格，带头维护大宗商品市场价格秩序。

5月25日　国家发展改革委等四部门推出19项降成本清单，明确2021年实体企业降成本的任务书。

5月26日　国务院总理李克强主持召开国务院常务会议，部署进一步支持小微企业、个体工商户纾困和发展的措施。

5月26日　2021中国国际大数据产业博览会举行开幕式。

5月27日　中国企业改革与发展研究会与上海国资院联合主办的2021国有企业数字化转型（上海）峰会召开。

5月30日　国务院总理李克强以视频形式出席第二届全球绿色目标伙伴2030峰会并致辞。

5月30日　国务院国资委向全社会发布《中央企业科技创新成果推荐目录（2020年版）》。

5月30日　国务院国资委发布了《关于印发<中央企业控股上市公司实施股权激励工作指引>的通知》（国资考分〔2020〕178号）。

5月31日　中共中央政治局召开会议，听取"十四五"时期积极应对人口老龄化重大政策举措汇报，审议《关于优化生育政策促进人口长期均衡发展的决定》。

5月31日　中国企业国有产权交易机构协会发布数据，2020年我国国有企业混改项目通过产权交易资本市场引入社会资本相比2019年增长13.4%。

5月31日　中共中央办公厅印发《关于中央企业在完善公司治理中加强党的领导的意见》。

2021年6月

6月1日　工业和信息化部、国家市场监督管理总局在国新办举行的支持小微企业和个体工商户发展国务院政策例行吹风会上表示，有关部门将抓好对中小企业纾困减负、降费政策落实，缓解大宗商品等原材料价格上涨对中小企业造成的不良冲击。

6月2日　国务院召开全国深化"放管服"改革着力培育和激发市场主体活力电视电话会议。

6月3日　银保监会非银部相关负责人表示，蚂蚁消费金融公司于2020年9月14日经银保监会批准筹建，在法定筹建期内完成筹建工作，经依法审查，符合开业条件，于今日获批开业。

6月4日　继外资准入负面清单之后，相关部门表示将尽快推出跨境服务贸易负面清单。该负面清单分为自贸港版、自贸试验区版和全国版三个版本，其中自贸港版负面清单有望于近期率先落地。

6月7日　工业和信息化部发布《工业互联网专项工作组2021年工作计划》，启动"十四五"国家重点研发计划"工业软件"重点专项，布局企业加快数字化改造和精准管控关键技术。

6月7日　工业和信息化部、中央网络安全和信息化委员会办公室联合发布《关于加快推动区块链技术应用和产业发展的指导意见》，在赋能实体经济、提升公共服务、夯实产业基础、打造现代产业链、促进融通发展五方面共提出22项重点任务。

6月8日　国家主席习近平向第二届中国——中东欧国家博览会致贺信。

6月8日　我国自主设计建造的全球最大火车专用运输船"切诺基"号（CHEROKEE)在广州交付。

6月9日　国务院总理李克强主持召开国务院常务会议，部署推进实施"十四五"规划《纲要》确定的重大工程项目。

6月10日　工业和信息化部、中央网络安全和信息化委员会办公室联合发布《关于加快推动区块链技术应用和产业发展的指导意见》，明确了未来5年和10年区块链产业发展目标，指明区块链产业发展重点任务和保障措施。

6月11日　第十三届陆家嘴论坛于10日至11日在上海举办。本次论坛主题为"全球大变局下的中国金融改革与开放"。

6月14日　中国企业首个境外海上风电总承包项目——越南薄寮三期、朔庄一期海上风电总承包项目首台风机吊装顺利完成。

6月16日　2021数字经济创新发展论坛在杭州高新区（滨江）举办。本届论坛主题为"数字变革引领高质量发展"，关注打造数字经济新优势，催生高质量发展新动能。

6月16日　国家知识产权局等部门联合印发《知识产权质押融资入园惠企行动方案（2021—2023年）》。

6月17日　神舟十二号载人飞船的长征二号F遥十二运载火箭，顺利将聂海胜、刘伯明、汤洪波3名航天员送入太空，发射取得圆满成功。

6月17日　国家发改委召开的例行新闻发布会上表示，"十四五"时期，钢铁产业结构调整将重点从严格执行禁止新增产能规定、推动钢铁业低碳绿色发展、促进钢铁行业兼并重组等五方面进行推动，继续对钢铁产能违法违规行为保持"零容忍"高压态势。

6月18日　发改委开展大宗商品市场监管，联合调研市场交易情况，约谈重点行业企业及协会，调查核实涉嫌操纵市场、哄抬价格问题有关线索，督促有关市场主体守法合规经营。

6月18日　国家发改委印发《重要商品和服务价格指数行为管理办法（试行）》。

6月20日　工业和信息化部IMT—2030(6G)推进组正式发布《6G总体愿景与潜在关键技术》白皮书，提出6G将在5G的基础上，从服务于人、人与物，进一步拓展到支撑智能体的高效互联。

6月20日　中石油长庆油田在鄂尔多斯盆地探明地质储量超10亿吨级页岩油大油田——庆城油田，是我国探明储量规模最大的页岩油大油田。

6月21日　沪深交易所首批基础设施公募REITs正式上市，9只产品当天全部收红，蛇口产园、首钢绿能涨幅居前，分别为14.72%和9.95%。

6月21日　雅中—江西±800千伏特高压直流工程正式投运，这是"十四五"期间首个建成投运的特高压直流输电工程。

6月22日　国务院总理李克强主持召开国务院常务会议，部署"十四五"时期纵深推进大众创业万众创新，更大激发市场活力促发展、扩就业、惠民生；确定加快发展外贸新业态新模式的措施，推动外贸升级，培育竞争新优势。

6月22日　"2021年混合所有制改革项目推介会"在北京举办。286个混改及央企民企协同发展项目集中亮相，拟募集资金逾1200亿元。

6月23日　国家主席习近平向"一带一路"亚太区域国际合作高级别会议发表书面致辞。

6月23日　中国普天信息产业集团有限公司整体并入中国电子科技集团有限公司，成为其全资子企业。中国普天信息产业集团有限公司不再作为国资委直接监管企业。

6月24日　中国就澳大利亚对自中国进口铁道轮毂、风塔、不锈钢水槽产品采取的反倾销和反补贴措施在世贸组织争端解决机制项下提出起诉。

6月25日　拉萨至林芝铁路将开通运营，复兴号高原内电双源动车组同步投入运营，结束了藏东南地区不通铁路的历史。

6月27日　成都天府国际机场投运仪式在成都举行。成都天府国际机场是我国"十三五"期间规划新建规模最大的民用运输机场项目。

6月28日　白鹤滩水电站首批机组正式投产发电，电站总装机容量为1600万千瓦，仅次于三峡，是世界第二大水电站。

6月30日　滴滴正式在美国纽交所挂牌上市，总市值约700亿美元，换算成人民币约4000亿元。

2021年7月

7月1日　庆祝中国共产党成立100周年大会在北京天安门广场隆重举行。国家主席习近平发表重要讲话。习近平代表党和人民庄严宣告，经过全党全国各族人民持续奋斗，实现了第一个百年奋斗目标，全面建成了小康社会，历史性地解决了绝对贫困问题，正在向着全面建成社会主义现代化强国的第二个百年奋斗目标迈进。

7月1日　"中吉乌"公铁联运中欧班列从义乌启程，驶往吉尔吉斯斯坦、乌兹别克斯坦，成为长三角地区首趟中欧班列。

7月2日　上半年共有245只新股在A股市场首发上市，同比增长高达105.88%。

7月2日　滴滴接受网络安全主管部门审查，停止新用户注册。

7月3日　工信部等六部门联合发布《关于加快培育发展制造业优质企业的指导意见》。

7月3日　国家发展改革委印发《关于进一步做好基础设施领域不动产投资信托基金（REITs）试点工作的通知》。

7月3日　我国在太原卫星发射中心用长征二号丁运载火箭，成功将吉林一号宽幅01B卫星送入预定轨道，发射任务获得圆满成功。

7月3日　市场监管总局发布《价格违法行为行政处罚规定（修订征求意见稿）》，调整"低价倾销"等六类价格违法行为罚款额度，明确突发事件的哄抬价格等行为将从重处罚。

7月3日　国家统计局北京调查总队发布的2020年监测报告显示，北京市外来农民工中，新生代农民工占比达50.1%，已成为农民工主体。

7月5日　我国在酒泉卫星发射中心用长征四号丙运载火箭成功将风云三号05星送入预定轨道。

7月5日　人社部印发技能中国行动实施方案，在"十四五"期间，要实现新增技能人才4000万人以上，技能人才占就业人员比例达到30%。

7月5日　海南自由贸易港第十三批7项制度创新案例发布，涉及要素保障、医药招采和价格监管、保税港区物流监管等多个领域。

7月6日　中办、国办印发《关于依法从严打击证券违法活动的意见》，提出到2022年，资本市场违法犯罪法律责任制度体系建设取得重要进展，依法从严打击证券违法活动的执法司法体制和协调配合机制初步建立。

7月6日　国家统计局发布数据，2020年我国新产业、新业态、新商业模式经济增加值比上年增长4.5%，比同期GDP现价增速高1.5个百分点。

7月6日　央行印发通知，要求加大对中小微企业的信贷投放，银行业金融机构要加大普惠金融科技投入、创新特色信贷产品、提升用款便利度。

7月6日　农业农村部启动保护种业知识产权专项整治行动，对制种基地、生产企业、市场全链条开展摸排检查，严厉打击非法生产转基因种子、假冒伪劣等违法违规行为。

7月7日　市场监管总局等五部门发布《公平竞争审查制度实施细则》，将强制企业转让技术、强制在本地设立分支机构、给予特定企业优惠政策、设置不合理项目库资格库等纳入审查标准。

7月7日　交通运输部、国家邮政局等七部门联合印发《关于做好快递员群体合法权益保障工作的意见》，明确到"十四五"末，要实现快递员群体合法权益保障的相关制度机制基本健全，快递员群体薪资待遇更趋合理等。

7月7日　欧洲议会批准更新版"连接欧洲设施"计划，将在2021年至2027年间划拨300亿欧元，用于交通、能源和数字化基础设施建设。

7月8日　中央各部门陆续公开2020年度部门决算。2020年，中央本级"三公"经费财政拨款支出合计29.86亿元，比预算数减少25.31亿元。

7月8日　2021世界人工智能大会在上海开幕，300余家国内外参展企业带来了最新的技术和产品。

7月9日　国家网信办发布，依据网络安全法相关规定，通知应用商店下架此25款App。经检测核实，"滴滴企业版"等25款App存在严重违法违规收集使用个人信息等问题。

7月9日　国家主席习近平主持召开中央全面深化改革委员会第二十次会议，审议通过了《关于加快构建新发展格局的指导意见》《种业振兴行动方案》《青藏高原生态环境保护和可持续发展方案》《关于推进自由贸易试验区贸易投资便利化改革创新的若干措施》。

7月9日　美国联邦储备委员会发布半年度货币政策报告指出，新冠疫情导致的劳动力短缺和供应链瓶颈制约美国经济复苏，造成通胀压力暂时加大。美联储认为，疫情或给美国劳动力市场结构带来持久性改变。

7月10日　市场监管总局对外公告，依法禁止虎牙公司与斗鱼国际控股有限公司合并。

7月10日　国家互联网信息办公室发布关于《网络安全审查办法（修订草案征求意见稿）》公开征求意见的通知。

7月10日　2021世界人工智能大会闭幕。上海人工智能产业包括AI创新生态、AI智慧交通、AI生命健康、AI机器人等26个重大项目签约，总投资超百亿元。

7月11日　国务院国资委表示，上半年中央企业主要经营指标大幅提升，实现营业收入17.1万亿元、利润总额1.31万亿元、净利润1.02万亿元。两年平均增速分别达8.7%、17.9%、20.6%，其中上半年央企净利润首次突破1万亿元。

7月12日　工信部、国家互联网信息办公室、公安部联合印发《网络产品安全漏洞管理规定》，明确任何组织或者个人不得利用网络产品安全漏洞从事危害网络安全的活动，不得非法收集、出售、发布网络产品安全漏洞信息。

7月12日　联合国在纽约总部发布的《世界粮食安全和营养状况》报告显示，2020年全球约十分之一人口面临食物不足困境。

7月12日　中国企业自主研发生产的11米级大直径盾构机在莫斯科完成首条隧道贯通任务，这也是中企在欧洲首个大直径盾构项目的首条隧道贯通。

7月13日　国办印发《关于加快发展外贸新业态新模式的意见》，《意见》从积极支持运用新技术新工具赋能外贸发展、持续推动传统外贸转型升级等五个方面部署20项重点工作。

7月13日　海关总署发布数据，上半年我国货物贸易进出口总值同比增长27.1%。

7月13日　工信部、中央网信办、国家发改委等10部门印发《5G应用"扬帆"行动计划（2021—2023年）》提出，到2023年，5G个人用户普及率超过40%，用户数超5.6亿。

7月13日　香港特区政府公司注册处发布的统计数据显示，上半年新成立的本地公司总数56253家，较去年下半年增加11.07%。

7月13日　长三角一体化示范区发布最新制度创新成果，2021年，示范区聚焦规划管理、生态保护等领域，推出长三角创新券、生态环境首批统一标准等18项制度创新成果。

7月13日 欧盟理事会发表新闻公告说，首批12个欧盟成员国的经济复苏计划正式获得批准。

7月13日 从2021（第二十届）中国互联网大会上获悉，我国已建成全球最大光纤网络、4G和5G独立组网网络。目前5G已建成基站91.6万个，占全球70%，5G连接数已经超过3.65亿，占全球80%。

7月14日 商务部发布的数据显示，2021年上半年，全国实际使用外资6078.4亿元，同比增长28.7%。

7月14日 2021年全国夏粮总产量比2020年增加296.7万吨，增长2.1%。

7月14日 上半年，我国发明专利授权33.9万件，商标注册372.4万件。其中，国外申请人在华发明专利授权5.4万件，同比增长30.0%。

7月15日 《中共中央国务院关于支持浦东新区高水平改革开放打造社会主义现代化建设引领区的意见》发布，赋予浦东新区改革开放新的重大任务。

7月15日 国家统计局初步核算，2021年上半年国内生产总值532167亿元，同比增长12.7%；两年平均增长5.3%。

7月15日 国家粮食和物资储备局表示，我国夏粮收购进度加快，已超去年同期水平。截至目前，累计收购小麦3273万吨、油菜籽39万吨。

7月16日 2021年上半年，全国专利商标质押融资金额同比增长25.9%，质押项目数同比增长32.4%。

7月16日 上半年，全国快递服务企业业务量同比增长45.8%。业务收入同比增长26.6%。

7月16日 由中国宝武钢铁集团有限公司携手国家绿色发展基金股份有限公司、中国太平洋保险（集团）股份有限公司、建信金融资产投资有限公司共同发起的宝武碳中和股权投资基金在沪签约设立，总规模500亿元，首期100亿元。

7月16日 欧洲中央银行宣布启动数字欧元项目。

7月16日 京津冀三地民政部门共同签署《京津冀民政事业协同发展三年行动计划（2021—2023年）》，明确将在养老服务、社会事务、社会组织、干部人才交流等重点领域持续推进协同发展。

7月16日 全国碳排放权交易在上海环境能源交易所正式启动。

7月17日 国药集团中国生物北京生物制品研究所新冠病毒灭活疫苗获批在3岁至17岁人群中紧急使用。

7月17日 银保监会发布《银行保险机构消费者权益保护监管评价办法》，评价内容包括6项要素、24个指标。

7月17日 银保监会对民生银行、浦发银行和交通银行开展了影子银行和交叉金融业务专项现场检查，对进出口银行开展风险管理和内控有效性现场检查，对检查发现的违法违规行为依法严肃予以行政处罚。

7月18日 自然资源部发布《国土空间规划城市体检评估规程》，从6个维度设置城市体检评估的具体指标，并明确国内城市将实行一年一体检、五年一评估。

7月18日 "祝融号"火星车行驶里程突破一华里（509米），即将到达第二处沙丘，计划对沙丘及周边环境开展详细探测。

7月19日 《中共中央国务院关于新时代推动中部地区高质量发展的意见》正式发布。意见提出，到2025年，中部地区质量变革、效率变革、动力变革取得突破性进展，投入产出效益大幅提高，综合实力、内生动力和竞争力进一步增强。

7月20日 上半年国内商品零售增长20.6%，餐饮收入基本恢复至疫情前水平；上半年，我国新设外资企业超过2.3万家，同比增长47.9%。

7月23日 中办、国办印发《关于进一步减轻义务教育阶段学生作业负担和校外培训负担的意见》，要求全面压减作业总量和时长，学科类培训机构一律不得上市融资，严禁资本化运作。

7月24日　国家市场监督管理总局对腾讯集团下达反垄断的行政处罚书，主要涉及腾讯收购中国音乐集团股权，构成违法实施经营者集中等行为，腾讯被处罚50万元等。这是我国《反垄断法》实施以来，对违法实施经营者集中采取必要措施恢复市场竞争状态的第一起案件。

7月25日　多家银行下调自动取款机取现交易手续费。工商银行、农业银行等六家银行暂免收取境内自动取款机跨行取现手续费。

7月25日　工信部负责人在5G行业应用规模化发展现场会上表示，到2023年要实现5G在大型工业企业渗透率达到35%、每个重点行业5G示范应用标杆数达到100个、5G物联网终端用户数年均增长率达到200%三大指标。

7月25日　沪深交易所分别发布并实施新三板精选层挂牌公司向科创板、创业板转板上市的配套规则。

7月25日　证监会表示强化不动产投资信托基金（REITs）市场的制度建设，在审核注册、发行承销、信息披露、治理机制等方面完善和形成系统性的基础制度和配套规则。

7月25日　"2021北京数字经济体验周"启动仪式举行。

7月26日　外交部人员在天津同美国常务副国务卿举行会谈，中方向美方提出要求美方纠正其错误对华政策和言行的清单和中方关切的重点个案清单两份清单。

7月26日　商务部网站公布海南跨境服贸负面清单，包括针对境外服务提供者的11个门类70项特别管理措施，这是我国跨境服务贸易领域首张负面清单。

7月26日　市场监管总局等七部门联合印发《关于落实网络餐饮平台责任切实维护外卖送餐员权益的指导意见》，对保障外卖送餐员正当权益提出全方位要求。

7月26日　工信部启动为期半年的互联网行业专项整治行动，聚焦扰乱市场秩序、侵害用户权益、威胁数据安全、违反资源和资质管理规定等问题。

7月26日　国际货币金融机构官方论坛发布的最新调查报告显示，全球大约三分之一的央行计划在未来一段时间增持人民币作为储备资产，大约五分之一的央行打算减持美元。

7月27日　国家统计局表示，上半年全国规模以上工业企业实现利润总额同比增长66.9%，比2019年同期增长45.5%，两年平均增长20.6%。

7月27日　财政部发布数据，上半年，全国国有及国有控股企业主要效益指标保持较快增速，国有企业利润总额同比增长1.1倍，两年平均增长14.6%。

7月27日　哈啰出行申请撤回赴美IPO计划。4月23日，哈啰出行曾向美国证监会递交招股书，计划以股票代码"HELO"在纳斯达克上市。

7月28日　国家总理李克强主持召开国务院常务会议，部署进一步改革完善中央财政科研经费管理，给予科研人员更大经费管理自主权。

7月28日　国家能源局发布数据显示，上半年我国能源消费实现快速增长；工业用电贡献率明显超过往年水平。

7月28日　中国信息通信研究院发布的2021年《云计算白皮书》显示，我国云计算市场呈爆发式增长，整体规模达到2091亿元（人民币），增速56.6%。

7月29日　我国在酒泉卫星发射中心用长征二号丁运载火箭，成功将天绘一号04星发射升空，卫星顺利进入预定轨道。

7月29日　为期两天的第一届全国人力资源服务业发展大会闭幕。大会达成意向签约项目150个，总金额达166亿元。

7月29日　携程、同程旅行、去哪儿网等多个在线旅游平台相继出台对中高风险地区的免费退改措施，因订单退改产生的经济损失由平台承担。

7月29日　国家粮食和物资储备局通过网上公开竞价销售方式，向市场投放第二批国家储备物资17万吨。

7月29日　国家发展改革委发布分时电价新机制，要求各地结合当地情况推行分时电价。

7月30日　国务院总理李克强签署国务院令，公布修订后的《中华人民共和国土地管理法实施条例》，自2021年9月1日起施行。

7月30日　《中国互联网发展报告（2021）》显示，截至2020年底，我国网民规模达9.89亿，互联网普及率达到70.4%；5G网络用户数超过1.6亿，约占全球5G总用户数的89%。

7月30日　截至2021年6月，全国机动车保有量达3.84亿辆。上半年全国新注册登记机动车1871万辆、新能源汽车110.3万辆，均创同期历史新高。

7月31日　国办印发《关于支持多渠道灵活就业的意见》，强调要清理取消对灵活就业的不合理限制，鼓励自谋职业、自主创业，稳定就业大局。

2021年8月

8月1日　财政部宣布已完成对瑞幸咖啡公司境内运营主体会计信息质量检查。检查发现，自2019年4月起至2019年末，瑞幸咖啡通过虚构商品券业务增加交易额22.46亿元（人民币，下同），虚增收入21.19亿元（占对外披露收入51.5亿元的41.16%），虚增成本费用12.11亿元，虚增利润9.08亿元。

8月2日　国家统计局表示，上半年全国规模以上文化及相关产业企业营业收入比上年同期增长30.4%，比2019年上半年增长22.4%，两年平均增长10.6%。

8月2日　美国证券交易委员会（SEC）发布声明，增加了对中国企业赴美上市的信息披露要求。

8月3日　海关统计，上半年我国跨境电商进出口继续保持良好发展势头，跨境电商进出口同比增长28.6%。其中，出口增长44.1%，进口增长4.6%。

8月3日　上半年我国服务进出口总额23774.4亿元，同比增长6.7%，保持良好增长态势。

8月3日　工信部要求QQ阅读、美柚等14款App在今日前完成彻底整改工作。

8月4日　2021年《财富》世界500强排行榜出炉，中国企业数量蝉联第一。

8月4日　国际货币基金组织（IMF）理事会近日批准规模为6500亿美元的新一轮特别提款权普遍分配方案，这是IMF历史上规模最大的一次特别提款权分配。

8月4日　我国在太原卫星发射中心用长征六号运载火箭，成功将多媒体贝塔试验A/B卫星送入预定轨道，发射任务取得圆满成功。

8月4日　深交所创业板上市公司达到1000家。自2009年10月30日开板以来，创业板上市公司累计实现股权融资1万亿元，实施重大资产重组459单，公司总市值超过13万亿元。

8月5日　2021全球数字经济大会的数据显示，我国数字经济规模增速9.6%，位居全球第一。

8月9日　国家油气管道"工业互联网±安全生产"建设正式启动，2023年我国油气管道数据将实现"全国一张网"。

8月10日　上半年广东工业投资快速增长，6年来首次反超固定资产投资，显示出"世界工厂"经济增长的主要动力更多依靠实体经济的高质量发展。

8月10日　中俄东线天然气管道累计输气量突破百亿立方米。中俄东线2025年全线贯通后，最大输气能力可达每年380亿立方米。

8月13日　欧盟统计局公布的数据显示，上半年欧盟向中国出口商品同比增长20.2%，进口商品同比增长15.5%。中国继续保持欧盟第一大贸易伙伴地位。

8月14日　国办印发《关于改革完善中央财政科研经费管理的若干意见》，赋予科研人员更大的经费管理自主权。

8月14日　浙江启动第三轮"小微企业三年成长计划"，力争用3年时间新增小微企业60万家以上。

8月14日　2021年以来公募市场共成立1081只基金，合计募集资金1.97万亿元，新成立基金数量和募集规模分别同比增加25%、9%。新成立基金的投资方向集中在新能源、高端制造、碳中和等板块。

8月15日　复兴号高寒动车组在牡丹江至佳木斯高铁线成功试跑，这是复兴号高寒动车组首次在我国最东端高寒高铁线路试跑。

8月16日　上半年我国造船接单量、完工量等多项指标继续保持全球第一，实现快速高质量发展。

8月17日　市场监管总局公布《禁止网络不正当竞争行为规定（公开征求意见稿）》，向社会公开征求意见。

8月17日　中俄两国首座跨江铁路大桥——同江中俄黑龙江铁路大桥全线铺轨贯通。

8月17日　国家主席习近平主持召开中央财经委员会第十次会议强调，在高质量发展中促进共同富裕，统筹做好重大金融风险防范化解工作。

8月17日　经国务院国有企业改革领导小组同意，领导小组办公室正式批复辽宁沈阳、浙江杭州、陕西西安和青岛四省市区域性国资国企综合改革试验实施方案，实现了国企改革三年行动关于综改试验扩围的任务目标。

8月18日　全国社会保障基金理事会发布的数据显示，2020年社保基金投资收益额为3786.60亿元，创2000年8月成立以来新高。

8月18日　商务部发布的《直播电子商务平台管理与服务规范》行业标准（征求意见稿）提出，要对直播营销人员服务机构、主播以及商家等建立信用评价体系。

8月18日　国家总理李克强签署国务院令，公布《关键信息基础设施安全保护条例》，自9月1日起施行。

8月19日　人民银行、银保监会相关部门负责同志约谈恒大集团高管。

8月20日　第五届中国——阿拉伯阿国家博览会举行项目签约仪式。本届博览会为期4天，总计签约成果277个，计划投资和贸易总额1566.7亿元。

8月20日　鞍钢重组本钢正式启动。辽宁省国资委将所持本钢51%股权无偿划转给鞍钢，本钢成为鞍钢的控股子企业。重组后，鞍钢粗钢产能将达到6300万吨，营业收入将达到3000亿元，产能位居国内第二、世界第三。

8月20日　央行宣布，在中国香港成功发行250亿元人民币央行票据。

8月22日　日本经济新闻社2020年"主要商品与服务份额调查"显示，在被调查的70个品类中，中国企业在17个品类中占据全球市场份额首位，较2019年有明显增加。

8月23日　民政部发布消息，818家全国性行业协会商会开展了乱收费专项清理整治自查自纠，对2985个收费项目进行了全面自查，减轻企业负担约16.8亿元，惠及企业77.1万家。

8月23日　国家主席习近平向中国——上海合作组织数字经济产业论坛及2021中国国际智能产业博览会致贺信。

8月23日　国家"十四五"规划宣讲团在中国香港特区政府总部举行首场"十四五"规划纲要宣讲会。

首场宣讲会的主题为"把握国家'十四五'机遇 香港更好融入国家发展大局"。

8月23日 国办印发《关于进一步规范财务审计秩序 促进注册会计师行业健康发展的意见》，意见明确提出了规范财务审计秩序，促进注册会计师行业健康发展的总体要求、工作原则、具体措施。

8月23日 商务部发布消息，截至目前，我国已经达成19个自由贸易协定，与26个国家和地区签署了协定。

8月25日 国务院总理李克强主持召开国务院常务会议，部署全面推动长江经济带发展的财税支持措施。

8月26日 市场监管总局发布关于规范新能源汽车检测收费的公告，要求明确标示每一个项目和标准，禁止混合标价或者捆绑销售。

8月26日 最高法与人社部联合发布十件超时加班典型案例，进一步明确工时及加班工资法律适用标准，要求及时纠正用人单位违法行为，有效保障劳动者休息权及劳动报酬权。

8月26日 西藏自治区政府决定自2021年9月1日起西藏将开征契税，适用税率为3%。

8月26日 中国企业研究会承担的国资委及社科院重点课题《混合所有制企业经营机制研究》中期研讨会在北京召开。

8月27日 商务部等6部门联合印发通知，通过加强普惠金融服务等一系列财税金融支持举措，帮助线下零售、住宿餐饮、外资外贸等行业企业有效应对新冠肺炎疫情影响。

8月27日 2020年我国快递业业务量达833.6亿件，较2019年增长近200亿件，创历史新高。

8月27日 根据国家网信办发布《互联网信息服务算法推荐管理规定（征求意见稿）》，用户将可选择关闭算法推荐服务。

8月27日 中国互联网络信息中心（CNNIC）发布的第48次《中国互联网络发展状况统计报告》显示，截至2021年6月，我国网民规模为10.11亿，互联网普及率达71.6%。

8月28日 海南国际知识产权交易中心正式开业运营一周年。一年来，在此挂牌的知识产权权属转让及许可类产品的数量超过18万项，总金额超过37亿元。

8月28日 国务院印发《"十四五"就业促进规划》，提出到2025年实现就业形势总体平稳、就业质量稳步提升、结构性就业矛盾有效缓解、创业带动就业动能持续释放、风险应对能力显著增强等目标。

8月28日 工业和信息化部等五部门联合制定印发《新能源汽车动力蓄电池梯次利用管理办法》。

8月29日 今年上半年我国服务业增加值达到29.6万亿元，占GDP比重为55.7%。

8月31日 以"5G深耕，共融共生"为主题的2021世界5G大会在北京开幕。1500余位业界专家、学者和企业家以线上或线下的方式参会。

8月31日 腾讯发布关于放弃音乐版权独家授权权利的公告，声明放弃与上游相关版权方音乐版权独家协议中有关音乐版权独家授权的权利。

2021年9月

9月2日 国家主席习近平在2021年中国国际服务贸易交易会全球服务贸易峰会上发表视频致辞，宣布我国将设立北京证券交易所，深化新三板改革，继续支持中小企业创新发展，打造服务创新型中小企业主阵地。

9月2日 《"十四五"推进西部陆海新通道高质量建设实施方案》公布。到2025年，将实现东中西三条通路持续强化。

9月2日　金砖国家新开发银行宣布阿联酋、乌拉圭和孟加拉国成为新的成员国。

9月2日　世界贸易组织发布报告称，今年一季度全球中间产品出口同比增长20%，其中亚洲增速最快；中国工业中间产品出口增长41%。

9月3日　国家主席习近平应邀以视频方式出席第六届东方经济论坛全会开幕式并致辞，强调深化共建"一带一路"同欧亚经济联盟对接合作，支持数字经济创新发展，共同应对全球气候变化，推动地区经济社会发展。

9月3日　市场监管总局发布《中国反垄断执法年度报告（2020）》。报告显示，2020年经营者集中立案和审结数量分别增长5%和1.7%，平均立案和审结时间分别缩短27%和14.5%，接受企业、公众电话咨询3800余次。

9月5日　北京证券交易所就上市规则、交易规则和会员管理规则三大基本业务制度向社会征求意见。

9月6日　国家发改委发布通知，明确要加强义务教育阶段学科类校外培训收费监管。通知指出，义务教育阶段线上和线下学科类校外培训收费属于非营利性机构收费，依法实行政府指导价管理，由政府制定基准收费标准和浮动幅度，并按程序纳入地方定价目录。

9月7日　2021年中国国际服务贸易交易会落下帷幕。本届服贸会突出展示了数字贸易、5G通讯、工业物联网、智慧办公、区块链创新等新业态新模式。本届服贸会共达成各类成果1672个。

9月7日　上海市发布《虹桥国际开放枢纽中央商务区"十四五"规划》，全面对接、深度融入长三角一体化发展，建设国际化中央商务区，构建国际贸易中心新平台，到2025年基本建成虹桥国际开放枢纽核心承载区。

9月8日　人社部等20部门公布《关于劳务品牌建设的指导意见》。《意见》提出，"十四五"期间，通过市场化运作、规范化培育、技能化开发等推动领军劳务品牌持续涌现，劳务品牌知名度明显提升，带动就业创业、助推产业发展。

9月8日　中铁特货物流股份有限公司在深圳证券交易所主板成功挂牌上市，标志着铁路市场化改革取得又一重要成果。

9月8日　国务院国资委印发《中央企业董事会工作规则（试行）》，围绕把加强党的领导和完善公司治理统一起来，对进一步加强中央企业董事会建设提出要求、作出规定。

9月8日　国务院总理李克强主持召开国务院常务会议，部署在部分城市开展营商环境创新试点，支持地方深化改革先行先试、更大力度利企便民；通过《证券期货行政执法当事人承诺制度实施办法（草案）》。

9月8日　第二十一届中国国际投资贸易洽谈会在福建厦门开幕，本届投洽会以"新发展格局下国际投资新机遇"为主题，近100个国家和地区的逾5万客商通过线上线下参会。

9月9日　农业农村部等六部门印发《"十四五"全国农业绿色发展规划》，通过农业资源保护利用等五方面26个项目打造绿色低碳农业产业链，力争到2025年，实现资源利用水平明显提高等农业绿色发展5个定性目标和绿色供给等11项定量指标。

9月9日　商务部发布《2020年度中国对外承包工程统计公报》，首次以统计公报的形式公布中国对外承包工程业务年度统计数据。2020年共在全球184个国家和地区新签合同额2555.4亿美元，完成营业额1559.4亿美元。

9月9日　《上海市先进制造业发展"十四五"规划》发布。《规划》提出，要构建以集成电路、生物医药、人工智能等为代表的新型产业体系。

9月10日　中国电信发布公告，鉴于公司美国存托股份已于2021年5月18日退市，公司董事会9月9日决议终止美国存托股份计划。

9月11日　住建部就《关于加强超高层建筑规划建设管理的通知（征求意见稿）》公开征求意见。意见稿提出，各地要严格控制新建超高层建筑，实行超高层建筑决策责任终身制。

9月11日　粤港澳三地同时发布了《粤港澳大湾区"跨境理财通"业务试点实施细则》，"跨境理财通"业务试点正式启动。

9月11日　第21届中国国际投资贸易洽谈会在福建厦门落幕。本届投洽会突出"一带一路""碳中和"等元素。初步统计共达成合作协议项目512个，协议总投资额达3920亿元人民币。

9月11日　国内首座高水平放射性废液玻璃固化设施在四川广元正式投运，标志着我国成为世界上少数几个具备高放废液玻璃固化技术的国家。

9月12日　2021世界机器人大会在北京开幕，110余家企业的500多款产品参展。

9月12日　北京法定数字货币试验区（丽泽金融商务区）举行揭牌仪式，显示着北京建设全球数字经济标杆城市和构建首都现代化数字金融体系取得重要进展。

9月13日　中办、国办印发《关于深化生态保护补偿制度改革的意见》。根据《意见》，我国将加快建设全国用能权、碳排放权交易市场，同时建立绿色股票指数，发展碳排放权期货交易。

9月13日　第18届中国—东盟博览会和中国—东盟商务与投资峰会落下帷幕。本次盛会签约仪式共组织签订国际、国内合作项目179个，总投资额超3000亿元，较上届增长13.7%，签约项目总投资额创历届之最。

9月15日　国家税务总局发布公告，明确在2021年10月企业所得税预缴申报期，企业申报第三季度或9月份的企业所得税时，可提前享受前三季度研发费用加计扣除政策优惠。政策实施后，将进一步增加企业流动资金。

9月15日　青岛区域性国资国企综合改革试验动员会在青岛国际会议中心召开。中国企业改革与发展研究会会长、中国上市公司协会会长宋志平被聘为青岛市国资国企改革发展专家咨询委员会主任委员。

9月15日　国务院总理李克强主持召开国务院常务会议，审议通过"十四五"全民医疗保障规划，部署健全医保制度体系，更好满足群众就医用药需求；通过《地下水管理条例（草案）》，强化地下水资源节约与保护。

9月15日　国家发展改革委、生态环境部印发《"十四五"塑料污染治理行动方案》。方案强调，到2025年电商快件要基本实现不再二次包装，可循环快递包装应用规模达到1000万个。

9月16日　海关总署举行新闻发布会，公布《国家"十四五"口岸发展规划》。

9月17日　神舟十二号载人飞船返回舱成功着陆，3名航天员安全顺利出舱。

9月17日　北京证券交易所投资者门槛确定为个人投资者准入资金门槛为证券资产50万元，机构投资者准入不设置资金门槛。

9月18日　央行发布报告指出，2020年银行代客人民币跨境收付金额创历史新高；人民币在全球外汇储备中的占比提升至2.5%。

9月18日　东亚合作经贸部长系列会议以视频形式举行，推动区域全面经济伙伴关系协定（RCEP）如期生效实施是会议成果之一，中国将与RCEP成员国共同推进。

9月19日　银保监会表示，截至今年6月末，保险资金投向碳中和、碳达峰和绿色发展相关产业资金规模超过9000亿元，投向的重点领域包括交通、能源、环保、水利、市政等。

9月20日　国家监察委员会公布《中华人民共和国监察法实施条例》，明确自公布之日起施行。这是国家监委根据《全国人民代表大会常务委员会关于国家监察委员会制定监察法规的决定》制定的第一部监察法规。

9月20日　世界知识产权组织发布的《2021年全球创新指数》显示，中国在创新领域的全球排名上升至第12位，是前30名中唯一的中等收入经济体。

9月21日　证监会发布公告表示，为进一步增强资本市场包容性，将扩大红筹企业在境内上市试点范围，助力我国高新技术产业和战略性新兴产业发展壮大。

9月22日　中共中央、国务院印发《知识产权强国建设纲要（2021—2035年）》。纲要提出，到2025年，知识产权强国建设取得明显成效；到2035年，知识产权综合竞争力跻身世界前列，中国特色、世界水平的知识产权强国基本建成。

9月23日　中国银保监会发布《商业银行监管评级办法》。《办法》完善了银行监管评级程序、内容和方法，提高了灵活度和适应性。

9月23日　国铁集团分别与国家开发银行、中国进出口银行等9家银行签署战略合作协议，拓展"铁路+金融"合作模式，不断提升铁路和金融普惠服务能力。

9月24日　国家主席习近平向2021中关村论坛视频致贺，强调中国高度重视科技创新，致力于推动全球科技创新协作，将以更加开放的态度加强国际科技交流，积极参与全球创新网络。

9月24日　中国银联宣布，自9月30日起，银联联合发卡银行依据政策实施银行卡刷卡手续费优惠，对小微企业卡、单位结算卡跨行转账汇款交易实行银联手续费减免。上述优惠措施执行期限为3年。

9月24日　证监会起草发布《关于加强注册制下中介机构投资银行业务廉洁从业监管的意见（征求意见稿）》，对中介机构及其从业人员投资银行业务廉洁从业行为进行规范。

9月24日　中国人民银行、香港金融管理局发布联合公告，决定同意内地基础服务机构和中国香港基础服务机构开展内地与香港债券市场互联互通南向合作（简称"南向通"）。央行介绍，"南向通"首个交易日，共达成债券交易150余笔，成交金额约合人民币40亿元。

9月25日　2021年中国企业500强榜单揭晓，国家电网、中石油、中石化位列前三。500强规模逆势增长，产业结构继续优化，共实现营业收入89.83万亿元，比上年增长4.43%；利润总额比上年500强增长7.75%。

9月25日　2021中国民营企业500强榜单发布。从营业收入来看，2021年民营企业500强入围门槛达235.01亿元，比上年增加32.97亿元。2020年，民营企业500强营业收入总额达35.12万亿元，资产总额50.73万亿元，税后净利润1.97万亿元，均实现增长。

9月26日　2021年世界互联网大会乌镇峰会举行，本次大会的主题是"迈向数字文明新时代——携手构建网络空间命运共同体"，共有24个国家和地区的343家中外企业和机构参会。

9月26日　三峡集团与湖北省、武汉市、宜昌市签署战略合作协议，助力湖北打造一批千亿级产业集群。

9月26日　第二届中非经贸博览会在湖南长沙举办。目前已有50个非洲国家驻华使馆、6个国际组织报名参会参展，已达成初步采购洽谈意向2亿美元。

9月27日　国务院总理李克强签署国务院令，公布《国务院关于废止部分行政法规的决定》，自公布之日起施行。国务院决定废止《计划生育技术服务管理条例》《社会抚养费征收管理办法》《流动人口计划生育工作条例》3部行政法规。

9月28日　金砖国家新开发银行永久总部大楼在上海浦东新区正式交接。

9月29日　商务部等3部门联合发布《2020年度中国对外直接投资统计公报》。《公报》显示，2020年中国对外直接投资1537.1亿美元，同比增长12.3%，流量规模首次位居全球第一。

9月29日 第二届中国—非洲经贸博览会闭幕。本届博览会会期内，以现场或连线等方式签约135个合作项目，累计金额229亿美元，近500家中非贸易企业开展会前会中磋商对接，意向成交额达2亿美元。

9月30日 湖南杂交水稻研究中心研发的第三代杂交水稻"三优2号"亩产达到1085.99公斤，为第三代杂交水稻取得的最高单产。

2021年10月

10月4日 基金公司最新业绩50强榜单出炉。银河基金成为最近十年权益类基金绝对收益榜冠军，最近10年权益基金平均收益达到529.11%。兴证全球基金、中欧基金收益率分列第二、三名。

10月8日 由全国工商联主办的2021中国民营企业500强峰会在湖南长沙举办。峰会发布了关于中国民营企业500强的调研分析报告。分析报告显示，2020年，民营企业500强门槛为235.01亿元，比上年增加32.97亿元。资产总额超过千亿元规模的企业有98家，比上年增加18家。

10月8日 我国首个商业开发大型页岩气田——中国石化江汉油田涪陵页岩气田累计生产页岩气400亿立方米，创造中国页岩气田累产新纪录。

10月8日 市场监管总局对美团就滥用其在中国境内网络餐饮外卖平台服务市场的支配地位，系统、全面实施"二选一"行为，阻碍平台内经营者与其他竞争性平台合作，限定只能与其进行交易，排除、限制了网络餐饮外卖平台服务市场竞争的违法性为，处以罚款34.42亿余元。

10月9日 中国企业改革与发展研究会成立30周年座谈会中国企业改革50人论坛专题研讨会在北京召开。

10月9日 国务院总理、国家能源委员会主任李克强主持召开国家能源委员会会议，部署能源改革发展工作，审议"十四五"现代能源体系规划、能源碳达峰实施方案、完善能源绿色低碳转型体制机制和政策措施的意见等。

10月9日 全球首个顺岸开放式全自动化集装箱码头在山东港口日照港投产运营。

10月10日 国务院副总理刘鹤与美贸易代表戴琪举行视频通话。双方就中美经贸协议的实施情况交换了意见，表达了各自的核心关切，同意通过协商解决彼此合理关切。

10月11日 工信部联合国家网信办、科技部等八部委印发《物联网新型基础设施建设三年行动计划（2021—2023年）》。《计划》提出到2023年底，在国内主要城市初步建成物联网新型基础设施，社会现代化治理、产业数字化转型和民生消费升级的基础更加稳固。

10月11日 我国渤海再获亿吨级大油田"垦利10-2油田"。这是迄今为止我国海上发现的规模最大的岩性油田。

10月11日 中共中央、国务院印发《国家标准化发展纲要》。建立健全碳达峰、碳中和标准。加快节能标准更新升级，抓紧修订一批能耗限额、产品设备能效强制性国家标准，提升重点产品能耗限额要求，扩大能耗限额标准覆盖范围，完善能源核算、检测认证、评估、审计等配套标准。

10月12日 国家发展改革委印发《关于进一步深化燃煤发电上网电价市场化改革的通知》，明确四项重要改革措施。

10月13日 发改委发布关于进一步深化燃煤发电上网电价市场化改革的通知。将燃煤发电市场交易价格浮动范围由现行的上浮不超过10%、下浮原则上不超过15%，扩大为上下浮动原则上均不超过20%，高耗能企业市场交易电价不受上浮20%限制。

10月14日 前三季度，我国外贸进出口总值同比增长22.7%，继续保持较快增长态势。其中出口同比增长22.7%，进口同比增长22.6%。外贸进出口已连续5个季度实现同比正增长。

10月14日 第130届中国进出口商品交易会（广交会）暨珠江国际贸易论坛于广州正式开幕，这是在连续三届"全面上云"后，广交会重启线下展览。国家主席习近平当天致贺信，国务院总理李克强出席开幕式并发表主旨演讲。

10月15日 银保监会制定《银行保险机构大股东行为监管办法（试行）》。

10月15日 G20主席国意大利在美国华盛顿主持召开G20财长和央行行长会议，会上介绍了中国近期经济金融形势。

10月16日 全国首张公共数据资产凭证（企业用电数据）正式面世。

10月16日 神舟十三号载人飞船将翟志刚、王亚平、叶光富3名航天员送入太空，发射取得圆满成功。

10月17日 2021北京国际风能大会暨展览会（CWP2021）开幕。

10月18日 中共中央政治局就推动我国数字经济健康发展进行第三十四次集体学习。中共中央总书记习近平发表了讲话。

10月18日 国家统计局公布经济数据显示，前三季度国内生产总值823131亿元，按可比价格计算，同比增长9.8%，两年平均增长5.2%。

10月19日 国务院总理李克强在北京人民大会堂出席2021年全国大众创业万众创新活动周，发表重要讲话，并宣布活动周正式启动。

10月19日 国务院新闻办新闻发布会上表示，从累计增速和两年的平均增速看，前三季度工业经济主要指标增速处于合理区间，工业和信息化发展总体平稳。

10月19日 2021年全国大众创业万众创新活动周主会场活动盛大开幕。本届活动周主题为"高质量创新创造，高水平创业就业"。

10月19日 中共中央、国务院印发《国家标准化发展纲要》。

10月19日 《反垄断法修正草案》首次提请全国人大常委会会议审议,这是我国第一部反垄断法施行十三年来首次修改。中国人大网公布草案向社会征求意见，截止日期为2021年11月21日。

10月20日 国务院国资委发布前三季度中央企业改革发展主要情况。今年前三季度，中央企业累计实现营业收入26.2万亿元、净利润超1.5万亿元，同比分别增长23.9%和65.6%，两年平均增速分别达8.7%和19.7%。

10月20日 2021年1—9月，全国实际使用外资金额8595.1亿元人民币，同比增长19.6%。

10月20日 工业和信息化部、公安部、交通运输部联合发布"关于印发《智能网联汽车道路测试与示范应用管理规范（试行）》的通知"（以下简称《规范》）。《规范》自2021年9月1日起施行。《智能网联汽车道路测试管理规范（试行）》（工信部联装〔2018〕66号）同时废止。

10月22日 2021金融街论坛年会在北京举行。论坛主题为"经济韧性与金融作为"。

10月22日 发改委印发《冶金、建材重点行业严格能效约束推动节能降碳行动方案（2021—2025年）》，方案提出节能审查与能耗双控政策的衔接。

10月23日 第十三届全国人民代表大会常务委员会第三十一次会议决定：授权国务院在部分地区开展房地产税改革试点工作。

10月24日 中电联预计全年全国基建新增发电装机容量1.8亿千瓦左右，其中非化石能源发电装机投产1.4亿千瓦左右。

10月25日　2021年全国大众创业万众创新活动周正式落下帷幕。

10月25日　中共中央、国务院印发《关于完整准确全面贯彻新发展理念做好碳达峰碳中和工作的意见》。到2060年，绿色低碳循环发展的经济体系和清洁低碳安全高效的能源体系全面建立，非化石能源消费比重达到80%以上，碳中和目标顺利实现。

10月26日　国务院副总理、中美全面经济对话中方牵头人刘鹤应约与美财政部部长耶伦举行视频通话。双方就宏观经济形势、多双边领域合作进行了务实、坦诚、建设性的交流。

10月27日　国务院总理李克强主持召开国务院常务会议，部署对制造业中小微企业等实施阶段性税收缓缴措施；决定延长境外投资者投资境内债券市场税收优惠政策。

10月27日　商务部、中央网信办、发改委印发《"十四五"电子商务发展规划》，将加快修订《反垄断法》，细化反垄断和反不正当竞争规则。

10月28日　财政部发布数据显示，今年前三季度，全国国有及国有控股企业主要效益指标保持增长，国有企业利润总额35000亿元，同比增长55.4%，两年平均增长13.5%。

10月28日　工信部召开规范电商平台"双十一"短信营销行为行政指导会。

10月29日　工信部启动新能源汽车换电模式应用试点，13个城市纳入试点范围。其中，综合应用类城市8个，重卡特色类3个。

10月30日　国家统计局表示，2020年我国R&D经费投入达24393.1亿元，同比增长10.2%，连续5年实现两位数增长，投入总量稳居世界第二；投入强度（R&D经费与GDP之比）为2.40%，在世界主要经济体中的排位已从2016年的第16位提升到第12位，接近OECD国家平均水平。

10月30日　央行、银保监会、财政部发布《全球系统重要性银行总损失吸收能力管理办法》，建立总损失吸收能力监管体系。

10月31日　证监会就《关于北京证券交易所上市公司转板的指导意见》（征求意见稿）公开征求意见。

VI

领导讲话及指导性文件

正确认识和把握中长期经济社会发展重大问题

—— 习近平总书记2020年8月24日在经济社会领域专家座谈会上的讲话

今天,我们召开经济社会领域专家座谈会,听听大家对"十四五"规划编制的意见和建议。出席今天座谈会的,既有经济学家,也有社会学家。刚才,专家学者们做了很好的发言。大家从各自专业领域出发,对"十四五"时期发展环境、思路、任务、举措提出了很有价值的意见和建议,听了很受启发,参会的其他专家提交了书面发言,请有关方面研究吸收。下面,我就正确认识和把握中长期经济社会发展重大问题讲点意见。

用中长期规划指导经济社会发展,是我们党治国理政的一种重要方式。从1953年开始,我国已经编制实施了13个五年规划(计划),其中改革开放以来编制实施8个,有力推动了经济社会发展、综合国力提升、人民生活改善,创造了世所罕见的经济快速发展奇迹和社会长期稳定奇迹。实践证明,中长期发展规划既能充分发挥市场在资源配置中的决定性作用,又能更好发挥政府作用。

"十四五"时期是我国全面建成小康社会、实现第一个百年奋斗目标之后,乘势而上开启全面建设社会主义现代化国家新征程、向第二个百年奋斗目标进军的第一个五年,我国将进入新发展阶段。凡事预则立,不预则废。我们要着眼长远、把握大势、开门问策、集思广益,研究新情况、做出新规划。

第一,以辩证思维看待新发展阶段的新机遇新挑战。党的十九大以来,我多次讲,当今世界正经历百年未有之大变局。当前,新冠肺炎疫情全球大流行使这个大变局加速变化,保护主义、单边主义上升,世界经济低迷,全球产业链、供应链因非经济因素而面临冲击,国际经济、科技、文化、安全、政治等格局都在发生深刻调整,世界进入动荡变革期。今后一个时期,我们将面对更多逆风逆水的外部环境,必须做好应对一系列新的风险挑战的准备。

国内发展环境也经历着深刻变化。我国已进入高质量发展阶段,社会主要矛盾已经转化为人民日益增长的美好生活需要和不平衡不充分的发展之间的矛盾,人均国内生产总值达到1万美元,城镇化率超过60%,中等收入群体超过4亿人,人民对美好生活的要求不断提高。我国制度优势显著,治理效能提升,经济长期向好,物质基础雄厚,人力资源丰厚,市场空间广阔,发展韧性强大,社会大局稳定,继续发展具有多方面优势和条件。同时,我国发展不平衡、不充分问题仍然突出,创新能力不适应高质量发展要求,农业基础还不稳固,城乡区域发展和收入分配差距较大,生态环保任重道远,民生保障存在短板,社会治理还有弱项。

总之,进入新发展阶段,国内外环境的深刻变化既带来一系列新机遇,也带来一系列新挑战,是危机并存、危中有机、危可转机。我们要辩证认识和把握国内外大势,统筹中华民族伟大复兴战略全局和世界百年未有之大变局,深刻认识我国社会主要矛盾发展变化带来的新特征新要求,深刻认识错综复杂的国际环境带来的新矛盾新挑战,增强机遇意识和风险意识,准确识变、科学应变、主动求变,勇于开顶风船,善于转危为机,努力实现更高质量、更有效率、更加公平、更可持续、更为安全的发展。

第二,以畅通国民经济循环为主构建新发展格局。今年以来,我多次讲,要推动形成以国内大循环为主体、国内国际双循环相互促进的新发展格局。这个新发展格局是根据我国发展阶段、环境、条件变化提出来的，是重塑我国国际合作和竞争新优势的战略抉择。近年来，随着外部环境和我国发展所具有的要素禀赋的变化，市场和资源两头在外的国际大循环动能明显减弱，而我国内需潜力不断释放，国内大循环活力日益强劲，客观上有着此消彼长的态势。对这个客观现象，理论界进行了很多讨论，可以继续深化研究，并提出真知灼见。

自2008年国际金融危机以来，我国经济已经在向以国内大循环为主体转变，经常项目顺差同国内生产总值的比率由2007年的9.9%降至现在的不到1%，国内需求对经济增长的贡献率有7个年份超过100%。未来一个时期，国内市场主导国民经济循环特征会更加明显，经济增长的内需潜力会不断释放。我们要坚持供给侧结构性改革这个战略方向，扭住扩大内需这个战略基点，使生产、分配、流通、消费更多依托国内市场，提升供给体系对国内需求的适配性，形成需求牵引供给、供给创造需求的更高水平动态平衡。

当然，新发展格局绝不是封闭的国内循环，而是开放的国内国际双循环。我国在世界经济中的地位将持续上升，同世界经济的联系会更加紧密，为其他国家提供的市场机会将更加广阔，成为吸引国际商品和要素资源的巨大引力场。

第三，以科技创新催生新发展动能。实现高质量发展，必须实现依靠创新驱动的内涵型增长。我们更要大力提升自主创新能力，尽快突破关键核心技术。这是关系我国发展全局的重大问题，也是形成以国内大循环为主体的关键。

我们要充分发挥我国社会主义制度能够集中力量办大事的显著优势，打好关键核心技术攻坚战。要依托我国超大规模市场和完备产业体系，创造有利于新技术快速大规模应用和迭代升级的独特优势，加速科技成果向现实生产力转化，提升产业链水平，维护产业链安全。要发挥企业在技术创新中的主体作用，使企业成为创新要素集成、科技成果转化的生力军，打造科技、教育、产业、金融紧密融合的创新体系。基础研究是创新的源头活水，我们要加大投入，鼓励长期坚持和大胆探索，为建设科技强国夯实基础。要大力培养和引进国际一流人才和科研团队，加大科研单位改革力度，最大限度调动科研人员的积极性，提高科技产出效率。要坚持开放创新，加强国际科技交流合作。

第四，以深化改革激发新发展活力。改革是解放和发展社会生产力的关键，是推动国家发展的根本动力。我国改革已进行40多年，取得举世公认的伟大成就。社会是不断发展的，调节社会关系和社会活动的体制机制随之不断完善，才能不断适应解放和发展社会生产力的要求。

随着我国迈入新发展阶段，改革也面临新的任务，必须拿出更大的勇气、更多的举措破除深层次体制机制障碍，坚持和完善中国特色社会主义制度，推进国家治理体系和治理能力现代化。我们要守正创新、开拓创新，大胆探索自己未来发展之路。要坚持和完善社会主义基本经济制度，使市场在资源配置中起决定性作用，更好发挥政府作用，营造长期稳定可预期的制度环境。要加强产权和知识产权保护，建设高标准市场体系，完善公平竞争制度，激发市场主体发展活力，使一切有利于社会生产力发展的力量源泉充分涌流。

第五，以高水平对外开放打造国际合作和竞争新优势。当前，国际社会对经济全球化前景有不少担忧。我们认为，国际经济联通和交往仍是世界经济发展的客观要求。我国经济持续快速发展的一个重要动力就是对外开放。对外开放是基本国策，我们要全面提高对外开放水平，建设更高水平开放型经济新体制，形成国际合作和竞争新优势。要积极参与全球经济治理体系改革，推动完善更加公平合理的国际经济治理体系。

当前，在推进对外开放中要注意两点：一是凡是愿意同我们合作的国家、地区和企业，包括美国的州、地方和企业，我们都要积极开展合作，形成全方位、多层次、多元化的开放合作格局。二是越开放越要重视安全，越要统筹好发展和安全，着力增强自身竞争能力、开放监管能力、风险防控能力，练就金刚不坏之身。

第六，以共建共治共享拓展社会发展新局面。事实证明，发展起来以后的问题不比不发展时少。我国社会结构正在发生深刻变化，互联网深刻改变人类交往方式，社会观念、社会心理、社会行为发生深刻变化。"十四五"时期如何适应社会结构、社会关系、社会行为方式、社会心理等深刻变化，实现更加充分、更高质量的就业，健全全覆盖、可持续的社保体系，强化公共卫生和疾控体系，促进人口长期均衡发展，加强社会治理，化解社会矛盾，维护社会稳定，都需要认真研究并作出工作部署。

一个现代化的社会，应该既充满活力又拥有良好秩序，呈现出活力和秩序有机统一。要完善共建共治共享的社会治理制度，实现政府治理同社会调节、居民自治良性互动，建设人人有责、人人尽责、人人享有的社会治理共同体。要加强和创新基层社会治理，使每个社会细胞都健康活跃，将矛盾纠纷化解在基层，将和谐稳定创建在基层。要更加注重维护社会公平正义，促进人的全面发展和社会全面进步。

以上我重点讲了几个问题，以及中长期经济社会发展涉及的其他问题，希望大家深入思考，取得进一步的研究成果。

2015年11月23日，我在主持十八届中央政治局第二十八次集体学习时专门就马克思主义政治经济学研究做了讲话，最近《求是》杂志发表了这篇讲话。恩格斯说，无产阶级政党的"全部理论来自对政治经济学的研究"。列宁把政治经济学视为马克思主义理论"最深刻、最全面、最详尽的证明和运用"。我们要运用马克思主义政治经济学的方法论，深化对我国经济发展规律的认识，提高领导我国经济发展能力和水平。

理论源于实践，又用来指导实践。改革开放以来，我们及时总结新的生动实践，不断推进理论创新，在发展理念、所有制、分配体制、政府职能、市场机制、宏观调控、产业结构、企业治理结构、民生保障、社会治理等重大问题上提出了许多重要论断。比如，关于社会主义本质的理论，关于社会主义初级阶段基本经济制度的理论，关于创新、协调、绿色、开放、共享发展的理论，关于发展社会主义市场经济、使市场在资源配置中起决定性作用和更好发挥政府作用的理论，关于我国经济发展进入新常态、深化供给侧结构性改革、推动经济高质量发展的理论，关于推动新型工业化、信息化、城镇化、农业现代化同步发展和区域协调发展的理论，关于农民承包的土地具有所有权、承包权、经营权属性的理论，关于用好国际国内两个市场、两种资源的理论，关于加快形成以国内大循环为主体、国内国际双循环相互促进的新发展格局的理论，关于促进社会公平正义、逐步实现全体人民共同富裕的理论，关于统筹发展和安全的理论，等等。这些理论成果，不仅有力指导了我国经济发展实践，而且开拓了马克思主义政治经济学新境界。

时代课题是理论创新的驱动力。马克思、恩格斯、列宁等都是通过思考和回答时代课题来推进理论创新的。现在，在波涛汹涌的世界经济大潮中，能不能驾驭好我国经济这艘大船，是对我们党的重大考验。面对错综复杂的国内外经济形势，面对形形色色的经济现象，学习领会马克思主义政治经济学基本原理和方法论，有利于我们掌握科学的经济分析方法，认识经济运动过程，把握经济发展规律，提高驾驭社会主义市场经济能力，准确回答我国经济发展的理论和实践问题。新时代改革开放和社会主义现代化建设的丰富实践是理论和政策研究的"富矿"，我国经济社会领域理论工作者大有可为。这里，我给大家提几点希望。一是从国情出发，从中国实践中来、到中国实践中去，把论文写在祖国大地上，使理论和政策创新符合中国实际、具有中国特色，不断发展中国特色社会主义政治经济学、社会学。二是深入调研，察实情、出实招，充分反映实际情况，使理论和政策创新有根有据、合情合理。三是把握规律，坚持马克思主义立场、观点、方法，透过现象看本质，从短期波动中探究长期趋势，使理论和政策创新充分体现先进性和科学性。四是树立国际视野，从中国和世界的联系互动中探讨人类面临的共同课题，为构建人类命运共同体贡献中国智慧、中国方案。

《求是》2021年01月15日

全面加强知识产权保护工作
激发创新活力推动构建新发展格局

——习近平2020年11月30日在十九届中央政治局第二十五次集体学习时讲话节选内容

今天，中央政治局进行第二十五次集体学习，内容是加强我国知识产权保护工作。党的十九届五中全会《建议》对加强知识产权保护工作提出明确要求。安排这次学习，目的是认清我国知识产权保护工作的形势和任务，总结成绩，查找不足，提高对知识产权保护工作重要性的认识，从加强知识产权保护工作方面，为贯彻新发展理念、构建新发展格局、推动高质量发展提供有力保障。

创新是引领发展的第一动力，保护知识产权就是保护创新。全面建设社会主义现代化国家，必须更好推进知识产权保护工作。知识产权保护工作关系国家治理体系和治理能力现代化，只有严格保护知识产权，才能完善现代产权制度、深化要素市场化改革，促进市场在资源配置中起决定性作用、更好发挥政府作用。知识产权保护工作关系高质量发展，只有严格保护知识产权，依法对侵权假冒的市场主体、不法分子予以严厉打击，才能提升供给体系质量、有力推动高质量发展。知识产权保护工作关系人民生活幸福，只有严格保护知识产权，净化消费市场、维护广大消费者权益，才能实现让人民群众买得放心、吃得安心、用得舒心。知识产权保护工作关系国家对外开放大局，只有严格保护知识产权，才能优化营商环境、建设更高水平开放型经济新体制。知识产权保护工作关系国家安全，只有严格保护知识产权，才能有效保护我国自主研发的关键核心技术、防范化解重大风险。

党的十八大以来，我多次强调，要建立高效的知识产权综合管理体制，打通知识产权创造、运用、保护、管理、服务全链条，推动形成权界清晰、分工合理、责权一致、运转高效的体制机制；要实行严格的知识产权保护制度，提高知识产权审查质量和审查效率，坚决依法惩处侵犯合法权益特别是侵犯知识产权行为，引入惩罚性赔偿制度，显著提高侵权代价和违法成本，震慑违法侵权行为，等等。

我国知识产权保护工作，新中国成立后不久就开始了。1950年，我国就颁布了《保障发明权与专利权暂行条例》《商标注册暂行条例》等法规，对实施专利、商标制度作出了初步探索。党的十一届三中全会以后，我国知识产权工作逐步走上正规化轨道。

党的十八大以来，党中央把知识产权保护工作摆在更加突出的位置，出台了《深入实施国家知识产权战略行动计划（2014—2020年）》《国务院关于新形势下加快知识产权强国建设的若干意见》《"十三五"国家知识产权保护和运用规划》等系列决策部署。在这次党和国家机构改革中，我们组建了国家市场监管总局，重新组建了国家知识产权局，实现了专利、商标、原产地地理标志等知识产权类别的集中统一管理。我们在北京、上海、广州成立知识产权法院，最高人民法院挂牌成立知识产权法庭，审理全国范围内专利等技术类知识产权上诉案件，建成了知识产权专业化审判体系。

总的看，我国知识产权事业不断发展，走出了一条中国特色知识产权发展之路，知识产权保护工作取得了历史性成就，知识产权法规制度体系和保护体系不断健全、保护力度不断加强，全社会尊重和保护知识产权意识明显提升，对激励创新、打造品牌、规范市场秩序、扩大对外开放发挥了重要作用。

同时，我们也要清醒看到不足，主要表现为：全社会对知识产权保护的重要性认识需要进一步提高；随着新技术新业态蓬勃发展，知识产权保护法治化仍然跟不上；知识产权整体质量效益还不够高，高质量高价值知识产权偏少；行政执法机关和司法机关的协调有待加强；知识产权领域仍存在侵权易发多发和侵权易、维权难的现象，知识产权侵权违法行为呈现新型化、复杂化、高技术化等特点；有的企业利用制度漏洞，滥用知识产权保护；市场主体应对海外知识产权纠纷能力明显不足，我国企业在海外的知识产权保护不到位，等等。

当前，我国正在从知识产权引进大国向知识产权创造大国转变，知识产权工作正在从追求数量向提高质量转变。我们必须从国家战略高度和进入新发展阶段要求出发，全面加强知识产权保护工作，促进建设现代化经济体系，激发全社会创新活力，推动构建新发展格局。

第一，加强知识产权保护工作顶层设计。要准确判断国内外形势新特点，谋划好知识产权保护工作。保护知识产权的目的是激励创新，服务和推动高质量发展，满足人民美好生活需要。要抓紧制定建设知识产权强国战略，研究制定"十四五"时期国家知识产权保护和运用规划，明确目标、任务、举措和实施蓝图。要坚持以我为主、人民利益至上、公正合理保护，既严格保护知识产权，又防范个人和企业权利过度扩张，确保公共利益和激励创新兼得。要加强关键领域自主知识产权创造和储备，部署一批重大改革举措、重要政策、重点工程。

第二，提高知识产权保护工作法治化水平。完备的知识产权法律法规体系、高效的执法司法体系，是强化知识产权保护的重要保障。要在严格执行民法典相关规定的同时，加快完善相关法律法规，统筹推进专利法、商标法、著作权法、反垄断法、科学技术进步法等修订工作，增强法律之间的一致性。要加强地理标志、商业秘密等领域立法。要强化民事司法保护，研究制定符合知识产权案件规律的诉讼规范。要提高知识产权审判质量和效率，提升公信力。要促进知识产权行政执法标准和司法裁判标准统一，完善行政执法和司法衔接机制。要完善刑事法律和司法解释，加大刑事打击力度。要加大行政执法力度，对群众反映强烈、社会舆论关注、侵权假冒多发的重点领域和区域，要重拳出击、整治到底、震慑到位。

第三，强化知识产权全链条保护。知识产权保护是一个系统工程，覆盖领域广、涉及方面多，要综合运用法律、行政、经济、技术、社会治理等多种手段，从审查授权、行政执法、司法保护、仲裁调解、行业自律、公民诚信等环节完善保护体系，加强协同配合，构建大保护工作格局。要打通知识产权创造、运用、保护、管理、服务全链条，健全知识产权综合管理体制，增强系统保护能力。要统筹做好知识产权保护、反垄断、公平竞争审查等工作，促进创新要素自主有序流动、高效配置。要形成便民利民的知识产权公共服务体系，构建国家知识产权大数据中心和公共服务平台，及时传播知识产权信息，让创新成果更好惠及人民。要加强知识产权信息化、智能化基础设施建设，强化人工智能、大数据等信息技术在知识产权审查和保护领域的应用，推动知识产权保护线上线下融合发展。要鼓励建立知识产权保护自律机制，推动诚信体系建设。要加强知识产权保护宣传教育，增强全社会尊重和保护知识产权的意识。

第四，深化知识产权保护工作体制机制改革。党的十八大以来，我们在知识产权领域部署推动了一系列改革，要继续抓好落实，做到系统集成、协同推进。要研究实行差别化的产业和区域知识产权政策，完善知识产权审查制度。要健全大数据、人工智能、基因技术等新领域新业态知识产权保护制度，及时研究制定传统文化、传统知识等领域保护办法。要深化知识产权审判领域改革创新，健全知识产权诉讼制度，完善技术类知识产权审判，抓紧落实知识产权侵权惩罚性赔偿制度。要健全知识产权评估体系，改进知识产权归属制度，研究制定防止知识产权滥用相关制度。

第五，统筹推进知识产权领域国际合作和竞争。知识产权是国际竞争力的核心要素，也是国际争端的焦点。我们要敢于斗争、善于斗争，决不放弃正当权益，决不牺牲国家核心利益。要秉持人类命运共同体理念，坚持开放包容、平衡普惠的原则，深度参与世界知识产权组织框架下的全球知识产权治理，推动完善知识产权及相关国际贸易、国际投资等国际规则和标准，推动全球知识产权治理体制向着更加公正合理方向发展。要拓展影响知识产权国际舆论的渠道和方式，讲好中国知识产权故事，展示文明大国、负责任大国形象。要深化同共建"一带一路"沿线国家和地区知识产权合作，倡导知识共享。

第六，维护知识产权领域国家安全。我讲过，知识产权对外转让要坚持总体国家安全观。要加强事关国家安全的关键核心技术的自主研发和保护，依法管理涉及国家安全的知识产权对外转让行为。要完善知识产权反垄断、公平竞争相关法律法规和政策措施，形成正当有力的制约手段。要推进我国知识产权有关法律规定域外适用，完善跨境司法协作安排。要形成高效的国际知识产权风险预警和应急机制，建设知识产权涉外风险防控体系，加大对我国企业海外知识产权维权援助。

各级党委和政府要落实责任，强化知识产权工作相关协调机制，重视知识产权人才队伍建设，形成工作合力，坚决打击假冒侵权行为，坚决克服地方保护主义。各级领导干部要增强知识产权意识，加强学习，熟悉业务，增强新形势下做好知识产权保护工作的本领，既学会运用知识产权保护制度推动经济社会高质量发展，又学会利用知识产权保护制度开展国际合作和竞争，推动我国知识产权保护工作不断迈上新的台阶。

习近平在庆祝中国共产党成立100周年大会上的讲话

同志们，朋友们：

今天，在中国共产党历史上，在中华民族历史上，都是一个十分重大而庄严的日子。我们在这里隆重集会，同全党全国各族人民一道，庆祝中国共产党成立一百周年，回顾中国共产党百年奋斗的光辉历程，展望中华民族伟大复兴的光明前景。

首先，我代表党中央，向全体中国共产党员致以节日的热烈祝贺！

在这里，我代表党和人民庄严宣告，经过全党全国各族人民持续奋斗，我们实现了第一个百年奋斗目标，在中华大地上全面建成了小康社会，历史性地解决了绝对贫困问题，正在意气风发向着全面建成社会主义现代化强国的第二个百年奋斗目标迈进。这是中华民族的伟大光荣！这是中国人民的伟大光荣！这是中国共产党的伟大光荣！

同志们、朋友们！

中华民族是世界上伟大的民族，有着5000多年源远流长的文明历史，为人类文明进步作出了不可磨灭的贡献。1840年鸦片战争以后，中国逐步成为半殖民地半封建社会，国家蒙辱、人民蒙难、文明蒙尘，中华民族遭受了前所未有的劫难。从那时起，实现中华民族伟大复兴，就成为中国人民和中华民族最伟大的梦想。

为了拯救民族危亡，中国人民奋起反抗，仁人志士奔走呐喊，太平天国运动、戊戌变法、义和团运动、辛亥革命接连而起，各种救国方案轮番出台，但都以失败而告终。中国迫切需要新的思想引领救亡运动，迫切需要新的组织凝聚革命力量。

十月革命一声炮响，给中国送来了马克思列宁主义。在中国人民和中华民族的伟大觉醒中，在马克思列宁主义同中国工人运动的紧密结合中，中国共产党应运而生。中国产生了共产党，这是开天辟地的大事变，深刻改变了近代以后中华民族发展的方向和进程，深刻改变了中国人民和中华民族的前途和命运，深刻改变了世界发展的趋势和格局。

中国共产党一经诞生，就把为中国人民谋幸福、为中华民族谋复兴确立为自己的初心使命。一百年来，中国共产党团结带领中国人民进行的一切奋斗、一切牺牲、一切创造，归结起来就是一个主题：实现中华民族伟大复兴。

——为了实现中华民族伟大复兴，中国共产党团结带领中国人民，浴血奋战、百折不挠，创造了新民主主义革命的伟大成就。我们经过北伐战争、土地革命战争、抗日战争、解放战争，以武装的革命反对武装的反革命，推翻帝国主义、封建主义、官僚资本主义三座大山，建立了人民当家作主的中华人民共和国，实现了民族独立、人民解放。新民主主义革命的胜利，彻底结束了旧中国半殖民地半封建社会的历史，彻底结束了旧中国一盘散沙的局面，彻底废除了列强强加给中国的不平等条约和帝国主义在中国的一切特权，为实现中华民族伟大复兴创造了根本社会条件。中国共产党和中国人民以英勇顽强的奋斗向世界庄严宣告，中国人民站起来了，中华民族任人宰割、饱受欺凌的时代一去不复返了！

——为了实现中华民族伟大复兴，中国共产党团结带领中国人民，自力更生、发愤图强，创造了社会主义革命和建设的伟大成就。我们进行社会主义革命，消灭在中国延续几千年的封建剥削压迫制度，确立社会主义基本制度，推进社会主义建设，战胜帝国主义、霸权主义的颠覆破坏和武装挑衅，实现了中华民族有史以来最为广泛而深刻的社会变革，实现了一穷二白、人口众多的东方大国大步迈进社会主义社会的伟大飞跃，为实现中华民族伟大复兴奠定了根本政治前提和制度基础。中国共产党和中国人民以英勇顽强的奋斗向世界庄严宣告，中国人民不但善于破坏一个旧世界、也善于建设一个新世界，只有社会主义才能救中国，只有社会主义才能发展中国！

——为了实现中华民族伟大复兴，中国共产党团结带领中国人民，解放思想、锐意进取，创造了改革开放和社会主义现代化建设的伟大成就。我们实现新中国成立以来党的历史上具有深远意义的伟大转折，确立党在社会主义初级阶段的基本路线，坚定不移推进改革开放，战胜来自各方面的风险挑战，开创、坚持、捍卫、发展中国特色社会主义，实现了从高度集中的计划经济体制到充满活力的社会主义市场经济体制、从封闭半封闭到全方位开放的历史性转变，实现了从生产力相对落后的状况到经济总量跃居世界第二的历史性突破，实现了人民生活从温饱不足到总体小康、奔向全面小康的历史性跨越，为实现中华民族伟大复兴提供了充满新的活力的体制保证和快速发展的物质条件。中国共产党和中国人民以英勇顽强的奋斗向世界庄严宣告，改革开放是决定当代中国前途命运的关键一招，中国大踏步赶上了时代！

——为了实现中华民族伟大复兴，中国共产党团结带领中国人民，自信自强、守正创新，统揽伟大斗争、伟大工程、伟大事业、伟大梦想，创造了新时代中国特色社会主义的伟大成就。党的十八大以来，中国特色社会主义进入新时代，我们坚持和加强党的全面领导，统筹推进"五位一体"总体布局、协调推进"四个全面"战略布局，坚持和完善中国特色社会主义制度、推进国家治理体系和治理能力现代化，坚持依规治党、形成比较完善的党内法规体系，战胜一系列重大风险挑战，实现第一个百年奋斗目标，明确实现第二个百年奋斗目标的战略安排，党和国家事业取得历史性成就、发生历史性变革，为实现中华民族伟大复兴提供了更为完善的制度保证、更为坚实的物质基础、更为主动的精神力量。中国共产党和中国人民以英勇顽强的奋斗向世界庄严宣告，中华民族迎来了从站起来、富起来到强起来的伟大飞跃，实现中华民族伟大复兴进入了不可逆转的历史进程！

一百年来，中国共产党团结带领中国人民，以"为有牺牲多壮志，敢教日月换新天"的大无畏气概，书写了中华民族几千年历史上最恢宏的史诗。这一百年来开辟的伟大道路、创造的伟大事业、取得的伟大成就，必将载入中华民族发展史册、人类文明发展史册！

同志们、朋友们！

一百年前，中国共产党的先驱们创建了中国共产党，形成了坚持真理、坚守理想，践行初心、担当使命，不怕牺牲、英勇斗争，对党忠诚、不负人民的伟大建党精神，这是中国共产党的精神之源。

一百年来，中国共产党弘扬伟大建党精神，在长期奋斗中构建起中国共产党人的精神谱系，锤炼出鲜明的政治品格。历史川流不息，精神代代相传。我们要继续弘扬光荣传统、赓续红色血脉，永远把伟大建党精神继承下去、发扬光大！

同志们、朋友们！

一百年来，我们取得的一切成就，是中国共产党人、中国人民、中华民族团结奋斗的结果。以毛泽东同志、邓小平同志、江泽民同志、胡锦涛同志为主要代表的中国共产党人，为中华民族伟大复兴建立了彪炳史册的伟大功勋！我们向他们表示崇高的敬意！

此时此刻，我们深切怀念为中国革命、建设、改革，为中国共产党建立、巩固、发展作出重大贡献的毛泽东、周恩来、刘少奇、朱德、邓小平、陈云同志等老一辈革命家，深切怀念为建立、捍卫、建设新中国英勇牺牲的革命先烈，深切怀念为改革开放和社会主义现代化建设英勇献身的革命烈士，深切怀念近代以来为民族独立和人民解放顽强奋斗的所有仁人志士。他们为祖国和民族建立的丰功伟绩永载史册！他们的崇高精神永远铭记在人民心中！

人民是历史的创造者，是真正的英雄。我代表党中央，向全国广大工人、农民、知识分子，向各民主党派和无党派人士、各人民团体、各界爱国人士，向人民解放军指战员、武警部队官兵、公安干警和消防救援队伍指战员，向全体社会主义劳动者，向统一战线广大成员，致以崇高的敬意！向香港特别行政区同胞、澳门特别行政区同胞和台湾同胞以及广大侨胞，致以诚挚的问候！向一切同中国人民友好相处，关心和支持中国革命、建设、改革事业的各国人民和朋友，致以衷心的谢意！

同志们、朋友们！

初心易得，始终难守。以史为鉴，可以知兴替。我们要用历史映照现实、远观未来，从中国共产党的百年奋斗中看清楚过去我们为什么能够成功、弄明白未来我们怎样才能继续成功，从而在新的征程上更加坚定、更加自觉地牢记初心使命、开创美好未来。

——以史为鉴、开创未来，必须坚持中国共产党坚强领导。办好中国的事情，关键在党。中华民族近代以来180多年的历史、中国共产党成立以来100年的历史、中华人民共和国成立以来70多年的历史都充分证明，没有中国共产党，就没有新中国，就没有中华民族伟大复兴。历史和人民选择了中国共产党。中国共产党领导是中国特色社会主义最本质的特征，是中国特色社会主义制度的最大优势，是党和国家的根本所在、命脉所在，是全国各族人民的利益所系、命运所系。

新的征程上，我们必须坚持党的全面领导，不断完善党的领导，增强"四个意识"、坚定"四个自信"、做到"两个维护"，牢记"国之大者"，不断提高党科学执政、民主执政、依法执政水平，充分发挥党总揽全局、协调各方的领导核心作用！

——以史为鉴、开创未来，必须团结带领中国人民不断为美好生活而奋斗。江山就是人民、人民就是江山，打江山、守江山，守的是人民的心。中国共产党根基在人民、血脉在人民、力量在人民。中国共产党始终代表最广大人民根本利益，与人民休戚与共、生死相依，没有任何自己特殊的利益，从来不代表任何利益集团、任何权势团体、任何特权阶层的利益。任何想把中国共产党同中国人民分割开来、对立起来的企图，都是绝不会得逞的！9500多万中国共产党人不答应！14亿多中国人民也不答应！

新的征程上，我们必须紧紧依靠人民创造历史，坚持全心全意为人民服务的根本宗旨，站稳人民立场，贯彻党的群众路线，尊重人民首创精神，践行以人民为中心的发展思想，发展全过程人民民主，维护社会公平正义，着力解决发展不平衡不充分问题和人民群众急难愁盼问题，推动人的全面发展、全体人民共同富裕取得更为明显的实质性进展！

——以史为鉴、开创未来，必须继续推进马克思主义中国化。马克思主义是我们立党立国的根本指导思想，是我们党的灵魂和旗帜。中国共产党坚持马克思主义基本原理，坚持实事求是，从中国实际出发，洞察时代大势，把握历史主动，进行艰辛探索，不断推进马克思主义中国化时代化，指导中国人民不断推进伟大社会革命。中国共产党为什么能，中国特色社会主义为什么好，归根到底是因为马克思主义行！

新的征程上，我们必须坚持马克思列宁主义、毛泽东思想、邓小平理论、"三个代表"重要思想、科学发展观，全面贯彻新时代中国特色社会主义思想，坚持把马克思主义基本原理同中国具体实际相结合、同中华优秀传统文化相结合，用马克思主义观察时代、把握时代、引领时代，继续发展当代中国马克思主义、21世纪马克思主义！

——以史为鉴、开创未来，必须坚持和发展中国特色社会主义。走自己的路，是党的全部理论和实践立足点，更是党百年奋斗得出的历史结论。中国特色社会主义是党和人民历经千辛万苦、付出巨大代价取得的根本成就，是实现中华民族伟大复兴的正确道路。我们坚持和发展中国特色社会主义，推动物质文明、政治文明、精神文明、社会文明、生态文明协调发展，创造了中国式现代化新道路，创造了人类文明新形态。

新的征程上，我们必须坚持党的基本理论、基本路线、基本方略，统筹推进"五位一体"总体布局、协调推进"四个全面"战略布局，全面深化改革开放，立足新发展阶段，完整、准确、全面贯彻新发展理念，构建新发展格局，推动高质量发展，推进科技自立自强，保证人民当家作主，坚持依法治国，坚持社会主义核心价值体系，坚持在发展中保障和改善民生，坚持人与自然和谐共生，协同推进人民富裕、国家强盛、中国美丽。

中华民族拥有在5000多年历史演进中形成的灿烂文明，中国共产党拥有百年奋斗实践和70多年执政兴国经验，我们积极学习借鉴人类文明的一切有益成果，欢迎一切有益的建议和善意的批评，但我们绝不接受"教师爷"般颐指气使的说教！中国共产党和中国人民将在自己选择的道路上昂首阔步走下去，把中国发展进步的命运牢牢掌握在自己手中！

——以史为鉴、开创未来，必须加快国防和军队现代化。强国必须强军，军强才能国安。坚持党指挥枪、建设自己的人民军队，是党在血与火的斗争中得出的颠扑不破的真理。人民军队为党和人民建立了不朽功勋，是保卫红色江山、维护民族尊严的坚强柱石，也是维护地区和世界和平的强大力量。

新的征程上，我们必须全面贯彻新时代党的强军思想，贯彻新时代军事战略方针，坚持党对人民军队的绝对领导，坚持走中国特色强军之路，全面推进政治建军、改革强军、科技强军、人才强军、依法治军，把人民军队建设成为世界一流军队，以更强大的能力、更可靠的手段捍卫国家主权、安全、发展利益！

——以史为鉴、开创未来，必须不断推动构建人类命运共同体。和平、和睦、和谐是中华民族5000多年来一直追求和传承的理念，中华民族的血液中没有侵略他人、称王称霸的基因。中国共产党关注人类前途命运，同世界上一切进步力量携手前进，中国始终是世界和平的建设者、全球发展的贡献者、国际秩序的维护者！

新的征程上，我们必须高举和平、发展、合作、共赢旗帜，奉行独立自主的和平外交政策，坚持走和平发展道路，推动建设新型国际关系，推动构建人类命运共同体，推动共建"一带一路"高质量发展，以中国的新发展为世界提供新机遇。中国共产党将继续同一切爱好和平的国家和人民一道，弘扬和平、发展、公平、正义、民主、自由的全人类共同价值，坚持合作、不搞对抗，坚持开放、不搞封闭，坚持互利共赢、不搞零和博弈，反对霸权主义和强权政治，推动历史车轮向着光明的目标前进！

中国人民是崇尚正义、不畏强暴的人民，中华民族是具有强烈民族自豪感和自信心的民族。中国人民从来没有欺负、压迫、奴役过其他国家人民，过去没有，现在没有，将来也不会有。同时，中国人民也绝不允许任何外来势力欺负、压迫、奴役我们，谁妄想这样干，必将在14亿多中国人民用血肉筑成的钢铁长城面前碰得头破血流！

——以史为鉴、开创未来，必须进行具有许多新的历史特点的伟大斗争。敢于斗争、敢于胜利，是中国共产党不可战胜的强大精神力量。实现伟大梦想就要顽强拼搏、不懈奋斗。今天，我们比历史上任何时期都更接近、更有信心和能力实现中华民族伟大复兴的目标，同时必须准备付出更为艰巨、更为艰苦的努力。

新的征程上，我们必须增强忧患意识、始终居安思危，贯彻总体国家安全观，统筹发展和安全，统筹中华民族伟大复兴战略全局和世界百年未有之大变局，深刻认识我国社会主要矛盾变化带来的新特征新要求，深刻认识错综复杂的国际环境带来的新矛盾新挑战，敢于斗争，善于斗争，逢山开道、遇水架桥，勇于战胜一切风险挑战！

——以史为鉴、开创未来，必须加强中华儿女大团结。在百年奋斗历程中，中国共产党始终把统一战线摆在重要位置，不断巩固和发展最广泛的统一战线，团结一切可以团结的力量、调动一切可以调动的积极因素，最大限度凝聚起共同奋斗的力量。爱国统一战线是中国共产党团结海内外全体中华儿女实现中华民族伟大复兴的重要法宝。

新的征程上，我们必须坚持大团结大联合，坚持一致性和多样性统一，加强思想政治引领，广泛凝聚共识，广聚天下英才，努力寻求最大公约数、画出最大同心圆，形成海内外全体中华儿女心往一处想、劲往一处使的生动局面，汇聚起实现民族复兴的磅礴力量！

——以史为鉴、开创未来，必须不断推进党的建设新的伟大工程。勇于自我革命是中国共产党区别于其他政党的显著标志。我们党历经千锤百炼而朝气蓬勃，一个很重要的原因就是我们始终坚持党要管党、全面从严治党，不断应对好自身在各个历史时期面临的风险考验，确保我们党在世界形势深刻变化的历史进程中始终走在时代前列，在应对国内外各种风险挑战的历史进程中始终成为全国人民的主心骨！

新的征程上，我们要牢记打铁必须自身硬的道理，增强全面从严治党永远在路上的政治自觉，以党的政治建设为统领，继续推进新时代党的建设新的伟大工程，不断严密党的组织体系，着力建设德才兼备的高素质干部队伍，坚定不移推进党风廉政建设和反腐败斗争，坚决清除一切损害党的先进性和纯洁性的因素，清除一切侵蚀党的健康肌体的病毒，确保党不变质、不变色、不变味，确保党在新时代坚持和发展中国特色社会主义的历史进程中始终成为坚强领导核心！

同志们、朋友们！

我们要全面准确贯彻"一国两制""港人治港""澳人治澳"、高度自治的方针，落实中央对香港、澳门特别行政区全面管治权，落实特别行政区维护国家安全的法律制度和执行机制，维护国家主权、安全、发展利益，维护特别行政区社会大局稳定，保持香港、澳门长期繁荣稳定。

解决台湾问题、实现祖国完全统一，是中国共产党矢志不渝的历史任务，是全体中华儿女的共同愿望。要坚持一个中国原则和"九二共识"，推进祖国和平统一进程。包括两岸同胞在内的所有中华儿女，要和衷共济、团结向前，坚决粉碎任何"台独"图谋，共创民族复兴美好未来。任何人都不要低估中国人民捍卫国家主权和领土完整的坚强决心、坚定意志、强大能力！

同志们、朋友们！

未来属于青年，希望寄予青年。一百年前，一群新青年高举马克思主义思想火炬，在风雨如晦的中国苦苦探寻民族复兴的前途。一百年来，在中国共产党的旗帜下，一代代中国青年把青春奋斗融入党和人民事业，成为实现中华民族伟大复兴的先锋力量。新时代的中国青年要以实现中华民族伟大复兴为己任，增强做中国人的志气、骨气、底气，不负时代，不负韶华，不负党和人民的殷切期望！

同志们、朋友们！

一百年前，中国共产党成立时只有50多名党员，今天已经成为拥有9500多万名党员、领导着14亿多人口大国、具有重大全球影响力的世界第一大执政党。

一百年前，中华民族呈现在世界面前的是一派衰败凋零的景象。今天，中华民族向世界展现的是一派欣欣向荣的气象，正以不可阻挡的步伐迈向伟大复兴。

过去一百年，中国共产党向人民、向历史交出了一份优异的答卷。现在，中国共产党团结带领中国人民又踏上了实现第二个百年奋斗目标新的赶考之路。

全体中国共产党员！党中央号召你们，牢记初心使命，坚定理想信念，践行党的宗旨，永远保持同人民群众的血肉联系，始终同人民想在一起、干在一起，风雨同舟、同甘共苦，继续为实现人民对美好生活的向往不懈努力，努力为党和人民争取更大光荣！

同志们、朋友们！

中国共产党立志于中华民族千秋伟业，百年恰是风华正茂！回首过去，展望未来，有中国共产党的坚强领导，有全国各族人民的紧密团结，全面建成社会主义现代化强国的目标一定能够实现，中华民族伟大复兴的中国梦一定能够实现！

伟大、光荣、正确的中国共产党万岁！

伟大、光荣、英雄的中国人民万岁！

扎实推动共同富裕

习近平2021年8月17日在中央财经委员会第十次会议上的讲话节选

改革开放后，我们党深刻总结正反两方面历史经验，认识到贫穷不是社会主义，打破传统体制束缚，允许一部分人、一部分地区先富起来，推动解放和发展社会生产力。

党的十八大以来，党中央把握发展阶段新变化，把逐步实现全体人民共同富裕摆在更加重要的位置上，推动区域协调发展，采取有力措施保障和改善民生，打赢脱贫攻坚战，全面建成小康社会，为促进共同富裕创造了良好条件。现在，已经到了扎实推动共同富裕的历史阶段。

现在，我们正在向第二个百年奋斗目标迈进。适应我国社会主要矛盾的变化，更好满足人民日益增长的美好生活需要，必须把促进全体人民共同富裕作为为人民谋幸福的着力点，不断夯实党长期执政基础。高质量发展需要高素质劳动者，只有促进共同富裕，提高城乡居民收入，提升人力资本，才能提高全要素生产率，夯实高质量发展的动力基础。当前，全球收入不平等问题突出，一些国家贫富分化、中产阶层塌陷，导致社会撕裂、政治极化、民粹主义泛滥，教训十分深刻！我国必须坚决防止两极分化，促进共同富裕，实现社会和谐安定。

同时，必须清醒认识到，我国发展不平衡不充分问题仍然突出，城乡区域发展和收入分配差距较大。新一轮科技革命和产业变革有力推动了经济发展，也对就业和收入分配带来深刻影响，包括一些负面影响，需要有效应对和解决。

共同富裕是社会主义的本质要求，是中国式现代化的重要特征。我们说的共同富裕是全体人民共同富裕，是人民群众物质生活和精神生活都富裕，不是少数人的富裕，也不是整齐划一的平均主义。

要深入研究不同阶段的目标，分阶段促进共同富裕：到"十四五"末，全体人民共同富裕迈出坚实步伐，居民收入和实际消费水平差距逐步缩小。到2035年，全体人民共同富裕取得更为明显的实质性进展，基本公共服务实现均等化。到本世纪中叶，全体人民共同富裕基本实现，居民收入和实际消费水平差距缩小到合理区间。要抓紧制定促进共同富裕行动纲要，提出科学可行、符合国情的指标体系和考核评估办法。

促进共同富裕，要把握好以下原则。

——鼓励勤劳创新致富。幸福生活都是奋斗出来的，共同富裕要靠勤劳智慧来创造。要坚持在发展中保障和改善民生，把推动高质量发展放在首位，为人民提高受教育程度、增强发展能力创造更加普惠公平的条件，提升全社会人力资本和专业技能，提高就业创业能力，增强致富本领。要防止社会阶层固化，畅通向上流动通道，给更多人创造致富机会，形成人人参与的发展环境，避免"内卷""躺平"。

——坚持基本经济制度。要立足社会主义初级阶段，坚持"两个毫不动摇"。要坚持公有制为主体、多种所有制经济共同发展，大力发挥公有制经济在促进共同富裕中的重要作用，同时要促进非公有制经济健康发展、非公有制经济人士健康成长。要允许一部分人先富起来，同时要强调先富带后富、帮后富，重点鼓励辛勤劳动、合法经营、敢于创业的致富带头人。靠偏门致富不能提倡，违法违规的要依法处理。

——尽力而为量力而行。要建立科学的公共政策体系，把蛋糕分好，形成人人享有的合理分配格局。要以更大的力度、更实的举措让人民群众有更多获得感。同时，也要看到，我国发展水平离发达国家还有很大差距。要统筹需要和可能，把保障和改善民生建立在经济发展和财力可持续的基础之上，不要好高骛远，吊高胃口，作兑现不了的承诺。政府不能什么都包，重点是加强基础性、普惠性、兜底性民生保障建设。即使将来发展水平更高、财力更雄厚了，也不能提过高的目标，搞过头的保障，坚决防止落入"福利主义"养懒汉的陷阱。

——坚持循序渐进。共同富裕是一个长远目标，需要一个过程，不可能一蹴而就，对其长期性、艰巨性、复杂性要有充分估计，办好这件事，等不得，也急不得。一些发达国家工业化搞了几百年，但由于社会制度原因，到现在共同富裕问题仍未解决，贫富悬殊问题反而越来越严重。我们要有耐心，实打实地一件事一件事办好，提高实效。要抓好浙江共同富裕示范区建设，鼓励各地因地制宜探索有效路径，总结经验，逐步推开。

总的思路是，坚持以人民为中心的发展思想，在高质量发展中促进共同富裕，正确处理效率和公平的关系，构建初次分配、再分配、三次分配协调配套的基础性制度安排，加大税收、社保、转移支付等调节力度并提高精准性，扩大中等收入群体比重，增加低收入群体收入，合理调节高收入，取缔非法收入，形成中间大、两头小的橄榄型分配结构，促进社会公平正义，促进人的全面发展，使全体人民朝着共同富裕目标扎实迈进。

第一，提高发展的平衡性、协调性、包容性。要加快完善社会主义市场经济体制，推动发展更平衡、更协调、更包容。要增强区域发展的平衡性，实施区域重大战略和区域协调发展战略，健全转移支付制度，缩小区域人均财政支出差异，加大对欠发达地区的支持力度。要强化行业发展的协调性，加快垄断行业改革，推动金融、房地产同实体经济协调发展。要支持中小企业发展，构建大中小企业相互依存、相互促进的企业发展生态。

第二，着力扩大中等收入群体规模。要抓住重点、精准施策，推动更多低收入人群迈入中等收入行列。高校毕业生是有望进入中等收入群体的重要方面，要提高高等教育质量，做到学有专长、学有所用，帮助他们尽快适应社会发展需要。技术工人也是中等收入群体的重要组成部分，要加大技能人才培养力度，提高技术工人工资待遇，吸引更多高素质人才加入技术工人队伍。中小企业主和个体工商户是创业致富的重要群体，要改善营商环境，减轻税费负担，提供更多市场化的金融服务，帮助他们稳定经营、持续增收。进城农民工是中等收入群体的重要来源，要深化户籍制度改革，解决好农业转移人口随迁子女教育等问题，让他们安心进城，稳定就业。要适当提高公务员特别是基层一线公务员及国有企事业单位基层职工工资待遇。要增加城乡居民住房、农村土地、金融资产等各类财产性收入。

第三，促进基本公共服务均等化。低收入群体是促进共同富裕的重点帮扶保障人群。要加大普惠性人力资本投入，有效减轻困难家庭教育负担，提高低收入群众子女受教育水平。要完善养老和医疗保障体系，逐步缩小职工与居民、城市与农村的筹资和保障待遇差距，逐步提高城乡居民基本养老金水平。要完善兜底救助体系，加快缩小社会救助的城乡标准差异，逐步提高城乡最低生活保障水平，兜住基本生活底线。要完善住房供应和保障体系，坚持房子是用来住的、不是用来炒的定位，租购并举，因城施策，完善长租房政策，扩大保障性租赁住房供给，重点解决好新市民住房问题。

第四，加强对高收入的规范和调节。在依法保护合法收入的同时，要防止两极分化、消除分配不公。要合理调节过高收入，完善个人所得税制度，规范资本性所得管理。要积极稳妥推进房地产税立法和改革，做好试点工作。要加大消费环节税收调节力度，研究扩大消费税征收范围。要加强公益慈善事业规范管理，完善税收优惠政策，鼓励高收入人群和企业更多回报社会。要清理规范不合理收入，加大对垄断行业和国有企业的收入分配管理，整顿收入分配秩序，清理借改革之名变相增加高管收入等分配乱象。要坚决取缔非法收入，坚决遏制权钱交易，坚决打击内幕交易、操纵股市、财务造假、偷税漏税等获取非法收入行为。

经过多年探索，我们对解决贫困问题有了完整的办法，但在如何致富问题上还要探索积累经验。要保护产权和知识产权，保护合法致富。要坚决反对资本无序扩张，对敏感领域准入划出负面清单，加强反垄断监管。同时，也要调动企业家积极性，促进各类资本规范健康发展。

第五，促进人民精神生活共同富裕。促进共同富裕与促进人的全面发展是高度统一的。要强化社会主义核心价值观引领，加强爱国主义、集体主义、社会主义教育，发展公共文化事业，完善公共文化服务体系，不断满足人民群众多样化、多层次、多方面的精神文化需求。要加强促进共同富裕舆论引导，澄清各种模糊认识，防止急于求成和畏难情绪，为促进共同富裕提供良好舆论环境。

第六，促进农民农村共同富裕。促进共同富裕，最艰巨最繁重的任务仍然在农村。农村共同富裕工作要抓紧，但不宜像脱贫攻坚那样提出统一的量化指标。要巩固拓展脱贫攻坚成果，对易返贫致贫人口要加强监测、及早干预，对脱贫县要扶上马送一程，确保不发生规模性返贫和新的致贫。要全面推进乡村振兴，加快农业产业化，盘活农村资产，增加农民财产性收入，使更多农村居民勤劳致富。要加强农村基础设施和公共服务体系建设，改善农村人居环境。

我总的认为，像全面建成小康社会一样，全体人民共同富裕是一个总体概念，是对全社会而言的，不要分成城市一块、农村一块，或者东部、中部、西部地区各一块，各提各的指标，要从全局上来看。我们要实现14亿人共同富裕，必须脚踏实地、久久为功，不是所有人都同时富裕，也不是所有地区同时达到一个富裕水准，不同人群不仅实现富裕的程度有高有低，时间上也会有先有后，不同地区富裕程度还会存在一定差异，不可能齐头并进。这是一个在动态中向前发展的过程，要持续推动，不断取得成效。

《求是》 2021年10月15日

把握数字经济发展趋势和规律
推动我国数字经济健康发展

习近平在中共中央政治局第三十四次集体学习时摘要

新华社北京10月19日电 中共中央政治局10月18日下午就推动我国数字经济健康发展进行第三十四次集体学习。中共中央总书记习近平在主持学习时强调，近年来，互联网、大数据、云计算、人工智能、区块链等技术加速创新，日益融入经济社会发展各领域全过程，数字经济发展速度之快、辐射范围之广、影响程度之深前所未有，正在成为重组全球要素资源、重塑全球经济结构、改变全球竞争格局的关键力量。要站在统筹中华民族伟大复兴战略全局和世界百年未有之大变局的高度，统筹国内国际两个大局、发展安全两件大事，充分发挥海量数据和丰富应用场景优势，促进数字技术与实体经济深度融合，赋能传统产业转型升级，催生新产业新业态新模式，不断做强做优做大我国数字经济。

中国科学院院士、南京大学校长吕建教授就这个问题进行讲解，提出了工作建议。中央政治局的同志认真听取了他的讲解，并进行了讨论。

习近平在主持学习时发表了讲话。他指出，党的十八大以来，党中央高度重视发展数字经济，实施网络强国战略和国家大数据战略，拓展网络经济空间，支持基于互联网的各类创新，推动互联网、大数据、人工智能和实体经济深度融合，建设数字中国、智慧社会，推进数字产业化和产业数字化，打造具有国际竞争力的数字产业集群，我国数字经济发展较快、成就显著。特别是新冠肺炎疫情暴发以来，数字技术、数字经济在支持抗击新冠肺炎疫情、恢复生产生活方面发挥了重要作用。

习近平强调，发展数字经济是把握新一轮科技革命和产业变革新机遇的战略选择。一是数字经济健康发展有利于推动构建新发展格局，数字技术、数字经济可以推动各类资源要素快捷流动、各类市场主体加速融合，帮助市场主体重构组织模式，实现跨界发展，打破时空限制，延伸产业链条，畅通国内外经济循环。二是数字经济健康发展有利于推动建设现代化经济体系，数字经济具有高创新性、强渗透性、广覆盖性，不仅是新的经济增长点，而且是改造提升传统产业的支点，可以成为构建现代化经济体系的重要引擎。三是数字经济健康发展有利于推动构筑国家竞争新优势，当今时代，数字技术、数字经济是世界科技革命和产业变革的先机，是新一轮国际竞争重点领域，我们要抓住先机、抢占未来发展制高点。

习近平指出，要加强关键核心技术攻关，牵住自主创新这个"牛鼻子"，发挥我国社会主义制度优势、新型举国体制优势、超大规模市场优势，提高数字技术基础研发能力，打好关键核心技术攻坚战，尽快实现高水平自立自强，把发展数字经济自主权牢牢掌握在自己手中。

习近平强调，要加快新型基础设施建设，加强战略布局，加快建设高速泛在、天地一体、云网融合、智能敏捷、绿色低碳、安全可控的智能化综合性数字信息基础设施，打通经济社会发展的信息"大动脉"。要全面推进产业化、规模化应用，重点突破关键软件，推动软件产业做大做强，提升关键软件技术创新和供给能力。

习近平指出，要推动数字经济和实体经济融合发展，把握数字化、网络化、智能化方向，推动制造业、服务业、农业等产业数字化，利用互联网新技术对传统产业进行全方位、全链条的改造，提高全要素生产率，发挥数字技术对经济发展的放大、叠加、倍增作用。要推动互联网、大数据、人工智能同产业深度融合，加快培育一批"专精特新"企业和制造业单项冠军企业。要推进重点领域数字产业发展，聚焦战略前沿和制高点领域，立足重大技术突破和重大发展需求，增强产业链关键环节竞争力，完善重点产业供应链体系，加速产品和服务迭代。

习近平强调，要规范数字经济发展，坚持促进发展和监管规范两手抓、两手都要硬，在发展中规范、在规范中发展。要健全市场准入制度、公平竞争审查制度、公平竞争监管制度，建立全方位、多层次、立体化监管体系，实现事前事中事后全链条全领域监管。要纠正和规范发展过程中损害群众利益、妨碍公平竞争的行为和做法，防止平台垄断和资本无序扩张，依法查处垄断和不正当竞争行为。要保护平台从业人员和消费者合法权益。要加强税收监管和税务稽查。

习近平指出，要完善数字经济治理体系，健全法律法规和政策制度，完善体制机制，提高我国数字经济治理体系和治理能力现代化水平。要完善主管部门、监管机构职责，分工合作、相互配合。要改进提高监管技术和手段，把监管和治理贯穿创新、生产、经营、投资全过程。要明确平台企业主体责任和义务，建设行业自律机制。要开展社会监督、媒体监督、公众监督，形成监督合力。要完善国家安全制度体系。要加强数字经济发展的理论研究，就涉及数字技术和数字经济发展的问题提出对策建议。要积极参与数字经济国际合作，主动参与国际组织数字经济议题谈判，开展双多边数字治理合作，维护和完善多边数字经济治理机制，及时提出中国方案，发出中国声音。

习近平强调，数字经济事关国家发展大局，要做好我国数字经济发展顶层设计和体制机制建设，加强形势研判，抓住机遇，赢得主动。各级领导干部要提高数字经济思维能力和专业素质，增强发展数字经济本领，强化安全意识，推动数字经济更好服务和融入新发展格局。要提高全民全社会数字素养和技能，夯实我国数字经济发展社会基础。

（《人民日报》2021年10月20日01版）

中共中央国务院关于完整准确全面贯彻新发展理念做好碳达峰碳中和工作的意见

2021年9月22日

实现碳达峰、碳中和，是以习近平同志为核心的党中央统筹国内国际两个大局作出的重大战略决策，是着力解决资源环境约束突出问题、实现中华民族永续发展的必然选择，是构建人类命运共同体的庄严承诺。为完整、准确、全面贯彻新发展理念，做好碳达峰、碳中和工作，现提出如下意见。

一、总体要求

（一）指导思想。以习近平新时代中国特色社会主义思想为指导，全面贯彻党的十九大和十九届二中、三中、四中、五中全会精神，深入贯彻习近平生态文明思想，立足新发展阶段，贯彻新发展理念，构建新发展格局，坚持系统观念，处理好发展和减排、整体和局部、短期和中长期的关系，把碳达峰、碳中和纳入经济社会发展全局，以经济社会发展全面绿色转型为引领，以能源绿色低碳发展为关键，加快形成节约资源和保护环境的产业结构、生产方式、生活方式、空间格局，坚定不移走生态优先、绿色低碳的高质量发展道路，确保如期实现碳达峰、碳中和。

（二）工作原则

实现碳达峰、碳中和目标，要坚持"全国统筹、节约优先、双轮驱动、内外畅通、防范风险"原则。

——全国统筹。全国一盘棋，强化顶层设计，发挥制度优势，实行党政同责，压实各方责任。根据各地实际分类施策，鼓励主动作为、率先达峰。

——节约优先。把节约能源资源放在首位，实行全面节约战略，持续降低单位产出能源资源消耗和碳排放，提高投入产出效率，倡导简约适度、绿色低碳生活方式，从源头和入口形成有效的碳排放控制阀门。

——双轮驱动。政府和市场两手发力，构建新型举国体制，强化科技和制度创新，加快绿色低碳科技革命。深化能源和相关领域改革，发挥市场机制作用，形成有效激励约束机制。

——内外畅通。立足国情实际，统筹国内国际能源资源，推广先进绿色低碳技术和经验。统筹做好应对气候变化对外斗争与合作，不断增强国际影响力和话语权，坚决维护我国发展权益。

——防范风险。处理好减污降碳和能源安全、产业链供应链安全、粮食安全、群众正常生活的关系，有效应对绿色低碳转型可能伴随的经济、金融、社会风险，防止过度反应，确保安全降碳。

二、主要目标

到2025年，绿色低碳循环发展的经济体系初步形成，重点行业能源利用效率大幅提升。单位国内生产总值能耗比2020年下降13.5%；单位国内生产总值二氧化碳排放比2020年下降18%；非化石能源消费比重达到20%左右；森林覆盖率达到24.1%，森林蓄积量达到180亿立方米，为实现碳达峰、碳中和奠定坚实基础。

到2030年，经济社会发展全面绿色转型取得显著成效，重点耗能行业能源利用效率达到国际先进水平。单位国内生产总值能耗大幅下降；单位国内生产总值二氧化碳排放比2005年下降65%以上；非化石能源消费比重达到25%左右，风电、太阳能发电总装机容量达到12亿千瓦以上；森林覆盖率达到25%左右，森林蓄积量达到190亿立方米，二氧化碳排放量达到峰值并实现稳中有降。

到2060年，绿色低碳循环发展的经济体系和清洁低碳安全高效的能源体系全面建立，能源利用效率达到国际先进水平，非化石能源消费比重达到80%以上，碳中和目标顺利实现，生态文明建设取得丰硕成果，开创人与自然和谐共生新境界。

三、推进经济社会发展全面绿色转型

（三）强化绿色低碳发展规划引领。将碳达峰、碳中和目标要求全面融入经济社会发展中长期规划，强化国家发展规划、国土空间规划、专项规划、区域规划和地方各级规划的支撑保障。加强各级各类规划间衔接协调，确保各地区各领域落实碳达峰、碳中和的主要目标、发展方向、重大政策、重大工程等协调一致。

（四）优化绿色低碳发展区域布局。持续优化重大基础设施、重大生产力和公共资源布局，构建有利于碳达峰、碳中和的国土空间开发保护新格局。在京津冀协同发展、长江经济带发展、粤港澳大湾区建设、长三角一体化发展、黄河流域生态保护和高质量发展等区域重大战略实施中，强化绿色低碳发展导向和任务要求。

（五）加快形成绿色生产生活方式。大力推动节能减排，全面推进清洁生产，加快发展循环经济，加强资源综合利用，不断提升绿色低碳发展水平。扩大绿色低碳产品供给和消费，倡导绿色低碳生活方式。把绿色低碳发展纳入国民教育体系。开展绿色低碳社会行动示范创建。凝聚全社会共识，加快形成全民参与的良好格局。

四、深度调整产业结构

（六）推动产业结构优化升级。加快推进农业绿色发展，促进农业固碳增效。制定能源、钢铁、有色金属、石化化工、建材、交通、建筑等行业和领域碳达峰实施方案。以节能降碳为导向，修订产业结构调整指导目录。开展钢铁、煤炭去产能"回头看"，巩固去产能成果。加快推进工业领域低碳工艺革新和数字化转型。开展碳达峰试点园区建设。加快商贸流通、信息服务等绿色转型，提升服务业低碳发展水平。

（七）坚决遏制高耗能高排放项目盲目发展。新建、扩建钢铁、水泥、平板玻璃、电解铝等高耗能高排放项目严格落实产能等量或减量置换，出台煤电、石化、煤化工等产能控制政策。未纳入国家有关领域产业规划的，一律不得新建改扩建炼油和新建乙烯、对二甲苯、煤制烯烃项目。合理控制煤制油气产能规模。提升高耗能高排放项目能耗准入标准。加强产能过剩分析预警和窗口指导。

（八）大力发展绿色低碳产业。加快发展新一代信息技术、生物技术、新能源、新材料、高端装备、新能源汽车、绿色环保以及航空航天、海洋装备等战略性新兴产业。建设绿色制造体系。推动互联网、大数据、人工智能、第五代移动通信（5G）等新兴技术与绿色低碳产业深度融合。

五、加快构建清洁低碳安全高效能源体系

（九）强化能源消费强度和总量双控。坚持节能优先的能源发展战略，严格控制能耗和二氧化碳排放强度，合理控制能源消费总量，统筹建立二氧化碳排放总量控制制度。做好产业布局、结构调整、节能审查与能耗双控的衔接，对能耗强度下降目标完成形势严峻的地区实行项目缓批限批、能耗等量或减量替代。强化节能监察和执法，加强能耗及二氧化碳排放控制目标分析预警，严格责任落实和评价考核。加强甲烷等非二氧化碳温室气体管控。

（十）大幅提升能源利用效率。把节能贯穿于经济社会发展全过程和各领域，持续深化工业、建筑、交通运输、公共机构等重点领域节能，提升数据中心、新型通信等信息化基础设施能效水平。健全能源管理体系，强化重点用能单位节能管理和目标责任。瞄准国际先进水平，加快实施节能降碳改造升级，打造能效"领跑者"。

（十一）严格控制化石能源消费。加快煤炭减量步伐，"十四五"时期严控煤炭消费增长，"十五五"时期逐步减少。石油消费"十五五"时期进入峰值平台期。统筹煤电发展和保供调峰，严控煤电装机规模，加快现役煤电机组节能升级和灵活性改造。逐步减少直至禁止煤炭散烧。加快推进页岩气、煤层气、致密油气等非常规油气资源规模化开发。强化风险管控，确保能源安全稳定供应和平稳过渡。

（十二）积极发展非化石能源。实施可再生能源替代行动，大力发展风能、太阳能、生物质能、海洋能、地热能等，不断提高非化石能源消费比重。坚持集中式与分布式并举，优先推动风能、太阳能就地就近开发利用。因地制宜开发水能。积极安全有序发展核电。合理利用生物质能。加快推进抽水蓄能和新型储能规模化应用。统筹推进氢能"制储输用"全链条发展。构建以新能源为主体的新型电力系统，提高电网对高比例可再生能源的消纳和调控能力。

（十三）深化能源体制机制改革。全面推进电力市场化改革，加快培育发展配售电环节独立市场主体，完善中长期市场、现货市场和辅助服务市场衔接机制，扩大市场化交易规模。推进电网体制改革，明确以消纳可再生能源为主的增量配电网、微电网和分布式电源的市场主体地位。加快形成以储能和调峰能力为基础支撑的新增电力装机发展机制。完善电力等能源品种价格市场化形成机制。从有利于节能的角度深化电价改革，理顺输配电价结构，全面放开竞争性环节电价。推进煤炭、油气等市场化改革，加快完善能源统一市场。

六、加快推进低碳交通运输体系建设

（十四）优化交通运输结构。加快建设综合立体交通网，大力发展多式联运，提高铁路、水路在综合运输中的承运比重，持续降低运输能耗和二氧化碳排放强度。优化客运组织，引导客运企业规模化、集约化经营。加快发展绿色物流，整合运输资源，提高利用效率。

（十五）推广节能低碳型交通工具。加快发展新能源和清洁能源车船，推广智能交通，推进铁路电气化改造，推动加氢站建设，促进船舶靠港使用岸电常态化。加快构建便利高效、适度超前的充换电网络体系。提高燃油车船能效标准，健全交通运输装备能效标识制度，加快淘汰高耗能高排放老旧车船。

（十六）积极引导低碳出行。加快城市轨道交通、公交专用道、快速公交系统等大容量公共交通基础设施建设，加强自行车专用道和行人步道等城市慢行系统建设。综合运用法律、经济、技术、行政

等多种手段，加大城市交通拥堵治理力度。

七、提升城乡建设绿色低碳发展质量

（十七）推进城乡建设和管理模式低碳转型。在城乡规划建设管理各环节全面落实绿色低碳要求。推动城市组团式发展，建设城市生态和通风廊道，提升城市绿化水平。合理规划城镇建筑面积发展目标，严格管控高能耗公共建筑建设。实施工程建设全过程绿色建造，健全建筑拆除管理制度，杜绝大拆大建。加快推进绿色社区建设。结合实施乡村建设行动，推进县城和农村绿色低碳发展。

（十八）大力发展节能低碳建筑。持续提高新建建筑节能标准，加快推进超低能耗、近零能耗、低碳建筑规模化发展。大力推进城镇既有建筑和市政基础设施节能改造，提升建筑节能低碳水平。逐步开展建筑能耗限额管理，推行建筑能效测评标识，开展建筑领域低碳发展绩效评估。全面推广绿色低碳建材，推动建筑材料循环利用。发展绿色农房。

（十九）加快优化建筑用能结构。深化可再生能源建筑应用，加快推动建筑用能电气化和低碳化。开展建筑屋顶光伏行动，大幅提高建筑采暖、生活热水、炊事等电气化普及率。在北方城镇加快推进热电联产集中供暖，加快工业余热供暖规模化发展，积极稳妥推进核电余热供暖，因地制宜推进热泵、燃气、生物质能、地热能等清洁低碳供暖。

八、加强绿色低碳重大科技攻关和推广应用

（二十）强化基础研究和前沿技术布局。制定科技支撑碳达峰、碳中和行动方案，编制碳中和技术发展路线图。采用"揭榜挂帅"机制，开展低碳零碳负碳和储能新材料、新技术、新装备攻关。加强气候变化成因及影响、生态系统碳汇等基础理论和方法研究。推进高效率太阳能电池、可再生能源制氢、可控核聚变、零碳工业流程再造等低碳前沿技术攻关。培育一批节能降碳和新能源技术产品研发国家重点实验室、国家技术创新中心、重大科技创新平台。建设碳达峰、碳中和人才体系，鼓励高等学校增设碳达峰、碳中和相关学科专业。

（二十一）加快先进适用技术研发和推广。深入研究支撑风电、太阳能发电大规模友好并网的智能电网技术。加强电化学、压缩空气等新型储能技术攻关、示范和产业化应用。加强氢能生产、储存、应用关键技术研发、示范和规模化应用。推广园区能源梯级利用等节能低碳技术。推动气凝胶等新型材料研发应用。推进规模化碳捕集利用与封存技术研发、示范和产业化应用。建立完善绿色低碳技术评估、交易体系和科技创新服务平台。

九、持续巩固提升碳汇能力

（二十二）巩固生态系统碳汇能力。强化国土空间规划和用途管控，严守生态保护红线，严控生态空间占用，稳定现有森林、草原、湿地、海洋、土壤、冻土、岩溶等固碳作用。严格控制新增建设用地规模，推动城乡存量建设用地盘活利用。严格执行土地使用标准，加强节约集约用地评价，推广节地技术和节地模式。

（二十三）提升生态系统碳汇增量。实施生态保护修复重大工程，开展山水林田湖草沙一体化保护和修复。深入推进大规模国土绿化行动，巩固退耕还林还草成果，实施森林质量精准提升工程，持续增加森林面积和蓄积量。加强草原生态保护修复。强化湿地保护。整体推进海洋生态系统保护和修复，

提升红树林、海草床、盐沼等固碳能力。开展耕地质量提升行动，实施国家黑土地保护工程，提升生态农业碳汇。积极推动岩溶碳汇开发利用。

十、提高对外开放绿色低碳发展水平

（二十四）加快建立绿色贸易体系。持续优化贸易结构，大力发展高质量、高技术、高附加值绿色产品贸易。完善出口政策，严格管理高耗能高排放产品出口。积极扩大绿色低碳产品、节能环保服务、环境服务等进口。

（二十五）推进绿色"一带一路"建设。加快"一带一路"投资合作绿色转型。支持共建"一带一路"国家开展清洁能源开发利用。大力推动南南合作，帮助发展中国家提高应对气候变化能力。深化与各国在绿色技术、绿色装备、绿色服务、绿色基础设施建设等方面的交流与合作，积极推动我国新能源等绿色低碳技术和产品走出去，让绿色成为共建"一带一路"的底色。

（二十六）加强国际交流与合作。积极参与应对气候变化国际谈判，坚持我国发展中国家定位，坚持共同但有区别的责任原则、公平原则和各自能力原则，维护我国发展权益。履行《联合国气候变化框架公约》及其《巴黎协定》，发布我国长期温室气体低排放发展战略，积极参与国际规则和标准制定，推动建立公平合理、合作共赢的全球气候治理体系。加强应对气候变化国际交流合作，统筹国内外工作，主动参与全球气候和环境治理。

十一、健全法律法规标准和统计监测体系

（二十七）健全法律法规。全面清理现行法律法规中与碳达峰、碳中和工作不相适应的内容，加强法律法规间的衔接协调。研究制定碳中和专项法律，抓紧修订节约能源法、电力法、煤炭法、可再生能源法、循环经济促进法等，增强相关法律法规的针对性和有效性。

（二十八）完善标准计量体系。建立健全碳达峰、碳中和标准计量体系。加快节能标准更新升级，抓紧修订一批能耗限额、产品设备能效强制性国家标准和工程建设标准，提升重点产品能耗限额要求，扩大能耗限额标准覆盖范围，完善能源核算、检测认证、评估、审计等配套标准。加快完善地区、行业、企业、产品等碳排放核查核算报告标准，建立统一规范的碳核算体系。制定重点行业和产品温室气体排放标准，完善低碳产品标准标识制度。积极参与相关国际标准制定，加强标准国际衔接。

（二十九）提升统计监测能力。健全电力、钢铁、建筑等行业领域能耗统计监测和计量体系，加强重点用能单位能耗在线监测系统建设。加强二氧化碳排放统计核算能力建设，提升信息化实测水平。依托和拓展自然资源调查监测体系，建立生态系统碳汇监测核算体系，开展森林、草原、湿地、海洋、土壤、冻土、岩溶等碳汇本底调查和碳储量评估，实施生态保护修复碳汇成效监测评估。

十二、完善政策机制

（三十）完善投资政策。充分发挥政府投资引导作用，构建与碳达峰、碳中和相适应的投融资体系，严控煤电、钢铁、电解铝、水泥、石化等高碳项目投资，加大对节能环保、新能源、低碳交通运输装备和组织方式、碳捕集利用与封存等项目的支持力度。完善支持社会资本参与政策，激发市场主体绿色低碳投资活力。国有企业要加大绿色低碳投资，积极开展低碳零碳负碳技术研发应用。

（三十一）积极发展绿色金融。有序推进绿色低碳金融产品和服务开发，设立碳减排货币政策工

具，将绿色信贷纳入宏观审慎评估框架，引导银行等金融机构为绿色低碳项目提供长期限、低成本资金。鼓励开发性政策性金融机构按照市场化法治化原则为实现碳达峰、碳中和提供长期稳定融资支持。支持符合条件的企业上市融资和再融资用于绿色低碳项目建设运营，扩大绿色债券规模。研究设立国家低碳转型基金。鼓励社会资本设立绿色低碳产业投资基金。建立健全绿色金融标准体系。

（三十二）完善财税价格政策。各级财政要加大对绿色低碳产业发展、技术研发等的支持力度。完善政府绿色采购标准，加大绿色低碳产品采购力度。落实环境保护、节能节水、新能源和清洁能源车船税收优惠。研究碳减排相关税收政策。建立健全促进可再生能源规模化发展的价格机制。完善差别化电价、分时电价和居民阶梯电价政策。严禁对高耗能、高排放、资源型行业实施电价优惠。加快推进供热计量改革和按供热量收费。加快形成具有合理约束力的碳价机制。

（三十三）推进市场化机制建设。依托公共资源交易平台，加快建设完善全国碳排放权交易市场，逐步扩大市场覆盖范围，丰富交易品种和交易方式，完善配额分配管理。将碳汇交易纳入全国碳排放权交易市场，建立健全能够体现碳汇价值的生态保护补偿机制。健全企业、金融机构等碳排放报告和信息披露制度。完善用能权有偿使用和交易制度，加快建设全国用能权交易市场。加强电力交易、用能权交易和碳排放权交易的统筹衔接。发展市场化节能方式，推行合同能源管理，推广节能综合服务。

十三、切实加强组织实施

（三十四）加强组织领导。加强党中央对碳达峰、碳中和工作的集中统一领导，碳达峰碳中和工作领导小组指导和统筹做好碳达峰、碳中和工作。支持有条件的地方和重点行业、重点企业率先实现碳达峰，组织开展碳达峰、碳中和先行示范，探索有效模式和有益经验。将碳达峰、碳中和作为干部教育培训体系重要内容，增强各级领导干部推动绿色低碳发展的本领。

（三十五）强化统筹协调。国家发展改革委要加强统筹，组织落实2030年前碳达峰行动方案，加强碳中和工作谋划，定期调度各地区各有关部门落实碳达峰、碳中和目标任务进展情况，加强跟踪评估和督促检查，协调解决实施中遇到的重大问题。各有关部门要加强协调配合，形成工作合力，确保政策取向一致、步骤力度衔接。

（三十六）压实地方责任。落实领导干部生态文明建设责任制，地方各级党委和政府要坚决扛起碳达峰、碳中和责任，明确目标任务，制定落实举措，自觉为实现碳达峰、碳中和作出贡献。

（三十七）严格监督考核。各地区要将碳达峰、碳中和相关指标纳入经济社会发展综合评价体系，增加考核权重，加强指标约束。强化碳达峰、碳中和目标任务落实情况考核，对工作突出的地区、单位和个人按规定给予表彰奖励，对未完成目标任务的地区、部门依规依法实行通报批评和约谈问责，有关落实情况纳入中央生态环境保护督察。各地区各有关部门贯彻落实情况每年向党中央、国务院报告。

国务院关于加快建立健全
绿色低碳循环发展经济体系的指导意见

国发〔2021〕4号

各省、自治区、直辖市人民政府，国务院各部委、各直属机构：

建立健全绿色低碳循环发展经济体系，促进经济社会发展全面绿色转型，是解决我国资源环境生态问题的基础之策。为贯彻落实党的十九大部署，加快建立健全绿色低碳循环发展的经济体系，现提出如下意见。

一、总体要求

（一）指导思想。以习近平新时代中国特色社会主义思想为指导，深入贯彻党的十九大和十九届二中、三中、四中、五中全会精神，全面贯彻习近平生态文明思想，认真落实党中央、国务院决策部署，坚定不移贯彻新发展理念，全方位全过程推行绿色规划、绿色设计、绿色投资、绿色建设、绿色生产、绿色流通、绿色生活、绿色消费，使发展建立在高效利用资源、严格保护生态环境、有效控制温室气体排放的基础上，统筹推进高质量发展和高水平保护，建立健全绿色低碳循环发展的经济体系，确保实现碳达峰、碳中和目标，推动我国绿色发展迈上新台阶。

（二）工作原则。坚持重点突破。以节能环保、清洁生产、清洁能源等为重点率先突破，做好与农业、制造业、服务业和信息技术的融合发展，全面带动一二三产业和基础设施绿色升级。坚持创新引领。深入推动技术创新、模式创新、管理创新，加快构建市场导向的绿色技术创新体系，推行新型商业模式，构筑有力有效的政策支持体系。坚持稳中求进。做好绿色转型与经济发展、技术进步、产业接续、稳岗就业、民生改善的有机结合，积极稳妥、韧性持久地加以推进。坚持市场导向。在绿色转型中充分发挥市场的导向性作用、企业的主体作用、各类市场交易机制的作用，为绿色发展注入强大动力。

（三）主要目标。到2025年，产业结构、能源结构、运输结构明显优化，绿色产业比重显著提升，基础设施绿色化水平不断提高，清洁生产水平持续提高，生产生活方式绿色转型成效显著，能源资源配置更加合理、利用效率大幅提高，主要污染物排放总量持续减少，碳排放强度明显降低，生态环境持续改善，市场导向的绿色技术创新体系更加完善，法律法规政策体系更加有效，绿色低碳循环发展的生产体系、流通体系、消费体系初步形成。到2035年，绿色发展内生动力显著增强，绿色产业规模迈上新台阶，重点行业、重点产品能源资源利用效率达到国际先进水平，广泛形成绿色生产生活方式，碳排放达峰后稳中有降，生态环境根本好转，美丽中国建设目标基本实现。

二、健全绿色低碳循环发展的生产体系

（四）推进工业绿色升级。加快实施钢铁、石化、化工、有色、建材、纺织、造纸、皮革等行业

绿色化改造。推行产品绿色设计，建设绿色制造体系。大力发展再制造产业，加强再制造产品认证与推广应用。建设资源综合利用基地，促进工业固体废物综合利用。全面推行清洁生产，依法在"双超双有高耗能"行业实施强制性清洁生产审核。完善"散乱污"企业认定办法，分类实施关停取缔、整合搬迁、整改提升等措施。加快实施排污许可制度。加强工业生产过程中危险废物管理。

（五）加快农业绿色发展。鼓励发展生态种植、生态养殖，加强绿色食品、有机农产品认证和管理。发展生态循环农业，提高畜禽粪污资源化利用水平，推进农作物秸秆综合利用，加强农膜污染治理。强化耕地质量保护与提升，推进退化耕地综合治理。发展林业循环经济，实施森林生态标志产品建设工程。大力推进农业节水，推广高效节水技术。推行水产健康养殖。实施农药、兽用抗菌药使用减量和产地环境净化行动。依法加强养殖水域滩涂统一规划。完善相关水域禁渔管理制度。推进农业与旅游、教育、文化、健康等产业深度融合，加快一二三产业融合发展。

（六）提高服务业绿色发展水平。促进商贸企业绿色升级，培育一批绿色流通主体。有序发展出行、住宿等领域共享经济，规范发展闲置资源交易。加快信息服务业绿色转型，做好大中型数据中心、网络机房绿色建设和改造，建立绿色运营维护体系。推进会展业绿色发展，指导制定行业相关绿色标准，推动办展设施循环使用。推动汽修、装修装饰等行业使用低挥发性有机物含量原辅材料。倡导酒店、餐饮等行业不主动提供一次性用品。

（七）壮大绿色环保产业。建设一批国家绿色产业示范基地，推动形成开放、协同、高效的创新生态系统。加快培育市场主体，鼓励设立混合所有制公司，打造一批大型绿色产业集团；引导中小企业聚焦主业增强核心竞争力，培育"专精特新"中小企业。推行合同能源管理、合同节水管理、环境污染第三方治理等模式和以环境治理效果为导向的环境托管服务。进一步放开石油、化工、电力、天然气等领域节能环保竞争性业务，鼓励公共机构推行能源托管服务。适时修订绿色产业指导目录，引导产业发展方向。

（八）提升产业园区和产业集群循环化水平。科学编制新建产业园区开发建设规划，依法依规开展规划环境影响评价，严格准入标准，完善循环产业链条，推动形成产业循环耦合。推进既有产业园区和产业集群循环化改造，推动公共设施共建共享、能源梯级利用、资源循环利用和污染物集中安全处置等。鼓励建设电、热、冷、气等多种能源协同互济的综合能源项目。鼓励化工等产业园区配套建设危险废物集中贮存、预处理和处置设施。

（九）构建绿色供应链。鼓励企业开展绿色设计、选择绿色材料、实施绿色采购、打造绿色制造工艺、推行绿色包装、开展绿色运输、做好废弃产品回收处理，实现产品全周期的绿色环保。选择100家左右积极性高、社会影响大、带动作用强的企业开展绿色供应链试点，探索建立绿色供应链制度体系。鼓励行业协会通过制定规范、咨询服务、行业自律等方式提高行业供应链绿色化水平。

三、健全绿色低碳循环发展的流通体系

（十）打造绿色物流。积极调整运输结构，推进铁水、公铁、公水等多式联运，加快铁路专用线建设。加强物流运输组织管理，加快相关公共信息平台建设和信息共享，发展甩挂运输、共同配送。推广绿色低碳运输工具，淘汰更新或改造老旧车船，港口和机场服务、城市物流配送、邮政快递等领域要优先使用新能源或清洁能源汽车；加大推广绿色船舶示范应用力度，推进内河船型标准化。加快港口岸电设施建设，支持机场开展飞机辅助动力装置替代设备建设和应用。支持物流企业构建数字化运营平

台，鼓励发展智慧仓储、智慧运输，推动建立标准化托盘循环共用制度。

（十一）加强再生资源回收利用。推进垃圾分类回收与再生资源回收"两网融合"，鼓励地方建立再生资源区域交易中心。加快落实生产者责任延伸制度，引导生产企业建立逆向物流回收体系。鼓励企业采用现代信息技术实现废物回收线上与线下有机结合，培育新型商业模式，打造龙头企业，提升行业整体竞争力。完善废旧家电回收处理体系，推广典型回收模式和经验做法。加快构建废旧物资循环利用体系，加强废纸、废塑料、废旧轮胎、废金属、废玻璃等再生资源回收利用，提升资源产出率和回收利用率。

（十二）建立绿色贸易体系。积极优化贸易结构，大力发展高质量、高附加值的绿色产品贸易，从严控制高污染、高耗能产品出口。加强绿色标准国际合作，积极引领和参与相关国际标准制定，推动合格评定合作和互认机制，做好绿色贸易规则与进出口政策的衔接。深化绿色"一带一路"合作，拓宽节能环保、清洁能源等领域技术装备和服务合作。

四、健全绿色低碳循环发展的消费体系

（十三）促进绿色产品消费。加大政府绿色采购力度，扩大绿色产品采购范围，逐步将绿色采购制度扩展至国有企业。加强对企业和居民采购绿色产品的引导，鼓励地方采取补贴、积分奖励等方式促进绿色消费。推动电商平台设立绿色产品销售专区。加强绿色产品和服务认证管理，完善认证机构信用监管机制。推广绿色电力证书交易，引领全社会提升绿色电力消费。严厉打击虚标绿色产品行为，有关行政处罚等信息纳入国家企业信用信息公示系统。

（十四）倡导绿色低碳生活方式。厉行节约，坚决制止餐饮浪费行为。因地制宜推进生活垃圾分类和减量化、资源化，开展宣传、培训和成效评估。扎实推进塑料污染全链条治理。推进过度包装治理，推动生产经营者遵守限制商品过度包装的强制性标准。提升交通系统智能化水平，积极引导绿色出行。深入开展爱国卫生运动，整治环境脏乱差，打造宜居生活环境。开展绿色生活创建活动。

五、加快基础设施绿色升级

（十五）推动能源体系绿色低碳转型。坚持节能优先，完善能源消费总量和强度双控制度。提升可再生能源利用比例，大力推动风电、光伏发电发展，因地制宜发展水能、地热能、海洋能、氢能、生物质能、光热发电。加快大容量储能技术研发推广，提升电网汇集和外送能力。增加农村清洁能源供应，推动农村发展生物质能。促进燃煤清洁高效开发转化利用，继续提升大容量、高参数、低污染煤电机组占煤电装机比例。在北方地区县城积极发展清洁热电联产集中供暖，稳步推进生物质耦合供热。严控新增煤电装机容量。提高能源输配效率。实施城乡配电网建设和智能升级计划，推进农村电网升级改造。加快天然气基础设施建设和互联互通。开展二氧化碳捕集、利用和封存试验示范。

（十六）推进城镇环境基础设施建设升级。推进城镇污水管网全覆盖。推动城镇生活污水收集处理设施"厂网一体化"，加快建设污泥无害化资源化处置设施，因地制宜布局污水资源化利用设施，基本消除城市黑臭水体。加快城镇生活垃圾处理设施建设，推进生活垃圾焚烧发电，减少生活垃圾填埋处理。加强危险废物集中处置能力建设，提升信息化、智能化监管水平，严格执行经营许可管理制度。提升医疗废物应急处理能力。做好餐厨垃圾资源化利用和无害化处理。在沿海缺水城市推动大型海水淡化设施建设。

（十七）提升交通基础设施绿色发展水平。将生态环保理念贯穿交通基础设施规划、建设、运营和维护全过程，集约利用土地等资源，合理避让具有重要生态功能的国土空间，积极打造绿色公路、绿色铁路、绿色航道、绿色港口、绿色空港。加强新能源汽车充换电、加氢等配套基础设施建设。积极推广应用温拌沥青、智能通风、辅助动力替代和节能灯具、隔声屏障等节能环保先进技术和产品。加大工程建设中废弃资源综合利用力度，推动废旧路面、沥青、疏浚土等材料以及建筑垃圾的资源化利用。

（十八）改善城乡人居环境。相关空间性规划要贯彻绿色发展理念，统筹城市发展和安全，优化空间布局，合理确定开发强度，鼓励城市留白增绿。建立"美丽城市"评价体系，开展"美丽城市"建设试点。增强城市防洪排涝能力。开展绿色社区创建行动，大力发展绿色建筑，建立绿色建筑统一标识制度，结合城镇老旧小区改造推动社区基础设施绿色化和既有建筑节能改造。建立乡村建设评价体系，促进补齐乡村建设短板。加快推进农村人居环境整治，因地制宜推进农村改厕、生活垃圾处理和污水治理、村容村貌提升、乡村绿化美化等。继续做好农村清洁供暖改造、老旧危房改造，打造干净整洁有序美丽的村庄环境。

六、构建市场导向的绿色技术创新体系

（十九）鼓励绿色低碳技术研发。实施绿色技术创新攻关行动，围绕节能环保、清洁生产、清洁能源等领域布局一批前瞻性、战略性、颠覆性科技攻关项目。培育建设一批绿色技术国家技术创新中心、国家科技资源共享服务平台等创新基地平台。强化企业创新主体地位，支持企业整合高校、科研院所、产业园区等力量建立市场化运行的绿色技术创新联合体，鼓励企业牵头或参与财政资金支持的绿色技术研发项目、市场导向明确的绿色技术创新项目。

（二十）加速科技成果转化。积极利用首台（套）重大技术装备政策支持绿色技术应用。充分发挥国家科技成果转化引导基金作用，强化创业投资等各类基金引导，支持绿色技术创新成果转化应用。支持企业、高校、科研机构等建立绿色技术创新项目孵化器、创新创业基地。及时发布绿色技术推广目录，加快先进成熟技术推广应用。深入推进绿色技术交易中心建设。

七、完善法律法规政策体系

（二十一）强化法律法规支撑。推动完善促进绿色设计、强化清洁生产、提高资源利用效率、发展循环经济、严格污染治理、推动绿色产业发展、扩大绿色消费、实行环境信息公开、应对气候变化等方面法律法规制度。强化执法监督，加大违法行为查处和问责力度，加强行政执法机关与监察机关、司法机关的工作衔接配合。

（二十二）健全绿色收费价格机制。完善污水处理收费政策，按照覆盖污水处理设施运营和污泥处理处置成本并合理盈利的原则，合理制定污水处理收费标准，健全标准动态调整机制。按照产生者付费原则，建立健全生活垃圾处理收费制度，各地区可根据本地实际情况，实行分类计价、计量收费等差别化管理。完善节能环保电价政策，推进农业水价综合改革，继续落实好居民阶梯电价、气价、水价制度。

（二十三）加大财税扶持力度。继续利用财政资金和预算内投资支持环境基础设施补短板强弱项、绿色环保产业发展、能源高效利用、资源循环利用等。继续落实节能节水环保、资源综合利用以及合同能源管理、环境污染第三方治理等方面的所得税、增值税等优惠政策。做好资源税征收和水资源费改税试点工作。

（二十四）大力发展绿色金融。发展绿色信贷和绿色直接融资，加大对金融机构绿色金融业绩评价考核力度。统一绿色债券标准，建立绿色债券评级标准。发展绿色保险，发挥保险费率调节机制作用。支持符合条件的绿色产业企业上市融资。支持金融机构和相关企业在国际市场开展绿色融资。推动国际绿色金融标准趋同，有序推进绿色金融市场双向开放。推动气候投融资工作。

（二十五）完善绿色标准、绿色认证体系和统计监测制度。开展绿色标准体系顶层设计和系统规划，形成全面系统的绿色标准体系。加快标准化支撑机构建设。加快绿色产品认证制度建设，培育一批专业绿色认证机构。加强节能环保、清洁生产、清洁能源等领域统计监测，健全相关制度，强化统计信息共享。

（二十六）培育绿色交易市场机制。进一步健全排污权、用能权、用水权、碳排放权等交易机制，降低交易成本，提高运转效率。加快建立初始分配、有偿使用、市场交易、纠纷解决、配套服务等制度，做好绿色权属交易与相关目标指标的对接协调。

八、认真抓好组织实施

（二十七）抓好贯彻落实。各地区各有关部门要思想到位、措施到位、行动到位，充分认识建立健全绿色低碳循环发展经济体系的重要性和紧迫性，将其作为高质量发展的重要内容，进一步压实工作责任，加强督促落实，保质保量完成各项任务。各地区要根据本地实际情况研究提出具体措施，在抓落实上投入更大精力，确保政策措施落到实处。

（二十八）加强统筹协调。国务院各有关部门要加强协同配合，形成工作合力。国家发展改革委要会同有关部门强化统筹协调和督促指导，做好年度重点工作安排部署，及时总结各地区各有关部门的好经验好模式，探索编制年度绿色低碳循环发展报告，重大情况及时向党中央、国务院报告。

（二十九）深化国际合作。统筹国内国际两个大局，加强与世界各个国家和地区在绿色低碳循环发展领域的政策沟通、技术交流、项目合作、人才培训等，积极参与和引领全球气候治理，切实提高我国推动国际绿色低碳循环发展的能力和水平，为构建人类命运共同体作出积极贡献。

（三十）营造良好氛围。各类新闻媒体要讲好我国绿色低碳循环发展故事，大力宣传取得的显著成就，积极宣扬先进典型，适时曝光破坏生态、污染环境、严重浪费资源和违规乱上高污染、高耗能项目等方面的负面典型，为绿色低碳循环发展营造良好氛围。

国务院

2021年2月2日

国务院办公厅关于印发全国深化"放管服"改革着力培育和激发市场主体活力电视电话会议重点任务分工方案的通知

国办发〔2021〕25号

各省、自治区、直辖市人民政府，国务院各部委、各直属机构：

《全国深化"放管服"改革着力培育和激发市场主体活力电视电话会议重点任务分工方案》已经国务院同意，现印发给你们，请结合实际认真贯彻落实。

国务院办公厅

2021年7月11日

（此件公开发布）

全国深化"放管服"改革着力培育和激发市场主体活力电视电话会议重点任务分工方案

党中央、国务院高度重视深化"放管服"改革优化营商环境工作。2021年6月2日，李克强总理在全国深化"放管服"改革着力培育和激发市场主体活力电视电话会议上发表重要讲话，部署持续一体推进"放管服"改革，打造市场化法治化国际化营商环境，培育壮大市场主体，更大激发市场活力和社会创造力。为确保会议确定的重点任务落到实处，现制定如下分工方案。

一、直面市场主体需求，创新实施宏观政策和深化"放管服"改革

（一）继续围绕市场主体关切，科学精准实施宏观政策，落实好常态化财政资金直达机制和货币政策直达工具，并强化全链条监控。（财政部、人民银行、审计署、税务总局等国务院相关部门及各地区按职责分工负责）

具体措施：

1.完善常态化财政资金直达机制，强化对资金分配、使用的跟踪监控，确保基层合规、高效使用直达资金。（财政部牵头，审计署等国务院相关部门及各地区按职责分工负责）

2.建立税费优惠政策与征管操作办法同步发布、同步解读工作机制，及时调整优化征管信息系统功

能，确保政策红利惠及市场主体。（税务总局负责）

3.督促指导银行机构按照市场化原则与企业自主协商延期还本付息，加大普惠小微企业信用贷款发放力度，监测延期贷款到期偿还情况，加强风险防范。（人民银行、银保监会牵头，国务院相关部门及各地区按职责分工负责）

（二）充分调动企事业单位和社会力量的积极性，在水、电、气、热、交通、电信等基础设施方面增加供给，提升服务质量和水平，为市场主体经营发展创造好的条件。（国家发展改革委、工业和信息化部、住房城乡建设部、交通运输部、市场监管总局、国家能源局等国务院相关部门及各地区按职责分工负责）

具体措施：

1.明确水、电、气、热、通信、有线电视等接入标准，简化接入审批流程，公开服务内容、资费标准等信息，加快推进报装、查询、缴费等业务全程网办。2021年11月底前组织开展相关公用事业行业收费专项检查，规范收费行为。（工业和信息化部、住房城乡建设部、市场监管总局、国家能源局等国务院相关部门及各地区按职责分工负责）

2.优化办电服务，2021年底前实现城市地区用电报装容量160千瓦及以下、农村地区100千瓦及以下的小微企业用电报装"零投资"，将实行"零上门、零审批、零投资"服务的低压非居民用户全过程办电时间压减至20个工作日以内。修订《供电营业规则》，研究取消电费保证金，减轻企业用电负担。（国家能源局、财政部、国家发展改革委等国务院相关部门及各地区按职责分工负责）

3.优化宽带接入和安装服务，对物业指定代理商、限制用户选择运营商等违法违规行为进行专项整治。重点整治基础电信企业通过擅自添加业务限制用户携号转网等违规行为，推动实现携号转网异地办、网上办。（工业和信息化部、公安部、住房城乡建设部、国务院国资委、市场监管总局等国务院相关部门及各地区按职责分工负责）

（三）保障好基本民生，尽力而为、量力而行，重点加强义务教育、基本医疗、基本住房等保障，完善失业保障、灵活就业人员基本权益保障等制度，逐步提高保障水平，织密织牢社会保障"安全网"。（教育部、民政部、财政部、人力资源社会保障部、住房城乡建设部、国家卫生健康委、国家医保局等国务院相关部门及各地区按职责分工负责）

具体措施：

1.建立健全低收入人口动态监测和常态化救助帮扶机制，及时发现需要救助的低收入人口并纳入救助帮扶范围。优化最低生活保障审核流程，完善特困人员认定条件，简化认定程序，确保相关人员及时获得救助，同时加强规范化管理。进一步完善困难残疾人生活补贴和重度残疾人护理补贴制度，提高管理和服务质量。（民政部牵头，中国残联等相关单位及各地区按职责分工负责）

2.2021年底前制定出台维护新就业形态劳动者劳动保障权益的有关意见，并开展平台灵活就业人员职业伤害保障试点。制定出台失业保险关系转移办法，优化失业保险待遇申领程序。（人力资源社会保障部等国务院相关部门按职责分工负责）

3.增加保障性租赁住房和共有产权住房供给，规范发展长租房市场，降低租赁住房税费负担，尽最大努力帮助新市民、青年人等缓解住房困难。（住房城乡建设部牵头，国务院相关部门及各地区按职责分工负责）

（四）重视企业合理诉求，加强帮扶支持，让市场主体安心发展、更好发展。进一步增强服务意识，加大政策宣介力度，优化政策落地机制，用好现代信息技术，努力使"人找政策"变为"政策找

人"，推动惠企政策应享尽享、快速兑现。（各地区、各相关部门负责）

具体措施：

1.运用大数据手段，主动甄别符合享受税费优惠政策条件的纳税人缴费人，精准推送税费政策信息，编制发布税费优惠政策指引，便利纳税人缴费人申请。（税务总局负责）

2.健全企业合理诉求解决机制，完善问题受理、协同办理、结果反馈等流程，杜绝投诉无门、推诿扯皮现象，有效解决企业面临的实际困难问题。（各地区负责）

二、着力打造市场化营商环境

（五）持续深化行政审批制度改革，着力推进涉企审批减环节、减材料、减时限、减费用，抓紧编制公布行政许可事项清单。深化"证照分离"改革，着力推进照后减证并证，让市场主体尤其是制造业、一般服务业市场主体准入更便捷。动态优化国家职业资格目录，进一步降低就业创业门槛。（国务院办公厅、国家发展改革委、司法部、人力资源社会保障部、商务部、市场监管总局等国务院相关部门及各地区按职责分工负责）

具体措施：

1.建立健全行政许可设定审查机制，完善行政许可设定标准和论证程序，对新设许可等行政管理措施从严审查把关，创新完善行政审批制度改革方式，并加强对行政许可实施情况的监督。（国务院办公厅负责）

2.编制公布中央层面设定的行政许可事项清单，组织编制县级以上地方行政许可事项清单，将全部行政许可事项纳入清单管理，逐项明确设定依据、实施机关、许可条件、办理程序、办理时限、申请材料、有效期限、收费等要素。制定全面实行行政许可事项清单管理有关办法，明确清单编制、管理、实施和监督的基本规则，严肃清理清单之外违规实施的变相许可。（国务院办公厅牵头，国务院相关部门及各地区按职责分工负责）

3.在全国范围内深化"证照分离"改革，实施涉企经营许可事项全覆盖清单管理，并在自由贸易试验区进一步加大改革试点力度。（国务院办公厅、市场监管总局、司法部牵头，国务院相关部门及各地区按职责分工负责）

4.2021年底前修订出台《市场准入负面清单（2021年版）》，选择符合条件的地区开展放宽市场准入试点，研究市场准入效能评估标准并探索开展综合评估，进一步畅通市场主体对隐性壁垒的投诉渠道和处理回应机制。（国家发展改革委、商务部负责）

5.2021年9月底前修订公布新版国家职业资格目录。针对部分风险可控的准入类职业资格，降低或取消考试工作年限要求。深化职业技能人才评价制度改革，健全完善职业技能等级制度。（人力资源社会保障部牵头，国务院相关部门及各地区按职责分工负责）

（六）加强部门衔接，扩大简易注销范围，使市场主体退出更顺畅，促进市场新陈代谢。（市场监管总局牵头，人民银行、海关总署、税务总局等国务院相关部门及各地区按职责分工负责）

具体措施：

1.将简易注销登记适用范围拓展至未发生债权债务或已将债权债务清偿完结的各类市场主体（上市股份有限公司除外），将公示时间由45天压减为20天。建立简易注销登记容错机制，优化注销平台功能，对部分存在轻微异常状态的市场主体，待其异常状态消失后允许再次申请简易注销登记。完善《企业注销指引》，解决企业注销过程中遇到的问题和困难，为企业提供更加规范的行政指导。（市场监管总局牵头，国务院相关部门及各地区按职责分工负责）

2.扩大跨省税务迁移改革试点，对符合条件的企业，由迁出地税务机关将企业相关信息推送至迁入地税务机关，企业可继承原有的纳税信用级别等资质信息、增值税期末留抵税额等权益信息，进一步提升跨省税务迁移便利化水平。（税务总局及相关地区按职责分工负责）

（七）深化投资建设领域审批制度改革，精简整合审批流程，推行多规合一、多图联审、联合验收等做法，在确保安全的前提下推行告知承诺制，让项目早落地、早投产。（国家发展改革委、自然资源部、住房城乡建设部等国务院相关部门及各地区按职责分工负责）

具体措施：

1.2021年底前研究制定工程建设项目全过程审批管理制度性文件，建立健全工程建设项目审批监督管理机制，提升审批服务效能。（住房城乡建设部牵头，国务院相关部门及各地区按职责分工负责）

2.2021年10月底前开展工程建设项目审批"体外循环""隐性审批"专项治理，在确保工程质量和安全前提下，进一步清理规范工程建设项目全流程涉及的行政许可、技术审查、中介服务、市政公用服务等事项，以及不必要的专家审查、会议审查、征求意见、现场踏勘等环节。（住房城乡建设部等国务院相关部门及各地区按职责分工负责）

3.推动投资项目在线审批监管平台和各相关审批系统互联互通和数据共享，避免企业重复填报、部门重复核验。（国家发展改革委、自然资源部、住房城乡建设部、交通运输部、水利部等国务院相关部门及各地区按职责分工负责）

（八）着力完善政策、消除障碍、搭建平台，强化企业创新主体地位，注重运用税收优惠等普惠性政策激励企业研发创新。加大对"双创"的支持力度，促进大中小企业融通创新，聚众智汇众力，提高创新效率。（国家发展改革委、科技部、工业和信息化部、财政部、国务院国资委、税务总局、国家知识产权局等国务院相关部门及各地区按职责分工负责）

具体措施：

1.进一步简化研发支出辅助账，优化技术合同认定登记等程序和手续，便利符合条件的企业享受研发费用加计扣除政策。（税务总局、科技部牵头，国务院相关部门及各地区按职责分工负责）

2.建立完善众创空间、孵化器、加速器等科技型中小企业孵化链条，构建从孵化培育、成长扶持到壮大的全生命周期服务体系。引导金融机构创新符合中小企业轻资产、重智力等特征的金融产品，并完善相应信贷管理机制。（国家发展改革委、科技部、银保监会等国务院相关部门及各地区按职责分工负责）

3.运用大数据等技术手段筛选高校院所质量较高、具备市场前景的专利，发现潜在许可实施对象，利用专利开放许可等机制，提高专利转移转化效率，助力中小企业创新发展。（国家知识产权局负责）

4.加快出台《中华人民共和国人类遗传资源管理条例》实施细则及配套规定，制定公布人类遗传资源行政许可和备案的范围、标准、条件、程序等，在确保有效监管前提下，提升人类遗传资源领域政务服务质量和效率，推行网上申报和备案服务，对需要补正的材料一次性告知，便利企业查询审批进度及结果，为企业开展研发创新提供有利条件。（科技部等国务院相关部门按职责分工负责）

（九）切实维护公平竞争的市场秩序，对包括国企、民企、外企在内的各类市场主体一视同仁。对垄断和不正当竞争进行规范治理，清理纠正地方保护、行业垄断、市场分割等不公平做法。（市场监

管总局、国家发展改革委、工业和信息化部、财政部、商务部、国务院国资委等国务院相关部门及各地区按职责分工负责）

具体措施：

1.推进公平竞争审查全覆盖，强化制度刚性约束，查处限制交易、阻碍商品和要素在地区间自由流通等滥用行政权力排除、限制竞争行为。依法查处企业低价倾销、价格欺诈等违法行为，加大对仿冒混淆、虚假宣传、商业诋毁等不正当竞争行为的监管执法力度。依法查处平台企业垄断案件，围绕医药、公用事业、建材、教育培训等重点民生领域开展反垄断执法，切实维护市场公平竞争秩序。（市场监管总局牵头，国务院相关部门及各地区按职责分工负责）

2.纵深推进招标投标全流程电子化，完善电子招标投标制度规则、技术标准和数据规范，推进各地区、各部门评标专家资源共享，推动数字证书（CA）全国互认，提升招标投标透明度和规范性。畅通招标投标异议、投诉渠道，清理招标人在招标投标活动中设置的注册资本金、设立分支机构、特定行政区域、行业奖项等不合理投标条件。（国家发展改革委牵头，国务院相关部门及各地区按职责分工负责）

（十）坚持把"放"和"管"统一起来，把有效监管作为简政放权的必要保障。健全监管规则，创新监管方式，完善事中事后监管，深入推进"双随机、一公开"监管、跨部门综合监管、"互联网+监管"和信用风险分类监管，提高监管的精准性有效性。（国务院办公厅、国家发展改革委、人民银行、市场监管总局等国务院相关部门及各地区按职责分工负责）

具体措施：

1.研究制定关于进一步加强事中事后监管的指导意见，推动全面落实监管责任，建立健全监管协调机制，改进完善监管方式，切实提高监管效能。（国务院办公厅牵头，国务院相关部门及各地区按职责分工负责）

2.组织对取消和下放行政许可事项的事中事后监管情况进行"回头看"，分析查找存在的风险隐患和监管漏洞，完善加强事中事后监管措施。（国务院办公厅牵头，国务院相关部门及各地区按职责分工负责）

3.2021年底前制定出台在市场监管领域推进企业信用风险分类管理的有关意见，推进"双随机、一公开"监管与信用风险分类管理等结合，进一步提升监管精准性。（市场监管总局等国务院相关部门及各地区按职责分工负责）

4.健全跨部门综合监管制度，明确相关部门监管责任，完善监管机制和方式，打破部门界限，形成监管合力。（国务院办公厅牵头，国务院相关部门及各地区按职责分工负责）

5.完善国家"互联网+监管"系统功能，健全工作机制，加强监管数据归集与治理，强化监管事项目录清单动态管理，明确风险预警协同处置工作流程，研究制定关于加快构建全国一体化在线监管平台的文件。（国务院办公厅牵头，国务院相关部门及各地区按职责分工负责）

6.依法依规推进社会信用体系建设，制定发布全国公共信用信息基础目录、全国失信惩戒措施基础清单，根据失信行为的性质和严重程度，采取轻重适度的惩戒措施，确保过惩相当。（国家发展改革委、人民银行牵头，市场监管总局等国务院相关部门及各地区按职责分工负责）

7.修订《互联网广告管理暂行办法》，进一步加大对违法互联网广告的惩治力度。研究制定平台交易规则、直播电子商务标准等，促进电子商务规范健康发展。（市场监管总局、商务部及各地区按职责分工负责）

（十一）对涉及安全生产、人民身体健康和生命安全等领域和事项，切实把好每一道关口，确保质量和安全。（国务院相关部门及各地区按职责分工负责）

具体措施：

1.加大强制性产品认证监管力度，对指定认证机构开展全覆盖检查，对儿童用品、家电、电子电器等重点领域的获证产品开展认证有效性抽查，确保产品质量安全。（市场监管总局牵头，国务院相关部门及各地区按职责分工负责）

2.加强全国特种设备安全状况分析，开展安全生产专项整治行动，督促各地做好隐患排查及整改。加大对持证特种设备生产单位和检验检测机构的监督抽查力度，查处违法违规行为并向社会公开。（市场监管总局牵头，国务院相关部门及各地区按职责分工负责）

3.加快制定药品经营、药品网络销售以及化妆品生产经营等监督管理办法，强化质量监管，提升监管效能。推进医疗器械唯一标识在医疗器械生产、经营、使用中的全链条应用，加强用于新冠肺炎疫情防控的医疗器械质量安全监管，严厉查处医疗器械网络销售违法违规行为。（国家药监局、市场监管总局负责）

4.组织开展安全评价执业行为专项整治，坚决打击安全评价机构、从业人员、评审人员和生产经营单位违法违规行为，坚守安全生产底线。依法督促消防技术服务机构落实主体责任，规范执业行为，提高服务质量，严厉打击消防技术服务弄虚作假行为。（应急部及各地区按职责分工负责）

5.制定出台《医疗保障基金使用监督管理条例》配套实施文件和相关规范标准，采取日常检查、现场检查、飞行检查、联合检查等多种手段，加强医保基金监管。（国家医保局及各地区按职责分工负责）

（十二）继续推进省内通办、跨省通办，推进政务服务标准化规范化便利化，用好政务服务平台，推动电子证照扩大应用和全国互通互认，实现更多政务服务网上办、掌上办、一次办。（国务院办公厅牵头，各地区、各部门负责）

具体措施：

1.2021年底前研究制定关于加快推进政务服务标准化规范化便利化的指导意见，进一步推进政务服务运行标准化、服务供给规范化、企业和群众办事便利化。（国务院办公厅牵头，国务院相关部门及各地区按职责分工负责）

2.2021年底前实现工业产品生产许可证办理、异地就医登记备案和结算、社保卡申领、户口迁移等74项政务服务事项"跨省通办"，完善全国一体化政务服务平台"跨省通办"服务专区，规范省际"点对点"跨省通办。（国务院办公厅牵头，公安部、人力资源社会保障部、市场监管总局、国家医保局等国务院相关部门及各地区按职责分工负责）

3.2021年底前研究制定关于加快推进政务服务事项集成改革的政策文件，推动实现套餐式、主题式集成服务事项同标准、无差别办理。2022年底前研究制定政务服务事项集成服务相关标准。（国务院办公厅牵头，国务院相关部门及各地区按职责分工负责）

4.2021年11月底前制定出台关于依托全国一体化政务服务平台推动电子证照扩大应用领域和全国互通互认的文件。（国务院办公厅牵头，各地区、各部门负责）

5.优化部分高频事项服务，在全国范围内开展增值税、消费税分别与城市维护建设税、教育费附加、地方教育附加合并申报，2021年底前基本实现企业办税缴费事项网上办理、个人办税缴费事项掌上办理。在试点基础上，2022年底前在全国全面推行机动车驾驶证电子化。（公安部、税务总局及各地区

按职责分工负责）

（十三）把企业和群众的"关键小事"当作政府的"心头大事"来办，着力破解异地就医报销难、车检难、公证难等问题，实现企业常规信息"最多报一次"，分类完成地方政务服务便民热线的归并，用制度和技术的办法，让市场主体和群众依规办事不求人。（国务院办公厅、公安部、司法部、生态环境部、交通运输部、市场监管总局、国家医保局等国务院相关部门及各地区按职责分工负责）

具体措施：

1.加快推进地方政务服务便民热线优化，2021年底前按要求分级分类完成热线归并。（国务院办公厅牵头，国务院相关部门及各地区按职责分工负责）

2.制定出台关于优化车辆检测的政策文件，规范提升车辆检测站服务，优化检测流程和材料，减少群众车检排队等候时间。增加车检服务供给，探索允许具备资质、信用良好的汽车品牌服务企业提供非营运小型车辆维修、保养、检测"一站式"服务，加强对伪造检测结果等违法违规行为的监管和查处。推动检测机构公示服务项目、内容和价格，加大对检测机构相互串通、操纵市场价格等行为的监管和查处力度。（公安部、生态环境部、交通运输部、市场监管总局等国务院相关部门及各地区按职责分工负责）

3.优化公证服务，规范和精简公证证明材料，全面推行公证证明材料清单管理，落实一次性告知制度，推进人口基本信息、婚姻、收养、不动产登记等办理公证所需数据共享和在线查询核验，实现更多高频公证服务事项"一网通办"。推动降低偏高的公证事项收费标准。（司法部牵头，国务院相关部门及各地区按职责分工负责）

4.着力缓解异地就医报销难问题，2021年底前实现各省份60%以上的县至少有1家普通门诊费用跨省联网医疗机构，各统筹地区基本实现普通门诊费用跨省直接结算；对于高血压、糖尿病、恶性肿瘤门诊放化疗、尿毒症透析、器官移植术后抗排异治疗等5个群众需求大、各地普遍开展的门诊慢特病，每个省份至少有1个统筹地区实现相关治疗费用跨省直接结算。（国家医保局及各地区按职责分工负责）

5.对部门规章、规范性文件设定的证明事项进行审核，梳理发布中央层面确需保留的证明事项清单，督促指导各地抓紧发布本地区确需保留的证明事项清单，行政机关办理依申请的行政事项不得索要清单之外的证明。（司法部牵头，国务院相关部门及各地区按职责分工负责）

三、着力打造法治化营商环境

（十四）建立健全营商环境法规体系，推进《优化营商环境条例》等进一步落实到位，推动做好营商环境方面法律法规立改废释工作，将行之有效的做法上升为制度规范，当前要重点抓好行政审批、行政收费、政务服务、数据安全共享等领域法规建设。（国务院办公厅、国家发展改革委、司法部、财政部等国务院相关部门及各地区按职责分工负责）

具体措施：

1.持续抓好《优化营商环境条例》贯彻落实，抓紧制定完善配套措施，确保各项规定落到实处、取得实效。（各地区、各部门负责）

2.研究制定优化政务服务方面的行政法规，为推进政务服务持续优化提供法治保障。（国务院办公厅、司法部等国务院相关部门按职责分工负责）

（十五）依法保护各类市场主体产权和合法权益。完善产权保护制度，依法全面保护各类产权，严格执行知识产权侵权惩罚性赔偿制度，着力解决侵权成本低、维权成本高等问题。（国家发展改革委、司法部、国家知识产权局等国务院相关部门及各地区按职责分工负责）

具体措施：

1.2021年底前推动健全涉产权冤错案件依法甄别纠正常态化机制、涉政府产权纠纷问题治理长效机制，持续加强产权执法司法平等保护。（国家发展改革委等国务院相关部门及各地区按职责分工负责）

2.建立知识产权代理行业监管长效机制，加大对无资质开展专利代理行为的打击力度。制定商标一般违法判断标准，统一行政执法标准。推进商标信息与企业名称信息联通，打击恶意将企业名称或字号抢注为商标、囤积商标和不以保护创新为目的的非正常专利申请等行为。（国家知识产权局、市场监管总局等国务院相关部门及各地区按职责分工负责）

3.修订企业知识产权管理规范，发布企业知识产权保护指南，引导和支持企业完善知识产权管理体系，提升知识产权保护能力。（国家知识产权局负责）

（十六）政府要带头守信践诺，梳理政府对企业依法依规作出的承诺事项，未如期履行承诺的要限期解决，因政府失信导致企业合法权益受损的要依法赔偿，绝不能"新官不理旧账"。（国务院办公厅、国家发展改革委、司法部、工业和信息化部、财政部、国务院国资委等国务院相关部门及各地区按职责分工负责）

具体措施：

1.研究进一步健全政务诚信长效机制，督促地方各级政府严格履行依法依规作出的承诺事项，重点治理政府失信行为。（国务院办公厅、国家发展改革委负责）

2.健全防范和化解拖欠中小企业账款长效机制，制定出台保障中小企业款项支付投诉处理办法，完善违约拖欠中小企业款项登记（投诉）平台功能，健全企业投诉受理、办理和反馈机制。（工业和信息化部牵头，财政部、国务院国资委等国务院相关部门及各地区按职责分工负责）

（十七）严格规范公正文明执法，抓紧研究规范行政裁量权，纠正执法不严、简单粗暴、畸轻畸重等行为，提高执法水平。从源头上清理乱收费、乱罚款、乱摊派，凡违反法定权限和程序设定的罚款事项，一律取消。（司法部、财政部等国务院相关部门及各地区按职责分工负责）

具体措施：

1.全面梳理现行行政法规、部门规章设定的罚款事项，取消或调整不合理罚款事项。各地区要组织清理地方政府规章设定的不合理罚款事项。（司法部等国务院相关部门及各地区按职责分工负责）

2.开展涉企违规收费专项检查，严肃查处擅自设立收费项目、提高征收标准、扩大征收范围、乱摊派等问题。（财政部牵头，国务院相关部门及各地区按职责分工负责）

3.研究起草行政执法监督条例，加强执法监督，规范行政执法行为。2021年底前制定出台关于进一步规范行政裁量权基准制定和管理工作的意见，推动各地区、各相关部门加快明确执法裁量基准。（司法部牵头，国务院相关部门及各地区按职责分工负责）

4.2021年底前制定出台关于加强生态环境监督执法正面清单管理推动差异化执法监管的意见，进一步优化执法方式，督促指导地方通过实行分类监管、差异化监管，科学配置执法资源，提高执法效能。（生态环境部及各地区按职责分工负责）

5.进一步畅通企业依法申请行政复议渠道，提高审查涉企行政复议案件的规范性和透明度，严格依法纠正侵犯企业合法权益的违法或不当行政行为。（司法部等国务院相关部门及各地区按职责分工负责）

四、着力打造国际化营商环境

（十八）加强与相关国际通行规则对接，以签署加入《区域全面经济伙伴关系协定》（RCEP）为契机，在贸易投资自由化便利化、知识产权保护、电子商务、政府采购等方面实行更高标准规则。更好发挥自由贸易试验区创新引领作用，在制度型开放上迈出更大步伐。维护好产业链供应链稳定，切实维护国家安全。（商务部、国家发展改革委、司法部、财政部、海关总署、国家知识产权局等国务院相关部门及各地区按职责分工负责）

具体措施：

1.2021年底前研究制定建设更高水平开放型经济新体制有关文件，推动投资、贸易、金融、创新等领域与国际规则更加深入对接。（国家发展改革委牵头，国务院相关部门按职责分工负责）

2.2021年底前研究制定自由贸易试验区试点对接国际高标准推进制度型开放有关文件。（商务部牵头，相关单位及地区按职责分工负责）

3.更大范围开展"经认证的经营者"（AEO）国际互认，推进与"一带一路"沿线国家、重要贸易国家、RCEP成员国及中东欧国家的AEO互认。加强与RCEP成员国的动植物疫情信息共享，探索认可RCEP成员国间动植物检疫措施的等效性。（海关总署牵头，农业农村部、国家林草局等国务院相关部门及各地区按职责分工负责）

（十九）健全外商投资促进和服务体系，全面落实外商投资法和相关配套法规，完善外商投资准入前国民待遇加负面清单管理制度，保障外资企业依法平等进入已经开放的领域。建立具有国际竞争力的引才用才制度，为高层次外国人才来华创业创新提供便利。（国家发展改革委、商务部、外交部、科技部、司法部、人力资源社会保障部、国家移民局等国务院相关部门及各地区按职责分工负责）

具体措施：

1.严格执行外商投资法及配套法规，继续清理与外商投资法不符的法规、规章和规范性文件。（商务部、国家发展改革委、司法部牵头，国务院相关部门及各地区按职责分工负责）

2.进一步缩减和完善外商投资准入负面清单，清单之外不得设限，便利外资企业准入。（国家发展改革委、商务部牵头，国务院相关部门及各地区按职责分工负责）

（二十）进一步优化外贸发展环境，继续推动降低外贸企业营商成本，清理规范口岸收费，深化国际贸易"单一窗口"建设，推动国际物流畅通。（商务部、海关总署、国家发展改革委、交通运输部、市场监管总局等国务院相关部门及各地区按职责分工负责）

具体措施：

1.深化国际贸易"单一窗口"建设，2021年底前，除涉密等特殊情况外，进出口环节监管证件统一通过"单一窗口"受理，逐步实现监管证件电子签发、自助打印。推行"互联网+稽核查"，2021年底前实现网上送达法律文书、提交资料、视频磋商及在线核验等，提高稽核查工作效率。（海关总署牵头，国务院相关部门及各地区按职责分工负责）

2.复制推广"一站式阳光价格"服务模式，推动船公司、口岸经营单位等规范简化收费项目，明确收费项目名称和服务内容，提高海运口岸收费透明度。推动建立海运口岸收费成本调查和监审制度。进一步加快出口退税进度，2021年底前将正常出口退税业务平均办理时间压减至7个工作日以内。（国家发展改革委、交通运输部、市场监管总局、海关总署、税务总局等国务院相关部门及各地区按职责分工

负责）

3.推广企业集团加工贸易监管模式，实现集团内企业间保税料件及设备自由流转，简化业务办理手续，减少企业资金占用，提高企业运营效率。（海关总署牵头，国务院相关部门及各地区按职责分工负责）

（二十一）加强对中小外贸企业的信贷、保险等支持。推动发展海外仓，加快相关标准与国际先进对标，助力企业更好开拓国际市场。（商务部、国家发展改革委、人民银行、市场监管总局、银保监会等国务院相关部门及各地区按职责分工负责）

具体措施：

1.督促引导金融机构完善内部激励约束机制，强化技术手段运用，加大对小微外贸企业等无还本续贷、信用贷款、首贷等支持力度，推广随借随还贷款。（人民银行、银保监会等国务院相关部门及各地区按职责分工负责）

2.鼓励银行保险机构深化合作，有序开展出口信用保险保单融资。支持银行机构在依法依规获取企业进出口通关、外汇收支、税款缴纳等信息基础上，运用大数据等技术手段，对中小外贸企业历史贸易记录和应收账款的真实性等进行评估，在有效管控风险前提下创新产品服务，更好满足企业融资需求。（银保监会、海关总署、税务总局、国家外汇局等国务院相关部门及各地区按职责分工负责）

3.支持企业新建一批海外仓，研究制定海外仓建设、运营等方面标准，更好服务外贸企业经营发展。（商务部负责）

五、进一步增强责任感，攻坚克难，推动改革举措落地见效

（二十二）强化改革担当，从党和国家事业大局和人民群众根本利益出发，勇于破除局部利益、部门利益，敢于"啃硬骨头"，为市场主体和人民群众办实事解难题。（各地区、各部门负责）

（二十三）加强改革统筹谋划，持续一体推进"放管服"改革，放掉该放的，管好该管的，切实履行好政府服务职能，提升改革综合效能。（各地区、各部门负责）

（二十四）发挥中央和地方两个积极性，相关部门要加强对地方深化"放管服"改革的指导和督促，及时总结推广好的做法，对锐意改革的地区和单位表扬激励，对改革推进迟缓、政策不落实的及时督促整改；地方和基层要继续结合实际主动探索，自主地改，种好改革"试验田"。（国务院办公厅牵头，各地区、各部门负责）

具体措施：

鼓励支持地方结合实际开展差异化探索，在深化"放管服"改革优化营商环境方面先行先试，打造更多营商环境"单项冠军"。加快设立营商环境创新试点城市，形成更多可在全国复制推广的制度创新成果，带动全国营商环境不断优化。（国务院办公厅牵头，国务院相关部门及各地区按职责分工负责）

（二十五）规范营商环境评价，以市场主体和群众的实际感受作为主要评价依据，力戒形式主义，防止增加地方和市场主体负担。（相关单位及各地区按职责分工负责）

各地区要高度重视，将优化营商环境作为转变政府职能的一项重要任务，明确统筹推进"放管服"改革和优化营商环境工作的牵头部门，强化队伍建设，抓好各项改革任务落地。各部门要根据职

责分工，抓实抓细相关改革，加强对地方的指导支持，形成改革合力。国务院办公厅要牵头推进"放管服"改革和优化营商环境工作，加强督促协调和业务指导，及时将行之有效的经验做法上升为制度规范，推动改革取得更大实效。各地区、各部门的贯彻落实情况，年底前书面报国务院。

国务院关于印发2030年前碳达峰行动方案的通知

国发〔2021〕23号

各省、自治区、直辖市人民政府，国务院各部委、各直属机构：

现将《2030年前碳达峰行动方案》印发给你们，请认真贯彻执行。

国务院

2021年10月24日

2030年前碳达峰行动方案

为深入贯彻落实党中央、国务院关于碳达峰、碳中和的重大战略决策，扎实推进碳达峰行动，制定本方案。

一、总体要求

（一）指导思想

以习近平新时代中国特色社会主义思想为指导，全面贯彻党的十九大和十九届二中、三中、四中、五中全会精神，深入贯彻习近平生态文明思想，立足新发展阶段，完整、准确、全面贯彻新发展理念，构建新发展格局，坚持系统观念，处理好发展和减排、整体和局部、短期和中长期的关系，统筹稳增长和调结构，把碳达峰、碳中和纳入经济社会发展全局，坚持"全国统筹、节约优先、双轮驱动、内外畅通、防范风险"的总方针，有力有序有效做好碳达峰工作，明确各地区、各领域、各行业目标任务，加快实现生产生活方式绿色变革，推动经济社会发展建立在资源高效利用和绿色低碳发展的基础之上，确保如期实现2030年前碳达峰目标。

（二）工作原则

——总体部署、分类施策。坚持全国一盘棋，强化顶层设计和各方统筹。各地区、各领域、各行业因地制宜、分类施策，明确既符合自身实际又满足总体要求的目标任务。

——系统推进、重点突破。全面准确认识碳达峰行动对经济社会发展的深远影响，加强政策的系统性、协同性。抓住主要矛盾和矛盾的主要方面，推动重点领域、重点行业和有条件的地方率先达峰。

——双轮驱动、两手发力。更好发挥政府作用，构建新型举国体制，充分发挥市场机制作用，大力推进绿色低碳科技创新，深化能源和相关领域改革，形成有效激励约束机制。

——稳妥有序、安全降碳。立足我国富煤贫油少气的能源资源禀赋，坚持先立后破，稳住存量，

463

拓展增量，以保障国家能源安全和经济发展为底线，争取时间实现新能源的逐渐替代，推动能源低碳转型平稳过渡，切实保障国家能源安全、产业链供应链安全、粮食安全和群众正常生产生活，着力化解各类风险隐患，防止过度反应，稳妥有序、循序渐进推进碳达峰行动，确保安全降碳。

二、主要目标

"十四五"期间，产业结构和能源结构调整优化取得明显进展，重点行业能源利用效率大幅提升，煤炭消费增长得到严格控制，新型电力系统加快构建，绿色低碳技术研发和推广应用取得新进展，绿色生产生活方式得到普遍推行，有利于绿色低碳循环发展的政策体系进一步完善。到2025年，非化石能源消费比重达到20%左右，单位国内生产总值能源消耗比2020年下降13.5%，单位国内生产总值二氧化碳排放比2020年下降18%，为实现碳达峰奠定坚实基础。

"十五五"期间，产业结构调整取得重大进展，清洁低碳安全高效的能源体系初步建立，重点领域低碳发展模式基本形成，重点耗能行业能源利用效率达到国际先进水平，非化石能源消费比重进一步提高，煤炭消费逐步减少，绿色低碳技术取得关键突破，绿色生活方式成为公众自觉选择，绿色低碳循环发展政策体系基本健全。到2030年，非化石能源消费比重达到25%左右，单位国内生产总值二氧化碳排放比2005年下降65%以上，顺利实现2030年前碳达峰目标。

三、重点任务

将碳达峰贯穿于经济社会发展全过程和各方面，重点实施能源绿色低碳转型行动、节能降碳增效行动、工业领域碳达峰行动、城乡建设碳达峰行动、交通运输绿色低碳行动、循环经济助力降碳行动、绿色低碳科技创新行动、碳汇能力巩固提升行动、绿色低碳全民行动、各地区梯次有序碳达峰行动等"碳达峰十大行动"。

（一）能源绿色低碳转型行动

能源是经济社会发展的重要物质基础，也是碳排放的最主要来源。要坚持安全降碳，在保障能源安全的前提下，大力实施可再生能源替代，加快构建清洁低碳安全高效的能源体系。

1.推进煤炭消费替代和转型升级。加快煤炭减量步伐，"十四五"时期严格合理控制煤炭消费增长，"十五五"时期逐步减少。严格控制新增煤电项目，新建机组煤耗标准达到国际先进水平，有序淘汰煤电落后产能，加快现役机组节能升级和灵活性改造，积极推进供热改造，推动煤电向基础保障性和系统调节性电源并重转型。严控跨区外送可再生能源电力配套煤电规模，新建通道可再生能源电量比例原则上不低于50%。推动重点用煤行业减煤限煤。大力推动煤炭清洁利用，合理划定禁止散烧区域，多措并举、积极有序推进散煤替代，逐步减少直至禁止煤炭散烧。

2.大力发展新能源。全面推进风电、太阳能发电大规模开发和高质量发展，坚持集中式与分布式并举，加快建设风电和光伏发电基地。加快智能光伏产业创新升级和特色应用，创新"光伏+"模式，推进光伏发电多元布局。坚持陆海并重，推动风电协调快速发展，完善海上风电产业链，鼓励建设海上风电基地。积极发展太阳能光热发电，推动建立光热发电与光伏发电、风电互补调节的风光热综合可再生能源发电基地。因地制宜发展生物质发电、生物质能清洁供暖和生物天然气。探索深化地热能以及波浪能、潮流能、温差能等海洋新能源开发利用。进一步完善可再生能源电力消纳保障机制。到2030年，风电、太阳能发电总装机容量达到12亿千瓦以上。

3.因地制宜开发水电。积极推进水电基地建设，推动金沙江上游、澜沧江上游、雅砻江中游、黄河上游等已纳入规划、符合生态保护要求的水电项目开工建设，推进雅鲁藏布江下游水电开发，推动小水电绿色发展。推动西南地区水电与风电、太阳能发电协同互补。统筹水电开发和生态保护，探索建立水能资源开发生态保护补偿机制。"十四五""十五五"期间分别新增水电装机容量4000万千瓦左右，西南地区以水电为主的可再生能源体系基本建立。

4.积极安全有序发展核电。合理确定核电站布局和开发时序，在确保安全的前提下有序发展核电，保持平稳建设节奏。积极推动高温气冷堆、快堆、模块化小型堆、海上浮动堆等先进堆型示范工程，开展核能综合利用示范。加大核电标准化、自主化力度，加快关键技术装备攻关，培育高端核电装备制造产业集群。实行最严格的安全标准和最严格的监管，持续提升核安全监管能力。

5.合理调控油气消费。保持石油消费处于合理区间，逐步调整汽油消费规模，大力推进先进生物液体燃料、可持续航空燃料等替代传统燃油，提升终端燃油产品能效。加快推进页岩气、煤层气、致密油（气）等非常规油气资源规模化开发。有序引导天然气消费，优化利用结构，优先保障民生用气，大力推动天然气与多种能源融合发展，因地制宜建设天然气调峰电站，合理引导工业用气和化工原料用气。支持车船使用液化天然气作为燃料。

6.加快建设新型电力系统。构建新能源占比逐渐提高的新型电力系统，推动清洁电力资源大范围优化配置。大力提升电力系统综合调节能力，加快灵活调节电源建设，引导自备电厂、传统高载能工业负荷、工商业可中断负荷、电动汽车充电网络、虚拟电厂等参与系统调节，建设坚强智能电网，提升电网安全保障水平。积极发展"新能源＋储能"、源网荷储一体化和多能互补，支持分布式新能源合理配置储能系统。制定新一轮抽水蓄能电站中长期发展规划，完善促进抽水蓄能发展的政策机制。加快新型储能示范推广应用。深化电力体制改革，加快构建全国统一电力市场体系。到2025年，新型储能装机容量达到3000万千瓦以上。到2030年，抽水蓄能电站装机容量达到1.2亿千瓦左右，省级电网基本具备5%以上的尖峰负荷响应能力。

（二）节能降碳增效行动

落实节约优先方针，完善能源消费强度和总量双控制度，严格控制能耗强度，合理控制能源消费总量，推动能源消费革命，建设能源节约型社会。

1.全面提升节能管理能力。推行用能预算管理，强化固定资产投资项目节能审查，对项目用能和碳排放情况进行综合评价，从源头推进节能降碳。提高节能管理信息化水平，完善重点用能单位能耗在线监测系统，建立全国性、行业性节能技术推广服务平台，推动高耗能企业建立能源管理中心。完善能源计量体系，鼓励采用认证手段提升节能管理水平。加强节能监察能力建设，健全省、市、县三级节能监察体系，建立跨部门联动机制，综合运用行政处罚、信用监管、绿色电价等手段，增强节能监察约束力。

2.实施节能降碳重点工程。实施城市节能降碳工程，开展建筑、交通、照明、供热等基础设施节能升级改造，推进先进绿色建筑技术示范应用，推动城市综合能效提升。实施园区节能降碳工程，以高耗能高排放项目（以下称"两高"项目）集聚度高的园区为重点，推动能源系统优化和梯级利用，打造一批达到国际先进水平的节能低碳园区。实施重点行业节能降碳工程，推动电力、钢铁、有色金属、建材、石化化工等行业开展节能降碳改造，提升能源资源利用效率。实施重大节能降碳技术示范工程，支持已取得突破的绿色低碳关键技术开展产业化示范应用。

3.推进重点用能设备节能增效。以电机、风机、泵、压缩机、变压器、换热器、工业锅炉等设备为重点，全面提升能效标准。建立以能效为导向的激励约束机制，推广先进高效产品设备，加快淘汰落后低效设备。加强重点用能设备节能审查和日常监管，强化生产、经营、销售、使用、报废全链条管理，严厉打击违法违规行为，确保能效标准和节能要求全面落实。

4.加强新型基础设施节能降碳。优化新型基础设施空间布局，统筹谋划、科学配置数据中心等新型基础设施，避免低水平重复建设。优化新型基础设施用能结构，采用直流供电、分布式储能、"光伏+储能"等模式，探索多样化能源供应，提高非化石能源消费比重。对标国际先进水平，加快完善通信、运算、存储、传输等设备能效标准，提升准入门槛，淘汰落后设备和技术。加强新型基础设施用能管理，将年综合能耗超过1万吨标准煤的数据中心全部纳入重点用能单位能耗在线监测系统，开展能源计量审查。推动既有设施绿色升级改造，积极推广使用高效制冷、先进通风、余热利用、智能化用能控制等技术，提高设施能效水平。

（三）工业领域碳达峰行动

工业是产生碳排放的主要领域之一，对全国整体实现碳达峰具有重要影响。工业领域要加快绿色低碳转型和高质量发展，力争率先实现碳达峰。

1.推动工业领域绿色低碳发展。优化产业结构，加快退出落后产能，大力发展战略性新兴产业，加快传统产业绿色低碳改造。促进工业能源消费低碳化，推动化石能源清洁高效利用，提高可再生能源应用比重，加强电力需求侧管理，提升工业电气化水平。深入实施绿色制造工程，大力推行绿色设计，完善绿色制造体系，建设绿色工厂和绿色工业园区。推进工业领域数字化智能化绿色化融合发展，加强重点行业和领域技术改造。

2.推动钢铁行业碳达峰。深化钢铁行业供给侧结构性改革，严格执行产能置换，严禁新增产能，推进存量优化，淘汰落后产能。推进钢铁企业跨地区、跨所有制兼并重组，提高行业集中度。优化生产力布局，以京津冀及周边地区为重点，继续压减钢铁产能。促进钢铁行业结构优化和清洁能源替代，大力推进非高炉炼铁技术示范，提升废钢资源回收利用水平，推行全废钢电炉工艺。推广先进适用技术，深挖节能降碳潜力，鼓励钢化联产，探索开展氢冶金、二氧化碳捕集利用一体化等试点示范，推动低品位余热供暖发展。

3.推动有色金属行业碳达峰。巩固化解电解铝过剩产能成果，严格执行产能置换，严控新增产能。推进清洁能源替代，提高水电、风电、太阳能发电等应用比重。加快再生有色金属产业发展，完善废弃有色金属资源回收、分选和加工网络，提高再生有色金属产量。加快推广应用先进适用绿色低碳技术，提升有色金属生产过程余热回收水平，推动单位产品能耗持续下降。

4.推动建材行业碳达峰。加强产能置换监管，加快低效产能退出，严禁新增水泥熟料、平板玻璃产能，引导建材行业向轻型化、集约化、制品化转型。推动水泥错峰生产常态化，合理缩短水泥熟料装置运转时间。因地制宜利用风能、太阳能等可再生能源，逐步提高电力、天然气应用比重。鼓励建材企业使用粉煤灰、工业废渣、尾矿渣等作为原料或水泥混合材。加快推进绿色建材产品认证和应用推广，加强新型胶凝材料、低碳混凝土、木竹建材等低碳建材产品研发应用。推广节能技术设备，开展能源管理体系建设，实现节能增效。

5.推动石化化工行业碳达峰。优化产能规模和布局，加大落后产能淘汰力度，有效化解结构性过剩矛盾。严格项目准入，合理安排建设时序，严控新增炼油和传统煤化工生产能力，稳妥有序发展现代煤化工。引导企业转变用能方式，鼓励以电力、天然气等替代煤炭。调整原料结构，控制新增原料用煤，拓展富氢原料进口来源，推动石化化工原料轻质化。优化产品结构，促进石化化工与煤炭开采、冶金、建材、化纤等产业协同发展，加强炼厂干气、液化气等副产气体高效利用。鼓励企业节能升级改造，推动能量梯级利用、物料循环利用。到2025年，国内原油一次加工能力控制在10亿吨以内，主要产品产能利用率提升至80%以上。

6.坚决遏制"两高"项目盲目发展。采取强有力措施，对"两高"项目实行清单管理、分类处置、动态监控。全面排查在建项目，对能效水平低于本行业能耗限额准入值的，按有关规定停工整改，推动能效水平应提尽提，力争全面达到国内乃至国际先进水平。科学评估拟建项目，对产能已饱和的行业，按照"减量替代"原则压减产能；对产能尚未饱和的行业，按照国家布局和审批备案等要求，对标国际先进水平提高准入门槛；对能耗量较大的新兴产业，支持引导企业应用绿色低碳技术，提高能效水平。深入挖潜存量项目，加快淘汰落后产能，通过改造升级挖掘节能减排潜力。强化常态化监管，坚决拿下不符合要求的"两高"项目。

（四）城乡建设碳达峰行动

加快推进城乡建设绿色低碳发展，城市更新和乡村振兴都要落实绿色低碳要求。

1.推进城乡建设绿色低碳转型。推动城市组团式发展，科学确定建设规模，控制新增建设用地过快增长。倡导绿色低碳规划设计理念，增强城乡气候韧性，建设海绵城市。推广绿色低碳建材和绿色建造方式，加快推进新型建筑工业化，大力发展装配式建筑，推广钢结构住宅，推动建材循环利用，强化绿色设计和绿色施工管理。加强县城绿色低碳建设。推动建立以绿色低碳为导向的城乡规划建设管理机制，制定建筑拆除管理办法，杜绝大拆大建。建设绿色城镇、绿色社区。

2.加快提升建筑能效水平。加快更新建筑节能、市政基础设施等标准，提高节能降碳要求。加强适用于不同气候区、不同建筑类型的节能低碳技术研发和推广，推动超低能耗建筑、低碳建筑规模化发展。加快推进居住建筑和公共建筑节能改造，持续推动老旧供热管网等市政基础设施节能降碳改造。提升城镇建筑和基础设施运行管理智能化水平，加快推广供热计量收费和合同能源管理，逐步开展公共建筑能耗限额管理。到2025年，城镇新建建筑全面执行绿色建筑标准。

3.加快优化建筑用能结构。深化可再生能源建筑应用，推广光伏发电与建筑一体化应用。积极推动严寒、寒冷地区清洁取暖，推进热电联产集中供暖，加快工业余热供暖规模化应用，积极稳妥开展核能供热示范，因地制宜推行热泵、生物质能、地热能、太阳能等清洁低碳供暖。引导夏热冬冷地区科学取暖，因地制宜采用清洁高效取暖方式。提高建筑终端电气化水平，建设集光伏发电、储能、直流配电、柔性用电于一体的"光储直柔"建筑。到2025年，城镇建筑可再生能源替代率达到8%，新建公共机构建筑、新建厂房屋顶光伏覆盖率力争达到50%。

4.推进农村建设和用能低碳转型。推进绿色农房建设，加快农房节能改造。持续推进农村地区清洁取暖，因地制宜选择适宜取暖方式。发展节能低碳农业大棚。推广节能环保灶具、电动农用车辆、节能环保农机和渔船。加快生物质能、太阳能等可再生能源在农业生产和农村生活中的应用。加强农村电网建设，提升农村用能电气化水平。

（五）交通运输绿色低碳行动

加快形成绿色低碳运输方式，确保交通运输领域碳排放增长保持在合理区间。

1.推动运输工具装备低碳转型。积极扩大电力、氢能、天然气、先进生物液体燃料等新能源、清洁能源在交通运输领域应用。大力推广新能源汽车，逐步降低传统燃油汽车在新车产销和汽车保有量中的占比，推动城市公共服务车辆电动化替代，推广电力、氢燃料、液化天然气动力重型货运车辆。提升铁路系统电气化水平。加快老旧船舶更新改造，发展电动、液化天然气动力船舶，深入推进船舶靠港使用岸电，因地制宜开展沿海、内河绿色智能船舶示范应用。提升机场运行电动化智能化水平，发展新能源航空器。到2030年，当年新增新能源、清洁能源动力的交通工具比例达到40%左右，营运交通工具单位换算周转量碳排放强度比2020年下降9.5%左右，国家铁路单位换算周转量综合能耗比2020年下降10%。陆路交通运输石油消费力争2030年前达到峰值。

2.构建绿色高效交通运输体系。发展智能交通，推动不同运输方式合理分工、有效衔接，降低空载率和不合理客货运周转量。大力发展以铁路、水路为骨干的多式联运，推进工矿企业、港口、物流园区等铁路专用线建设，加快内河高等级航道网建设，加快大宗货物和中长距离货物运输"公转铁"、"公转水"。加快先进适用技术应用，提升民航运行管理效率，引导航空企业加强智慧运行，实现系统化节能降碳。加快城乡物流配送体系建设，创新绿色低碳、集约高效的配送模式。打造高效衔接、快捷舒适的公共交通服务体系，积极引导公众选择绿色低碳交通方式。"十四五"期间，集装箱铁水联运量年均增长15%以上。到2030年，城区常住人口100万以上的城市绿色出行比例不低于70%。

3.加快绿色交通基础设施建设。将绿色低碳理念贯穿于交通基础设施规划、建设、运营和维护全过程，降低全生命周期能耗和碳排放。开展交通基础设施绿色化提升改造，统筹利用综合运输通道线位、土地、空域等资源，加大岸线、锚地等资源整合力度，提高利用效率。有序推进充电桩、配套电网、加注（气）站、加氢站等基础设施建设，提升城市公共交通基础设施水平。到2030年，民用运输机场场内车辆装备等力争全面实现电动化。

（六）循环经济助力降碳行动

抓住资源利用这个源头，大力发展循环经济，全面提高资源利用效率，充分发挥减少资源消耗和降碳的协同作用。

1.推进产业园区循环化发展。以提升资源产出率和循环利用率为目标，优化园区空间布局，开展园区循环化改造。推动园区企业循环式生产、产业循环式组合，组织企业实施清洁生产改造，促进废物综合利用、能量梯级利用、水资源循环利用，推进工业余压余热、废气废液废渣资源化利用，积极推广集中供气供热。搭建基础设施和公共服务共享平台，加强园区物质流管理。到2030年，省级以上重点产业园区全部实施循环化改造。

2.加强大宗固废综合利用。提高矿产资源综合开发利用水平和综合利用率，以煤矸石、粉煤灰、尾矿、共伴生矿、冶炼渣、工业副产石膏、建筑垃圾、农作物秸秆等大宗固废为重点，支持大掺量、规模化、高值化利用，鼓励应用于替代原生非金属矿、砂石等资源。在确保安全环保前提下，探索将磷石膏应用于土壤改良、井下充填、路基修筑等。推动建筑垃圾资源化利用，推广废弃路面材料原地再生利用。加快推进秸秆高值化利用，完善收储运体系，严格禁烧管控。加快大宗固废综合利用示范建设。到2025年，大宗固废年利用量达到40亿吨左右；到2030年，年利用量达到45亿吨左右。

3.健全资源循环利用体系。完善废旧物资回收网络，推行"互联网+"回收模式，实现再生资源应收尽收。加强再生资源综合利用行业规范管理，促进产业集聚发展。高水平建设现代化"城市矿产"基地，推动再生资源规范化、规模化、清洁化利用。推进退役动力电池、光伏组件、风电机组叶片等新兴产业废物循环利用。促进汽车零部件、工程机械、文办设备等再制造产业高质量发展。加强资源再生产品和再制造产品推广应用。到2025年，废钢铁、废铜、废铝、废铅、废锌、废纸、废塑料、废橡胶、废玻璃等9种主要再生资源循环利用量达到4.5亿吨，到2030年达到5.1亿吨。

4.大力推进生活垃圾减量化资源化。扎实推进生活垃圾分类，加快建立覆盖全社会的生活垃圾收运处置体系，全面实现分类投放、分类收集、分类运输、分类处理。加强塑料污染全链条治理，整治过度包装，推动生活垃圾源头减量。推进生活垃圾焚烧处理，降低填埋比例，探索适合我国厨余垃圾特性的资源化利用技术。推进污水资源化利用。到2025年，城市生活垃圾分类体系基本健全，生活垃圾资源化利用比例提升至60%左右。到2030年，城市生活垃圾分类实现全覆盖，生活垃圾资源化利用比例提升至65%。

（七）绿色低碳科技创新行动

发挥科技创新的支撑引领作用，完善科技创新体制机制，强化创新能力，加快绿色低碳科技革命。

1.完善创新体制机制。制定科技支撑碳达峰碳中和行动方案，在国家重点研发计划中设立碳达峰碳中和关键技术研究与示范等重点专项，采取"揭榜挂帅"机制，开展低碳零碳负碳关键核心技术攻关。将绿色低碳技术创新成果纳入高等学校、科研单位、国有企业有关绩效考核。强化企业创新主体地位，支持企业承担国家绿色低碳重大科技项目，鼓励设施、数据等资源开放共享。推进国家绿色技术交易中心建设，加快创新成果转化。加强绿色低碳技术和产品知识产权保护。完善绿色低碳技术和产品检测、评估、认证体系。

2.加强创新能力建设和人才培养。组建碳达峰碳中和相关国家实验室、国家重点实验室和国家技术创新中心，适度超前布局国家重大科技基础设施，引导企业、高等学校、科研单位共建一批国家绿色低碳产业创新中心。创新人才培养模式，鼓励高等学校加快新能源、储能、氢能、碳减排、碳汇、碳排放权交易等学科建设和人才培养，建设一批绿色低碳领域未来技术学院、现代产业学院和示范性能源学院。深化产教融合，鼓励校企联合开展产学合作协同育人项目，组建碳达峰碳中和产教融合发展联盟，建设一批国家储能技术产教融合创新平台。

3.强化应用基础研究。实施一批具有前瞻性、战略性的国家重大前沿科技项目，推动低碳零碳负碳技术装备研发取得突破性进展。聚焦化石能源绿色智能开发和清洁低碳利用、可再生能源大规模利用、新型电力系统、节能、氢能、储能、动力电池、二氧化碳捕集利用与封存等重点，深化应用基础研究。积极研发先进核电技术，加强可控核聚变等前沿颠覆性技术研究。

4.加快先进适用技术研发和推广应用。集中力量开展复杂大电网安全稳定运行和控制、大容量风电、高效光伏、大功率液化天然气发动机、大容量储能、低成本可再生能源制氢、低成本二氧化碳捕集利用与封存等技术创新，加快碳纤维、气凝胶、特种钢材等基础材料研发，补齐关键零部件、元器件、软件等短板。推广先进成熟绿色低碳技术，开展示范应用。建设全流程、集成化、规模化二氧化碳捕集利用与封存示范项目。推进熔盐储能供热和发电示范应用。加快氢能技术研发和示范应用，探索在工业、交通运输、建筑等领域规模化应用。

（八）碳汇能力巩固提升行动

坚持系统观念，推进山水林田湖草沙一体化保护和修复，提高生态系统质量和稳定性，提升生态系统碳汇增量。

1.巩固生态系统固碳作用。结合国土空间规划编制和实施，构建有利于碳达峰、碳中和的国土空间开发保护格局。严守生态保护红线，严控生态空间占用，建立以国家公园为主体的自然保护地体系，稳定现有森林、草原、湿地、海洋、土壤、冻土、岩溶等固碳作用。严格执行土地使用标准，加强节约集约用地评价，推广节地技术和节地模式。

2.提升生态系统碳汇能力。实施生态保护修复重大工程。深入推进大规模国土绿化行动，巩固退耕还林还草成果，扩大林草资源总量。强化森林资源保护，实施森林质量精准提升工程，提高森林质量和稳定性。加强草原生态保护修复，提高草原综合植被盖度。加强河湖、湿地保护修复。整体推进海洋生态系统保护和修复，提升红树林、海草床、盐沼等固碳能力。加强退化土地修复治理，开展荒漠化、石漠化、水土流失综合治理，实施历史遗留矿山生态修复工程。到2030年，全国森林覆盖率达到25%左右，森林蓄积量达到190亿立方米。

3.加强生态系统碳汇基础支撑。依托和拓展自然资源调查监测体系，利用好国家林草生态综合监测评价成果，建立生态系统碳汇监测核算体系，开展森林、草原、湿地、海洋、土壤、冻土、岩溶等碳汇本底调查、碳储量评估、潜力分析，实施生态保护修复碳汇成效监测评估。加强陆地和海洋生态系统碳汇基础理论、基础方法、前沿颠覆性技术研究。建立健全能够体现碳汇价值的生态保护补偿机制，研究制定碳汇项目参与全国碳排放权交易相关规则。

4.推进农业农村减排固碳。大力发展绿色低碳循环农业，推进农光互补、"光伏+设施农业"、"海上风电+海洋牧场"等低碳农业模式。研发应用增汇型农业技术。开展耕地质量提升行动，实施国家黑土地保护工程，提升土壤有机碳储量。合理控制化肥、农药、地膜使用量，实施化肥农药减量替代计划，加强农作物秸秆综合利用和畜禽粪污资源化利用。

（九）绿色低碳全民行动

增强全民节约意识、环保意识、生态意识，倡导简约适度、绿色低碳、文明健康的生活方式，把绿色理念转化为全体人民的自觉行动。

1.加强生态文明宣传教育。将生态文明教育纳入国民教育体系，开展多种形式的资源环境国情教育，普及碳达峰、碳中和基础知识。加强对公众的生态文明科普教育，将绿色低碳理念有机融入文艺作品，制作文创产品和公益广告，持续开展世界地球日、世界环境日、全国节能宣传周、全国低碳日等主题宣传活动，增强社会公众绿色低碳意识，推动生态文明理念更加深入人心。

2.推广绿色低碳生活方式。坚决遏制奢侈浪费和不合理消费，着力破除奢靡铺张的歪风陋习，坚决制止餐饮浪费行为。在全社会倡导节约用能，开展绿色低碳社会行动示范创建，深入推进绿色生活创建行动，评选宣传一批优秀示范典型，营造绿色低碳生活新风尚。大力发展绿色消费，推广绿色低碳产品，完善绿色产品认证与标识制度。提升绿色产品在政府采购中的比例。

3.引导企业履行社会责任。引导企业主动适应绿色低碳发展要求，强化环境责任意识，加强能源资源节约，提升绿色创新水平。重点领域国有企业特别是中央企业要制定实施企业碳达峰行动方案，发挥示范引领作用。重点用能单位要梳理核算自身碳排放情况，深入研究碳减排路径，"一企一策"制定专项工作方案，推进节能降碳。相关上市公司和发债企业要按照环境信息依法披露要求，定期公布企业碳排放信息。充分发挥行业协会等社会团体作用，督促企业自觉履行社会责任。

4.强化领导干部培训。将学习贯彻习近平生态文明思想作为干部教育培训的重要内容，各级党校（行政学院）要把碳达峰、碳中和相关内容列入教学计划，分阶段、多层次对各级领导干部开展培训，普及科学知识，宣讲政策要点，强化法治意识，深化各级领导干部对碳达峰、碳中和工作重要性、紧迫性、科学性、系统性的认识。从事绿色低碳发展相关工作的领导干部要尽快提升专业素养和业务能力，切实增强推动绿色低碳发展的本领。

（十）各地区梯次有序碳达峰行动

各地区要准确把握自身发展定位，结合本地区经济社会发展实际和资源环境禀赋，坚持分类施策、因地制宜、上下联动，梯次有序推进碳达峰。

1.科学合理确定有序达峰目标。碳排放已经基本稳定的地区要巩固减排成果，在率先实现碳达峰的基础上进一步降低碳排放。产业结构较轻、能源结构较优的地区要坚持绿色低碳发展，坚决不走依靠"两高"项目拉动经济增长的老路，力争率先实现碳达峰。产业结构偏重、能源结构偏煤的地区和资源型地区要把节能降碳摆在突出位置，大力优化调整产业结构和能源结构，逐步实现碳排放增长与经济增长脱钩，力争与全国同步实现碳达峰。

2.因地制宜推进绿色低碳发展。各地区要结合区域重大战略、区域协调发展战略和主体功能区战略，从实际出发推进本地区绿色低碳发展。京津冀、长三角、粤港澳大湾区等区域要发挥高质量发展动力源和增长极作用，率先推动经济社会发展全面绿色转型。长江经济带、黄河流域和国家生态文明试验区要严格落实生态优先、绿色发展战略导向，在绿色低碳发展方面走在全国前列。中西部和东北地区要着力优化能源结构，按照产业政策和能耗双控要求，有序推动高耗能行业向清洁能源优势地区集中，积极培育绿色发展动能。

3.上下联动制定地方达峰方案。各省、自治区、直辖市人民政府要按照国家总体部署，结合本地区资源环境禀赋、产业布局、发展阶段等，坚持全国一盘棋，不抢跑，科学制定本地区碳达峰行动方案，提出符合实际、切实可行的碳达峰时间表、路线图、施工图，避免"一刀切"限电限产或运动式"减碳"。各地区碳达峰行动方案经碳达峰碳中和工作领导小组综合平衡、审核通过后，由地方自行印发实施。

4.组织开展碳达峰试点建设。加大中央对地方推进碳达峰的支持力度，选择100个具有典型代表性的城市和园区开展碳达峰试点建设，在政策、资金、技术等方面对试点城市和园区给予支持，加快实现绿色低碳转型，为全国提供可操作、可复制、可推广的经验做法。

四、国际合作

（一）深度参与全球气候治理。大力宣传习近平生态文明思想，分享中国生态文明、绿色发展理念与实践经验，为建设清洁美丽世界贡献中国智慧、中国方案、中国力量，共同构建人与自然生命共同体。主动参与全球绿色治理体系建设，坚持共同但有区别的责任原则、公平原则和各自能力原则，坚持多边主义，维护以联合国为核心的国际体系，推动各方全面履行《联合国气候变化框架公约》及其《巴黎协定》。积极参与国际航运、航空减排谈判。

（二）开展绿色经贸、技术与金融合作。优化贸易结构，大力发展高质量、高技术、高附加值绿色产品贸易。加强绿色标准国际合作，推动落实合格评定合作和互认机制，做好绿色贸易规则与进出口政策的衔接。加强节能环保产品和服务进出口。加大绿色技术合作力度，推动开展可再生能源、储能、氢能、二氧化碳捕集利用与封存等领域科研合作和技术交流，积极参与国际热核聚变实验堆计划等国际大科学工程。深化绿色金融国际合作，积极参与碳定价机制和绿色金融标准体系国际宏观协调，与有关各方共同推动绿色低碳转型。

（三）推进绿色"一带一路"建设。秉持共商共建共享原则，弘扬开放、绿色、廉洁理念，加强与共建"一带一路"国家的绿色基建、绿色能源、绿色金融等领域合作,提高境外项目环境可持续性,打造绿色、包容的"一带一路"能源合作伙伴关系,扩大新能源技术和产品出口。发挥"一带一路"绿色发展国际联盟等合作平台作用,推动实施《"一带一路"绿色投资原则》,推进"一带一路"应对气候变化南南合作计划和"一带一路"科技创新行动计划。

五、政策保障

(一)建立统一规范的碳排放统计核算体系

加强碳排放统计核算能力建设,深化核算方法研究,加快建立统一规范的碳排放统计核算体系。支持行业、企业依据自身特点开展碳排放核算方法学研究,建立健全碳排放计量体系。推进碳排放实测技术发展,加快遥感测量、大数据、云计算等新兴技术在碳排放实测技术领域的应用,提高统计核算水平。积极参与国际碳排放核算方法研究,推动建立更为公平合理的碳排放核算方法体系。

(二)健全法律法规标准

构建有利于绿色低碳发展的法律体系,推动能源法、节约能源法、电力法、煤炭法、可再生能源法、循环经济促进法、清洁生产促进法等制定修订。加快节能标准更新,修订一批能耗限额、产品设备能效强制性国家标准和工程建设标准,提高节能降碳要求。健全可再生能源标准体系,加快相关领域标准制定修订。建立健全氢制、储、输、用标准。完善工业绿色低碳标准体系。建立重点企业碳排放核算、报告、核查等标准,探索建立重点产品全生命周期碳足迹标准。积极参与国际能效、低碳等标准制定修订,加强国际标准协调。

(三)完善经济政策

各级人民政府要加大对碳达峰、碳中和工作的支持力度。建立健全有利于绿色低碳发展的税收政策体系,落实和完善节能节水、资源综合利用等税收优惠政策,更好发挥税收对市场主体绿色低碳发展的促进作用。完善绿色电价政策,健全居民阶梯电价制度和分时电价政策,探索建立分时电价动态调整机制。完善绿色金融评价机制,建立健全绿色金融标准体系。大力发展绿色贷款、绿色股权、绿色债券、绿色保险、绿色基金等金融工具,设立碳减排支持工具,引导金融机构为绿色低碳项目提供长期限、低成本资金,鼓励开发性政策性金融机构按照市场化法治化原则为碳达峰行动提供长期稳定融资支持。拓展绿色债券市场的深度和广度,支持符合条件的绿色企业上市融资、挂牌融资和再融资。研究设立国家低碳转型基金,支持传统产业和资源富集地区绿色转型。鼓励社会资本以市场化方式设立绿色低碳产业投资基金。

(四)建立健全市场化机制

发挥全国碳排放权交易市场作用,进一步完善配套制度,逐步扩大交易行业范围。建设全国用能权交易市场,完善用能权有偿使用和交易制度,做好与能耗双控制度的衔接。统筹推进碳排放权、用能权、电力交易等市场建设,加强市场机制间的衔接与协调,将碳排放权、用能权交易纳入公共资源交易平台。积极推行合同能源管理,推广节能咨询、诊断、设计、融资、改造、托管等"一站式"综合服务模式。

六、组织实施

(一) 加强统筹协调

加强党中央对碳达峰、碳中和工作的集中统一领导，碳达峰碳中和工作领导小组对碳达峰相关工作进行整体部署和系统推进，统筹研究重要事项、制定重大政策。碳达峰碳中和工作领导小组成员单位要按照党中央、国务院决策部署和领导小组工作要求，扎实推进相关工作。碳达峰碳中和工作领导小组办公室要加强统筹协调，定期对各地区和重点领域、重点行业工作进展情况进行调度，科学提出碳达峰分步骤的时间表、路线图，督促将各项目标任务落实落细。

(二) 强化责任落实

各地区各有关部门要深刻认识碳达峰、碳中和工作的重要性、紧迫性、复杂性，切实扛起责任，按照《中共中央国务院关于完整准确全面贯彻新发展理念做好碳达峰碳中和工作的意见》和本方案确定的主要目标和重点任务，着力抓好各项任务落实，确保政策到位、措施到位、成效到位，落实情况纳入中央和省级生态环境保护督察。各相关单位、人民团体、社会组织要按照国家有关部署，积极发挥自身作用，推进绿色低碳发展。

(三) 严格监督考核

实施以碳强度控制为主、碳排放总量控制为辅的制度，对能源消费和碳排放指标实行协同管理、协同分解、协同考核，逐步建立系统完善的碳达峰碳中和综合评价考核制度。加强监督考核结果应用，对碳达峰工作成效突出的地区、单位和个人按规定给予表彰奖励，对未完成目标任务的地区、部门依规依法实行通报批评和约谈问责。各省、自治区、直辖市人民政府要组织开展碳达峰目标任务年度评估，有关工作进展和重大问题要及时向碳达峰碳中和工作领导小组报告。

关于印发《"双百企业"和"科改示范企业" 超额利润分享机制操作指引》的通知

各中央企业，各省、自治区、直辖市及计划单列市和新疆生产建设兵团国资委：

为深入贯彻落实党中央、国务院关于健全国有企业市场化经营机制、提高国有企业活力的决策部署，按照国企改革三年行动的有关要求，指导"双百企业""科改示范企业"率先推进相关工作，国务院国有企业改革领导小组办公室制定了《"双百企业"和"科改示范企业"超额利润分享机制操作指引》，现印发给你们，供工作参考。

国务院国有企业改革领导小组办公室

2021年1月19日

"双百企业"和"科改示范企业"超额利润分享机制操作指引

为贯彻落实党中央、国务院关于健全国有企业市场化经营机制、提高国有企业活力的决策部署，落实国企改革三年行动有关工作要求，指导符合条件的国有企业灵活开展多种方式的中长期激励机制，规范实施超额利润分享机制，根据《中共中央国务院关于深化国有企业改革的指导意见》（中发〔2015〕22号）《关于印发〈国企改革"双百行动"工作方案〉的通知》（国资发研究〔2018〕70号）《关于支持鼓励"双百企业"进一步加大改革创新力度有关事项的通知》（国资改办〔2019〕302号）《关于印发〈百户科技型企业深化市场化改革提升自主创新能力专项行动方案〉的通知》（国企改办发〔2019〕2号）等文件精神和有关政策规定，结合中央企业和地方国有企业相关工作实践，制定本操作指引。

鼓励商业一类"双百企业""科改示范企业"（以下简称为"企业"，含其所属各级子企业，下同），以价值创造为导向，聚焦关键岗位核心人才，参考本操作指引，建立超额利润分享机制。本操作指引印发前，已根据党中央、国务院有关文件精神和政策规定，在本企业推行超额利润分享机制的，可以按照"孰优"原则参考本操作指引完善相关工作。

一、基本概念和应用原则

（一）基本概念

本操作指引所称超额利润分享机制，是指企业综合考虑战略规划、业绩考核指标、历史经营数据和本行业平均利润水平，合理设定目标利润，并以企业实际利润超出目标利润的部分作为超额利润，按约定比例提取超额利润分享额，分配给激励对象的一种中长期激励方式。其中，目标利润是指企业为特定年度设定的预期利润值。

（二）应用原则

企业在推行超额利润分享机制时，一般应把握以下原则：

一是战略引领。企业推行超额利润分享机制应以企业实现战略规划为目标，避免追求短期效应。

二是市场导向。超额利润分享机制要以要素市场化配置为导向，体现生产要素由市场评价贡献、按贡献决定报酬原则。

三是增量激励。企业推行超额利润分享机制应以创造利润增量为基础，以增量价值分配为核心，实现有效激励。

二、适用条件和工作职责

（一）适用条件

推行超额利润分享机制的企业一般应具备以下条件：

1.商业一类企业；

2.企业战略清晰，中长期发展目标明确；

3.《超额利润分享方案》制定当年已实现利润以及年初未分配利润为正值；

4.法人治理结构健全，人力资源管理基础完善；

5.建立了规范的财务管理制度，近三年没有因财务、税收等违法违规行为受到行政、刑事处罚。

（二）工作职责

本企业负责制定《超额利润分享方案》《超额利润分享实施细则》（以下简称《实施细则》）和《超额利润分享兑现方案》（以下简称《兑现方案》）。

企业的控股股东（含国有独资公司的国有股东，下同）负责审核把关企业《超额利润分享方案》《实施细则》和《兑现方案》，其中《超额利润分享方案》报中央企业集团公司、地方国资委监管一级企业履行相关决策程序。国有资本投资、运营公司可以授权所出资企业审批其子企业的《超额利润分享方案》，并报国有资本投资、运营公司备案。

地方国资委监管一级企业，其《超额利润分享方案》由地方国资委负责审核把关。

三、基本操作流程

企业推行超额利润分享机制，一般应履行以下基本操作流程：

（一）制定方案

企业应结合实际制定《超额利润分享方案》，该方案一般以三年为一个周期，主要包括以下内容：企业基本情况、可行性分析、确定激励对象的原则和标准、设定目标利润的原则和标准、分享比例、实施及兑现流程、约束条件和退出规定、监督管理和组织保障等。

制定《超额利润分享方案》时，应以公示、召开职工代表大会等方式充分听取职工意见，履行企业内部民主决策程序。《超额利润分享方案》制定后，企业应按照"三重一大"决策机制及有关规定，按出资关系报中央企业集团公司、地方国资委监管一级企业、控股股东（适用于国有资本投资、运营公司）或地方国资委同意。

（二）制定《实施细则》

《超额利润分享方案》经审核同意后，企业一般每年年初制定《实施细则》，确定当年目标利润，报控股股东同意。

如遇不可抗力影响或其他特殊情况时，经控股股东同意，可对目标利润进行一次调整。

《实施细则》一般应与企业当年经营业绩考核方案同步制定，相互关联和匹配。

（三）制定《兑现方案》

企业一般于次年上半年开展经营业绩考核，同步根据经审计的经营业绩结果等情况，核算年度超额利润、超额利润分享额和激励对象个人分享所得额，并据此制定《兑现方案》，报控股股东同意。

上年度《兑现方案》和本年度《实施细则》一般可同步制定并履行相关决策审批的程序。

（四）实施兑现

企业根据经审核同意的《兑现方案》实施兑现，并将实际兑现结果报控股股东备案。

四、确定激励对象

相关环节操作要点激励对象一般为与本企业签订劳动合同，在该岗位上连续工作1年以上，对企业经营业绩和持续发展有直接重要影响的管理、技术、营销、业务等核心骨干人才，且一般每一期激励人数不超过企业在岗职工总数的30%。

集团公司或控股股东相关人员在本企业兼职的，按其主要履职的岗位职责、实际履职时间等因素综合确定是否可参与本企业超额利润分享机制。合乎条件的仅可在一家企业参与超额利润分享机制。

企业外部董事、独立董事、监事不得参与超额利润分享机制。

实施超额利润分享机制的企业，一般不在同期对同一对象开展岗位分红等现金类中长期激励机制。

五、设定目标利润相关环节操作要点

企业在设定目标利润时，应与战略规划充分衔接，年度目标利润原则上不低于以下利润水平的高者：

（一）企业的利润考核目标；

（二）按照企业上一年净资产收益率计算的利润水平；

（三）企业近三年平均利润；

（四）按照行业平均净资产收益率计算的利润水平。

企业设定目标利润时，可以根据实际情况选取利润总额、净利润、归母净利润等指标。

确定本行业平均利润水平时一般应选取境内外可比的对标企业（以下简称对标组）。对标组选取依据、范围等情况应在《超额利润分享方案》中说明。

六、确定超额利润分享额相关环节操作要点

（一）确定超额利润

年度超额利润为企业当年实际利润与目标利润的差额。

确定时一般应考虑剔除以下因素影响：

1.重大资产处置等行为导致的本年度非经营性收益；

2.并购、重组等行为导致的本年度利润变化；

3.会计政策和会计估计变更导致的本年度利润变化;

4.外部政策性因素导致的本年度利润变化;

5.负责审批的单位认为其他应予考虑的剔除因素。

对科技进步要求高的企业,在计算超额利润时,可将研发投入视同利润加回。

(二)确定分享比例

年度超额利润分享额一般不超过超额利润的 30%。

企业高级管理人员(或经营班子)岗位合计所获得的超额利润分享比例一般不超过超额利润分享额的 30%,其他额度应根据岗位贡献系数或个人绩效考核结果分配给核心骨干人才,重点向作出突出贡献的科技人才和关键科研岗位倾斜。

企业可以在《超额利润分享方案》中针对不同业务特点,确定差异化的超额利润分享比例。具体可采用统一比例或累进计提等不同方法。

七、实施兑现相关环节操作要点

(一)兑现方式

超额利润分享额在工资总额中列支,一般采用递延方式予以兑现,分三年兑现完毕。由企业根据经营情况,确定各年度支付比例,第一年支付比例不高于 50%。所产生的个人所得税由激励对象个人承担。计划期(三年)内企业净利润一般应保持稳健增长,若出现大幅递减或亏损,审核单位有权对上一年度超额利润分享额未兑现部分进行扣减,并对已兑现部分进行追回。

(二)退出条件

企业《超额利润分享方案》实施期间,激励对象因调动、退休、工伤、丧失民事行为能力、死亡等客观原因与企业解除或终止劳动关系,按照其在岗位任职时间比例(年度任职日/年度总工作日)兑现。以前年度未兑现部分,可按递延支付相关安排予以支付。

激励对象出现下列情况之一,不得继续参与超额利润分享兑现,以前年度递延支付部分,不再支付:

1.个人绩效考核不合格;

2.违反企业管理制度受到重大处分;

3.因违纪违法行为受到相关部门处理;

4.对重大决策失误、重大资产损失、重大安全事故等负有责任;

5.本人提出离职或者个人原因被解聘、解除劳动合同;

6.负责审批的单位认为其他不得继续参与超额利润分享兑现的情况。

(三)终止实施

企业出现以下情况之一,应终止实施《超额利润分享方案》:

1.当年出现亏损;

2.出现重大风险事故、重大安全及质量事故或违规违纪等情况;

3.出现主审会计师事务所对企业年度财务报告出具保留意见、否定意见、无法表示意见等非标准审计意见或其他对财务信息公允性产生重大影响的情况;

4.经营性现金流为负或者对企业日常经营活动开展产生重大负面影响的情况;

5.其它不得开展中长期激励的情况。

八、监督管理相关环节操作要点

企业应建立健全对超额利润分享机制的监督体系，党组织、股东会、董事会、监事会等治理主体，以及纪检监察、巡视巡察、财务、审计等机构根据职责分工，做好监督工作。

对于推行超额利润分享机制的企业，如经查实存在兑现年度故意违反会计政策或财务制度、弄虚作假等行为的，除–应及时终止实施《超额利润分享方案》外，还应对相关行为发生期间相关人员已兑现的超额利润分享所得予以追索扣回，并按照有关规定严肃追究相关人员责任。

附件：1.超额利润分享方案（提纲）

2.超额利润分享实施细则（提纲）

3.超额利润分享兑现方案（提纲）

附件 1

超额利润分享方案（提纲）

《超额利润分享方案》一般包括但不限于以下内容：

一、企业基本情况

（一）发展历程和核心业务

（二）三到五年战略规划

（三）近三年财务状况、经营成果和业绩考核结果

（四）集团内部关联交易情况

二、可行性分析

（一）本行业市场竞争状态

（二）推行超额利润分享机制的可行性

三、激励对象确定的原则和标准

（一）拟纳入激励范围岗位确定原则

（二）拟纳入激励范围岗位超额利润内部分配原则

四、目标利润确定的原则和标准

（一）未来三年目标利润规划指标和主要依据

（二）行业对标企业清单和选取原则

（三）年度目标利润确定和调整原则

五、超额利润分享比例

（一）超额利润分享比例确定原则
（二）超额利润分享比例

六、实施与兑现

（一）实施与兑现主要流程
（二）递延支付相关安排

七、约束条件和退出规定

（一）退出条件
（二）终止实施条件

八、监督管理和组织保障

九、其他事项

附件 2

超额利润分享实施细则（提纲）

《超额利润分享实施细则》一般包括但不限于以下内容：

一、三年目标利润规划完成情况

二、年度超额利润分享适用条件

三、年度目标利润计算基础

（一）年度利润考核目标值
（二）近三年企业实际利润金额
（三）本行业上年度平均利润水平

四、年度目标利润确定

（一）年度目标利润确定影响因素
（二）年度目标利润值
（三）年度目标利润值与三年目标规划值差异分析

五、年度超额利润的计算和分配规则

六、其他需说明的特殊事项

附件 3

<h1 style="text-align:center">超额利润分享兑现方案（提纲）</h1>

《超额利润分享兑现方案》一般包括但不限于以下内容：

一、实施兑现可行性

（一）年度实际利润值
（二）年度经营业绩考核结果
（三）年度超额利润计算结果
（四）年度实施兑现可行性

二、超额利润分享额

（一）需要进行利润调整的影响因素
（二）计算确定超额利润分享额

三、激励兑现方案

（一）当年激励对象、分配比例和金额
（二）约束条件和支付计划

四、备案安排

五、其他事项

关于进一步加强中央企业境外国有产权管理有关事项的通知

国资发产权规〔2020〕70号

各中央企业：

为进一步加强中央企业境外国有产权管理，提高中央企业境外管理水平，优化境外国有产权配置，防止境外国有资产流失，根据《中央企业境外国有产权管理暂行办法》（国资委令第27号）等有关规定，现就有关事项进一步通知如下：

一、中央企业要切实履行境外国有产权管理的主体责任，将实际控制企业纳入管理范围。落实岗位职责，境外产权管理工作应当设立专责专岗，确保管理要求落实到位。

中央企业要立足企业实际，不断完善相关制度体系，具备条件的应当结合所在地法律、监管要求和自身业务，建立分区域、分板块等境外产权管理操作规范及流程细则，提高境外国有产权管理的针对性和有效性。

二、中央企业要严格境外产权登记管理，应当通过国资委产权管理综合信息系统（以下简称综合信息系统）逐级申请办理产权登记，确保及时、完整、准确掌握境外产权情况。

三、中央企业要加强对个人代持境外国有产权和特殊目的公司的管理，持续动态管控。严控新增个人代持境外国有产权，确有必要新增的，统一由中央企业批准并报送国资委备案。对于个人代持境外国有产权，要采取多种措施做好产权保护，并根据企业所在地法律和投资环境变化，及时予以调整规范。对于特殊目的公司，要逐一论证存续的必要性，依法依规及时注销已无存续必要的企业。确有困难的，要明确处置计划，并在年度境外产权管理状况报告中专项说明。

四、中央企业要强化境外国有资产交易的决策及论证管理，境外国有产权（资产）对外转让、企业引入外部投资者增加资本要尽可能多方比选意向方。具备条件的，应当公开征集意向方并竞价交易。

中央企业在本企业内部实施重组整合，境外企业国有产权在国有全资企业之间流转的，可以比照境内国有产权无偿划转管理相关规定，按照所在地法律法规，采用零对价、1元（或1单位相关货币）转让方式进行。

五、中央企业要加强境外资产评估管理，规范中介机构选聘工作，条件允许的依法选用境内评估机构。

中央企业要认真遴选评估（估值）机构，并对使用效果进行评价，其中诚实守信、资质优良、专业高效的，可以通过综合信息系统推荐给其他中央企业参考，加强中介机构的评价、共享工作。

六、中央企业在本企业内部实施重组整合，中央企业控股企业与其直接、间接全资拥有的子企业之间或中央企业控股企业直接、间接全资拥有的子企业之间转让所持境外国有产权，按照法律法规、公司章程规定履行决策程序后，可依据评估（估值）报告或最近一期审计报告确认的净资产值为基础确定价格。

注销已无存续必要的特殊目的公司，已无实际经营、人员的休眠公司，或境外企业与其全资子企业以及全资子企业之间进行合并，中央企业经论证不会造成国有资产流失的，按照法律法规、公司章程规定履行决策程序后，可以不进行评估（估值）。

七、中央企业要加大境外产权管理监督检查力度，与企业内部审计、纪检监察、巡视、法律、财务等各类监督检查工作有机结合，实现境外检查全覆盖。每年对境外产权管理状况进行专项分析，包括但不限于境外产权主要分布区域、资产规模、经营业务、公司治理、上一年度个人代持境外国有产权和特殊目的公司整体情况及规范情况、境外国有资产评估（估值）及流转情况、境外产权监督检查情况等。

中央企业对境外产权管理中出现的重要情况和重大问题要及时请示或报告国资委。

八、中央企业及各级子企业经营管理人员违反境外国有产权管理制度等规定，未履行或未正确履行职责，造成国有资产损失或其他严重不良后果的，按照《中央企业违规经营投资责任追究实施办法（试行）》（国资委令第37号）等有关规定，对相关责任人严肃追究责任，重大决策终身问责；涉嫌违纪违法的问题和线索，移送有关部门查处。

九、各地方国有资产监督管理机构可参照本通知，结合实际情况，制定境外国有产权管理操作细则。

国资委

2020年11月20日

关于印发
《国有企业公司章程制定管理办法》的通知

国资发改革规〔2020〕86号

各省、自治区、直辖市及计划单列市和新疆生产建设兵团国资委、财政厅（局），各中央企业：

为规范国有企业组织和行为，加强公司章程制定管理，我们制定了《国有企业公司章程制定管理办法》，现印发给你们，请遵照执行。

国务院国资委　财政部

2020年12月31日

国有企业公司章程制定管理办法

第一章　总则

第一条　为深入贯彻习近平新时代中国特色社会主义思想，坚持和加强党的全面领导，建设中国特色现代企业制度，充分发挥公司章程在公司治理中的基础作用，规范公司章程管理行为，根据《中国共产党章程》《中华人民共和国公司法》（以下简称《公司法》）《中华人民共和国企业国有资产法》（以下简称《企业国有资产法》）等有关规定，按照《国务院办公厅关于进一步完善国有企业法人治理结构的指导意见》（国办发〔2017〕36号）等文件的要求，结合国有企业实际，制定本办法。

第二条　国家出资并由履行出资人职责的机构监管的国有独资公司、国有全资公司和国有控股公司章程制定过程中的制订、修改、审核、批准等管理行为适用本办法。

第三条　本办法所称履行出资人职责的机构（以下简称出资人机构）是指国务院国有资产监督管理机构和地方人民政府按照国务院的规定设立的国有资产监督管理机构，以及国务院和地方人民政府根据需要授权代表本级人民政府对国有企业履行出资人职责的其他部门、机构。

第四条　国有企业公司章程的制定管理应当坚持党的全面领导、坚持依法治企、坚持权责对等原则，切实规范公司治理，落实企业法人财产权与经营自主权，完善国有企业监管，确保国有资产保值增值。

第二章　公司章程的主要内容

第五条　国有企业公司章程一般应当包括但不限于以下主要内容：

（一）总则

（二）经营宗旨、范围和期限

（三）出资人机构或股东、股东会（包括股东大会，下同）

（四）公司党组织

（五）董事会

（六）经理层

（七）监事会（监事）

（八）职工民主管理与劳动人事制度

（九）财务、会计、审计与法律顾问制度

（十）合并、分立、解散和清算

（十一）附则

第六条　总则条款应当根据《公司法》等法律法规要求载明公司名称、住所、法定代表人、注册资本等基本信息。明确公司类型（国有独资公司、有限责任公司等）；明确公司按照《中国共产党章程》规定设立党的组织，开展党的工作，提供基础保障等。

第七条　经营宗旨、范围和期限条款应当根据《公司法》相关规定载明公司经营宗旨、经营范围和经营期限等基本信息。经营宗旨、经营范围应当符合出资人机构审定的公司发展战略规划；经营范围的表述要规范统一，符合工商注册登记的管理要求。

第八条　出资人机构或股东、股东会条款应当按照《公司法》《企业国有资产法》等有关法律法规及相关规定表述，载明出资方式，明确出资人机构或股东、股东会的职权范围。

第九条　公司党组织条款应当按照《中国共产党章程》《中国共产党国有企业基层组织工作条例（试行）》等有关规定，写明党委（党组）或党支部（党总支）的职责权限、机构设置、运行机制等重要事项。明确党组织研究讨论是董事会、经理层决策重大问题的前置程序。

设立公司党委（党组）的国有企业应当明确党委（党组）发挥领导作用，把方向、管大局、保落实，依照规定讨论和决定企业重大事项；明确坚持和完善"双向进入、交叉任职"领导体制及有关要求。设立公司党支部（党总支）的国有企业应当明确公司党支部（党总支）围绕生产经营开展工作，发挥战斗堡垒作用；具有人财物重大事项决策权的企业党支部（党总支），明确一般由企业党员负责人担任书记和委员，由党支部（党总支）对企业重大事项进行集体研究把关。

对于国有相对控股企业的党建工作，需结合企业股权结构、经营管理等实际，充分听取其他股东包括机构投资者的意见，参照有关规定和本条款的内容把党建工作基本要求写入公司章程。

第十条　董事会条款应当明确董事会定战略、作决策、防风险的职责定位和董事会组织结构、议事规则；载明出资人机构或股东会对董事会授予的权利事项；明确董事的权利义务、董事长职责；明确总经理、副总经理、财务负责人、总法律顾问、董事会秘书由董事会聘任；明确董事会向出资人机构（股东会）报告、审计部门向董事会负责、重大决策合法合规性审查、董事会决议跟踪落实以及后评估、违规经营投资责任追究等机制。

国有独资公司、国有全资公司应当明确由出资人机构或相关股东推荐派出的外部董事人数超过董事会全体成员的半数，董事会成员中的职工代表依照法定程序选举产生。

第十一条　经理层条款应当明确经理层谋经营、抓落实、强管理的职责定位；明确设置总经理、副总经理、财务负责人的有关要求，如设置董事会秘书、总法律顾问，应当明确为高级管理人员；载明总经理职责；明确总经理对董事会负责，依法行使管理生产经营、组织实施董事会决议等职权，向董事会报告工作。

第十二条 设立监事会的国有企业，应当在监事会条款中明确监事会组成、职责和议事规则。不设监事会仅设监事的国有企业，应当明确监事人数和职责。

第十三条 财务、会计制度相关条款应当符合国家通用的企业财务制度和国家统一的会计制度。

第十四条 公司章程的主要内容应当确保出资人机构或股东会、党委（党组）、董事会、经理层等治理主体的权责边界清晰，重大事项的议事规则科学规范，决策程序衔接顺畅。

第十五条 公司章程可以根据企业实际增加其他内容。有关内容必须符合法律、行政法规的规定。

第三章 国有独资公司章程的制定程序

第十六条 国有独资公司章程由出资人机构负责制定，或者由董事会制订报出资人机构批准。出资人机构可以授权新设、重组、改制企业的筹备机构等其他决策机构制订公司章程草案，报出资人机构批准。

第十七条 发生下列情形之一时，应当依法制定国有独资公司章程：

（一）新设国有独资公司的；

（二）通过合并、分立等重组方式新产生国有独资公司的；

（三）国有独资企业改制为国有独资公司的；

（四）发生应当制定公司章程的其他情形。

第十八条 出资人机构负责修改国有独资公司章程。国有独资公司董事会可以根据企业实际情况，按照法律、行政法规制订公司章程修正案，报出资人机构批准。

第十九条 发生下列情形之一时，应当及时修改国有独资公司章程：

（一）公司章程规定的事项与现行的法律、行政法规、规章及规范性文件相抵触的；

（二）企业的实际情况发生变化，与公司章程记载不一致的；

（三）出资人机构决定修改公司章程的；

（四）发生应当修改公司章程的其他情形。

第二十条 国有独资公司章程草案或修正案由公司筹备机构或董事会制订的，应当在审议通过后的5个工作日内报出资人机构批准，并提交下列书面文件：

（一）国有独资公司关于制订或修改公司章程的请示；

（二）国有独资公司筹备机构关于章程草案的决议，或董事会关于章程修正案的决议；

（三）章程草案，或章程修正案、修改对照说明；

（四）产权登记证（表）复印件、营业执照副本复印件（新设公司除外）；

（五）公司总法律顾问签署的对章程草案或修正案出具的法律意见书，未设立总法律顾问的，由律师事务所出具法律意见书或公司法务部门出具审查意见书；

（六）出资人机构要求的其他有关材料。

第二十一条 出资人机构收到请示材料后，需对材料进行形式审查。提交材料不齐全的，应当在5个工作日内一次性告知补正。

第二十二条 出资人机构对公司章程草案或修正案进行审核，并于15个工作日内将审核意见告知报送单位，经沟通确认达成一致后，出资人机构应当于15个工作日内完成审批程序。

第二十三条　出资人机构需要征求其他业务相关单位意见、或需报请本级人民政府批准的，应当根据实际工作情况调整相应期限，并将有关情况提前告知报送单位。

第二十四条　国有独资公司章程经批准，由出资人机构按规定程序负责审签。

第二十五条　国有独资公司在收到公司章程批准文件后，应当在法律、行政法规规定的时间内办理工商登记手续。

第四章　国有全资、控股公司章程的制定程序

第二十六条　国有全资公司、国有控股公司设立时，股东共同制定公司章程。

第二十七条　国有全资公司、国有控股公司的股东会负责修改公司章程。国有全资公司、国有控股公司的董事会应当按照法律、行政法规及公司实际情况及时制订章程的修正案，经与出资人机构沟通后，报股东会审议。

第二十八条　发生下列情形之一时，应当及时修改国有全资公司、国有控股公司章程：

（一）公司章程规定的事项与现行法律、行政法规、规章及规范性文件相抵触的；

（二）企业的实际情况发生变化，与公司章程记载不一致的；

（三）股东会决定修改公司章程的；

（四）发生应当修改公司章程的其他情形。

第二十九条　出资人机构委派股东代表参加股东会会议。股东代表应当按照出资人机构对公司章程的意见，通过法定程序发表意见、进行表决、签署相关文件。

第三十条　出资人机构要按照《公司法》规定在股东会审议通过后的国有全资公司、国有控股公司章程上签字、盖章。

第三十一条　国有全资公司、国有控股公司章程的草案及修正案，经股东会表决通过后，公司应当在法律、行政法规规定的时间内办理工商登记手续。

第五章　责任与监督

第三十二条　在国有企业公司章程制定过程中，出资人机构及有关人员违反法律、行政法规和本办法规定的，依法承担相应法律责任。

第三十三条　国有独资公司董事会，国有全资公司、国有控股公司中由出资人机构委派的董事，应当在职责范围内对国有企业公司章程制定过程中向出资人机构报送材料的真实性、完整性、有效性、及时性负责，造成国有资产损失或其他严重不良后果的，依法承担相应法律责任。

第三十四条　国有全资公司、国有控股公司中由出资人机构委派的股东代表违反第二十九条规定，造成国有资产损失的或其他严重不良后果的，依法承担相应法律责任。

第三十五条　出资人机构应当对国有独资公司、国有全资公司、国有控股公司的章程执行情况进行监督检查，对违反公司章程的行为予以纠正，对因违反公司章程导致国有资产损失或其他严重不良后果的相关责任人进行责任追究。

第六章　附则

第三十六条　出资人机构可以结合实际情况，出台有关配套制度，加强对所出资国有企业的公司章程制定管理。

第三十七条　国有企业可以参照本办法根据实际情况制定所出资企业的公司章程制定管理办法。

第三十八条　国有控股上市公司章程制定管理应当同时符合证券监管相关规定。

第三十九条　金融、文化等国有企业的公司章程制定管理，另有规定的依其规定执行。

第四十条　本办法自公布之日起施行。

关于印发
《关于进一步深化法治央企建设的意见》的通知

国资发法规规〔2021〕80号

各中央企业：

为深入学习贯彻习近平法治思想，落实中央全面依法治国工作会议部署，进一步推进中央企业法治建设，提升依法治企能力水平，助力"十四五"时期深化改革、高质量发展，我们制定了《关于进一步深化法治央企建设的意见》，现印发给你们，请认真贯彻落实。

国资委

2021年10月17日

关于进一步深化法治央企建设的意见

为深入学习贯彻习近平法治思想，认真落实全面依法治国战略部署，持续深化法治央企建设，更好发挥法治工作对"十四五"时期中央企业改革发展的支撑保障作用，根据《法治中国建设规划（2020-2025年）》《法治社会建设实施纲要（2020-2025年）》等文件精神，现就进一步做好中央企业法治工作提出如下意见：

一、总体要求

（一）指导思想

坚持以习近平新时代中国特色社会主义思想为指导，认真落实习近平法治思想，深入贯彻党的十九大和十九届二中、三中、四中、五中全会精神，按照中央全面依法治国工作会议部署，立足新发展阶段，贯彻新发展理念，构建新发展格局，紧紧围绕国企改革三年行动和中央企业"十四五"发展规划，着力健全领导责任体系、依法治理体系、规章制度体系、合规管理体系、工作组织体系，持续提升法治工作引领支撑能力、风险管控能力、涉外保障能力、主动维权能力和数字化管理能力，不断深化治理完善、经营合规、管理规范、守法诚信的法治央企建设，为加快建设世界一流企业筑牢坚实法治基础。

（二）基本原则

坚持融入中心、服务大局。以服务国企改革三年行动和中央企业"十四五"发展规划为目标，牢固树立全局意识和系统观念，法治工作全面融入完善中国特色现代企业制度、深化混合所有制改革、科技创新、国际化经营等重点任务，充分发挥支撑保障作用。

坚持完善制度、夯基固本。以强化制度建设为基础，坚持尊法、学法、守法、用法，将行之有效的经验做法，及时转化为企业规章制度，嵌入业务流程，加强制度执行情况监督检查，强化制度刚性约束。

坚持突出重点、全面深化。以落实法治建设第一责任人职责、完善总法律顾问制度、健全法律风险防范机制、强化合规管理为重点，坚持问题导向，在做深做细做实上下更大功夫，真正发挥强管理、促经营、防风险、创价值作用。

坚持勇于创新、拓展升级。以适应市场化、法治化、国际化发展需要为方向，结合实际拓宽法治工作领域，探索优化法务管理职能，创新工作方式，加快提升信息化、数字化、智能化水平。

（三）总体目标

"十四五"时期，中央企业法治理念更加强化、治理机制更加完善、制度体系更加优化、组织机构更加健全、管理方式更加科学、作用发挥更加有效，法治建设取得更大进展，部分企业率先达到世界一流水平，为企业深化改革、高质量发展提供更加有力的支撑保障。

二、着力健全法治工作体系

（一）着力健全领导责任体系

坚持企业党委（党组）对依法治企工作的全面领导，不断完善党委（党组）定期专题学法、定期听取工作汇报、干部任前法治谈话、述职必述法等制度，切实发挥党委（党组）把方向、管大局、促落实作用。强化董事会定战略、作决策、防风险职能，明确专门委员会推进法治建设职责，把法治建设纳入整体工作统筹谋划，将进展情况作为年度工作报告的重要内容。健全中央企业主要负责人履行推进法治建设第一责任人职责工作机制，党委（党组）书记、董事长、总经理各司其职，对重点问题亲自研究、部署协调、推动解决。将第一责任人职责要求向子企业延伸，把落实情况纳入领导人员综合考核评价体系，将法治素养和依法履职情况作为考察使用干部的重要内容。

（二）着力健全依法治理体系

高度重视章程在公司治理中的统领地位，切实发挥总法律顾问和法务管理机构专业审核把关作用，科学配置各治理主体权利、义务和责任，明晰履职程序和要求，保障章程依法制定、依法实施。多元投资主体企业严格依据法律法规、国有资产监管规定和公司章程，明确股东权利义务、股东会定位与职权，规范议事决策方式和程序，完善运作制度机制，强化决议执行和监督，切实维护股东合法权益。优化董事会知识结构，通过选聘法律专业背景人员担任董事、加强法律培训等方式，提升董事会依法决策水平。落实总法律顾问列席党委（党组）会、董事会参与研究讨论或审议涉及法律合规相关议题，参加总经理办公会等重要决策会议制度，将合法合规性审查和重大风险评估作为重大决策事项必经前置程序。依法对子企业规范行使股东权，认真研究制定子企业章程，严格按照公司治理结构，通过股东（大）会决议、派出董事监事、推荐高级管理人员等方式行权履职，切实防范公司人格混同等风险。

（三）着力健全规章制度体系

明确法务管理机构归口管理职责，健全规章制度制定、执行、评估、改进等工作机制，加强法律审核把关，强化对制度的全生命周期管理。根据适用范围、重要程度、管理幅度等，构建分层分类的制度体系框架，确保结构清晰、内容完整，相互衔接、有效协同，切实提高科学性和系统性。定期开展制度梳理，编制立改废计划，完善重点改革任务配套制度，及时修订重要领域管理规范，不断增强针对性和实效性。加强对规章制度的宣贯培训，定期对执行情况开展监督检查和综合评价，增强制度刚性约束，推动制度有效落实。

（四）着力健全合规管理体系

持续完善合规管理工作机制，健全企业主要负责人领导、总法律顾问牵头、法务管理机构归口、相关部门协同联动的合规管理体系。发挥法务管理机构统筹协调、组织推动、督促落实作用，加强合规制度建设，开展合规审查与考核，保障体系有效运行。强化业务部门、经营单位和项目一线主体责任，通过设置兼职合规管理员、将合规要求嵌入岗位职责和业务流程、抓好重点领域合规管理等措施，有效防范、及时处置合规风险。探索构建法律、合规、内控、风险管理协同运作机制，加强统筹协调，提高管理效能。推动合规要求向各级子企业延伸，加大基层单位特别是涉外机构合规管理力度，到2025年中央企业基本建立全面覆盖、有效运行的合规管理体系。

（五）着力健全工作组织体系

加大企业法律专业领导干部培养选拔力度，在市场化国际化程度较高、法律服务需求大的国有大型骨干企业，推进符合条件的具有法律教育背景或法律职业资格的专业人才进入领导班子。持续完善总法律顾问制度，2022年中央企业及其重要子企业全面写入章程，明确高级管理人员定位，由董事会聘任，领导法务管理机构开展工作。坚持总法律顾问专职化、专业化方向，直接向企业主要负责人负责，2025年中央企业及其重要子企业全面配备到位，具有法律教育背景或法律职业资格的比例达到80%。加强法务管理机构建设，中央企业及其重要子企业原则上独立设置，充实专业力量，配备与企业规模和需求相适应的法治工作队伍。健全法务管理职能，持续完善合同管理、案件管理、普法宣传等职能，积极拓展制度管理、合规管理等业务领域。加强队伍建设，拓宽法务人员职业发展通道，完善高素质法治人才市场化选聘、管理和薪酬制度，采取有效激励方式充分调动积极性、主动性。

三、全面提升依法治企能力

（一）着力提升引领支撑能力

坚持运用法治思维和法治方式深化改革、推动发展，紧盯国企改革三年行动、中央企业"十四五"发展规划重点工作，深入分析对企业提出的新任务新要求，提前研究可能出现的法律合规问题，及时制定应对方案和防范措施。法务人员全程参与混合所有制改革、投资并购等重大项目，加强法律审核把关，坚持依法依规操作，严控法律合规风险。加强对民法典等法律法规的学习研究，深入分析对企业生产经营、业务模式可能产生的影响，推动从健全制度、强化管理等方面及时作出调整。结合企业、行业实际，对相关立法研究提出完善建议，为改革发展创造良好政策环境。

（二）着力提升风险管控能力

持续巩固规章制度、经济合同、重要决策法律审核制度，在确保100%审核率的同时，通过跟进采纳情况、完善后评估机制，反向查找工作不足，持续提升审核质量。常态化开展风险隐患排查处置，针对共性风险通过提示函、案件通报、法律建议书等形式及时开展预警，有效防范化解。加强知识产权管理，完善专利、商标、商号、商业秘密等保护制度，坚决打击侵权行为，切实维护企业无形资产安全和合法权益。严格落实重大法律合规风险事件报告制度，中央企业发生重大法律合规风险事件，应当及时向国资委报告。

（三）着力提升涉外保障能力

加强涉外法律合规风险防范，健全工作机制，推动在境外投资经营规模较大、风险较高的重点企业、区域或项目设置专门机构，配备专职法务人员，具备条件的设立总法律顾问。完善涉外重大项目和重要业务法务人员全程参与制度，形成事前审核把关、事中跟踪控制、事后监督评估的管理闭环。深入研究、掌握运用所在国法律，加强国际规则学习研究，密切关注高风险国家和地区法律法规与政策变化，提前做好预案，切实防范风险。重视涉外法治人才培养，强化顶层设计，健全市场化选聘和激励制度，形成重视人才、吸引人才、留住人才的良好机制。

（四）着力提升主动维权能力

加大法律纠纷案件处置力度，综合运用诉讼、仲裁、调解等多种手段妥善解决，探索建立集团内部纠纷调解机制。加强积案清理，健全激励机制，力争2025年中央企业历史遗留重大法律纠纷案件得到妥善解决。深化案件管理"压存控增、提质创效"专项工作，加强典型案件分析，及时发现管理问题，堵塞管理漏洞，推动"以案促管、以管创效"。严格落实案件报告制度，中央企业发生重大法律纠纷案件应当及时报告，按时报送年度法律纠纷案件综合分析报告。

（五）着力提升数字化管理能力

运用区块链、大数据、云计算、人工智能等新一代信息技术，推动法务管理从信息化向数字化升级，探索智能化应用场景，有效提高管理效能。深化合同管理、案件管理、合规管理等重点领域信息化、数字化建设，将法律审核嵌入重大决策、重要业务管理流程，通过大数据等手段，实现法律合规风险在线识别、分析、评估、防控。推动法务管理系统向各级子企业和重要项目延伸，2025年实现上下贯通、全面覆盖。推动法务管理系统与财务、产权、投资等系统的互联互通，做好与国资国企在线监管系统的对接，促进业务数据相互融合、风险防范共同响应。

四、保障任务顺利完成

（一）加强组织领导

充分发挥法治建设领导机构作用，将法治工作纳入中央企业"十四五"发展规划和年度计划统筹谋划、同步推进，加强部门协同，强化人员、资金等保障，形成工作合力。制定本企业未来五年法治建设实施方案，与"十四五"规划相衔接，提出目标任务，明确责任分工，细化工作措施。建立法治工作专项考评制度，将法治建设成效纳入对子企业考核体系。统筹推进法治工作与违规经营投资责任追究等监督工作，完善内部协同机制，提高责任追究体系效能。加大问责力度，对未经法律审核或未采纳正确法律意见、违法违规经营投资决策造成损失或其他严重不良后果的，严肃追究责任。

（二）持续深化对标

综合分析国际大企业优秀实践，研究归纳世界一流企业法务管理基本要素和具体指标。立足行业特点、发展阶段、管理基础等实际，有针对性地制定对标举措，确保目标量化、任务明确、措施有力。将法务管理对标工作纳入本企业对标世界一流管理提升行动。国资委创建世界一流示范企业和国有资本投资、运营公司要充分发挥引领作用，率先在法治工作上达到世界一流水平。其他中央企业要全面开展对标，努力补齐短板，加快提升依法合规经营管理水平。

（三）强化指导交流

国资委将根据企业法治建设实施方案，定期组织调研督导，深入了解落实情况，推动解决难点问题。完善法治讲堂、协作组等学习交流机制，聚焦重点难点，创新方式方法，增强交流实效。中央企业要进一步加强对子企业法治建设的督促指导，通过加大考核力度、细化工作要求、定期开展调研等方式，层层传导压力，确保目标任务在子企业真正落实到位。

（四）厚植法治文化

深入学习宣传习近平法治思想，将培育法治文化作为法治建设的基础工程，使依法合规、守法诚信成为全体员工的自觉行为和基本准则。落实"八五"普法要求，进一步推进法治宣传教育制度化、常态化、多样化，将法治学习作为干部职工入职学习、职业培训、继续教育的必修课，广泛宣传与企业经营管理和职工切身利益密切相关的法律法规。总结法治建设典型做法、成功经验和进展成果，通过开展选树典型、评比表彰、集中宣传等形式，营造学习先进、争当先进、赶超先进的良好氛围。

地方国有资产监督管理机构参照本意见，积极推进所出资企业法治建设。

商务部 中央网信办 发展改革委关于印发《"十四五"电子商务发展规划》的通知

商电发〔2021〕191号

各省、自治区、直辖市、计划单列市及新疆生产建设兵团商务、网信、发展改革主管部门：

为深入贯彻落实党中央、国务院关于发展数字经济、建设数字中国的总体要求，进一步推动"十四五"时期电子商务高质量发展，根据《中共中央关于制定国民经济和社会发展第十四个五年规划和二〇三五年远景目标的建议》和《中华人民共和国国民经济和社会发展第十四个五年规划和2035年远景目标纲要》，商务部、中央网信办和发展改革委研究编制了《"十四五"电子商务发展规划》，现印发给你们，请结合实际，认真组织实施。

商务部

中央网信办

发展改革委

2021年10月9日

"十四五"电子商务发展规划

商务部　中央网信办　发展改革委

电子商务是通过互联网等信息网络销售商品或者提供服务的经营活动，是数字经济和实体经济的重要组成部分，是催生数字产业化、拉动产业数字化、推进治理数字化的重要引擎，是提升人民生活品质的重要方式，是推动国民经济和社会发展的重要力量。我国电子商务已深度融入生产生活各领域，在经济社会数字化转型方面发挥了举足轻重的作用。"十四五"时期，电子商务将充分发挥联通线上线下、生产消费、城市乡村、国内国际的独特优势，全面践行新发展理念，以新动能推动新发展，成为促进强大国内市场、推动更高水平对外开放、抢占国际竞争制高点、服务构建新发展格局的关键动力。

本规划根据党中央、国务院发展数字经济总体部署和《中华人民共和国国民经济和社会发展第十四个五年规划和2035年远景目标纲要》《"十四五"商务发展规划》编制，主要阐明"十四五"时期我国电子商务发展方向和任务，是市场主体的行为导向，是各级相关政府部门履行职责的重要依据。

一、现状与形势

（一）发展现状

"十三五"时期，面对复杂严峻的发展环境，特别是新冠肺炎疫情等重大风险挑战，在党中央、国务院坚强领导下，商务部、中央网信办、发展改革委等相关部门会同各地方加强政策协同，共同推动电子商务实现跨越式发展，《电子商务"十三五"发展规划》主要目标任务顺利完成，在形成强大国内市场、带动创新创业、助力决战脱贫攻坚、提升对外开放水平等方面作出了重要贡献。

规模质量实现双提升。网络基础设施进一步夯实，固定宽带家庭普及率达到96%，网民规模接近10亿，互联网普及率超过70%。电子商务交易额保持快速增长，2020年达到37.2万亿元，比2015年增长70.8%；网上零售额达到11.8万亿元，年均增速高达21.7%。网络购物成为居民消费重要渠道，实物商品网上零售额对社会消费品零售总额增长贡献率持续提升，带动相关市场加快发展。快递业务量从2015年206.7亿件增至2020年833.6亿件，非银行支付网络支付交易金额从2015年49.5万亿增至2020年294.6万亿，均稳居全球首位。国家电子商务示范基地、示范企业引领作用明显。企业竞争力不断增强，占据2020年电子商务企业全球市值前5名中的4席。

融合创新态势不断深化。新一代信息技术加速发展，电子商务新业态新模式不断涌现，社交电商、直播电商、生鲜电商产业链日趋完善。电子商务加速线上线下融合、产业链上下游融合、国内外市场融合发展。传统零售企业数字化转型加快，全国连锁百强企业线上销售规模占比达到23.3%。

服务业数字化进程加快，在线展会、远程办公、电子签约日益普及，在线餐饮、智慧家居、共享出行便利了居民生活。农村电商畅通了工业品下乡、农产品进城渠道，农业数字化加速推进，2020年全国农村网络零售额达1.79万亿元，是2015年的5.1倍。跨境电商蓬勃发展，2020年跨境电商零售进出口总额达1.69万亿元。电子商务以数据为纽带加快与制造业融合创新，推动了智能制造发展。

服务民生成效显著。电子商务成为扶贫助农新抓手，电子商务进农村实现对832个原国家级贫困县全覆盖，农村电子商务公共服务体系和物流配送体系不断完善。农产品"三品一标"认证培训、全国农产品产销对接公益服务平台等有效助力特色农产品品牌推介和产销帮扶常态化，带动地方产业快速发展，实现农民增收。电子商务成为便民服务新方式，在线教育、在线医疗、在线缴费等民生服务日益普及。电子商务成为创新创业、灵活就业、普惠就业新渠道，电子商务相关从业人数超过6000万，比2015年增加2700余万，年均增长13%。2020年电子商务在防疫保供、复工复产、消费回补等方面发挥了重要作用，显著提升广大人民群众的获得感和幸福感。

国际合作成果丰硕。"丝路电商"加快全球布局，与22个国家建立双边电子商务合作机制，通过政企对话、联合研究、能力建设等推动多层次合作交流，营造良好合作环境。电子商务企业加快出海，带动物流、移动支付等领域实现全球发展。积极参与世界贸易组织（WTO）、二十国集团（G20）、亚太经合组织（APEC）、金砖国家（BRICS）、上海合作组织（SCO）等多边和区域贸易机制下的电子商务议题磋商，与自贸伙伴共同构建区域高水平数字经济规则。电子商务国际规则构建取得突破，区域全面经济伙伴关系协定（RCEP）中电子商务章节成为目前覆盖区域最广、内容全面、水平较高的电子商务国际规则。

发展环境持续优化。电子商务法律政策体系不断完善，"放管服"改革深入推进，监管服务持续优化，有力激发市场活力。电子商务法治建设取得重大进展，《网络安全法》《电子商务法》颁布实施，《反不正当竞争法》《专利法》完成修订。电子商务标准体系不断健全，累计制定发布120余项国家标准、50余项行业标准以及多项团体标准。试点、示范工作不断推动制度创新，跨境电商综试区达到105家，跨境电商零售进口试点扩大至86个城市及海南全岛，国家电子商务示范基地达到127家，商务部遴选2批共393家电子商务示范企业、确认数字商务企业108家，先行先试成效显著，形成一批成熟经验做法。社会信用基石不断夯实，电子商务诚信工作不断推进，电子商务公共服务体系基本形成，数据共享、惠民惠企、人才培养等取得积极进展。

（二）面临形势

"十四五"时期我国进入新发展阶段，电子商务高质量发展面临的国内外环境发生深刻复杂变化。

从国际看，世界经济数字化转型加速，新一轮科技革命和产业变革深入发展，由电子商务推动的技术迭代升级和融合应用继续深化。双边、区域经济合作势头上升，"丝路电商"朋友圈不断扩大，消除数字鸿沟、推动普惠发展的需求日渐增强。同时，世界经济陷入低迷，经济全球化遭遇逆流，单边主义、保护主义、霸权主义抬头，电子商务企业走出去壁垒增多，围绕隐私保护、数据流动等数字领域规则体系的竞争日趋激烈。

从国内看，我国已转向高质量发展阶段。新型基础设施加快建设，信息技术自主创新能力持续提升，为电子商务创新发展提供强大支撑。新型工业化、信息化、城镇化、农业现代化快速发展，中等收入群体进一步扩大，电子商务提质扩容需求更加旺盛，与相关产业融合创新空间更加广阔。同时，我国宏观环境面临复杂变化，电子商务发展面临的不平衡、不充分问题仍然突出。城乡间、区域间、不同领域间电子商务发展水平仍不平衡，企业核心竞争力不强，技术创新能力还不能适应高质量发展要求。数据产权、交易规则和服务体系不健全，数据要素价值潜力尚未有效激活，与电子商务业态模式创新相适应的治理体系亟待健全。

综合判断，"十四五"时期，我国电子商务发展机遇大于挑战，必须增强机遇意识和风险意识，认清矛盾变化，把握发展规律，抓住机遇，应对挑战，努力在危机中育先机、于变局中开新局。

二、总体要求

（一）指导思想

坚持以习近平新时代中国特色社会主义思想为指导，深入贯彻党的十九大和十九届二中、三中、四中、五中全会精神，立足新发展阶段，贯彻新发展理念，构建新发展格局，以推动高质量发展为主题，以深化供给侧结构性改革为主线，以改革创新为根本动力，以满足人民日益增长的美好生活需要为根本目的，统筹发展与安全，立足电子商务连接线上线下、衔接供需两端、对接国内国外市场的重要定位，通过数字技术和数据要素双轮驱动，提升电子商务企业核心竞争力，做大、做强、做优电子商务产业，深化电子商务在各领域融合创新发展，赋能经济社会数字化转型，推进现代流通体系建设，促进形成强大国内市场，加强电子商务国际合作，推动更高水平对外开放，不断为全面建设社会主义现代化国家提供新动能。

（二）基本原则

坚持守正创新，规范发展。以创新为引领，加强电子商务领域新一代信息技术创新应用，鼓励新模式新业态发展，扩大新型数字消费，推动形成新型数字生活；坚持底线思维，健全电子商务相关法规制度，提升数字化治理水平，强化各市场主体权益保护，促进公平竞争，强化反垄断和防止资本无序扩张，加强平台企业网络和数据安全能力建设，增强电子商务在防范化解重大风险中的作用，推动电子商务持续健康发展。

坚持融合共生，协调发展。做好电子商务统筹推进工作，促进线上线下、行业产业间、国内国际市场深度融合，推动电子商务全方位、全链条赋能传统产业数字化转型，形成更高水平的供需动态平衡；坚持包容审慎监管，深化相关制度改革，破除制约电子商务融合创新发展的体制机制障碍，构建资源共享、协同发展的良好生态。

坚持普惠共享，绿色发展。聚焦人民共享发展成果，积极发挥平台经济、共享经济在城乡一体化和区域一体化发展中的作用，加快弥合城乡之间数字鸿沟，强化产销对接、城乡互促，促进共同富裕，让人民群众从电子商务快速发展中更好受益；践行绿色发展理念，贯彻落实碳达峰、碳中和目标要求，提高电子商务领域节能减排和集约发展水平。

坚持合作共赢，开放发展。立足高水平对外开放，充分发挥电子商务集聚全球资源和要素高效配置的优势，推动相关产业深度融入全球产业链供应链，助力产业链供应链安全稳定；丰富电子商务国际交流合作层次，推进电子商务领域规则谈判，与世界各国互通、互鉴、互容，推动建立互利共赢、公开透明的电子商务国际规则标准体系。

（三）发展目标

到2025年，我国电子商务高质量发展取得显著成效。电子商务新业态新模式蓬勃发展，企业核心竞争力大幅增强，网络零售持续引领消费增长，高品质的数字化生活方式基本形成。电子商务与一二三产业加速融合，全面促进产业链供应链数字化改造，成为助力传统产业转型升级和乡村振兴的重要力量。电子商务深度链接国内国际市场，企业国际化水平显著提升，统筹全球资源能力进一步增强，"丝路电商"带动电子商务国际合作持续走深走实。电子商务法治化、精细化、智能化治理能力显著增强。电子商务成为经济社会全面数字化转型的重要引擎，成为就业创业的重要渠道，成为居民收入增长的重要来源，在更好满足人民美好生活需要方面发挥重要作用。

到2035年，电子商务成为我国经济实力、科技实力和综合国力大幅跃升的重要驱动力，成为人民群众不可或缺的生产生活方式，成为推动产业链供应链资源高效配置的重要引擎，成为我国现代化经济体系的重要组成，成为经济全球化的重要动力。

表1 "十四五"电子商务发展主要指标

类别	指标名称	2020年	2025年	备注
总规模	电子商务交易额（万亿元）	37.2	46	预期性
	全国网上零售额（万亿元）	11.8	17	预期性
	相关从业人数（万）	6015	7000	预期性
分领域	工业电子商务普及率（%）	63.0	73	预期性
	农村电子商务交易额（万亿元）	1.79	2.8	预期性
	跨境电子商务交易额（万亿元）	1.69	2.5	预期性

三、主要任务

（一）深化创新驱动，塑造高质量电子商务产业强化技术应用创新。引导电子商务企业加强创新基础能力建设，提升企业专利化、标准化、品牌化、体系化、专业化水平。通过自主创新、原始创新，提升企业核心竞争力，推动5G、大数据、物联网、人工智能、区块链、虚拟现实/增强现实等新一代信息技术在电子商务领域的集成创新和融合应用。加快电子商务技术产业化，优化创新成果快速转化机制，鼓励电商平台企业拓展产学研用融合通道，为数字技术提供丰富电子商务产品和应用。鼓励发展商业科技，探索构建商业科技全链路应用体系，支持电子商务企业加大商业科技研发投入，提高运营管理效率，创新用户场景，提升商贸领域网络化、数字化、智能化水平。

鼓励模式业态创新。发挥电子商务对价值链重构的引领作用，鼓励电子商务企业挖掘用户需求，推动社交电商、直播电商、内容电商、生鲜电商等新业态健康发展。鼓励电子商务企业积极发展远程办公、云展会、无接触服务、共享员工等数字化运营模式，不断提升电子发票、电子合同、电子档案、电子面单等在商业活动中的应用水平。稳妥推进数字货币研发，探索数字人民币在电子商务领域的支持作用。大力发展数据服务、信息咨询、专业营销、代运营等电子商务服务业。鼓励各类技术服务、知识产权交易、国际合作等专业化支撑平台建设。

深化协同创新。促进电子商务企业协同发展，发挥电商平台在市场拓展和产业升级等方面的支撑引领作用，加强数据、渠道、人才、技术等平台资源有序开放共享，强化创新链和产业链有机结合，推动产业链上下游、大中小企业融通创新。促进电子商务区域协同发展，引导电子商务服务区域重大战略，促进京津冀、长三角、粤港澳大湾区等区域间电子商务基础设施、服务资源、项目资金一体化建设，支持中西部地区激发自有资源优势，加强与东部电子商务较发达地区产销动态衔接，构建优势互补、深度协同的电子商务区域发展生态。

全面加快绿色低碳发展。引导电子商务企业主动适应绿色低碳发展要求，树立绿色发展理念，积极履行生态环境保护社会责任，提升绿色创新水平。指导电子商务企业建立健全绿色运营体系，加大节能环保技术设备推广应用，加快数据中心、仓储物流设施、产业园区绿色转型升级，持续推动节能减排。加强上下游联动，协同推进塑料包装治理和快递包装绿色供应链管理，加快推广应用标准化物流周转箱，促进包装减量化、标准化、循环化。落实电商平台绿色管理责任，完善平台规则，引导形成绿色生产生活方式。大力发展和规范二手电子商务，促进资源循环利用。建立覆盖设计、生产、销售、使用、回收和循环利用各环节的绿色包装标准体系，加快实施快递包装绿色产品认证制度。

专栏1　高质量发展电子商务
电子商务技术产业化行动。支持电子商务企业加大数字技术研发投入，加强专利申请和保护，对科技创新成果、领先商业模式等进行商标品牌化建设，形成系列自主知识产权。加强商业科技理论研究，开展商业科技应用优秀案例遴选和宣传推广，提升商业科技的市场化转化率。支持电子商务技术服务企业融资上市，推动电子商务技术产业化，为云计算、大数据、人工智能及虚拟现实等数字技术提供丰富电子商务应用场景。 　　电子商务平台智能化提升行动。打造一批智能化电商平台企业，研究制定智能化电商平台标准，支持电子商务平台及相关企业积极利用大数据、云计算及算法技术优化平台流量规则，提升物流仓储、订单处理、用户运营、商品管理、财务票据处理等各环节的智能化运营水平，提高供需匹配程度，优化服务体验。 　　电子商务绿色发展行动。健全绿色电商相关标准规范，研究出台支持政策措施。引导电子商务示范基地绿色转型，强化评价体系绿色发展导向。引导电商企业加强绿色数据中心、绿色仓储建设，建立包装产品合格供应商制度，加大绿色包装技术研发和产品推广应用。落实电子商务企业主体责任，持续推进一次性塑料制品使用减量。推动电子商务企业与生产企业、快递企业协调联动，扩大直发包装品类，规范包装使用。开展试点，推动可循环快递包装规模化应用。鼓励电商平台开展多方合作，加大快递包装、外卖餐盒等塑料废弃物规范回收力度。

（二）引领消费升级，培育高品质数字生活

打造数字生活消费新场景。支持各类企业运用5G、人工智能、虚拟现实/增强现实、3D打印等新技术构建形式多样的线上消费场景，探索人机互动新模式，培育高新视听新业态，创新网络消费方式，提升网络消费体验。大力发展智慧零售，支持传统零售企业数字化转型，加快商业基础设施智能化升级，推广自助终端、电子价签、智能货架、弹性供应链、溯源系统等实体门店数字科技。积极发展智慧街区、智慧商圈，推动智慧体育场馆建设，鼓励餐饮外卖、共享出行等领域商业模式创新和智能化升级，加强智能信包箱（快件箱）、智能取餐柜、智能外卖柜等服务终端建设，进一步丰富线下数字化消费场景。

丰富线上生活服务新供给。大力拓展文旅、医疗、教育、体育等便捷化线上服务应用。丰富电子书刊、网络音视频、网络游戏、线上演播、电子竞技等数字内容产品，更好满足在线文娱消费需求。深化"互联网+旅游"，发展智慧化和体验式的在线旅游服务，促进文旅商产业协同发展。发展线上线下一体化的医疗服务，支持医疗机构充分运用互联网拓展服务空间和内容，提供在线挂号、复诊、远程医疗和随访管理服务，引导互联网医院与线下实体医疗机构实现数据共享和业务协同。积极发展提供兴趣养成、职业技能、终身学习等优质资源的在线教育，引导社会资本支持"互联网+教育"新业态发展，鼓励线上线下教育机构（不含面向中小学生的学科类培训机构）实现教育资源的有效共享，建立健全在线教育资源备案审查和准入负面清单制度，创新在线教育监管方式，坚持从严治理面向中小学生的线上学科类培训，全面规范校外线上培训行为。

专栏2 电子商务培育高品质数字生活

电子商务品质品牌促进行动。鼓励品牌建设，保护发展中华老字号，举办"老字号嘉年华"，发挥非遗传承手工艺品等特色产品的带动效应，促进国潮消费；培育"小而美"网络品牌，建设一批地方性、行业性电子商务公共品牌，打造公共品牌引领、企业品牌支撑的品牌互助新生态。推进建立实施电子商务与产品质量分级制度共融互促机制，引导、保护企业质量创新和质量提升的积极性，促进高质量供给。进一步发挥"双品网购节"的引导作用，顺应消费升级需求，带动品牌建设，提升商品品质。

生活服务数字化赋能行动。发展"数字+生活服务"，引导电商平台企业为线下生活服务企业提供营销、流量、数字化工具等服务，加快培育一批数字化生活服务领军企业。鼓励生活服务业"一店多能"，积极发展线上线下融合的零售餐饮、家政养老、健康医疗、全民健身、美容美业、垃圾回收等便民生活服务。支持智能取餐柜、智能信包箱（快件箱）等自助服务终端的社区布局，提升社区服务丰富度和智能化水平。

消费数字化发展行动。鼓励发展新一代沉浸式体验消费，加快文化资源数字化开发，丰富电子书籍、网络音乐、网络影视、线上演播数字艺术等数字内容产品。引导影院、剧场、博物馆等拓展线上营销及交易渠道，丰富票务、衍生商品和服务供给。推动新兴数字服务消费，拓宽在线教育、远程医疗覆盖面，提升履约服务水平。

数字文旅商促进行动。培育一批文化和旅游类电子商务示范企业，鼓励电商平台企业拓展"旅游+地理标志产品+互联网+现代物流"功能，采用网络直播、小程序等多种渠道扩大线上旅游销售规模，规范发展"互联网+民宿"，积极推动中国义乌文化和旅游产品交易博览会发展线上展会，促进文化和旅游业线上线下深度融合。

满足线下生活服务新需求。推动生活服务业电子商务深度应用，开展生活服务数字化赋能行动，提升便民生活圈数字化水平，加快物业服务智能化升级，推动居民生活和公共事务缴费的线上化便利化。积极构建"互联网+养老"模式，实现个人、家庭、社区、机构与养老资源的有效对接和优化配置。创新家政服务业发展模式，运用数字化手段推进家政行业精细化分工和共享发展。推动发展无接触式交易服务，支持交通出行服务的在线化和智能化，促进分时租赁服务的规范化和协同化，推广无人车

配送进产业园区和居民小区。优化完善前置仓配送、即时配送、网订店取、自助提货等末端配送模式，提升末端配送精准服务能力。

（三）推进商产融合，助力产业数字化转型

带动生产制造智能化发展。鼓励电子商务平台与工业互联网平台互联互通，协同创新，推动传统制造企业"上云用数赋智"，培育以电子商务为牵引的新型智能制造模式。支持发展网络智能定制，引导制造企业基于电子商务平台对接用户个性化需求，贯通设计、生产、管理、服务等制造全流程，发展按需生产、个性化定制、柔性化生产、用户直连制造（C2M）等新模式。支持发展网络协同制造服务，实现企业网上接单能力与协同制造能力无缝对接，带动中小制造企业数字化、智能化发展。

提升产业链协同水平。支持产业链上下游企业基于电子商务平台加快订单、产能、物流、渠道等资源整合与数据共享，打通产业链协同的信息"堵点"，促进产业链、价值链、创新链联动发展，打造产业链协同共赢生态体系。支持电子商务平台对接和共享重点工业品产能、原材料、产成品、库存等信息，选择重点行业开展产业链运行监测，实时了解生产情况，及时甄别和反馈产业链风险。鼓励生产企业依法合规开展用户画像和行为分析，实现基于数据感知和智能算法的精准营销，全面提升产销联动效率。

推动供应链数字化转型。支持B2B电子商务平台加速金融、物流、仓储、加工及设计等供应链资源的数字化整合，培育产业互联网新模式新业态。鼓励工业电子商务平台向数字供应链综合服务平台转型，提供线上线下一站式服务，解决采购、营销、配送、客户服务等业务痛点。鼓励企业依托电子商务平台发展可视化、弹性化供应链业务体系，提升供应链快速响应能力。

专栏3 电子商务带动产业数字化转型

　　智能制造新模式应用推广行动。依托电子商务平台拓展融合创新应用，开展多场景、多层级应用示范，培育推广智能化设计、网络协同制造、大规模定制、共享制造等新模式，围绕装备制造、电子信息原材料、消费品等重点行业，加快数据、标准和解决方案深化应用。组织开展经验交流、供需对接活动，总结推广智能制造新技术、新装备和新模式。

　　产业链预警支撑能力提升行动。鼓励电子商务企业积极对接全球供应链网络，推动建立重要资源和产品产业链风险预警系统，依托工业电子商务平台面向重点行业、产业聚集区开展产业链供应链运行稳定度评价及监测，研制重点行业数字供应链运营服务全景图，为产业链稳定运行提供有力支撑。

　　数字供应链能力建设行动。培育一批数字供应链平台和数字化解决方案优质服务商，分行业、分场景遴选一批最佳应用实践开展试点示范，建设体验和推广中心。支持第三方电子商务平台、解决方案服务商面向中小企业开放应用资源，组织中小企业开展联合采购、即时采购等数字化降本增效活动，带动中小企业深度融入供应链协同发展。研制数字供应链实施指南和标准规范，建立健全区域数字供应链发展评价体系，开展企业数字供应链能力诊断行动，指导地方依托区域特色产业集群打造数字供应链网络。

（四）服务乡村振兴，带动下沉市场提质扩容

培育农业农村产业新业态。推动电子商务与休闲农业、乡村旅游深度融合，深入发掘农业农村的生态涵养、休闲观光、文化体验、健康养老等多种功能和多重价值，发展乡村共享经济等新业态。提高农产品标准化、多元化、品牌化、可电商化水平，提升农产品附加值。鼓励运用短视频、直播等新载体，宣传推广乡村美好生态，创新发展网络众筹、预售、领养、定制等产销对接新方式。

推动农村电商与数字乡村衔接。统筹政府与社会资源，积极开展"数商兴农"，加强农村电商新

型基础设施建设，发展订单农业，赋能赋智产业升级。支持利用电子商务大数据推动农业供给侧结构性改革，加快物联网、人工智能在农业生产经营管理中的运用，完善农产品安全追溯监管体系，促进数字农业发展。衔接农村普惠金融服务，推动互联网支付、移动支付、供应链金融的普及应用。

培育县域电子商务服务。大力发展县域电商服务业，引导电子商务服务企业建立县域服务机构，辐射带动乡村电子商务产业发展。创新农产品电商销售机制和模式，提高农产品电商销售比例。支持农村居民立足农副产品、手工制品、生态休闲旅游等农村特色产业，开展多种形式的电子商务创业就业，促进特色农产品电子商务发展。推进"互联网+高效物流"，健全农村寄递物流体系，深入发展县乡村三级物流共同配送，打造农村电商快递协同发展示范区。创新物流支持农村特色产业品质化、品牌化发展模式，提升农村产业化水平。

专栏4 电子商务助力乡村振兴

"数商兴农"行动。引导电子商务企业发展农村电商新基建，提升农产品物流配送、分拣加工等电子商务基础设施数字化、网络化、智能化水平，发展智慧供应链，打通农产品上行"最初一公里"和工业品下行"最后一公里"。培育农产品网络品牌，加强可电商化农产品开展"三品一标"认证和推广，深入开展农产品网络品牌创建，大力提升农产品电商化水平。

"互联网+"农产品出村进城工程。充分发挥"互联网+"在推进农产品生产、加工、储运、销售各环节高效协同和产业化运营中的作用，培育一批具有较强竞争力的县级农产品产业化运营主体，强化农产品

产地生产加工和仓储物流基础设施，提升益农信息社农产品电商服务功能，加强农产品品牌建设和网络营销，建立农产品全产业链标准体系，建设县域农产品大数据，建立健全适应农产品网络销售的供应链体系、运营服务体系和支撑保障体系，优化提升农产品供应链、产业链现代化水平。

扩大农村电商覆盖面。深化农村电商，推动直播电商、短视频电商等电子商务新模式向农村普及，创新营销推广渠道，强化县级电子商务公共服务中心统筹能力，为电商企业、农民合作社、家庭农场、专业服务公司等主体提供市场开拓、资源对接、业务指导等服务。支持农村居民开展多种形式的电子商务创业就业。鼓励各地因地制宜开展品牌设计、市场营销、电商应用等专业培训，强化实操技能。支持农村实体店、电商服务站点等承载邮政快递、金融服务等多元化服务功能，增强可持续发展能力。

加快贯通县乡村物流配送体系。升级改造县级物流配送中心，科学设置场内分区，更新换代自动分拣、传输等设施，为电商快递、商贸物流等各类主体服务。发展共同配送，健全县乡村三级物流配送体系，发展统仓共配模式。在整合县域电商快递基础上，调动乡镇、行政村闲置运力，推动乡村末端物流线路共享，搭载日用消费品、农资下乡和农产品双向配送服务，提升县域物流服务时效，实现双向畅通。

（五）倡导开放共赢，开拓国际合作新局面

支持跨境电商高水平发展。鼓励电商平台企业全球化经营，完善仓储、物流、支付、数据等全球电子商务基础设施布局，支持跨境电子商务等贸易新业态使用人民币结算。培育跨境电商配套服务企业，支撑全球产业链供应链数字化，带动品牌出海。继续推进跨境电商综试区建设，探索跨境电商交易全流程创新。加快在重点市场海外仓布局，完善全球服务网络。补足货运航空等跨境物流短板，强化快速反应能力和应急保障能力。优化跨境电商零售进口监管，丰富商品品类及来源，提升跨境电商消费者保障水平。加强跨境电商行业组织建设，完善相关标准，强化应对贸易摩擦能力，为中国电子商务企业出海提供保障和支撑措施。

推动数字领域国际合作走深走实。深化共建"一带一路"国家电子商务合作，积极发展"丝路电商"，推动各国中小企业参与全球贸易，支持数字产业链全球布局，促进全球电子商务供应链一体化发

展。加快电子商务技术、平台、供应链及配套服务的国际合作步伐，推动电子商务经验分享及人才合作，积极开展多层次国际交流活动。促进数字经济领域贸易投资，落实《数字经济对外投资合作工作指引》，鼓励电子商务企业积极参与东道国数字惠民、数字金融、数字治理等民生项目，帮助发展中国家缩小数字鸿沟。建立开放共享、普惠高效、安全可靠、环境友好的全球电子商务发展格局。

推进数字领域国际规则构建。积极参与以电子商务为核心的数字领域国际规则制定，推动形成以货物贸易数字化为核心、以服务贸易数字化为延伸、以数字基础设施互通和安全为保障的国际规则体系。推进多双边电子商务规则谈判和数字领域机制建设，加快跨境交付、个人隐私保护、跨境数据流动、消费者权益等领域国内国际规则衔接。积极参与电子商务国际标准体系建设，推动探索我国数据确权、交易、传输、安全保护等方面标准规范建设，提升标准适用性，探索开展数字领域开放压力测试。支持行业组织、企业等在国际规则体系建设中发挥积极作用，以双边和区域合作促规则制定，按照互利共赢、公开透明的原则，加强数字领域规则协同，积极探索全球电子商务市场新规则、新治理的形成路径和最佳实践。

专栏 5 电子商务促进国际合作

跨境电商创新发展行动。扎实推进跨境电商综试区建设，完善政策体系，优化发展环境，创新产业公共服务。推动企业融合直播电商、社交电商、产品众筹、大数据营销等多种方式，建立线上线下融合、境内境外联动的跨境电商营销体系，利用数字化手段提升品牌价值。推进新型外贸基础设施建设，支持外贸领域的互联网平台、线上综合服务平台等建设。建成一批要素聚集、主体多元、服务专业的跨境电商线下产业园区。加强国际邮件互换局和国际快件处理中心建设，满足跨境电商物流发展需要。巩固壮大一批具有国际竞争力的跨境电商龙头企业和产业集群。

电子商务企业"走出去"行动。支持电子商务企业在海外注册商标、申请专利、建立自主品牌，提升品牌国际影响力和竞争力；支持电子商务企业加强研发设计，提高文创价值，将中国传统文化或海外文化融入到产品设计之中，打造一批拥有 IP（知识产权）的高附加值品牌。支持电子商务跨境交易服务平台企业全球布局，培育一批跨境电子商务独立站，大力发展面向全球市场的电子商务营销、支付、物流及技术服务，形成国际化程度较高的国际电子商务服务业。

"丝路电商"拓展行动。进一步扩大"丝路电商"合作范围，与"一带一路"共建国家共同提升电子商务合作发展水平。进一步推动"丝路电商"合作伙伴之间的政策法规衔接，保障各方企业的合法权益，建立规则相通的电子商务合作环境。进一步推动电子商务企业加强海外营销网络建设，支持地方合作品牌打造，深化电子商务产业对接和地方合作。

（六）推动效率变革，优化要素资源配置

促进数据要素高水平开发利用。加快完善高效协同的数据共享机制，推动各地区、各部门间政务数据整合共享，提升公共数据开放水平。深入开展国家数据资源调查，加快数据资源标准体系建设，促进推动电子商务领域数据整合互通。有效释放电子商务对商务领域数据价值化的引领作用，引导电子商务企业合法合规开展数据处理活动，提升数据资源处理能力，探索电子商务平台数据有序开放共享机制。培育壮大数据服务产业，规范发展第三方数据服务，探索建立电子商务平台数据开放共享规则制度，支持电子商务相关服务企业开发数据产品，拓展数据资源在电子商务全业务场景中的应用，推动建立消费、信用、溯源等数据的跨平台交互机制。

梯度发展电子商务人才市场。完善电子商务人才培养体系，进一步强化"政、产、学、研、用、培"六位一体人才培养模式，鼓励平台、企业与院校联动，开展线上线下融合、多层次、多梯度的电子

商务培训，加强复合型人才供给。通过政策引导，创新创业带动，加大中西部、"地市县"及农村电子商务人才市场培育，强化电商人才创业培育孵化、就业供需对接等服务。完善电子商务职业分类，探索开发职业标准和开展能力评价，营造积极的人才政策环境，鼓励发展灵活多样的人才使用和就业方式，加强灵活就业人员的权益保障。进一步提升电子商务发达城市的人才层次，发挥电子商务龙头企业作用，提高对全球电子商务科技研发及高端管理人才的吸引能力。

优化电子商务载体资源。深化电子商务与快递物流协同发展，加强对物流仓储等具有社会功能的服务业用地保障，降低用地成本。继续深化国家电子商务示范基地建设，提升示范基地的电子商务公共服务效能，发展电子商务产业服务载体，引导和带动各类电子商务产业园区向运营专业化、服务多元化、企业生态化方向升级，形成支撑电子商务产业发展的国家级载体网络。支持自由贸易试验区、自由贸易港、国家数字经济创新发展试验区、跨境电商综试区、跨境电商零售进口试点、服务业扩大开放综合试点示范等各类载体建设，探索电子商务领域开放创新。

多维度加强电子商务金融服务。创新金融支持政策工具，在杠杆适度、风险可控的前提下，鼓励金融机构实现电子商务数据资源有效整合与深度利用，增加中小微电子商务企业的金融服务供给，打造差异化、场景化、智能化的金融服务产品。推进农村商业银行、农村信用社、村镇银行服务当地电子商务发展，建立县域金融机构服务农村电商发展的激励约束机制。完善多层次资本市场体系，更大程度地发挥股票市场、债券市场为符合条件的电子商务企业提供融资服务的功能。

专栏6 优化电子商务要素资源配置

电子商务数据资源开发行动。推动政府和公共数据资源有序开放共享，探索建立数据资产登记制度和定价规则，培育第三方数据评估服务，培育发展电子商务数据交易平台。深入开展国家数据资源调查，推动电子商务领域数据高效流通。鼓励电子商务平台、行业组织和研究机构等主体推动数字技术在数据流通中的应用，探索制定数据采集、分析、应用相关标准与接口规范。鼓励电子商务企业依法合规开展数据资源合作，支持电子商务服务企业研发数据产品，丰富应用场景，服务和带动中小企业数字化。

电子商务示范基地建设提升行动。深入开展国家电子商务示范基地创建活动，进一步优化发展布局，通过综合评价、分类指导和动态调整，扩容壮大示范基地，提升示范创建水平。鼓励示范基地间互设飞地产业园等多种方式，加强东中西部和东北地区电子商务交流与合作，引导示范基地向农村延伸，补齐农村设施和服务短板，助力农产品上行。拓展升级示范基地功能。鼓励和支持有条件的示范基地"走出去"，拓展境外业务，建立运营中心或海外仓。

电子商务金融服务创新行动。支持电子商务企业与银行、保险、非银行支付机构、消费金融公司等金融机构开展合作，规范发展互联网贷款、供应链金融、消费金融等产品和业务，为中小微电商企业提供全方位、多层次的线上金融服务。鼓励金融机构与跨境电商配套服务企业开展合作，大力支持移动支付企业"走出去"与跨境电商协同发展，推动保险机构创新研发适应跨境电商的新型险种。

（七）统筹发展安全，深化电子商务治理

完善电子商务法规标准体系。统筹推进电子商务相关法律法规制订修订，加快数据立法进程，探索建立数据产权制度，统筹数据利用和数据安全。加强新技术应用的规范和监管，完善市场准入规则，细化反垄断和反不正当竞争规则。强化知识产权保护，提高执法效能，探索建立新领域新业态知识产权保护制度和监管框架。积极推进电子商务新领域新业态标准化建设，进一步完善标准治理体系。推动建立覆盖全社会的信用体系，加强电子商务诚信体系建设，建立健全失信惩戒和守信激励机制，引导激励多方市场主体参与信用共建。强化消费者权益保护，在新型消费领域开展消费教育和消费警示，建立健全消费纠纷多元化解机制，加大行政执法和司法保护力度。

提升电子商务监管能力和水平。构建适应电子商务高质量发展要求的数字化监管机制，坚持包容审慎监管，以监管促规范、以规范促发展。转变监管理念，构建事前事中事后全链条监管框架，提升协同联动监管能力，进一步加强线上线下一体化的跨部门、跨区域联合执法和跨境执法协作，强化监管及时性、有效性和威慑力。优化监管方式，探索线上闭环监管、非接触监管、信用监管等新型方式，强化政企联动，推动政企间数据合法有序共享机制建设。改革监管手段，推进防假打假技术创新迭代，实现对侵权违法行为的精准、快速打击。加强反垄断与反不正当竞争执法司法，防止资本无序扩张。推进在线争议解决机制的发展，进一步提高电子商务纠纷解决效率、降低维权成本。

构建电子商务多元共治格局。推动电子商务平台经营者加强数字技术应用，完善平台规则，不断提升平台自治能力，落实网络安全等级保护制度。更好发挥政府作用，加强引导与监督，推动政企协同，实现有效市场和有为政府的良性互动。推动电子商务行业组织建设，充分发挥各类第三方行业组织力量，助力形成政府、企业、行业组织等多方共同参与的电子商务市场治理体系，构建国际一流的数字营商环境。积极参与全球电子商务治理，坚持多边主义和共商共建共享原则，推动完善更加公正合理的全球电子商务治理体系。

专栏7 强化电子商务治理体系和治理能力

电子商务规制建设行动。进一步完善电子商务相关政策、法规和标准体系。加快修订《反垄断法》，推动修订《电子商务法》，制定数据安全、个人信息保护等相关法律的配套规定，完善平台治理规则体系。研究制定数据确权、收集、使用、交易、流动、共享制度和人工智能、算法应用等规则。细化反垄断和反不正当竞争规则，预防和制止平台经济领域垄断、不正当竞争等行为，引导平台经营者依法合规经营。健全电子商务行业标准，重点开展直播电商、社交电商、农村电商、海外仓等新业态标准研制。

网络市场数字化监管行动。加强电子商务监管治理协同，推进数字化、网络化和平台化监管，提升对违法行为的精准查处能力，构建可信交易环境，保障市场公平竞争。督促电子商务平台经营者加强对平台内经营者管理，建立健全在线教育、网络办公、互联网医疗服务、智能配送等监管规则，探索包容期监管方式。探索建立"互联网+信用"的新监管模式，引导电子商务直播带货平台建立信用评价机制。加强网售产品质量安全监管，开展专项监督抽查，加大查处力度，加强对不合格产品的追溯，依法追究生产经营者责任。

电子商务知识产权保护行动。督促电子商务平台建立健全知识产权保护制度，压实平台经营者知识产权保护主体责任，落实其他相关经营主体责任和义务，推动知识产权数据在电子商务领域的共享和应用，完善投诉处理机制，探索建立电子商务平台知识产权保护指数评价机制，科学评估电子商务平台知识产权治理成效。细化和落实通知反通知制度，健全相关保全制度，加强司法保护和行政执法衔接。进一步推动知识产权侵权惩罚性赔偿制度建设与完善，加大损害赔偿力度。

四、保障措施

（一）加强党的全面领导

深入贯彻习近平新时代中国特色社会主义思想，增强"四个意识"，坚定"四个自信"，做到"两个维护"，提高政治判断力、政治领悟力、政治执行力。加强党对电子商务高质量发展工作的全面领导，提高电子商务工作科学决策和管理水平，确保党中央、国务院关于电子商务的各项决策部署落到实处。

（二）健全协同推进机制

进一步完善各级电子商务协同推进机制，做好电子商务各项政策制度改革措施落实落地，各有关部门要加强电子商务与相关产业政策衔接，共同解决发展中遇到的重点难点问题，形成政策合力。建立政策评估机制，充分发挥商协会和第三方智库机构的作用，组织开展政策实施效果的跟踪分析和优化调整。

（三）优化政策发展环境

持续改善电子商务营商环境，按照国家市场准入负面清单排查不合理准入限制，清理影响市场主体准入和经营的隐形障碍。通过现有资金渠道，支持电子商务新型基础设施建设、公共服务平台建设、科技创新研发、推广等活动，支持 农村电商、跨境电商和工业电子商务发展。引导电子商务企 业积极参与阳光采购，提供应急物资保障。深入开展电子商务示范企业创建活动，引导企业依法合规经营，开展行业自律、平台自治。

（四）加强统计监测分析

继续深化部省电商大数据共建共享，探索建立电子商务高质量发展指标体系，持续推动各地方应用相关标准、规范统计监测口径和方法，建立符合自身实际的统计监测分析体系。推动部门间统计数据有效共享，避免重复统计、交叉统计。进一步完善现有电子商务统计监测体系，拓展数据来源，加强在线服务、跨境电商、社交电商、B2B等模式和业态的统计监测，提高数据资源建设和应用能力。

（五）提升公共服务水平

推动政务数据共享开放，提升电子商务公共服务水平。促进线上与线下、中央与地方、政府与社会服务资源有效融合，不断完善电子商务公共服务体系。充分发挥国家电子商务示范基地引领作用，带动地方产业园区、创新创业基地、公共服务中心等载体，增强公共服务承载能力。统筹考虑老年人等特殊群体特点和需求，推进各类电子商务平台的适老化改造。强化电子商务人才培养，加强电子商务就业、创业服务，提升人才供需对接效率。

（六）强化风险防控能力

探索建立电子商务平台网络安全防护和金融风险预警 机制，支持电子商务相关企业研究多属性的安全认证技术，充分发挥密码在保障网络信息安全方面的作用。加强电子商务企业数据全生命周期管理，建立相应管理制度及安全防护措施，保障网上购物的个人信息和重要数据安全。开展数据出境安全评估能力建设，保障电子商务领域重要数据、个人信息的有序安全流动。指导电子商务企业树牢安全生产意识，完善安全风险治理体系，提升安全生产工作水平。

2020年度中央企业负责人经营业绩考核
A级企业名单

国资委考核分配局　　　　　2021-07-13

据《中央企业负责人经营业绩考核办法》，2020年度中央企业负责人经营业绩考核结果已经国资委党委会议审议通过，现将A级企业名单通报如下：

1. 中国航天科技集团有限公司
2. 招商局集团有限公司
3. 中国移动通信集团有限公司
4. 中国建筑集团有限公司
5. 中国长江三峡集团有限公司
6. 中国第一汽车集团有限公司
7. 中国宝武钢铁集团有限公司
8. 华润（集团）有限公司
9. 中国铁道建筑集团有限公司
10. 中国广核集团有限公司
11. 中国电子科技集团有限公司
12. 中国船舶集团有限公司
13. 国家能源投资集团有限责任公司
14. 中国航天科工集团有限公司
15. 中国保利集团有限公司
16. 中国核工业集团有限公司
17. 中国航空工业集团有限公司
18. 中国铁路工程集团有限公司
19. 中国海洋石油集团有限公司
20. 中国石油化工集团有限公司
21. 中国医药集团有限公司
22. 中国中车集团有限公司
23. 中国兵器工业集团有限公司
24. 中国远洋海运集团有限公司
25. 中国五矿集团有限公司
26. 中国电信集团有限公司
27. 中国华电集团有限公司
28. 中国建材集团有限公司
29. 国家开发投资集团有限公司
30. 中国华能集团有限公司
31. 华侨城集团有限公司
32. 国家电力投资集团有限公司
33. 中国国新控股有限责任公司
34. 国家电网有限公司
35. 中国中化集团有限公司
36. 中国交通建设集团有限公司
37. 中粮集团有限公司
38. 中国电力建设集团有限公司
39. 中国石油天然气集团有限公司
40. 中国中煤能源集团有限公司
41. 东风汽车集团有限公司
42. 中国航空发动机集团有限公司
43. 中国南方电网有限责任公司
44. 中国诚通控股集团有限公司
45. 中国旅游集团有限公司
46. 中国能源建设集团有限公司
47. 中国通用技术（集团）控股有限责任公司

中国企业改革与发展研究会为50名"中国企业改革发展事业杰出贡献人物"颁发纪念章

党的十八大以来，中国特色社会主义进入新时代，在中国共产党的坚强领导下，我们已经实现第一个百年奋斗目标，明确第二个百年奋斗目标的战略安排，中国企业改革发展也取得历史性成就、发生历史性变革，涌现出一批积极推进中国企业改革发展进程、引领思想前瞻和企业改革创新、推动中国企业和经济迈上高质量发展道路、支持中国企业改革与发展研究会工作的经济学家和企业家代表。

新时代呼唤新担当，新时代需要新作为。为进一步激励广大经济学家和企业家勇于改革创新、敢于实践探索，大力弘扬优秀企业家精神，在中国企业改革与发展研究会成立30周年之际，中国企业改革与发展研究会特向厉以宁等50名为企业改革发展事业作出杰出贡献的经济学家和企业家优秀代表颁发"中国企业改革发展事业杰出贡献人物"纪念章。

以下为"中国企业改革发展事业杰出贡献人物"名单

厉以宁　中国企业改革与发展研究会首席研究员，十二届全国政协常委、经济委员会副主任

杨伟民　中国企业改革与发展研究会首席经济学家，十三届全国政协常委、经济委员会副主任

邵　宁　中国企业改革与发展研究会首席顾问，十二届全国人大财政经济委员会副主任委员，国务院国有资产监督管理委员会原副主任

彭华岗　中国企业改革与发展研究会首席专家，国务院国有资产监督管理委员会秘书长

宋志平　中国企业改革与发展研究会会长

熊群力　中国企业改革与发展研究会副会长，十三届全国人大财政经济委员会副主任委员

郑新立　中共中央政策研究室原副主任

朱宏任　工业和信息化部原总工程师，中国企业联合会、中国企业家协会党委书记常务副会长兼理事长

徐善长　国家发展和改革委员会体制改革综合司司长

杨金成　中国企业改革与发展研究会副会长，中国船舶集团有限公司党组副书记、总经理

刘明忠　中国企业改革与发展研究会副会长，中国一重集团有限公司党委书记、董事长

宋　鑫　中国企业改革与发展研究会副会长，中国节能环保集团有限公司党委书记、董事长

朱碧新　中国企业改革与发展研究会副会长，中国诚通控股集团有限公司党委书记、董事长

王树东　中国中煤能源集团有限公司党委书记、董事长

戴和根　中国企业改革与发展研究会副会长，中国化学工程集团有限公司党委书记、董事长

李耀强　中国盐业集团有限公司党委书记、董事长

周育先　中国建材集团有限公司党委书记、董事长

卜玉龙　中国企业改革与发展研究会副会长，中国国际技术智力合作集团有限公司党委书记、董事长

王彤宙　中国企业改革与发展研究会副会长，中国交通建设集团有限公司党委书记、董事长

曹江林　中国企业改革与发展研究会副会长，中国农业发展集团有限公司党委书记、董事长

刘敬桢　中国医药集团有限公司党委书记、董事长

刘化龙　中国企业改革与发展研究会副会长，中国保利集团有限公司党委书记、董事长

赵　平　中国企业改革与发展研究会副会长，中国煤炭地质总局党委书记、局长

周　强　中国企业改革与发展研究会副会长，中国航空油料集团有限公司党委书记、董事长

欧　黎　中国华录集团有限公司党委书记、董事长

傅建国　南光（集团）有限公司董事长

廖家生　中国铁路物资集团有限公司党委副书记、总经理

黄朝晖　中国企业改革与发展研究会副会长，中国国际金融股份有限公司首席执行官

傅成玉　中国石油化工集团有限公司原党组书记、董事长

曹德旺　中国企业改革与发展研究会副会长，福耀玻璃工业集团股份有限公司董事长

梁稳根　中国企业改革与发展研究会副会长，中华全国工商业联合会副主席
　　　　三一集团有限公司董事长

董明珠　中国企业改革与发展研究会副会长，珠海格力电器股份有限公司董事长兼总裁

李曙光　中国企业改革与发展研究会副会长，四川省宜宾五粮液集团有限公司党委书记、董事长

王　民　徐工集团工程机械有限公司党委书记、董事长

梁金辉　安徽古井集团有限责任公司党委书记、董事长

宗庆后　杭州娃哈哈集团有限公司董事长兼总经理

柴永森　双星集团有限责任公司党委书记、董事长

李秋喜　山西杏花村汾酒集团有限责任公司党委书记、董事长

李文清　四川发展（控股）有限责任公司党委书记、董事长

季克良　中国贵州茅台酒厂（集团）有限责任公司原董事长

刘元春　中国人民大学副校长

李善民　中国企业改革与发展研究会副会长，中山大学副校长

白重恩　清华大学经济管理学院院长

李稻葵　中国企业改革与发展研究会副会长，清华大学中国经济思想与实践研究院院长

刘　俏　中国企业改革与发展研究会副会长，北京大学光华管理学院院长

陈春花　北京大学国家发展研究院BiMBA商学院院长

黄群慧　中国社会科学院经济研究所所长

刘纪鹏　中国企业改革与发展研究会副会长，中国政法大学资本金融研究院院长

李　政　中国企业改革与发展研究会副会长，吉林大学中国国有经济研究中心主任

郭周明　中国企业改革与发展研究会副会长，商务部中国商务出版社社长

后　记

世界正经历百年未有之大变局，我国正处于实现中华民族伟大复兴的关键时期，我国企业日益成为引领经济发展的重要力量。当前，我国企业秉持着创新、协调、绿色、开放、共享的新发展理念，立足新发展阶段、贯彻新发展理念、构建新发展格局，为经济社会持续健康发展保驾护航。

基于此，《中国企业改革与发展2021蓝皮书》在往届蓝皮书编纂的基础上，通过梳理、分析和研究2021年度我国企业改革发展的典型经验和重要成就，助力广大企业改革发展研究人士把握和理解中国企业改革与发展的路径与方向。本报告分为主报告、分报告、企业典型案例、数据统计与分析、大事记、领导讲话重要文献与年度榜单六大部分，在深入研究2021年我国企业整体发展态势的基础上，提出有针对性和可操作性的对策建议，并就国有企业创新驱动、国资国企改革、企业信用发展、可持续发展、上市公司治理、中小企业发展等多个方面进行深入研究，同时收录新发展理念引领下企业理论创新与实践创新的典型案例，企业改革发展年度宏观数据、重要政策文献、重大事件等，以此为中国企业改革发展研究提供有价值的理论分析，鲜活的实践素材以及重要的参考数据，对政府部门政策制定、行业创新引领、企业管理实践等方面具有较好的指导和借鉴作用。

《中国企业改革与发展2021蓝皮书》主报告由吉林大学中国国有经济研究中心撰写；分报告则来自于2021中国企业改革发展优秀成果、南开大学中国公司治理研究院和南开大学商学院、中国可持续发展工商理事会、国信联合（北京）认证中心撰写的分析报告等；企业案例收集了2021中国企业改革发展优秀成果中具有典型示范意义的内容。在此蓝皮书付梓之际，特别对以上合作单位及长期关注与支持《中国企业改革与发展2021蓝皮书》编制工作的各位领导和专家表示感谢，中国企业改革与发展研究会将继续保持开放与融合的精神与态度，持续稳步推进蓝皮书的编制工作，助力我国企业实现新时代的新发展。